Flore du département de la Somme

Eloy de Vicq

Nabu Public Domain Reprints:

You are holding a reproduction of an original work published before 1923 that is in the public domain in the United States of America, and possibly other countries. You may freely copy and distribute this work as no entity (individual or corporate) has a copyright on the body of the work. This book may contain prior copyright references, and library stamps (as most of these works were scanned from library copies). These have been scanned and retained as part of the historical artifact.

This book may have occasional imperfections such as missing or blurred pages, poor pictures, errant marks, etc. that were either part of the original artifact, or were introduced by the scanning process. We believe this work is culturally important, and despite the imperfections, have elected to bring it back into print as part of our continuing commitment to the preservation of printed works worldwide. We appreciate your understanding of the imperfections in the preservation process, and hope you enjoy this valuable book.

FLORE

DU

DÉPARTEMENT DE LA SOMME

PAR

Léon Bonaventure ÉLOY DE VICQ

MEMBRE DE LA SOCIÉTÉ BOTANIQUE DE FRANCE
ET DE LA SOCIÉTÉ D'ÉMULATION D'ABBEVILLE.

ABBEVILLE
P. PRÉVOST, LIBRAIRE.
41, RUE DES LINGERS, 41

1883

QK313
.V473

INTRODUCTION

La distinction flatteuse accordée par l'Académie des sciences (1), dans sa séance du 21 juin 1875, au *Catalogue des Plantes vasculaires du département de la Somme* (2), imposait en quelque sorte à ses auteurs l'obligation de compléter l'œuvre commencée. Une Flore mise autant que possible au niveau de la science leur parut devoir atteindre ce but. Dès lors, ils se livrèrent sans retard aux études préliminaires indispensables à l'entreprise de ce travail.

Une collaboration qui avait pris naissance dans une amitié datant de longues années, cimentée encore par la similitude de leurs goûts pour l'histoire naturelle, devait leur donner la confiance de pouvoir tenter l'essai de ce projet. Encouragés par des botanistes aussi érudits que bienveillants, ils en avaient déjà ébauché les commencements, lorsqu'un coup inattendu, la mort du regretté M. de Brutelette, vint douloureusement in-

---

(1) L'Académie des sciences a décerné aux auteurs (MM. de Vicq et de Brutelette) du *Catalogue des Plantes vasculaires du département de la Somme*, à titre d'encouragement, la moitié du prix de La Fons Mélicocq (1874).

(2) Catalogue (Extrait des *Mémoires de la Société d'Emulation d'Abbeville*. — Tirage à part. Abbeville, imprimerie Briez, 1865).

Supplément (Extrait des *Mémoires de la Société d'Emulation*. — Tirage à part. Abbeville, imprimerie Briez, Paillart et Retaux, 1873).

terrompre des relations de tous les jours, si douces par leur intimité, si intéressantes par l'étude en commun de la science préférée.

Un premier mouvement de découragement suivit cette cruelle séparation. Mais laisser sans emploi tant de renseignements laborieusement rassemblés, tant de notes journellement recueillies, tant d'entretiens sans cesse renouvelés sur les difficultés à résoudre, c'était l'abandon d'un projet depuis si longtemps médité, c'était l'oubli de la part qu'y avait prise avec tant d'ardeur l'ami dont il ne restait plus que le souvenir. Persévérer était un devoir. Qu'il soit donc permis à celui à qui seul a incombé cette tâche, d'espérer qu'une tentative aussi téméraire sera accueillie avec non moins de faveur que d'indulgence.

Depuis longtemps déjà la nécessité d'une Flore nouvelle de la Picardie avait été reconnue, afin de ne pas laisser se ralentir cette impulsion donnée parmi nous, il y a plus d'un siècle, aux connaissances botaniques. Que de fois avons-nous entendu de jeunes adeptes de la science exprimer leurs regrets de ne pas avoir à leur disposition, pour diriger leurs premiers pas, un ouvrage sur notre intéressante végétation. La *Statistique botanique du département de la Somme,* par le docteur Pauquy (Amiens, 1834), publication remarquable surtout pour l'époque où elle a paru, avait largement contribué à entretenir le goût de l'aimable science, mais l'édition, épuisée depuis nombre d'années, n'a plus aujourd'hui en circulation que de rares exemplaires côtés à des prix élevés. L'*Extrait de la Flore des environs d'Abbeville,* par Boucher de Crèvecœur (Paris, Fuchs, 1803), n'existe plus que dans quelques bibliothèques privilégiées. Le *Catalogue des Plantes vasculaires de la Somme,* publié dans les *Mémoires de la Société d'Emulation d'Abbeville,* reste donc le seul guide des botanistes qui désirent se renseigner sur les plantes de notre contrée, et il leur est d'un trop faible secours pour arriver à leur détermination. A une nomenclature aussi exacte que possible ne sont jointes, pour ainsi dire, que des indications de stations, de localités et du degré de rareté des espèces.

Une publication spéciale sur la végétation du département de la Somme pouvait seule combler cette lacune. La *Flore de la Normandie* (A. de Brébisson) et *celle de l'Ouest de la France* (James Lloyd), souvent utilisées dans les explorations de notre littoral, nous ont paru remplir les conditions essentielles d'un semblable travail. Elles nous ont servi à en arrêter le plan. Des modifications exigées par les progrès de la science ont été introduites, toutefois avec réserve, dans la classification des familles, dans les caractères de certaines d'entr'elles et dans divers détails secondaires.

Tout en étudiant nos plantes sur le vif ou sur les spécimens de nos herbiers, nous n'avons pas négligé de consulter les ouvrages les plus marquants sur la végétation de la France et sur celle de l'Europe. Leur examen nous servait de contrôle. Citons, parmi ceux qui nous ont rendu le plus de services : la *Flore des environs de Paris* (Cosson et Germain de Saint-Pierre, 2e édit., 1 vol. in-8. Paris 1861) ; la *Flore de France* (Grenier et Godron, 3 vol. in-8. Paris, 1848-1855) ; la *Flore du centre de la France* (A. Boreau, 3e édit., 2 vol. in-8. Paris, 1857) ; *celles de l'Ouest de la France* (James Lloyd, 3e édit., 1 vol. in-18. Nantes, 1876) ; *et de la Normandie* (A. de Brébisson, 4e édit., 1 vol. in-18. Caen, 1869) ; le *Synopsis Floræ Germanicæ et Helveticæ* (Koch, 1 vol. in-8, Lipsiæ, 1843) ; et les *Icones Floræ Germanicæ et Helveticæ* (Reichenbach père et fils, 22 vol. in-4. Lipsiæ, 1834-1868, en cours de publication).

L'ordre que nous avons suivi est celui généralement adopté dans les Flores locales. Des descriptions contenant les caractères les plus tranchés et des clefs analytiques pour les faire mieux ressortir, fournissent un des moyens les plus faciles d'arriver à la connaissance des familles, des genres et des espèces. Afin de rendre les descriptions plus abrégées et moins confuses, nous n'y avons admis que les caractères qui intéressent les espèces de notre flore. A la suite du nom de chaque plante se trouve celui de l'auteur qui l'a déterminée et parfois une synonymie indispensable pour éviter la confusion dans la nomenclature.

En outre des plantes qui croissent spontanément, et sur lesquelles nous insistons d'une manière particulière, nous avons admis les espèces les plus communément cultivées. Un signe spécial †, précédant leurs noms, les fera sans peine distinguer des plantes spontanées. Comme parmi celles-ci, il en est quelques-unes signalées par nos devanciers, et dont la présence n'est pas suffisamment prouvée, elles sont seulement citées en note. Nous mentionnons aussi, de même que dans le Catalogue, à la suite de nos espèces, les plantes rares récoltées à proximité de nos limites. C'est avec quelqu'espoir de voir des herborisateurs, plus favorisés que nous, les rencontrer un jour dans le département de la Somme.

Si l'on examine attentivement la végétation d'un pays, il est facile de reconnaître à côté des espèces, dont l'indigénat ne peut être contesté, un grand nombre de plantes introduites par le fait de l'homme, mais le plus souvent contre sa volonté (1). Elles envahissent quelquefois le sol à tel point, qu'elles en disputent la possession aux indigènes. Qui ne connaît les mauvaises herbes si variées et si nuisibles de nos moissons et de nos jardins? Il en est aussi de ces espèces étrangères qui n'ont pas seulement pour habitat les terrains cultivés. Elles ont pris domicile sur les vieilles murailles, sur les toits, dans les décombres. Les prairies, les bois et les eaux en comptent même plusieurs. On peut, enfin, les voir généralement partout où l'homme et les animaux employés à son usage ont fait des stations. Cette invasion continue encore sous nos yeux. L'*Elodea Canadensis*, d'origine américaine, vient de pénétrer récemment dans nos cours d'eau, qui l'ont reçu des canaux de la Hollande. Le *Vero-*

---

(1) Parmi les espèces appartenant à notre flore, on peut en compter environ un tiers dont l'introduction doit être considérée comme plus ou moins ancienne.

nica Persica, originaire d'Orient, importé avec les graines du Trèfle cultivé, d'abord concentré dans des localités restreintes, s'étend et se naturalise de plus en plus. Certaines Cuscutes, dont une, le *Cuscuta Trifolii,* exerce ses ravages dans les cultures de Trèfle et de Luzerne, ont fait assez nouvellement leur apparition. L'*Erigeron Canadense* qui a, dit-on, pour patrie l'Amérique septentrionale, envahit les terrains en friche, pénètre jusque dans les taillis des bois et continue à se propager en suivant les talus des chemins de fer. Le *Centaurea solstitialis* et le *Barkhausia setosa,* si fréquents dans les champs du Midi, commencent aussi à paraître dans nos prairies artificielles. On peut de même citer l'*Alyssum incanum,* crucifère venue depuis peu d'Allemagne. Par suite de ces migrations de fraîche date, il ne nous semble pas inutile de signaler toutes les plantes d'origine vraisemblablement étrangère, arrivées à différentes époques dans notre pays, et cela, pendant qu'il est encore facile de les séparer des autochtones. Peut-être qu'un jour viendra où il ne serait plus possible de les distinguer. L'introduction de certaines d'entre elles remonte à des temps si reculés, qu'on est déjà disposé à les regarder comme nous appartenant par leur origine. Les espèces de provenance étrangère portent à la suite des descriptions comme indication, *Intr.,* quand il y a certitude, et *Ind.?* ou *Intr.?* selon qu'il y a plus ou moins de probabilité sur leur indigénat ou leur introduction. Toutes les autres n'ayant aucune indication doivent être considérées comme indigènes.

La mention de la rareté et de la vulgarité relatives des espèces a été faite comme dans le Catalogue de 1865 avec les modifications résultant de recherches nouvelles. Les localités n'ayant pas été reconnues par nous, sont suivies du nom du botaniste qui les a découvertes (1). Nous avons, à cette occasion, à adresser nos plus sincères remerciements aux personnes qui ont mis tant d'empres-

---

(1) L'indication d'un certain nombre de localités que nous citons d'après le Catalogue de 1865 est dûe à M. de Brutelette.

sement à nous fournir d'utiles communications. Nous citerons plus loin leurs noms dans la liste des botanistes du département de la Somme. — Nous adressons tout particulièrement des témoignages de gratitude à M. J. Poisson, aide-naturaliste au Muséum d'histoire naturelle, qui nous a soutenu par ses encouragements et aidé de ses précieux conseils, et à M. E. Gonse, pharmacien de 1re classe à Amiens, botaniste aussi instruit que zélé. Il a bien voulu mettre à notre disposition, avec la plus gracieuse obligeance, tous les renseignements recueillis dans ses fréquentes et fructueuses herborisations. (1) Nous sommes heureux aussi d'exprimer ici toute notre reconnaissance à M. F. Marcotte, bibliothécaire honoraire de la ville d'Abbeville et membre de la Société Entomologique de France, qui nous a prêté le bienveillant concours de son expérience dans les questions d'histoire naturelle et dans la tâche si laborieuse de la correction des épreuves.

Nous terminons ces observations préliminaires avec la confiance que la génération qui nous succèdera continuera à maintenir, dans notre pays, la science botanique à la place si distinguée qu'elle occupait déjà au commencement de ce siècle dans la *Flore française*. Que les jeunes adeptes de cette science s'engagent résolument comme nous sur les traces de leurs devanciers! L'étude de la nature sera pour eux une source intarissable de jouissances, lorsqu'ils pourront scruter les mystères de son organisation et en admirer les incomparables merveilles.

(1) La Flore lui doit la découverte de plusieurs espèces rares (*Potentilla splendens, Alchemilla vulgaris, Elodea Canadensis, Melica nutans, Bromus inermis*, etc.), et de nombreuses localités pour nos plantes les plus intéressantes.

E. DE VICQ.

Abbeville 14 mai 1883.

APERÇU TOPOGRAPHIQUE

DU DÉPARTEMENT DE LA SOMME

Au point de vue de sa Flore

Le département de la Somme, compris entre le 49°, 35′, 40″, et 50°, 23′ de latitude, et entre 0°, 53′, 30″ de longitude orientale et 0°, 53′ de longitude occidentale, fait partie de la région du nord de la France. Il a pour limites naturelles : à l'ouest, la Manche ; au nord, l'Authie qui le sépare du Pas-de-Calais ; au sud-ouest, la Bresle qui lui sert de limite du côté de la Seine-Inférieure. Il touche aussi vers le nord au département de ce nom ; à l'est au département de l'Aisne ; et au sud à celui de l'Oise. Sa plus grande longueur, de l'est à l'ouest, est de 140 kilomètres, et sa plus grande largeur, du nord au sud, est de 76 kilomètres. Le bassin de la Somme, dont le cours traverse tout le département, du sud au nord-ouest, en occupe la partie la plus considérable. Le reste dépend des bassins de l'Authie et de la Bresle.

Quoique le sol soit fort inégal, sa colline la plus élevée, qui se trouve près le village de Neuville-Coppegueule, n'atteint que 210 mètres de hauteur au-dessus du niveau de la mer. La plupart des plaines d'une nature argileuse et calcaire sont ondulées, généralement fertiles et bien cultivées. Les vallées offrent aussi de belles cultures, mais sont le plus ordinairement formées de prairies et de marais tourbeux, dont l'exploitation a donné lieu à de nombreuses pièces d'eau. Plusieurs points du département, surtout vers le nord et le sud, ont des forêts et des bois plus ou moins considérables. On y trouve aussi quelques terrains de bruyères.

La température du département de la Somme est en général variable et humide. Elle ne s'élève guère au-dessus de 30 degrés centigrades et ne descend pas à plus de 10. Cependant, on a vu quelquefois le thermomètre monter jusqu'à 35 degrés et descendre à 20 et même 23 (à Abbeville pendant l'hiver de 1879 à 1880). Le voisinage de la mer y rend très-fréquents les vents d'ouest, sud-ouest et nord-ouest. Ce dernier règne souvent au printemps et arrête la végétation au grand préjudice de la production des fleurs et des fruits.

La zone maritime, sur laquelle nous allons particulièrement insister, est, sans contredit, la plus intéressante. Nulle part ailleurs, on ne verrait réunies, dans un espace aussi restreint, tant de stations différentes : dunes, prés salés, galets, falaises, marais avec des fossés et des mares d'eau douce ou saumâtre, bois exposés à toutes les intempéries maritimes. On y rencontre également des terrains argileux, siliceux, calcaires, fangeux, tourbeux et de bruyères. La variété dans la nature du sol explique la présence d'une quantité notable de plantes dignes d'attirer l'attention. Cette végétation, outre la rareté de certaines espèces, offre encore un autre attrait par ses rapports avec la flore du nord de l'Europe, dont plusieurs représentants (*Lathyrus maritimus, Viola sabulosa, Pyrola rotundifolia var. arenaria, Erythræa littoralis, Obione pedunculata,*) paraissent avoir pour limites australes la Somme et la Bresle.

A l'embouchure de l'Authie, on entre presqu'immédiatement dans les dunes du Marquenterre, cette solitude à l'aspect si sauvage, ce cahos de monticules de sable entourant çà et là quelques vallons humides. Les tourbillons de sable soulevés dans l'intervalle des marées par les brises du large, ont formé ces immenses amoncellements, dont les plus élevés ont reçu dans le pays le nom de *crocs*. Aussi la mobilité de ce sol qu'un rayon de soleil dessèche et que le moindre souffle entraîne, serait-elle une menace incessante pour les terrains circonvoisins, si la nature n'avait pourvu elle-même aux moyens d'en arrêter l'invasion. Une grande partie des plantes qui habitent les dunes semblent, par leurs vigoureux stolons et par les nombreuses fibres de leurs racines, avoir été destinées à conjurer ce danger.

Les dunes cependant ne sont pas seulement un désert aride. Dans l'intérieur et sur les contours, qui touchent aux lieux cultivés, se trouvent des espaces marécageux plus ou moins étendus, submergés en partie par les pluies de l'automne et de l'hiver, et conservant pendant les sécheresses de l'été une humidité suffisante pour l'existence des végétaux. Il y reste même des mares formées dans les dépressions de terrain, et un petit cours d'eau, la Maye, dont l'embouchure est située entre Saint-Quentin-en-Tourmont et le Crotoy, y apporte aussi un peu de fraîcheur. A partir du Crotoy commence le contour de la vaste baie formée par l'estuaire de la Somme et qui s'étendait, pour ainsi dire, jusqu'à Abbeville où les hautes marées se faisaient sentir avec une grande abondance, avant que la Somme, détournée de son cours, n'ait été dirigée dans le canal de Saint-Valery. Au-delà de cette dernière localité se trouve le port de refuge du Hourdel, de création récente, et, à peu de distance, Cayeux, qu'une immense digue de galets, s'étendant jusqu'au bourg d'Ault, protège, ainsi que le pays environnant, contre l'invasion de la mer. Cette masse prodigieuse de silex arrachés par les vagues aux éboulements des falaises qui bordent les côtes depuis Ault jusqu'à l'embouchure de la Seine, roulés par les courants que pousse le vent d'ouest, a formé la pointe du Hourdel, si menaçante pour la navigation de la Somme. C'est au milieu de cet amas de galets que végète le *Lathyrus maritimus,* une des espèces les plus rares de la Flore de France.

Aux abords du bourg d'Ault commencent les falaises, de formation calcaire, semblables à de gigantesques murailles en ruine, battues à leur base par les hautes marées et s'écroulant sous l'assaut réitéré des vagues. Leurs parois verticales, que la pluie et la gelée désagrègent, offrent trop peu de sécurité aux végétaux pour qu'ils y soient abondants. Le type des Choux cultivés en a cependant fait sa station. Le point le plus élevé des falaises, entre Ault et Mers, est à 95 mètres au-dessus du niveau de la mer. Au sommet de ces escarpements se trouvent des bois à l'aspect sauvage que traversent des sentiers conduisant à Mers. En approchant de ce dernier village de la Picardie qui s'élève si gracieusement en amphithéâtre vis-à-vis le Tréport, les falaises s'abaissent pour faire place à une riante vallée. Arrosée par la Bresle, au cours jadis sinueux et maintenant canalisée, elle a un large banc de galets pour la défendre contre la violence de la mer.

Cette vallée profonde et pittoresque, renommée par la richesse de ses herbages, est sillonnée dans toute son étendue par de petits cours d'eau tributaires de la Bresle et utilisés par de nombreuses usines. Son versant, exposé au midi, appartient à notre circonscription, et offre une suite de terrains accidentés des plus variés, des bois, des terres cultivées, des pâturages. Certaines espèces spéciales qui ne se rencontrent pas ailleurs dans nos limites, (*Geranium sylvaticum, Libanotis montana, Rumex maximus, Polygonum Bistorta, Ruscus aculeatus, Phalangium ramosum, Luzula maxima*), pourraient donner lieu de supposer que la formation des terrains de la vallée de la Bresle date d'une époque antérieure à celle du bassin de la Somme.

A l'opposé, vers le nord du département, coule le petit fleuve de l'Authie qui naît au pied d'une colline haute de 162 mètres au hameau de Rossignol près Coigneux, passe deux fois du département de la Somme dans celui du Pas-de-Calais, baigne Doullens dans la Somme, Auxi-le-Château dans le Pas-de-Calais, puis, à partir du village de Vitz, sert presque constamment de limite aux deux départements. Sa vallée, moins large et moins profonde que celle de la Bresle, offre peu de plantes remarquables. On peut citer le *Dentaria bulbifera* dans les bois de Boufflers. Les digues et les sables vaseux que baignent les marées dans le voisinage de Pont-à-Cailloux méritent cependant d'être explorés. L'embouchure de l'Authie, séparée seulement par le Marquenterre de celle de la Maye et de l'estuaire de la Somme, peut être comptée aussi parmi les plus intéressantes stations de notre flore maritime.

LISTE DES BOTANISTES

DU DÉPARTEMENT DE LA SOMME (1)

BLONDIN Pierre, né dans le Vimeu, à Vaudricourt, le 18 décembre 1662, mort à Paris le 15 avril 1713. Elève du célèbre Tournefort, il le suppléa dans son cours, et devint membre de l'Académie des sciences. — (Voir son Eloge, par Fontenelle, œuv. Paris, 1780, p. 350-353. — On y lit : « Blondin herborisa dans toute la Picardie. Il y trouva environ cent vingt plantes, qui n'étaient pas au Jardin Royal. »)

DU MAISNIEL DE BELLEVAL Charles-François, né en 1733, mort à Abbeville le 30 avril 1790, est souvent cité comme botaniste dans le Dictionnaire encyclopédique. Il a laissé de nombreuses notes sur ses herborisations dans la Picardie. — (Voir Notice sur C.-F. Du Maisniel de Belleval, par Boucher, Bulletin de la Société d'Émulation d'Abbeville, trimestre de nivôse an VI, et Magasin encyclopédique, 4e année, t. III. Paris 1798).

LAMARCK Jean-Baptiste-Pierre-Antoine de Monet, chevalier de Lamarck, né le 1er avril 1744 à Bazentin [Somme], mort à Paris le 19 décembre 1829, membre de

(1) Cette liste contient les noms des botanistes nés dans le département de la Somme, ou qui, l'ayant habité, ont contribué à en faire connaître la flore.
Nous devons à l'extrême obligeance de M. Garnier, l'érudit conservateur de la bibliothèque d'Amiens, une bonne part des renseignements consignés dans ces notices biographiques.

l'Académie des sciences (1779), et de l'Institut (1795). Il est l'auteur de la 1re et de la 2e édition de la Flore française (3 vol. in-8°, 1re éd., 1778 et 2e éd. 1793), et en collaboration avec de Candolle de la 3e édition (6 vol. in-8°. Paris, 1802-1815). Parmi ses autres publications, on peut citer comme ouvrage capital, l'Histoire des animaux sans vertèbres (7 vol. in-8°. 1815-1822).

Buteux Charles-Blaise, né à Abbeville le 31 octobre 1745, mort au château de Fransart [Somme], le 20 mars 1831, avait été l'un des compagnons d'herborisation de Du Maisniel de Belleval. Il est cité (*Boucher,* Not. manusc. et extr. Fl.), comme ayant trouvé dans la forêt d'Eu le *Cypripedium Calceolus* L. qui n'y a plus été rencontré depuis lors.

Desprez Alexandre-Armand, né à Amiens dans les premiers jours de l'année 1745, y mourut le 16 décembre 1829. Après avoir suivi d'une manière brillante les cours du collège de Navarre, il commença ses études médicales à Paris et alla les achever à Montpellier, où il reçut le titre de docteur. Il s'installa ensuite à Saint-Valery-sur-Somme qu'il habita pendant quatre ans, puis il vint se fixer à Amiens où il se maria le 17 septembre 1776. Fils d'un pharmacien distingué, il fut de bonne heure familiarisé avec la botanique et la chimie dont il aimait à s'entretenir avec le jeune Pauquy. La botanique qui était sa science de prédilection, l'occupa jusqu'à la fin de sa vie.

Boucher de Crèvecoeur Jules-Armand-Guillaume, né à Paray-le-Monial [Saône-et-Loire] le 26 juillet 1757, mort à Abbeville le 24 novembre 1844, membre associé de l'Institut (1800), a publié un extrait de la Flore d'Abbeville et du département de la Somme (Paris, 1803, in-8°, de 108 p.) (1), et a laissé plusieurs Mémoires sur la bota-

(1) Deux autres éditions publiées en 1833 et en 1834, renferment un trop grand nombre de plantes cultivées ou accidentellement introduites pour qu'on puisse y reconnaître avec certitude les espèces indigènes.

nique. — (Voir Notice nécrologique sur Boucher de Crèvecœur dans les mémoires de la Société d'Emulation d'Abbeville, 1840-1852). — L'herbier rassemblé par Boucher de Crèvecœur a été donné à la ville d'Amiens par M. Boucher de Perthes son fils.

L'abbé MACQUET Hubert, aumônier de l'hospice de Saint-Riquier, né à Maison-Roland en 1758, décédé à Saint-Riquier le 4 janvier 1839, cultiva avec succès la science botanique et réunit un intéressant herbier, surtout riche en cryptogames. Il eut de fréquentes relations avec les botanistes abbevillois du commencement de ce siècle. — (Voir Notice nécrologique sur l'abbé Macquet, par C. Picard, Bulletin de la Société Linnéenne du Nord de la France, t. I, p. 6, juin 1840 et Notice manuscrite, par M. Courbet-Poulard).

TRANNOY Pierre-Amable-Jean-Baptiste, docteur en médecine, né à Amiens le 22 novembre 1772, y mourut le 25 mars 1833. — Il fut nommé, en 1798, professeur d'histoire naturelle à l'Ecole centrale d'Amiens. En 1802, l'École cessa d'exister et le cours de botanique devenu communal fut continué par l'ancien titulaire jusqu'en 1807 inclusivement. Il a publié : Notice historique sur l'établissement du Jardin des Plantes d'Amiens (in-8°, 1805) ; Catalogue du Jardin (in-8°, 1805) ; Tableau des organes des plantes (in-f°, 1806).

POULAIN Louis-Isidore, pharmacien à Abbeville né à Eu [Seine-Inférieure], le 17 mai 1775, décédé à Abbeville le 14 mai 1847. Il a laissé un herbier important.

BARBIER Jean-Baptiste-Grégoire, docteur en médecine, membre de l'Académie d'Amiens, né à Poix le 9 mai 1776, mort à Amiens le 22 novembre 1855, a professé le cours public de botanique d'Amiens du mois de mai 1808 au 17 mai 1842. Il a lu à l'Académie d'Amiens plusieurs mémoires sur les végétaux, entre autres : sur les Plantes vénéneuses (1809), sur un Pommier de Saint-Valery (1839), sur la Guimauve considérée comme plante textile (1840).

Baillon Louis-Antoine-François, dont le père fut un des collaborateurs de Buffon, était né à Montreuil-sur-Mer [Pas-de-Calais], en février 1778 et mourut à Abbeville le 3 décembre 1851. Il était membre correspondant pensionné du Muséum d'histoire naturelle. Il avait rassemblé un herbier de la flore du pays. Mais sa prédilection le portait surtout vers l'étude de la zoologie. Il a fourni beaucoup de notes au docteur Pauquy pour sa Statistique botanique du département de la Somme. — (Voir Notice sur Baillon, par E. Prarond, Mémoires de la Société d'Emulation d'Abbeville, 1852-1857).

Dovergne Célestin-Joseph, pharmacien, né à Hesdin [Pas-de-Calais], le 10 décembre 1781, y est décédé le 27 septembre 1851. Il a longtemps habité Abbeville où il prit part aux herborisations de MM. Baillon, Poulain et de Clermont-Tonnerre. Il a laissé une Flore manuscrite du Pas-de-Calais.

Gaillon François-Benjamin, né à Rouen le 2 juin 1782, est mort à Boulogne en 1839. Receveur des Douanes à Abbeville du 1er juin 1828 au 1er août 1831, il eut de fréquents rapports avec les botanistes picards de cette époque et a fourni des renseignements pour la Flore du docteur Pauquy. Connu dans le monde savant par ses travaux sur les *Algues*, désignées sous le nom de *Talassiophytes*, il est souvent cité par Bory Saint-Vincent (*Dict. class.*) et par Duby (*Bot. Gall.*). — (Voir Notice nécrologique sur Gaillon, par C. Picard. Bull. Soc. Linn. du Nord de la France, t. I, p. 6, 1er Juin 1840.)

Tillette de Clermont-Tonnerre Prosper-Abbeville, (le baron), né à Abbeville le 4 décembre 1789, y est mort le 7 décembre 1859. Il a été maire d'Abbeville, député au Corps législatif, et fut un des fondateurs de la Société Botanique de France. — Il a collaboré à l'importante collection de cryptogames publiée à Lille, par Desmazières sous le titre de Plantes Cryptogames de la France. L'une des espèces qui en font partie et qui se développe dans les tuyaux de bois servant à la conduite des eaux porte son nom (*Rhizomorpha Tillettei*, Desmaz. Pl. crypt. ser. 2, n° 156). — Tillette de Clermont-Tonnerre à faire paraître en 1840 dans le tome I, p. 109 et 139 du Bulletin de la Société Linnéenne du Nord de la France, deux Notices, l'une sur le *Dracryomices urticæ* Fries et le *Peziza fusarioides* Breck, l'autre sur le *Sagina stricta* Fries. — Les Mémoires de la Société Linnéenne de Paris (1825, t. 3, p. 164 et pl. 5), la Revue encyclopédique (septembre 1829, t. XLIII, p. 764), les Mémoires de la Société d'Emulation d'Abbeville (1833, p. 20 et pl. 17) et la Flore du département de la Somme (Pauquy, 1834) donnent de curieux détails sur un pommier unisexuel qui existait à Saint-Valery, auxquels sont jointes d'intéressantes observations faites par ce botaniste. — Un Catalogue des plantes cryptogames recueillies aux environs d'Abbeville, dont il a fourni les matériaux, a été inséré dans la Topographie physique et médicale de la ville d'Abbeville par M. le docteur Hecquet (in-8°. Amiens 1857). — (Voir : Lettre de M. E. de Vicq à M. de Schœnefeld, lue à la Société Botanique de France, dans la séance du 23 décembre 1859 et Notice sur Tillette de Clermont-Tonnerre, par Boucher de Perthes, dans les Mémoires de la Société d'Emulation d'Abbeville 1857-1860).

Buteux Charles-Joseph, fils de Charles-Blaise, né à à Abbeville le 21 janvier 1794, mort au château de Fransart le 14 novembre 1876, a fourni au docteur Pauquy divers renseignements sur les plantes des environs de Montdidier. Il est plus connu comme géologue.

Ravin docteur en médecine, né à Saint-Valery-sur-Somme, le 22 décembre 1795, a péri accidentellement dans le canal de Saint-Valery dans la nuit du 9 au 10 juillet 1849. Il a laissé en manuscrit des études botaniques sur les environs de Saint-Valery. Le docteur Pauquy le cite dans sa Statistique botanique — (voir la Notice sur le docteur Ravin, par Charles Louandre, dans les Mémoires de la Société d'Emulation d'Abbeville, 1844-1848).

Besse Henri-Joseph-Richard, né à Montdidier, le 15 septembre 1796, y est mort le 20 juin 1872. Il était grand amateur de plantes, mais plutôt horticulteur que botaniste. Son père avait signalé en 1810 ou 1812, le *Geranium Phœum* (Pauq. Fl., p. 77), qui depuis lors est toujours connu autour de Montdidier. Cette plante aurait, selon lui, été importée avec des graines de Houblon venant de Belgique, où cette espèce est assez répandue.

Pauquy Charles-Louis-Constant, né à Amiens, le 27 septembre 1800, y est mort le 12 février 1854. Docteur en médecine, professeur de chimie et de pharmacie à l'Ecole de médecine d'Amiens, il remplaça, en 1842, le docteur Barbier comme professeur du cours communal de botanique. — Il a publié : De la Belladone sous ses rapports botaniques, chimiques, etc. (Paris, 1825, Didot, le jeune, 1 vol. in-4° avec pl.); Statistique botanique ou Flore du département de la Somme et des environs de Paris (Amiens, 1831, 1 vol. in-8°); Mémoire analytique des Erysiphées, précédé de considérations générales sur les Champignons microscopiques par Garnier et Pauquy (Mémoires de l'Académie d'Amiens, I, p. 29-52); Exposé de quelques modifications apportées à la méthode naturelle de Jussieu (Amiens, 1848. Extrait des Mémoires de l'Académie d'Amiens, VII, p. 53-81); Mémoires sur les monstruosités et les hybrides observés dans quelques plantes (Mémoires de l'Académie d'Amiens, IV, p. 71-87).

Romanet Adrien, né en 1800, mort à Bovelles le 3 janvier 1864. Observateur consciencieux, il a fourni pour la flore de la Somme un grand nombre de précieuses indications.

Goze Antoine-Michel, né à Amiens le 20 mai 1803, y est mort le 7 septembre 1874. Docteur en médecine en 1827,

Goze se fixa dans sa ville natale où il fut chargé d'un service spécial pour les maladies de l'oreille. Quelques années plus tard, il se fit recevoir pharmacien de première classe, afin de pouvoir succéder à son père. Il quitta bientôt la pharmacie et redevint médecin. — Goze s'occupa beaucoup d'histoire locale, d'archéologie, de science héraldique surtout, d'architecture religieuse, et acquit une réputation justement méritée. Aussi chacun applaudit à sa nomination d'inspecteur de nos monuments historiques. Le lauréat du cours de botanique n'oublia pas ses succès de jeunesse et continua d'herboriser dans les courses que ses fonctions lui imposaient, et de signaler les plantes rares ou nouvelles qu'il avait rencontrées.

PICARD Casimir, médecin, né à Amiens le 17 décembre 1805, mort à Abbeville le 13 mars 1841, a fourni de nombreux documents pour la Flore du docteur Pauquy. — Il est l'auteur d'intéressantes publications sur la botanique : Etudes sur les *Géraniées* qui croissent spontanément dans les départements de la Somme et du Pas-de-Calais (Boulogne, 1838. Le Roy-Mabille, in-8° de 46 p. Extrait des Mémoires de la Société d'agriculture de Boulogne-sur-Mer); Observations botaniques sur le genre *Sonchus* (Boulogne, sans date. Le Roy-Mabille, in-8° de 19 p. avec pl. Extrait des mêmes mémoires); Notice sur le genre *Robertium* (Géraniées), genre créé par l'auteur ; Mémoire sur un nouveau mode de reproduction des plantes par fragments des feuilles séparées de la plante-mère, observé sur le *Cresson de fontaine* du 1er au 5 avril 1839 par l'auteur (Bulletin de la Société Linnéenne du Nord de la France, t. I, p. 125-138, avec 3 pl.). — En dehors de ses travaux botaniques, il a publié une *Histoire des Mollusques terrestres et fluviatiles* du département de la Somme (Bulletin de la Société Linnéenne du Nord de la France, t. I, p. 150-328) et un mémoire sur le genre *Unio* pour servir à en rendre la détermination plus facile (Même bulletin, t. I, p. 339-377 avec pl.) — (Voir Notice biographique, par T. Morgand, sur Casimir Picard. Mémoires de la Société d'Emulation d'Abbeville, 1841-1843.)

Blondin de Brutelette Henri-Léopold, né à Abbeville le 10 juin 1806, y est mort le 26 décembre 1878. Membre de la Société Botanique de France dont il était un des fondateurs, et membre de la Société d'Emulation d'Abbeville, il a collaboré au Catalogue des plantes vasculaires du département de la Somme (Mémoires de la Société d'Emulation d'Abbeville, 1865 et 1873). Il a publié, dans le Bulletin de la Société Botanique de France (1876), une notice sur une des plantes maritimes les plus rares de la Flore française l'*Obione pedunculata* Moq-Tand, et mentionné, dans le Bulletin du 1er avril 1874 de la Société Linnéenne du Nord de la France, un fait curieux de naturalisation sur les vieux murs d'Abbeville de l'*Hieracium amplexicaule* L. Il a laissé un bel herbier disposé avec le plus grand soin et une bibliothèque d'ouvrages botaniques choisis parmi les meilleures publications. — (Voir sur M. de Brutelette, lettre de M. J. Poisson. Bulletin de la Société Botanique de France, t. XXVI, 1879 et Notice nécrologique lue à la Société d'Emulation d'Abbeville, dans sa séance du 9 janvier 1879, par M. E. de Vicq).

L'abbé Cagé, né à Mirvaux le 18 novembre 1806 est mort le 12 mars 1878 à Quend, où il était vicaire. Explorateur intelligent, il a parcouru pendant de longues années tout le Marquenterre et y a signalé un certain nombre d'espèces remarquables.

De Marsy Charles-Eugène, procureur impérial à Compiègne, né à Amiens le 30 octobre 1814, mort à Compiègne le 23 juin 1862, se livra à l'étude de la botanique dès 1830 sous la direction du docteur Barbier, son oncle. Il était membre de la Société Botanique de France, et avait herborisé dans les départements de la Somme, de l'Oise et de l'Aisne. — (Voir Notice sur E. de Marsy, par J. Lefebvre. Mémoires de la Société d'Emulation d'Abbeville, 1861-1866).

Dours Antoine, docteur en médecine, mort à Amiens en août 1874, a publié dans les Mémoires de la Société Linnéenne du Nord de la France (année 1866, p, 143), des observations sur le *Trifolium elegans* Savi.

Bosquillon de Fontenay, président de Chambre à la Cour d'Amiens, puis après à la Cour de Paris, n'était pas originaire de la Picardie. C'était un amateur qui aimait à suivre toutes les herborisations qui se faisaient autour d'Amiens. Il avait réuni un herbier d'une certaine importance. On le cite parmi les botanistes qui ont fourni des renseignements pour la Flore du docteur Pauquy.

MM.

Garnier, conservateur de la Bibliothèque d'Amiens, président de la Société Linnéenne du Nord de la France, secrétaire perpétuel de l'Académie d'Amiens.

Richer, docteur en médecine, professeur de botanique du Cours communal et de l'Ecole de médecine d'Amiens.

E. Gonse, pharmacien, membre de la Société Botanique de France.

F. Debray, licencié ès-sciences naturelles, maître de conférences de botanique à l'Ecole supérieure des sciences à Alger.

Hecquet, docteur en médecine, auteur de la Topographie physique et médicale de la ville d'Abbeville.

René Vion, sous-bibliothécaire, à Amiens.

Copineau, substitut au tribunal de Beauvais.

A. Guilbert, percepteur, à Coullemelle.

Ed. Caron, membre de la Société botanique de France, à Rubempré.

Carette, médecin à Mailly-Maillet.

Raquet, professeur du cours d'agriculture, à Amiens.

Ch. Wignier, membre de la Société Botanique de France, à Abbeville.

Paul de Vicq, à Abbeville.

Lesaché, receveur principal des Postes en retraite, à Bussus.

Moynier de Villepoix, pharmacien à Abbeville, membre de la Société Botanique de France.

J. Tripier, à Eaucourt.

Demailly, à Amiens.

EXPLICATION DES SIGNES

ET DES PRINCIPALES ABRÉVIATIONS

   ①   .... Annuel.
   ②   .... Bisannuel.
   ♃   .... Vivace.
   ♄   .... Ligneux.
   †   .... Généralement cultivé.
Intr. .... Introduit.
Intr.? .... Introduction douteuse.
Ind.? .... Indigénat douteux.
C C. .... Très-commun.
C. .... Commun.
A. C. .... Assez commun.
A. R. .... Assez rare.
R. .... Rare.
R R. .... Très-rare.

B. *Extr. Fl.* .... J.-A.-G. Boucher de Crèvecœur, *Extrait de la Flore d'Abbeville et du département de la Somme* (Paris, 1803).

P. *Fl.* .... Ch. Pauquy, *Statistique botanique ou Flore du département de la Somme* (Paris-Amiens, 1834).

Coss. et Germ. *Fl.* .... E. Cosson et Germain de Saint-Pierre, *Flore des environs de Paris* (2ᵉ éd. Paris, 1861).

Gren. et Godr. *Fl.* . . . . Grenier et Godron, *Flore de France* (Paris, 1848-1855).

Brébiss. *Fl.* . . . . A. de Brébisson, *Flore de la Normandie* (4ᵉ éd. Caen-Paris, 1869).

Lloyd. *Fl.* . . . . James Lloyd, *Flore de l'Ouest de la France* (3ᵉ éd. Nantes-Paris, 1876).

Boreau *Fl.* . . . . A. Boreau, *Flore du Centre de la France* (3ᵉ éd. Paris, 1857).

Koch *Syn.* . . . . Koch, *Synopsis Floræ Germanicæ et Helveticæ* (2ᵉ éd. Lipsiæ, 1843-1845).

T. C. . . . . . Tillette de Clermont Tonnerre.

Rom. . . . . . A. Romanet.

Baill. . . . . . L. Baillon.

Soc. Linn. . . . Société Linnéenne du Nord de la France.

TABLEAU ANALYTIQUE
DES FAMILLES

---

1 { Plantes présentant de véritables fleurs. Organes reproducteurs constitués par des étamines, des pistils et des ovules . . . . **PHANÉROGAMES** ou **COTYLÉDONÉES**, p. 1.   2
Plantes ne présentant pas de véritables fleurs. Organes reproducteurs non constitués par des étamines, des pistils et des ovules. . . . . **CRYPTOGAMES** ou **ACOTYLÉDONÉES** p. 525.   109

PHANÉROGAMES ou COTYLÉDONÉES.

2 { Embryon à 2 cotylédons très rar. plus. . . . . **DICOTYLÉDONÉES**, p. 1.   3
Embryon à 1 cotylédon . . . . **MONOCOTYLÉDONÉES**, p. 402.   91

DICOTYLÉDONÉES.

3 { Fleurs à périanthe simple, rar. nul. APÉTALES, p. 354.   75
Fleurs à périanthe double, rar. simple ou nul   4

4 { Périanthe interne à divisions libres entre elles. . . . . POLYPÉTALES ou DIALYPÉTALES, p. 1.   5
Périanthe interne à divisions plus ou moins réunies ensemble. MONOPÉTALES ou GAMOPÉTALES, p. 189.   46

POLYPÉTALES ou DIALYPÉTALES.

5 { Etamines ord. en nombre indéfini.   6
Etamines 2-10 rar. plus.   17

TABLEAU ANALYTIQUE DES FAMILLES.

6 { Ovaire adhérent au réceptacle. XXXV. Pomacées, p. 147
   { Ovaire libre 7

7 { Calice à 2 divisions. . . . . . IV. Papavéracées, p. 18
  { Calice à plus de 2 divisions 8

8 { Etamines à filets réunis en tube. XVI. Malvacées, p. 78
  { Etamines à filets non réunis en tube 9

9 { Pétales sur plusieurs rangs . . III. Nymphéacées, p. 17
  { Pétales sur un seul rang 10

10 { Arbres ou arbrisseaux. 11
   { Plantes herbacées ou sous-frutescentes 12

11 { Fruit presque ligneux . . . . . XVII. Tiliacées, p. 80
   { Fruit drupacé . . . . XXXII. Amygdalées, p. 129

12 { Pétales très irréguliers laciniés ou découpés. . . . . .
   { . . . . IX. Résédacées, p. 53
   { Pétales égaux entiers qqf. irréguliers, non laciniés découpés. 13

13 { Feuilles ord. munies de points transparents. . . . . .
   { . . . . XVIII. Hypéricinées, p. 81
   { Feuilles sans points transparents 14

14 { Feuilles à pétiole ord. plus ou moins dilaté en gaîne à la base, ord. sans stipules. . I. Renonculacées, p. 2
   { Feuilles munies de stipules 15

15 { Corolle nulle. . . . . . XXXIV. Sanguisorbées, p. 146
   { Corolle à 5 pétales rar. 4 16

16 { Stipules plus ou moins adhérentes au pétiole. . . . .
   { . . . . XXXIII. Rosacées, p. 133
   { Stipules non adhérentes au pétiole. VII. Cistinées, p. 49

17 { Ovaire adhérent au réceptacle. 18
   { Ovaire libre (1). 24

18 { Fleurs en ombelles ou en capitules. 19
   { Fleurs ni en ombelles ni en capitules. 20

19 { Fruit bacciforme ou drupacé à 2-5 loges. . . . . . .
   { . . . . XXXIX. Hédéracées, p. 184
   { Fruit sec à 2 carpelles. XXXVIII. Ombellifères, p. 158

20 { Arbrisseaux. 21
   { Plantes herbacées. 22

21 { Arbrisseau parasite sur l'écorce des arbres. Fleurs unisexuelles. . . . . XL. Loranthacées, p. 186
   { Arbrisseau non parasite. Fleurs hermaphrodites. . . . . XLI. Grossulariées, p. 186

(1) L'ovaire est qqf. adhérent au réceptacle dans la famille des Portulacées.

22	Plantes monoïques, aquatiques nageantes. Feuilles pinnatiséquées. . . . . XXXVII. HALORAGÉES, p. 157	
	Plantes hermaphrodites, rar. aquatiques nageantes. Feuilles simples, entières, dentées, crénelées ou palmatilobées.	23
23	Fleurs axillaires solitaires ou disposées en grappes. Fruit 4 loculaire. . . . XXXVI. ONAGRARIÉES, p. 152	
	Fleurs en cymes corymbiformes. Fruit biloculaire. . . . . XLII. SAXIFRAGÉES, p. 187	
24	Corolle très irrégulière.	25
	Corolle régulière qqf. un peu irrégulière	29
25	Calice à 2 sépales. . . . . V. FUMARIACÉES, p. 21	
	Calice à 5 sépales ou à 4-6 divisions.	26
26	Calice à sépales intérieurs pétaloïdes en forme d'ailes . . . . XI. POLYGALÉES, p. 55	
	Calice à divisions ou à sépales intérieurs non en forme d'ailes	27
27	Fleurs munies d'un éperon. . . VIII. VIOLARIÉES, p. 49	
	Fleurs dépourvues d'éperon.	28
28	Corolle papilionacée. Etamines à filets réunis en tube . . . . XXVIII. PAPILIONACÉES, p. 96	
	Corolle étalée. Etamines à filets libres . . . . XX. HIPPOCASTANÉES, p. 86	
29	Feuilles charnues.	30
	Feuilles non charnues.	31
30	Calice à 4-20 divisions. . . XXXI. CRASSULACÉES, p. 136	
	Calice à 2-3 divisions. . . . XXX. PORTULACÉES, p. 125	
31	Styles d'abord adhérents à l'axe central prolongé en bec surmontant l'ovaire, puis se détachant à la maturité . . . . XXII. GÉRANIACÉES, p. 87	
	Styles non adhérents à l'axe central prolongé en bec. .	32
32	Arbres ou arbrisseaux.	33
	Plantes herbacées, rar. sous-frutescentes.	39
33	Arbres élevés. Fruit géminé à ailes membraneuses. XIX. ACÉRINÉES, p. 85	
	Arbrisseaux. Fruit sans ailes, bacciforme ou capsulaire	34
34	Feuilles caduques.	35
	Feuilles persistantes.	38
35	Arbrisseaux grimpants, pourvus de vrilles. . . . . XXI. AMPÉLIDÉES, p. 86	
	Arbrisseaux non grimpants et dépourvus de vrilles. . .	36
36	Fleurs à pétales sur 2 rangs. . . II. BERBÉRIDÉES, p. 17	
	Fleurs à pétales sur un seul rang.	37
37	Fruit bacciforme à 2-4 noyaux monospermes. XXVII. RHAMNÉES, p. 95	
	Fruit capsulaire cartilagineux à 3-5 loges dispermes . . . . XXIV. CÉLASTRINÉES, p. 93	

38	Feuilles alternes, dentées épineuses. Fruit charnu bacciforme. . . . . XXVI. Ilicinées, p. 94 Feuilles opposées entières, non épineuses. Fruit coriace . . . . XXV. Buxacées, p. 94	
39	Calice à 6-12 divisions. . . XXIX. Lythrariées, p. 124 Calice à 4-5 divisions.	40
40	Calice et corolle à 4 divisions. . VI. Crucifères, p. 24 Calice et corolle à 5 divisions rar. 4.	41
41	Fruit monosperme indéhiscent. . . XIV. Paronychiées, ... p. 75 Fruit polysperme déhiscent.	42
42	Feuilles trifoliolées . . . . . . XXIII. Oxalidées, p. 92 Feuilles simples indivises	43
43	Etamines fertiles alternant avec des filets stériles. . . . . XV. Linées, p. 76. Etamines n'alternant pas avec des filets stériles. . . .	44
44	Feuilles toutes ou la plupart radicales en rosette. Tiges sans nœuds . . . . X. Droseracées, p. 54 Feuilles opposées. Tiges pourvues de nœuds.	45
45	Calice à 5 dents très rar. à 4. . . XII. Silénées, p. 56 Calice à 5 sépales rar. 4. . . . . . XIII. Alsinées, p. 63	

MONOPÉTALES ou GAMOPÉTALES

46	Ovaire adhérent au réceptacle. . . . . Ovaire libre, très rar. adhérent au réceptacle (1). . . .	47 55
47	Fruit charnu . . . . Fruit ord. sec.	48 50
48	Plantes munies de vrilles, étalées sur le sol ou grimpantes accrochantes. . XLIV. Cucurbitacées, p. 192 Arbrisseaux ou sous-arbrisseaux rar. plantes herbacées sans vrilles.	49
49	Feuilles opposées. Fleurs en corymbe, en tête ou en faux verticille. . . . . XLIII. Caprifoliacées, p. 189 Feuilles alternes ou éparses. Fleurs axillaires solitaires ou 1-3 au sommet des tiges et des rameaux. . . . . LI. Vacciniées, p. 266	
50	Fleurs sessiles sur un réceptacle commun. . . . . . . Fleurs non disposées sur un réceptacle commun. . . .	51 52
51	Fleurs munies chacune d'un involucelle caliciforme. Etamines libres. . . . . . XLVII. Dipsacées, p. 204 Fleurs non munies chacune d'un involucelle caliciforme. Etamines réunies en tube. . . . . XLVIII. Composées, p. 207	

(1) Dans les *Primulacées*, le genre *Samolus* seul a l'ovaire adhérent inférieurement au réceptacle.

52	Feuilles verticillées. Fruit didyme. . . . . XLV. Rubiacées, p. 193 Feuilles opposées ou alternes. Fruit non didyme. . .	53
53	Fruit entouré d'une enveloppe épineuse. XLIX. Ambrosiacées, p. 262 Fruit sans enveloppe épineuse.	54
54	Feuilles caulinaires opposées. Corolle infundibuliforme. Etamines 1-3. . . . . XLVI. Valérianées, p. 200 Feuilles caulinaires alternes. Corolle ord. campanulée ou rotacée. Etamines 5. . L. Campanulacées, p. 263	
55	Corolle régulière ou presque régulière, très rar. nulle . Corolle irrégulière.	56 70
56	Arbre, arbrisseau ou sous-arbrisseau. . . . . Plantes herbacées, qqf. sous-frutescentes.	57 58
57	Arbre élevé ou arbrisseau. . . . LV. Oléinées, p. 270 Sous-arbrisseau . . . . LII. Ericinées, p. 267	
58	Etamines opposées aux divisions de la corolle . . . . Etamines alternant avec les divisions ou les plis de la corolle.	59 60
59	Fruit polysperme. Style 1. LXIX. Primulacées, p. 342 Fruit monosperme. Styles 5. LXXI. Plombaginées, p. 350	
60	Tiges volubiles . . . . Tiges non volubiles.	61 62
61	Plantes parasites dépourvues de feuilles. Fleurs en glomérules. . . . . LX. Cuscutacées, p. 278 Plantes pourvues de feuilles. Fleurs axillaires solitaires. . . . . LIX. Convolvulacées, p. 277	
62	Fruit formé de 2 follicules s'ouvrant latéralement qqf. réduites à une par avortement. . . . . Fruit non formé de follicules.	63 64
63	Graines munies d'une aigrette. LVII. Asclépiadées, p. 272 Graines dépourvues d'aigrette. . LVI. Apocynées, p. 271	
64	Corolle persistante, ord. scarieuse ou marcescente . . Corolle caduque, ni scarieuse ni marcescente	65 67
65	Fruit s'ouvrant circulairement. . . . . LXXII. Plantaginées, p. 351 Fruit s'ouvrant en 2-5 valves.	66
66	Fruit s'ouvrant en 2 valves. LVIII. Gentianées, p. 272 Fruit s'ouvrant en 4-5 valves. LIV. Monotropées, p. 269	
67	Fruit composé de 2 carpelles dispermes imitant 4 carpelles distincts. . . . . . . LXI. Boraginées, p. 281 Fruit à 2-5 loges polyspermes	68
68	Etamines 10. Fruit à 5 loges. . LIII. Pyrolacées, p. 268 Etamines 5. Fruit ord. à 2 loges.	69

69	Etamines à filets égaux. Anthères biloculaires. . . . . LXII. Solanées, p. 288	
	Etamines à filets inégaux. Anthères uniloculaires . . . . LXIII. Verbascées, p. 293	
70	Corolle à tube courbé, à 5 lobes inégaux. . . . . LXVII. Verbenacées, p. 341	
	Corolle labiée ou en gueule, qqf. campanulée ou rotacée, à divisions inégales.	71
71	Fruit composé de 2 carpelles dispermes imitant 4 carpelles distincts. . . . . LXVI. Labiées, p. 318	
	Fruit n'imitant pas 4 carpelles distincts	72
72	Plantes parasites, à feuilles réduites à des écailles. . . . . LXV. Orobanchées, p. 313	
	Plantes munies de feuilles.	73
73	Fruit biloculaire. Fleurs solitaires axillaires en épis, en grappes ou en panicules. LXIV. Scrofulariées, p. 296	
	Fruit uniloculaire. Fleurs en capitules solitaires, ou disposées 1-7 à l'extrémité de pédoncules radicaux ou de tiges émergées.	74
74	Corolle bilabiée sans éperon. Etamines 4. Fruit monosperme. . . . . LXX. Globulariées, p. 349	
	Corolle bilabiée ou en gueule, à lèvre inférieure prolongée en éperon. Etamines 2. Fruit polysperme. . . . . LXVIII. Lentibulariées, p. 341	

APÉTALES

75	Feuilles composées pinnées, ou disposées en verticilles.	76
	Feuilles ni composées pinnées, ni verticillées.	78
76	Arbres élevés. Feuilles imparipinnées. . . . . LXXXVIII. Juglandées, p. 398	
	Plantes aquatiques. Feuilles disposées eu verticilles. .	77
77	Feuilles découpées en segments filiformes. . . . . LXXXI. Cératophyllées, p. 379	
	Feuilles linéaires entières. LXXIX. Hippuridées, p. 378	
78	Arbres ou arbrisseaux.	79
	Plantes herbacées, qqf. sous frutescentes rar. sous-arbrisseaux.	84
79	Arbrisseau épineux . . . . LXXXII. Eléagnées, p. 380	
	Arbres ou arbrisseaux non épineux	80
80	Feuilles le plus ord. persistantes. . . . . LXXXIX. Conifères, p. 399	
	Feuilles caduques.	81
81	Fleurs hermaphrodites. Fruit largement ailé membraneux. . . . . LXXVI. Ulmacées, p. 374	
	Fleurs dioïques ou monoïques. Fruit non ailé membraneux.	82

82	Fleurs dioïques. Graines accompagnées de poils soyeux. . . . . LXXXV. Salicinées, p. 386
	Fleurs monoïques. Graines non accompagnées de poils soyeux. 83
83	Fleurs mâles et fleurs femelles disposées en chatons. Ovaire libre. . . . . LXXXVI. Bétulinées, p. 394
	Fleurs femelles non disposées en chatons. Ovaire adhérent au réceptacle. . LXXXVII. Cupulifères, p. 395
84	Sous-arbrisseau à fruit drupacé . . . . LXXVIII. Daphnoïdées, p. 377
	Plantes herbacées qqf. sous-frutescentes à fruit non drupacé 85
85	Plantes aquatiques ord. submergées ou nageantes. . . . . LXXXIV. Callitrichinées, p. 385
	Plantes terrestres, très rar. nageantes. 86
86	Stipules disposées en gaine ord. membraneuse. . . . . LXXV. Polygonées, p. 366
	Stipules non disposées en gaîne ou nulles. 87
87	Fruit à 3 loges plus rar. 2. . . . . LXXXIII. Euphorbiacées, p. 381
	Fruit à 1 loge. 88
88	Plantes munies de poils piquants ou non piquants, ou d'une pubescence rude. Feuilles pourvues de stipules au moins dans leur jeunesse. . . . . LXXVII. Urticées, p. 375
	Plantes non munies de poils. Feuilles dépourvues de stipules. 89
89	Plante parasite sur les racines des autres plantes. Ovaire adhérent au réceptacle. Style 1 . . . . LXXX. Santalacées, p. 379
	Plante non parasite. Ovaire ord. libre. Styles 2-4. . . 90
90	Calice à divisions plus ou moins scarieuses. . . . . LXXIII. Amarantacées, p. 354
	Calice à divisions herbacées souv. charnues ou indurées après la floraison. . . LXXIV. Salsolacées, p. 356

MONOCOTYLÉDONÉES.

91	Fleurs à périanthe formé de plusieurs divisions. . . .	92
	Fleurs à périanthe nul ou entourées par une spathe. .	93
92	Périanthe à 6 divisions, dont 3 intérieures pétaloïdes et 3 extérieures herbacées.	96
	Périanthe à divisions de nature semblable.	98
93	Fleurs à périanthe nul, sans spathe. CV. Typhacées, p. 447	
	Fleurs entourées par une spathe.	94

94	Plantes terrestres. Fleurs disposées sur un axe charnu. . . . . CIV. Aroïdées, p. 446	
	Plantes aquatiques. Fleurs axillaires.	95
95	Plantes submergées. Feuilles linéaires très étroites entières ou linéaires assez larges dentées. . . . . CII. Naïadées, p. 443	
	Plantes flottant ord. librement à la surface de l'eau. Frondes obovales suborbiculaires qqf. en forme de croix, simulant des feuilles. CIII. Lemnacées, p. 445	
96	Fruit charnu, mûrissant sous l'eau. . . . . XCIX. Hydrocharidées. p. 435	
	Fruit à carpelles secs, libres ou plus ou moins réunis à la base.	97
97	Carpelles libres. . . . . XC. Alismacées, p. 402	
	Carpelles plus ou moins réunis à la base . . . . XCI. Butomées, p. 404	
98	Périanthe pétaloïde, herbacé ou scarieux	99
	Périanthe remplacé par des écailles ou des glumes et des glumelles.	108
99	Périanthe pétaloïde.	100
	Périanthe herbacé ou scarieux.	106
100	Fruit bacciforme.	101
	Fruit capsulaire.	102
101	Tiges volubiles. . . . . . . XCV. Dioscorées, p. 416	
	Tiges non volubiles. . . . XCIV. Asparaginées, p. 413	
102	Périanthe irrégulier. . . . . XCVIII. Orchidées, p. 419	
	Périanthe régulier.	103
103	Etamines 3. . . . . XCVI. Iridées, p. 417	
	Etamines 6	104
104	Styles 3. . . . . XCII. Colchicacées, p. 404	
	Style à 1-3 stigmates.	105
105	Ovaire libre. . . . . XCIII. Liliacées, p. 405	
	Ovaire adhérent au réceptacle. . . . . XCVII. Amaryllidées, p. 418	
106	Périanthe scarieux. . . . . . . CVI. Joncées, p. 449	
	Périanthe herbacé.	107
107	Fleurs en grappes spiciformes effilées. Périanthe à 6 divisions. Etamines 6. . . . C. Joncaginées, p. 437	
	Fleurs en épis. Périanthe à 4 divisions. Etamines 4. . . . . CI. Potamées, p. 438	
108	Tiges sans nœuds. Feuilles tristiques, ord. engainantes à gaîne non fendue. Fleurs naissant chacune à l'aisselle d'une bractée (écaille). . . . . CVII. Cypéracées, p. 456	
	Tiges à nœuds renflés. Feuilles distiques, engainantes, à gaîne ord. fendue. Fleurs munies à la base le plus souv. de 2 bractées (Glumes). . . . . CVIII. Graminées, p. 479	

CRYPTOGAMES ou ACOTYLÉDONÉES.

109 { Plantes pourvues de feuilles. Rameaux non verticillés. . . . . CIX. Fougères, p. 525
Plantes dépourvues de feuilles. Rameaux verticillés. . . 110

110 { Fructifications en épis terminaux. Plantes des terrains humides fructifiant hors de l'eau. . . . . CX. Equisetacées, p. 534
Fructifications jamais en épis. Plantes submergées, fructifiant sous l'eau. . . . CXI. Characées, p. 536

FLORE
DU
DÉPARTEMENT DE LA SOMME

PLANTES PHANÉROGAMES OU COTYLÉDONÉES.

Organes reproducteurs constitués par des étamines, des pistils et des ovules. Embryon présentant des parties distinctes, à 1-2 cotylédons, rar. plus.

Div. I. DICOTYLÉDONÉES.

Plantes herbacées ou ligneuses à tiges présentant des faisceaux fibro-vasculaires formant un cylindre autour d'une moelle, s'accroissant du dehors en dedans par couches concentriques recouvertes par une écorce distincte. Enveloppes de la fleur, à divisions le plus souv. quinaires, constituées par un périanthe double (calice et corolle), rar. simple (calice), qqf. nulles. Embryon à 2 cotylédons, très-rar. plus.

SUBDIV. I.

POLYPÉTALES ou DIALYPÉTALES.

Fleurs à périanthe double, l'interne à divisions (pétales) libres entre elles.

I. RENONCULACÉES.

Fleurs régulieres ou irrégulières. Calice à 5, qqf. 3-15 sépales, souv. colorés, ord. caducs. Corolle à 5, qqf. 3-15 pétales, plans concaves ou tubuleux, ord. libres, rar. nuls par avortement. *Etamines en nombre indéfini,* rar. 5-10, libres. Anthères biloculaires, ord. extrorses. *Fruit composé de carpelles secs,* ord. nombreux, monospermes indéhiscents libres, ou polyspermes déhiscents *libres ou plus ou moins adhérents dans leur partie inférieure, rar. d'un seul carpelle indéhiscent.* — Pl. herbacées à feuilles alternes, rar. sous-frutescentes à feuilles opposées, ord. caustiques vénéneuses (1).

1	Tiges sous-frutescentes. Feuilles opposées. Clematis (1).	
	Tiges herbacées. Feuilles alternes, ou toutes radicales.	2
2	Un seul carpelle bacciforme. . . . . Actæa (13).	
	Plusieurs carpelles secs, rar. 1 par avortement.	3
3	Carpelles ord. nombreux, monospermes indéhiscents . .	4
	Carpelles 1-10, polyspermes déhiscents	9
4	Carpelles disposés en épi sur un long réceptacle filiforme . . . . Myosurus (5).	
	Carpelles non disposés en épi sur un réceptacle filiforme.	5
5	Fleurs munies d'une seule enveloppe florale	6
	Fleurs munies d'un calice et d'une corolle.	7
6	Feuilles caulinaires formant un involucre plus ou moins éloigné de la fleur. Etamines plus courtes que le calice. . . . . Anemone (3).	
	Involucre nul. Etamines dépassant longuement le calice . . . . Thalictrum (2).	
7	Pétales dépourvus de fossette nectarifère. Fleurs pourpres ou rouges, très-rar. jaunes . . . . Adonis (4).	
	Pétales pourvus à la base d'une fossette nectarifère. Fleurs jaunes ou blanches	8
8	Calice à 5 sépales . . . . Ranunculus (6).	
	Calice à 3 sépales . . . . Ficaria (7).	
9	Fleurs munies d'éperons saillants	10
	Fleurs dépourvues d'éperons	11
10	Fleurs à 5 éperons . . . . Aquilegia (10).	
	Fleurs à 1 éperon . . . . Delphinium (11).	

(1) La famille des *Renonculacées* présente de nombreuses exceptions. Les genres *Clematis, Thalictrum, Anemone, Caltha* n'ont qu'une seule enveloppe florale. Le genre *Delphinium* a 2 de ses pétales réunis. Les familles des *Fumariacées*, des *Polygalées*, des *Malvacées* et des *Oxalidées*, placées aussi par les auteurs dans les Polypétales sembleraient à cause de leurs pétales plus ou moins réunis à la base devoir appartenir aux Monopétales.

| | Sépales très-inégaux, le supérieur en forme de capuchon . . . . ACONITUM (12).
11 | Sépales égaux ou presque égaux 12

12 | Pétales nuls. Feuilles réniformes suborbiculaires. CALTHA (8).
| Pétales petits, tubuleux. Feuilles pédalées. HELLEBORUS (9).

A. *Carpelles monospermes indéhiscents.*

1. CLEMATIS L. Gen.

Sépales 4-5, colorés. Corolle nulle. Carpelles nombreux, terminés à la maturité par une longue arête plumeuse. — Pl. sarmenteuse. *Feuilles opposées, pinnatiséquées.* Fleurs blanches en panicules axillaires.

1. C. Vitalba L. *Sp.* — *Tiges sous-frutescentes*, anguleuses, ord. très-longues. Feuilles à pétiole tortile, à segments ovales acuminés, subcordés, entiers ou dentés. ♄. Juin-juillet.

CC. - Haies, buissons.

2. THALICTRUM L. Gen.

Sépales 4. rar. 5, colorés. *Corolle nulle.* Etamines plus longues que le calice. Carpelles sillonnés, terminés par une pointe courte. — Pl. glabres. Feuilles bi-tripinnatiséquées, munies de stipules. Fleurs jaunâtres en panicules terminales.

1 | Panicule compacte. Fleurs et étamines dressées. *2. T. flavum.*
| Panicule lâche. Fleurs penchées. Etamines pendantes . . . . *1. T. minus.*

1. T. minus L. *Sp.* — Souche à rhizomes rampants jaunâtres. Tiges de 3-6 déc., dressées, dures, flexueuses, qqf. geniculées, sillonnées, souv. violacées inférieurement. Feuilles à pétiole anguleux, sillonné, à segments courts, obovales ou suborbiculaires, 3-5 dentés ou lobés, glauques en dessous. *Fleurs penchées, en panicule lâche. Étamines pendantes.* Anthères apiculés. Carpelles ovoïdes ou oblongs. ♃. Juin-juillet.

RR. — Terrains calcaires et sablonneux. côteaux, bois. — Picquigny; Ailly-sur-Somme (*Richer*); Allonville (*Copineau*); Ailly-sur-Noye (*E. Gonse*); Breilly, Guignemicourt (*Rom.*); Pont-Noyelles (*Soc. Linn.*); dunes de Monchaux près Quend (*Cagé*); Querrieux (*B. Extr. Fl.*; *Baill. Herb.*). — Le *T. minus* trouvé par M. l'abbé Cagé sur une de ces élévations sablonneuses arides connues sous le nom de *crocs* est une forme remarquable par son port robuste et trapu et par ses tiges à rameaux nombreux, raides et serrés.

2. T. flavum L. *Sp.* — Souche à rhizomes rampants. Tiges de 6-10 déc., dressées, fistuleuses, sillonnées. Feuilles à segments ovales ou oblongs cunéiformes, entiers ou trifides, qqf. linéaires, d'un vert pâle en dessous. *Fleurs dressées, en panicule compacte pyramidale. Etamines dressées.* Carpelles ovoïdes ou subglobuleux. ♃. Juin-août.

C. — Prés tourbeux, marais.

Var. 6. *angustifolium* (Gren. et Godr. *Fl.* — *T. nigricans* DC. *syst.?*). — Feuilles supérieures à segments linéaires aigus. — *RR*. — Mêlé avec le type. — Marais de Mautort, près Abbeville.

3. ANEMONE L. *Gen.*

Sépales 5-6, colorés. *Corolle nulle.* Etamines plus courtes que le calice. Carpelles nombreux sur un réceptacle hemisphérique ou conique, terminés par une pointe courte glabre ou par une longue arête plumeuse. — Pl. herbacées. *Feuilles* palmati ou bipinnatiséquées; les *caulinaires ternées formant un involucre*, ord. *éloigné de la fleur.* Fleur ord. solitaire, terminale.

1. { Carpelles terminés par une longue arête plumeuse. . . . . 1. *A. Pulsatilla.*
Carpelles terminés par une pointe courte, glabre 2

2. { Fleurs jaunes. Feuilles de l'involucre subsessiles. . . . . 4. *A. ranunculoides.*
Fleurs blanches, souv. rosées ou violacées en dehors. Feuilles de l'involucre pétiolées. 3

3. { Sépales glabres. Carpelles pubescents . . 3. *A. nemorosa.*
Sépales pubescents soyeux en dehors. Carpelles tomenteux . . . . 2. *A. sylvestris.*

* *Carpelles terminés par une longue arête plumeuse.*

1. A. Pulsatilla L. *Sp.* — (vulg. *Pulsatille*). — Pl. velue soyeuse. Souche ligneuse. Tiges de 1-4 déc., uniflores. Feuilles radicales, bipinnatiséquées à segments linéaires aigus; feuilles de l'involucre multifides. *Fleur* très grande *d'un bleu violet.* ♃. Avril-juin.

A.C. — Coteaux calcaires, clairières des bois. — Bois de Tronquoy près Huppy; bois de Fréchencourt près Bailleul; Bouttencourt; lisières de la forêt d'Arguel près Senarpont; Bezencourt près Tronchoy; Francières; Bichecourt près Hangest-sur-Somme; La Faloise; Bovelles, Cavillon, Saisseval (*Rom.*); Fourdrinoy, Cagny, Boves, Guyencourt, Dury, Saint-Fuscien, Ailly-sur-Noye, Namps-au-Val, Taisnil, Lœuilly, Bacouel, Sainte-Segrée, Thieulloy-la-Ville, Le Cardonnois (*E. Gonse*); Quevauvillers (*Richer*); bois de Forestel près Montdidier (*Dufourny*); Hébécourt, bois de Lozières entre Essertaux et Jumel (*Copineau*); Ainval, Coullemelle, Villers-Tournelle, Guerbigny, Fontaine-sous-Montdidier (*Guilbert*); Erondelle (*Tripier*).

** *Carpelles terminés par une pointe courte glabre.*

2. A. sylvestris L. *Sp.* — Pl. velue. Souche grêle. Tige de 2-4 déc., dressée, uniflore. Feuilles radicales palmatiséquées à segments bi-trifides, incisés dentés ; feuilles de l'involucre de même forme, pétiolées. *Fleurs grandes blanchâtres. Sépales ovales obtus, soyeux en dehors.* Carpelles petits, tomenteux, disposés en capitule oblong, blanchâtre. ♃. Mai-juin.

RR. — Bois montueux. — Bovelles (*Rom.*) ; Ailly-sur-Noye (*E. Gonse*) ; La Faloise (*E. Gonse* et *F. Debray*) ; bois de Lozières entre Essertaux et Jumel, Boves (*Copineau*) ; bois de Wailly (*Goze* Herb.). — Cette espèce, qu'on rencontre dans les environs d'Amiens, n'a pas été signalée dans d'autres parties du département.

3. A. nemorosa L. *Sp.* — Pl. un peu pubescente. Souche horizontale à rhizomes allongés. Tige de 1-3 déc., ord. uniflore. Feuilles radicales qqf. avortées, palmatiséquées, à segments incisés dentés ; feuilles de l'involucre de même forme, pétiolées. *Fleurs blanches, souv. rosées ou violacées en dehors*, un peu penchées. *Sépales* oblongs obtus, *glabres.* Carpelles pubescents. ♃. Mars-mai.

CC. — Bois, haies. — Nous avons observé dans le bois Wattée à Drucat des *A. nemorosa* à involucre composé de 4 feuilles au lieu de 3.

S.-v. *lilacina.* — Fleurs d'un rose lilas. — Tœufles ; Ailly-sur-Noye, Villers-Bretonneux (*E. Gonse*).

4. A. ranunculoides L. *Sp.* — Pl. presque glabre. Souche horizontale à rhizomes allongés. Tige de 1-3 déc., 1 rar. 2-3 flore. Feuilles radicales qqf. avortées, palmatiséquées, à segments incisés dentés ; feuilles de l'involucre de même forme, subsessiles. *Fleurs jaunes*, dressées. Sépales ovales obtus, pubescents en dehors. Carpelles pubescents. ♃. Mars-mai.

RR. — Prés tourbeux ombragés. — Marais Saint-Gilles à Abbeville. — Nous regardons cette espèce comme indigène quoiqu'elle n'ait été trouvée que dans une seule localité du département. — Elle a été récoltée dans les vergers de Marconnelle près Hesdin [Pas-de-Calais] (*Dovergne* Herb.).

4. ADONIS L. *Gen.*

Sépales 5, colorés. *Pétales 3-8.* Carpelles nombreux, anguleux, ridés, terminés en bec, disposés en épi ovoïde, oblong ou cylindrique. — Pl. herbacées. Feuilles multiséquées à segments linéaires étroits. *Fleurs pourpres ou rouges, rar. jaunes*, solitaires à l'extrémité des rameaux.

1. { Fleurs d'un pourpre foncé. Carpelles à bec court droit, à bord supérieur dépourvu de dent . . . *1. A. autumnalis.*
Fleurs rouges rar. jaunes. Carpelles à bec ascendant, à bord supérieur muni d'une dent saillante. 2

2. { Fleurs d'un rouge clair, qqf. jaunes. Dent éloignée du bec. . . . . *2. A. æstivalis.*
Fleurs d'un rouge vif. Dent très-rapprochée du bec. *3. A. flammea.*

1. A. autumnalis L. *Sp.* — Pl. presque glabre. Tige de 2-4 déc., dressée, ord. rameuse. Sépales glabres, étalés, d'un pourpre foncé. *Pétales 6-8, obovales concaves, pourpres,* marqués à la base d'une tache noire. *Carpelles à bec court droit, à bord supérieur dépourvu de dent,* disposés en épi serré oblong, assez brièvement pédonculé. ⊙. Juin-septembre.

A.R. — Moissons des terrains maigres. — *Intr.* — Caubert près Abbeville ; Bray-lès-Mareuil ; Huchenneville ; Bailleul ; Hocquincourt ; Eaucourt ; Pont-Remy ; Drucat ; Hangest-sur-Somme, Yzeux, Amiens, Dury, Gentelles, Querrieux, Pont-Noyelles (*E. Gonse*) ; Ailly-sur-Somme (*Joffroy* et *Hutin*) ; Cambron (*T.C.*) ; Bovelles, Ferrières (*Rom.*) ; Vismes-au-Val, Buire-sous-Corbie, Ribemont-sur-l'Ancre, Vadencourt, Warloy-Baillon (*Guilbert*) ; Villers-sur-Mareuil (*B.* Herb.).

2. A. æstivalis L. *Sp.* — Pl. presque glabre. Tige de 2-4 déc., dressée, simple ou rameuse. *Sépales glabres, jaunâtres, appliqués* contre les pétales. *Pétales 5-8, oblongs, plans étalés, d'un rouge clair, rar. jaunes,* souv. marqués à la base d'une tache noire. *Carpelles à bec oblique, ascendant, à bord supérieur muni d'une dent éloignée du bec,* disposés en épi oblong lâche. ⊙. Juin-août.

A.R. — Moissons des terrains maigres. — *Intr.* — Bray-les-Mareuil ; Huchenneville ; Bailleul ; Caubert près Abbeville ; Wailly ; La Faloise ; Hangest-sur-Somme, Yzeux, Saveuse, Boves, Saint-Fuscien, Gentelles, Prouzel, Bacouel, Dury, Ailly-sur-Noye (*E. Gonse*) ; Bovelles, Saisseval (*Rom.*) ; Caux (*Baill.* Herb.) ; Buire-sous-Corbie, Ribemont-sur-l'Ancre, Vadencourt (*Guilbert*).

S.-v. *citrina* (Coss. et Germ. Fl. — *A. æstivalis* var. *flava* Gren. et Godr. Fl.). — Fleurs jaunes. — Ailly-sur-Somme (*Copineau*) ; Dury, La Faloise, Saint-Maurice près Amiens, Ailly-sur-Noye, Gentelles (*E. Gonse*) ; Amiens (*Joffroy* et *Hutin*) ; Picquigny (*Demailly*).

3. A. flammea Jacq. *Austr.* — Pl. plus grêle que les deux précédentes, pubescente inférieurement. Tige de 2-4 déc., dressée, simple ou rameuse. *Sépales pubescents, appliqués* contre les pétales. *Pétales 3-8, oblongs étroits, plans étalés,* ord. inégaux, *d'un rouge vif,* souv. marqués à la base d'une tache noire. *Carpelles à bec ascendant, ord. noirâtre, à* *bord supérieur muni d'une dent très-rapprochée du bec*, disposés en épi cylindrique, lache, longuement pédonculé. ①. Juin-août.

A.R. — Moissons des terrains maigres. — *Intr.* — Caubert près Abbeville ; Villers-sur-Mareuil ; Cocquerel près Bailleul ; Bray-lès-Mareuil ; La Faloise ; Vignacourt, Belloy-sur-Somme, Yzeux, Flers, Le Bosquel, Bacouel (*E. Gonse*) ; Querrieux, Dury, Ailly-sur-Somme, Amiens (*Joffroy* et *Hutin*) ; Namps-au-Val (*Soc. Linn.*); Laviers (*Baill.* Herb.).

5. MYOSURUS L. Gen.

Sépales 5, colorés, prolongés en éperon à la base. Pétales 5, petits, à onglet filiforme plus long que le limbe. Etamines 5-10. *Carpelles très-nombreux, disposés en épi serré sur un long réceptacle filiforme.* — Pl. très petite, glabre. Fleurs d'un vert jaunâtre.

1. M. minimus L. *Sp.* — (Vulg. *Queue de souris*). — Pl. de 5-10 cent. Feuilles toutes radicales, linéaires, obtuses, entières, dressées. Pédoncules radicaux, renflés au sommet. Carpelles tétragones. ①. Mai-juin.

R. — Moissons, champs argileux, humides. — *Intr.* — Les Alleux près Behen ; Huchenneville ; Tœufles ; Bienfay près Moyenneville ; Drucat ; Le Plessiel près Drucat ; Noyelles-sur-Mer ; Cambron (*T.C.*); Hocquincourt (*Dufourny*) ; Rumaisnil (*A. Caron*) ; Bovelles (*Rom.*); Vauchelles-lès-Quesnoy, Mautort près Abbeville (*Picard*, Not. manuscr.) ; Abbeville (*B.* Herb.) ; Villers-sur-Authie (*Dovergne* Herb.) ; Caubert près Abbeville, Notre-Dame-de-Grâce (*P. Fl.*).

6. RANUNCULUS L. Gen.

Sépales 5. Pétales ord. 5, brièvement onguiculés, munis à la base d'une fossette nectarifère. Etamines ord. nombreuses. Carpelles nombreux mucronés, disposés en capitule globuleux, rar. oblong — Pl. aquatiques ou terrestres. Feuilles souv. la plupart radicales, les caulinaires alternes. Fleurs jaunes ou blanches.

1	Fleurs blanches. Carpelles ridés en travers. Pl. aquatiques ord. submergées	2
	Fleurs jaunes. Carpelles non ridés en travers. Plantes non submergées	7
2	Feuilles toutes réniformes, lobés, à lobes courts obtus. . . . . 1. *R. hederaceus.*	
	Feuilles au moins les inférieures à lanières capillaires.	3
3	Feuilles toutes à lanières allongées parallèles. 5. *R. fluitans.*	
	Feuilles au moins les inférieures à lanières divergentes.	4

4	Feuilles raides à lanières étalées en cercle plan . . . . 6. *R. divaricatus*.	
	Feuilles molles, à lanières divergentes dans toutes les directions	5
5	Lanières des feuilles submergées se réunissant en pinceau, lorsqu'on les sort de l'eau. . . . 2. *R. aquatilis*.	
	Lanières ne se réunissant pas en pinceau, lorsqu'on les sort de l'eau.	6
6	Fleurs grandes. Pédoncules beaucoup plus longs que les feuilles . . . . 3. *R. Baudotii*.	
	Fleurs petites. Pédoncules plus courts que les feuilles ou les dépassant peu . . . . 4. *R. trichophyllus*.	
7	Feuilles entières ou seulement dentées.	8
	Feuilles plus ou moins profondément lobées ou incisées.	9
8	Feuilles toutes longuement lancéolées; les inférieures atténuées à la base . . . . 7. *R. Lingua*.	
	Feuilles inférieures ovales ou oblongues, longuement pétiolées. . . . . *R. Flammula*.	
9	Carpelles en capitule oblong spiciforme saillant hors de la corolle. . . . . 16. *R. sceleratus*.	
	Carpelles en capitule globuleux ou presque globuleux, non saillant hors de la corolle.	10
10	Carpelles munis de tubercules ou de pointes épineuses.	11
	Carpelles lisses ou presque lisses.	12
11	Carpelles petits, nombreux, munis de tubercules seulement près des bords. . . . . 14. *R. Philonotis*.	
	Carpelles grands, peu nombreux, couverts de pointes épineuses . . . . 15. *R. arvensis*.	
12	Pédoncules non sillonnés	13
	Pédoncules sillonnés.	14
13	Feuilles radicales réniformes crénelées ou incisées. . . . . 9. *R. auricomus*.	
	Feuilles radicales palmatipartites, à lobes cunéiformes incisés dentés . . . . 10. *R. acris*.	
14	Souche bulbiforme. Calice réfléchi. . . . 13. *R. bulbosus*.	
	Souche non bulbiforme. Calice dressé ou étalé. . . .	15
15	Pl. émettant ord. des rejets radicants. Feuilles inférieures pinnatiséquées . . . . 12. *R. repens*.	
	Pl. n'émettant jamais de rejets radicants. Feuilles inférieures palmatipartites . . . . 11. *R. nemorosus*.	

* *Fleurs blanches. Carpelles ridés en travers.*

1. R. hederaceus L. *Sp*. — *Tiges* de 1-4 déc., rampantes, radicantes, rameuses, rar. flottantes. *Feuilles toutes réniformes à 3-5 lobes* courts, obtus, entiers. Stipules longuement adhérentes au pétiole. Pédoncules plus courts que les feuilles. Pétales petits, étroits, dépassant à peine le calice.

Etamines peu nombreuses. Carpelles obtus presque mutiques. Réceptacle globuleux, glabre. ♃. Mai-août.

RR. — Lieux marécageux, bords des ruisseaux. — Marais communal de Larronville près Rue ; faubourgs Rouvroy et Menchecourt à Abbeville ; Cahon (*T.C.*).

2. R. aquatilis L. *Sp.* ex parte. — Tiges ord. submergées nageantes, plus ou moins allongées. *Feuilles toutes conformes, submergées divisées en lanières filiformes, molles, allongées, se réunissant en pinceau, quand on les sort de l'eau, ou de deux formes ; les inférieures submergées divisées en lanières filiformes ; les supérieures flottantes orbiculaires ou réniformes,* tantôt échancrées cordiformes, tantôt tronquées à la base plus ou moins profondément lobées crenelées. *Pédoncules atténués au sommet, égalant environ les feuilles.* Pétales persistant assez longtemps, dépassant longuement le calice. Carpelles ord. velus. Réceptacle globuleux, poilu. ♃. Avril-mars.

CC. — Fossés, rivières à courant peu rapide.

Var. α. *fluitans* (Gren. et Godr. *Fl.* — *R. aquatilis* var. *heterophyllus* DC.; Coss. et Germ. *Fl. et Illustr.*). — Feuilles inférieures submergées, les supérieures flottantes.

Var. ϐ. *submersus* (Gren. et Godr. *Fl.*). — Feuilles toutes submergées.

S.-v. *terrestris* R. *aquatilis var. terrestris* Gren. et Godr. *Fl.*). — Pl. croissant hors de l'eau. Tiges courtes. Feuilles à segments courts, épais.

3. R. Baudotii Godr. *Monog.* — Tiges plus épaisses que celles du *R. aquatilis. Feuilles toutes conformes, submergées, divisées en lanières filiformes, courtes, raides, ne se réunissant pas en pinceau, quand on les sort de l'eau, ou de deux formes ; les inférieures submergées, divisées en lanières filiformes ; les supérieures flottantes, profondément trilobées à lobes crénelés. Pédoncules épais, beaucoup plus longs que les feuilles,* courbés en arc à la maturité. Pétales persistant assez longtemps, dépassant longuement le calice. Carpelles glabres. Réceptacle ovoïde conique, un peu velu. ♃. Mai-août.

A.R. — Fossés et mares d'eau saumâtre. — Faubourg Menchecourt à Abbeville ; Laviers ; Ault ; Mers ; Hable d'Ault près Cayeux-sur-Mer (*F. Debray*).

Var. α. *fluitans* (Gren. et Godr. *Fl.*). — Feuilles inférieures submergées ; les supérieures flottantes.

Var. ϐ. *submersus* (Gren. et Godr. *Fl.*). — Feuilles toutes submergées.

S.-v. *terrestris* (*R. Baudotii* var. *terrestris* Gren. et Godr. *Fl.*). — Pl. croissant hors de l'eau. Tiges courtes. Feuilles à segments courts épais.

4. R. trichophyllus Chaix in Vill. *Dauph*. — *R. paucistamineus* Tausch. ap. Koch *Syn*. — Tiges plus grêles que celles du R. *aquatilis. Feuilles ord. toutes conformes, submergées, petites, rapprochées, divisées en lanières filiformes, étalées en tous sens, ne se réunissant pas en pinceau quand on les sort de l'eau, ou très-rar.* de deux formes ; *les inférieures submergées, divisées en lanières filiformes; les supérieures flottantes,* peu nombreuses, *réniformes profondément lobées. Pédoncules courts, dépassant peu les feuilles. Fleurs petites.* Pétales étroits, très-caducs, une fois plus longs que le calice. Etamines peu nombreuses. Carpelles poilus. Réceptacle globuleux velu. ♃. Mai-septembre.

A.C. — Mares, fossés. — Laviers ; Noyelles-sur-Mer ; faubourg Saint-Gilles à Abbeville; Bernay ; Lannoy près Rue ; Saint-Firmin ; Amiens (*E. Gonse*).

Var. α. *submersus* (R. *capillaceus* Thuill. *Fl. Par*.). — Feuilles toutes submergées.

Var. ϐ. *fluitans*. — Feuilles inférieures submergées, quelques feuilles supérieures flottantes. — *RR*. — Laviers.

S.-v. *terrestris* (R. *trichophyllus* var. *terrestris* Gren. et Godr. *Fl*.). — Pl. croissant hors de l'eau. Tiges courtes. Feuilles à segments courts, épais.

5. R. fluitans Lmk. *Fl. Fr*. — Tiges submergées, ord. très-allongées, atteignant qqf. plusieurs mètres de longueur. *Feuilles à lanières filiformes très-longues, rapprochées parallèlement.* Pédoncules ord. aussi longs que les feuilles. Fleurs grandes. Pétales 5-9, obovales, dépassant longuement le calice. Carpelles glabres, souv. avortés. Réceptacle globuleux, glabre. ♃. Mai-août. — Fructifie très-rar.

A.C. — Rivières, eaux courantes. — Abbeville ; Mareuil ; **Pont-Remy** ; Picquigny ; Saint-Maurice près Amiens (*Rom.*) ; Camon ; Bourdon (*E. Gonse*).

6. R. divaricatus Schrank *Baiers. Fl*. — *R. circinatus* Sibth. *Ox*. — Tiges submergées. *Feuilles à lanières courtes,* raides, *étalées en cercle plan,* ne se réunissant pas en pinceau, quand on les sort de l'eau. Pédoncules dépassant longuement les feuilles. Fleurs assez grandes. Pétales obovales dépassant le calice. Carpelles ord. poilus, à bec assez long. Réceptacle globuleux, poilu. ♃. Juin-août.

A.C. — Fossés, eaux stagnantes. — Marais autour d'Abbeville ; Mareuil ; Quend ; Nampont ; Mers ; Breteuil près Montmarquet ; Berny-sur-Noye ; Aveluy ; Cambron (*T.C.*) ; Le Mesge, Renaucourt près Amiens (*Rom.*) ; Amiens, Bourdon (*E. Gonse*) ; Camon (*Joffroy* et *Hutin*) ; Eterpigny, Thézy (*F. Debray*).

Fleurs jaunes. Carpelles non ridés en travers.

7. R. Lingua L. *Sp.* — (Vulg. *Grande Douve*). — Souche stolonifère. Tige de 6-10 déc., dressée, grosse, fistuleuse, pubescente au sommet, ord. pauciflore. Feuilles très-longues, sessiles, lancéolées linéaires acuminées, entières ou obscurément dentées, atténuées à la base. Pédoncules non sillonnés. Calice pubescent. *Corolle grande. Carpelles lisses, à bec large comprimé.* ♃. Juin-août.

A.R. — Marais tourbeux, bords des fossés. — Faubourg Saint-Gilles à Abbeville ; Mareuil ; Bray-lès-Mareuil ; Epagne ; Villers-sur-Authie ; Larronville près Rue ; Long ; Picquigny ; Suzanne ; Aveluy ; Hamel près Thiepval ; Ailly-sur-Somme (*Rom.*) ; Saint-Sauveur, Longpré-les-Corps-Saints (*Richer*) ; Longpré près Amiens, Boves, Pont-Noyelles, Fossemanant près Prouzel, Brie, Glisy, Hangest-sur-Somme, Condé-Folie, Bourdon (*E. Gonse*) ; Péronne (*F. Debray*) ; Querrieux (*Soc. Linn.*).

8. R. Flammula L. *Sp.* — (Vulg. *Petite Douve*). — Souche à racines fibreuses. Tiges de 2-5 déc., fistuleuses, ascendantes ou couchées radicantes. Feuilles glabres, entières ou dentées ; les inférieures ovales lancéolées ou oblongues, qqf. cordiformes, longuement pétiolées ; les supérieures souv. linéaires, subsessiles. Pédoncules sillonnés, opposés aux feuilles. Calice pubescent. *Corolle assez petite. Carpelles* petits, nombreux, lisses, *à bec court.* ♃. Juin-octobre.

C. — Lieux marécageux, bords des fossés.

Var. β. *serratus* (Brébiss. *Fl.*) — Feuilles lancéolées fortement dentées.

Var. γ. *ovatus* (Brébiss. *Fl.*) — Feuilles presque toutes ovales, pétiolées.

Var. δ. *reptans* (Brébiss. *Fl.* — *R. reptans* L. *Sp.*). — Tiges grêles, couchées, radicantes à chaque nœud, ord. pauciflores. Feuilles linéaires, étroites entières. Fleurs ord. plus petites. — Abondant dans les marais de dunes de Saint Quentin-en-Tourmont et de Quend.

9. R. auricomus L. *Sp.* — Pl. presque glabre. Souche à racines fibreuses. Tiges de 2-4 déc., dressées, grêles, nues inférieurement, ord. pluriflores. *Feuilles radicales réniformes suborbiculaires*, crénelées ou incisées ; les caulinaires palmatiséquées, à segments linéaires ord. entiers. Pédoncules non sillonnées. Fleurs assez grandes. Calice pubescent. Pétales qqf. avortés. Carpelles ventrus, pubescents, à bec recourbé. Réceptacle glabre. ♃. Avril-mai.

A.C. — Bois montueux. — Limeux ; Erondelle ; Caumondel près Huchenneville ; Cambron ; Ercourt ; Frucourt ; Chaussoy-Epagny ; bois d'Estouilly près Ham ; forêt de Crécy (*P. de Vicq*) ;

bois du Gard près Picquigny (*T.C.*); Bovelles (*Rom.*); Sainte-Segrée, Courcelles-sous-Thoix, Famechon, Bertangles, Ailly-sur-Noye, Dury, Fourdrinoy, Prouzel (*E. Gonze*); Essertaux, Boves (*Copineau*); Guerbigny (*Guilbert*); Bray-lès-Mareuil (*Baill.* Herb.); Cagny; Guignemicourt (*P. Fl.*).

10. R. acris L. *Sp.* — Pl. plus ou moins velue. Souche à rhizomes obliques. Tiges de 2-6 déc., dressée, multiflore. *Feuilles inférieures palmatipartites* à lobes cunéiformes incisés dentés; les supérieures à lobes linéaires. *Pédoncules non sillonnés.* Calice velu, dressé ou étalé. Carpelles lisses, glabres, à bec court recourbé. Réceptacle glabre. ♃. Mai-juillet.

CC. — Prairies, bois, lieux humides.

11. R. nemorosus DC. *Syst.* — *R. sylvaticus* Coss. et Germ. *Fl.*; Gren. et Godr. *Fl.* non Thuill. — *R. villosus* S^t Am. *Fl. Ag.* — Pl. velue. *Souche courte tronquée.* Tiges de 3-6 déc., dressées, multiflores. *Feuilles inférieures* souv. tachées de blanc, plus ou moins *palmatipartites,* à lobes cunéiformes incisés ou dentés; les supérieures à segments linéaires. *Pédoncules sillonnés. Calice velu dressé ou un peu étalé.* Carpelles glabres, à bec enroulé. Réceptacle velu. ♃. Juin-juillet.

RR. — Bois couverts. — Bovelles (*Rom.*).

12. R. repens L. *Sp.* — Pl. plus ou moins velue. *Souche courte tronquée, émettant ord. des rejets radicants.* Tiges de 2-5 déc., ascendantes ou couchées, 2 ou pluriflores. *Feuilles* souv. tachées de blanc ou de noir; les *inférieures pinnatiséquées,* à 3 segments tripartits, incisés dentés, le moyen assez longuement pétiolulé; les supérieures à segments linéaires. Pédoncules sillonnés. *Calice étalé.* Carpelles glabres, finement ponctués, à bec assez long recourbé. Réceptacle un peu velu. ♃. Avril-septembre.

CC. — Prés humides, champs cultivés, coteaux secs.

Var. 6. *erectus* (DC.; Brébiss. *Fl.*). — Tiges non radicantes, dressées.

13. R. bulbosus L. *Sp.* — Pl. velue. *Souche bulbiforme.* Tige de 1-5 déc., dressée, pluriflore. Feuilles inférieures pinnatiséquées, à segments tripartits, incisés dentés, le moyen pétiolulé; les supérieures à segments linéaires. Pédoncules sillonnés. *Calice réfléchi.* Carpelles glabres, à bec court recourbé. Réceptacle un peu velu. ♃. Mai-août.

CC. — Prés humides, bords des chemins, coteaux secs.

S.-v. *parvulus* (Coss. et Germ. *Fl.*). — Tige naine, très-velue, subuniflore. — Terrains secs.

14. R. Philonotis Ebrh. *Beitr*. — *R. hirsutus*. Curt. *Lond*. — *Pl. velue, d'un vert jaunâtre*. Racine fibreuse. Tiges de 1-5 déc., rameuses, dressées ou étalées diffuses, ord. pluriflores. Feuilles tripartites ou triséquées ; les inférieures à segments obtus, incisés dentés, le moyen ord. pétiolulé ; les supérieurs à segments linéaires. Pédoncules sillonnés. Fleurs d'un jaune pâle. Calice réfléchi. *Carpelles* en capitule globuleux, petits, nombreux, *tuberculeux près du bord*, à bec court, large. Réceptacle velu. ①. Mai-août.

CC. — Marais, champs humides.

15. R. arvensis L. *Sp*. — Pl. un peu pubescente. Racine fibreuse. Tige de 2-4 déc., ord. solitaire, dressée, rameuse, pluriflore. Feuilles tripartites ou triséquées ; les inférieures à segments cunéiformes linéaires entiers ou incisés ; les supérieures à segments multifides. Pédoncules non sillonnés. Fleurs petites d'un jaune pâle. Calice dressé ou étalé. *Carpelles 4-8, larges comprimés*, entourés d'un rebord saillant, *hérissés sur les faces de pointes épineuses*, à bec linéaire allongé presque droit. Réceptacle velu. ①. Juin-août.

CC. — Moissons. — *Intr*.

16. R. sceleratus L. *Sp*. — Pl. très-vénéneuse, presque glabre. Tige de 3-7 déc., dressée fistuleuse, très-rameuse, multiflore. Feuilles inférieures 3-5-partites, à lobes incisés crénelés ; les supérieures tripartites, à lobes linéaires. Pédoncules sillonnés. Fleurs petites, d'un jaune pâle. Calice réfléchi. Pétales égalant à peine les sépales. *Carpelles en capitule oblong saillant hors de la corolle*, petits, nombreux, finement rugueux, à bec presque nul. ①. Mai-juin.

A.C. — Marais, fossés, lieux fangeux. — Abbeville ; Drucat ; Laviers ; Saint-Quentin-en-Tourmont ; Le Hourdel ; Bernay ; Gamaches ; Picquigny ; Hamel près Thiepval ; Aveluy ; Camon, Longpré près Amiens, Boves, Fouencamps, Fossemanant, Hangest-sur-Somme (*E. Gonse*) ; Mautort près Abbeville (*T.C.*) ; Le Mesge, Ailly-sur-Somme, Renancourt près Amiens (*Rom.*) ; Fortmanoir (*R. Vion*) ; Guerbigny (*Guilbert*).

7. FICARIA Dill. *Nov. Gen.*

Sépales ord. *3. Pétales 6-10*, munis à la base d'une fossette nectarifère. Carpelles nombreux, lisses, ovoïdes obtus. — Pl. glabre. Fleurs d'un jaune doré, souv. verdâtres en dehors, solitaires à l'extrémité de pédoncules axillaires.

1. F. ranunculoides Mœnch. *Méth*. — Souche à *fibres radicales charnues*, oblongues obtuses. Tiges de 1-2 déc., couchées ou ascendantes. Feuilles luisantes, épaisses, réniformes ou ovales cordiformes crénelées ou obscurément lobées, à pétiole engaînant, souv. munies de bulbilles à leur aisselle. Pédoncules sillonnés. Carpelles en capitule globuleux. ♃. Mars-mai.

CC. — Lieux humides ombragés, bords des eaux.

B. *Carpelles polyspermes déhiscents.*

8. CALTHA L. *Gen.*

Sépales 5, colorés. Corolle nulle. Carpelles 5-10 libres, verticillés à bec courbé. — Pl. glabre. Fleurs grandes d'un jaune doré, presque régulières, solitaires à l'extrémité des pédoncules.

1. C. palustris L. *Sp.* — Souche à fibres épaisses. Tige de 2-4 déc., couchée ascendante, fistuleuse, rameuse supérieurement, pluriflore. Feuilles épaisses, réniformes suborbiculaires, crénelées ou dentées ; les inférieures longuement pétiolées. ♃. Avril-juin.

CC. — Prairies humides, lieux marécageux.

9. HELLEBORUS L. *Gen.*

Sépales 5, ord. verdâtres, persistants. *Pétales 5-10, très-petits, tubuleux,* beaucoup plus courts que les sépales. Carpelles 2-5, comprimés, coriaces, libres ou adhérents à la base, terminés par un long bec. Graines sur 2 rangs. — Pl. glabres. *Feuilles pédalées.* Fleurs presque régulières, penchées, ord. disposées en corymbe terminal rameux.

1 { Tiges feuillées, à feuilles inférieures caduques. Pédoncules munis de bractées ovales . . . . . 1. *H. fœtidus.*
Tiges feuillées seulement à partir des rameaux. Pédoncules munis de feuilles palmatipartites. . 2. *H. viridis.*

1. H. fœtidus L. *Sp.* — Pl. à odeur fétide. Souche terminée en racine épaisse. Tiges de 3-6 déc., persistant pendant l'hiver, dressées, robustes, rameuses, multiflores. Feuilles toutes caulinaires, coriaces, d'un vert sombre, à segments oblongs linéaires aigus, dentés en scie, ord. libres jusqu'à la base ; les feuilles inférieures caduques. *Rameaux et pédoncules munis de bractées* larges *ovales* d'un vert pâle, entières ou les inférieures bi-trifides. Sépales concaves, dressés, verdâtres, souv. bordés de rouge, égalant les étamines. Graines noires luisantes. ♃. Mars-mai.

R. — Bois arides et pierreux. — Bois de la Cavette près Bouttencourt; forêt d'Arguel près Senarpont; bois de Lozières près

Jumel, bois de Fluy (*Richer*); Bailleul (*Dufourny*); Hébécourt, Courcelles-sous-Thoix (*E. Gonse*); Bovelles, Ailly-sur-Somme, bois du Quesnoy près Airaines (*Rom.*); Dury (*Garnier*); Querrieux, Boves, Le Gard, Notre-Dame-de-Grâce (*P. Fl.*).

2. H. viridis L. *Sp.* — Souche à rhizome court, noirâtre. Tiges de 3-5 déc., annuelles, dressées, pauciflores, feuillées seulement à partir des rameaux. Feuilles d'un vert clair ; les radicales à segments oblongs lancéolés dentés en scie, les latéraux confluents à la base. *Rameaux et pédoncules munis de feuilles palmatipartites.* Sépales verdâtres, étalés, dépassant les étamines. ♃. Mars-mai.

R. — Haies, vergers, anciens jardins. — *Intr.* — Pl. employée dans la médecine vétérinaire. — Yonval près Cambron ; Behen ; Quend ; Yonville près Citernes (*Rom.*); Hocquincourt (*Dufourny*); Doudelainville (*Boyenval*); Vismes-au-Val, Martainneville, Maisnières, Ribemont-sur-l'Ancre (*Guilbert*); Lucheux (*Demailly*); Monflières près Bellancourt (*T.C.*; *Baill.* Herb.; *B. Extr. Fl.*); Villers-sur-Mareuil (*B.* Herb.); Oresmaux (*P. Fl.*).

10. AQUILEGIA L. *Gen.*

Sépales 5, colorés. *Pétales 5 en forme de cornets prolongés inférieurement en éperon* creux recourbé en dedans. Étamines intérieures stériles, transformées en appendices entourant l'ovaire. Carpelles 5, libres ou réunis à la base, à bec long grêle. — Pl. un peu pubescente. Fleurs régulières bleues, rar. blanches, penchées, terminales, solitaires ou en panicule lâche.

1. A. vulgaris L. *Sp.* — Souche épaisse. Tiges de 4-8 déc., rameuses. Feuilles d'un vert pâle en dessous ; les inférieures longuement pétiolées bi-triséquées, à segments cunéiformes suborbiculaires, inégalement lobés ou incisés ; les supérieures subsessiles triséquées. Fleurs grandes, peu nombreuses. Carpelles pubescents. ♃. Juin-juillet.

A.C. — Bois montueux. — Caubert près Abbeville ; Limeux ; Caumondel près Huchenneville ; Bailleul ; Mareuil ; forêt d'Arguel près Senarpont ; bois du Chaussoy à Drucat ; Neuilly-l'Hôpital ; forêt de Crécy ; Yvrencheux ; Vron ; Franqueville ; Wailly ; Jumel ; La Faloise ; Le Cardonnois près Montdidier, Sainte-Segrée, Thieulloy-la-Ville, Vignacourt, Yzeux, Creuse (*E. Gonse*); Ailly-sur-Somme, Bovelles (*Rom.*); Argoules (*de Beaupré*); Esmery, Querrieux (*Garnier*); Essertaux, Ailly-sur-Noye (*Copineau*); forêt de Lucheux (*Demailly*); Picquigny (*Joffroy et Hutin*); Boves (*R. Vion*); Villers-Tournelle, Coullemelle, Guerbigny, Ribemont-sur-l'Ancre (*Guilbert*); Dury (*P. Fl.*); Bray-lès-Mareuil (*B.* Herb.).

RENONCULACÉES.

11. DELPHINIUM L. *Gen.*

Sépales 5, colorés, inégaux, le supérieur prolongé à la base en éperon creux. — Pétales 4, réunis, prolongés en un éperon inclus dans l'éperon du calice. Carpelles 1-3, à bec grêle. — Feuilles multiséquées. Fleurs irrégulières, ord. bleues, en grappe ou en panicule lâche.

1. D. Consolida L. *Sp.* — (Vulg. *Pied-d'allouette des champs*). — Tige de 2-5 déc., grêle, dressée, rameuse à rameaux étalés. Feuilles à segments décomposés en lobes linéaires. Pédoncules filiformes, étalés, dépassant les bractées. Carpelle ord. 1, glabre. ♃. Juin-juillet.

A.C. — Moissons. — *Intr.* — Huchenneville; Bray-lès-Mareuil; Cambron; Drucat; Yvrench; Dury, Saint-Fuscien, Bacouel, Hangest-sur-Somme, Ailly-sur-Somme, Ailly-sur-Noye, La Faloise, Villers-Bocage, Le Bosquel, Boves, Vignacourt (*E. Gonse*); Coullemelle, Guerbigny (*Guilbert*).

12. ACONITUM L. *Gen.*

Sépales 5, colorés, très-inégaux; le supérieur dressé, concave, en forme de capuchon couvrant la corolle. Pétales 2-5, inégaux; les 2 supérieurs longuement onguiculés, disposés au sommet en cornet renversé; les 3 inférieurs linéaires, très-petits ou nuls. Carpelles 3-5 libres, à bec grêle. — Pl. vénéneuse, presque glabre. Feuilles palmatiséquées. Fleurs irrégulières, bleues, en grappe terminale allongée.

1. A. Napellus L. *Sp.* — Souche à racines munies de 2-3 tubercules allongés. Tiges de 6-10 déc., dressées, simples ou un peu rameuses. Feuilles à segments cunéiformes bi-tripartits, à lobes oblongs incisés. Carpelles glabres, appliqués contre l'axe de l'épi à la maturité. ♃. Juillet-septembre.

RR. — Lieux ombragés, prairies humides, voisinage des habitations. — *Intr.* — Pâtures à Villers-sur-Mareuil et à **Huppy**; forêt de Crécy (*P. Fl. et Herb.; Baill. Herb.; B. Extr. Fl.*). — Nous regardons comme accidentelle la présence de cette espèce dans la forêt de Crécy.

C. *Carpelle solitaire, bacciforme, indéhiscent.*

13. ACTÆA L. *Gen.*

Sépales 4, blanchâtres. Pétales 4. *Carpelle bacciforme, uniloculaire, polysperme.* — Pl. glabre. Feuille bi-tripinnatiséquées. Fleurs petites, blanches, régulières en grappes courtes, longuement pédonculées.

1. A. spicata L. *Sp.* — Tige de 4-8 déc., dressée, simple, nue inférieurement. Feuilles minces, luisantes, longuement pétiolées, à segments pétiolulés ovales oblongs, incisés dentés. Fleurs disposées ord. en 2 grappes, l'une opposée à la feuille supérieure, l'autre axillaire, souv. avortée. Pétales spatulés atténués en onglet, qqf. nuls. Baie noire. ♃. Mai-juin.

RR. — Bois montueux ombragés. — Wailly ; forêt d'Arguel près Senarpont ; bois de La Motte à Cambron (*T.C.* ; *Baill.* Herb.) ; Ailly-sur-Noye (*R. Vion*) ; Dury (*E. Gonse*) ; bois Brulé près Amiens (*Garnier*) ; Querrieux (*P.* Herb.) ; Cagny (*P. Fl.*).

II. BERBÉRIDÉES.

Fleurs régulières. Calice à 6 sépales colorés, muni d'écailles extérieurement. Corolle à 6 *pétales disposés sur 2 rangs*, munis à la base interne de 2 petites glandes. Etamines 6, à filets aplanis, opposées aux pétales. Anthères biloculaires. Stigmate subsessile, suborbiculaire. Baie uniloculaire, ord. 2 sperme. — *Arbrisseau* épineux. Feuilles dentées, fasciculées. Fleurs jaunes.

1. BERBERIS L. Gen.

Caractères de la famille.

1. B. vulgaris L. *Sp.* — (Vulg. *Epine-Vinette*). — Arbrisseau de 1-3 mètres, à écorce grisâtre, très-rameux. Feuilles simples, obovales cunéiformes, dentées ciliées, fasciculées à l'aisselle d'une épine ord. tripartite. Fleurs en grappes axillaires, multiflores, pendantes. Baie ovoïde, oblongue, rouge, à suc acide. ♄. Fl. mai-juin. Fr. septembre-octobre.

R. — Haies, buissons. — Subspontané. — Fréquemment planté dans les parcs.

III. NYMPHÉACÉES.

Fleurs régulières. Calice à 4-5 sépales. Corolle à *pétales nombreux sur 2 ou plusieurs rangs. Etamines nombreuses à filets pétaloïdes*, insérées en spirale sur les parois de l'ovaire. Anthères adnées. Stigmates rayonnants. *Fruit charnu* pulpeux, indéhiscent, *à loges nombreuses* polyspermes. — *Pl. aquatiques, à rhizones rampants au fond de l'eau.* Feuilles toutes radicales, longuement pétiolées, nageantes.

Fleurs très-*grandes*, blanches ou jaunes, *nageantes*, solitaires au sommet des pédoncules.

1 { Fleurs blanches. Calice à 4 sépales . . . . Nymphæa (1).
  { Fleurs jaunes. Calice à 5 sépales . . . . . . Nuphar (2).

1. NYMPHÆA Sibth. et Sm. *Prodr. fl. Græc.*

Sépales 4. Pétales sur plusieurs rangs, dépourvus de fossette nectarifère. Fruit subglobuleux, portant à la maturité des cicatrices produites par la chute des pétales et des étamines. — *Fleurs blanches* très-grandes.

1. N. alba L. *Sp.* — (Vulg. *Nénuphar*). — Feuilles très-grandes, à pétiole cylindrique, nageantes, suborbiculaires, profondément cordées à lobes rapprochés, épaisses, coriaces, luisantes en dessus, qqf. pourprées en dessous. Sépales ovales lancéolés, plans, verdâtres en dehors, blancs en dedans, caducs. Pétales extérieurs égalant le calice, les intérieurs plus petits. ♃. Juin-septembre.

A.C. — Eaux tranquilles, tourbières. — Abbeville ; Mareuil ; Bray-lès-Mareuil ; Arry ; Villers-sur Authie ; Rue ; Longpré-les-Corps-Saints ; Aveluy ; Authuille ; Thiepval ; Suzanne ; Cambron (*T.C.*) ; Ailly-sur-Somme, Rivery, Renancourt et Saint-Maurice près Amiens (*Rom.*) ; Villers-Tournelle, Guerbigny (*Guilbert*).

2. NUPHAR Sibth. et Sm. *Prodr. fl. Græc.*

Sépales 5. Pétales sur 2 rangs, munis sur le dos d'une fossette nectarifère. Fruit subglobuleux, lisse, rétréci au sommet. — *Fleurs jaunes*, grandes.

1. N. luteum Sibth. et Sm. loc. cit. — (Vulg. *Nénuphar jaune*). — Feuilles à pétiole obscurément trigone au sommet, les unes nageantes, ovales orbiculaires, profondément cordées, à lobes un peu divergents, les autres submergées molles, minces, plissées ondulées. Sépales suborbiculaires, concaves, verdâtres en dehors, jaunes en dedans. Pétales beaucoup plus courts que le calice. ♃. Juin-septembre.

C. — Eaux profondes, tourbières, rivières.

IV. PAPAVÉRACÉES.

Fleurs régulières. *Calice à 2 sépales* concaves, caducs. *Corolle à 4 pétales*, chiffonnés dans le bouton, caducs. Etamines libres, ord. en nombre indéfini. Stigmates 4-12 sessiles, rayonnants, ou 2 plus ou moins réunis. Capsule polysperme, subglobuleuse, claviforme, ou linéaire en forme de silique. — *Pl.* herbacées *à suc laiteux* narcotique ou acre. Feuilles alternes sinuées ou plus ou moins profondément divisées.

1 { Capsule subglobuleuse ou claviforme. Stigmates 4-15. . . . . Papaver (1).
Capsule en forme de silique. Stigmates 2 2

2 { Silique de 3-5 cent. Fleurs en ombelle pauciflore. . . . . Chelidonium (2).
Silique de 10-20 cent. Fleurs subsolitaires terminales. . . . . Glaucium (3).

1. PAPAVER Tourn. *Inst.*

Stigmates 4-15 disposés en rayons et formant un plateau orbiculaire, couronnant et débordant l'ovaire. *Capsule globuleuse ou claviforme,* glabre ou hispide, uniloculaire, présentant qqf. des cloisons incomplètes, s'ouvrant par des pores au-dessous des stigmates. — Pl. à suc laiteux blanc. Feuilles ord. velues. Fleurs ord. solitaires, penchées avant la floraison.

1 { Capsule hispide 2
Capsule glabre. 3

2 { Capsule ovoïde subglobuleuse . . . . . 2. *P. hybridum.*
Capsule claviforme allongée . . . . . . 1. *P. Argemone.*

3 { Capsule claviforme . . . . 3. *P. dubium.*
Capsule subglobuleuse 4

4 { Pl. hérissée de poils raides . . . . 4. *P. Rhœas.*
Pl. ord. glabre, très-glauque . . . . . 5. *P. somniferum.*

* *Capsule hispide.*

1. P. Argemone L. *Sp.* — Pl. hérissée de poils raides étalés ou dressés. Tiges de 2-4 déc., rameuses, dressées ou ascendantes. Feuilles bipinnatipartites, à lobes linéaires aigus. Fleurs petites. Sépales munis de poils peu nombreux. Pétales d'un rouge pâle, tachés de noir à l'onglet. Filets des étamines épaissis supérieurement. Stigmates 4-6. *Capsule claviforme allongée, hérissée* de poils raides arqués dressés. Plateau stigmatifère sinué non lobé. ①. Juin-août.

A.C. — Moissons des terrains calcaires, vieux murs, champs en friche. — *Intr.* — Caumondel près Huchenneville; Bray-lès-Mareuil; Caubert près Abbeville; Behen; Yvrench; Noyelles-sur-Mer; Saint-Valery; Jumel; Aveluy; Bovelles, Yonville près Citernes (*Rom.*); Boves, Gentelles, Dury, Ailly-sur-Noye, Namps-au-Mont, Poix (*E. Gonse*); Saint-Fuscien (*F. Debray*); Cambron (*T.C.*).

2. P. hybridum L. *Sp.* — Tige de 2-5 déc., dressée, raide, peu velue. Feuilles bipinnatipartites, à lobes linéaires aigus. Sépales hérissés. Pétales d'un rouge vineux, tachés de noir à l'onglet. Filets des étamines épaissis supérieurement. Stigmates 4-6. *Capsule ovoïde subglobuleuse, hérissée de poils raides jaunâtres, étalés arqués.* Plateau stigmatifère sinué non lobé. ①. Juin-août.

A.R. — Moissons, champs en friche. — *Intr.* — Caumondel près Huchenneville ; Picquigny ; Saint-Valery ; Mers ; Jumel ; Port (*H. Sueur*) ; Bovelles ; Saisseval, Frucourt (*Rom.*) ; Saint-Roch et Petit-Saint-Jean près Amiens (*Richer*) ; Hangest-sur-Somme, Bourdon, Longpré près Amiens, Saint-Fuscien, Dury, Villers-Bretonneux, Ailly-sur-Noye, Pont-Noyelles, Saleux, Namps-au-Val (*E. Gonse*) ; Ailly-sur-Somme (*Joffroy* et *Hutin*) ; faubourg du Bois à Abbeville (*Baill.* Herb.) ; Epagne (*B. Extr.* Fl.) ; Caubert près Abbeville, Caux, Laviers, Molliens-Vidame (*P.* Fl.).

** *Capsule glabre.*

3. P. dubium L. *Sp.* — Tige de 2-5 déc., dressée, rameuse. Feuilles pinnatipartites, à lobes courts incisés dentés. Pédoncules longs, munis de poils ord. appliqués. Fleurs rouges. Filets des étamines filiformes. Stigmates 5-8. *Capsule allongée claviforme.* Plateau stigmatifère crénelé lobé, à lobes courts. ①. Juin-août.

A.R. — Moissons des terrains calcaires, lieux sablonneux, vieux murs. — *Intr.* — Bray-lès-Mareuil ; Caumondel près Huchenneville ; les Alleux près Behen ; remparts d'Abbeville ; le Crotoy ; bois du cap Hornu près Saint-Valery ; Ham ; Aveluy ; Gauville ; Bovelles, Yonville près Citernes (*Rom.*) ; Saint-Ouen ; Saint-Fuscien, Prouzel, Longueau, Sainte-Segrée, Saint-Germain-sur-Bresle (*E. Gonse*) ; Ailly-sur-Somme (*Joffroy* et *Hutin*) ; faubourg Saint-Pierre à Amiens (*P.* Fl.).

4. P. Rhœas L. *Sp.* — (Vulg. *Coquelicot*). — Pl. hérissée de poils raides, ord. étalés. Tige de 4-6 déc., dressée, rameuse. Feuilles variables ord. pinnatipartites, à lobes lancéolés aigus incisés dentés. Fleurs grandes. Pétales d'un rouge écarlate ord. tachés de noir vers l'onglet. Filets des étamines filiformes. Stigmates 8-10. *Capsule subglobuleuse.* Plateau stigmatifère lobé, à lobes se recouvrant par les bords. ①. Juin-août.

CC. — Moissons, champs en friche. — *Intr.*

Var. β. *strigosum* (Bœnnigh. *Prodr.* ; Koch. *Syn.*). — Poils des pédoncules et des sépales apprimés. — A.R. — Mêlé avec le type.

† **5. P. somniferum** L. *Sp.* — (Vulg. *Œillette*). — Pl. ord. glabre, glauque. Tige de 6-12 déc., dressée, peu rameuse. Feuilles sinuées, dentées ; les caulinaires cordées amplexicaules. Fleurs grandes. Pétales d'un blanc violacé, tachés de noir à l'onglet. Filets des étamines épaissis au sommet. Stigmates

8-15. *Capsule très-grosse, globuleuse ou oblongue subglobuleuse*. Plateau stigmatifère lobé, à lobes profonds écartés. ①. Juin-août.

Cultivé en grand pour ses graines oléagineuses.

2. CHELIDONIUM Tourn. *Inst*.

Stigmates 2. Capsule linéaire en forme de silique, uniloculaire, à 2 valves s'ouvrant de la base au sommet. Graines sur 2 rangs, munies d'une petite crête glanduleuse. — Pl. vivace à suc d'un jaune orangé. Feuilles pinnatiséqués. *Fleurs jaunes.*

1. C. majus L. *Sp*. — (Vulg. *Grande-Eclaire*). — Tiges de 3-8 déc., dressées, noueuses, munies de poils épars. Feuilles molles, glabres, glauques en dessous, à segments ovales, incisés crénelés. Fleurs inégalement pédonculées, en ombelles pauciflores. Filets des étamines épaissis au sommet. Capsule de 3-5 cent., lisse. Graines olivâtres luisantes, alvéolées. ♃. Avril-septembre.

C. — Lieux couverts, haies, décombres. — *Ind.?*

3. GLAUCIUM Tourn. *Inst*.

Stigmates 2. Capsule linéaire très-allongée en forme de silique biloculaire à 2 valves s'ouvrant du sommet à la base. Graines sur 1 rang. — *Pl*. bisannuelle, *glauque*, à suc d'un jaune orangé. Feuilles pinnatifides ou pinnatipartites. *Fleurs jaunes.*

1. G. flavum Crantz *Austr*. — *G. luteum* Scop. *Carn*. — *Chelidonium Glaucium* L. *Sp*. — (Vulg. *Pavot cornu*). — Tiges de 3-7 déc., robustes, ord. dressées, rameuses. Feuilles épaisses, velues ; les inférieures pétiolées, à lobes sinués dentés ; les supérieures sessiles amplexicaules. Pédoncules courts, uniflores. Fleurs grandes, subsolitaires terminales. Capsule de 10-20 cent. arquée, rude, tuberculeuse. ②. Juin-août.

A.R. — Falaises calcaires, galets maritimes, digues. — Laviers ; Saint-Valery ; Cayeux-sur-Mer ; Le Hourdel ; Mers ; Ault ; Le Crotoy ; dunes de Saint-Quentin-en-Tourmont ; Hautebut près Woignarue (*F. Debray*).

V. FUMARIACÉES.

Fleurs irrégulières. Calice à *2 sépales* pétaloïdes, caducs. Corolle à 4 pétales irréguliers, libres ou adhérents inférieurement, le supérieur plus grand, prolongé à la base en bosse ou en éperon. Étamines 6, à filets réunis en deux faisceaux opposés. Anthères extrorses, les 2 latérales de chaque faisceau uniloculaires, la moyenne biloculaire. Style filiforme. Fruit uniloculaire monosperme indéhiscent, globuleux ou subglobuleux, ou polysperme déhiscent bivalve, en forme de silique. — *Pl.* ord. glauques, *à suc aqueux* amer. Feuilles pétiolées, alternes. *Fleurs en grappes.*

1
  - Fruit polysperme, déhiscent, en forme de silique. . . . . Corydalis (1).
  - Fruit monosperme, indéhiscent, globuleux ou subglobuleux . . . . Fumaria (2).

1. CORYDALIS DC. Syst.

Pétale supérieur prolongé à la base en un long éperon. *Fruit* polysperme *déhiscent, bivalve,* en forme de silique. — Pl. vivace. Feuilles bi-triséquées.

1. C. solida Sm. *Fl. Brit.* — *Souche en forme de bulbe* globuleux solide. *Tiges* de 1-3 déc., dressées, *munies d'une écaille* au-dessous des feuilles. Feuilles glabres, pétiolées, à segments pétiolulés ovales cunéiformes, incisés dentés. Bractées incisées digitées. Fleurs purpurines en grappe simple terminale. ♃. Avril-mai.

RR. — Lieux couverts, haies. — *Intr.* — Rateauville et Les Préaux près Argoules; ancienne houblonnière de l'abbaye de Valoires (*de Beaupré*); Arry (Not. in *Baill.* Herb.).

Nous avons remarqué sur un mur à Saint-Valery le *C. lutea* (DC. *Fl. Fr.*), espèce subspontanée qui se naturalise qqf. sur les vieilles murailles (*Lloyd* Fl.; *Brébiss.* Fl.). Il se reconnaît à sa souche cespiteuse, ses tiges rameuses diffuses, ses pétioles non tortiles et ses fleurs jaunes.

2. FUMARIA L. Gen.

Pétale supérieur prolongé à la base en bosse ou en éperon court. *Fruit* monosperme *indéhiscent,* globuleux ou subglobuleux (1). — Pl. annuelles à suc amer. Tiges molles rameuses, diffuses, qqf. grimpantes. Feuilles bi-tripinnatiséquées, à pétioles qqf. tortiles accrochants.

1
  - Sépales plus larges que la base de la corolle 2
  - Sépales plus étroits que la base de la corolle 3

2
  - Pédicelles fructifères dressés . . . . . . *6. F. densiflora.*
  - Pédicelles fructifères étalés ou recourbés . . *5. F. Borœi.*

(1) N'étudier les fruits des *Fumaria* qu'à leur parfaite maturité.

	Sépales n'égalant pas le tiers de la longueur de la corolle.	4
3	Sépales égalant ou dépassant le tiers de la longueur de la corolle.	5

	Fruit globuleux apiculé. Sépales plus larges que le pédicelle . . . . 2. *F. parviflora*.
4	Fruit globuleux non apiculé. Sépales plus étroits que le pédicelle . . . . 3. *F. Vaillantii*.

5 { Fruit plus large que long, un peu émarginé. *1. F. officinalis*.
    Fruit globuleux, ni apiculé ni émarginé. *4. F. capreolata*.

1. F. officinalis L. *Sp.* — (Vulg. *Fumeterre*). — Tiges de 2-6 déc. Feuilles à segments linéaires oblongs plans. Fleurs ord. purpurines en grappes assez lâches multiflores. *Sépales ovales lancéolés, plus étroits que la base de la corolle, égalant le tiers de sa longueur. Fruit plus large que long, un peu émarginé.* ①. Mai-octobre.

CC. — Lieux cultivés, moissons, bords des chemins. — *Intr.*

S.-v. *scandens* (Coss. et Germ. *Fl.* — *F. media* Lois. *Not.*). — Feuilles à pétioles tortiles. — A.R. — Haies, buissons, champs de Lin. — Les Croisettes près Behen; Drucat; Bovelles (*Rom.*).

2. F. parviflora Lmk. *Encyc.* méth. — Tiges de 1-5 déc. Feuilles à segments linéaires aigus, canaliculés. Fleurs blanches, tachées de pourpre au sommet, en grappes pauciflores. *Sépales ovales aigus, incisés dentés, plus larges que le pédicelle, beaucoup plus courts que la corolle. Fruit globuleux apiculé.* ①. Juin-septembre.

A.C. — Moissons, lieux incultes, bords des chemins. — *Intr.* — Caumondel et Inval près Huchenneville; Bray-lès-Mareuil; Erondelle; Drucat; Pont-Remy; La Faloise; Wiry-au-Mont; Gauville; Dury; Saint-Fuscien, Sainte-Segrée, Villers-Bretonneux (*E. Gonse*); Marest-Montiers (*Guilbert*); Cambron, Amiens (*T.C.*); Ferrières, Saisseval (*Rom.*); Epagne, Nampont (*B. Extr. Fl.*).

S.-v. *scandens*. — Feuilles à pétioles tortiles. — R. — Bovelles (*Rom.*).

3. F. Vaillantii Lois. *Not.* — Tiges de 1-5 déc. Feuilles à segments linéaires aigus, plans. Fleurs purpurines en grappes lâches, pauciflores. *Sépales plus étroits que le pédicelle, beaucoup plus courts que la corolle. Fruit globuleux, non apiculé.* ①. Juin-septembre.

A.R. — Moissons des terrains calcaires, champs en friche. — *Intr.* — Bray-lès-Mareuil; Huchenneville; Bailleul; Erondelle; Senarpont; Bernapré; Bonneville; Ancennes près Bouillencourten-Sery; Francières; Pont-Remy; le Hourdel; La Faloise; Ailly-sur-Somme, Bovelles (*Rom.*); Amiens, Dury, Bacouel (*E. Gonse*); Le Mesnil-Bruntel (*F. Debray*); Laviers (*Baill.* Herb.).

4. F. capreolata L. *Sp.* — *Tiges* de 3-10 déc., couchées étalées, souv. *grimpantes*. Feuilles à pétioles tortiles, à segments obovales. *Fleurs blanches ou rosées*, en grappes lâches. Sépales ovales aigus, denticulés, égalant environ la moitié de la longueur de la corolle. *Pédicelles fructifères* ord. *recourbés*. Fruit globuleux, non apiculé. ①. Mai-septembre.

RR. — Lieux couverts, haies. — *Intr.* — Saint-Maurice près Amiens (*Rom.*); Long (*P. F.*). — Assez commun dans les haies de la ville d'Eu (Seine-Inférieure).

5. F. Borœi Jord. *Cat. Grenob.*; Boreau *Fl.*; Brébiss. *Fl.*; Lloyd *Fl.* — F. Bastardi Jord. *Cat. Dij.* — Tiges de 3-6 déc. Feuilles à segments ovales ou oblongs. *Fleurs* en grappes lâches, à *corolle* assez grande *rose, pourpre au sommet*, plus pâle dans les fleurs tardives. *Sépales* largement ovales aigus incisés dentés inférieurement, *plus larges que la base de la corolle*, égalant au moins le tiers de sa longueur. *Pédicelles fructifères étalés ou un peu recourbés*. Fruit globuleux, un peu plus long que large, très-obtus. ①. Juin-septembre.

RR. — Terrains en friche. — *Intr.* — Ancienne garenne près l'étang du Gard à Villers-sur-Authie.

6. F. densiflora DC. *Cat. Monsp.* — Tiges de 2-6 déc. Feuilles à segments linéaires un peu canaliculés. Fleurs roses ou purpurines en grappes allongées, multiflores denses. *Sépales* suborbiculaires, denticulés, *beaucoup plus larges que la base de la corolle. Pédicelles fructifères dressés*. Fruit globuleux, non apiculé. ①. Juin-septembre.

C. — Lieux cultivés, bords des moissons, coteaux secs. — *Intr.* — Bienfay près Moyenneville; Huchenneville; Behen; Epagne; Erondelle; Drucat; Mers; La Faloise; Wiry-au-Mont; Amiens; Sainte-Segrée; Cagny; Boves; Villers-Bretonneux (*E. Gonse*); Bovelles; Guignemicourt; Rivery (*Rom.*); Laviers (*Baill. Herb.*).

S.-v. scandens. — Feuilles à pétioles tortiles. — *A.R.* — Lieux herbeux, champs cultivés. — Ancienne gare du chemin de fer à Abbeville; Drucat; Limercourt près Huchenneville; Bouillencourt-en-Sery (*Rom.*).

VI. CRUCIFÈRES.

Fleurs ord. régulières. Calice à *4 sépales* égaux ou presque égaux, les extérieurs qqf. gibbeux à la base. Corolle à *4 pétales disposés en croix*, ord. égaux, onguiculés, rar. nuls par avortement. *Etamines* ord. *6.*; 2 plus courtes, solitaires, opposées aux sépales extérieurs et *4 plus longues, géminées, opposées aux sépales intérieurs* (Et. tétradynames). Anthères biloculaires. Style 1 ; stigmate entier ou bilobé. Fruit sec, allongé (*silique*), ou court (*silicule*), déhiscent, à 2 loges séparées par une fausse cloison, polyspermes ou monospermes, s'ouvrant en 2 valves de la base au sommet, ou indéhiscent à 1-2 loges monospermes, rar. se partageant en articles transversaux monospermes. — Pl. herbacées rar. sous-frutescentes, à suc aqueux ord. piquant, comprenant plusieurs espèces officinales et alimentaires. Feuilles alternes, sans stipules. Fleurs disposées en grappes s'allongeant ord. après la floraison.

1. Fruit beaucoup plus long que large (*silique*). SILIQUEUSES. 2
   Fruit ord. à peine plus long que large (*silicule*). SILICULEUSES. 16

2. Silique indéhiscente, articulée moniliforme ou non articulée, spongieuse, renflée . . . . . . RAPHANUS (15).
   Silique déhiscente s'ouvrant en 2 valves 3

3. Graines sur 2 rangs dans chaque loge 4
   Graines sur un seul rang 7

4. Silique subcylindrique à valves ord. dépourvues de nervures . . . . NASTURTIUM (6).
   Silique plus ou moins comprimée à valves ord. nervées. 5

5. Pl. munie de poils raides. Fleurs en grappe feuillée. . . . . BRAYA (9).
   Pl. glabres ou un peu velues. Fleurs en grappe non feuillée 6

6. Fleurs blanchâtres. Silique à valves planes. TURRITIS (7).
   Fleurs jaunes. Silique à valves convexes. DIPLOTAXIS (12).

7. Silique terminée par un bec plus ou moins long 8
   Silique à bec court ou nul 10

8. Valves munies de 3-5 nervures dorsales saillantes. . . . . SINAPIS (14).
   Valves munies d'une nervure dorsale saillante 9

9. Silique à bec conique . . . . BRASSICA (13).
   Silique à bec allongé . . . . BARBAREA (2).

10. Valves munies de 3 nervures . . . . . SISYMBRIUM (8).
    Valves munies d'une nervure dorsale saillante ou dépourvues de nervures 11

11. Fleurs jaunes 12
    Fleurs blanches, rosées ou violacées 13

12. Sigmate profondément bilobé, à lobes étalés . . . . CHEIRANTHUS (1).
    Sigmate entier . . . . ERYSIMUM (10).

13. Stigmate à 2 lamelles dressées . . . . . HESPERIS (11).
    Stigmate entier ou à peine émarginé 14

14. Souche charnue écailleuse. Feuilles portant souv. des bulbilles à leur aisselle . . . . DENTARIA (4).
    Souche non charnue écailleuse. Feuilles sans bulbilles. 15

15	Silique à valves dépourvues de nervures. CARDAMINE (5). Silique à valves munies d'une nervure dorsale saillante. . . . . ARABIS (3).	
16	Silicule indéhiscente.	17
	Silicule déhiscente	21
17	Silicule indéhiscente, articulée	18
	Silicule indéhiscente, non articulée.	19
18	Silicule à 2 articles uniloculaires monospermes, le supérieur tétragone comprimé, ensiforme. . . CAKILE (29). Silicule à 2 articles, l'inférieur en forme de pédicelle, stérile, le supérieur globuleux. . . . . . CRAMBE (30).	
19	Silicule subsessile, bordée de pointes tuberculeuses en forme de crête. Tiges couchées. . . . SENEBIERA (26). Silicule plus ou moins longuement pédicellée, non bordée de pointes tuberculeuses en forme de crête. Tiges dressées	20
20	Silicule globuleuse à valves convexes, munie d'une nervure dorsale saillante . . . . NESLIA (28). Silicule ovale ou oblongue à valves naviculaires. ISATIS (27).	
21	Silicule comprimée par le dos à valves planes ou convexes. Cloison large.	22
	Silicule comprimée par les côtés à valves pliées naviculaires. Cloison étroite.	26
22	Filets des étamines ailés ou dentés. Plantes blanchâtres. . . . . ALYSSUM (16). Filets des étamines dépourvus d'ailes et de dents. Plantes non blanchâtres	23
23	Silicule oblongue comprimée à valves presque planes. . . . . DRABA (17). Silicule oblongue subglobuleuse ou obovoïde pyriforme à valves convexes	24
24	Silicule obovoïde pyriforme. . . . . CAMELINA (20).	
	Silicule oblongue subglobuleuse ou ovoïde	25
25	Fleurs blanches. . . . . COCHLEARIA (18). Fleurs jaunes. . . . . RORIPA (19).	
26	Filets des étamines munis d'une petite écaille blanche à la base. . . . . TEESDALIA (21). Filets des étamines dépourvus d'écaille.	27
27	Silicule à loges monospermes	28
	Silicule à loges polyspermes	29
28	Pétales égaux. . . . . LEPIDIUM (25). Pétales inégaux, les extérieurs plus grands. IBERIS (23).	
29	Silicule obovale ou suborbiculaire. Valves à carène ailée membraneuse . . . . THLASPI (22). Silicule triangulaire obcordée. Valves à carène non ailée. . . . . CAPSELLA (24).	

Siliqueuses.

Fruit linéaire lancéolé, beaucoup plus long que large (*silique*), déhiscent, très-rar. indéhiscent articulé ou spongieux renflé.

A. *Silique déhiscente.*

1. CHEIRANTHUS R. Br. in *Hort. Kew.*

Sépales dressés, les latéraux gibbeux à la base. Pétales longuement onguiculés. *Stigmate profondément bilobé, à lobes étalés.* Silique linéaire allongée, comprimée ; valves munies d'une nervure dorsale saillante. *Graines nombreuses sur un rang,* ovales comprimées. — Fleurs jaunes odorantes.

1. C. Cheiri L. *Sp.* — (Vulg. *Giroflée de muraille*). — Tige de 2-4 déc. dure, anguleuse, rameuse. Feuilles entières atténuées en pétiole, lancéolées aigues, pubescentes, puis glabres, d'un vert pâle en dessous, souv. persistant pendant l'hiver. Siliques dressées un peu pubescentes. ♃. Mars-juillet.

C. — Vieux murs. — *Intr.*

2. BARBAREA R. Br. in *Hort. Kew.*

Sépales dressés non gibbeux. Pétales longuement onguiculés. Stigmate entier ou à peine émarginé. *Silique* linéaire, *subcylindrique ;* valves convexes, munies d'une nervure dorsale saillante. *Graines sur un rang,* oblongues un peu comprimées. — Pl. glabre. Fleurs jaunes en grappes souv. allongées.

1. B. vulgaris R. Br. in *Hort. Kew.* — Tiges de 3-6 déc., dressées, anguleuses. *Feuilles inférieures pinnatipartites lyrées,* à lobe terminal plus grand, suborbiculaire un peu cordiforme, à lobes latéraux oblongs ; *les supérieures obovales, crénelées dentées.* Siliques courtes, dressées ou étalées, à bec allongé grêle. ♃. Mai-juillet.

A.C. — Lieux humides herbeux, bords des fossés et des cultures. — Marais Saint-Gilles, faubourg des Planches et ancienne gare à Abbeville ; Larronville près Rue ; Nampont ; Valloires près Argoules ; Drucat ; Aveluy ; Ham ; le Mesge, Bovelles, Renancourt près Amiens (*Rom.*) ; Pont-de-Metz, Bacouel, Hangest-sur-Somme, Pont-Noyelles, Querrieux (*E. Gonse*).

Var. ε. arcuata (Coss. et Germ. *Fl.*). — Fleurs en grappes plus lâches. Siliques jeunes arquées. — R. — Marais Saint-Gilles à Abbeville.

3. ARABIS L. *Gen.*

Sépales dressés. Stigmate ord. entier, presque sessile. *Silique* linéaire *comprimée; valves* planes, *munies d'une nervure dorsale plus ou moins saillante. Graines sur un rang,* comprimées étroitement bordées. — Pl. plus ou moins velues. Fleurs blanches ou roses.

1 { Feuilles caulinaires sagittées amplexicaules. 1. *A. sagittata.*
{ Feuilles caulinaires atténuées à la base. . 2. *A. arenosa.*

1. A. sagittata DC. *Fl. Fr.* — Tige de 2-5 déc., ord. simple, raide, dressée, couverte ainsi que les feuilles de poils rameux. *Feuilles* denticulées ; les radicales en rosette, oblongues atténuées en pétiole ; les *caulinaires* nombreuses, dressées contre la tige, *sagittées amplexicaules* à oreillettes ord. divergentes. Fleurs petites, blanches, en grappe très-allongée. Sépales égaux. *Siliques* nombreuses *dressées,* serrées contre la tige. Graines très-finement ponctuées. ②. Mai-juillet.

A.C. — Clairières des bois, prairies. — Bois de Limeux ; bois de Tachemont près Huchenneville ; Menchecourt près Abbeville ; Montrelet ; Boves ; Wailly ; Franqueville ; Cambron (*T.C.*) ; Saint-Maurice, Fortmanoir, Longueau, Bacouel, Cagny, la Faloise, Vignacourt, Sainte-Segrée (*E. Gonse*) ; Bovelles, Ailly-sur-Somme, Petit-Saint-Jean et Renancourt près Amiens (*Rom.*).

2. A. arenosa Scop. *Carn.* — Tiges de 1-3 déc., grêles, dressées, rameuses, couvertes de poils ord. simples. *Feuilles* couvertes de poils rameux ; les radicales en rosette, étalées, pétiolées, lyrées-pinnatifides, les *caulinaires atténuées à la base,* dentées ou entières. Fleurs d'un rose lilas, rar. blanches. Sépales latéraux gibbeux à la base. *Siliques étalées.* ②. Mai-juin.

RR. — Coteaux herbeux, bords des chemins et des lieux cultivés. — *Ind.?* — Namps-au-Val (*Richer ; E. Gonse*). — Cette espèce se rencontre aussi très-près de nos limites à Guimerville [Seine-Inférieure] (*Feuilloy*).

4. DENTARIA Tourn. *Inst.*

Sépales dressés. Style filiforme ; stigmate entier. Silique lancéolée, comprimée ; *valves* planes, *sans nervures,* s'enroulant ord. avec élasticité de la base au sommet. *Graines sur un rang,* comprimées. — Pl. presque glabre, à *rhizome charnu, écailleux,* fragile. Fleurs d'un lilas pâle ou blanches.

1. D. bulbifera L. *Sp.* — Tige de 3-7 déc., grêle, dressée, simple, nue inférieurement. *Feuilles* alternes, pétiolées ; les inférieures pinnatiséquées, à segments lancéolés aigus, lâchement dentés ; les *supérieures indivises, munies* ord. à *leur aisselle d'un bulbille arrondi*. Pétales à limbe oblong étalé, atténué en onglet. ♃. Avril-mai.

RR. — Forêts, bois couverts. — Bois de Boufflers ; forêt de Crécy où nous ne l'avons observé qu'une seule fois. — Cette espèce paraît être plus répandue non loin de Boufflers, mais en dehors nos limites dans les forêts de Labroye et d'Hesdin [Pas-de-Calais] (*Dovergne* Herb.).

5. CARDAMINE L. Gen.

Sépales étalés. Pétales ovales, qqf. oblongs entiers. Stigmate entier. *Silique linéaire comprimée ; valves* planes *sans nervures*, s'enroulant ord. avec élasticité de la base au sommet. *Graines sur un rang*, comprimées. — Pl. herbacées. Feuilles pinnatiséquées, à segment terminal plus grand. Fleurs blanches rar. d'un rose lilas.

1. { Pétales 2-3 fois plus longs que le calice 2
   { Pétales à peine une fois plus longs que le calice 3

2. { Feuilles toutes à segments ovales suborbiculaires sinués. Fleurs blanches . . . . 1. C. amara.
   { Feuilles supérieures à segments linéaires entiers. Fleurs d'un rose lilas . . . . 2. C. pratensis.

3. { Feuilles caulinaires à segments linéaires entiers, beaucoup plus petites que les radicales. Siliques dressées. 3. C. hirsuta.
   { Feuilles caulinaires à segments larges ovales, sinués, anguleux, au moins aussi grandes que les radicales. Siliques ascendantes sur les pédicelles étalées. . . . . 4. C. sylvatica.

Pétales 2-3 fois plus longs que le calice. Fleurs assez grandes.

1. C. amara L. *Sp.* — Souche à rhizome oblique. Tiges de 2-3 déc., dressées ou ascendantes, flexueuses, anguleuses sillonnées, glabres. *Feuilles à segments ovales suborbiculaires sinués dentés*. Pédicelles grêles étalés. *Fleurs blanches*. Anthères violettes. Silique à bec grêle aigu. ♃. Mai-avril.

RR. — Lieux humides, bords des eaux. — Bords de la rivière du Doigt à Abbeville ; Drucat ; la Bouvaque et Sur-Somme près Abbeville (*Picard*, Not. manuscr.) ; faubourg des Planches à Abbeville (*Baill.* Herb.).

2. C. pratensis L. *Sp.* — Souche courte à rhizome oblique, à fibres radicales nombreuses. Tiges de 2-3 déc., dressées ou ascendantes, glabres. *Feuilles* radicales à segments ovales suborbiculaires, sinués ou anguleux ; les *supé-*

rieures à *segments linéaires entiers*. Pédicelles étalés. *Fleurs d'un rose lilas,* rar. blanches, qqf. doubles. Anthères jaunes. Silique à bec court obtus. ♃. Avril-mai.

CC. — **Prés**, bois humides.

S.-v. *flore pleno*. — Fleurs doubles. — Marais de Villers sur-Authie ; Sur-Somme près Abbeville ; Hantecourt, Vismes-au-Val (*Guilbert*).

Var. δ. *latifolia* (P. *Fl.*). — Feuilles inférieures à segment terminal très-grand, réniforme. — A.R. — Forêt de Crécy ; bois du Seigneur à Cambron (*T.C.*) ; Villers-Bretonneux, Ailly-sur-Noye, Gentelles, Sainte-Segrée (*E. Gonse*).

** *Pétales à peine une fois plus longs que le calice. Fleurs petites.*

3. C. hirsuta L. *Sp*. ex part. — Pl. annuelle, plus ou moins velue, à racine pivotante. Tiges de 1-2 déc., grêles, dressées, peu rameuses. *Feuilles* radicales en rosette, à segments suborbiculaires sinués anguleux ; les *caulinaires* peu nombreuses, à *segments linéaires entiers*. *Fleurs* blanches *dépassées par les siliques supérieures*. Etamines ord. 4. Style plus court que la largeur de la silique. *Siliques* grêles, ord. *dressées* ainsi que les pédicelles. ①. Avril-juin.

R. — Lieux humides, bords des eaux. — Bords de la Somme et du canal à Abbeville ; Mareuil ; Picquigny (*E. Gonse*) ; chemin de Halage à Amiens (*Copineau*) ; Hangest (*Demailly*).

4. C. sylvatica Linck in Hoffm *Phyt. Blaett.* — Pl. bisannuelle, glabre ou velue. Tige de 1-3 déc., dressée, flexueuse. Feuilles radicales à segments ovales arrondis, sinués anguleux ; les caulinaires nombreuses, au moins aussi grandes que les radicales, à segments ord. plus larges. *Fleurs* blanches, ord. *non dépassées par les siliques supérieures*. Etamines ord. 6. Style plus long que la largeur de la silique. *Siliques ascendantes* sur les pédicelles étalés. ②. Avril-juin.

RR. — Bords des eaux, lieux ombragés. — Bords de la rivière du Scardon à la Bouvaque près Abbeville.

6. NASTURTIUM R. Br. *Hort. Kew.* ex part.

Sépales étalés. Pétales brièvement onguiculés. Stigmate obscurément bilobé. *Silique cylindrique ; valves* ord. *dépourvues de nervures. Graines sur 2 rangs irréguliers,* petites comprimées. — Pl. glabres ou presque glabres. Feuilles pinnatiséquées ou pinnatipartites.

1 { Fleurs blanches. . . . . *1. N. officinale.*
  { Fleurs jaunes . . . . 2. *N. sylvestre.*

1. N. officinale R. Br. loc. cit. — (Vulg. *Cresson de fontaine*). — Tige de 1-6 déc., fistuleuse, rameuse, couchée radicante redressée. Feuilles pinnatiséquées, à segments sinués anguleux, les latéraux obovales, le terminal plus grand suborbiculaire cordiforme. *Fleurs blanches*. Pétales dépassant longuement le calice. Siliques linéaires arquées, étalées longuement pédicellées. ♃. Juin-septembre.

CC. — Fontaines, fossés, ruisseaux.

Var. β. *siifolium* (Coss. et Germ. *Fl.*). — Pl. robuste. Tige plus allongée. Feuilles à segments presque égaux, lancéolés. — *C.* — Ruisseaux profonds. — Drucat; Bray-lès-Mareuil.

Var. γ. *parvifolium* (Peterm. *Fl. Lips.*). — Pl. naine croissant hors de l'eau. Tige dressée. Feuilles petites à segments orbiculaires. — *RR.* — Mautort près Abbeville (*T.C.*).

2. N. sylvestre R. Br. loc. cit. — Tiges de 2-4 déc., étalées ascendantes, anguleuses. Feuilles pinnatipartites ou pinnatiséquées, à segments oblongs lancéolés incisés dentés. *Fleurs jaunes*. Pétales dépassant le calice. Silique linéaire allongée arquée, ascendante longuement pédicellée. ♃. Juin-septembre.

A.R. — Lieux humides, bords des eaux. — Abbeville; Epagnette près Epagne; Mers; Bernâtre; Doullens; Aveluy; Amiens, Hangest-sur-Somme, Condé-Folie (*E. Gonse*); Rivery, Saint-Maurice près Amiens (*Rom.*); Sur-Somme près Abbeville (*Picard*, Not. manuscr.); Laviers (*P. Fl.*).

7. TURRITIS Dill. *Nov. Gen.*

Sépales lâches. Stigmate presque entier. *Silique* dressée, linéaire allongée, *comprimée*; valves planes munies d'une nervure dorsale saillante. *Graines sur 2 rangs*, comprimées. — Pl. glabre glauque supérieurement. Fleurs blanchâtres.

1. T. glabra L. *Sp.* — Tige de 4-8 déc., simple, raide, dressée, un peu velue à la base. Feuilles radicales en rosette, pétiolées, oblongues sinuées dentées, munies de poils rameux; les supérieures entières, glabres, amplexicaules sagittées à oreillettes obtuses. Siliques très-longues, grêles serrées contre la tige. ②. Mai-juillet.

RR. — Lieux secs et pierreux, bois sablonneux. — Bois de Creuse, bois de l'Hôtel-Dieu à Bacouel (*E. Gonse*); Saint-Acheul près Amiens (*B. Extr. Fl.*; *P. Fl.*); Cagny (*P. Fl.*).

8. SISYMBRIUM L. *Gen.* ex part.

Sépales lâches. Pétales ord. longuement onguiculés. Stigmate entier ou presque entier. *Silique linéaire* allongée *cylindrique; valves* convexes *trinervées. Graines sur un rang,* oblongues. — Pl. plus ou moins pubescentes. Fleurs blanches ou jaunes.

1 { Fleurs blanches 2
  { Fleurs jaunes 3

2 { Feuilles radicales réniformes crénelées. Fleurs assez
  {   grandes . . . . 1. *S. Alliaria.*
  { Feuilles radicales obovales. Fleurs petites. 2. *S. Thalianum.*

3 { Feuilles bi-tripinnatiséquées, à segments oblongs étroits
  {   ou linéaires . . . . 4. *S. Sophia.*
  { Feuilles roncinées pinnatipartites ou hastées 4

4 { Rameaux divariqués. Siliques dressées serrées contre la
  {   tige . . . . 3. *S. officinale.*
  { Rameaux dressés. Siliques étalées ascendantes. 5. *S. Irio.*

* *Fleurs blanches.*

1. S. Alliaria Scop. *Carn.* — Pl. d'un vert pâle, à odeur d'ail par le froissement. Tiges de 3-8 déc., dressées, simples ou rameuses supérieurement, velues à la base. *Feuilles inférieures réniformes, lâchement crénelées, longuement pétiolées;* les supérieures ovales cordiformes acuminées, dentées. *Fleurs assez grandes. Siliques* raides, subtoruleuses, étalées ascendantes, beaucoup *plus longues que les pédicelles.* Graines oblongues tronquées, noires striées longitudinalement. ♃. Avril-juin.

A.C. — Lieux humides et couverts, haies ombragées. — Abbeville; Drucat; Mareuil; Epagne; Limeux; Wailly; Ham; Fieffes (*T.C.*); Bovelles, Ferrières (*Rom.*); Amiens, Boves, Famechon, Renancourt, Sainte-Segrée, Saint-Germain-sur-Bresle (*E. Gonse*); Rivery, Camon, Petit-Saint-Jean près Amiens, Cambron (*P. Fl.*).

2. S. Thalianum J. Gay in *Ann. Sc. nat.* — Pl. plus ou moins hérissée de poils simples ou rameux. Tiges de 1-2 déc., grêles, ord. rameuses, à rameaux lâches. *Feuilles* entières ou lâchement dentées; les *radicales* en rosette, *obovales, atténuées en pétiole;* les caulinaires peu nombreuses, oblongues lancéolées, subsessiles. *Fleurs petites.* Pétales un peu plus longs que le calice. *Pédicelles* filiformes *plus courts que la silique.* Siliques étalées ascendantes. Graines très-petites, non striées, jaunes luisantes. ①. Mai-août.

A.R. — Terrains cultivés, lieux secs ou humides. — *Intr.* — Drucat; les Alleux près Behen; bois du cap Hornu et Neuville près Saint-Valery; Rue; Vercourt; Ailly-le-Haut-Clocher (*Lesaché*); Ramburelles (*Guilbert*); Boismont, la Bouvaque près Abbeville, Notre-Dame-de-Grâce (*P. Fl.*); Franleu (*B. Herb.*).

** *Fleurs jaunes.*

3. S. officinale Scop. *Carn.* — Pl. velue. Tige de 3-8 déc., raide, dressée, rameuse supérieurement, à rameaux divariqués. *Feuilles* pétiolées ; les *inférieures roncinées pinnatipartites*, à lobes oblongs dentés, le terminal plus grand hasté ; *les supérieures hastées*, à lobes étroits. Fleurs petites. *Siliques pubescentes*, subulées, brièvement pédicellées, *serrées contre la tige*. Graines brunes, finement ponctuées. ①. Juin-septembre.

CC. — Lieux incultes, bords des chemins, décombres. — *Intr.*

4. S. Sophia L. *Sp.* — Pl. pubescente grisâtre. Tige de 3-9 déc., dressée, rameuse supérieurement. *Feuilles bi-tripinnatiséquées* à segments linéaires. Fleurs petites. Pétales ne dépassant pas le calice, qqf. nuls. *Siliques glabres*, grêles, étalées ascendantes, ord. 2 fois plus longues que le pédicelle. Graines jaunes, lisses. ①. Mai-octobre.

A.R. — Décombres, bords des chemins, vieux murs. — *Intr.* — Remparts d'Abbeville ; Le Crotoy ; Rue (*T.C.*); Amiens (*Richer*); Montdidier (*Guilbert*); Longpré et Montières près Amiens (*E.Gonse*); Saint-Maurice près Amiens (*Rom.*); Flixecourt (*Picard*, Not. manuscr.); le Titre (*P. Fl.*).

5. S. Irio L. *Sp.* — Pl. légèrement pubescente, devenant glabre. Tige de 3-8 déc., dressée, plus ou moins rameuse. *Feuilles* pétiolées, *roncinés-pinnatipartites*, à lobes oblongs dentés, le terminal allongé ou hasté. Fleurs assez petites d'un jaune pâle, dépassées par les siliques supérieures. Pétales plus longs que le calice. *Siliques étalées ascendantes*, linéaires, 4 fois plus longues que le pédicelle. Graines jaunes luisantes. ① ou ②. Mai-juillet.

RR. — Lieux incultes, bords des chemins. — *Intr.* — Saint-Maurice près Amiens (*Rom.*); Amiens où il a paru au bord de la Somme à la suite de travaux de terrassement (*Copineau*).

9. BRAYA Sternb. et Hopp. in *Regensb. Denkschrift.*

Sépales dressées. Stigmate entier. Silique cylindrique comprimée ; *valves uninervées*. Graines sur 2 rangs, ovoïdes. — *Pl. munie de poils raides*. Feuilles pinnatipartites. *Fleurs en grappes feuillées.*

1. B. supina Koch. *Syn.* — *Sisymbrium supinum* L. *Sp.* — Tiges de 1-3 déc., ord. rameuses, couchées. Feuilles à lobes oblongs entiers ou sinués, le terminal plus grand. Fleurs petites blanches, axillaires. Siliques dressées, un peu arquées pubescentes, 4-5 fois plus longues que le pédicelle. ①. Juin-août.

R.R. — Lieux humides, bords des rivières. — *Intr.* — Glacis de la citadelle d'Amiens, entre Pont-de-Metz et le Petit-Saint-Jean, Saint-Maurice et Longpré près Amiens (*E. Gonse*).

10. ERYSIMUM L. *Gen.*

Sépales dressés. Stigmate entier. *Silique* linéaire, *tétragone;* valves carénées, munies d'une nervure dorsale saillante. Graines sur un rang, oblongues. — Pl. couverte de poils rameux. *Feuilles entières ou lâchement dentées. Fleurs jaunes.*

1. E. cheiranthoides L. *Sp.* — Tige de 3-6 déc., dressée, simple ou rameuse au sommet, rude. Feuilles oblongues lancéolées. *Fleurs petites* en grappes très-allongées. *Siliques étalées ascendantes, pubescentes, verdâtres, une fois environ plus longues que le pédicelle.* ①. Juin-octobre.

A.C. — Lieux cultivés, marais, décombres, murs. — *Intr.* — Abbeville; Drucat; Epagne; Cambron; Mareuil; Huchenneville; Picquigny; Hiermont; Amiens; Hangest-sur-Somme, Longpré-les-Corps-Saints (*E. Gonse*); le Mesge, Saint-Maurice près Amiens (*Rom.*); Caubert près Abbeville (*Baill.* Herb.); Renancourt, Rivery, Fortmanoir (*P. Fl.*).

11. HESPERIS L. *Gen.*

Sépales dressés, les latéraux gibbeux à la base. *Stigmate formé de deux lamelles dressées*, conniventes. *Silique* linéaire *subcylindrique;* valves convexes munies d'une nervure dorsale. Graines sur un rang, oblongues anguleuses. — Pl. pubescente. *Fleurs violacées ou blanches*, en grappe lâche.

1. H. matronalis L. *Sp.* — Tige de 4-6 déc., dressée, peu rameuse, hérissée. Feuilles dentées, un peu rudes; les radicales oblongues atténuées à la base; les caulinaires ovales lancéolées acuminées. *Fleurs odorantes.* Pétales obovales. Siliques glabres, étalées ascendantes, subtoruleuses. ♃. Mai-juin.

R. — Lieux ombragés dans le voisinage des habitations, haies. — *Intr.* — Limercourt et Caumondel près Huchenneville; Drucat; Pont-de-Metz (*E. Gonse*); Frettemeulle (*Guilbert*); bois de la Faloise, Guignemicourt (*P. Fl.*).

Var. 6. *sylvestris* (DC. *Prodr.*). — Feuilles inférieures cordiformes, plus profondément dentées. Fleurs violettes, peu odorantes. Pétales obtus. — Faubourg Saint-Gilles à Abbeville.

12. DIPLOTAXIS DC. Syst.

Sépales un peu étalés. *Silique linéaire comprimée*, à bec court conique ; valves convexes, uninervées. *Graines sur 2 rangs*, ovoïdes comprimées. — Pl. glabres ou un peu velues. Feuilles pétiolées, sinuées dentées ou pinnatipartites. *Fleurs jaunes.*

1 { Tige feuillée. Pédicelle 2 fois plus long que la fleur.
. . . . *1. D. tenuifolia.*
Tige feuillée seulement à la base. Pédicelle égalant environ la longueur de la fleur . . . . *2. D. muralis.*

1. D. tenuifolia DC. *Syst.* — Pl. glabre ou presque glabre, glaucescente à odeur d'ail par le froissement. Tige de 4-8 déc., sous-frutescente à la base, rameuse feuillée, ascendante. Feuilles inférieures ord. pinnatipartites à lobes linéaires écartés, dentés ou entiers ; les supérieures sinuées dentées ou entières. *Pédicelle 2 fois plus long que la fleur.* Calice glabre ou poilu au sommet. Pétales obovales arrondis, brusquement onguiculés, dépassant longuement le calice. ♃. Mai-octobre.

RR. — Lieux secs et incultes, bords des chemins, murs. — *Intr.* — Route de la Madeleine à Longpré et ancien talus du boulevard de ceinture à Amiens (*E. Gonse*) ; Saint-Maurice près Amiens (*P.* Fl. et herb.) ; Abbeville près la porte Saint-Gilles (*B.* Extr. Fl. et herb.).

2. D. muralis DC. *Syst.* — Pl. un peu velue. Tiges de 1-4 déc., herbacées, feuillées seulement à la base, ascendantes. Feuilles sinuées dentées ou pinnatipartites, à lobes ovales ou oblongs, dentés. *Pédicelle égalant environ la longueur de la fleur.* Calice poilue. Pétales obovales, arrondis, brusquement onguiculés, dépassant longuement le calice. ② ou ♃. Juin-août.

A.R. — Lieux arides, sables maritimes. — Cayeux-sur-Mer ; le Hourdel ; Saint-Quentin-en-Tourmont ; Fort-Mahon près Quend ; gare du chemin de fer à Abbeville ; talus de la citadelle d'Amiens ; Dury, Saint-Fuscien, Cagny, Pont-de-Metz (*E. Gonse*) ; Ailly-sur-Somme, Petit-Saint-Jean près Amiens (*Rom.*).

13. BRASSICA L. Gen.

Sépales dressés ou étalés. *Silique subcylindrique*, terminée en bec conique plus ou moins allongé ; valves à nervure dorsale saillante. *Graines sur un rang, subglobuleuses.* — Pl. ord. glauques. Fleurs jaunes, rar. blanches.

1
- Feuilles toutes pétiolées. Siliques dressées appliquées contre la tige. . . . . 4. *B. nigra.*
- Feuilles supérieures sessiles ou amplexicaules. Siliques plus ou moins étalées. 2

2
- Feuilles supérieures sessiles, non amplexicaules. Sépales dressés. . . . . *1. B. oleracea.*
- Feuilles supérieures cordées amplexicaules. Sépales plus ou moins étalés 3

3
- Feuilles inférieures vertes, hispides dans leur jeune âge. Siliques étalées ascendantes. . . . . *3. B. Rapa.*
- Feuilles toutes glabres ou glauques. Siliques étalées divergentes . . . . *2. B. Napus.*

1. B. oleracea L. *Sp.;* Lloyd *Fl.* — *B. oleracea* var. *sylvestris* DC. *Prodr.* — (Vulg. *Chou-sauvage*). — Tige de 4-8 déc., rameuse. *Feuilles* épaisses, charnues ; les inférieures lyrées, sinuées planes ou ondulées, longuement pétiolées ; les *supérieures obovales oblongues, sessiles, non amplexicaules.* Fleurs d'un jaune pâle en grappes lâches allongées. *Sépales dressés.* Siliques étalées ascendantes, beaucoup plus longues que le pédicelle. ② ou trisannuel. Mai-juillet.

RR. — Sur les éboulements et dans les fissures des falaises. — Mers. — Se trouve aussi au Tréport, à Menival, Penly, Berneval, Tocqueville (Seine-Inférieure) et au cap Blanc-Nez [Pas-de-Calais] (*Rigaux*). — La station de cette plante sur les falaises éloignées des habitations ne peut laisser aucun doute sur son état spontané. — C'est probablement le type de nos choux cultivés.

On cultive de nombreuses variétés de cette espèce, connues sous les noms de : *Chou-vert, Chou-cavalier, Chou-frisé, Chou-pommé, Chou-rouge, Chou-de-Bruxelles, Chou-Rave, Chou-fleur,* etc.

† **2. B. Napus** L. *Sp.* — Racine grêle ou renflée charnue. Tige de 4-8 déc., dressée, rameuse. *Feuilles glabres* glauques ; les inférieures pétiolées, lyrées pinnatifides, crénelées ; *les supérieures oblongues, à base profondément cordée amplexicaule.* Fleurs jaunes en grappes allongées dès leur épanouissement. *Sépales* un peu *étalés.* Siliques étalées divergentes. ① ou ②. Mai-juillet.

Var. α. *oleifera* (*B. campestris* L. var. *oleifera* DC. *Syst.* — Vulg. *Colza*). — Racine grêle. — Cultivé en grand pour ses graines oléagineuses.

Var. ϐ. *esculenta* (DC. *Prodr.* — Vulg. *Navet*). — Racine renflée charnue. — Cultivé dans les potagers et en plein champ.

Var. γ. *Napobrassica* (*B. campestris* var. *Napobrassica* DC. *Prod.* — (Vulg. *Rutabaga*). — Racine charnue arrondie. — Cultivé pour la nourriture des bestiaux.

† **3. B. Rapa** L. *Sp.* — Racine grêle ou charnue. Tige de 4-8 déc. dressée rameuse. *Feuilles* inférieures vertes, *hispides dans leur jeune âge,* lyrées pinnatifides ; *les supérieures*

ovales ou oblongues, *profondément cordées amplexicaules*. Fleurs d'un jaune pâle en grappe corymbiforme lors de leur épanouissement. *Sépales étalés.* Siliques étalées ascendantes. ① ou ②. Mai-juillet.

Var. α. *oleifera* (DC. *Prodr.* — Vulg. *Navette d'été*). — Racine grêle. — Cultivé en plein champ pour ses graines oléagineuses.

Var. 6. *esculenta* (Coss. et Germ. *Fl.* — *B. Rapa*, var. *depressa* et var. *oblonga* DC. *Prodr.*—Vulg. *Rave, Rabioule, Turneps des Anglais*). — Racine charnue renflée. — Cultivé dans les jardins et dans les champs.

4. B. nigra Koch. *Deutschl. Fl.* — Pl. velue hérissée au moins inférieurement. Tige de 6-10 déc., dressée, rameuse. *Feuilles toutes pétiolées;* les inférieures lyrées pinnatifides, à lobe terminal très-grand sinué; les supérieures lancéolées entières. Fleurs jaunes. Sépales étalés. *Siliques* dressées *appliquées contre la tige*, à bec court. Graines noires. ①. Juin-septembre.

A.C. — Bords des rivières, terrains incultes, décombres, lieux cultivés. — *Intr.* — Abbeville; Saint-Valery; Le Hourdel; lisière du bois de Croixrault près Poix; Amiens (*Picard*, Not. manuscr.).

Var. 6. *torulosa* (DC. *Prodr.*). — Siliques toruleuses. — Cambron (*T.C.*).

14. SINAPIS L. *Gen.*

Sépales étalés. Silique linéaire ou oblongue *subcylindrique* étalée, souv. toruleuse; *valves* convexes à *3-5 nervures dorsales saillantes*. Bec long, plus ou moins comprimé, renfermant souv. une graine à sa base. *Graines globuleuses sur un rang.* — Pl. plus ou moins velues hispides, surtout inférieurement.

1 { Feuilles supérieures ord. ovales inégalement dentées. Silique à bec conique. . . . . *1. S. arvensis.*
Feuilles ord. toutes lyrées pinnatifides. Silique à bec ensiforme . . . . 2. *S. alba.*

1. S. arvensis L. *Sp.* — (Vulg. *Moutarde sauvage, Sanve*). — Tige de 3-7 déc., rameuse dressée, dure. *Feuilles* inférieures lyrées ou lobées; les *supérieures* ord. ovales *inégalement dentées*. Fleurs jaunes, rar. blanches. Sépales étalés horizontalement. Siliques plus ou moins étalées, ord. glabres. *Bec conique comprimé*, plus court que la silique. Graines noires. ①. Mai-septembre.

CC. — Champs, moissons. — *Intr.*

Var. 6. *Orientalis* (Coss. et Germ. Fl. — *S. arvensis* var. *hispida* P. *Fl.*), — Siliques hérissées de poils réfléchis. — *A.R.* — Les Alleux près Behen; Hangest-sur-Somme (*Soc. Linn.*); Dury, Bourdon, Vignacourt, Amiens *E. Gonse*).

2. S. alba L. *Sp.* — (Vulg. *Moutarde blanche*). — Tige de 3-7 déc., dressée, simple ou rameuse supérieurement. *Feuilles toutes lyrées pinnatifides*, à lobes sinués dentés. Fleurs d'un jaune pâle. Sépales étalés. Siliques étalées, ord. couvertes de poils blanchâtres. *Bec large comprimé ensiforme*, souv. plus long que la silique. Graines jaunâtres, assez grosses. ①. Mai-août.

A.C. — Moissons des terrains calcaires ou argileux. — *Intr.* — Menchecourt et Caubert près Abbeville; Bernay; Mareuil; Bray-lès-Mareuil; Huchenneville; Epagne; Gamaches; Bouvaincourt; Oust-Marest; Mers; Cayeux-sur-Mer; Gauville; Picquigny; Aveluy; Wailly; Amiens; Saint-Fuscien, Cagny, Hangest-sur-Somme, Bourdon (*E. Gonse*); Guerbigny, Vismes-au-Val (*Guilbert*); Ferrières, Ailly-sur-Somme (*Rom.*).

B. *Silique indéhiscente, articulée ou renflée spongieuse.*

13. RAPHANUS L. *Gen.*

Sépales dressés, les latéraux gibbeux à la base. Silique allongée cylindrique renflée, articulée ou continue. *Graines globuleuses.* — Pl. plus ou moins hispides.

1 { Silique articulée, moniliforme . . . . *1. R. Raphanistrum.*
  { Silique non articulée, renflée spongieuse . *2. R. sativus.*

1. R. Raphanistrum L. *Sp.* — Racine grêle. Tige de 3-6 déc., dressée, rameuse. Feuilles inférieures lyrées, à lobes ovales sinués dentés; les supérieures oblongues dentées. Fleurs jaunes ou blanches, veinées de violet. *Siliques articulées, moniliformes*, se partageant à la maturité en articles transversaux monospermes, striées, coriaces, contractées en un long bec conique subulé. ①. Juin-août.

C. — Moissons, terrains cultivés. — *Intr.*

† **2. R. sativus** L. *Sp.* — Racine renflée charnue. Tige de 4-8 déc., dressée, rameuse. Feuilles rudes, lyrées pinnatifides à lobes arrondis; les supérieures lancéolées, dentées. Fleurs violettes ou blanches, veinées de violet foncé. *Siliques continues, renflées spongieuses*, atténuées en un long bec. ① ou ②. Juin-août.

Cultivé dans les potagers.

Var. α. *vulgaris* (Coss. et Germ. *Fl.*). — Racine charnue rose ou blanche.

S.-v. *rotundus* (DC. *Prodr.* — Vulg. *Radis*). — Racine subglobuleuse.

S.-v. *oblongus* (DC. loc. cit. — Vulg. *Petite Rave*). — Racine oblongue.

Var. 6. *niger* (Coss. et Germ. *Fl.* — Vulg. *Radis noir*). — Racine charnue compacte noire, à saveur piquante.

SILICULEUSES.

Fruit ovale, suborbiculaire ou obcordé, ord. à peine plus long que large *(silicule)*, déhiscent ou indéhiscent, rar. articulé.

A. *Silicule déhiscente comprimée par le dos; valves planes ou convexes; cloison large.*

16. ALYSSUM L. Gen.

Sépales dressés. Pétales un peu émarginés ou bifides. *Etamines à filets dentés ou ailés.* Silicule suborbiculaire ou elliptique; valves convexes dépourvues de nervures. Graines comprimées. — *Pl. blanchâtres, couvertes de poils rameux.* Fleurs petites.

1
{ Silicule suborbiculaire légèrement échancrée. Pétales un peu émarginés . . . . 1. A. *calycinum*.
{ Silicule elliptique non échancrée. Pétales bifides . . . .
. . . . 2. A. *incanum*.

1. A. calycinum L. *Sp.* — Tiges de 1-2 déc., nombreuses, ascendantes, dures. Feuilles oblongues, entières, atténuées à la base. *Fleurs jaunes* devenant blanchâtres, en grappes simples s'allongeant beaucoup à la maturité. Pédicelles étalés. Calice persistant, dépassé à peine par les pétales. *Pétales un peu émarginés. Silicules suborbiculaires légèrement échancrées;* style court; valves convexes au centre; loges 1-2 spermes. ①. Mai-juillet.

A.C. — Lieux arides et pierreux. — Caumondel près Huchenneville; Limeux; Bailleul; Caux; Eaucourt; Pont-Remy; Boves; La Faloise; Essertaux (*Copineau*); Prouzel, Amiens, Bacouel, Hangest-sur-Somme, Ailly-sur-Noye (*E. Gonse*); Bovelles, Saisseval (*Rom.*); Villers-sur-Mareuil (*B. Extr. Fl.*); Notre-Dame-de-Grâce, Cagny, Allonville (*P. Fl.*).

2. A. incanum L. *Sp.* — *Berteroa incana* DC. *Syst.* — *Farsetia incana* R. Br. in *Hort. Kew.* — Tiges de 2-4 déc. souv. rameuses supérieurement. Feuilles inférieures ovales oblongues atténuées en pétiole; les supérieures lancéolées linéaires. *Fleurs blanches* en grappes allongées. Pédicelles dressés. *Pétales bifides* dépassant le calice. *Silicules ellip-*

tiques, non échancrées; style égalant presque la longueur de la silicule ; loges polyspermes. ②. Juillet-septembre.

RR. — Prairies artificielles, champs de Trèfle. — *Intr.* — Les Alleux près Behen ; Quend (*Cagé*).

17. DRABA L. Gen.

Sépales un peu étalés. *Silicule* entière *oblongue,* elliptique ou suborbiculaire *comprimée;* valves presque planes ; *loges polyspermes.* Graines sur 2 rangs, comprimées, non bordées. — Pl. variables, plus ou moins velues, grêles. Feuilles toutes radicales en rosette. *Fleurs blanches.*

1. D. verna L. *Sp.* — *Erophila vulgaris* DC. *Syst.* — Tiges de 5-15 cent. non feuillées, glabres supérieurement. Feuilles oblongues lancéolées ou spatulées, entières ou dentées, munies de poils simples ou rameux. Pétales profondément bifides, plus longs que le calice. Silicules ord. longuement pédicellées. ①. Mars-avril.

CC. — Lieux incultes, vieux murs, toits de chaume, prairies artificielles, moissons. — *Ind.?* — Plante très-variable. Nous avons remarqué les formes suivantes, qui ont été décrites par quelques auteurs comme autant d'espèces : silicules elliptiques beaucoup plus courtes que les pédicelles (*Erophila vulgaris* DC. *syst.*) : tiges ord. plus élevées hispides inférieurement ; feuilles souv. plus profondément dentées ; silicules oblongues elliptiques atténuées à la base (*E. Krockeri* Rchb. Ic. 2, f. 4234. — *E. majuscula* Jord. *Pugill.* 11. — *E. Americana* DC. loc. cit.?) : grappes moins fournies ; silicules plus brièvement pédicellées, elliptiques arrondies au sommet et qqf. presqu'orbiculaires (*E. praecox* Stev. *Mém. Soc. Mosc.*; Rchb. *Ic.* 2, f. 4233. — *E. Brachycarpa* Jord. *Pugill.* 9).

18. COCHLEARIA L. Gen.

Sépales étalés. *Silicule subglobuleuse ou elliptique;* valves convexes. Graines ord. nombreuses sur 2 rangs, non bordées. — *Fleurs blanches.*

1 { Tiges de 8-12 déc. Feuilles caulinaires lancéolées ou oblongues pinnatifides. . . . . 2. *C. Armoracia.*
Tiges de 5-20 cent. Feuilles cordiformes ou deltoïdes . . . . 1. *C. Danica.*

1. C. Danica L. *Sp.* — Pl. grêle. *Tiges de 5-20 cent.* ord. rameuses dès la base, à rameaux étalés ascendants. *Feuilles* toutes pétiolées, anguleuses ; les *inférieures cordiformes; les supérieures deltoïdes.* Silicules elliptiques de la longueur environ du pédicelle ; valves caduques, veinées, munies d'une nervure longitudinale plus ou moins saillante. Graines petites tuberculeuses. ①. Mai-juillet.

A.R. — Bords de la mer, sables maritimes humides. — Dunes de Saint-Quentin-en-Tourmont ; Monchaux et Fort-Mahon près Quend.

2. C. Armoracia L. *Sp.* — (Vulg. *Raifort-Sauvage*). — Pl. robuste. Racine épaisse charnue à saveur piquante. *Tiges de 8-12 déc.*, dressées. *Feuilles* radicales pétiolées, ovales oblongues obtuses crénelées ; les *caulinaires inférieures* ord. *pinnatifides, les supérieures lancéolées linéaires*. Silicules subglobuleuses, souv. avortées ; valves dépourvues de nervures. Graines lisses. ♃. Juin-juillet.

Qqf. subspontané dans le voisinage des habitations. — Bords de la Somme à Abbeville ; pâtures du château de Moyenneville ; bords du canal à Saint-Valery (*E. Gonse*).

19. RORIPA Besser *Enum* (*Nasturtium* L. ex parte).

Sépales étalés. *Silicule oblongue* ovoïde ou subglobuleuse ; valves convexes, dépourvues de nervures ; loges polyspermes. Graines comprimées, sur 2-4 rangs irréguliers, non ailées. — Pl. glabres. *Fleurs jaunes.*

1
- Pétales ne dépassant pas le calice. Pédicelles égalant la silicule . . . . 1. *R. nasturtioides*.
- Pétales dépassant le calice. Pédicelles 3-4 fois plus longs que la silicule. . . . . 2. *R. amphibia.*

1. R. nasturtioides Spach *Veg. phan.*; Gren. et Godr. *Fl.* — *Nasturtium palustre* DC. *Syst.*; Coss. et Germ. *Fl.* — Tige de 1-4 déc., dressée, sillonnée, rameuse. Feuilles pétiolées, à pétiole embrassant auriculé ; les inférieures lyrées, les supérieures pinnatipartites, à lobes oblongs dentés. Fleurs petites d'un jaune pâle. Pétales ne dépassant pas le calice. *Pédicelles* étalés ou réfléchis *aussi longs que la silicule. Silicules oblongues ovoïdes renflées.* ②. Juin-septembre.

A.R. — Lieux marécageux. — Faubourgs Saint-Gilles, des Planches et bords de la Somme à Abbeville ; Picquigny ; Sailly-Bray près Noyelles-sur-Mer ; Rue ; Fort-Mahon près Quend ; Aveluy ; Saint-Maurice et Renancourt près Amiens (*Rom.*) ; Montières, Amiens, Rivery (*E. Gonse*) ; Vismes-au-Val (*Guilbert*).

2. R. amphibia Bess. *Enum.* — *Nasturtium amphibium* Coss. et Germ. *Fl.* — Tige de 5-10 déc., dressée ou couchée ascendante, radicante à la base, fistuleuse, sillonnée peu rameuse. Feuilles variables, ovales ou oblongues lancéolées, atténuées en pétiole, souv. auriculées amplexicaules, dentées ou pinnatifides ; les inférieures souv. submergées pinnatifides, pectinées ou lyrées. Fleurs assez grandes d'un jaune vif. Pétales plus longs que le calice. *Pédicelles* filiformes étalés ou réfléchis *3-4 fois plus longs que la silicule. Silicules oblongues subglobuleuses.* ♃. Juin-août.

A.C. — Bords des fossés, eaux stagnantes. — Marais Saint-Gilles et faubourg des Planches à Abbeville; Cayeux-sur-Mer; Rue; Long; Picquigny; Camon, Hangest-sur-Somme, Boves, Fossemanant (*E. Gonse*); Longpré, Saint-Maurice et Renancourt près Amiens (*Rom.*).

S.-v. *indivisa.* — Feuilles indivises entières, rar. dentées.
S.-v. *heterophylla.* — Feuilles inférieures pinnatifides ou pectinées pinnatifides; les supérieures indivises, souv. entières.

20. CAMELINA Crantz *Austr.*

Sépales dressés. *Silicule obovoïde pyriforme; valves très-convexes ventrues,* terminées par le style persistant fendu en deux. Graines ord. nombreuses ovoïdes, sur 2 rangs, non bordées. — Pl. plus ou moins poilues. Fleurs en grappes terminales, jaunâtres.

1 { Feuilles inférieures entières ou denticulées. Silicules arrondies au sommet, coriaces résistant à la pression. . . . . 1. *C. sativa.*
Feuilles inférieures ord. dentées ou pinnatifides. Silicules tronquées au sommet, molles, ne résistant pas à la pression. . . . . 2. *C. dentata.*

1. C. sativa Crantz *Austr.* — Tige de 4-8 déc., dressée, simple ou rameuse, rude. Feuilles velues ou presque glabres, oblongues atténuées à la base, entières ou denticulées; les supérieures lancéolées sagittées à la base, entières ou dentées. Pédicelles filiformes, étalés ascendants. *Silicules obovoïdes oblongues arrondies au sommet; valves coriaces, résistant à la pression.* ①. Juin-août.

Var. α. *sylvestris* (Coss. et Germ. *Fl.*). — *C. sativa* var. *pilosa* DC. *Syst.*). — Pl. ord. très-velue. Grappes très-allongées. Valves d'un vert grisâtre. Graines petites brunâtres. — A.R. — Prairies artificielles, moissons. — *Intr.* — Abbeville; Huchenneville; Hautvillers; Petit-Saint-Jean près Amiens (*E. Gonse*).

Var. ɞ. *glabrata* (DC. *Syst.*; Coss. et Germ. *Fl.* — Vulg. *Caméline.* — En picard *Camamille*). — Pl. presque glabre. Grappes moins longues. Silicules plus grosses; valves jaunâtres. Graines plus grosses, jaunâtres. — Cultivé en grand pour ses graines oléagineuses. — Qqf. subspontané.

2. C. dentata Pers *Syn.* — *C. linicola* Sch. et Sp. *Frib.;* Kirschleg. *Fl.* — Tige de 3-8 déc., dressée, simple ou rameuse. Feuilles molles, oblongues linéaires, sinuées dentées ou pinnatifides, qqf. entières; les supérieures lancéolées linéaires, sagittées à oreillettes aigues. Grappes lâches, courtes. Pédicelles étalés flexueux, plus longs que dans le *C. sativa. Sili-*

cules obovoïdes subglobuleuses renflées, *tronquées au sommet; valves* jaunâtres molles, *cédant à la pression.* Graines grosses. ①. Juin-juillet.

RR. — Champs de lin. — *Intr.* — Huchenneville ; Behen ; Bovelles (*Rom.*).

B. *Silicule déhiscente comprimée par les côtés; valves pliées naviculaires ; cloison étroite.*

21. TEESDALIA R. Br. in Ait. Hort. Kew.

Sépales un peu étalés. Pétales inégaux. *Filets des étamines munis à la base d'une petite écaille blanche.* Silicule ovale suborbiculaire, échancrée au sommet ; stigmate entier ; valves à carène étroitement ailée ; *loges 2-spermes.* Graines ovoïdes comprimées. — Pl. petite, grêle, ord. pubescente. Feuilles la plupart radicales. Fleurs blanches.

1. T. nudicaulis R. Br. loc. cit. — *Iberis nudicaulis* L. *Sp.* — *Guepinia nudicaulis* Bast. *Suppl.* — Tiges de 5-12 cent., ord. nombreuses, la centrale nue, dressée, les latérales étalées ascendantes, munies de 1-2 petites feuilles entières ou dentées. Feuilles radicales étalées en rosette, ord. pinnatipartites, à lobes obtus. Fleurs petites. Pédicelles étalées. Pétales obovales, les extérieurs plus grands. ①. Mai-juin.

RR. — Terrains sablonneux. — *Intr.?* — Abondant dans l'ancienne garenne de Villers-sur-Authie.

22. THLASPI Dill. Giss.

Sépales presque dressés. *Pétales presque égaux.* Filets des étamines dépourvus d'écaille. Silicule obovale ou suborbiculaire, échancrée au sommet ; *valves à carène ailée ; loges 4-6-spermes.* Graines ovoïdes comprimées, non bordées. — Pl. glabres. Fleurs blanches.

1 { Silicules planes, largement ailées dans leur pourtour. Graines striées . . . . 1. *T. arvense.*
  { Silicules un peu renflées, ailées seulement au sommet. Graines lisses. . . . . 2. *T. perfoliatum.*

1. T. arvense L. *Sp.* — Tige de 2-4 déc., dressée, simple ou rameuse au sommet. Feuilles oblongues entières ou sinuées dentées ; les radicales pétiolées ; les caulinaires amplexicaules sagittées à oreillettes courtes, aigues. Pédicelles ascendants de la longueur environ de la silicule. *Silicules très-grandes, suborbiculaires, à carène ailée membraneuse,* profondément échancrées à sinus aigu ; stigmate presque sessile. *Graines munies de stries arquées.* ①. Mai-juillet.

A.R. — Lieux cultivés, moissons. — *Intr.* — Drucat; Behen ; Huchenneville ; Epagne ; Long ; Cambron (*T.C.*) ; Bovelles (*Rom.*) ; Quend (*Cagé*) ; Dury, Cagny (*E. Gonse*) ; Embreville (*A. Guilbert*).

2. T. perfoliatum L. *Sp.* — Tige de 1-3 déc., dressée ascendante, souv. rameuse dès la base. Feuilles entières ou un peu dentées ; les radicales ovales pétiolées ; les caulinaires oblongues cordées, amplexicaules sagittées, à oreillettes oblongues, obtuses. Pédicelles étalés, plus longs que la silicule. *Silicules obovales* un peu renflées, *ailées seulement au sommet,* échancrées à sinus large arrondi ; style court. Graines lisses. ①. Avril-juin.

RR. — Lieux secs et pierreux, terrains calcaires. — *Intr.* — Boves au pied des ruines de l'ancien château (*Richer*) ; sur les murs du château d'Essertaux (*Copineau*). — Indiqué sur le bord du chemin à droite en allant d'Abbeville à Cambron (*Du Maisniel de Belleval*, Not. manuscr.).

23. IBERIS L. *Gen.*

Sépales presque dressés. *Pétales inégaux, les extérieurs beaucoup plus grands.* Filets des étamines dépourvus d'écaille. Silicule comprimée, suborbiculaire, échancrée au sommet ; valves à carène étroitement ailée ; *loges monospermes.* Graines ovoïdes, un peu comprimées. — Pl. un peu pubescente. Fleurs blanches ou violacées.

1. I. amara L. *Sp.* — Tiges de 1-3 déc., dressées ou ascendantes, très-rameuses. *Feuilles* ciliées, oblongues obtuses, atténuées en pétiole, *munies de chaque côté au sommet de 2-3 dents obtuses.* Pédicelles très-étalés. Fleurs en grappes corymbiformes. Silicules profondément échancrées, à 2 lobes triangulaires, séparés par un sinus aigu ; style dépassant les lobes. ①. Juin-septembre.

Moissons, champs pierreux calcaires. — *Intr.* — Cette espèce très-commune aux environs d'Amiens ne se rencontre pas vers Abbeville. — Boves ; Wailly ; Jumel ; Chaussoy-Epagny ; La Faloise ; Ailly-sur-Noye, Saint-Fuscien, Bourdon, Yzeux, Bacouel, Longueau, Dury, Prouzel, Hangest-sur-Somme (*E. Gonse*) ; Bovelles, Saisseval, Ferrières (*Rom.*) ; Villers-Tournelle, Marest-Montiers, Guerbigny (*Guilbert*) ; Cagny, Notre-Dame-de-Grâce, Allonville, Querrieux (*P. Fl.*).

24. CAPSELLA Vent. *Tabl. regn. veg.*

Sépales dressés. Filets des étamines dépourvus d'écaille. *Silicule triangulaire obcordée,* plane ; stigmate subsessile ;

valves à carène non ailée ; loges polyspermes. Graines petites oblongues comprimées. — Pl. variable, pubescente inférieurement. Fleurs blanches.

1. C. Bursa-pastoris Moench. *Méth.* — *Thlaspi Bursa-pastoris* L. *Sp.* — (Vulg. *Bourse à pasteur*). — Tiges de 1-5 déc., dressées, simples ou rameuses au sommet. Feuilles radicales en rosette, entières, dentées ou pinnatifides ; les caulinaires plus petites ord. entières, amplexicaules sagittées. Grappe fructifère allongée. Pédicelles étalés plus longs que la silicule. Silicules à échancrure peu profonde. ①. Mars-octobre.

CC. — Champs cultivés, lieux incultes, décombres, bords des chemins, toits de chaume. — *Ind.?*

S.-v. *integrifolia* (Koch. *Syn.*). — Feuilles toutes entières.
S.-v. *coronopifolia* (Koch. *Syn.*). — Feuilles radicales pinnatifides.
S.-v. *bifida* (Fr. Crepin *Not. pl. rar. Belg.*; *Bull. soc. bot. Fr.* 6,753). — Silicules profondément échancrées. — Bovelles (*Rom.*).

25. LEPIDIUM L. *Gen.*

Sépales ord. étalés. *Pétales égaux.* Filets des étamines dépourvus d'écaille. Silicule comprimée suborbiculaire ou ovale oblongue, échancrée au sommet ou entière ; valves à carène qqf. ailée ; *loges monospermes*. Graines comprimées ou subtriquêtres. — Fleurs petites, blanches.

1	Feuilles caulinaires amplexicaules sagittées.	2
	Feuilles caulinaires non amplexicaules sagittées.	3
2	Silicule échancrée au sommet.	1. *L. campestre.*
	Silicule non échancrée.	3. *L. Draba.*
3	Silicule échancrée au sommet.	2. *L. sativum.*
	Silicule non échancrée	4. *L. latifolium.*

1. L. campestre R. Br. in *Hort. Kew.* — *Thlaspi campestre* L. *Sp.* — Pl. velue, d'un vert blanchâtre. Tige de 3-5 déc., dressée, ord. rameuse au sommet. *Feuilles* radicales en rosette, oblongues, pétiolées, sinuées dentées ; les *caulinaires amplexicaules sagittées*, denticulées. Grappe fructifère oblongue serrée. Pédicelles étalés, de la longueur environ de la silicule. *Silicules* ovales oblongues, *échancrées*, à lobes courts arrondis, couvertes de petites écailles ; style dépassant à peine l'échancrure ; valves à carène longuement ailée supérieurement. ①. Mai-juillet.

A.C. — Terrains incultes, clairières des bois, bords des chemins. — Fortifications et bords de la Somme à Abbeville ; Limeux ; Huppy ; Huchenneville ; Bovelles, Ailly-sur-Somme (*Rom.*); Camon, Longpré près Amiens (*Joffroy et Hutin*) ; Amiens, Bacouel,

Blangy-Tronville (*E. Gonse*) ; Villers-sur-Mareuil (*Baill.* Herb.) ; Dury, Boves, Querrieux (*P.* Fl.).

† **2. L. sativum** L. *Sp.* — (Vulg. *Cresson alénois*). — Pl. glabre, un peu glauque. Tige de 2-6 déc., dressée, rameuse supérieurement. *Feuilles* radicales en rosette, pétiolées, plus ou moins pinnatipartites, à lobes obtus ou incisés dentés ; les inférieures de même forme ; les *supérieures* sessiles, *non sagittées, linéaires*. Grappe fructifère très-allongée. Pédicelles dressés contre la tige, de la longueur environ de la silicule. *Silicules* oblongues suborbiculaires, *échancrées* ; style ne dépassant pas l'échancrure ; valves à carène largement ailée. ①. Juin-juillet.

Cultivé dans les potagers. — Qqf. subspontané. — Vismes-au-Val (*Guilbert*).

3. L. Draba L. *Sp.* ed. 1. — Pl. pubescente. Tiges de 2-5 déc., dressées, rameuses au sommet. *Feuilles* inférieures ovales oblongues, sinuées dentées, atténuées en pétiole ; les *caulinaires amplexicaules sagittées*. Grappes fructifères nombreuses, formant une panicule corymbiforme. Pédicelles étalés plus longs que la silicule. *Silicules* cordiformes, *non échancrées*, terminées par le style filiforme égalant la moitié de leur longueur ; valves renflées, non carénées, non ailées. ♃. Mai-juillet.

RR. — Bords des routes, champs arides, terrains calcaires et sablonneux. — *Intr.* — Saint-Valery ; Sur-Somme près Abbeville ; Ferrières (*Rom.*) ; Cayeux-sur-Mer, Amiens près l'esplanade de Noyon (*E. Gonse*).

4. L. latifolium L. *Sp.* — Pl. glaucescente, à racine rampante. Tige de 5-12 déc., dressée, rameuse supérieurement. *Feuilles* inférieures longuement pétiolées, ovales oblongues, dentées ; les *supérieures ovales lancéolées* aigues, ord. entières, *brièvement pétiolées*, non sagittées. Grappes fructifères nombreuses, formant une panicule terminale. Pédicelles capillaires étalés, plus longs que la silicule. *Silicules* pubescentes, suborbiculaires, *à peine émarginées*, terminées par un stigmate subsessile ; valves non ailées. ♃. Juillet-septembre.

RR. — Bords des rivières, endroits herbeux. — *Intr.?* — Bords de la Somme près la porte d'Hocquet à Abbeville.

Le *L. graminifolium* (L. *Sp.* — *L. Iberis* Poll. pal.) a été indiqué sur le glacis de la citadelle d'Amiens (*P.* Fl.), où il n'a pas été retrouvé. Il se distingue aux caractères suivants : pl. glabre d'un vert gai ; tiges de 4-8 déc., à rameaux effilés, étalés ; feuilles radicales en rosette, pétiolées, oblongues ou obovales, incisées ou pinnatifides, les supérieures linéaires étroites entières ; grappes fructifères étroites, allongées ; pédicelles filiformes, étalés dressés, plus longs que la silicule. Silicules ovales aigues, terminées par le stigmate subsessile ; valves à carène non ailée.

C. *Silicule indéhiscente, non articulée.*

26. SENEBIERA Poir. Encycl. méth.

Sépales étalés. *Silicule comprimée, biloculaire à loges monospermes,* réniforme, entière au sommet; *valves épaisses.* Graines oblongues subtriquêtres. — *Pl. couchée,* diffuse, glabre. *Fleurs petites, blanches, en grappes* courtes, *opposées aux feuilles.*

1. S. Coronopus Poir. loc. cit. — Tiges de 1-3 déc., nombreuses, couchées, rameuses. Feuilles profondément pinnatipartites, à lobes oblongs ou linéaires, dentés ou entiers. *Pédicelles plus courts que la fleur.* Silicules subsessiles, terminées en pointe par le style, fortement réticulées, *bordées de pointes tuberculeuses en forme de crête.* ①. Mai-septembre.

A.C. — Lieux incultes, bords des chemins, décombres, galets maritimes. — *Intr.?* — Behen ; Moyenneville ; Drucat ; Cambron ; Wiry-au-Mont ; Domart-en-Ponthieu ; Pernois ; Bovelles, Le Mesge (*Rom.*) ; Amiens (*Copineau*) ; Poix, Hangest-sur-Somme, Fossemanant, Ailly-sur-Noye, Dury, Boves (*E. Gonse*) ; Vismes-au-Val (*Guilbert*).

Var. 6. *maritima*. — Pl. plus robuste. Tige de 3-5 déc., très-rameuses couchées étalées. Silicules nombreuses plus grosses en grappes serrées. — Mers.

27. ISATIS L. Gen.

Sépales étalés. *Silicule oblongue comprimée, uniloculaire* par avortement de la cloison, monosperme ; stigmate sessile ; valves naviculaires presque planes. Graines oblongues. — Pl. tinctoriale. *Fleurs petites jaunes,* en grappes lâches ord. rameuses.

1. I. tinctoria L. Sp. — (Vulg. *Pastel*). — Tige de 5-8 déc., dressée, raide, rameuse au sommet. Feuilles glauques, oblongues ; les radicales atténuées en pétiole, ord. velues ; les caulinaires lancéolées sagittées, Pédicelles filiformes, réfléchis, un peu épaissis au sommet, ord. plus courts que la silicule. *Silicules* oblongues *cunéiformes arrondies au sommet, pendantes à la maturité,* devenant brunes-noirâtres. ②. Mai-juillet.

R. — Lieux incultes, bords des chemins, prairies artificielles. —

Intr. — Drucat; Amiens; Longpré près Amiens (*E. Gonse*); Bovelles, Saisseval, Saint-Maurice près Amiens (*Rom.*); Montdidier (*Dufourny*); champs près Abbeville (*B.* Herb.).

28. NESLIA Desv. *Journ. bot.*

Sépales lâches. *Silicule* coriace, *globuleuse*, biloculaire, disperme, plus souv. monosperme par avortement; *style filiforme;* valves convexes, munies d'une nervure dorsale. Graines ovoïdes, non bordées. — Pl. d'un vert grisâtre, velue, à poils rameux. Fleurs petites d'un jaune pâle.

1. N. paniculata Desv. loc. cit. — Tige de 3-6 déc., dressée, rameuse supérieurement, à rameaux étalés. Feuilles un peu rudes, entières ou dentées; les radicales oblongues lancéolées atténuées en pétiole; les caulinaires lancéolées aiguës, dressées, sagittées. Pédicelles filiformes étalés, plus longs que la silicule. Silicules petites rugueuses. ①. Juin-août.

RR. — Moissons des terrains maigres. — *Intr.* — Saint-Fuscien, Ailly-sur-Noye (*E. Gonse*); Dury (*P.* Fl. et herb.).

D. *Silicule indéhiscente, articulée.*

29. CAKILE Tourn. *Inst.*

Sépales dressés, les latéraux gibbeux à la base. *Silicule à 2 articles superposés, uniloculaires, monospermes,* l'inférieur obové tronqué, dilaté au sommet en deux saillies latérales, à graine pendante, *le supérieur* ovale tétragone comprimé *ensiforme* à base creuse elliptique ou arrondie, à graine dressée. — Pl. glabre, glauque, à racine grêle pivotante. Fleurs assez grandes, rougeâtres, rar. blanches.

1. C. Serapionis Lobel. *Icon.*; Lloyd *Fl. ouest* ed. 3. — *C. edentula* Jord. *diag.* — *C. maritima* Scop. ex parte. — *Bunias Cakile* L. ex parte. — Tige de 1-5 déc., rameuse dès la base, à rameaux flexueux, diffus, ascendants. *Feuilles charnues*, ord. *pinnatifides*, à lobes distants, obtus entiers ou crénelés. Article inférieur de la silicule souv. nul par avortement, le supérieur très-caduc. ①. Juin-septembre.

A.C. — Sables maritimes. — Cayeux-sur-Mer; Le Crotoy; Saint-Quentin-en-Tourmont; Fort-Mahon près Quend.

30. CRAMBE L. *Gen.*

Sépales étalés. Filets des étamines les plus longues, munis d'une dent au sommet. *Silicule coriace, à 2 articles super-*

posés, indéhiscents, l'inférieur stérile, court en forme de pédicelle, *le supérieur globuleux*, monosperme. — Pl. robuste, glabre glauque, à souche épaisse, émettant des rejets. *Fleurs* assez petites, *blanches*.

1. C. maritima L. *Sp.* — (Vulg. *Chou-marin*). — Tiges de 3-6 déc., nombreuses disposées en touffe. Feuilles pétiolées charnues, ondulées, ovales oblongues arrondies, qqf. profondément sinuées. *Fleurs nombreuses en panicule corymbiforme*. Pédicelles étalés ascendants, plus longs que la silicule. ♃. Mai-août.

RR. Galets maritimes. — Mers; Ault; Cayeux-sur-Mer; Le Hourdel; Hautebut près Woignarue (*F. Debray*). — Nous avons rencontré en 1875 un jeune pied de *Crambe* au bas de la digue maritime en allant du Crotoy vers l'embouchure de la Maye. — Le *Crambe* se trouve aussi au Tréport et à Criel (Seine-Inférieure). — Cultivé dans quelques potagers comme plante comestible.

VII. CISTINÉES.

Fleurs presque régulières. Calice à 5 sépales, les 2 extérieurs ord. plus petits, qqf. nuls. Corolle à *5 pétales caducs, contournés dans le bouton* en sens inverse des sépales. Etamines nombreuses. Style filiforme. Capsule polysperme. — *Pl.* ord. *sous-frutescentes*. Feuilles munies de stipules. Fleurs en grappes.

1. HELIANTHEMUM Tourn. *Inst.*

Capsule subuniloculaire, à 3 valves. — Fleurs jaunes.

1. H. vulgare Gaertn. *Fruct.* — Tiges de 1-4 déc., ligneuses, à rameaux pubescents, étalés ascendants *Feuilles opposées*, ovales elliptiques, à bords roulés, blanchâtres tomenteuses en dessous, brièvement pétiolées. Fleurs grandes, en grappes pauciflores lâches terminales. Pédicelles munis de bractées, ord. réfléchis. Pétales 1 fois plus longs que les sépales. ♄. Juin-août.

CC. — Coteaux, lieux arides, bords des bois.

VIII. VIOLARIÉES.

Fleurs irrégulières. Calice à 5 sépales prolongés à la base. Corolle à *5 pétales inégaux, l'inférieur prolongé à la base en un éperon creux.* Etamines 5 : filets courts dilatés inférieurement ; anthères conniventes. Style 1. Capsule uniloculaire, polysperme, à 3 valves. — Feuilles alternes ou toutes radicales, pétiolées, munies de stipules. Fleurs solitaires penchées ; pédoncules axillaires ou radicaux, munis de 2 bractées.

1. VIOLA Tourn. *Inst.*

Caractères de la famille.

1. { Pétales supérieurs dirigés en haut, les latéraux et l'inférieur dirigés en bas. Stigmate recourbé aigu (Violette)......... 2
   { Pétales supérieurs et latéraux dirigés en haut, l'inférieur seul dirigé en bas. Stigmate dressé urcéolé (Pensée) . 5

2. { Pl. à tiges florifères feuillées. Sépales aigues. Capsule oblongue, glabre.............. 3
   { Pl. acaule. Sépales obtus. Capsule subglobuleuse, velue. 4

3. { Tiges florifères naissant au-dessous d'une rosette centrale de feuilles........... 2. *V. sylvestris.*
   { Tiges florifères naissant de la souche, sans rosette centrale .... 1. *V. canina.*

4. { Souche stolonifère. Fleurs odorantes ... 4. *V. odorata.*
   { Souche non stolonifère. Fleurs inodores... 3. *V. hirta.*

5. { Pl. des moissons, annuelle......... 5. *V. tricolor.*
   { Pl. des sables maritimes, bisannuelle ou vivace...... .... 6. *V. sabulosa.*

* *Pétales supérieurs dirigés en haut, les latéraux et l'inférieur dirigés en bas. Stigmate recourbé, aigu* (Violette).

1. V. canina L. *Sp.* — Pl. presque glabre. Souche rameuse, non stolonifère. *Tiges de 1-3 déc., couchées ascendantes, feuillées ; les florifères naissant de la souche, sans rosette centrale de feuilles.* Feuilles ovales oblongues ord. obtuses, tronquées ou un peu cordées à la base, légèrement crénelées. Stipules lancéolées linéaires acuminées, plus ou moins finement dentées incisées. *Fleurs inodores, d'un bleu pâle, à éperon blanchâtre.* Pédoncules dressés recourbés au sommet. Sépales elliptiques lancéolés aigus. Capsule ovoïde oblongue obtuse mucronée, glabre. ♃. Avril-juin.

RR. — Bruyères, bois et pâturages sablonneux. — Pâturages communaux de Vron ; Neuville près Saint-Valery (*Copineau*).

2. V. sylvestris Koch *Syn.* — Pl. presque glabre. Souche grêle, non stolonifère. *Tiges* de 1-3 déc., couchées ascendantes, anguleuses, un peu flexueuses, feuillées ; les *florifères* naissant des aisselles des feuilles d'une rosette centrale. Feuilles ovales cordiformes ou réniformes, plus ou moins aigues, crénelées. Stipules lancéolées ou linéaires acuminées plus ou moins finement dentées. *Fleurs* inodores *d'un violet pâle, à éperon ord. concolore.* Pédoncules fructifères dressés, recourbés au sommet. Sépales lancéolés acuminés. Capsule oblongue aigue, glabre. ♃. Avril-juin ; refleurit qqf. en automne.

CC. — Bois, haies, lieux humides ombragés.

S.-v. *Riviniana* (Coss. et Germ. *Fl.* — *V. sylvatica* var. *grandiflora* Gren. et Godr. *Fl.*). — Fleurs plus grandes, plus pâles, à éperon blanchâtre.

3. V. hirta L. *Sp.* — Pl. acaule de 1-2 déc., plus ou moins velue, à *souche* épaisse, rameuse, *non stolonifère.* Feuilles ovales allongées cordiformes, crénelées, obtuses, à pétiole hérissé. Stipules ovales lancéolées ciliées. Fleurs inodores, violettes ; les vernales ord. grandes, stériles ; les tardives apétales, fertiles. Pédoncules fructifères couchés, droits au sommet. Sépales obtus. Capsule subglobuleuse, velue. ♃. Avril-juin.

A.R. — Coteaux boisés, clairières des bois. — Marcuil ; Huchenneville ; Drucat ; Laviers ; Saint-Riquier ; Cambron ; forêt de Crécy (*P. de Vicq*) ; Bovelles (*Rom.*) ; Bacouel, Sainte-Segrée, Poix (*E. Gonse*) ; Fortmanoir (*Picard*, Not. manuscr.) ; Notre-Dame-de-Grâce, Ailly, Boves (*P. Fl.*).

4. V. odorata L. *Sp.* — Pl. acaule de 1-2 déc., pubescente, à *souche* épaisse *émettant de longs stolons radicants.* Feuilles ovales profondément cordées ou réniformes, crénelées. Stipules lancéolées acuminées, ciliées. *Fleurs odorantes,* violettes, rar. blanches. Pédoncules fructifères couchés, droits au sommet. Sépales obtus. Pétales obtus. Capsule subglobuleuse, pubescente. ♃. Mars-mai.

CC. — Haies, bois, lieux herbeux.

** *Pétales supérieurs et latéraux dirigés en haut, l'inférieur seul dirigé en bas. Stigmate dressé, urcéolé* (Pensée).

5. V. tricolor L. *Sp.* — (Vulg. *Pensée*). — Pl. annuelle, glabre ou un peu pubescente. Tiges de 1-3 déc., solitaires ou nombreuses, dressées ou ascendantes, rameuses, anguleuses. Feuilles toutes crénelées ; les inférieures ovales ou oblongues arrondies, qqf. subcordiformes ; les supérieures oblongues elliptiques ou lancéolées acuminées, longuement atténuées en pétiole. Stipules pinnatipartites-lyrées, à lobe terminal beaucoup plus grand que les latéraux et semblable aux feuilles. Fleurs de grandeur et de couleur variables, violettes, jaunes ou blanchâtres, veloutées. Pédoncules dressés, arqués au sommet, munis de 2 petites bractées. Sépales lancéolés acuminés. Pétales dépassant rar. les sépales. ①. Mai-octobre.

Prairies artificielles, moissons. — *Intr.*

Var. α. *tricolor* (Coss. et Germ. *Fl.*). — Pétales dépassant les sépales; les supérieurs violets au moins vers le sommet, les latéraux et l'inférieur violets ou jaunes tachés de violet. — A.R.

Var. β. *agrestis* (Gren. et Godr. *Fl.* — *V. agrestis* Jord. *Obs.* 2,15). — Tiges à entrenœuds plus courts que les feuilles. Rameaux partant à angle droit de la partie inférieure des tiges. Pétales égaux aux sépales ou plus courts. — *CC.*

Var. γ. *segetalis* (Gen. et Godr. *Fl.* — *V. segetalis* Jord. *Obs.* 2,12). — Tige grêle élancée, à entrenœuds plus longs que les feuilles. Rameaux formant avec la tige un angle aigu. Pétales égaux aux sépales ou plus courts. — A.C.

6. V. sabulosa Boreau *Not. pl. Fr.* in *Bull. soc. ind Angers*, ann. 24, n° 6, 335 ; E. V. *Bull. soc. bot. Fr.* 4, 1033 et *Vég. littoral. Somme* (1876) 15 ; Puel et Maille *Fl. loc. exsicc.* n° 213 ; Billot Exsicc. n° 2422. — *Pl. bisannuelle ou vivace.* Souche rameuse, terminée en racine grêle ord. pivotante. Tiges de 5-25 cent., ord. nombreuses, diffuses étalées, anguleuses, glabres. Feuilles pétiolées, glabres ou munies à la base de quelques poils courts, largement crénelées, ovales obtuses ; les supérieures plus allongées. Stipules foliacées, pinnatipartites ciliées, à lobes latéraux linéaires étroits, déjetés en dehors, à lobe terminal de la même forme que les feuilles, mais plus petit. Fleurs longuement pédonculées. Pédoncules fructifères dressés étalés, plus longs que les feuilles, munis de bractéoles blanches scarieuses, ovales aiguës, placées au-dessous de la courbure du pédoncule. Sépales lancéolés aigus, glabres, étroitement scarieux aux bords, à appendices irrégulièrement tronqués. Pétales obovales d'un violet plus ou moins nuancé de jaune, ord. une fois plus longs que le calice ; les supérieurs se recouvrant à la base, divergents au sommet ; les latéraux barbus à l'onglet ; l'inférieur élargi au sommet et comme tronqué, marqué à la base d'une tache orangée et de stries foncées. Éperon droit, obtus, cylindrique un peu comprimé, dépassant les appendices des sépales. Capsule glabre, ovoïde, dépassant un peu les sépales. Graines nombreuses, lisses, ovoïdes, d'un jaune brunâtre. ② ou ♃. Mai-septembre.

C. — Sables maritimes. — Dunes de Saint-Quentin-en-Tourmont, de Quend et de Fort-Mahon. — Commun dans les dunes du département du Pas-de-Calais. — Indiqué à Dunkerque et dans les dunes de la Belgique (*Boreau* loc. cit.). — Récolté en Hollande (**P.** *de Vicq*). — Cette espèce paraît appartenir à la Flore du Nord et ne pas s'écarter des sables maritimes. Elle n'a pas jusqu'alors été signalée vers le sud au-delà de l'embouchure de la Somme.

IX. RÉSÉDACÉES.

Fleurs irrégulières. Calice à 4-6 divisions inégales, persistantes. Corolle à 4-6 *pétales* irréguliers, *divisés en lobes plus ou moins étroits, inégaux.* Étamines nombreuses, insérées sur un disque glanduleux. Capsule anguleuse, uniloculaire, polysperme, ouverte au sommet, lobée ou dentée. — Pl. herbacées ou sous-frutescentes à la base. Feuilles alternes. Fleurs munies de bractées, en grappes spiciformes.

1. RESEDA L. *Gen.*

Caractères de la famille.

1
{ Calice à 6 divisions. Tiges diffuses. Fleurs longuement
pédicellées . . . . 1. *R. lutea.*
Calice à 4 divisions. Tiges dressées. Fleurs brièvement
pédicellées. . . . . 2. *R. luteola.*

1. R. lutea L. *Sp.* — *Tiges* de 3-5 déc., rameuses, *diffuses,* souv. munies ainsi que les feuilles d'aspérités blanchâtres. Feuilles inférieures ondulées, entières ou 3-5 lobées ; les caulinaires tripartites, à lobes bi-tripinnatipartits. Fleurs jaunes, assez longuement pédicellées, en grappes lâches. *Calice à 6 divisions.* Capsule oblongue trigone, tronquée au sommet, à 3 dents courtes. Graines noires, lisses luisantes. ②. Juin-août.

CC. — Lieux incultes arides, terrains calcaires, bords des chemins. — *Ind.?*

2. R. luteola L. *Sp.* — (Vulg. *Gaude*). — Pl. tinctoriale. *Tiges* de 5-10 déc., raides, *dressées,* simples ou rameuses. Feuilles sessiles, lancéolées obtuses, entières ; les radicales étalées en rosette, souv. ondulées. Fleurs jaunâtres, brièvement pédicellées, en grappes compactes très-allongées. *Calice à 4 divisions.* Capsule subglobuleuse, bosselée, à 3 lobes profonds. Graines jaunâtres, lisses luisantes. ②. Juin-août.

A.C. — Lieux incultes, décombres, bords des chemins. — *Intr.* — Abbeville; Drucat; Doullens; Saint-Valery; Cambron; Eaucourt; Epagne; Bouttencourt; Ailly-sur-Noye; La Faloise; Ham; Vismes-au-Val, Frettemeule, Guerbigny, Andechy (*Guilbert*); Vron (*Tripier*); Notre-Dame-de-Grâce, Longpré près Amiens, Hangest-sur-Somme, Bourdon, Yzeux, Vignacourt, Bacouel (*E. Gonse*); Port (*H. Sueur*); Ferrières, Bovelles (*Rom.*).

X. DROSÉRACÉES.

Fleurs régulières. Calice à 5 divisions profondes, persistantes. Corolle à 5 pétales. Etamines 5. Anthères biloculaires, extrorses. Styles 3-5, entiers ou bifides, qqf. nuls. Capsule uniloculaire, polysperme, à 3-5 valves.

1. { Tiges nues. Feuilles bordées de longs cils glanduleux. . . . . Drosera (1).
Tiges portant une seule feuille. Feuilles dépourvues de cils . . . . Parnassia (2).

1. DROSERA L. *Gen.*

Pétales marcescents, dépourvus d'écailles nectarifères. — *Tiges nues. Feuilles toutes radicales en rosette, bordées de longs cils glanduleux, rougeâtres*, irritables au toucher, roulées en crosse dans leur jeunesse. Fleurs petites, blanchâtres, en grappes dressées unilatérales.

1. D. rotundifolia L. *Sp.* — Tiges de 1-2 déc., rougeâtres, dressées, naissant du centre de la rosette des feuilles et les dépassant longuement. Feuilles appliquées sur la terre, suborbiculaires rétrécies brusquement en un pétiole velu, plus long que le limbe. Capsule oblongue, lisse, dépassant les sépales. Graines allongées, fusiformes. ♃. Juillet-septembre.

RR. — Prairies spongieuses, marais tourbeux à *Sphagnum*. — Villers-sur-Authie; Cambron (*T. C.*); Gouy (*Baill. Herb.*); Glisy, Long (*P. Fl.*); Saint-Quentin-en-Tourmont (*Dovergne Herb.*).

Le *D. longiflora* (L. *Sp.*) a été signalé d'une manière vague dans les environs de Péronne (*B. Extr. Fl.*; *P. Fl.*). Il diffère du *D. rotundifolia* principalement par ses feuilles dressées ascendantes, linéaires oblongues, cunéiformes, atténuées en un pétiole glabre, par ses tiges dépassant moins longuement les feuilles, par ses graines ovoïdes, oblongues.

2. PARNASSIA Tourn. *Inst.*

Pétales caducs, portant chacun à la base une écaille nectarifère cordiforme ciliée. Stigmates 4, subsessiles. Capsule uniloculaire, à 4 valves. — *Tiges portant une seule feuille.* Fleurs blanches, solitaires, terminales.

1. P. palustris L. *Sp.* — Tiges de 1-4 déc., dressées, anguleuses. Feuilles radicales, longuement pétiolées, cordiformes, entières, lisses, d'un vert pâle en dessous; la caulinaire sessile amplexicaule. Pétales veinés, dépassant longuement le calice. ♃. Juillet-octobre.

A.C. — Prairies humides, marais tourbeux, bois, coteaux calcaires. — Drucat; bois de Saint-Riquier; Chaussoy près Tœufles; Saint-Quentin-en-Tourmont; Quend; bois de Bouillencourt-en-Sery; faubourg Rouvroy à Abbeville (*T.C.*); Hangest-sur-Somme, Bourdon, Canaples, Fouencamps (*E. Gonse*); Breilly (*Rom.*); Renancourt près Amiens (*Richer*); Frettemeule, Maisnières, Vismes-au-Val (*Guilbert*); Bray-lès-Mareuil (*Tripier*); Marais Saint-Gilles à Abbeville (*B. Herb.*); Long, Glisy, Pont-de-Metz, Péronne (*P. Fl.*).

XI. POLYGALÉES.

Fleurs irrégulières. Calice à 5 sépales très-inégaux, persistants; les 3 extérieurs très-petits; *les 2 intérieurs* (ailes) *très-amples pétaloïdes*, membraneux, veinés. *Corolle à 3 pétales* réunis avec les filets des étamines en un tube fendu supérieurement; l'inférieur (carène) plus grand, concave caréné, renfermant les organes sexuels, à limbe profondément lacinié. Etamines 8. Anthères uniloculaires, disposés en 2 faisceaux égaux, opposés. Style 1. Capsule obcordée, biloculaire, très-comprimée. — Pl. glabres ou presque glabres, sous-frutescentes à la base, à suc amer. Feuilles entières, sessiles. Fleurs en grappes terminales.

1. POLYGALA L. Gen.

Caractères de la famille.

1
- Feuilles inférieures en rosette. Rameaux florifères naissant du centre des rosettes de feuilles. . 1. *P. calcarea.*
- Feuilles inférieures opposées ou alternes, non disposées en rosette. Rameaux florifères partant de la souche ou de la tige à diverses hauteurs. 2

2
- Feuilles inférieures, la plupart opposées; les supérieures éparses. Tiges étalées. Fleurs en grappes pauciflores. . . . . 2. *P. depressa.*
- Feuilles toutes alternes ou éparses. Tiges ascendantes. Fleurs en grappes multiflores. . . . . . 3. *P. vulgaris.*

1. P. calcarea F. Schultz in *Bot. Zeit.* — *P. amarella* Coss. et Germ. *Fl.* ed. 1 et *Illustr.* — *Tiges* de 1-2 déc., étalées, nues à la base, *munies au sommet de rameaux florifères partant du centre des feuilles réunies en rosette.* Feuilles larges, obovales obtuses, celles des rameaux plus petites, éparses, oblongues linéaires. *Fleurs bleues, roses ou blanches, en grappes assez courtes*. Capsule débordant les ailes. ♃. Mai-juillet.

A.C. — Pelouses montueuses, coteaux calcaires, bords des bois. — Bois Grillé près Huchenneville; bois de Tronquoy près Huppy; Caubert près Abbeville; Ercourt; Bernapré; Wiry-au-Mont; Bovelles (*Rom.*); bois de La Motte à Cambron, bois de Size près Ault (*T.C.*); Le Cardonnois, Ailly-sur-Noye, Boves, Guyencourt, Cottenchy, Dury, Famechon, Gentelles, Saint-Fuscien (*E. Gonse*); Laviers (*Baill.* Herb.); Vadencourt, Warloy-Baillon (*Guilbert*).

2. P. depressa Wenderoth *Schrift. Ges. nat. Marburg.* — *Tiges de 5-20 cent., étalées, à rameaux florifères partant de la souche ou de la tige à diverses hauteurs*. Feuilles inférieures la plupart opposées, très-petites ovales arrondies; les supérieures alternes, oblongues ou linéaires oblongues. *Fleurs d'un blanc bleuâtre ou bleues, en grappes courtes, pauciflores*. Capsule débordée par les ailes. ♃. Mai-juillet.

R.R. — Prairies tourbeuses, bruyères, bois montueux. — Larronville près Rue; Villers-sur-Authie; communes de Vron; Neuville près Saint-Valery (*E. Gonse*).

3. P. vulgaris L. *Sp.* — *Tiges de 1-3 déc., diffuses, ascendantes, à rameaux florifères partant de la souche ou de la tige à diverses hauteurs*. Feuilles alternes ou éparses; les inférieures elliptiques ou ovales lancéolées; les supérieures plus longues, lancéolées linéaires. *Fleurs bleues, roses ou blanches, en grappes ord. multiflores allongées, lâches*. Capsule ord. débordée par les ailes. ♃. Mai-juillet.

CC. — Clairières des bois, pelouses, prés secs ou humides.

Var. 6. *comosa* (Soy. Will. *Cat.*; Coss. et Germ. *Fl. et Illustr.*). — Bractées lancéolées acuminées dépassant les boutons et les jeunes fleurs. — *RR.* — Dunes de Saint-Quentin-en-Tourmont.

Var. γ. *parviflora* (Coss. et Germ. *Fl.*). — Fleurs plus petites en grappes courtes serrées. Ailes à nervures moins ramifiées. Capsule débordant les ailes dans tous les sens. — R. — Pelouses sèches. — Bailleul; Frucourt; Bienfay près Moyenneville; Mers; Saint-Quentin-en-Tourmont (*T.C.*); Le Cardonnois (*E. Gonse*).

XII. SILÉNÉES.

Fleurs ord. hermaphrodites, régulières. *Calice tubuleux à 5 très-rar. 4 dents*, muni qqf. d'écailles à la base (calicule). Corolle à 5 pétales onguiculés, alternes avec les divisions du calice. Etamines 10. Styles 2-5. Capsule déhiscente, polysperme, à 1 rar. 3 loges plus ou moins incomplètes, s'ouvrant au sommet par 4-5-6-10 dents. — Tiges munies de nœuds. Feuilles entières opposées, souv. connées, dépourvues de stipules.

1. { Styles 2 2
    { Styles 3-5 4

2. { Calice muni de calicule. . . . . DIANTHUS (2).
    { Calice dépourvu de calicule. 3

3. { Calice campanulé. Feuilles linéaires étroites . . . . .
    . . . . GYPSOPHILA (1).
    { Calice tubuleux. Feuilles elliptiques ovales lancéolées. .
    . . . . SAPONARIA (3).

4. { Styles 3 . . . . SILENE (4).
    { Styles 5 5

5. { Fleurs hermaphrodites. Capsule s'ouvrant au sommet
        par 5 dents. . . . . LYCHNIS (6).
    { Fleurs dioïques. Capsule s'ouvrant au sommet par
        10 dents. . . . . MELANDRIUM (5).

1. GYPSOPHILA L. *Gen.*

Calice campanulé anguleux, à 5 dents. Pétales 5, atténués en onglet court. *Styles* 2. Capsule uniloculaire, s'ouvrant par 4 dents. Graines réniformes. — Pl. grêle, presque glabre. Fleurs roses veinées.

1. G. muralis L. *Sp.* — Tiges de 10-15 cent., filiformes, rameuses dès la base, à rameaux étalés. Feuilles linéaires étroites. Fleurs en grappes lâches irrégulièrement dichotomes, à longs pédoncules capillaires. Calice à dents obtuses. Pétales émarginés ou crénelés. Capsule ovoïde obtuse. ①. Juillet-septembre.

RR. — Champs cultivés, terrains arides sablonneux. — *Intr.* — Neslc, Languevoisin (*E. Gonse*); Bussus (*Lesaché*); Warloy-Baillon (*Guilbert*); bois de Montrelet, Fieffes (*T.C.*); Bovelles (*Rom.*); Monflières près Abbeville (*B. Extr. Fl.*); Abbeville, Baisnat près Huppy (*B. Herb.*); faubourg Saint-Pierre à Amiens, environs de Roye (*P. Fl.*); signalé dans les chaumes d'Avoine à Neufmoulin (*du Maisniel de Belleval*, Not. manuscr.).

2. DIANTHUS L. *Gen.*

Calice tubuleux à 5 dents, *muni à la base d'un calicule* composé de 2-6 écailles opposées, apprimées. Pétales 5, longuement onguiculés à limbe émarginé ou denté. *Styles* 2. Capsule cylindrique, uniloculaire, s'ouvrant par 4 dents. Graines orbiculaires, convexes d'un côté. — Tiges à articulations renflées. Feuilles connées à la base.

1 { Fleurs solitaires ou en cyme pauciflore . . . .
.... 3. *D. Caryophyllus*.
Fleurs réunies en glomérules ou en fascicules 2

2 { Calicule à écailles herbacées velues . . . 2. *D. Armeria*.
Calicule à écailles scarieuses glabres . . . 1. *D. prolifer*.

1. D. prolifer L. *Sp.* — Pl. glabre. Tiges de 1-4 déc., dressées, raides. Feuilles linéaires étroites, rudes aux bords. *Fleurs* petites, roses, paraissant l'une après l'autre, *réunies 2-10 en glomérules* entourés d'un involucre à bractées scarieuses, les extérieures courtes ovales mucronées, les intérieures oblongues obtuses, dépassant les calices. *Calicule à écailles scarieuses* enveloppant le calice. Pétales à limbe émarginé. ① ou ②. Juillet-septembre.

A.C. — Lieux arides, coteaux calcaires, vieux murs. — Fortifications d'Abbeville ; Drucat ; Eaucourt ; Limeux ; Bailleul ; Moyenneville ; Ault ; Mers ; Gauville ; Epagne (*de Beaupré*) ; talus de la citadelle d'Amiens, Bourdon, Longueau, Saint-Fuscien, Yzeux, Hangest-sur-Somme, Ailly-sur-Noye (*E. Gonse*) ; Notre-Dame-de-Grâce et Renancourt près Amiens (*Rom.*) ; Bussy (*P. Fl.*).

2. D. Armeria L. *Sp.* — Pl. pubescente. Tige de 3-5 déc., dressée, raide, ord. rameuse supérieurement. Feuilles lancéolées linéaires ; les inférieures plus larges, obtuses. *Fleurs* purpurines ponctuées de blanc, *réunies 2-8 en fascicules* terminaux et axillaires, munies de 2 bractées. Bractées et *écailles du calicule herbacées, velues*, lancéolées subulées, dépassant ord. le calice. Calice à dents étroites acuminées subulées. Pétales à limbe oblong, denté. ②. Juin-août.

A.R. — Clairières des bois, pâturages secs. — Bois du Brusle et de Tachemont près Huchenneville ; bois du Mont-Blanc près Limeux ; Drucat ; Lanchères ; bois de Rampval près Mers ; forêt de Luchcux ; Gamaches ; Caubert près Abbeville (*T.C.*) ; Argoules (*de Beaupré*) ; Bovelles, Guignemicourt, Saisseval, Ailly-sur-Somme (*Rom.*) ; Poix, Yzeux, Saint-Germain-sur-Bresle (*E. Gonse*) ; Vismes-Val, Hélicourt près Tilloy-Floriville, Cantigny (*Guilbert*) ; bois de Frohen (*de Fercourt*, Herb.) ; Notre-Dame-de-Grâce, Boves, Saint-Fuscien, Talmas (*P. Fl.*) ; Laviers, Saint-Riquier (*B. Herb.*).

3. D. Caryophyllus L. *Sp.* — (Vulg. Œillet des jardins). — Pl. glabre, glauque, à souche ligneuse, émettant des rejets rameux. Tiges de 3-5 déc., ascendantes souv. renflées et genouillées aux nœuds. Feuilles linéaires aiguës canaliculées. *Fleurs* très-odorantes, roses, *solitaires ou en cyme pauciflore*. Calicule à écailles suborbiculaires mucronées, coriaces, 3-4 fois plus courtes que le tube calicinal. Calice cylindrique, coriace. *Pétales à limbe* obovale, étalé, *irrégulièrement denté*. ♃. Juillet-août.

RR. — Vieux murs. — *Intr.* — Tour Harold et murs de la Haute-Ville à Saint-Valery ; Le Crotoy.

3. SAPONARIA L. *Gen.*

Calice tubuleux, cylindrique ou anguleux, à 4-5 dents. Pétales 5, longuement onguiculés. *Styles* 2. Capsule uniloculaire s'ouvrant par 4 dents. Graines subglobuleuses, chagrinées. — Feuilles elliptiques ou ovales lancéolées. Fleurs roses.

1 { Calice cylindrique, non anguleux . . . . . 2. *S. officinalis.*
  { Calice ventru à 5 angles. . . . . 1. *S. Vaccaria.*

1. S. Vaccaria L. *Sp.* — Pl. glabre glauque, à racine grêle pivotante. Tige de 2-6 déc., dressée, rameuse dichotome. Feuilles ovales lancéolées aigues, élargies connées à la base. Fleurs longuement pédonculées, en cyme lâche. *Calice* membraneux, ventru, à *5 angles* verdâtres. Pétales petits à limbe crénelé, dépourvus d'appendices. Capsule à dents dressés. ①. Juin-juillet.

RR. — Moissons. — *Intr.* — Trinquis près Behen ; Epagne (*de Beaupré*) ; Caux (*B.* Herb.) ; Saint-Riquier (*Lesaché*) ; Notre-Dame-de-Grâce, Dury, Fortmanoir, Boves (*P.* Fl.).

2. S. officinalis L. *Sp.* — (Vulg. *Saponaire*). — Pl. presque glabre. Souche émettant des rejets rampants et des tiges florifères. Tiges de 3-6 déc., dressées, rameuses au sommet. Feuilles elliptiques ou ovales lancéolées, trinervées. Fleurs fasciculées, en panicule compacte. *Calice* herbacé, *cylindrique,* qqf. un peu velu. Pétales grands à limbe obovale, munis à la base d'appendices linéaires. Capsule à dents courtes, réfléchies. ♃. Juillet-septembre.

RR. — Bords des champs, berges des rivières. — *Intr.* — Remparts d'Abbeville vers la porte d'Hocquet, d'où il a disparu par suite de travaux faits aux fortifications ; bords de l'Authie près Argoules (*de Beaupré*) ; Guerbigny (*Guilbert*) ; Bouillancourt près Montdidier (*Besse*) ; Port (*B.* Herb.) ; Camon, Querrieux (*P.* Fl.) ; Epagne (*B.* Extr. Fl.).

S.-v. *flore pleno.* — Fleurs doubles. — Subspontané à la lisière du bois du cap Hornu près Saint-Valery.

4. SILENE L. *Gen.*

Calice tubuleux étroit ou renflé, à 5 dents. Pétales, longuement onguiculés, souv. munis d'appendices à la base. *Styles* 3. *Capsule* triloculaire à la base, *s'ouvrant* au sommet *par 6 dents.* — Feuilles oblongues, lancéolées ou linéaires. Fleurs hermaphrodites.

1. Calice glabre. 2
   Calice velu. 3
2. Bractées scarieuses. . . . . 1. *S. inflata.*
   Bractées herbacées . . . . 2. *S. maritima.*
3. Calice à 10 nervures. . . . . 4. *S. Gallica.*
   Calice à 30 nervures . . . . 3. *S. conica.*

* *Calice glabre.*

1. S. inflata Sm. *Fl. Brit.* — *Cucubalus Behen* L. *Sp.*
— Pl. glauque glabre, rar. velue. Tiges de 3-5 déc., couchées ascendantes, rameuses. Feuilles ovales, lancéolées aigues, glabres ou ciliées. Fleurs blanches, plus ou moins nombreuses en cyme terminale. *Bractées scarieuses.* Calice subglobuleux renflé vesiculeux, réticulé, à dents triangulaires. Pétales bipartits, dépourvus d'appendices. Capsule subglobuleuse, stipitée. ♃. Juin-septembre.

C. — Moissons, prés, bords des chemins. — *Ind.?* — Rue; Le Crotoy; Pernois; Behen; Huchenneville.

Var. 6. *pubescens.* — (*S. puberula* Jord.; Boreau *Fl.*). — Partie inférieure des tiges et feuilles couvertes de poils courts. — R. — Bords des moissons et des chemins, surtout dans la région maritime. — Mers; Le Hourdel; Wiry-au-Mont.

2. S. maritima With. *Boh. Arrang.* — Pl. glauque, à souche ligneuse, émettant des rejets stériles, nombreux, très-feuillés, étalés en cercle, persistants pendant l'hiver. Tiges de 1-2 déc., couchées redressées. Feuilles lancéolées étroites aigues, denticulées sur les bords, un peu charnues. Fleurs blanches, solitaires ou peu nombreuses au sommet des tiges. *Bractées herbacées.* Pétales à limbe largement obovale, bipartit, munis de 2 appendices à la base. Capsule globuleuse, stipitée. ♃. Juin-septembre.

A.C. — Galets maritimes. — Mers; Ault; Cayeux-sur-Mer; Le Hourdel.

** *Calice velu.*

3. S. conica L. *Sp.* — Pl. pubescente grisâtre, à racine pivotante. Tiges de 1-3 déc., solitaires ou nombreuses, dressées, simples ou rameuses. Feuilles linéaires lancéolées aigues. Fleurs roses, en cyme dichotome, qqf. subsolitaires. Bractées herbacées. *Calice ovoïde conique, ombiliqué, à 30 nervures,* à dents longues acuminées subulées. Pétales à limbe échancré, munis d'appendices à la base. Capsule ovoïde conique, sessile. ①. Mai-juillet.

A.C. — Sables maritimes, terrains sablonneux. — Saint-Quentin-en-Tourmont; Fort-Mahon et Monchaux près Quend; Cayeux-sur-Mer; lisières du bois du cap Hornu près Saint-Valery; Le Crotoy; Rue (*P. Fl.*).

S.-v. *subuniflora* (Coss. et Germ. *Fl.*). — Pl. naine pauciflore ou uniflore.

Le *S. conoidea* (L. *Sp.*) a été trouvé dans des terrains sablonneux près de Saint-Valery (*Baill.* Herb.; *B.* Herb. et Extr. Fl.; *P.* Fl.). Il diffère du *S. conica* par les caractères suivants: pl. plus élevée, couverte de poils glanduleux; feuilles plus larges, oblongues lancéolées; pétales crénelés; calice plus allongé, d'abord longuement conique, puis renflé inférieurement; capsule globuleuse à la base, longuement atténuée au sommet. — Nous regardons comme accidentelle dans nos limites la présence de cette espèce, qui croit dans les moissons du midi de la France.

4. S. Gallica L. *Sp.* — Pl. pubescente visqueuse, à racine grêle. Tige de 2-5 déc., dressée ou ascendante, rameuse. Feuilles inférieures spatulées; les supérieures linéaires aigues. Fleurs petites blanches ou rosées, solitaires, axillaires, en grappes spiciformes unilatérales. Pédicelles dressés ou étalés. *Calice* presque laineux, ovoïde, non ombiliqué, *à 10 nervures*, à dents lancéolées subulées. Pétales obovales entiers ou denticulés, munis d'appendices à la base. Capsule ovoïde subsessile. ①. Juillet-septembre.

A.C. — Moissons, terrains cultivés. — *Intr.* — Huchenneville; Drucat; Yvrench; Estrées-lès-Crécy; Behen; Cambron (*T.C.*); Bovelles, Ailly-sur-Somme (*Rom.*); Épagne, Saint-Valery (*P. Fl.*).

Var. ε. *divaricata* (Gren. et Godr. *Fl.*; Brébiss. *Fl.* — *S. Anglica* DC. *Fl. Fr.* — *S. Lusitanica* et *S. Anglica* P. *Fl.*). — Capsules étalées, les inférieures souv. réfléchies. — *A.R.* — Les Alleux près Behen; Estrées-lès-Crécy; Vauchelles-lès-Quesnoy (*Picard* Not. manuscr.); Abbeville (*Baill.* Herb.); Laviers, Caux, Pendé (*B.* in *DC.* Fl. Fr.).

5. MELANDRIUM Rœhl. *Deutschl. Fl.*

Calice tubuleux ou ovoïde renflé, à 5 dents. Pétales 5, longuement onguiculés, à limbe bifide, munis d'appendices à la base. Styles 5. *Capsule* ovoïde uniloculaire, *s'ouvrant au sommet par 10 dents.* — Pl. velues. Feuilles ovales lancéolées. *Fleurs dioïques* assez grandes, en cyme dichotome lâche.

1 { Fleurs d'un rose vif. Capsule à dents roulées en dehors. . . . . 2. *M. sylvestre.*
{ Fleurs blanches, très-rar. d'un rose pâle. Capsule à dents dressées. . . . . 1. *M. dioicum.*

1. M. dioicum Coss. et Germ. *Fl.* — *Lychnis dioica* DC. *Fl. Fr.* — *L. vespertina* Sibth. *Fl. Oxon.* — *Silêne* *pratensis* Gren. et Godr. *Fl.* — (Vulg. *Compagnon blanc*). — Tiges de 3-8 déc., dressées ou ascendantes, rameuses au sommet. Feuilles ovales lancéolées ; les inférieures atténuées en pétiole. *Fleurs blanches*, très-rar. d'un rose pâle, odorantes au soir. Calice velu glanduleux, à 10 nervures, tubuleux dans les fleurs mâles, ovoïde subglobuleux dans les femelles. *Capsule* ovoïde conique, à *dents dressées* ou un peu étalées. ♃. Juin-septembre.

CC. — Lieux incultes, champs, bords des chemins, pâturages. — Ind.?

S.-v. *flore roseo*. — Fleurs d'un rose pâle. — Rue.

2. M. sylvestre Rœhl. *Deutschl. Fl.;* Coss. et Germ. *Fl.* — *Lychnis sylvestris* Engl. Bot. — *Silene diurna* Sibth. *Fl. Oxon.* — (Vulg. *Compagnon rouge*). — Tiges de 2-6 déc., ascendantes, rameuses au sommet. Feuilles molles ; les radicales ovales, longuement atténuées en pétiole ; les supérieures ovales acuminées. *Fleurs d'un rose vif*, inodores. Calice tubuleux peu renflé dans les fleurs mâles, ovoïde dans les fleurs femelles. *Capsule* ovoïde arrondie à *dents roulées en dehors*. ♃. Juin-août.

A.R. — Bois humides, lieux ombragés. — Bois Watté à Drucat; bois du Val près Laviers ; Le Plouy près Vismes ; Bouttencourt ; Gamaches ; bois de Lamotte-Croix-au-Bailly ; bois de Size près Ault ; Blingues près Mers ; Oust-Marest ; forêt de Dompierre ; Estrées-lès-Crécy ; Arry ; forêt d'Arguel près Senarpont ; Aveluy ; Saint-Germain-sur-Bresle, Sainte-Segrée (*E. Gonse*); Lucheux (*Demailly*) ; Cambron (*T.C.*) ; Tilloy-Foriville, Vismes-au-Val (*Guilbert*) ; La Faloise (*P. Fl.*).

6. LYCHNIS Tourn. *Inst.*

Calice tubuleux renflé, à 5 dents. Pétales 5, longuement onguiculés, munis ou non d'appendices à la base. *Styles 5. Capsule* ovoïde, uniloculaire, *s'ouvrant au sommet par 5 dents.* — Fleurs hermaphrodites en cyme lâche ou solitaires.

1 { Pétales à limbe divisé en lanières linéaires . . . . *1. L. Flos-Cuculi.*
   { Pétales à limbe entier ou à peine émarginé. 2. *L. Githago.*

1. L. Flos-Cuculi L. *Sp.* — Pl. presque glabre visqueuse au sommet. Souche émettant des rejets stériles et des tiges florifères. Tiges de 2-6 déc., dressées ou ascendantes, peu rameuses. Feuilles lancéolées linéaires ; les inférieures atténuées à la base. Fleurs roses, rar. blanches, en cyme lâche. Calice rougeâtre à 10 nervures, campanulé à la maturité. *Pétales à limbe divisé en 4 lanières*, munis d'appendices à la base. ♃. Mai-juillet.

CC. — Prairies, pâturages humides.

2. L. Githago Lmk. *Encycl. méth.* — *Agrostemma Githago* L. *Sp.* — (Vulg. *Nielle*). — Pl. velue soyeuse. Tige de 6-10 déc., dressée, peu rameuse. Feuilles sessiles, linéaires aigues, longues. Fleurs grandes, d'un rouge violacé, longuement pédonculées, ord solitaires au sommet de la tige et des rameaux. Calice à 10 nervures saillantes, à 5 dents foliacées, linéaires, dépassant ord. longuement les pétales. *Pétales à limbe entier ou à peine émarginé, dépourvus d'appendices.* ⏺. Juin-août.

CC. — Moissons. — *Intr.*

XIII. ALSINÉES.

Fleurs très-rar. dioïques, régulières. *Calice à 5 rar. 4 sépales. Corolle à 5 rar. 4 pétales*, brièvement onguiculés, alternes avec les sépales. Etamines 2-10. Styles 2-5. Capsule déhiscente, polysperme, uniloculaire, s'ouvrant par des dents ou des valves. — Tiges munies de nœuds. Feuilles opposées, entières, rar. munies de stipules.

1	Feuilles munies de stipules.	2
	Feuilles sans stipules.	3
2	Styles 3. Capsule à 3 valves.	SPERGULARIA (1).
	Styles 5. Capsule à 5 valves	SPERGULA (2).
3	Pétales bipartits ou bifides.	4
	Pétales entiers ou denticulés.	6
4	Styles 3. Capsule à 6 valves	STELLARIA (9).
	Styles 5. rar. 4. Capsule à 10 dents.	5
5	Capsule cylindrique ord. arquée. Styles opposés aux sépales.	CERASTIUM (10).
	Capsule ovoïde, droite. Styles alternes avec les sépales.	MALACHIUM (12).
6	Valves ou dents de la capsule en nombre égal à celui des styles.	7
	Valves ou dents en nombre double de celui des styles.	9
7	Styles 4-5. Capsule à 4-5 valves.	SAGINA (3).
	Styles 3. Capsule à 3 valves.	8
8	Graines peu nombreuses, grosses, pyriformes. Feuilles connées, charnues.	HONKENEJA (5).
	Graines nombreuses, petites, réniformes. Feuilles linéaires subulées	ALSINE (4).
9	Styles 4. Capsule à 8 dents. Pl. glabre.	MOENCHIA (11).
	Styles 3. Capsule à 6 valves ou dents. Pl. plus ou moins pubescente.	10

10 { Fleurs en cyme ombelliforme. Pétales denticulés . . . .
. . . . HOLOSTEUM (6).
Fleurs en cyme non ombelliforme. Pétales entiers . . 11

11 { Graines lisses, munies d'arille. Feuilles pétiolées . . . .
. . . . MŒHRINGIA (7).
Graines chagrinées, dépourvues d'arille. Feuilles sessiles.
. . . . ARENARIA (8).

1. SPERGULARIA Pers. *Syn.*

Sépales 5. Pétales 5, entiers. Etamines 10. *Styles 3. Capsule s'ouvrant* jusqu'à la base *en 3 valves.* — Pl. à *feuilles* linéaires, *munies de stipules scarieuses.* Fleurs en grappes lâches.

1 { Pl. glabre. Tiges grêles dressées. . . . . . *1. S. segetalis.*
Pl. pubescente glanduleuse au sommet. Tiges étalées redressées 2

2 { Pétales dépassant le calice. Graines toutes ailées. . . .
. . . . *4. S. marginata.*
Pétales égalant le calice. Graines toutes ou la plupart non ailées 3

3 { Graines toutes non ailées. . . . . *2. S. rubra.*
Graines quelques-unes seulement ailées. . *3. S. marina.*

1. S. segetalis Fenzl in Ledeb. *Fl. Ross.* — *Pl. glabre.* Tiges de 5-15 cent. grêles, dressées, très-rameuses. Stipules laciniées. Feuilles filiformes mucronées. *Fleurs blanches,* à longs pédicelles filiformes étalés après la floraison. *Sépales* lancéolés aigus *scarieux, à nervure dorsale verte. Pétales* de moitié *plus courts que le calice.* Graines tuberculeuses, *non ailées.* ①. Juin-juillet.

RR. — Champs, moissons. — *Intr.* — Montrelet (*T.C.*); Dury (*P. Fl.*).

2. S. rubra Pers. *Syn.* — *Lepigonum rubrum* Wahlberg *Fl. Gothob.* — Pl. pubescente glanduleuse au sommet. Tiges de 1-2 déc., étalées diffuses, à rameaux ascendants. Feuilles linéaires filiformes, planes, mucronées, un peu charnues, munies de fascicules de feuilles à leur aisselle. *Fleurs roses purpurines,* en grappes lâches. Sépales lancéolés, obtus, scarieux aux bords. *Pétales égalant le calice.* Capsule égalant les sépales. *Graines* chagrinées, *non ailées.* ①. Juin-août.

R. — Bords des chemins, terrains sablonneux. — Huchenneville; Villers-sur-Authie; Boves; Neuville près Saint-Valery; Vignacourt (*E. Gonse*); Franvillers, Baizieux, Lavieville, Etelfay (*Guilbert*); Bovelles (*Rom.*); Cagny (*P. Fl.*); Valines (*B. Extr. Fl.*).

3. S. marina Boreau *Fl. centr.* — *S. media* var. *hete-*

rosperma Fenzel in Ledeb. *Fl. Ross.* — *Lepigonum medium* Wahlberg. *Fl. Gothob.* — Pl. pubescente glanduleuse au sommet. Tiges de 5-20 cent., couchées redressées, rameuses. Feuilles linéaires subulées, presque cylindriques, charnues. *Fleurs* nombreuses, *d'un rose violacé*. Sépales lancéolés obtus, à peine pubescents, scarieux aux bords. *Pétales égalant le calice.* Capsule dépassant les sépales. *Graines* presque lisses, obovoïdes comprimées, entourées d'un rebord épais, ord. *quelques-unes* au fond de la capsule *entourées d'une aile membraneuse.* ① ou ②. Juin-août.

A.C. — Prés salés, sables maritimes humides. — Noyelles-sur-Mer; Le Crotoy; Laviers; Saint-Valery; Cayeux-sur-Mer; Le Hourdel; Fort-Mahon et Pont-à-Cailloux près Quend; Mers; Abbeville.

4. S. marginata Boreau *Fl. centr.* — *S. media* var. *marginata* Fenzl. in Ledeb. *Fl. Ross.* — *Lepigonum marginatum* Kock *Syn.* — Pl. plus robuste dans toutes ses parties que le *S. marina* Bor., pubescente glanduleuse au sommet. Souche épaisse. Tiges de 5-25 cent., couchées redressées, rameuses. Feuilles linéaires, semicylindriques, charnues. *Fleurs* assez grandes, *d'un blanc rosé*. Sépales lancéolés, obtus, scarieux aux bords. *Pétales plus longs que le calice.* Capsule grosse, dépassant les sépales d'un tiers de sa longueur. *Graines* ovoïdes comprimées, presque lisses, *toutes entourées d'une aile* large *membraneuse.* ② ou ♃. Juin-août.

A.C. — Prés salés, sables maritimes humides, digues près la mer. Noyelles-sur-Mer; Saint-Valery; Le Hourdel; Saint-Quentin-en-Tourmont; Fort-Mahon près Quend; Ault; Mers; Laviers; Menchecourt près Abbeville.

2. SPERGULA L. *Gen.*

Sépales 5. Pétales 5, entiers. Etamines 5-10. *Styles 5. Capsule s'ouvrant* jusqu'à la base *en 5 valves.* — *Feuilles* linéaires, paraissant verticillées *munies de stipules scarieuses.* Fleurs blanches en cymes irrégulières.

1 { Feuilles sillonnées. Graines subgloduleuses, très-étroitement bordées. . . . . 1. *S. arvensis.*
{ Feuilles non sillonnées. Graines planes, très-largement ailées. . . . . 2. *S. pentandra.*

1. S. arvensis L. *Sp.* — Pl. plus ou moins pubescente visqueuse. Tiges de 1-3 déc., ascendantes, rameuses. *Feuilles* linéaires allongées, subulées, *sillonnées en dessous.* Etamines 10, rar. 5. *Graines subgloduleuses* noires, munies de pupilles jaunâtres, *entourées d'un rebord* lisse *très-étroit.* ①. Juin-août.

C. — Moissons, champs cultivés. — *Intr.* — Commun aux environs d'Abbeville, moins commun près d'Amiens, Dury, Boves (*E. Gonse*).

2. S. pentandra L. *Sp.* — Pl. presque glabre. Tiges de 1-2 déc., ascendantes rameuses, grêles. Feuilles linéaires subulées, courtes, *non sillonnées*. Étamines ord. 5. *Graines planes*, presque lisses, noires, *entourées d'une aile très-large membraneuse*, blanche, plissée. ①. Juin-juillet.

RR. — Champs, bois sablonneux. — Querrieux (*P. Fl.*).

3. SAGINA L. *Gen.* ex parte.

Sépales 4-5. Pétales 4-5, entiers, qqf. avortés. Étamines 4, 5, 10. *Styles 4-5. Capsule à 4-5 valves* opposées aux sépales. — Pl. ord. petites, grêles. Feuilles connées à la base. Fleurs en cymes pauciflores.

1	Sépales 5. Pétales 5 . . . . 4. *S. nodosa.*	
	Sépales 4. Pétales 4	2
2	Tiges étalées radicantes . . . . 1. *S. procumbens.*	
	Tiges dressées ou ascendantes non radicantes	3
3	Feuilles subulées aristées. Pédicelles pubescents . . . . 2. *S. apetala.*	
	Feuilles brièvement mucronées. Pédicelles glabres . . . . 3. *S. maritima.*	

* *Sépales 4. Pétales 4. Capsule à 4 valves.*

1. S. procumbens L. *Sp.* — Pl. glabre. *Tiges de 5-10 cent., filiformes, étalées diffuses ou couchées ascendantes, radicantes à la base. Feuilles* linéaires mucronées, *non ciliées*. Fleurs d'un blanc verdâtre. *Pédicelles recourbés au sommet après la floraison*, redressés à la maturité. Sépales étalés en croix après la floraison. Pétales plus courts que le calice, qqf. nuls. Capsule à valves dépassant un peu le calice. ♃. Mai-octobre.

CC. — Terrains humides pierreux ou sablonneux, décombres.

2. S. apetala L. *Mant.* — Pl. pubescente au sommet. *Tiges de 4-10 cent., nombreuses, filiformes, ascendantes*, rameuses. *Feuilles* linéaires *subulées, aristées, ciliées à la base.* Fleurs d'un blanc verdâtre. *Pédicelles dressés, pubescents.* Sépales étalés en croix après la floraison. Pétales plus courts que le calice, souv. nuls. Capsule à valves dépassant un peu le calice. ①. Mai-octobre.

C. — Champs humides, lieux sablonneux, bords des chemins.

3. S. maritima Don. *Engl. Bot.* — Pl. glabre. Tiges de 3-8 cent., filiformes, ascendantes ou dressées, rameuses, souv. d'un brun rougeâtre, ord. nombreuses, *naissant des aisselles d'une rosette centrale, rar. solitaires. Feuilles* linéaires, *brièvement mucronées ou mutiques,* courtes. Fleurs blanches. *Pédicelles* longs *dressés, glabres.* Sépales un peu écartés de la capsule après la floraison. Pétales égalant le calice, souv. nuls. Capsule à valves, égalant le calice. ①. Mai-juillet.

A.R. — Lieux humides dans la région maritime, digues mouillées par les vagues. — Mers ; Ault ; Saint-Quentin-en-Tourmont ; Fort-Mahon près Quend ; Saint-Firmin ; Le Hourdel ; Noyelles-sur-Mer ; Cayeux-sur-Mer (*E. Gonse*) ; Saint-Valery (*F. Debray*).

Le *S. stricta* (Fries *Nov. Suec.* ed. 2,58 ; Koch. *Syn.*; Gren. et Godr. *Fl.*; T.C. in *Bull. an. Soc. Linn. nord Fr.* 1,139), ne nous paraît pas différer du *S. maritima* Don. La description qu'en donne Koch est applicable à celui-ci. Ainsi que le fait observer M. Lloyd dans la *Flore de l'Ouest,* quand le *S. maritima* croît dans un lieu découvert, ses tiges sont étalées ascendantes et partent des aisselles d'une rosette centrale de feuilles ; mais s'il se trouve au milieu de grandes herbes ou si les plantes sont serrées les unes contre les autres, la rosette centrale manque et la tige est solitaire, simple ou peu rameuse.

** *Sépales 5. Pétales 5. Capsule à 5 valves.*

4. S. nodosa E. Meyer *Elench. pl. Boruss.* — *Spergula nodosa* L. *Sp.* — Tiges de 1-2 déc., étalées ascendantes, glabres ou un peu pubescentes glanduleuses au sommet. Feuilles linéaires filiformes, mucronulées ; les supérieures très-courtes fasciculées en forme de glomérules. Fleurs blanches, assez grandes. *Pédicelles dressés.* Sépales appliqués sur la capsule. *Pétales dépassant longuement le calice.* ♃. Juin-août.

A.R. — Marais tourbeux. — Caubert près Abbeville ; Bray-lès-Mareuil ; Cambron (*T.C.*) ; Bourdon, Hangest-sur-Somme (*E. Gonse*); Longpré, Saint-Maurice, Camon, Picquigny (*P. Fl.*).

Var. δ. *maritima.* (*Spergula nodosa* var. *maritima* DC. *Prodr.* 1,394). — Tiges de 5-10 cent., ord. nombreuses. Feuilles un peu épaisses, rapprochées presqu'imbriquées. — C. — Sables maritimes humides. — Ault ; Hautebut près Woignarue ; Cayeux-sur-Mer ; Saint-Quentin-en-Tourmont ; Fort-Mahon près Quend ; Saint-Valery (*E. Gonse*).

Le *S. subulata* (Wimm. *Fl. schles.*; Coss. et Germ. *Fl.* — *Spergula subulata* Swartz *Act. Holm.*: P. *Fl.* — *S. saginoides* B. *Extr. Fl.*) a été indiqué dans les environs de Doullens (*B. Extr. Fl.*; *P. Fl.*), où il n'a pas été retrouvé à notre connaissance. Il se reconnaît aux caractères suivants : pl. annuelle, velue glanduleuse ; tiges de

4-5 cent., dressées, nombreuses formant de petites touffes; feuilles linéaires subulées aristées, ciliées à la base; pédicelles longs, filiformes, penchés, puis dressés à la maturité; pétales ne dépassant pas le calice.

4. ALSINE Whlbg. *Fl. Lapp.*

Sépales 5. Pétales 5, entiers. Etamines 2-10. Styles 3. *Capsule à 3 valves. Graines nombreuses, petites, réniformes.* — Fleurs blanches en cymes dichotomes.

1. A. tenuifolia Whlbg. *Helv.* — *Arenaria tenuifolia* L. *Sp.* — Pl. glabre. Tiges de 10-15 cent., dressées, filiformes, rameuses, dichotomes. *Feuilles linéaires subulées.* Pédicelles plus longs que le calice. *Sépales lancéolés acuminés, trinervés, étroitement scarieux aux bords, dépassant les pétales.* Capsule égalant ou dépassant le calice. ①. Juin-septembre.

CC. — Lieux secs, champs arides, vieux murs. — *Intr.?*

5. HONKENEJA Ehrh. *Beitr.*

Sépales 5. Pétales 5, entiers. Etamines 10. Styles 3. *Capsule à 3 valves. Graines peu nombreuses, grosses, pyriformes,* convexes d'un côté, creusées de l'autre d'une fossette oblongue. — Fleurs hermaphrodites et dioïques, blanches, solitaires, axillaires et terminales.

1. H. peploides Ehrh. loc. cit. — *Arenaria peploides* L. *Sp.* — *Adenarium peploides* Rafin, *Journ. phys.* — *Halianthus peploides* Fries *Fl. Hall.* — Pl. glabre. Souche longuement traçante. Tiges de 1-2 déc., rameuses, couchées étalées, diffuses. *Feuilles connées, ovales aiguës, serrées, charnues,* uninervées. Fleurs blanches, solitaires, axillaires et terminales. Sépales ovales obtus, uninervés. Pétales obovales, un peu plus longs que le calice. Capsule grosse, subglobuleuse, finement rugueuse, dépassant le calice d'un tiers de sa longueur. Graines grosses, d'un brun noirâtre, luisantes, ponctuées. ♃. Juin-août. — Fleurit peu, fructifie assez rarement.

A.R. — Sables et galets maritimes. — Mers; Ault; Cayeux-sur-Mer; Le Crotoy; Saint-Quentin-en-Tourmont; Fort-Mahon près Quend (*Cagé*); Saint-Valery (*T.C.*); Hautebut près Woignarue (*F. Debray*).

6. HOLOSTEUM L. *Gen.*

Sépales 5. *Pétales 5, denticulés.* Etamines 3-5. Styles 3. Capsule s'ouvrant au sommet par 6 dents. Graines ovoïdes déprimées. — *Fleurs en cymes ombelliformes.*

1. H. umbellatum L. *Sp.* — Pl. plus ou moins pubescente visqueuse au sommet. Tiges de 1-2 déc., dressées ou ascendantes, rameuses à la base, ne portant que 2-3 paires de feuilles. Feuilles ovales lancéolées, glauques ; les radicales atténuées à la base. Fleurs blanches. Pédicelles inégaux réfractés, puis redressés à la maturité. Sépales scarieux aux bords, plus courts que les pétales. Capsule dépassant le calice. ①. Avril-mai.

A.C. — Champs incultes, vieux murs, toits de chaume. — *Intr.* — Drucat ; Abbeville ; Yonval près Cambron ; Cambron, Bichecourt près Hangest-sur-Somme (*T.C.*) ; Bovelles, Ailly-sur-Somme (*Rom.*) ; Amiens, Namps-au-Mont, Lœuilly, Conty Longueau, Boves, Gentelles, Dury (*E. Gonse*).

7. MOEHRINGIA L. Gen.

Sépales 5. Pétales 5, entiers ou à peine émarginés. Etamines 10. Styles 3. Capsule à 6 valves. *Graines munies d'un arille à l'ombilic.* — Fleurs en cymes feuillées.

1. M. trinervia Clairv. *Man. herb.* — Arenaria trinervia L. *Sp.* — Tiges de 1-3 déc., nombreuses, faibles, étalées diffuses, rameuses, pubescentes. *Feuilles ovales aigues, ciliées, 3-5 nervées ; les inférieures à pétiole presqu'aussi long que le limbe.* Fleurs blanches. *Pédicelles penchés après la floraison.* Sépales lancéolés aigus, à 3 nervures rapprochées, largement scarieux, dépassant les pétales. Capsule plus courte que le calice. Graines noires lisses. ①. Mai-juillet.

A.C. — Lieux couverts, bois, haies. — Drucat ; Marœuil ; Huchenneville ; Franqueville ; forêt de Crécy ; Essertaux (*Copineau*) ; Aveluy, Le Cardonnois (*E. Gonse*) ; Villers-Bretonneux (*Richer*) ; Bovelles (*Rom.*) ; Namps (*Demailly*) ; Cambron (*T.C.*) ; Cagny, Querrieux, Boves, Notre-Dame-de-Grâce, Caubert, Caux, Erondelle (*P. Fl.*).

8. ARENARIA L. Gen.

Sépales 5. Pétales 5, entiers ou à peine émarginés. Etamines 10. Styles 3. *Capsule s'ouvrant au sommet par 6 dents. Graines chagrinées, dépourvues d'arille.* Fleurs en cymes dichotomes.

1. A. serpillifolia L. *Sp.* — Pl. finement pubescente. Tiges de 1-3 déc., étalées ou ascendantes, très-rameuses. *Feuilles courtes, ovales acuminées, sessiles*, nervées. Fleurs blanches. Pédicelles fructifères dressés, plus longs que la capsule. *Sépales lancéolés aigus, nervés, scarieux aux bords, dépassant les sépales.* Capsule ovoïde subglobuleuse, un peu plus longue que le calice. ①. Juin-août.

CC. — Lieux arides, terrains en friche.

Var. β *leptoclados* (Rchb. *Ic.* 5, t. 216, f. 4941. — *A. leptoclados* Guss. *Syn. Fl. Sic.*; Lloyd *Fl. Ouest*). — Pl. plus grêle que le type, allongée. Pédicelles grêles, une fois plus longs que la capsule. Capsule petite, ovoïde subcylindrique. — Drucat ; Fort-Mahon près Quend ; rempart de Saint-Jean-des-Prés à Abbeville, Cambron (*T.C.*).

Var. γ. *macrocarpa* (Lloyd *Fl. Loire-Infér.* — *A. Lloydii* Jord. *Pugill.* 3) ; Lloyd *Fl. Ouest*). — Pl. plus robuste que le type. à rameaux plus courts. Feuilles plus rapprochées. Fleurs en cyme courte, raide. Sépales à nervures saillantes. Capsule ovoïde, renflée à la base, plus grosse, ainsi que les graines. — *A.R.* — Pelouses et galets maritimes, vieux murs près la mer. — Mers ; Ault ; Fort-Mahon près Quend ; Le Hourdel ; Cayeux-sur-Mer (*E. Gonse*) ; Saint-Qentin-en-Tourmont (*T.C.*).

9. STELLARIA L. *Gen.*

Sépales 5. *Pétales 5, bifides ou bipartits.* Etamines ord. 10. Styles 3. *Capsule s'ouvrant par 6 valves* profondes. — Fleurs blanches en cymes.

1	Pétales dépassant longuement le calice.	2
	Pétales plus courts que le calice ou l'égalant.	3
2	Feuilles à bords scabres	2. *S. Holostea.*
	Feuilles à bords lisses	3. *S. glauca.*
3	Tiges munies d'une rangée de poils alternant d'un entrenœud à l'autre	1. *S. media.*
	Tiges glabres.	4
4	Feuilles raides linéaires aigues.	4. *S. graminea.*
	Feuilles molles, ovales oblongues lancéolées	5. *S. uliginosa.*

1. S. media Vill. *Fl. Dauph.* — *Alsine media* L. *Sp.* — (Vulg. *Mouron des oiseaux*). — *Tiges* de 1-4 déc., nombreuses, molles, couchées ascendantes, qqf. radicantes à la base, *munies d'une rangée de poils alternant d'un entrenœud à l'autre*. Feuilles molles, ovales aigues, à pétiole cilié ; les supérieures sessiles. Fleurs axillaires et terminales en cymes pluriflores. Bractées herbacées. *Sépales* velus, lancéolés obtus, *plus longs que les pétales*. Capsule oblongue, dépassant le calice. ①. Fleurit presque toute l'année.

CC. — Cultures, décombres, bords des chemins et des fossés. — *Intr.?*

2. S. Holostea L. *Sp.* — Tiges de 3-6 déc., étalées ascendantes, raides, tétragones, glabres, scabres sur les angles, fragiles. *Feuilles* sessiles, lancéolées linéaires, longuement acuminées, *scabres aux bords* et sur la nervure. *Fleurs grandes* en cymes dichotomes lâches, pluriflores. *Bractées* *herbacées.* Sépales lancéolés acuminés, sans nervures. *Pétales dépassant longuement le calice.* Capsule globuleuse, égalant le calice. ♃. Mai-juin.

CC. — Lieux ombragés, haies, bois.

3. S. glauca With. *Bot. arrang.* — Pl. glabre, glauque. Tiges de 3-6 déc., dressées ou ascendantes, faibles, tétragones. *Feuilles* sessiles, linéaires aiguës, *à bords lisses. Fleurs grandes* en cymes dichotomes lâches, pluriflores. *Bractées scarieuses, non ciliées.* Sépales lancéolés acuminés, trinervés. *Pétales dépassant longuement le calice.* Capsule ovoïde oblongue, égalant le calice. ♃. Juin-juillet.

RR. — Prés marécageux, fossés. — Villers-sur-Authie ; marais de Canterenne près Rue; Petit-Saint-Jean près Amiens, Hangest-sur-Somme (*E. Gonse*); Dompierre (*Dovergne* in *Baill.* Herb.); Abbeville (*Baill.* Herb.) ; Longpré, Renancourt, Camon (*P.* Fl.).

4. S. graminea L. *Sp.* — *Tiges* de 4-8 déc., nombreuses faibles, diffuses, couchées ascendantes, tétragones, *glabres. Feuilles* sessiles *raides, linéaires aiguës,* glabres, ciliées à la base. Fleurs en cymes dichotomes, multiflores. *Bractées scarieuses, ciliées.* Sépales trinervés. *Pétales égalant le calice.* Capsule dépassant le calice. ♃. Juin-août.

C. — Lieux couverts, prés humides, bois, haies. — Huppy; Huchenneville ; Baisnat près Huppy; forêt de Crécy; Villers-sur-Authie ; forêt de Lucheux ; Bezencourt près Tronchoy; Thieulloy-la-Ville, Saint-Germain-sur-Bresle, Beaucamps-le-Jeune, Bus, Fescamps (*E. Gonse*); bois de Wailly (*Soc. Linn.*); Menchecourt près Abbeville (*Picard* Not. manuscr.) ; Boves, Cagny, Allonville, Caux (*P.* Fl.).

5. S. uliginosa Murr. *Prodr. Gott.* — *Tiges* de 1-4 déc., faibles, molles, couchées ascendantes, tétragones, *glabres. Feuilles* sessiles, *ovales oblongues lancéolées* glabres, ciliées à la base ord. d'un vert pâle. Bractées scarieuses, non ciliées. Sépales lancéolés aigus. *Pétales plus courts que le calice.* ⊙. Juin-août.

R. — Lieux humides, fossés, bords des mares. — Forêt de Crécy; bords de la Maye à Arry ; étang du Gard près Villers-sur-Authie; fossés près de la porte Marcadé à Abbeville; Cambron (*B. Extr. Fl.*).

10. CERASTIUM L. *Gen.*

Sépales 5 (1). Pétales 5, *bifides.* Etamines 10. rar. 5. *Styles 5,* opposés aux sépales. *Capsule cylindrique arquée,* plus

---

(1) Par exception, le *C. pumilum* Gen. et Godr. a souvent des fleurs à 4 parties mêlées avec d'autres à 5 parties.

longue que le calice, *s'ouvrant par 10 dents*. — Pl. pubescentes. Feuilles sessiles ou les inférieures atténuées à la base. Fleurs blanches en cymes plus ou moins régulièrement dichotomes.

1 { Pétales beaucoup plus longs que le calice. Pl. vivace . . . . 7. *C. arvense*.
Pétales plus courts que le calice ou le dépassant à peine. Pl. annuelle ou bisannuelle. 2

2 { Pédicelles plus courts que le calice. Fleurs agglomérées. . . . . 6. *C. glomeratum*.
Pédicelles plus longs que le calice. Fleurs non agglomérées. 3

3 { Sépales à sommet longuement dépassés par les poils. . . . . 5. *C. brachypetalum*.
Sépales à sommet non dépassé par les poils 4

4 { Bractées toutes herbacées . . . . 3. *C. pumilum*.
Bractées plus ou moins scarieuses, au moins les supérieures. 5

5 { Bractées largement scarieuses. . . . 4. *C. semidecandrum*.
Bractées au moins les supérieures étroitement scarieuses aux bords 6

6 { Pl. munie de poils ord. non glanduleux. Tiges latérales souv. radicantes. Sépales obtus . . . . . 1. *C. triviale*.
Pl. munie de poils ord. glanduleux. Tiges non radicantes. Sépales aigus. . . . . 2. *C. glutinosum*.

* *Pétales plus courts que le calice ou le dépassant à peine.*

1. C. triviale Linck *Enum. hort. Berol.* — *C. vulgatum* L. *Sp.* non herb. sec. Sm. — *Pl. pubescente à poils courts étalés, rar. glanduleux. Tiges* de 1-4 déc., nombreuses étalées ascendantes, les latérales souv. radicantes à la base. Feuilles ovales ou oblongues. *Bractées étroitement scarieuses.* Fleurs en cymes multiflores. *Pédicelles* arqués, *plus longs que le calice. Sépales* lancéolés *obtus*, scarieux aux bords, munis de poils ne dépassant pas le sommet. ① ou ②. Mai-septembre.

CC. — Endroits herbeux, prairies humides, terrains cultivés, bords des chemins.

2. C. glutinosum Fries *nov. ed.;* Lloyd *Fl.* — *C. obscurum* Chaubard *Fl. Agen;* Boreau *Fl.* — *Pl. velue glanduleuse.* Tiges de 3-12 cent., solitaires ou nombreuses, dressées ou étalées ascendantes. Feuilles ovales ou oblongues. *Bractées inférieures herbacées, les supérieures étroitement scarieuses aux bords. Pédicelles arqués au sommet,* ord. 1 ou

2 fois plus longs que le calice. *Sépales* lancéolés *aigus*, étroitement scarieux aux bords, munis de poils ne dépassant pas le sommet. ①. Mai-juin.

A.R. — Lieux secs, bords des chemins, vieux murs. — Abbeville sur les murs et dans les fortifications ; Amiens, Boves, Gentelles, Namps-au-Val (*E. Gonse*) ; Bovelles (*Rom.*) ; Buigny-Saint-Maclou, Mareuil (*Baill.* Herb.).

3. C. pumilum Gren. et Godr. *Fl.*; Brébiss. *Fl.* — *C. tetrandrum* Lloyd *Fl.* — Pl. velue glanduleuse visqueuse. Tiges de 4-12 cent., solitaires ou nombreuses, dressées ou étalées ascendantes. Feuilles ovales ou oblongues. *Bractées toutes herbacées. Pédicelles* raides *droits, ord. 1 fois plus longs que le calice.* Sépales lancéolés non scarieux aux bords, munis de poils ne dépassant pas le sommet. ①. Mai-juin.

A.C. — Sables maritimes, dunes. — Saint-Quentin-en-Tourmont ; Monchaux et Fort-Mahon près Quend ; Le Hourdel.

Var. ε. *tetrandrum* (Gren. et Godr. *Fl.*; Brébiss. *Fl.*). — Pl. plus grêle, très-visqueuse ord. couchée diffuse. Fleurs à 4 parties, mêlées ord. avec d'autres à 5 parties. — Se rencontre avec le type.

4. C. semidecandrum L. *Sp.*; Coss. et Germ. *Fl.*; Gren. et Godr. *Fl.* — *C. pellucidum* Chaub. *Fl. Agen.* — Pl. pubescente glanduleuse. Tiges de 5-15 cent., étalées ascendantes ou dressées. Feuilles ovales ou oblongues. *Bractées largement scarieuses. Pédicelles plus longs que le calice. Sépales aigus* largement scarieux, denticulés, munis de poils ne dépassant pas le sommet. Pétales bidentés. Etamines 5. rar. 10. ①. Avril-mai.

C. — Pelouses, lieux arides, terrains sablonneux, vieux murs. — Abbeville ; Saint-Quentin-en-Tourmont ; Villers-sur-Authie ; bois du cap Hornu près Saint-Valery ; Cambron (*T.C.*) ; Amiens, Namps-au-Mont (*E. Gonse*) ; Saint-Valery (*Baill.* Herb.) ; Le Crotoy (*B. Extr. Fl.*).

5. C. brachypetalum Desp. ap. DC. *Fl. Fr.*; Coss. et Germ. *Fl. et Illustr.* — Pl. couverte de longs poils mous, qqf. glanduleuse au sommet. Tiges de 1-2 déc., solitaires ou nombreuses, dressées ou ascendantes. Feuilles ovales ou oblongues. Bractées herbacées poilues. *Pédicelles beaucoup plus longs que le calice. Sépales aigus couverts de longs poils dépassant le sommet.* Etamines à filets poilus à la base. ①. Mai-juillet.

RR. — Endroits arides, lieux sablonneux. — Coteaux près du bois de La Motte à Cambron (*T.C.*) ; Bacouel (*E. Debray*; *E. Gonse*) ; fortifications d'Abbeville, Saint-Valery (*Baill.* Herb.) ; Montdidier (*P.* Fl.).

6. C. glomeratum Thuill. *Fl. Par*; Coss. et Germ. *Fl.*

et *Illustr.* — *C. viscosum* L. *Sp.* non herb. sec. Sm.; Gren. et Godr. *Fl.* — Pl. d'un vert jaunâtre, couverte de poils mous, rar. glanduleux. Tiges de 1-3 déc., dressées ou ascendantes. Feuilles ovales. Bractées herbacées. *Fleurs agglomérées en cymes terminales. Pédicelles plus courts que le calice. Sépales* aigus, à peine scarieux aux bords, *poilus au sommet.* ①. Mai-juillet.

C. — Champs, terrains cultivés, bords des chemins. — Ind.?

** *Pétales beaucoup plus longs que le calice.*

7. C. arvense L. *Sp.* — Pl. vivace pubescente, à rejets stériles feuillés radicants, formant des touffes. Tiges de 1-3 déc., nombreuses, ascendantes. Feuilles lancéolées ou oblongues. Bractées scarieuses au sommet. *Fleurs grandes* d'un beau blanc, en cymes pauciflores. Pédicelles longs. Sépales ovales lancéolés, largement scarieux aux bords, brièvement pubescents. ♃. Mai-juin.

CC. — Bords des chemins, coteaux, moissons des terrains calcaires.

11. MOENCHIA Ehrh. *Beitr.*

Sépales 4. *Pétales 4, entiers.* Étamines 4-8. *Styles 4. Capsule droite cylindrique*, ord. plus courte que le calice, *s'ouvrant par 8 dents.* — Pl. glabre glauque. Fleurs blanches terminales solitaires ou peu nombreuses.

1. M. erecta *Fl. Wett.; Engl. bot.* — *Sagina erecta* L. *Sp.* — *Cerastium erectum* Coss. et Germ. *Fl.* — *C. glaucum* var. *quaternellum* Gren. et Godr. *Fl.* — Tiges de 5-10 cent., raides, dressées, simples ou peu rameuses. Feuilles lancéolées linéaires. Bractées herbacées ou à peine scarieuses. Pédicelles longs, dressés, raides. Sépales lancéolés aigus, scarieux aux bords. *Pétales plus courts que le calice.* ①. Avril-mai.

RR. — Coteaux secs, bords des chemins, lieux sablonneux. — Caumondel près Huchenneville; ancienne garenne de Villers-sur-Authie; bords de l'ancienne route d'Abbeville à Crécy entre le Plessiel et Buigny-Saint-Maclou (*Baill.* Herb.; *Picard* Not. manuscr.).

12. MALACHIUM Fries *Fl. Hall.*

Sépales 5. *Pétales 5, bipartits.* Étamines 10. *Styles 5, alternes, avec les sépales. Capsule ovoïde, s'ouvrant à 5 valves bidentées.* Fleurs blanches, en cymes dichotomes feuillées.

1. M. aquaticum Fries loc. cit. — *Cerastium aquaticum* L. *Sp.* — *Pl.* d'un vert clair. Tiges de 3-6 déc., couchées ascendantes, radicantes à la base, pubescentes glanduleuses supérieurement, fragiles. Feuilles glabres, cordiformes ovales acuminées ; les inférieures atténuées à la base. Bractées herbacées. Pédicelles étalés ou réfractés après la floraison. Sépales obtus, herbacés, uninervés. Pétales profondément bipartits, dépassant le calice. Capsule un peu plus longue que le calice. ♃. Juin-septembre.

A.C. — Lieux humides, bords des rivières et des fossés. — Bords de la Somme à Abbeville ; Nampont ; Picquigny ; Le Mesge ; Monchaux près Quend ; Rue ; Saint-Maurice près Amiens (*Rom.*) ; Hangest-sur-Somme, Montières, Dreuil, Fossemanant, Condé-Folie, Longpré près Amiens, La Faloise (*E. Gonse*) ; Guerbigny, Contay (*Guilbert*) ; Cambron (*T.C.*) ; Epagne (*Baill.* Herb.) ; Renancourt, Rivery, Mareuil, Gouy (*P. Fl.*).

XIV. PARONYCHIÉES (1).

Fleurs régulières. *Calice ord. à 5 divisions*, persistant. *Corolle à 5 pétales*, souv. filiformes peu apparents. Etamines ord. 5, insérées à la base des divisions du calice. Styles 2, courts, libres ou plus ou moins réunis. *Capsule* oblongue membraneuse, *monosperme*, *indéhiscente*, enfermée dans le calice. — Tiges étalées ou ascendantes, rameuses. Feuilles simples entières, munies de stipules scarieuses ou à base connée scarieuse. Fleurs très-petites.

1 { Feuilles obovales ou oblongues, munies de stipules scarieuses. . . . . HERNIARIA (1).
Feuilles linéaires subulées à base connée scarieuse, dépourvues de stipules . . . . SCLERANTHUS (2).

1. HERNIARIA Tourn. *Inst.*

Calice à 5 divisions un peu concaves. Pétales 5 ord. filiformes rudimentaires. Etamines avortant qqf. Stigmates 2, subsessiles. — Tiges couchées appliquées sur la terre, très-rameuses. *Feuilles obovales ou oblongues, munies de stipules scarieuses*. Fleurs sessiles, herbacées.

1 { Pl. glabre. . . . . *1. H. glabra.*
Pl. velue hérissée. . . . . *2. H. hirsuta.*

1. H. glabra L. *Sp.* — *Pl. glabre* jaunâtre. Tiges de

---

(1) Les *Paronychiées* sont mises ici à la suite des *Silénées* et des *Alsinées* à cause de leurs affinités avec ces deux familles.

5-20 cent., nombreuses, florifères dès la base. Feuilles atténuées à la base, opposées; les supérieures alternes. Calice glabre. ♃. Juin-septembre.

C. — Champs en friche, lieux incultes, terrains calcaires. — Inval près Huchenneville; Limeux; Bray-lès-Mareuil; Pont-Remy; Francières; Drucat; Jumel; Bovelles, Guignemicourt (*Rom.*); Quend (*Cagé*); Bacouel, Wailly, Notre-Dame-de-Grâce près Amiens (*E. Gonse*); Caux, Saint-Riquier, Bertangles, Allonville, Rue, marais de Longpré (*P. Fl.*).

2. H. hirsuta L. *Sp.* — *Pl. velue hérissée*, d'un gris jaunâtre. Tiges de 5-20 cent., nombreuses, florifères dès la base. Feuilles ciliées. Calice hérissé de poils inégaux. ♃. Juin-septembre.

R. — Terrains sablonneux, bois, champs. — Bois du cap Hornu et bords des champs près Saint-Valery; Quend (*Cagé*); Villers-sur-Authie (*Picard*, Not. manuscr.); Boismont (*B. Extr. Fl.*); Pendé, Crécy, Allonville, Bertangles (*P. Fl.*).

2. SCLERANTHUS L. *Gen.*

Calice à 5 divisions, à *tube campanulé* rétréci à la gorge, se détachant avec le fruit à la maturité. Pétales 5 ou nuls. Styles 2, filiformes, libres. — *Feuilles* opposées, à *base connée scarieuse, dépourvues de stipules*. Fleurs verdâtres en petites cymes irrégulières.

1. S. annuus L. *Sp.* — Tiges de 5-15 cent., étalées ascendantes, pubescentes, à rameaux dichotomes. Feuilles linéaires subulées, membraneuses, ciliées à la base. *Calice à divisions lancéolées aigues, très-étroitement scarieuses blanchâtres aux bords.* ①. Juin-septembre.

CC. — Champs, moissons, terrains sablonneux, murs. — *Intr.*

XV. LINÉES.

Fleurs régulières. *Calice* persistant, à 5 sépales ou à 4 divisions. Corolle à 5, rar. 4 pétales, très-caducs. *Etamines 5 ou 4 fertiles, alternant avec 5 ou 4 stériles*. Anthères biloculaires. Styles 5 ou 4. Capsule subglobuleuse à 10-8 loges. — *Feuilles entières*, dépourvues de stipules.

1 { Calice à 5 sépales entiers . . . . LINUM (1).
{ Calice à 4 divisions 2-3-fides . . . . RADIOLA (2).

1. LINUM L. Gen.

Sépales 5, libres, entiers. Pétales 5. Etamines fertiles 5. Styles 5. Capsule à 10 loges. — Pl. glabres, à fibres textiles. Feuilles alternes rar. opposées. Fleurs en corymbes rameux.

1. { Feuilles opposées. Fleurs blanches . . *1. L. catharticum.*
   { Feuilles éparses. Fleurs bleues ou rosées, ... 2

2. { Sépales ciliées glanduleux. Fleurs rosées. Pl. vivace. . . .
   { . . . . *2. L. tenuifolium.*
   { Sépales non ciliés glanduleux. Fleurs bleues. Pl. annuelle . . . . *3. L. usitatissimum.*

* *Feuilles opposées.*

1. L. catharticum L. *Sp.* — Tiges de 1-3 déc., grêles, dressées ou étalées ascendantes. Feuilles oblongues, rudes aux bords ; les inférieures obovales. *Fleurs* petites, *blanches.* Pédicelles longs. Sépales elliptiques acuminés, ciliés glanduleux. Pétales une fois plus longs que le calice. Stigmates capités. Capsule obtuse, égalant le calice. ⊙. Juin-août.

CC. — Prés humides, pelouses arides, clairières des bois, coteaux calcaires.

S.-v. *pumilum.* — Pl. naine, pauciflore. — Sables et galets maritimes.

** *Feuilles éparses.*

2. L. tenuifolium L. *Sp.* — Souche presque ligneuse. Tiges de 1-3 déc., ascendantes. Feuilles linéaires, subulées, rudes aux bords. *Fleurs grandes, rosées.* Pédicelles ord. assez courts. *Sépales* elliptiques subulés, *ciliés glanduleux.* Pétales 2-3 fois plus longs que le calice. Stigmates capités. Capsule acuminée plus courte que le calice. ♃. Juin-août.

R. — Pelouses arides, coteaux calcaires boisés. — Wailly; Jumel ; La Faloise ; Oissy (*Rom.*) ; Saint-Fuscien ; Ailly-sur-Noye (*E. Gonse*) ; Flers, Essertaux, Vers-Hébécourt, Boves (*Copineau*) ; Cagny (*Richer*).

† **3. L. usitatissimum** L. *Sp.* — (Vulg. *Lin*). — Tige de 4-7 déc., solitaire, dressée. Feuilles lancéolées linéaires aiguës, à bords lisses. *Fleurs bleues,* rar. blanchâtres. Pédicelles assez longs. *Sépales* ovales acuminés, à bords membraneux, *non ciliés glanduleux.* Pétales 3 fois plus longs que le calice. Stigmates en massue. Capsule globuleuse acuminée, égalant presque le calice. ⊙. Juillet-août.

Cultivé en grand. — Qqf. subspontané.

Le *L. Gallicum* (L. *Sp.*) a été recueilli une seule fois à Boves (*Copineau* Herb.). Cette espèce, qui n'a pu être retrouvée dans cette localité malgré d'attentives recherches, nous paraît y avoir été introduite accidentellement. Elle se reconnaît aux caractères suivants : tige de 1-3 déc., grêle dressée ; feuilles linéaires lancéolées, un peu rudes aux bords ; fleurs jaunes ; sépales ciliés glanduleux, lancéolés acuminés ; pétales une fois plus longs que le calice ; stigmates capités ; capsule égalant environ le calice. ①.

2. RADIOLA Gmel. *Syst.*

Calice à 4 divisions 2-3-fides. Pétales 4. Etamines fertiles 4. Styles 4. Capsule subgloduleuse à 8 loges. — Pl. glabre. *Feuilles opposées.* Fleurs très-petites, solitaires aux angles de bifurcation des rameaux ou en glomérules terminaux.

1. R. linoides Gmel. *Syst.* — *Linum Radiola* L. *Sp.* — Pl. très-petite, grêle. Tige de 3-6 cent., filiforme, ascendante, ord. très-rameuse, dichotome dès la base, souv. rougeâtre. Feuilles ovales. *Fleurs* nombreuses *blanches. Pétales égalant environ le calice.* ①. Juin-août.

RR. — Lieux sablonneux humides. — Marais de Quend (*Cagé*). — Se trouve aussi près de nos limites à Sorus [Pas-de Calais].

XVI. MALVACÉES.

Fleurs régulières. *Calice à 5 divisions plus ou moins profondes, muni d'un calicule à 3-9 folioles.* Corolle à 5 pétales, ord. *réunis entre eux par leur base, et adhérents aux filets des étamines formant un tube autour des styles. Etamines en nombre indéfini.* Styles réunis à la base, libres au sommet. *Carpelles nombreux, monospermes,* s'ouvrant par le côté interne, *disposés en cercle autour d'un axe central,* s'en séparant à la maturité. — Pl. plus ou moins velues, à suc mucilagineux. Feuilles alternes, pétiolées, palmatilobées ou palmatiséquées, munies de stipules.

1 { Calicule à 3 folioles libres . . . . MALVA (1).
{ Calicule à 6-9 folioles réunies à la base. . . ALTHÆA (2).

1. MALVA L. *Gen.*

Calicule à 3 folioles libres.

1 { Fleurs agglomérées à l'aisselle des feuilles 2
{ Fleurs solitaires axillaires ou agglomérées au sommet
{ des tiges et des rameaux 3
2 { Carpelles pubescents, non ridés. . . . . 1. *M. rotundifolia.*
{ Carpelles glabres, fortement ridés en travers. . . . .
{ . . . . 2. *M. sylvestris,*

MALVACÉES.

3
{ Carpelles glabres, rar. un peu pubescents. Pl. munie de
poils rameux. . . . . 3. *M. Alcea.*
Carpelles velus hérissés. Pl. munie de poils simples. . .
. . . . 4. *M. moschata.*

1. M. rotundifolia L. *Sp.* — (Vulg. *Petite Mauve*). — Pl. munie de poils simples. Tiges de 2-6 déc., couchées ascendantes. Feuilles orbiculaires cordées, à 5-7 lobes peu profonds, arrondis, crénelés. *Fleurs petites, d'un blanc rosé ou violacé, agglomérées à l'aisselle des feuilles.* Pédicelles inégaux, réfléchis après la floraison. Calicule à folioles linéaires aigues. Calice dressé appliqué contre le fruit, ne le couvrant pas entièrement. Pétales environ 2 fois plus longs que le calice. Carpelles pubescents, non ridés. ②. Juin-octobre.

CC. — Bords des chemins, lieux cultivés ou incultes. — *Ind.?*

2. M. sylvestris L. *Sp.* — (Vulg. *Mauve*). — Pl. hérissée de poils simples, étalés. Tiges de 4-8 déc., dressées ou ascendantes, rameuses. Feuilles orbiculaires cordées, à 5-7 lobes peu profonds obtus crénelés ; les supérieures à lobes aigus. *Fleurs grandes, roses violacées veinées, agglomérées à l'aisselle des feuilles.* Pédicelles dressés. Calicule à folioles oblongues. Calice dressé ne couvrant pas le fruit entièrement. Pétales 3-4 fois plus longs que le calice. Carpelles glabres, fortement ridés en travers. ②. Juin-octobre.

C. — Bords des chemins, haies, décombres. — *Ind.?*

S.-v. *flore albo.* — Fleurs blanches. — Abbeville à la porte d'Hocquet (*T.C.*).

3. M. Alcea L. *Sp.* — *Pl. munie de poils rameux.* Tiges de 5-10 déc., dressées, plus ou moins rameuses. Feuilles radicales suborbiculaires cordées ou tronquées à la base, à lobes crénelés ; les caulinaires plus ou moins profondément palmatipartites, à lobes incisés dentés pinnatifides. *Fleurs grandes, d'un rose violacé, solitaires à l'aisselle des feuilles, souv. agglomérées au sommet des rameaux. Calicule à folioles ovales aigues.* Calice lâche, ample, couvrant entièrement le fruit. *Carpelles glabres ou un peu pubescents au sommet,* finement ridés. ♃. Juillet-septembre.

RR. — Lisières et clairières des bois, haies, lieux arides. — Forêt de Lucheux (*B. Extr. Fl.*). — Trouvé à Eu [Seine-Inférieure] dans le bois du parc (*Duteyeul; Poulain*, Herb.). — *Ind.?*

4. M. moschata L. *Sp.* — Pl. velue hérissée de poils simples. Tiges de 4-6 déc., dressées, rameuses. Feuilles radicales suborbiculaires cordées, plus ou moins lobées ; les caulinaires palmatipartites ou palmatiséquées, à lobes incisés dentés. *Fleurs grandes, d'un rose lilas* rar. blanches, un peu odorantes musquées, *solitaires à l'aisselle des feuilles, souv. agglomérées au sommet de la tige et des rameaux. Calicule à folioles linéaires.* Calice lâche, couvrant le fruit entièrement. Pétales 3-4 fois plus longs que le calice. *Carpelles velus hérissés.* ♃. Juin-septembre.

A.C. — Lisières et clairières des bois, haies, lieux arides. — Yvrench ; Yvrencheux ; forêt de Crécy ; Estrées-les-Crécy ; bois de Belloy, du Brusle et d'Inval à Huchenneville ; Ercourt ; Bouillencourt-en-Sery ; Oust-Marest ; forêt d'Arguel près Senarpont ; Pernois ; forêt de Lucheux ; Aveluy ; Wailly ; Baisnat près Huppy (*G. de Panevinon*) ; Bovelles, Ailly-sur-Somme (*Rom.*) ; Sainte-Segrée, Saint-Germain-sur-Bresle, Beaucamps-le-Jeune, Bus, Fescamps, Le Bosquel, Flers (*E. Gonse*) ; Vismes-au-Val, Harcelaines, Villers-Tournelle (*Guilbert*) ; Essertaux (*Copineau*) ; Bertangles, Dury, Talmas, Villers-Bocage (*P. Fl.*) ; Saint-Riquier (*B. Herb.*) ; Cambron (*T.C.*).

Var. α. *laciniata* (Gren. et Godr. *Fl.*). — Toutes les feuilles divisées en lanières étroites.

Var. ϐ. *intermedia* (Gren. et Godr. *Fl.*). — Feuilles radicales réniformes crénelées ; les supérieures à 3-5 lobes cunéiformes trifides, incisés dentés.

S.-v. *flore albo*. — Fleurs blanches. — Saint-Fuscien (*E. Gonse*).

2. ALTHÆA L. Gen.

Calicule à 6-9 folioles réunies à la base.

1. A. officinalis L. *Sp.* — (Vulg. *Guimauve*). — *Pl. veloutée blanchâtre, à racine épaisse.* Tiges de 6-12 déc., dressées, peu rameuses. Feuilles ovales anguleuses, un peu cordées ou tronquées à la base, superficiellement 3-5-lobées, inégalement dentées. *Fleurs d'un blanc rosé, presque sessiles, disposées ord. en fascicules axillaires ou terminaux.* Calicule à folioles linéaires lancéolées. Pétales 2 fois plus longs que le calice. *Carpelles tomenteux.* ♃. Juillet-septembre.

R. — Terrains sablonneux, lieux humides. — Spontané sur les bords des fossés et des chemins dans le Marquenterre ; Saint-Quentin-en-Tourmont ; Quend ; Villers-sur-Authie (*T.C.*) ; Le Crotoy, Noyelles-sur-Mer (*B. Extr. Fl.*). — Subspontané le long de la Somme à Epagnette près Epagne ; Le Clapet près Domart-en-Ponthieu ; Montières, Dreuil, Hangest (*P. Fl.*).

XVII. TILIACÉES.

Fleurs régulières. Calice à 5 sépales. Corolle à 5 pétales. Etamines en nombre indéfini. Anthères biloculaires. Style 1 ;

stigmates 5. *Capsule* globuleuse, velue, *presque ligneuse,* indéhiscente, à 5 angles, uniloculaire, 1-2-sperme par avortement. — Arbres ord. élevés. Feuilles alternes, munies de stipules. Fleurs jaunâtres, odorantes, en cymes corymbiformes axillaires. *Pédoncules communs adhérents dans une grande partie de leur longueur à une large bractée membraneuse* blanchâtre, réticulée.

1. **TILIA** L. *Gen.*

Caractères de la famille.

1
{ Feuilles pubescentes en dessous sur toute leur surface. .
. . . . *1. T. platyphyllos.*
Feuilles glabres en dessous, munies de faisceaux de poils seulement aux angles de bifurcation des nervures. . .
. . . . 2. *T. sylvestris.*

† **1. T. platyphyllos** Scop. *Carn.* — *T. grandifolia* Ehrh. *Beitr.* — (Vulg. *Tilleul commun*). — Bourgeons velus. Rameaux velus. *Feuilles* pétiolées suborbiculaires, obliquement cordées, dentées en scie, brusquement acuminées, *pubescentes en dessous sur toute leur surface.* Fleurs assez grandes. Capsule à côtes saillantes, à parois épaisses résistantes. ♄. Juillet-août.

Fréquemment planté dans les parcs et sur les promenades.

2. T. sylvestris Desf. *Cat. hort. Par.* — *T. parvifolia* Ehrh. *Beitr.* — (Vulg. *Tilleul des bois, Tilleul à petites feuilles*). — Bourgeons glabres. Rameaux glabres. *Feuilles* de même forme que celles de l'espèce précédente, mais plus petites, *glabres glaucescentes en dessous, munies de faisceaux de poils* roux *seulement aux angles de bifurcation des nervures.* Fleurs assez petites. Capsule à côtes peu distinctes, à parois minces fragiles. ♄. Juillet-août.

CC. — Bois, forêts. — Planté çà et là.

XVIII. HYPÉRICINÉES.

Fleurs régulières. Calice persistant à 5 sépales ou à 5 divisions. Corolle à 5 pétales. Étamines en nombre indéfini, à filets ord. réunis à la base en 3-5 faisceaux opposés aux pétales. Anthères oscillantes, biloculaires. *Styles ord. 3. libres.* Capsule déhiscente, polysperme à 3 loges, rar. baie indéhiscente. — Feuilles opposées, dépourvues de stipules.

1	Baie indéhiscente............	Androsæmum (1).
	Capsule déhiscente...........	Hypericum (2).

1. ANDROSÆMUM Tourn. *Inst.*

Calice à 5 divisions profondes inégales. *Baie indéhiscente*, à 3 loges incomplètes.

1. A. officinale All. *Ped.* — *Hypericum Androsæmum* L. *Sp.* — Pl. glabre, sous-frutescente à la base. Tiges de 5-9 déc., dressées ou ascendantes, marquées de 2 lignes saillantes. Feuilles largement ovales, obtuses, sessiles, nervées, glaucescentes en dessous. Fleurs jaunes, peu nombreuses en grappes corymbiformes. Baie d'un bleu noirâtre, sèche à la maturité. ♃. Juin-juillet.

RR. — Endroits humides et ombragés des forêts. — Forêt de Crécy sur le bord du chemin de Forestmontier à Canchy (*P. de Vicq*), et entre la route de Bernay à Domvast et la route des Célestins (*Masson*); forêt d'Arguel près Senarpont (*Masson*). — Cette espèce se trouve aussi dans la forêt d'Hesdin [Pas-de-Calais] (*Dovergne* Herb.).

2. HYPERICUM L. *Gen.*

Calice à 5 sépales libres ou adhérents à la base. *Capsule déhiscente* à 3 loges, munie de bandelettes résinifères longitudinales. — Pl. ord. glabres, rar. pubescentes velues, ord. sous-frutescentes. Feuilles ord. munies de points transparents. Fleurs jaunes.

1	Sépales non ciliés glanduleux...............	2
	Sépales ciliés glanduleux.................	5
2	Tiges grêles, couchées étalées	*1. H. humifusum.*
	Tiges plus ou moins dressées.............	3
3	Sépales obtus. Feuilles presque dépourvues de points transparents........	*3. H. quadrangulum.*
	Sépales lancéolés acuminés. Feuilles à points transparents nombreux	4
4	Tiges à 4 côtes saillantes ailées	*4. H. tetrapterum.*
	Tiges munies de 2 lignes peu saillantes, non ailées	*2. H. perforatum.*
5	Pl. pubescente velue	*7. H. hirsutum.*
	Pl. glabre.............	6
6	Sépales obovales très-obtus, bordés de glandes sessiles	*5. H. pulchrum.*
	Sépales lancéolés aigus, bordés de glandes longuement stipitées...........	*6. H. montanum.*

* *Sépales non ciliés glanduleux.*

1. H. humifusum L. *Sp.* — *Tiges de 1-2 déc., couchées étalées, grêles*, presque filiformes, un peu comprimées. Feuilles ovales oblongues obtuses, bordées de points noirs, munies de points transparents nombreux. *Fleurs petites, solitaires, terminales, ou en cymes pauciflores. Sépales oblongs obtus ou mucronulés.* ♃. Juillet-septembre.

Bois humides, lieux frais incultes, champs après la récolte. — A.C. aux environs d'Abbeville. A.R. vers Amiens. — Drucat ; bois de Saint-Riquier ; Villers-sur-Authie ; Vron ; Huchenneville ; Bailleul : Citernes ; Mareuil ; Bouvaincourt ; Wailly ; Bonneville ; Quend (*Cagé*) ; forêt de Crécy (*T.C.*) ; Nesle, Taisnil, Vignacourt, Villers-Bocage (*E. Gonse*) ; Tilloy-Floriville (*Guilbert*) ; Lucheux (*Demailly*) ; Allonville, Querrieux (*P. Fl.*).

2. H. perforatum L. *Sp.* — (Vulg. *Millepertuis*.) — *Tiges de 3-8 déc., dressées, rameuses, munies de 2 lignes peu saillantes.* Feuilles ovales oblongues ou linéaires oblongues, à points transparents nombreux. *Fleurs grandes nombreuses en panicule corymbiforme. Sépales lancéolés acuminés.* ♃. Juin-septembre.

CC. — Lieux secs et arides, lisières et clairières des bois, bords des chemins.

Cette espèce varie à feuilles larges (var. *latifolium* Koch *Syn.*), ou étroites (var. *angustifolium* Koch *Syn.*), plus ou moins pourvues de points transparents et à sépales lancéolés plus ou moins étroits, plus ou moins aigus. Les sépales sont qqf. chargés extérieurement de points et de lignes éparses, les pétales munis sur les bords de glandes globuleuses et sur le dos, de linéoles noires (*H. lineolatum* Jord. in Billot *Archiv. Fl. Fr. et All.* 343).

3. H. quadrangulum L. *Fl. Suec.* — *H. dubium* Leers *Herb.* — *Tiges de 3-6 déc., dressées, munies de 4 lignes, dont 2 plus saillantes.* Feuilles ovales oblongues obtuses, à points transparents peu nombreux ou nuls. Fleurs grandes en corymbe. *Sépales elliptiques obtus.* ♃. Juin-août.

R. — Bois, fossés, buissons. — Forêt de Crécy ; bois de Rampval près Mers ; bois de Lanchères ; Amiens, Vignacourt (*E. Gonse*) ; Bovelles, Renancourt près Amiens (*Rom.*) ; La Faloise, Hénencourt, Guerbigny (*Guilbert*) ; Folleville (*P. Fl.*).

4. H. tetrapterum Fries *Nov. Suec.* ; Coss. et Germ. *Fl.* excl. var. — *Tiges de 3-8 déc., dressées, rameuses, à 4 côtes saillantes ailées.* Feuilles ovales obtuses, à points transparents nombreux. Fleurs petites d'un jaune pâle, en corymbe multiflore, ord. compacte. *Sépales lancéolés acuminés.* ♃. Juin-août.

C. — Prairies, bois humides, bords des fossés.

** *Sépales ciliés glanduleux.*

5. H. pulchrum L. *Sp.* — *Pl. glabre.* Tiges de 2-5 déc., grêles cylindriques, souv. rougeâtres. *Feuilles* ovales obtuses, *cordées amplexicaules*, celles des jeunes rameaux oblongues étroites, arrondies à la base, toutes munies de points transparents nombreux. *Fleurs* d'un jaune doré, rougeâtres en dehors, *en panicule étroite* allongée. *Sépales obovales très-obtus, bordés de glandes sessiles.* ♃. Juin-août.

A.C. — Bois secs et montueux. — Bois du Brusle près Huchenneville; bois de Fréchencourt près Bailleul; Mareuil; Bouillencourt-en-Sery; Oust-Marest; Bouvaincourt; bois de La-Motte-Croix-au-Bailly; bois de Size près Ault; Drucat; Hautvillers; forêt de Crécy; Vron; Tilloy-Floriville; forêt d'Arguel près Senarpont; Ailly-sur-Somme (*Rom.*); Coullemelle (*Guilbert*); Laviers (*B. Herb.*); Boves (*P. Fl.*).

6. H. montanum L. *Sp.* — *Pl. glabre.* Tiges de 4-8 déc., dressées, cylindriques. Feuilles larges ovales oblongues obtuses, un peu amplexicaules; les supérieures aiguës, à points transparents nombreux. Fleurs en corymbe ord. compacte pauciflore. *Sépales lancéolés aigus, bordés de glandes longuement stipitées.* ♃. Juin-août.

RR. — Bois montueux, lieux ombragés. — Bois d'Yzeux (*E. Gonse*); forêt de Crécy (*B. Extr. Fl.*); Allonville, Saint-Gratien (*P. Fl.*).

7. H. hirsutum L. *Sp.* — *Pl. pubescente velue.* Tiges de 4-8 déc., dressées, cylindriques, tomenteuses. *Feuilles* ovales ou oblongues *presque sessiles* à points transparents nombreux. Fleurs d'un jaune pâle, en panicule dressée, étroite, interrompue, souv. multiflore. *Sépales lancéolés aigus, bordés de glandes très-brièvement stipitées.* ♃. Juin-septembre.

C. — Bois, lieux ombragés. — Bois du Chaussoy à Drucat; Millencourt; Caumondel près Huchenneville; bois de Fréchencourt près Bailleul; Frucourt; Fontaine-le-Sec; Bouillencourt-en-Sery; Lanchères; Franqueville; Aveluy; Fieffes; Bonneville; Ailly-sur-Noye, Dury, Saint-Germain-sur-Bresle, Le Cordonnois, Yzeux, Le Gard près Crouy (*E. Gonse*); Essertaux (*Copineau*); Bovelles (*Rom.*); forêt de Crécy (*T.C.*); Notre-Dame-de-Grâce, Mareuil (*P. Fl.*).

L'*Elodes palustris* Spach. a été recueilli près de nos limites dans les bruyères de Saint-Josse [Pas-de-Calais] (*Dovergne* Herb.). On distingue cette espèce aux caractères suivants: pl. vivace, pubescente grisâtre; tiges de 1-2 déc, faibles, couchées radicantes redressées; feuilles sessiles ovales suborbiculaires; fleurs jaunes en panicule pauciflore; calice campanulé, à divisions ovales obtuses, bordées de cils glanduleux. Pétales obtus inégaux, dépassant longuement le calice.

XIX. ACÉRINÉES.

Fleurs polygames, régulières. Calice à 5 divisions. Corolle à 5 pétales. Etamines ord. 8. *Fruit formé de 2 carpelles* se séparant à la maturité, comprimés, monospermes, indéhiscents, *prolongés en une aile membraneuse.* — *Arbres plus ou moins élevés.* Feuilles opposées, pétiolées, sans stipules. Fleurs en corymbes ou en grappes allongées.

1. ACER L. *Gen.* ex parte.

Caractères de la famille.

1 { Fleurs en grappes pendantes. Ailes du fruit peu divergentes . . . . *3. A. Pseudo-Platanus.*
  { Fleurs en corymbes dressés. Ailes très-divergentes. . . 2

2 { Feuilles à lobes obtus, entiers ou sinués. *1. A. campestre.*
  { Feuilles à lobes dentés à dents très-acuminées . . . . .
  . . . . *2. A. platanoides.*

1. A. campestre L. *Sp.* — (Vulg. *Erable*). — Arbre peu élevé, très-rameux, à écorce fendillée subéreuse. *Feuilles* d'un vert pâle en dessous, palmatilobées, *à 5 lobes obtus entiers ou sinués. Fleurs* verdâtres *en corymbe dressé. Carpelles* ord. pubescents, à *ailes divergentes* horizontales. ♄. Mai-juillet.

CC. — Bois, haies.

† **2. A. platanoides** L. *Sp.* — (Vulg. *Faux Sycomore*). — Arbre élevé à écorce lisse. *Feuilles* glabres, *vertes* sur les deux faces, luisantes en dessous, cordiformes palmatilobées, *à 5-7 lobes dentés, à dents très-acuminées. Fleurs* jaunâtres *en corymbe dressé.* Carpelles glabres, à ailes très-divergentes. ♄. Avril-juillet.

Plantations.

† **3. A. Pseudo-Platanus** L. *Sp.* — (Vulg. *Sycomore, Faux platane*). — Arbre élevé à écorce lisse. *Feuilles blanchâtres* en dessous, tomenteuses sur les nervures, cordiformes palmatilobées, à 5 *lobes* inégalement *dentés, à dents obtuses. Fleurs* verdâtres *en grappes allongées pendantes. Carpelles* d'abord pubescents, puis glabres, à *ailes peu divergentes.* ♄. Mai-juillet.

Planté dans les bois, les parcs et les avenues.

XX. HIPPOCASTANÉES.

Fleurs polygames irrégulières. Calice à 5 divisions inégales. Corolle à 5, rar. 4 *pétales* inégaux. Etamines ord. 7. *Capsule coriace, arrondie, à 1-3 loges* ord. monospermes. Graines très-grosses globuleuses comprimées, d'un brun clair luisant. — *Arbre* ord. *très-élevé. Feuilles opposées*, dépourvues de stipules. Fleurs en panicules pyramidales.

1. ÆSCULUS L. Gen.

Calice campanulé. Pétales étalés ondulés. Etamines réfléchies. *Capsule hérissée de pointes raides.*

† **1. Æ. Hippocastanum** L. *Sp.* — (Vulg. *Marronnier d'Inde.*) — *Feuilles* longuement pétiolées, *digitées*, à 5-7 folioles cunéiformes oblongues brusquement acuminées, doublement dentées. Fleurs blanches tachées de jaune rougeâtre à la base. Pétales pubescents. ♄. Mai-septembre.

Plantations, parcs, avenues.

XXI. AMPÉLIDÉES.

Fleurs hermaphrodites ou polygames régulières. Calice petit presqu'entier. Corolle ord. à 5 pétales. Etamines 5. *Baie succulente, à 2 loges peu distinctes à la maturité, 2 ou 1-spermes.* Graines dures, pyriformes. — *Arbrisseau sarmenteux. Feuilles alternes. Stipules* ord. *membraneuses.* Fleurs en panicule multiflore, à pédoncules opposés aux feuilles.

1. VITIS L. Gen.

Calice à 5 dents peu apparentes. Pétales cohérents au sommet, se détachant ensemble par la base en forme de coiffe. — *Arbrisseau grimpant, muni de vrilles rameuses.* Fleurs verdâtres.

† **1. V. vinifera** L. *Sp.* — (Vulg. *Vigne*). — Tiges noueuses, à écorce se détachant en filaments. Feuilles pétiolées cordiformes palmatilobées, à lobes sinués dentés, glabres ou velues, surtout en dessous. Vrilles herbacées. Fleurs petites. Baies blanches ou violettes. ♄. Juin-septembre.

GÉRANIACÉES. 87

Planté en espalier dans les jardins. — La vigne, cultivée autrefois en grand dans l'arrondissement de Montdidier, ne se rencontre plus que dans des localités très-restreintes. — Guerbigny (*Guilbert* 1879 ; *P.* Fl.).

XXII. GÉRANIACÉES.

Fleurs régulières ou un peu irrégulières. Calice à 5 sépales égaux ou inégaux, persistants. Corolle à 5 pétales égaux ou un peu inégaux, caducs. Etamines 10 à filets réunis à la base, dont 5 qqf. stériles. *Styles 5, d'abord adhérents à un axe central prolongé en un bec surmontant l'ovaire, puis se détachant à la maturité en forme d'arêtes de la base au sommet ou du sommet à la base en emportant le fruit. Carpelles 5, indéhiscents, monospermes, verticillés autour de l'axe.* — Pl. herbacées. Tiges plus ou moins renflées et fragiles aux articulations. Feuilles divisées, munies de stipules.

1 { Etamines 10, toutes fertiles. Arêtes s'enroulant en dehors de la base au sommet de l'axe. . . . . GERANIUM (1).
Etamines 5 fertiles et 5 stériles. Arêtes se séparant de l'axe du sommet à la base, se tordant en spirale. . . . . ERODIUM (2).

1. GERANIUM L'Hérit. *Géran.*

Pétales égaux. *Etamines 10, toutes fertiles*, les 5 intérieures à filets plus longs alternes avec les pétales. *Arêtes* des carpelles glabres à la face interne, *s'enroulant en dehors* avec élasticité *de la base au sommet de l'axe.* Carpelles subglobuleux ou oblongs subglobuleux. — Pl. plus ou moins pubescentes poilues. Pédoncules biflores, rar. 1-3-flores.

1 { Calice dressé, serré au sommet. . . . 9. *G. Robertianum.*
Calice étalé, lâche 2

2 { Pl. vivaces à souche épaisse 3
Pl. annuelles à racine fibreuse ord. grêle. 5

3 { Souche courte pivotante. Pétales bifides. 3. *G. Pyrenaicum.*
Souche à rhizome épais oblique. Pétales entiers ou légèrement émarginés ou crénelés 4

4 { Carpelles transversalement ridés. Fleurs d'un rouge brun . . . . 2. *G. phæum.*
Carpelles lisses. Fleurs d'un violet lilas. 1. *G. sylvaticum.*

5 { Pétales oblongs entiers . . . . 6. *G. rotundifolium.*
Pétales émarginés, obcordés ou bifides 6

88 GÉRANIACÉES.

6 { Feuilles palmatipartites à divisions nombreuses étroites. 7
Feuilles palmatifides à divisions cunéiformes élargies au sommet. 8

7 { Pédoncules beaucoup plus longs que les feuilles . . . .
. . . . 7. *G. columbinum.*
Pédoncules plus courts que les feuilles. 8. *G. dissectum.*

8 { Carpelles lisses, pubescents . . . . 4. *G. pusillum.*
Carpelles ridés transversalement, glabres. . 5. *G. molle.*

Sect. 1. *Geranium* (Picard *Etud. Géran.* 21. — *Eugeranium* Gren. et Godr. *Fl.* 1,297).

Calice étalé lâche. Onglet des pétales beaucoup plus court que le limbe (Gren. et Godr. *Fl.*).

1. G. sylvaticum L. *Sp.* — Souche épaisse, à rhizome oblique. Tiges de 3-7 déc., dressées, velues glanduleuses au sommet. *Feuilles palmatipartites* à 5-7 divisions oblongues, élargies, incisées dentées ; les radicales longuement pétiolées ; les supérieures opposées, sessiles. *Fleurs d'un violet lilas*, en panicule corymbiforme. Pédicelles grêles, toujours dressés. Sépales ovales oblongs, aristés. *Pétales* obovales entiers ou légèrement émarginés, *2 fois plus longs que le calice*, à onglet velu en dessus. Filets des étamines subulés, velus inférieurement. *Carpelles lisses*, velus à poils glanduleux. Graines finement ponctuées. ♃. Juin-août.

RR. — Taillis des bois montueux. — Abondant dans les bois de Blingues, de Rampval près Mers et dans le bois de Size près Ault ; bois de Sery près Gamaches ; Woignarue ; bois de La-Motte-Croix-au-Bailly ; Lanchères ; Elincourt près Saint-Blimont (*de Beaupré*); Embreville (*Guilbert*); Pendé (Picard, *Etud. Géran*); Fressenneville (*P. Fl.*).

Var. β. *Batrachioides* (Cav. *Diss.*; Picard, *Etud. Géran.*; *P. Fl.*). — Fleurs plus grandes. Pétales entiers. — Mêlé avec le type, mais plus rare.

Le *G. pratense* (L. *Sp.*; B. *Extr. Fl.*) indiqué dans le bois de Lanchères (*Baill. Herb.*), et dans le bois de Bonnance près Port (*du Maisniel de Belleval*, Not. manuscr.) est une espèce dont l'état spontané doit être considéré comme douteux dans nos limites. Il n'a pas été retrouvé à notre connaissance. On le distingue du *G. sylvaticum* par les caractères suivants : tiges plus velues ; feuilles à divisions plus étroites, plus écartées ; pédicelles courts, épais, réfléchis à la maturité ; pétales d'un bleu purpurin, plus grands, arrondis au sommet, à onglet glabre en dessus ; filets des étamines largement dilatés à la base, rétrécis au sommet.

2. G. phæum L. *Sp.* — Souche épaisse, à rhizome oblique. Tiges de 2-5 déc., dressées ord. simples, velues. *Feuilles palmatifides*, à 5-7 divisions, incisées dentées, les supérieures alternes, sessiles. *Fleurs d'un rouge brun*. Pédicelles dressés ou étalés, non réfléchis. Sépales obovales mucronés. Pétales arrondis entiers ou inégalement crénelés, dépassant un peu le calice, à onglet court cilié en dessus. Filets des étamines ciliés inférieurement. *Carpelles velus, ridés transversalement* au sommet. Graines lisses. ♃. Mai-juillet.

RR. — Prairies élevées, bruyères. — *Intr.* — Prés humides autour de Montdidier (*Besse* in P. *Fl.*). — Selon M. Besse, cette espèce, qui ne s'étend pas au-delà de 4-5 kilomètres de Montdidier aurait été introduite vers 1800 avec des graines de Houblon venant de Belgique.

3. G. Pyrenaicum L. *Mant*. — *Souche courte* à racine *pivotante*. Tiges de 3-6 déc., dressées ou ascendantes, pubescentes velues. *Feuilles palmatifides*, à 5-7 divisions incisées obtusement crénelées ; les supérieures trifides, à divisions aigues, sessiles. Fleurs d'un rose lilas. Pédicelles réfléchis à la maturité. Sépales mucronés. *Pétales obcordés, bifides, 1 fois plus longs que le calice*, velus au-dessus de l'onglet. *Carpelles lisses*, pubescents, à poils opprimés. Graines lisses. ♃. Mai-septembre.

A.R. — Lieux herbeux et pierreux. — *Intr.* — Remparts d'Abbeville près du Champ-de-Foire et de la porte Saint-Gilles ; bords du bois de Nolettes près Noyelles-sur-Mer ; Caux ; Quiry-le-Sec, Coullemelle, Guerbigny, Warloy-Baillon (*Guilbert*) ; bois de Vignacourt, talus des fortifications à Péronne (*E. Gonse*) ; Amiens (*Rom.; Picard*, Etud. Géran.).

4. G. pusillum L. *Sp.* — Tiges de 1-4 déc., diffuses ascendantes, mollement pubescentes. *Feuilles palmatifides*, à 5-7 *divisions cunéiformes* incisées crénelées ; les supérieures presque sessiles. Fleurs petites, d'un rose violacé. Pédicelles réfléchis à la maturité. Sépales brièvement mucronés. *Pétales oblongs, obcordés, égalant le calice*, finement ciliés au-dessus de l'onglet. *Carpelles lisses*, pubescents à poils opprimés. Graines lisses. ⊙. Juin-septembre.

A.C. — Endroits herbeux, lieux incultes, haies, décombres. — *Intr.* — Abbeville ; Drucat ; Noyelles-sur-Mer ; Villers-sur-Authie ; Quend ; Saint-Valery ; Gamaches ; Long ; Jumel ; Ham ; Cambron (*T.C.*) ; Bovelles (*Rom.*).

5. G. molle L. *Sp.* — Tiges de 1-4 déc., diffuses ascendantes, munies de longs poils mous étalés. *Feuilles palmatifides*, la plupart alternes, à 5-7 *divisions cunéiformes* incisées crénelées. Fleurs petites, roses. Pédicelles réfléchis à la maturité. Sépales mucronés. *Pétales obcordés, bifides*, finement ciliés au-dessus de l'onglet, dépassant à peine le calice. *Carpelles glabres, ridés transversalement*. Graines lisses. ⊙. Mai-octobre.

CC. — Lieux herbeux incultes, bords des chemins, haies, prairies artificielles. — *Intr.*

6. G. rotundifolium L. *Sp.* — Tiges de 2-5 déc., diffuses, ascendantes, mollement pubescentes. *Feuilles* toutes pétiolées, opposées, pubescentes, *palmatilobées, à 5-7 divisions incisées, crénelées.* Fleurs roses. Pédicelles réfléchis à la maturité. Sépales brièvement mucronés. *Pétales oblongs entiers,* dépassant un peu le calice. Carpelles lisses pubescents, à poils étalés. *Graines ponctuées.* Ⓘ. Juin-octobre.

R. — Lieux incultes, endroits herbeux, bords des chemins. — *Intr.* — Glacis de la citadelle d'Amiens (*Rom.*); Saint-Roch près Amiens, bords du chemin d'Amiens au cimetière de la Madeleine, Cagny (*Richer*); Longueau, Dury (*E. Gonse*); remparts d'Abbeville près la porte Saint-Gilles (*Baill.* Herb.); Monchecourt près Abbeville (*Picard* Etud. Géran.).

7. G. columbinum L. *Sp.* — Tiges de 2-5 déc., diffuses ascendantes, légèrement pubescentes. *Feuilles* opposées, profondément *palmatipartites, à divisions 3-5-fides, à segments linéaires;* les supérieures presque sessiles. *Pédoncules dépassant longuement les feuilles.* Fleurs assez grandes, purpurines. Pédicelles réfléchis à la maturité. Sépales longuement aristés. *Pétales obcordés, égalant le calice.* Carpelles lisses, glabres. Graines ponctuées. Ⓘ. Juin-octobre.

C. — Haies, bords des bois, des prés et des moissons. — *Intr.*

8. G. dissectum L. *Sp.* — Tiges de 2-5 déc., diffuses, rameuses, hérissées de poils étalés. *Feuilles* opposées, profondément *palmatipartites, à divisions 3-5-fides à segments linéaires;* les supérieures presque sessiles. *Pédoncules plus courts que les feuilles.* Fleurs rougeâtres. Pédicelles souv. non réfléchis. Sépales aristés. *Pétales obcordés, égalant le calice.* Carpelles lisses, velus, à poils étalés. Graines ponctuées. Ⓘ. Juin-octobre.

C. — Bois, haies, moissons, bords des chemins. — *Intr.*

Sect. II. *Robertium* (Picard. *Etud. Géran.*).

Calice dressé serré au sommet. Onglet des pétales aussi long ou plus long que le limbe (Gren. et Godr. *Fl.*).

9. G. Robertianum L. *Sp.* — *Robertium vulgare* Picard *Etud. Géran.* — Pl. souv. rougeâtre, odorante. Tiges de 2-5 déc., diffuses ascendantes ou dressées, rameuses, velues hérissées glanduleuses au sommet. *Feuilles* pétiolées, opposées, *palmatiséquées, à segments pétiolulés,* pinnatifides, dentés. Pédoncules plus longs que les feuilles. Fleurs rougeâtres. Pédicelles ord. dressés. *Calice* anguleux *dressé,* *serré au sommet*, à sépales longuement aristés. *Pétales obovales, entiers, dépassant le calice*, à onglet aussi long que le limbe. Carpelles réticulés, rugueux, glabres. Graines lisses. ①. Mai-octobre.

CC. — Haies, buissons, vieux murs. — Ind.?

Var. ϐ. *purpureum*. (*Robertium vulgare* var. *purpureum* Picard *Etud. Géran.*). — *G. Robertianum* var. *purpureum* P. *Fl.* — *G. purpureum* (B. *Extr. Fl.* non Vill. *Dauph.*). — Plante d'un rouge intense, glabre, plus petite que le type. Tiges de 1-2 déc., nombreuses, serrées, entrelacées, disposées en touffe. — RR. — Galets maritimes entre Cayeux-sur-Mer et le Hourdel. — Les caractères de cette variété remarquable sont probablement dus à sa station.

2. ERODIUM L'Hérit. *Géran.*

Pétales souv. un peu inégaux. *Etamines* 10 dont 5 intérieures *fertiles*, alternes avec les pétales *et* 5 extérieures *stériles*, opposées aux pétales. *Arêtes* des carpelles barbues à la face interne *se séparant de l'axe du sommet à la base, se tordant inférieurement en spirale.* Carpelles linéaires obovoïdes. — Pl. plus ou moins velues, souv. glanduleuses. Fleurs portées sur des pédoncules axillaires, ord. pluriflores.

1. E. cicutarium L'Hérit. in Ait. *Hort. Kew.* — Pl. polymorphe. Tiges de 1-5 déc., nombreuses étalées ascendantes. *Feuilles pinnatiséquées*, à segments nombreux *pinnatipartits* ou pinnatiséqués, incisés dentés. Fleurs roses, rar. blanches, disposées en ombelles. Pédicelles souv. réfléchis à la maturité. Sépales acuminés à pointe courte. Pétales dépassant ord. le calice. *Etamines* glabres, les *fertiles à filets dilatés à la base*. Carpelles velus, à poils apprimés. ①. Avril-octobre.

CC. — Lieux incultes, bords des chemins, moissons, prairies artificielles.

Var. α. *pimpinellifolium* (DC. *Fl. Fr.*). — Tiges allongées. Segments des feuilles à lobes courts, presqu'obtus. Pétales roses, marqués au-dessus de l'onglet, d'une tache jaunâtre striée de noir.

Var. ϐ. *Chærophyllum* (DC. *Fl. Fr.*). — Segments des feuilles à lobes profonds, linéaires aigus. Pétales non tachés.

Var. γ. *pilosum* (DC. *Prodr.*; Picard *Etud. Géran.*). — Tiges et feuilles couvertes d'une pubescence grisâtre. Segments des feuilles presque pinnatiséqués à lobes linéaires étroits. — Lieux sablonneux. — Commun dans les dunes du Marquenterre.

La var. *præcox* (Cav.; Brébiss. *Fl.*) à tiges courtes ou presque nulles, à feuilles étalées en rosette, n'est qu'un état jeune du type au printemps.

L'*E. moschatum* (Wild. *Sp.*) a été signalé à Talmas (B. *Extr. Fl.*). Nous ne l'avons rencontré qu'en dehors de nos limites près de

Dieppe [Seine-Inférieure] sur le bord de la route d'Eu. Il se reconnaît aux caractères suivants : Pl. à odeur de musc ; tiges couchées ascendantes, robustes. Feuilles pinnatiséquées à segments pétiolulés, écartés, ovales incisés dentés. Fleurs purpurines. Pétales égalant le calice. Filets des étamines fertiles bidentés au-dessus de leur élargissement.

XXIII. OXALIDÉES.

Fleurs régulières. Calice à 5 divisions persistantes. Corolle à 5 pétales un peu cohérents par la base. Étamines 10, à filets réunis inférieurement. Styles 5. Capsule ovoïde ou linéaire oblongue, polysperme, à 5 angles, s'ouvrant longitudinalement par les angles. *Graines comprimées striées, renfermées dans une enveloppe charnue s'ouvrant avec élasticité et les lançant en dehors à la maturité.* — Pl. à suc acide (Oxalate de Potassium, Sel d'Oseille). *Feuilles trifoliolées* à folioles obcordées, à pétioles articulés.

1. OXALIS L. *Gen.*

Caractères de la famille.

1. { Fleurs blanches. . . . . *1. O. Acetosella.*
   { Fleurs jaunes 2
2. { Pl. glabre ou presque glabre, munie de stolons rampants.
   {   Pédicelles fructifères non réfractés. . . . *2. O. stricta.*
   { Pl. pubescente grisâtre, dépourvue de stolons. Pédicelles
   {   fructifères réfractés . . . . *3. O. corniculata.*

1. O. Acetosella L. *Sp.* (Vulg. *Pain-de-Coucou*). — Pl. acaule de 5-10 cent., pubescente. *Souche à rhizome traçant*, grêle, écailleux. *Pédoncules radicaux*, uniflores, munis au-dessus du milieu de deux petites bractées. *Fleurs blanches* striées de jaune à l'onglet. Pétales ovales oblongs dépassant longuement le calice. Capsule ovoïde acuminée. Graines plissées en long. ♃. Avril-mai.

C. — Bois humides ombragés. — Drucat ; Ligescourt ; Bernâtre ; Vron ; Huchenneville ; forêt de Lucheux ; Citernes ; Tœufles (*F. Grout*) ; Val-de-Maison près Talmas (*Rom.*) ; Laviers (*H. Sueur*) ; Vignacourt (*E. Gonse*) ; Vismes-au-Val, Bouillencourt-en-Sery (*Guilbert*) ; Saint-Riquier, Crécy, Arquèves (*P. Fl.*).

2. O. stricta L. *Sp.* — *Pl. glabre ou presque glabre*, à racine fibreuse, *émettant des stolons rampants* un peu charnus, produisant de nouvelles tiges l'année suivante. Tige de 1-3 déc., dressée ou ascendante, un peu rameuse. *Feuilles* *dépourvues de stipules. Pédoncules axillaires* 2-5-*flores*, égalant environ les feuilles. *Fleurs jaunes. Pédicelles fructifères non réfractés à la maturité*. Pétales obtus, entiers, 1 fois plus longs que le calice. Capsule linéaire oblongue acuminée, presque glabre. Graines ridées en travers. ♃. Juin-octobre.

A.R. — Lieux cultivés près des habitations. — *Intr.* — Drucat; Les Alleux près Behen ; Acquet près Neuilly-Ledien ; Estouilly près Ham ; Renancourt près Amiens (*Copineau*) ; Gueschart (*Dovergne Herb.*).

3. O. corniculata L. *Sp.* — *Pl. pubescente grisâtre*, à racine fibreuse, *dépourvue de stolons*. Tige de 1-2 déc., rameuse, étalée diffuse, radicante. *Feuilles* à folioles assez profondément échancrées, *munies de stipules* oblongues, adhérentes au pétiole. *Pédoncules axillaires* 2-5-flores, ord. plus courts que les feuilles. *Fleurs jaunes. Pédicelles fructifères réfractés à la maturité*. Pétales obovales, émarginés, dépassant un peu le calice. Capsule linéaire oblongue acuminée pubescente. ① et ②. Juin-octobre.

R. — Lieux cultivés près des habitations. — *Intr.* — Abbeville ; Doullens (*B. Extr. Fl.*).

XXIV. CELASTRINÉES.

Fleurs régulières. Calice à 4-5 divisions. Corolle à 4-5 pétales insérés ainsi que les étamines au bord d'un disque. Etamines 4-5. *Fruit capsulaire cartilagineux, à 3-5 loges 1-2-spermes. Graines enveloppées par un arille coloré.* — Feuilles simples ord. opposées. Fleurs en cymes axillaires pédonculées.

1. EVONYMUS L. *Gen.*

Caractères de la famille.

1. E. Europæus L. *Sp.* — (Vulg. *Fusain, Bonnet de prêtre*). —*Arbrisseau de 2-3 mètres*, à rameaux ord. opposés, lisses, verts dans leur jeunesse. Feuilles pétiolées, ovales lancéolées, acuminées, finement dentées, glabres. Fleurs petites, d'un jaune verdâtre. Pétales oblongs. Capsule ord. à 4 angles obtus, à loges souv. monospermes par avortement, d'abord jaunâtre, puis rose à la maturité. *Graines blanchâtres. Arille de couleur orangée.* ♄. Fl. mai. Fr. août-octobre.

CC. — Bois, haies.

S.-v. *fructu albo.* — Arille blanc. — Bois de Villers-sur-Mareuil.

XXV. BUXACÉES (1).

Buxeæ Endl. *Gen.*

Fleurs monoïques. Fleur mâle: calice à 3 divisions; corolle à 2 pétales; étamines 4, insérées sous un rudiment d'ovaire. Fleur femelle; calice à 4 divisions; corolle à 3 pétales; styles 3. *Capsule coriace à 3 loges dispermes et s'ouvrant en 3 valves terminées chacune par 2 pointes.* — *Feuilles opposées, persistantes.* Fleurs en glomérules axillaires, composés ord. de fleurs mâles entourant une fleur femelle.

1. BUXUS Tourn. *Inst.*

Caractères de la famille.

1. B. sempervirens L. *Sp.* — (Vulg. *Buis*). — *Arbrisseau de 3-30 déc.*, dressé, très-rameux, à jeunes rameaux tétragones. Feuilles brièvement pétiolées ovales entières, coriaces, luisantes en dessus, plus pâles en dessous, odorantes. Fleurs petites jaunâtres. Capsule assez grosse jaunâtre luisante. Graines trigones, noires luisantes. ♄. Fl. mars-avril. Fr. juillet-août.

Planté dans les parcs et les jardins. — Souv. subspontané.

Var. β. *suffruticosa* (P. *Fl.*). — Pl. naine. — Fréquemment cultivé en bordures dans les jardins.

XXVI. ILICINÉES (2).

Fleurs régulières. Calice à 4-5 divisions, persistant. *Corolle rotacée*, à 4-5 divisions. Etamines 4-5. Stigmate sessile lobé. *Fruit charnu bacciforme à 4-5 noyaux monospermes indéhiscents.* — *Feuilles alternes, persistantes*, toujours vertes. Fleurs axillaires brièvement pédonculées, fasciculées.

---

(1) Les *Buxacées* qui faisaient autrefois partie des *Euphorbiacées* ont été placées par les auteurs modernes à côté des *Célastrinées* à cause des rapports étroits qu'ils ont avec cette famille.

(2) Les affinités qui existent entre les *Ilicinées* et les *Rhamnées* ont aussi fait mettre ces deux familles l'une près de l'autre.

1. ILEX L. *Gen.*

Caractères de la famille.

1. I. Aquifolium L. *Sp.* — (Vulg. *Houx*). — Arbrisseau glabre, ord. très-rameux. *Feuilles* ovales, coriaces, luisantes en dessus, fortement ondulées *dentées*, à dents *épineuses* ou entières terminées en épine dans les vieux pieds. Fleurs blanches. Baie rouge persistant pendant l'hiver. ♄. Fl. mai-juin. Fr. octobre.

CC. — Bois, haies.

XXVII. RHAMNÉES.

Fleurs hermaphrodites ou unisexuelles, régulières. Calice à 4-5 divisions. Corolle à 4-5 pétales, souv. très-petits en forme d'écailles. Etamines 4-5. Stigmates 1-4. *Fruit bacciforme* à 2-4 *noyaux* cartilagineux, *monospermes.* — *Arbrisseaux à feuilles simples. Fleurs petites axillaires.*

I. RHAMNUS Lmk. *Encycl. méth.*

Calice à 4-5 divisions étalées. Pétales 4-5, petits qqf. nuls. Graines creusées d'un sillon profond.

1. { Feuilles dentées à nervures latérales convergentes. Pétales et étamines 4 . . . . 1. *R. catharticus.*
Feuilles entières à nervures latérales parallèles. Pétales et étamines 5 . . . . 2. *R. Frangula.*

1. R. catharticus L. *Sp.* — (Vulg. *Nerprun*). — Arbrisseau de 2-3 mètres, à rameaux grisâtres, épineux. *Feuilles* pétiolées, largement ovales, *dentées,* brusquement acuminées, à *nervures latérales* peu nombreuses, *convergentes. Fleurs* dioïques ou polygames, d'un jaune verdâtre, fasciculées sur les jeunes rameaux très-courts. *Pétales et étamines* 4. Baie noire. ♄. Fl. juin. Fr. septembre-octobre.

A.R. — Bois couverts, taillis. — Bois du Chaussoy à Drucat; Cambron (*T.C.*); Bovelles, Ferrières (*Rom.*); Querrieux, Villers-Bretonneux (*E. Gonse*); Vadencourt (*Guilbert*); marais d'Abbeville (*B. Herb.*); Fortmanoir, Ailly-sur-Somme, Bôves, marais de Gouy (*P. Fl.*).

2. R. Frangula L. *Sp.* — Arbrisseau de 2-3 mètres, à rameaux dépourvus d'épines. *Feuilles* pétiolées, ovales elliptiques, *entières* à *nervures latérales* nombreuses *parallèles*.

Fleurs hermaphrodites d'un blanc verdâtre, ord. fasciculées. *Pétales et étamines* 5. Baie rougeâtre, noire à la maturité. ♄. Fl. juin. Fr. septembre-octobre.

C. — Bois humides, haies. — Bois de Caubert près Abbeville ; bois de Brusle près Huchenneville ; bois de Belloy près Huppy ; Bouillencourt-en-Sery ; petit marais de Cambron (*T.C.*) ; Bovelles (*Rom.*) ; Fortmanoir, Cagny ; Saint-Fuscien, Longpré (*P. Fl.*).

XXVIII. PAPILIONACÉES.

(*Leguminosæ* pro parte auct. plurim.).

Fleurs irrégulières. Calice à 5 divisions plus ou moins profondes, qqf. comme bilabié. *Corolle papilionacée* à 5 pétales libres, plus rar. réunis entre eux et avec les étamines, le supérieur (étendard) enveloppant les autres avant la floraison, les 2 latéraux (ailes) semblables entre eux, appliqués sur les inférieurs ; les 2 inférieurs (carène) souv. réunis, simulant un seul pétale. *Étamines 10*, insérées avec les pétales à la base du calice, *toutes réunies par les filets* (étamines monadelphes) *ou* plus souv. *la supérieure libre, les autres réunies* (étamines diadelphes). Style 1 ; stigmate 1. *Fruit (gousse, légume)* bivalve, polysperme, plus rar. monosperme, déhiscent, uniloculaire, qqf. biloculaire, partagé par une fausse cloison, rar. à plusieurs articles transversaux monospermes, indéhiscents. — Pl. herbacées, sous-frutescentes ou ligneuses. Feuilles alternes, composées, pinnées ou trifoliolées, rar. unifoliolées ou réduite au pétiole, munies de stipules. très-rar. sans stipules. Fleurs en grappes, en capitules, en ombelles ou en épis, rar. solitaires.

1. (Feuilles toutes unifoliolées 2
   (Feuilles plurifoliolées, au moins les inférieures, très-rar.
     à pétioles dépourvus de folioles 3

2. (Calice divisé jusqu'à la base en 2 lèvres. Feuilles termi-
     nées en pointe piquante. . . . . ULEX (1).
   (Calice à 2 lèvres, non divisé jusqu'à la base. Feuilles
     non terminées en pointe piquante. . . . . GENISTA (2).

3. (Feuilles trifoliolées, les supérieures très-rar. unifoliolées. 4
   (Feuilles pinnées ou à pétioles qqf. dépourvus de folioles. 12

4. (Calice bilabié 5
   (Calice non bilabié, à 5 divisions ou à 5 dents. 7

5. (Tiges volubiles. Carène contournée en spirale avec les
     étamines et le style. . . . . PHASEOLUS (11).
   (Tiges non volubiles. Carène non contournée en spirale . 6

6	Feuilles toutes trifoliolées . . . . Cytisus (4).	
	Feuilles supérieures unifoliolées . . . Sarothamnus (3).	
7	Stipules libres semblables aux folioles	8
	Stipules adhérentes au pétiole, non semblables aux folioles.	9
8	Gousse munie de 4 ailes foliacées. Tetragonolobus (10).	
	Gousse non ailée . . . . Lotus (9).	
9	Fleurs axillaires solitaires en grappe feuillée. Ononis (5).	
	Fleurs en capitules, en épis ou en grappes non feuillées.	10
10	Gousse courte renfermée dans le calice . Trifolium (8).	
	Gousse dépassant le calice.	11
11	Gousse droite ovoïde oblongue . . . . . Melilotus (7).	
	Gousse contournée en spirale, plus rar. courbée en faux ou réniforme. . . . . Medicago (6).	
12	Feuilles imparipinnées	13
	Feuilles paripinnées ou à pétioles qqf. dépourvus de folioles.	18
13	Gousse renfermée dans le tube du calice. Anthyllis (13).	
	Gousse non renfermé dans le tube du calice.	14
14	Arbre épineux . . . . Robinia (12).	
	Pl. herbacées.	15
15	Gousse non articulée . . . . Astragalus (14).	
	Gousse articulée.	16
16	Gousse composée d'un seul article monosperme. . . . . Onobrychis (17).	
	Gousse composée de plusieurs articles	17
17	Gousse linéaire arquée. . . . . Ornithopus (15).	
	Gousse profondément sinuée, à échancrures en forme de fer à cheval . . . . Hippocrepis (16).	
18	Style filiforme	19
	Style plan ou comprimé	20
19	Graines globuleuses ou comprimées lenticulaires. . . . . Vicia (18).	
	Graines oblongues tronquées, comprimées. . Faba (19).	
20	Stipules larges, arrondies à la base . . . . Pisum (20).	
	Stipules semisagittées ou sagittées. . . . Lathyrus (21).	

A. *Feuilles unifoliolées.*

1. ULEX L. *Gen.*

Calice coloré, divisé jusqu'à la base en 2 lèvres, la supérieure bidentée, l'inférieure tridentée. Etendard redressé. Etamines monadelphes. Gousse courte renflée, contenant peu de graines, dépassant à peine le calice. — Sous-arbrisseau très-épineux. Fleurs jaunes, axillaires.

1. U. Europæus L. *Sp.* — (Vulg. Jonc-marin, Ajonc).

— Tiges de 1-2 mètres, à rameaux nombreux sillonnés, hérissés d'épines. *Feuilles linéaires, terminées en pointe* plane *piquante*. Calice velu, muni à la base de 2 bractées plus larges que le pédoncule. Gousse velue, éclatant avec bruit à la maturité. ♃. Mars-juillet, fleurit qqf. pendant l'automne.

CC. — Coteaux incultes, bois arides, bords des chemins. — *Intr.* — Souv. semé pour former des clôtures et servir au chauffage.

2. GENISTA L. *Gen.* ex parte.

Calice non divisé jusqu'à la base, à 2 lèvres, la supérieure bidentée, l'inférieure tridentée. *Etendard non redressé.* Carène laissant voir les étamines. Etamines monadelphes. Style subulé ascendant ; stigmate oblique. Gousse polysperme. — Sous-arbrisseau. Fleurs jaunes, en grappes terminales.

1. { Tiges épineuses . . . . *1. G. Anglica.*
   { Tiges non épineuses 2
2. { Rameaux comprimés bordés d'ailes foliacées . . . . .
   { . . . . *2. G. sagittalis.*
   { Rameaux cylindriques non ailés . . . . . *3. G. tinctoria.*

* *Tiges épineuses.*

1. G. Anglica L. *Sp.* — Tige de 2-4 déc., très-rameuse, à *rameaux terminés en épine,* les florifères non épineux. Feuilles petites, ovales lancéolées, glabres. Fleurs axillaires en grappes lâches feuillées. Gousse renflée, glabre. ♃. Mai-juillet.

RR. — Lieux sablonneux, humides, bruyères. — Villers-sur-Authie ; Larronville et Canterenne près Rue.

** *Tiges non épineuses.*

2. G. sagittalis L. *Sp.* — Tiges de 1-3 déc. couchées, croissant en touffe, à *rameaux ascendants herbacés, comprimés, bordés d'ailes foliacées* interrompues à l'insertion des feuilles. Feuilles ovales lancéolées, velues. Fleurs en grappes courtes, serrées. Gousse comprimée, pubescente. ♃. Mai-juillet.

R. — Pelouses sèches, bois arides et sablonneux. — Mautort près Abbeville ; bois de Jumel ; La Faloise ; Bovelles (*Rom.*); Frémontiers, Saint-Fuscien, Beaucamps-le-Jeune, Sainte-Segrée, Taisnil (*E. Gonse*) ; Dury (*F. Debray*) ; Namps-au-Mont (*Soc. Linn.*) ; Boves, Ailly-sur-Somme, Notre-Dame-de-Grâce près Amiens (*Richer*) ; Cagny, Allonville (*P. Fl.*) ; Forestmontiers (*B. Extr. Fl.*).

3. G. tinctoria L. *Sp.* — Tiges de 3-6 déc., dressées, ord. rameuses, à *rameaux cylindriques, striés.* Feuilles lancéolées glabres ou pubescentes sur les bords. Fleurs axillaires, en grappes serrées. Gousse comprimée glabre. ♄. Juin-août.

A.C. — Lisières des bois, coteaux incultes. — Bois de La Motte à Cambron ; Lanchères; Bezencourt près Tronchoy ; Wailly ; forêt d'Arguel près Senarpont; bois de Croixrault près Poix; Villers-sur-Authie ; Bovelles (*Rom.*) ; Taisnil, Namps-au-Mont, Le Cardonnois, Creuse, Ailly-sur-Noye, Sainte-Segrée, Cagny, Bus, Fescamps (*E. Gonse*); Molliens-Vidame, Quevauvillers (*Richer*); Quend (*Cagé*) ; Dury, Notre-Dame-de-Grâce (*P. Fl.*).

B. *Feuilles trifoliolées* (1).

3. SAROTHAMNUS Vimm. *Fl. Schless.*

Calice scarieux à 2 lèvres courtes, la supérieure bidentée, l'inférieure tridentée. Etendard suborbiculaire cordiforme. Carène laissant voir les étamines. Etamines monadelphes. *Style* filiforme, *roulé en spirale;* stigmate terminal. Gousse comprimée, polysperme. — Sous-arbrisseau non épineux. Stipules nulles. Fleurs jaunes, axillaires, solitaires ou géminées.

1. S. scoparius Koch *Syn.* — (Vulg. *Genet-à-balais*). — Tige de 1-2 mètres, à rameaux dressés, glabres, anguleux. *Feuilles* à folioles ovales oblongues, velues ; les inférieures pétiolées ; les *supérieures* subsessiles, *ord. unifoliolées.* Fleurs grandes, odorantes, rapprochées en grappe terminale. Gousse allongée, velue sur les bords. ♄. Mai-juin.

CC. — Bois, coteaux boisés.

4. CYTISUS L. *Gen.*

Calice à 2 lèvres, la supérieure bidentée, l'inférieure tridentée. Carène renfermant les étamines. Etamines monadelphes. Style subulé, ascendant ; stigmate oblique. Gousse comprimée, polysperme.

† **1. C. Laburnum** L. *Sp.* — (Vulg. *Faux-Ebénier.* — Arbre ou arbrisseau à écorce verte, à jeunes rameaux pubescents. Feuilles à folioles ovales oblongues, finement pubescentes en dessous. *Fleurs* grandes d'un jaune pâle, *en grappes axillaires multiflores, pendantes.* Gousse velue soyeuse. ♄. — Mai-juillet.

Planté dans les parcs, naturalisé dans quelques bois à sol calcaire.

(1) Au moins les inférieures.

5. ONONIS L. *Gen.*

Calice campanulé, *à 5 divisions linéaires,* persistant. Etendard grand, strié. *Carène prolongée en bec.* Etamines monadelphes. *Gousse courte ovoïde renflée,* contenant peu de graines. — Pl. sous-frutescentes. Stipules adhérentes au pétiole. *Fleurs axillaires* solitaires, disposées *en grappes* terminales *feuillées.*

1
- Tiges dressées ou ascendantes. Gousse dépassant le calice. . . . . 1. *O. spinosa*.
- Tiges couchées radicantes. Gousse dépassée par le calice. . . . . 2. *O. procurrens*.

1. O. spinosa L. *Sp.* var. 6. — *O. campestris.* Koch et Ziz. *Cat. Palat.* — Pl. pubescente. Souche non traçante. Tiges de 2-5 déc., *dressées ou ascendantes* à rameaux nombreux, épineux. Feuilles à folioles oblongues denticulées. Fleurs roses, rar. blanches. *Gousse* pubescente, *dépassant le calice.* ♃. Juillet-septembre.

A.R. — Bords des chemins, lieux arides, pâturages. — Saint-Valery ; Saint-Quentin-en-Tourmont ; Quend ; Fort-Mahon près Quend ; marais de Petit-Laviers près Cambron (*T.C.*) Guerbigny, Coullemelle (*Guilbert*) ; bois de Bray, Boves, Notre-Dame-de-Grâce (*P. Fl.*).

2. O. procurrens Wallr. *Sched.* — Pl. velue, plus ou moins glanduleuse. Souche longuement traçante. *Tiges* de 2-5 déc., *couchées radicantes* à la base, à rameaux ascendants, ord. épineux. Feuilles à folioles obovales oblongues denticulées. Fleurs roses, rar. blanches. *Gousse* pubescente *dépassée par le calice.* ♃. Juin-septembre.

CC. — Champs calcaires, coteaux, bords des chemins.

S.-v. *mitis.* (*O mitis* Gmel. *Fl. Bad.*). — Rameaux dépourvus d'épines.
Var. 6. *maritima* (Gren. et Godr. *Fl.*). — Pl. très-velue visqueuse grisâtre. Tiges de 1-4 déc., couchées étalées. Feuilles petites, à folioles ovales arrondies. Fleurs en grappes courtes, serrées. Feuille florale plus courte que le calice. — *C.* — Sables maritimes. — Dunes du Marquenterre.
S.-v. *flore albo.* — Fleurs blanches. — *RR.* — Saint-Quentin-en-Tourmont.

6. MEDICAGO L. *Gen.*

Calice campanulé à 5 dents. Carène obtuse, écartée de l'étendard. Etamines diadelphes. *Gousse* polysperme, rar. monosperme, dépassant le calice, *contournée en spirale,* plus rar. *courbée en faux ou réniforme,* munie souv. d'épines. — Pl. herbacées. Stipules adhérentes inférieurement au pétiole. Fleurs jaunes plus rar. violacées, en grappes ou en capitules axillaires, ou subsolitaires.

1. { Gousse non épineuse. 2
    Gousse épineuse. 4

2. { Gousse réniforme, monosperme. . . . . *1. M. Lupulina.*
    Gousse courbée en faux ou contournée en spirale, polysperme. 3

3. { Gousse courbée en faux ou décrivant un tour de spire.
    . . . . *2. M. falcata.*
    Gousse décrivant plusieurs tours de spire. . *3. M. sativa.*

4. { Pl. pubescente. Gousse subglobuleuse . . . *4. M. minima.*
    Pl. glabre ou presque glabre. Gousse subglobuleuse déprimée. 5

5. { Stipules pinnatifides à dents sétacées. Pédoncules 5-10-flores. . . . . *5. M. apiculata.*
    Stipules dentées à dents courtes. Pédoncules 1-4-flores.
    . . . . *6. M. maculata.*

* *Gousse non épineuse.*

1. M. Lupulina L. *Sp.* — (Vulg. *Minette*). — Racine grêle. Tiges de 1-4 déc., rameuses, ascendantes, ou étalées, plus ou moins pubescentes. Feuilles à folioles obovales cunéiformes, denticulées au sommet. Stipules lancéolées aigues, dentées ou entières. Fleurs petites jaunes, très-brièvement pédicellées, en grappes ovoïdes multiflores denses, portées sur des pédoncules dépassant la feuille. *Gousse monosperme, réniforme* courbée au sommet, réticulée glabre ou pubescente. ① ou ②. Juin-septembre.

CC. — Prairies, lieux stériles, coteaux herbeux. — Souv. cultivé en grand comme fourrage.

Var. β. *Wildenowiana* (Koch *Syn.*). — Gousses munies de poils étalés articulés. — *RR.* — Cayeux-sur-Mer (*F. Debray*).

Var. γ. *corymbosa* (Ser. *Mss.* in DC. *Prodr.* 2,172). — Fleurs en partie avortées disposées en corymbe, longuement pédicellées, à pédicelles filiformes. — *RR.* — Le Hourdel.

2. M. falcata L. *Sp.* — Souche épaisse, à racine longue. Tiges de 3-7 déc., étalées ou ascendantes, presque glabres. Feuilles à folioles oblongues cunéiformes, émarginées, denticulées au sommet. Stipules lancéolées acuminées, entières ou denticulées. Fleurs jaunes, à pédicelles égalant environ la longueur du calice, disposées en grappes courtes multiflores portées sur des pédoncules dépassant la feuille. *Gousse* veinée réticulée, *courbée en faux ou décrivant un tour de spire.* ♃. Juin-septembre.

A.R. — Lieux sablonneux, bords des chemins et des bois. —

Intr.? — Bois du cap Hornu près Saint-Valery; Lanchères; Le Crotoy; Saint-Quentin-en-Tourmont; Cayeux-sur-Mer; Saleux; Jumel; Bichecourt près Hangest-sur-Somme (*T.C.*); Bovelles, Guignemicourt (*Rom.*); Saint-Fuscien, Dury, Amiens, Glisy, Le Bosquel (*E. Gonse*); Cagny, Boves, Brutelles (*P. Fl.*).

† **3. M. sativa** L. *Sp.* — Souche épaisse à racine s'enfonçant profondément. Tiges de 4-8 déc., dressées, un peu pubescentes. Feuilles à folioles obovales oblongues, ord. émarginées, denticulées au sommet. Stipules lancéolées subulées, entières ou denticulées. Fleurs violettes, ou bleuâtres à pédicelles plus courts que le calice, disposées en grappes oblongues multiflores portées sur des pédoncules dépassant les feuilles. *Gousse pubescente, décrivant 2-3 tours de spire.* ♃. Juin-septembre.

Cultivé en prairies artificielles. — Souv. subspontané.

Var. δ. *versicolor* (Ser. *Mss.* in DC. *Prodr.* 2,173). — *M. falcata* var. *versicolor* Koch *Syn.* — *M. falcato-sativa* Rch.; Gren. et Godr. *Fl.*). — Tiges ord. couchées à la base. Fleurs passant du jaune au vert ou au violet, disposées en grappes courtes. Gousse décrivant à peine un tour, ou qqf. presque 2 tours de spire. — R. — Sables et galets maritimes, champs de Luzerne, lieux incultes. — Le Hourdel; Le Crotoy; Saleux; Dury; Jumel; Bovelles (*Rom.*); Cayeux-sur-Mer (*F. Debray*); Amiens, Hangest-sur-Somme (*E. Gonse*).

** *Gousse épineuse.*

4. M. minima Lmk. *Encycl. méth.* — *Pl. pubescente* souv. blanchâtre. Tiges de 1-2 déc., étalées ou ascendantes. Feuilles à folioles petites obovales, denticulées au sommet. Stipules lancéolées aigues, presqu'entières. Fleurs jaunes, disposées 2-5 au sommet de pédoncules, ord. plus courts que les feuilles. *Gousse petite, subglobuleuse, à peine pubescente, décrivant 4-5 tours de spire, à bord muni de 2 rangs d'épines dressées ou arquées crochues au sommet.* ⊙. Juin-août.

RR. — Lieux sablonneux, pelouses rases. — Saint-Quentin-en-Tourmont; Le Crotoy; Saint-Firmin; Cayeux-sur-Mer; Ault; Boves (*Richer, Copineau*).

5. M. apiculata Willd *Sp.* — *Pl. glabre.* — Tiges de 2-5 déc., étalées ascendantes. Feuilles à folioles cunéiformes ovales ou obcordées denticulées au sommet. *Stipules pinnatifides* à dents sétacées. *Fleurs jaunes en grappes 5-10-flores*, portées sur des pédoncules plus courts que la feuille. Gousse glabre, subglobuleuse déprimée, réticulée, décrivant 2-4 tours de spire, à bord muni de deux rangs d'épines droites ou arquées. ⊙. Juin-août.

PAPILIONACÉES.   103

A.R. — Moissons des terrains sablonneux, champs en friche, digues nouvelles. — *Intr.* — Saint-Quentin-en-Tourmont ; Boismont ; Le Crotoy ; Ault ; Pont-à-Cailloux près Quend, Montières, Hangest-sur-Somme, Amiens, Cagny, Dury, Le Bosquel (*E. Gonse*); Petit-Saint-Jean et Saint-Roch près Amiens (*Richer*); Epagnette près Epagne (*B.* Herb.; *Baill.* Herb.); Cambron (*Dovergne* Herb.).

6. M. maculata Willd. *Sp.* — *Pl. presque glabre.* Tiges de 2-5 déc., étalées diffuses, ascendantes. Feuilles à folioles grandes obovales, denticulées au sommet, marquées souv. à la base d'une tache noirâtre. *Stipules* ovales *dentées*, à dents courtes. *Fleurs* jaunes *1-4* portées sur des pédoncules beaucoup plus courts que la feuille. Gousse glabre, subglobuleuse déprimée, décrivant 3-5 tours, de spire à bord muni de 2 rangs d'épines subulées arquées réfléchies. ①. Mai-juillet.

A·C. — Prairies, lieux herbeux. — *Intr.* — Drucat ; remparts d'Abbeville ; Laviers ; Feuquières ; Mers ; Bovelles, Le Mesge (*Rom.*); Amiens (*Copineau*); Montières (*Joffroy* et *Hutin*); Fortmanoir, Longpré, Pont-de-Metz (*P.* Fl.).

7. MELILOTUS Tourn. *Inst.*

Calice campanulé à 5 dents, persistant. Carène obtuse. Etamines diadelphes. *Gousse droite ovoïde oblongue*, dépassant le calice, 1-4-sperme presqu'indéhiscente. — Racine épaisse. Stipules adhérentes au pétiole. *Fleurs* nombreuses, jaunes ou blanches, *en grappes spiciformes* lâches.

1 { Fleurs blanches. . . . . 3. *M. alba.*
   { Fleurs jaunes. 2

2 { Tiges élevées dressées. Gousse pubescente. . . . . . .
   { . . . . 2. *M. officinalis.*
   { Tiges peu élevées ascendantes diffuses. Gousse glabre .
   { . . . . 1. *M. arvensis.*

1. M. arvensis Wallr. Sched. — *M. officinalis* Lmk. *Encycl. méth.* — *Tiges* de 2-5 déc., *étalées ou ascendantes diffuses.* Feuilles à folioles obovales ou oblongues obtuses, denticulées. *Fleurs d'un jaune pâle*, odorantes. Etendard dépassant peu les ailes. Ailes plus longues que la carène. Gousse glabre, à bord supérieur presqu'obtus. ②. Juillet-septembre.

CC. — Lieux secs, bords des chemins, moissons des terrains calcaires, prairies artificielles. — *Ind.?*

2. M. officinalis Willd. *Enum.* — *M. altissima* Thuill. *Fl. Par.* — *M. macrorhiza* Pers. *Syn.* — *Tiges* de 6-10 déc., robustes, *dressées.* Feuilles à folioles obovales ou oblongues linéaires, tronquées, denticulées. *Fleurs d'un beau jaune*, odorantes. Etendard ne dépassant pas les ailes. Gousse pubescente à bord supérieur comprimé. ②. Juillet-septembre.

A.R. — Taillis des bois, lieux herbeux, prairies. — *Ind.?* — Bois de Size près Ault; Lanchères; Le Mesge; Picquigny; Behen; Cambron (*T.C.*); Fortmanoir, Dreuil (*Richer*); Ribeauville près Saint-Valery (*F. Debray*); Abbeville (*B.* Herb.; *Baill.* Herb.); Renancourt près Amiens (*P.* Fl.).

3. M. alba Lmk. *Encycl. méth.* — *M. leucantha* Koch *Syn.* — Tiges de 5-10 déc., dressées. Feuilles à folioles oblongues, tronquées, denticulées. *Fleurs blanches.* Etendard dépassant longuement les ailes et la carène. Gousse glabre à bord supérieur presqu'obtus ②. Juillet-septembre.

A.R. — Lieux secs, prairies artificielles, bords des moissons, talus des chemins de fer. — *Intr.* — Les Alleux près Behen; Picquigny, Montières près Amiens, Saisseval (*Rom.*); Renancourt près Amiens (*Richer*); Boves (*Copineau*); Warloy-Baillon, Coullemelle (*Guilbert*); Pont-de-Metz, Ailly-sur-Noye, Fouencamps, Souplicourt, Sainte-Segrée, Poix, Namps, Nesle (*E. Gonse*); Chaulnes, Villers-Bretonneux (*F. Debray*).

8. TRIFOLIUM Tourn. *Inst.*

Calice tubuleux à 5 dents. Corolle ord. marcescente. Etendard dépassant les ailes et la carène. Carène obtuse. Etamines diadelphes. *Gousse courte ovoïde 1-4-sperme, presqu'indéhiscente, renfermée dans le calice.* — Pl. herbacées. Stipules adhérentes au pétiole. Fleurs en capitules ou en épis serrés axillaires ou terminaux.

1. { Fleurs jaunes 2
   { Fleurs rouges, roses ou blanches. 5

2. { Fleurs d'un jaune d'or. Style environ aussi long que la gousse. . . . . 4. *T. patens.*
   { Fleurs d'un jaune plus ou moins pâle. Style beaucoup plus court que la gousse. 3

3. { Etendard étalé à peine plié, fortement strié . . . . 3. *T. procumbens.*
   { Etendard plié en carène, appliqué sur la gousse, lisse ou presque lisse 4

4. { Pédoncules grêles droits. Capitules denses 5-20-flores. Pédicelle plus court que le tube du calice. 2. *T. minus.*
   { Pédoncules capillaires flexueux. Capitules lâches 2-6-flores. Pédicelle plus long que le tube du calice. . . . . 1. *T. micranthum.*

5. { Calice plus ou moins velu 6
   { Calice glabre. 13

6. { Capitules pauciflores à fleurs fertiles entourées de fleurs stériles, s'enfonçant en terre après la floraison . . . . 12. *T. subterraneum.*
   { Capitules ou épis multiflores dépourvus de fleurs stériles, ne s'enfonçant jamais en terre après la floraison. 7

7 { Calices fructifères vesiculeux simulant une fraise. . . .
. . . . 11. *T. fragiferum.*
Calice fructifère non vesiculeux 8

8 { Fleurs en épis oblongs cylindriques, ou en capitules
ovoïdes. 9
Fleurs en capitules subglobuleux. 12

9 { Epis plus ou moins longuement pédonculés. 10
Capitules sessiles ou subsessiles 11

10 { Folioles obovales. Fleurs d'un rouge foncé, très-rar.
blanches . . . . 7. *T. incarnatum.*
Folioles linéaires oblongues. Fleurs blanches ou rosées.
. . . . 8. *T. arvense.*

11 { Calice ovoïde ventru, à dents linéaires subulées, dressées
ou étalées. . . . . 9. *T. striatum.*
Calice tubuleux à dents lancéolées recourbées piquantes.
. . . . 10. *T. scabrum.*

12 { Souche cespiteuse. Stipules brusquement aristées. Calice
velu. 5. *T. pratense.*
Souche traçante. Stipules lancéolées acuminées. Calice
à tube presque glabre . . . . 6. *T. Medium.*

13 { Tiges fistuleuses. Pédoncules égalant ou dépassant peu
les feuilles . . . . 15. *T. Michelianum.*
Tiges pleines. Pédoncules dépassant longuement les
feuilles. 14

14 { Tiges radicantes. Stipules ovales brusquement aristées.
Fleurs ord. blanches. Dents du calice lancéolées. . . .
. . . . 13. *T. repens.*
Tiges non radicantes Stipules lancéolées acuminées.
Fleurs roses. Dents du calice subulées . 14. *T. elegans.*

* *Fleurs jaunes.*

1. T. micranthum Viv. *Fl. lib.;* Coss. et Germ. *Fl.* — *T. filiforme* Rehlan in Smith *Engl. bot.;* Puel in *Bull. soc. bot. Fr.* — Tiges de 5-20 cent., filiformes, couchées étalées. Folioles petites obovales cunéiformes émarginées, denticulées, la moyenne sessile. *Fleurs jaunes, devenant blanchâtres, à pédicelles très-fins, plus longs que le tube du calice, disposées en capitules lâches 2-6-flores. Pédoncules capillaires flexueux,* égalant ou dépassant les feuilles. *Etendard plié en carène, appliqué sur la gousse, lisse.* Style beaucoup plus court que la gousse. ①. Juin-juillet.

R. — Lieux herbeux, bords et allées des bois. — Bois de Belloy et du Mont-Blanc près Huppy; Caumont près Huchenneville; Frucourt; bois de Doudelainville; bois de Size près Ault; Tilloy-Floriville, Bugny-lès-Gamaches, Frettemeule, Vismes, Ramburelles (*Guilbert*).

2. T. minus Relhan in Smith *Engl. bot.;* Puel in *Bull. soc. bot. Fr.* — *T. filiforme* Coss. et Germ. *Fl.* — Tiges de 5-25 cent., étalées ou ascendantes. Folioles obovales cunéiformes, émarginées, denticulées, la moyenne ord. pétiolulée. *Fleurs* jaunes devenant brunâtres, *à pédicelles plus courts que le tube du calice, réunies en capitules denses, 5-20-flores. Pédoncules grêles, droits,* dépassant les feuilles. *Etendard plié en carène, appliqué sur la gousse, lisse ou presque lisse.* Style beaucoup plus court que la gousse. ①. Mai-septembre.

CC. — Prairies, bords des chemins, pelouses, allées des bois.

S.-v. *minimum* (Gaud. *Fl. Helv.*). — Pl. petite grêle. Capitules pauciflores.

3. T. procumbens L. *Sp.;* Coss. et Germ. *Fl.;* Puel in *Bull. soc. bot. Fr.* — Tiges de 1-4 déc., ascendantes ou dressées, pubescentes, à rameaux étalés diffus. Folioles obovales, ord. émarginées, denticulées, la moyenne pétiolulée. Fleurs jaunes devenant brunâtres, à pédicelles plus courts que le tube du calice, réunies en capitules ovoïdes, denses multiflores. Pédoncules droits raides, égalant ou dépassant les feuilles. *Etendard étalé, courbé au sommet, fortement strié.* Style beaucoup plus court que la gousse. ①. Juin-septembre.

CC. — Moissons, bords des chemins, pelouses sèches. — *Ind.?*

Var. α. *majus* (Koch *Syn.* — *T. campestre* Schreb. ap. Strum. *Fl. Germ.* — *T. procumbens* s.-v. *elatius* Coss. et Germ. *Fl.* — *T. agrarium* var. *majus* Gren. et Godr. *Fl.*). — Tiges dressées robustes. Pédoncules égalant les feuilles ou les dépassant peu. Capitules plus gros.

Var. 6. *minus* (Koch. *Syn.* — *T. procumbens* Schreb. ap. Sturm. *Fl. Germ.* — *T. agrarium* var. *minus* Gren. et Godr. *Fl.*). — Tiges ord. couchées. Pédoncules souv. 1 fois plus longs que les feuilles. Fleurs plus pâles. Capitules plus petits.

4. T. patens Schreb. ap. Sturm. *Fl. Germ.;* Coss. et Germ. *Fl.* — *T. Parisiense* DC. *Fl. Fr.* suppl. — Tiges de 3-6 déc., ascendantes, faibles, peu rameuses, pubescentes. Folioles obovales obtuses, denticulées, la moyenne sessile ou pétiolulée. *Fleurs d'un jaune d'or,* devenant brunâtres, disposées en capitules ovoïdes lâches, multiflores. Pédoncules étalés, dépassant les feuilles. Etendard étalé à peine plié un peu courbé au sommet, strié. *Style environ aussi long que la gousse.* ①. Juin-août.

R. — Prés tourbeux humides; lieux herbeux. — Drucat; Bovelles (*Rom.*); Longpré, Long, Fortmanoir (P. *Fl.*).

** *Fleurs rouges, roses ou blanches.*

a. *Calice plus ou moins velu.*

5. T. pratense L. *Sp.* — (Vulg. *Trèfle*). — Souche cespiteuse. Tiges de 2-6 déc., ascendantes. Folioles ovales entières ou à peine denticulées, pubescentes. *Stipules* membraneuses, veinées, *brusquement aristées. Fleurs roses purpurines*, rar. blanches, en capitules globuleux puis ovoïdes, qqf. géminés, subsessiles. *Calice velu*, à dents filiformes ciliées, l'inférieure plus longue, mais atteignant à peine la moitié de la longueur de la corolle. ② ou ♃. Juin-septembre.

CC. — Prés, bois, bords des chemins. — Cultivé fréquemment en prairies artificielles.

S.-v. *sativum* (Ser. *Mss.* — T. *sativum* Rchb. *Fl. exc.;* Kirschleg. *Fl. Als.* — Vulg. *Trèfle de Flandre*). — Plus robuste. Tiges plus élevées, sillonnées, fistuleuses. Folioles plus larges. Capitules plus gros. Fleurs d'un rose plus foncé. — Cultivé communément.

S.-v. *microphyllum* (Coss. et Germ. *Fl.*). — Tiges plus courtes. Folioles beaucoup plus petites. Capitules moins gros que dans le type. — Lieux arides.

6. T. medium L. *Fl. Suec.* — T. *flexuosum* Jacq. *Austr.* — Souche traçante. Tiges de 2-5 déc., ascendantes, diffuses, flexueuses. Folioles oblongues, pubescentes, entières, ou à peine denticulées. *Stipules linéaires lancéolées longuement acuminées*, non aristées. *Fleurs roses purpurines*, en capitules subglobuleux, solitaires ou géminés, brièvement pédonculés. *Calice à tube presque glabre*, à dents filiformes ciliées, l'inférieure plus longue, mais atteignant à peine la moitié de la longueur de la corolle. ♃. Juin-août.

RR. — Lieux herbeux, lisières et clairières des bois montueux. — Bois de Saint-Léger et du Quesnoy près Poix, Sainte-Segrée, Thieulloy-la-Ville (*E. Gonse*); bois du Seigneur à Cambron (*T.C.*); Lambercourt près Miannay (*Baill.* Herb.); bois de Grâce près Amiens (*Picard* Not. manuscr.). — Se trouve aussi dans les landes de Beaumont près Eu [Seine-Inférieure].

Le T. *ochroleucum* (L. *syst.*), signalé à Notre-Dame et à Saint-Sauflieu (*P. Fl.*) n'a plus été retrouvé. Il se distingue par les caractères suivants: pl. pubescente; tiges de 2-5 déc., ascendantes; folioles ovales oblongues; stipules lancéolées subulées ciliées; fleurs d'un blanc jaunâtre, en capitules ord. solitaires, globuleux, puis ovoïdes; calice velu, à dents lancéolées subulées, atteignant à peine la moitié de la longueur de la corolle.

† **7. T. incarnatum** L. *Sp.* — (Vulg. *Trèfle anglais, Trèfle incarnat.*). — Pl. mollement pubescente. Tiges de

2-6 déc., dressées, simples ou rameuses à la base. *Folioles obovales* obtuses ou émarginées, denticulées. Stipules ovales obtuses ou un peu aigues. *Fleurs d'un rouge foncé*, rar. blanches, *en épis oblongs cylindriques*, solitaires terminaux, longuement pédonculés. Calice très-velu blanchâtre, à dents subulées sétacées, presqu'égales, un peu plus courtes que la corolle. ①. Juin-juillet.

Cultivé en grand comme fourrage précoce. — Qqf. subspontané.

S.-v. *Molinieri* (Coss. et Germ. *Fl.* — *T. Molinieri* Balb. *Cat. Taur.*). — Fleurs blanches. — A.R. — Mêlé avec le type. — Semé assez souv. à part et considéré comme plus tardif.

8. T. arvense L. *Sp.* — (Vulg. *Pied de lièvre*). — Pl. pubescente velue, souv. rougeâtre. Tiges de 1-4 déc., grêles, rameuses, ord. dressées. *Folioles linéaires oblongues* un peu denticulées au sommet. Stipules ovales acuminées aristées. *Fleurs blanchâtres ou rosées, en épis oblongs cylindriques*, solitaires, axillaires, pédonculés, *velus soyeux*. Calice velu blanchâtre à dents subulées sétacées plumeuses, égales, dépassant la corolle. ①. Juillet-septembre.

CC. — Pelouses sèches, champs après la moisson, taillis des bois.

Var. β. *gracile* (Coss. et Germ. *Fl.* — *T. gracile* Thuill *Fl. Par.*). — Pl. plus petite dans toutes ses parties, plus grêle, moins velue. Pédoncules souv. plus longs. — R. — Lieux très-arides. — Laviers (*Baill.* Herb.).

Var. γ. *perpusillum* (Ser. *Mss.* in DC. *Prodr.*). — Pl. naine très-velue. Capitules subglobuleux, très-brièvement pédonculés. — R. — Pelouses rases près la mer. — Cayeux-sur-Mer ; Hautebut près Woignarue ; Ault (*T.C.*)

9. T. striatum L. *Sp.* — Pl. plus ou moins velue, d'un vert pâle. Tiges de 1-3 déc., ascendantes. Folioles obovales ou oblongues cunéiformes denticulées, celles des feuilles inférieures souv. émarginées. Stipules ovales aristées. *Fleurs d'un blanc rosé*, petites *en capitules ovoïdes*, puis oblongs, axillaires et terminaux, *sessiles ou subsessiles*. Calice velu, ovoïde ventru, à dents presqu'égales, linéaires subulées dressées ou étalées. ①. Mai-juillet.

RR. — Coteaux secs, lisières des bois, bords des chemins. — *Intr.?* — Saint-Valery ; Quend (*Cagé*) ; Cambron (*Baill.* Herb.; *B.* Herb.); Abbeville, près la porte du Bois (*Picard* Herb.).

10. T. scabrum L. *Sp.* — Pl. pubescente. Tiges de 5-20 cent., rameuses, étalées ou redressées. Folioles obovales ou oblongues, denticulées. Stipules ovales mucronées. *Fleurs d'un blanc rosé, en capitules ovoïdes*, puis oblongs, axillaires et terminaux, sessiles. *Calice* tubuleux pubescent, à *dents* *inégales, lancéolées subulées, raides recourbées piquantes.* ⊙. Mai-juillet.

A.R. — Lieux pierreux et sablonneux, pelouses et digues surtout dans la région maritime. — Ault ; Mers ; Hautebut près Woignarue ; Le Crotoy ; Cayeux-sur-Mer ; Saint-Quentin-en-Tourmont ; Quend (*Cagé*) ; fortifications d'Abbeville (*Baill.* Herb.).

11. T. fragiferum L. *Sp.* — Tiges de 1-3 déc., couchées radicantes. Folioles obovales, denticulées, presque glabres. Stipules lancéolées acuminées sétacées. Fleurs d'un rose clair, en capitules denses, subglobuleux, ayant à la maturité l'apparence d'une fraise, longuement pédonculés. *Calice velu, globuleux renflé vésiculeux,* veiné réticulé, *coloré.* ♃. Juin-septembre.

C. — Lieux herbeux, bords des chemins, prés salés, marais des dunes.

12. T. subterraneum L. *Sp.* — Pl. velue. Tiges de 1-3 déc., flexueuses couchées étalées. Folioles obcordées, à peine denticulées. Stipules ovales acuminées. Fleurs d'un blanc rosé, en capitules petits, globuleux, axillaires et terminaux, ord. brièvement pédonculés, formés de 2-5 fleurs fertiles dressées puis réfléchies, entourées de fleurs stériles, réduites à des calices munis de dents raides recourbées ; *capitules s'enfonçant en terre à la maturité.* Calice fructifère globuleux renflé, pubescent. Gousse monosperme. ⊙. Mai-juillet.

RR. — Pelouses rases, bords des chemins. — Ancienne garenne de Villers-sur-Authie, bords d'un chemin de Vercourt à l'étang du Gard ; Quend, Rue (*Baill.* Herb.) ; Saint-Valery (*B.* Herb.).

b. *Calice glabre.*

13. T. repens L. *Sp.* — (Vulg. *Trèfle blanc*). — Pl. glabre ou presque glabre. *Tiges de 1-3 déc., couchées radicantes.* Folioles obovales, souv. émarginées, denticulées. *Stipules* scarieuses, *ovales brusquement aristées. Fleurs blanches,* rar. rosées, odorantes, en capitules subglobuleux denses, portés sur des pédoncules dépassant longuement les feuilles. *Calice à dents lancéolées* inégales, souv. rougeâtres. Gousse 2-4-sperme. ♃. Mai-septembre.

CC. — Prairies, pelouses, bords des chemins. — Cultivé en grand pour pâturage.

S.-v. *microphyllum* (Coss. et Germ. *Fl.*). — Tiges ord. colorées. Folioles très-petites.

Var. ε. *phyllanthum* (DC. *Prodr.*). — Fleurs longuement pédicellées. Calice à dents foliacées. — R. — Les Alleux près Behen ; Le Crotoy ; Bussus (*Lesaché*).

14. T. elegans Savi *Fl. Pis.* — Pl. presque glabre. *Tiges* de 2-5 déc., nombreuses, pleines, étalées ascendantes, *non radicantes*. Folioles obovales, finement denticulées, à nervures très-nombreuses. *Stipules lancéolées acuminées. Fleurs roses*, en capitules subgloboleux denses, portés sur des pédoncules dépassant longuement les feuilles. Calice à *dents subulées*, presqu'égales. Gousse ord. 2-sperme. ♃. Juin-septembre.

RR. — Prairies, lisières des bois, champs de Trèfle blanc. — *Intr.* — Limercourt près Huchenneville; faubourg des Planches à Abbeville (*P. de Vicq*); Quend (*Cagé*); forêt de Moislains, bois *Nul s'y frotte* près Péronne, garennes incultes entre cette ville et Nesle, Boves (*Dours*); gare de Saint-Riquier (*Lesaché*); Notre-Dame-de-Grâce, Bussy, Liancourt près Roye (*P. Fl.*). — Se trouve dans les landes de Beaumont près Eu [Seine-Inférieure].

15. T. Michelianum Savi *Fl. Pis.* — Pl. glabre. *Tiges* de 2-4 déc., grêles, *ascendantes*, radicantes à la base, *fistuleuses*, striées. Folioles larges obovales cunéiformes tronquées, émarginées, finement denticulées. Stipules ovales, brièvement acuminées. *Fleurs d'un blanc sale*, en capitules subgloboleux lâches, portés *sur des pédoncules égalant ou dépassant peu les feuilles*. Calice à dents subulées sétacées, inégales. Gousse 2-sperme. ①. Juin-juillet.

RR. — Pâturages, lieux humides. — *Intr.* — Fortifications d'Abbeville (*Picard* Herb.; *Baill.* Herb.).

9. LOTUS L. *Gen.* ex parte.

Calice campanulé à 5 divisions presqu'égales. Ailes conniventes, égalant environ l'étendard. Carène terminée en bec ascendant. Étamines diadelphes. *Gousse glabre, droite, linéaire cylindrique*, polysperme, à 2 valves se roulant en spirale à la maturité. — Pl. à souche ligneuse. Tiges herbacées. *Stipules libres, semblables aux folioles*.

1	Fleurs en glomérules multiflores. Divisions du calice étalées réfléchies avant la floraison. .	*3. L. uliginosus.*
	Fleurs en glomérules pauciflores, ou subsolitaires. Divisions du calice dressées avant la floraison.	2
2	Folioles et stipules obovales. Ailes largement obovales.	*1. L. corniculatus.*
	Folioles et stipules lancéolées linéaires. Ailes oblongues.	*2. L. tenuifolius.*

1. L. corniculatus L. *Sp.* — Pl. glabre ou velue. Tiges de 1-3 déc., étalées ou ascendantes, anguleuses. *Folioles et stipules obovales*. Fleurs jaunes, qqf. rougeâtres, devenant verdâtres par la dissication, en glomérules 3-6-flores, longuement pédonculés. *Divisions du calice triangulaires subulées dressées, connivenles avant la floraison.* Etendard suborbiculaire. *Ailes largement obovales.* Carène courbée presqu'à angle droit. ♃. Juin-septembre.

CC. — Prés secs ou humides, lieux arides, bords des chemins, lisières des bois.

Var. ϐ. *villosus* (Coss. et Germ. *Fl.*). — Pl. très-velue. Folioles ciliées. — *A.C.* — Lieux sablonneux, endroits arides. — Dunes de Saint-Quentin-en-Tourmont; bois du Mont-Blanc près Huppy.

Var. γ. *crassifolius* (Pers. *Syn.*). — Pl. glabre. Souche plus épaisse, terminée en racine longuement pivotante. Tiges nombreuses, couchées étalées, formant qqf. de grosses touffes. Folioles obovales épaisses, un peu charnues. — *R.* — Sables maritimes, éboulements des falaises. — Dunes de Saint-Quentin-en-Tourmont et de Quend; Mers.

2. L. tenuifolius Reich.; Koch *Syn.* — *L. tenuis* Kit. in Villd. *Enum.* — Pl. ord. glabre. Tiges de 3-6 déc., nombreuses, couchées étalées, grêles. *Folioles et stipules lancéolées linéaires.* Fleurs jaunes, en glomérules pauciflores, qqf. subsolitaires. Pédoncules très-longs, grêles. *Divisions du calice subulées, dressées connivenles avant la floraison. Ailes oblongues* étroites. ♃. Juillet-septembre.

R. — Prés salés, bords des fossés. — Laviers; Port; Saint-Firmin; Quend; Mers; Cayeux-sur-Mer (*F. Debray*); Hangest-sur-Somme, Bourdon (*E. Gonse*).

3. L. uliginosus Schk. *Handb.* — *L. major* Scop. *Carn.* — Pl. velue, rar. glabre. Tiges de 5-7 déc., faibles, dressées ou ascendantes fistuleuses. Folioles assez grandes, obovales. Fleurs jaunes en glomérules 8-12-flores, longuement pédonculés. *Divisions du calice lancéolées subulées, étalées réfléchies avant la floraison.* Etendard ovale. Carène courbée à angle très-obtus. ♃. Juillet-septembre.

A C. — Bois ombragés, prés humides. — Bois de Saint-Riquier; bois Wattée et prairies à Drucat; bois du Brusle près Huchenneville; Martainneville; Oust-Marest; Lanchères; Bovelles; Renancourt près Amiens (*Rom.*); Thieulloy-la-Ville, Sainte-Segrée, Saint-Germain-sur-Bresle, Yzeux, Bacouel, Boves, Poix, Hangest-sur-Somme (*E. Gonse*); Querrieux, Allonville (*Picard* Not. manuscr.); bois du Val près Laviers, Cambron (*B.* Extr. Fl.).

Var. ϐ. *glaber* (Coss. et Germ. *Fl.*). — Pl. glabre. — Picquigny; Thiepval; Cambron (*T.C.*).

10. TETRAGONOLOBUS Scop. *Carn.*

Calice tubuleux à 5 divisions presqu'égales. Ailes conniventes plus courtes que l'étendard. Carène terminée en bec ascendant. Etamines diadelphes. *Gousse longue, droite, munie de 4 ailes foliacées*, polysperme. Pl. à souche ligneuse. Tiges herbacées. *Stipules libres, semblables aux folioles.*

1. T. siliquosus Roth *Tent.* — Pl. velue. Tiges de 1-4 déc., étalées ou ascendantes. Folioles obovales, cunéiformes. Fleurs d'un jaune pâle, solitaires, rar. géminées, longuement pédonculées. Gousse glabre. ⚥. Juin-juillet.

RR. — Prés humides, bords des eaux. — Fortifications d'Abbeville près la porte du Bois ; Quend (*Cagé*) ; Cambron (*T.C.*) ; bords du canal de Saint-Valery (*B.* Herb.; *Baill.* Herb.) ; Laviers, Saigneville (*P. Fl.*).

11. PHASEOLUS L. Gen.

Calice à 2 lèvres, la supérieure bidentée, l'inférieure tridentée. *Carène contournée en spirale avec les étamines et le style.* Etamines diadelphes. Gousse allongée, comprimée, polysperme, bivalve. Graines subréniformes. — Pl. herbacées à *tiges ord. volubiles*. Fleurs en grappes ord. pauciflores.

† **1. P. vulgaris** L. *Sp.* — (Vulg. *Haricot*). — Tiges ord. élevées. Folioles grandes, ovales acuminées, nervées, rudes. Fleurs blanches, jaunâtres ou violacées, en grappes plus courtes que les feuilles. Gousse pendante, droite ou courbée, terminée en bec aigu. Graines de couleur variable.

Cultivé dans les potagers, rar. en plein champ.

Var. 6. *nanus* (Coss. et Germ. *Fl.* — *P. nanus* L. *Sp.*). — Tiges peu élevées, non volubiles.

C. *Feuilles imparipinnées.*

12. ROBINIA L. Gen. ex parte.

Calice subbilabié, à 5 dents, les 2 supérieures plus courtes rapprochées. Étendard large. Carène obtuse. Etamines diadelphes. Gousse oblongue comprimée, polysperme, à bord interne muni d'une bordure mince. — *Arbre élevé, épineux.* Stipules devenant ligneuses et épineuses. Fleurs en grappes axillaires lâches, pendantes.

† **1. R. Pseudo-Acacia** L. *Sp.* — (Vulg. *Acacia*). — Folioles nombreuses, ovales oblongues, entières, pubescentes, puis glabres. Fleurs blanches, odorantes. ♄. Fl. mai. Fr. juillet.

Planté dans les parcs, les avenues et les haies. — Naturalisé dans quelques bois.

13. ANTHYLLIS L. Gen.

Calice à 5 dents, renflé vésiculeux, persistant. Etamines monadelphes. *Gousse* ovoïde 1-2-sperme, *renfermée dans le tube du calice.* — Pl. herbacée. Fleurs disposées en capitules.

1. A. Vulneraria L. *Sp.* — Pl. pubescente. Souche épaisse. Tiges de 1-4 déc., étalées ou ascendantes, rameuses. Feuilles à folioles oblongues, les inférieures à foliole terminale plus grande. Fleurs jaunes ou rougeâtres, en capitules terminaux ou latéraux, munis à la base de bractées palmatipartites. Calice velu blanchâtre. Gousse stipitée, terminée en bec courbé. ♃. Juin-août.

CC. — Prés secs, bords des bois, coteaux calcaires.

Var. ε. *maritima* (Koch *Syn.*) — Pl. formant de grandes touffes. Tiges ord. nombreuses atteignant qqf. 5-6 déc. Feuilles à folioles plus amples, plus épaisses, velues soyeuses surtout en dessous. — R. — Sables maritimes, éboulements des falaises. — Saint-Quentin-en-Tourmont; Ault; Mers.

14. ASTRAGALUS L. Gen. ex parte.

Calice à 5 dents. Etendard dépassant un peu les ailes. Carène obtuse. Etamines diadelphes. *Gousse* polysperme, non articulée *à 2 loges séparées par une cloison plus ou moins complète* formée par le repli de la suture inférieure. — Fleurs en grappes axillaires.

1. A. glycyphyllos L. *Sp.* — Pl. presque glabre. Souche rampante, presque ligneuse. Tiges de 5-10 déc., étalées ou ascendantes, anguleuses. Folioles 9-13, ovales oblongues, entières. Stipules ovales acuminées, libres. *Fleurs d'un jaune verdâtre.* Pédoncules plus courts que les feuilles. Gousses linéaires aigues renflées subtrigones, arquées conniventes. ♃. Juin-juillet.

A.R. — Lisières et clairières des bois. — Bailleul; bois de La Motte à Cambron; bois de Size près Ault; bois de Rampval près Mers (*T.C.*); Bovelles, Saveuse (*Rom.*); Laviers (*Picard* Not. manuscr.); Boves, Cagny, Dury, Bray, Caubert (*P. Fl.*).

15. ORNITHOPUS L. Gen. ex parte.

Calice tubuleux à 5 dents. Carène petite, obtuse. Etamines diadelphes. *Gousse* comprimée, *linéaire arquée,* articulée, se *divisant* transversalement à la maturité *en articles monospermes* indéhiscents.

1. O. perpusillus L. *Sp.* — Pl. pubescente. Tiges de 5-25 cent., grêles, étalées ou ascendantes, diffuses. Folioles nombreuses, petites, ovales obtuses. Fleurs 1-4, très-petites, blanchâtres, à étendard veiné de rose, portées sur des pédoncules axillaires, filiformes, égalant la feuille. *Gousses* ord. pubescentes, réticulées, terminées par un bec court presque droit, *figurant par leur réunion un pied d'oiseau*. ①. Mai-août.

R. — Terrains sablonneux, pelouses, bois. — Bois du cap Hornu et Ribeauville près Saint-Valery; Villers-sur-Authie; Canterenne près Rue; Boismont (*B.* Extr. Fl.).

16. HIPPOCREPIS L. *Gen.*

Calice court campanulé, à 5 dents inégales. Etendard longueguement onguiculé. Carène arquée atténuée en bec. Etamines diadelphes. *Gousse allongée, comprimée arquée, articulée sinuée, à échancrures en forme de fer à cheval.*

1. H. comosa L. *Sp.* — Pl. glabre à souche ligneuse. Tiges de 1-3 déc., nombreuses, étalées diffuses. Folioles nombreuses, oblongues linéaires, obtuses mucronées. Fleurs jaunes 5-8, en ombelles, axillaires et terminales dépassant longuement les feuilles. Gousse rugueuse terminée par un bec comprimé. ♃. Juin-juillet.

A.C. — Terrains calcaires, coteaux secs, lisières et clairières des bois. — Limeux; Huchenneville; Oust-Marest; Mers; Ault; Valloires près Argoules; Mareuil; Pont-Remy; Francières; Wailly; Jumel; Bovelles, Ferrières (*Rom.*); Cambron (*T.C.*); Maisnières (*Guilbert*); Dury, Saint-Fuscien, Bacouel, Ailly-sur-Noye, Cagny, Sainte-Segrée, Villers-Tournelle (*E. Gonse*); Epagne (*B.* Herb.).

17. ONOBRYCHIS Tourn. *Inst.*

Calice campanulé à 5 divisions subulées presqu'égales. Carène tronquée obliquement, dépassant les ailes. Etamines diadelphes. *Gousse comprimée, à un seul article monosperme*, indéhiscent, *ridé en fossettes ou hérissé de pointes*, à bord supérieur droit, à bord inférieur courbé épineux ou denté. — Fleurs en épis multiflores.

† **1. O. sativa** Lmk. *Fl. Fr.* — (Vulg. *Sainfoin*). — Tiges de 2-6 déc., dressées ou ascendantes pubescentes. Folioles nombreuses, oblongues. Stipules scarieuses réunies en une seule bifide, opposée à la feuille. Fleurs purpurines striées. Pédoncules dépassant les feuilles. Gousse pubescente. ♃. Mai-juillet.

Cultivé en grand comme fourrage. — Subspontané surtout dans les terrains calcaires.

D. *Feuilles paripinnées, très-rar. réduites au pétiole.*

18. VICIA Tourn. *Inst.*

Calice à 5 divisions ou à 5 dents presqu'égales ou les 2 supérieures plus courtes. Etamines diadelphes. *Style filiforme.* Gousse le plus souv. polysperme. Graines subglobuleuses, qqf. cubiques, ou comprimées lenticulaires. — *Pl.* herbacées ord. grimpantes. *Feuilles à pétiole terminé en vrille simple ou rameuse.* Fleurs axillaires, en grappes, ou géminées, ou solitaires.

1 { Fleurs brièvement pédonculées. 2
    Fleurs longuement pédonculées 6

2 { Fleurs en grappes courtes. . . . . 5. *V. sepium.*
    Fleurs solitaires ou géminées 3

3 { Fleurs jaunes. Gousse velue tuberculeuse. . 4. *V. lutea.*
    Fleurs blanchâtres, purpurines ou violacées. Gousse ord.
        glabre au moins à la maturité. 4

4 { Stipules semisagittées entières. Graines presque cu-
        biques. . . . . 3. *V. lathyroides.*
    Stipules semisagittées dentées. Graines subglobuleuses. 5

5 { Folioles même celles des feuilles supérieures obovales .
        . . . . 1. *V. sativa.*
    Folioles des feuilles supérieures linéaires étroites.
        . . . . 2. *V. angustifolia.*

6 { Fleurs en grappes pluri ou multiflores 7
    Fleurs 1-3 au sommet des pédoncules. 9

7 { Gousse velue . . . . 9. *V. hirsuta.*
    Gousse glabre 8

8 { Etendard rétréci dans sa partie moyenne à onglet aussi
        long et plus large que le limbe. Gousse oblongue. . .
        . . . . 6. *V. Cracca.*
    Etendard rétréci vers son quart supérieur à onglet oblong
        très-allongé, de même largeur environ que le limbe.
        Gousse subrhomboïdale. . . . . 7. *V. villosa.*

9 { Dents du calice plus courtes que le tube. 8. *V. tetrasperma.*
    Dents du calice plus longues que le tube. . 10. *V. Lens.*

* *Fleurs brièvement pédonculées.*

1. V. sativa L. *Sp.* — Tiges de 2-8 déc., couchées redressées, anguleuses, plus ou moins pubescentes. *Feuilles* terminées en vrille rameuse, à 6-14 folioles *obovales* émarginées, mucronées. *Stipules* semisagittées *dentées*, marquées d'une tache noirâtre. Fleurs d'un pourpre violacé, solitaires ou géminées. Gousse ord. dressée, oblongue, bosselée, roussâtre, pubescente, puis ord. glabre à la maturité. *Graines* lisses, *subglobuleuses* un peu comprimées. ①. Juin-août.

Cultivé en grand. — Qqf. subspontané.

Var. α. *vulgaris* (Gren. et Godr. *Fl.* — Vulg. Vesce, Vesce de printemps). — Folioles petites. Gousse d'environ 4 cent. sur 9 mill. Graines noires.

Var. β. *macrocarpa* (Moris *Fl. Sard.* — Vulg. Hivernache, Vesce d'hiver). — Pl. ord. plus robuste. Folioles plus grandes. Gousse d'environ 6 cent. sur 12 mill. Graines d'un brun jaunâtre.

S.-v. *flore albo*. — Fleurs blanches. — Rue, mêlé avec la var. macrocarpa.

2. V. angustifolia Roth *Tent. Fl. Germ.* — Tiges de 1-5 déc., faibles, couchées redressées, anguleuses. *Feuilles* terminées en vrille rameuse, à folioles 8-12, ovales oblongues, les *supérieures* à *folioles linéaires étroites*, tronquées ou aigues. *Stipules* semisagittées *dentées*, marquées ou non d'une tache noirâtre. Fleurs petites purpurines solitaires ou géminées. Gousse ord. étalée, linéaire subcylindrique, pubescente, puis glabre et noircissant à la maturité. *Graines* petites, *subglobuleuses* brunâtres. ① ou ②. Mai-août.

C. — Taillis des bois, moissons, bords des chemins. — Bois du Brusle près Huchenneville; bois de Tronquoy près Huppy; Limeux; Ercourt; Abbeville; Neuilly-l'Hôpital; forêt de Crécy; Vron; bois du cap Hornu près Saint-Valery; Bovelles (*Rom.*); Bourdon, Ailly-sur-Noye, Yzeux (*E. Gonse*); Gouy (*Baill.* Herb.); bois Boullon près Abbeville (*Picard* Not. manuscr.); Laviers, Caubert près Abbeville (*B. Extr. Fl.*); Dury (*P. Fl.*).

S.-v. *segetalis* (*V. angustifolia* var. *segetalis* Koch *Syn.* — *V. segetalis* Thuill. *Fl.*). — Folioles des feuilles supérieures lancéolées linéaires.

S.-v. *Bobartii* (*V. angustifolia* var. *Bobartii* Koch *Syn.* — *V. Bobartii* Forst. *Trans. Linn. soc.*). — Folioles des feuilles supérieures linéaires étroites.

S.-v. *pallida*. — Fleurs d'un blanc rosé.

3. V. lathyroides L. *Sp.* — Tiges de 1-2 déc., rameuses, étalées, pubescentes, à peine grimpantes. Feuilles terminées en vrille simple ou en arête, à 4-6 folioles petites, obovales ou oblongues, tronquées émarginées, mucronulées. *Stipules* semisagittées, *entières*. Fleurs très-petites, purpurines bleuâtres, axillaires, solitaires. Gousse linéaire, glabre, noircissant à la maturité. *Graines* petites, *presque cubiques*, tuberculeuses, brunes. ①. Avril-juin.

RR. — Bois sablonneux, lieux arides. — Bois du cap Hornu près

Saint-Valery (*T.C.*); bois de Caubert près Abbeville, Allonville, Notre-Dame-de-Grâce (*P. Fl.*).

4. V. lutea L. *Sp.* — Tiges de 2-5 déc., anguleuses pubescentes plus ou moins étalées. Feuilles terminées en vrille rameuse, à 8-14 folioles oblongues ou linéaires, mucronées, velues. Stipules semisagittées entières, marquées d'une tache brune. *Fleurs d'un jaune pâle*, solitaires. Gousse elliptique oblongue étalée ou réfléchie, *hérissée de poils bulbeux à la base*, noircissant à la maturité. Graines lisses, brunes tachées de noir. ①. Juin-septembre.

R. — Clairières des bois sablonneux, moissons, lieux arides. — Bois du cap Hornu près Saint-Valery; Villers-sur-Authie; Rue; Caumondel près Huchenneville; Bailleul; Nouvion; Le Crotoy (*T.C.*); Eaucourt (*Tripier*); Quend (*Baill. Herb.*); Laviers (*B. Herb.*); bois Boullon près Abbeville (*P. F.*); Epagne (*B. Extr. Fl.*).

5. V. sepium L. *Sp.* — Tiges de 3-8 déc., anguleuses. Feuilles terminées en vrille rameuse, à 8-14 folioles ovales oblongues, tronquées ou émarginées, mucronées. Stipules semisagittées, dentées, souv. marquées d'une tache brune. *Fleurs purpurines violacées*, rar. blanchâtres, *en grappes courtes 3-6-flores*. Calice à dents inégales, les 2 supérieures plus courtes, conniventes. *Gousse* linéaire oblongue comprimée lisse, *glabre*, noircissant à la maturité. Graines lisses, grisâtres ou jaunâtres tachées de noir. ⚥. Juin-juillet.

CC. — Bois, buissons.

** *Fleurs longuement pédonculées.*

6. V. Cracca L. *Sp.* — *Cracca major* Franken *Specul.*; Gren. et Godr. *Fl.* — Tiges de 5-10 déc., faibles, rameuses, anguleuses. Feuilles terminées en vrille rameuse, à folioles nombreuses, oblongues lancéolées ou linéaires, mucronées, plus ou moins pubescentes. Stipules semisagittées ou les supérieures linéaires entières. *Fleurs d'un bleu violacé, qqf. mêlé de blanc*, disposées *en grappes multiflores* denses, *unilatérales et s'épanouissant successivement de bas en haut*. Calice non bossu à la base. *Etendard rétréci dans sa partie moyenne*, à onglet aussi long et plus large que le limbe. Gousse linéaire oblongue, glabre, stipitée, à support ne dépassant pas le tube du calice. Graines brunes à hile égalant le tiers de leur circonférence. ⚥. Juin-août.

CC. — Bois, prairies, moissons.

S.-v. *argentea* (Coss. et Germ. *Fl.*). — Pl. ord. plus petite, pubescente, soyeuse. Feuilles à folioles linéaires étroites. Gousse souv. plus petite.

7. V. villosa Roth *Tent. Fl. Germ.* — Tiges de 3-6 déc., anguleuses. Feuilles terminées en vrille rameuse, à folioles nombreuses, oblongues lancéolées, mucronées. *Fleurs d'un bleu violet mêlé de blanc, disposées en grappes pluriflores*, lâches. Calice-bossu à la base. *Etendard rétréci vers son quart supérieur*, à onglet oblong, très-allongé, de même largeur environ que le limbe. Gousse oblongue subrhomboïdale, glabre, à support plus long que le tube du calice. Graines à hile égalant la huitième partie de la circonférence. ① ou ②. Juin-août.

Moissons, prairies artificielles. — *Intr.*

Var. α. *villosa* (Coss. et Germ. *Fl.* — *Cracca villosa* Gren. et Godr. *Fl.*). — Pl. pubescente à poils étalés. *Fleurs s'épanouissant successivement de bas en haut.* — *RR.* — Drucat.

Var. ϐ. *glabrescens* (Koch *Syn.*; Coss. et Germ. *Fl.* — *V. varia* Host. *Austr.* — *Cracca varia* Gren. et Godr. *Fl.*). — Pl. glabrescente ou pubescente, à poils presqu'apprimés. *Fleurs s'épanouissant toutes ensemble.* — *A.R.* — Huchenneville; Bray-lès-Mareuil; Bailleul; Villers-sur-Mareuil; Neuilly-l'Hôpital; Fransu; Hiermont; Drucat; Jumel; Pissy, Bovelles (*Rom.*); Amiens (*E. Gonse*).

8. V. tetrasperma Mœnch *Méth.* — *Ervum tetraspermum* L. *Sp.* — Tiges de 3-6 déc., grêles, glabres. Feuilles terminées en vrille simple ou rameuse, à 6-10 folioles linéaires, obtuses, mucronulées. *Fleurs petites 1-3*, blanchâtres, à étendard bleuâtre, *disposées sur un pédoncule filiforme*, ne dépassant pas la feuille. *Calice à dents* lancéolées *plus courtes que le tube. Gousse* linéaire oblongue*, glabre, ord. 4-sperme*. Graines lisses. ① Juin-septembre.

C. — Bois; se trouve aussi qqf. dans les moissons. — Saint-Riquier; Yvrench; Drucat; Hautvillers; Huchenneville; Limeux; bois de Size près Ault; bois de Lamotte-Croix-au-Bailly; Wailly; Bonneville; Montrelet; Bovelles (*Rom.*); Prouzel, Bacouel, Vignacourt, Taisnil, Villers-Bretonneux, Sainte-Segrée (*E. Gonse*); Cambron (*T.C.*); Cagny, Allonville (*P. Fl.*).

Var. ϐ. *gracilis* (Coss. et Germ. *Fl.* — *Ervum gracile* DC. *Hort. Monsp.*; Gren. et Godr. *Fl.* excl. var. ϐ.). — Pédoncule souv. terminée en arête, dépassant longuement les feuilles. Gousse linéaire ord. 5-6-sperme. — *RR.* — Villers-sur-Authie (*Baill.* Herb.).

9. V. hirsuta Koch *Syn.* ed. 1. — *Ervum hirsutum* L. *Sp.* — Tiges de 2-6 déc., grêles. Feuilles terminées en vrille rameuse, à 12-16 folioles, linéaires oblongues obtuses, mucronées. *Fleurs petites 3-8, d'un blanc bleuâtre, disposées sur un pédoncule égalant environ la feuille. Calice à dents* linéaires subulées, *plus longues que le tube. Gousse* *oblongue*, bosselée, *velue*, *2-sperme*. Graines un peu comprimées. ①. Juin-septembre.

C. — Bois ; se trouve qqf. dans les moissons. — Drucat ; Huchenneville ; Frucourt ; Vercourt ; Montrelet ; Villers-Bretonneux, Sainte-Segrée, Saint-Germain-sur-Bresle, Beaucamps-le-Jeune (*E. Gonse*) ; Cambron (*T.C.*) ; Bovelles, Ailly-sur-Somme (*Rom.*) ; Vauchelles-lès-Quesnoy (*Picard* Not. manuscr.) ; Eaucourt (*Baill.* Herb.) ; Mareuil (*B.* Extr. Fl.) ; Allonville, Dury (*P.* Fl.).

† **10. V. Lens** Coss. et Germ. *Fl.* — *Ervum Lens* L. *Sp.* — *Lens esculenta* Mœnch *Méth.* — (*Vulg. Lentille*). — Tiges de 1-3 déc., dressées, pubescentes. Feuilles terminées en vrille simple ou en arête, à 8-14 folioles oblongues obtuses, ciliées. Stipules lancéolées très-entières. Fleurs petites 1-3, d'un blanc bleuâtre, disposées sur un pédoncule terminé en arête, égalant la feuille. *Calice à dents* linéaires subulées *plus longues que le tube*, atteignant presque le sommet de la corolle. *Gousse* courte, *subrhomboïdale, glabre,* ord. 2-sperme. *Graines comprimées, lenticulaires*, lisses, brunes marbrées. ①. Juin-juillet.

Cultivé en grand avec le Blé dans les terrains calcaires. — Qqf. subspontané dans les moissons.

19. FABA Tourn. *Inst.*

Calice tubuleux à 5 divisions, les 2 supérieures plus courtes. *Style filiforme*. Gousse grande, oblongue, à valves épaisses, charnues, pubérulentes, noircissant à la maturité. *Graines très-grosses, oblongues tronquées, comprimées.* — Pl. herbacées, *non grimpantes*. Fleurs en grappes axillaires courtes, brièvement pédonculées.

† **1. F. vulgaris** Mœnch *Méth.* — *Vicia Faba* L. *Sp.* — (*Vulg. Fève, Fève de marais, Féverole*). — Tige de 4-8 déc., dressée, grosse, anguleuse, fistuleuse, glabre. Feuilles terminées en arête, à 2-6 folioles grandes ovales elliptiques, obtuses, mucronées, glaucescentes. Stipules ovales semisagittées. Fleurs grandes, blanches à ailes tachées de noir. ①. Juin-septembre.

Cultivé en grand et dans les potagers.

Var. 6. *minor*. — Pl. moins élevée. Graines plus petites, arrondies.

20. PISUM Tourn. *Inst.*

Calice campanulé à 5 divisions foliacées, les 2 supérieures plus courtes. Etendard large réfléchie. *Style comprimé,* canaliculé inférieurement. Gousse oblongue comprimée, polysperme, glabre. Graines globuleuses. — *Pl.* herbacées *grimpantes*, d'un vert glauque. Feuilles terminées en vrille rameuse. *Stipules foliacées amples arrondies à la base*, plus grandes que les folioles.

1 { Fleurs blanches. Graines globuleuses lisses, non tachées. . . . . 1. *P. sativum.*
   Fleurs rouges violacées. Graines anguleuses, tachées de brun . . . . 2. *P. arvense.*

† **1. P. sativum** L. *Sp.* — Tiges de 8-15 déc., robustes, flexueuses, glabres. Feuilles à 2-6 folioles ovales, ondulées, glaucescentes. *Fleurs blanches* disposées sur un pédoncule 1-5-flore. Graines ord. globuleuses, jaunâtres ou verdâtres. ⓘ Juin-août.

Cultivé dans les potagers, qqf. en plein champs.

Var. α. *saccharatum* (Seringe in DC. *Prodr.* — Vulg. *Petit Pois, Pois nain, Pois Michaux, Pois ridé* ou *de Knight, Pois vert*, etc.). — Gousse à endocarpe coriace.

Var. ϐ. *macrocarpum* (Seringe in DC. *Prodr.* loc. cit. — Vulg. *Pois Goulu, Pois mange-tout*). — Gousse plus grande à endocarpe non coriace.

† **2. P. arvense** L. *Sp.* — (Vulg. *Pisaille, Bisaille*). — Tiges de 2-8 déc., flexueuses glabres. Feuilles à 2-4 folioles oblongues, entières ou crénelées. *Fleurs purpurines* à étendard violet, disposées sur un pédoncule 1-3-flore. Graines comprimées anguleuses d'un vert cendré taché de brun. ⓘ Juin-août.

Cultivé en grand comme fourrage, qqf. subspontané.

21. LATHYRUS L. *Gen.*

Calice campanulé à 5 divisions ou à 5 dents, les 2 supérieures plus courtes. *Style plan.* Gousse oblongue ou oblongue linéaire, polysperme. Graines ord. globuleuses ou un peu comprimées. — *Pl.* herbacées à tiges ailées ou anguleuses, *ord. grimpantes.* Feuilles à folioles peu nombreuses, rar. réduites au pétiole. Pétiole ord. terminé en vrille rameuse. *Stipules semisagittées ou sagittées.*

1 { Pétioles pourvus de folioles. 2
   Pétioles dépourvus de folioles 8

2 { Pédoncules pluriflores. Pl. vivaces 3
   Pédoncules 1-3-flores. Pl. annuelles. 6

3 { Fleurs jaunes . . . . 1. *L. pratensis.*
   Fleurs roses, rougeâtres ou bleuâtres. 4

PAPILIONACÉES.

4 { Feuilles à 2 folioles . . . . 4. *L. sylvestris*.
{ Feuilles à 4-8 folioles. 5

5 { Pédoncules égalant ou dépassant les feuilles. Pl. des marais tourbeux. . . . . 2. *L. palustris*.
{ Pédoncules plus courts que les feuilles. Pl. des galets maritimes . . . . 3. *L. maritimus*.

6 { Pédoncules 1-3-flores. Gousse velue hérissée. 5. *L. hirsutus*.
{ Pédoncules 1-flores. Gousse glabre. 7

7 { Gousse à bord supérieur canaliculé. Graines lisses . . .
. . . . 7. *L. Cicera*.
{ Gousse à bord supérieur non canaliculé. Graines tuberculeuses . . . . 6. *L. angulatus*.

8 { Fleurs jaunes. Pétioles terminés en vrille. Stipules très-grandes simulant des feuilles. . . . . . 8. *L. Aphaca*.
{ Fleurs roses ou violacées. Pétioles dépourvus de vrille. Stipules très-petites ou presque nulles . 9. *L. Nissolia*.

* *Pétioles pourvus de folioles.*

a. *Pédoncules pluriflores. Plantes vivaces.*

1. L. pratensis L. *Sp.* — Pl. légèrement pubescente. *Tiges* de 4-8 déc., *anguleuses*. Feuilles à 2 folioles oblongues lancéolées aigues. Stipules sagittées lancéolées acuminées. *Fleurs jaunes*, portées sur des pédoncules 4-8-flores, dépassant longuement les feuilles. Gousse oblongue, linéaire, veinée. Graines globuleuses, lisses. ⚥. Juin-août.

CC. — Prairies, bois.

2. L. palustris L. *Sp.* — Pl. glabre. *Tiges* de 6-8 déc., anguleuses, *ailées. Feuilles à 4-8 folioles oblongues lancéolées*, mucronées. Stipules semisagittées lancéolées. *Fleurs bleuâtres, portées sur des pédoncules 3-6-flores, égalant ou dépassant les feuilles*. Gousse oblongue à peine veiné. Graines globuleuses, lisses. ⚥. Juin-août.

RR. — Marais tourbeux, bords des fossés. — Marais Saint-Gilles à Abbeville ; Villers-sur-Authie ; Mareuil ; Picquigny ; Quend (*Cagé*).

3. L. maritimus Bigelow *Fl. Boston.* — *Pisum maritimum* L. *Sp.* — *Souche* rameuse à racine s'enfonçant très-profondément dans les galets. *Tiges* de 1-4 déc., ord. nombreuses, couchées étalées diffuses, *anguleuses. Feuilles* à pétiole comprimé plan en dessus, terminé en vrille rameuse, *à 6-8 folioles elliptiques* arrondies, brièvement mucronées, épaisses, un peu charnues, glabres glauques, fortement nervées. Stipules ovales, sagittées, à oreillettes triangulaires aigues, divergentes. *Fleurs grandes à étendard purpurin veiné, à ailes d'un bleu pâle, portées sur des pédoncules 4-10-flores, plus courts que les feuilles.* Calice à divisions ciliées très-inégales, les supérieures plus courtes, triangulaires, convergentes, les inférieures lancéolées acuminées égalant le tube. Gousse de 4-5 cent. sur 1 environ, oblongue, comprimée, veinée réticulée, non bosselée, glabre, d'un brun jaunâtre à la maturité, 4-5-sperme. Graines globuleuses, noirâtres, lisses, à hile occupant à peine un tiers de leur circonférence. ♃. Juin-août.

RR. — Galets maritimes à l'embouchure de la Somme entre Cayeux-sur-Mer et Le Hourdel et entre Cayeux-sur-Mer et la caserne de Hautebut près le Hable d'Ault. — Seule localité connue en France (1).

Le *L. maritimus* Big. répandu sur les côtes et quelquefois à l'intérieur de nôtre hémisphère, y est abondant par places seulement. Les points les plus méridionaux sont du 50 au 51e degré de latitude dans l'ouest de l'Europe, du 40 au 46e en Amérique. On le trouve aussi en un seul point de l'hémisphère austral entre le Chili et la Terre de Feu sous le 47e degré de latitude sud (*Alph. DC.* Géogr. bot. 1048).

4. L. sylvestris L. *Sp.* — Pl. glabre. *Tiges de 1-2 mètres, largement ailées. Feuilles à 2 folioles lancéolées, mucronées, nervées.* Stipules semisagittées lancéolées ou linéaires. *Fleurs assez grandes, d'un rose mêlé de vert, portées sur des pédoncules 4-6-flores dépassant les feuilles.* Gousse oblongue linéaire, veinée, réticulée. Graines subglobuleuses, un peu rugueuses. ♃. Juin-août.

A.C. — Lisières et clairières des bois. — Bois de Caumondel près Huchenneville; bois de Fréchencourt près Bailleul; bois de Rampval près Mers; Villers-sur-Mareuil; Boves; Jumel; Cambron (*T.C.*); Bovelles, Ailly-sur-Somme, Ferrières (*Rom.*); Bacouel, Wailly, Dury, Villers-Bretonneux, Namps-au-Val, Saint-Germain-sur-Bresle, Fescamps, Poix, (*E. Gonse*); Hénencourt, Vadencourt, Bresle, Baizieux, Guerbigny (*Guilbert*); Prouzel (*F. Debray*); Picquigny (*Joffroy* et *Hutin*); Bray-lès-Mareuil (*B. extr. Fl.*).

b. *Pédoncules 1-3-flores. Plantes annuelles.*

5. L. hirsutus L. *Sp.* — *Tiges de 4-8 déc., anguleuses ailées glabres ou un peu velues. Feuilles à 2 folioles linéaires oblongues obtuses, mucronées.* Stipules semisagittées, lancéolées linéaires. *Fleurs d'un bleu rosé,* portées sur des pé-

(1) Il existe sur la digue de galets entre Mers et Le Tréport deux ou trois pieds de *L. maritimus* Big., qui proviennent de graines que nous avons semées en 1853.

doncules 1-3-flores, dépassant les feuilles. *Gousse oblongue comprimée, hérissée de poils* bulbeux à la base. *Graines globuleuses, rugueuses.* ①. Juin-août.

A.R. — Moissons, champs de Blé. — *Intr.* — Drucat ; Cambron ; Franqueville ; Fieffes (*T.C.*) ; Bovelles (*Rom.*) ; Famechon près Ailly-le-Haut-Clocher (*Lesaché*) ; Laviers (*Picard* in *Baill.* herb.).

6. L. angulatus L. *Sp.* — Tiges de 1-5 déc., grêles, anguleuses non ailées, glabres. Feuilles à 2 folioles étroites linéaires aigues. Stipules semisagittées, lancéolées linéaires. *Fleurs d'un rouge bleuâtre, portées sur des pédoncules uniflores*, longuement aristés, égalant environ les feuilles. Gousse linéaire, lisse glabre. *Graines cubiques tuberculeuses.* ①. Juin-juillet.

RR. — Moissons, lieux incultes, taillis des bois. — *Intr.* — Bois de Francières et de Pont-Remy (*Baill.* Herb.) ; Bernay (*B.* extr. Fl. et herb.).

7. L. Cicera L. *Sp.* — (Vulg. *Gesse*). — *Tiges de 3-6 déc., ailées,* glabres. Feuilles à 2 folioles lancéolées. Stipules semisagittées, largement ovales acuminées. *Fleurs rougeâtres, portées sur des pédoncules uniflores* plus courts que les feuilles. Gousse oblongue comprimée, glabre, à *bord supérieur* droit *canaliculé. Graines anguleuses, lisses*, rougeâtres. ①. Juin-juillet.

Cultivé qqf. en grand avec le Seigle. — Subspontané dans les moissons.—Ligescourt ; Boencourt près Behen ; Bray-lès-Mareuil ; Bovelles (*Rom.*) ; Nesle (*Picard* Not. manuscr.).

** *Pétioles dépourvus de folioles.*

8. L. Aphaca L. *Sp.* — Pl. glabre glauque. Tiges de 2-5 déc., faibles. *Pétioles filiformes* cylindriques, *terminés en vrille. Stipules très-grandes*, ovales sagittées, *simulant des feuilles. Fleurs jaunes*, portées sur des pédoncules uniflores, dépassant les pétioles. Gousse arquée, veinée. Graines lisses. ①. Juin-août.

CC. — Moissons, prairies, bois. — *Ind.?*

9. L. Nissolia L. *Sp.* — Plante presque glabre. Tiges de 4-6 déc., grêles, simples, dressées, anguleuses, non grimpantes. *Pétioles dilatés en forme de feuilles*, linéaires lancéolés, *dépourvus de vrille. Stipules* subulées, *très-petites ou presque nulles*. Fleurs roses ou violacées, portées sur des pédoncules 1-2-flores, plus courts que les pétioles. Gousse oblongue linéaire droite, veinée en long. Graines rugueuses. ①. Juin-août.

RR. — Moissons, bords des bois. — *Intr.* — Cambron (*T.C.*); Bussus (*Lesaché*); Saint-Roch près Amiens, Pissy (*E. Gonse*); Lucheux (*Demailly*); Acheux (*Boullet*); Mailly-Maillet (*Carette*); Pont-Remy (*B.* Extr. Fl.); Pinchefalise près Boismont (*B.* Not. manuscr.); Crémery, Cressy (*Picard* Not. manuscr.).

XXIX. LYTHRARIÉES.

Fleurs régulières ou presque régulières. Calice tubuleux ou campanulé, à 6-12 divisions sur 2 rangs. Corolle à 4-6 pétales insérés au sommet du tube du calice, rar. nuls. Etamines 6-12 insérées au-dessous des pétales dans le tube du calice. Ovaire libre. Style 1 ; stigmate capité. Capsule polysperme. — Feuilles simples entières, sans stipules. Fleurs axillaires solitaires ou en glomérules.

1
- Pl. de 4-10 déc. Calice tubuleux cylindrique. Pétales dépassant le calice . . . . LYTHRUM (1).
- Pl. de 5-10 cent. Calice court campanulé. Pétales très-petits ou nuls. . . . . PEPLIS (2).

1. LYTHRUM L. *Gen.*

Calice tubuleux cylindrique, à 6-12 divisions. Pétales 4-6. Etamines 6-12. Capsule oblongue.

1. L. Salicaria L. *Sp.* — (Vulg. *Salicaire*). — Souche épaisse, subligneuse. Tiges de 4-10 déc., sous-frutescentes à la base, dressées, tétragones, simples ou rameuses, pubescentes au sommet. Feuilles lancéolées aiguës, presque sessiles, cordées à la base, ord. opposées. Fleurs 4-10 en glomérules axillaires, disposés en longs épis terminaux. Calice pubescent, sans bractées. *Pétales d'un rose vif, dépassant longuement le calice.* ♃. Juillet-septembre.

CC. — Marais, fossés, bords des eaux.

S.-v. *alternifolium* (Coss. et Germ. *Fl.*) — Feuilles toutes, ou la plupart alternes.

S.-v. *verticillatum* (Coss. et Germ. *Fl.*). — Feuilles toutes, ou la plupart verticillées par 3.

Le *L. Hyssopifolia* (L. *Sp.*) a été trouvé près des limites de notre Flore à Sorus [Pas-de-Calais] (*Baill.* Herb.). Il se reconnait à ses tiges de 1-4 déc., plus ou moins étalées, ses feuilles éparses linéaires oblongues obtuses, ses fleurs petites rougeâtres, ord. solitaires axillaires, et à son calice glabre, muni à la base de 2 petites bractées subulées.

2. PEPLIS L. Gen.

Calice court campanulé, à 12 divisions. Pétales 6, caducs, souv. nuls. Etamines 6. Capsule *subglobuleuse.*

1. P. Portula L. *Sp.* — *Pl.* herbacée, *très-petite,* glabre, souv. rougeâtre. Tiges de 5-20 cent., nombreuses, couchées radicantes, rameuses, florifères dès la base. Feuilles opposées, spatulées, atténuées en pétiole. Fleurs solitaires, axillaires, subsessiles. *Pétales* rosés, *très-petits,* ovales. Capsule dépassant le calice. ① ou ②. Juin-septembre.

R. — Bords des mares, lieux où l'eau a séjourné l'hiver. — Bois de Jumel ; forêt d'Ailly-sur-Somme (*Rom.*) ; marais de Quend (*Cagé*) ; Villers-sur-Authie (*Baill.* Herb.) ; forêt de Crécy (*B.* Herb.) ; Saint-Achard, Rue (*P.* Fl.).

XXX. PORTULACÉES.

Fleurs presque régulières. *Calice à 2 divisions ou à 2-3 sépales.* Corolle ord., à 5 pétales ou à limbe à 5 divisions. Etamines 3-12, ord. adhérentes aux pétales. Ovaire adhérent qqf. inférieurement au réceptacle. Style 1, à plusieurs stigmates. Capsule uniloculaire. — Pl. glabres. Tiges irrégulièrement dichotomes.

1 { Capsule polysperme s'ouvrant circulairement. Fleurs jaunes . . . . Portulaca (1).
Capsule 3-sperme à 3 valves. Fleurs blanches. Montia (2).

1. PORTULACA Tourn. *Inst.*

Calice à 2 divisions caduques. Pétales ord. 5. Etamines 8-12. Ovaire adhérent inférieurement au réceptacle. *Capsule ovoïde polysperme, s'ouvrant circulairement.* — Pl. charnues. Fleurs solitaires ou en glomérules.

1. P. oleracea L. *Sp.* — Tiges de 1-2 déc., couchées ou ascendantes, souv. rougeâtres. Feuilles opposées ou éparses, oblongues ou obovales cunéiformes, sessiles. Fleurs jaunes, sessiles. Calice à divisions inégales, comprimées, carénées. Graines subréniformes, luisantes, noires chagrinées. ①. Juin-octobre.

Var. α. *oleracea* (Coss. et Germ. *Fl.* — Vulg. *Pourpier*). — Tiges couchées étalées. Feuilles oblongues d'un jaune verdâtre. Divisions du calice à carène obtuse. — R. — Lieux cultivés, décombres, cours pavées. — *Intr.* — Abbeville ; cour de la Bibliothèque à Amiens ; hortillonnages de Camon (*E. Gonse*).

Var. δ. *sativa* (DC. *Prodr.* — Vulg. *Pourpier doré*). — Tiges ascendantes. Feuilles largement obovales, très-charnues jaunâtres. Divisions du calice à carène presqu'ailée. — Cultivé qqf. dans les potagers.

2. MONTIA L. *Gen.*

Calice à 2-3 sépales obtus, persistants. Corolle à tube fendu d'un côté, à limbe à 5 divisions inégales. Etamines ord. 3, opposées aux divisions de la corolle. *Capsule subglobuleuse, 3-sperme, s'ouvrant en 3 valves.* — Pl. très-petite succulente. Fleurs blanches, en petites cymes unilatérales pauciflores.

1. M. minor Gmel. *Fl. Bad.* — Pl. d'un vert jaunâtre. Tiges de 3-6 cent., très-rameuses, ascendantes ou dressées, souv. en touffe. Feuilles opposées, obovales ou spatulées, atténuées en pétiole. Fleurs à pédicelles, d'abord courbés, puis redressés. Graines noirâtres ternes, tuberculeuses. ⓘ. Avril-juin.

A.C. — Moissons, champs où l'eau a séjourné l'hiver, pâturages humides. — *Ind.?* — Drucat ; Saint-Riquier ; Millencourt ; Les Alleux près Behen ; Tœufles ; Vron ; marais communal de Larronville près Rue ; Buigny-l'Abbé *(Baill. Herb.)* ; Sur-Somme près Abbeville (*Picard*, Not. manuscr.) ; Montières près Amiens (*P. Fl.*).

XXXI. CRASSULACÉES.

Fleurs régulières. Calice à 4-20 divisions persistantes, ord. charnues. Corolle à pétales libres ou réunis à la base, en nombre égal à celui des divisions du calice. Etamines ord. en nombre double de celui des pétales. Ovaires libres, en nombre égal à celui des pétales, munis à la base d'une écaille nectarifère. *Fruit sec composé de carpelles polyspermes s'ouvrant par la suture interne.* — Pl. herbacées. *Feuilles charnues,* succulentes, simples, entières, rar. dentées, dépourvues de stipules.

1 { Pétales ord. 5. Ecailles nectarifères entières ou à peine émarginées . . . . SEDUM (1).
Pétales 6-20. Ecailles nectarifères dentés ou laciniées. . . . . SEMPERVIVUM (2).

CRASSULACÉES.

1. SEDUM L. *Gen.*

Calice ord. à 4-5 divisions. *Pétales ord. 5. Ecailles nectarifères entières ou à peine émarginées.* Carpelles ord. 5, polyspermes. — *Feuilles éparses.* Fleurs jaunes, blanches ou rouges, en cymes ou en corymbes.

1 { Fleurs jaunes 2
   { Fleurs blanches ou rouges. 4

2 { Feuilles ovoïdes gibbeuses, non prolongées au-dessous
     de leur insertion. . . . . *1. S. acre.*
   { Feuilles linéaires prolongées en éperon au-dessous de
     leur insertion. 3

3 { Feuilles supérieures des rejets stériles rapprochées en
     rosette courte serrée . . . . *3. S. elegans.*
   { Feuilles des rejets stériles non rapprochées en rosette .
     . . . . *2. S. reflexum.*

4 { Fleurs blanches, rar. rosées. Feuilles subcylindriques. .
     . . . . *4. S. album.*
   { Fleurs rouges. Feuilles larges planes. . *5. S. Telephium.*

* Fleurs jaunes.

1. S. acre L. *Sp.* — Pl. d'une saveur acre, croissant en gazon serré. Souche subcespiteuse. Tiges de 6-10 cent., étalées redressées, radicantes à la base. *Feuilles ovoïdes gibbeuses*, sessiles, *non prolongées au-dessous de l'insertion*, celles des rejets très-rapprochées sur 6 rangs. Fleurs en cymes subscorpioïdes formant des corymbes terminaux. Divisions du calice obtuses. Pétales 2 fois plus longs que le calice. ♃. Juin-août.

CC. — Lieux arides, dunes, toits de chaume, vieux murs.

2. S. reflexum L. *Sp.* — Souche rameuse émettant des rejets stériles assez longs. Tiges de 2-3 déc., couchées radicantes à la base, puis redressées, souv. rougeâtres. *Feuilles linéaires* cylindriques subulées, sessiles, *prolongées au-dessous de l'insertion en éperon* court arrondi, *celles des rejets stériles non rapprochées en rosette*. Fleurs en cymes scorpioïdes, puis redressées, formant des corymbes terminaux. Divisions du calice aiguës, déprimées au centre, épaissies au sommet. Pétales 1 fois plus longs que le calice. ♃. Juillet-août.

R. — Vieux murs, toits. — *Intr.* — Saint-Valery ; Abbeville ; citadelle d'Amiens (*E. Gonse*) ; Crécy (*B. Extr. Fl*).

3. S. elegans *Lej. Fl. Sp.* — Cette espèce très-voisine de la précédente se distingue par ses tiges fistuleuses plus grêles, ses rejets stériles plus courts, ses *feuilles* petites linéaires cuspidées, presque planes, à éperon plus prolongé, les *supérieures des rejets stériles rapprochées en rosette courte serrée*, par ses fleurs en cymes serrées d'un jaune vif, et par les divisions du calice à bords non épaissis. ♃. Juin-juillet.

RR. — Lieux secs arides. — Spontané? — Villers-Tournelle (*E. Gonse*); Warloy-Baillon (*Guilbert*).

** *Fleurs blanches ou rouges.*

4. S. album L. *Sp.* — Pl. croissant en touffe. Souche subcespiteuse, rameuse, à rejets stériles radicants. Tiges de 1-2 déc., couchées redressées. *Feuilles* linéaires oblongues *subcylindriques*, un peu comprimées en dessus, obtuses, étalées, sessiles. Fleurs blanches, qqf. rosées, en corymbe dichotome. Pétales lancéolés obtus, environ 3 fois plus longs que le calice. ♃. Juin-août.

A.C. — Vieux murs, toits, lieux secs et arides. — *Intr.* — Abbeville; Behen; Moyenneville; Le Translay; Infray près Gamaches; Harcelaines près Maisnières; Feuquières; Mérélessart; Noyelles-en-Chaussée; Amiens, Villers-Bretonneux (*E. Gonse*); Frettemeulle, Coullemelle (*Guilbert*).

5. S. Telephium L. *Sp.* excl. var. — Souche à fibres épaisses, charnues. Tiges de 3-6 déc., dressées, robustes, souv. rougeâtres. *Feuilles larges, planes*, obovales ou oblongues, inégalement dentées crénelées, entières à la base; les inférieures rétrécies en pétiole; les supérieures sessiles, à base arrondie. Fleurs rouges, en corymbes terminaux serrés. Pétales oblongs aigus, étalés recourbés. ♃. Juillet-septembre.

C. — Bois, haies, lieux ombragés. — Drucat; Yvrench; Lanchères; Les Alleux près Behen; La Faloise; Cambron (*T.C.*); Bovelles, Ailly-sur-Somme (*Rom.*); Villers-Bretonneux, Boves, Ailly-sur-Noye, Dury, Poix (*E. Gonse*); Hallencourt (*F. Debray*); Vismes-au-Val, Guerbigny (*Guilbert*); Talmas, Villers-Bocage (*P. Fl.*); Saint-Riquier, Crécy (*B. Extr. Fl.*).

2. SEMPERVIVUM L. *Gen.*

Divisions du calice et *pétales 6-20. Ecailles nectarifères dentées ou laciniées*. Carpelles 6-20, polyspermes. — Feuilles planes. Fleurs en épis scorpioïdes, formant des corymbes terminaux.

1. S. tectorum L. *Sp.* — (Vulg. *Joubarbe*). — Pl. formant souv. des touffes. Tige de 2-4 déc., simple, dressée, feuillée, velue glanduleuse supérieurement, émettant de sa base des *rejets radicants, terminés par des rosettes globuleuses de feuilles.* Feuilles oblongues obovales acuminées, mucronées, ciliées aux bords, glabres ; les supérieures pubescentes. Fleurs assez grandes, rosées striées de pourpre. Divisions du calice lancéolées linéaires, velues glanduleuses. Pétales lancéolés acuminés, étalés en étoile, 2 fois plus longs que le calice. ♃. Juillet-août.

A.C. — Vieux murs, toits de chaume. — *Intr.* — Drucat; Yvrench; Feuquières ; Mers; Saint-Maxent ; Huchenneville ; Les Alleux près Behen ; Prouzel (*E. Gonse*) ; Citernes (*Rom.*) ; Vismes-au-Val, Embreville (*Guilbert*).

XXXII. AMYGDALÉES.

Fleurs régulières. Calice à 5 divisions. Corolle à 5 pétales. *Etamines 15-30*, libres, insérées avec les pétales à la gorge du calice. Style 1 ; stigmate capité. *Fruit* (drupe) *charnu, à un seul noyau* (endocarpe) *ligneux*, ord. monosperme. — *Arbres ou arbrisseaux, à suc gommeux* sortant souv. des fissures de l'écorce. *Feuilles* éparses ou fasciculées, simples, dentées, *munies de stipules* caduques.

1. { Feuilles en fascicules ombelliformes ou en corymbes simples ou en grappes. . . . . Cerasus (1).
   { Fleurs solitaires ou géminées. 2
2. { Fruit glabre couvert d'une poussière glauque. Prunus (2).
   { Fruit pubescent velouté, très-rar. glabre 3
3. { Noyau lisse non sillonné. . . . . Armeniaca (3).
   { Noyau irrégulièrement et profondément sillonné . . . .
   { . . . . Persica (4).

1. CERASUS Juss. *Gen.*

Fruit globuleux ou subglobuleux, lisse, glabre, dépourvu de poussière glauque. Noyau subglobuleux, lisse, rar. rugueux. Arbres ou arbrisseaux non épineux. Jeunes feuilles pliées longitudinalement. *Fleurs blanches en fascicules ombelliformes, en corymbes ou en grappes*, paraissant avant les feuilles ou en même temps.

1. { Fleurs en fascicules ombelliformes. 2
   { Fleurs en corymbe simple ou en grappe. 3
2. { Feuilles pubescentes en dessous. Fruit à saveur douce, à pulpe ord. adhérente au noyau. . . . . 1. *C. avium.*
   { Feuilles glabres en dessous. Fruit à saveur acide, à pulpe non adhérente au noyau. . . . . 2. *C. vulgaris.*

3 { Fleurs en grappes allongées . . . . 4. *C. Padus.*
  { Fleurs en corymbe simple. . . . . 3. *C. Mahaleb.*

* *Fleurs en fascicules ombelliformes.*

1. C. avium Mœnch. *Méth.* — *C. dulcis* Gœrtn. *Fruct.*; Kirschleg. *Fl. Als.* — Arbre ord. élevé, à écorce grisâtre lisse. Feuilles elliptiques ou obovales, acuminées, doublement dentées, pubescentes en dessous. Fleurs très-longuement pédicellées. *Fruit à pulpe ord. adhérente au noyau, à saveur douce.* ♄. Avril-juillet.

Var. α. *sylvestris* (Coss. et Germ. *Fl.* — Vulg. *Mérisier*). — Fruit petit, globuleux rouge ou noir, à saveur sucrée amère. — CC. — Bois.

Var. ϐ. *Juliana* (Coss. et Germ. *Fl.* — *C. Juliana* DC. *Fl. Fr.* — Vulg. *Guigne, Cerise douce*). — Fruit plus gros, globuleux subcordiforme, rouge ou noir, à saveur sucrée. — Cultivé.

Var. γ. *Duracina* (Coss. et Germ. *Fl.* — *C. Duracina* DC. *Fl. Fr.* — Vul. *Bigarreau*). — Fruit gros, oblong ou globuleux subcordiforme, d'un rouge pâle ou noirâtre ou jaunâtre, à pulpe ferme cassante, d'une saveur sucrée. — Cultivé.

† **2. C. vulgaris** Mill. *Dict.* — *C. acida* Gœrtn. *Fruct.*; Kirschleg. *Fl. Als.* — (Vulg. *Griotte, Cerise commune, Cerise aigre*). — Arbre peu élevé, à rameaux grêles étalés ou pendants. *Feuilles elliptiques* ou obovales acuminées, doublement dentées, glabres. Fleurs ord. longuement pédicellées. *Fruit globuleux déprimé, d'un rouge vif, à pulpe non adhérente au noyau, à saveur acide.* ♄. Avril-juillet.

Cultivé dans les jardins et les vergers.

S.-v. *brevipes* (Coss. et Germ. *Fl.* — Vulg. *Cerise de Montmorency*). — Pédicelle à peine plus long que le fruit.

On cultive plusieurs variétés remarquables qu'il est difficile de rattacher avec certitude à l'une ou à l'autre des deux espèces précédentes, la *Cerise anglaise*, la *Griotte tardive à ratafia*, etc.

** *Fleurs en corymbes simples ou en grappes.*

† **3. C. Mahaleb** Mill. *Dict.* — *Prunus Mahaleb* L. *Sp.* — (Vulg. *Bois de Sainte-Lucie*). — Arbrisseau, à rameaux étalés, glabres, à écorce d'un brun cendré, odorante. Feuilles subcordiformes ovales arrondies, brièvement acuminées, denticulées, coriaces, luisantes. *Fleurs petites, odorantes, en petits corymbes simples,* dressés. Fruit très-petit, ovoïde, noir, à saveur acerbe. ♄. Mai-août.

Fréquemment planté. — Naturalisé dans quelques bois.

† **4. C. Padus** DC. *Fl. Fr.* — *Prunus Padus* L. *Sp.* — (Vulg. *Mérisier à grappes*). — Arbrisseau plus ou moins élevé, à rameaux dressés ou étalés, bruns ponctués de blanc. Feuilles elliptiques acuminées, denticulées, glabres. *Fleurs* petites, odorantes, *en grappes allongées* pendantes. Fruit très-petit, globuleux, noir, rar. rouge, à saveur acerbe. Noyau rugueux. ♄. Mai-août.

Planté dans les parcs. — Naturalisé dans quelques bois.

2. PRUNUS Tourn. Inst.

Fruit globuleux ou oblong, glabre, *couvert d'une poussière glauque*. Noyau plus ou moins comprimé oblong ou suborbiculaire, lisse ou rugueux. — Arbres ou arbrisseaux à rameaux qqf. épineux. *Jeunes feuilles roulées longitudinalement. Fleurs solitaires ou géminées*, blanches, ord. brièvement pédicellées.

1 { Arbrisseau épineux. Fruit dressé . . . . . *1. P. spinosa.*
  { Arbre ou arbrisseau peu ou non épineux. Fruit penché 2

2 { Jeunes rameaux pubescents veloutés. Fruit subglobuleux . . . . *3. P. insititia.*
  { Jeunes rameaux glabres. Fruit oblong. . *2. P. domestica.*

1. P. spinosa L. *Sp.* — (Vulg. *Prunellier, Epine noire*). — *Arbrisseau très-épineux*, ord. en buisson, à jeunes rameaux pubescents. Feuilles ovales, lancéolées, denticulées, d'abord pubescentes, puis glabres. Fleurs ord. solitaires, paraissant avant les feuilles, à pédicelles glabres, plus courts que le fruit. *Fruit* petit, globuleux, *dressé*, d'un noir bleuâtre, à saveur acerbe. ♄. Fl. avril-mai. Fr. octobre-décembre.

CC. — Bois, haies.

Var. β. *fruticans* (Coss. et Germ. *Fl.* — *P. fruticans* Weihe in *Bot. Zeit.*; Gren. et Godr. *Fl.*). — Arbrisseau plus élevé, moins épineux. Feuilles plus grandes, velues en dessous. Fleurs qqf. géminées, paraissant presqu'en même temps que les feuilles. Fruit plus gros. — RR. — Cambron (T.C.).

† **2. P. domestica** L. *Sp.* — (Vulg. *Prunier*). — Arbre non épineux, à *jeunes rameaux glabres*. Feuilles elliptiques, denticulées, légèrement pubescentes en dessous. Fleurs solitaires ou géminées, paraissant en même temps que les feuilles, à pédicelles ord. pubescents. *Fruit* assez gros, *oblong, penché*, jaunâtre, rougeâtre, violet ou noir, à saveur douce. ♄. Fl. avril-mai. Fr. juillet-septembre.

Cultivé et fréquemment subspontané dans le voisinage des habitations.

† **3. P. insititia** L. *Sp.* — (Vulg. *Prunier*). — Arbre ou arbrisseau rar. épineux, à *jeunes rameaux veloutés grisâtres*. Feuilles ovales elliptiques, denticulées, pubescentes en dessous. Fleurs solitaires ou géminées, paraissant en même temps que les feuilles, à pédicelles ord. pubescents. *Fruit* assez gros, *subglobuleux, penché*. jaunâtre, verdâtre, violet ou noir, d'une saveur sucrée. ♄. Fl. avril-mai. Fr. juillet-septembre.

Cultivé et fréquemment subspontané dans le voisinage des habitations.

Le *P. domestica* L. et le *P. insititia* L. ont produit un grand nombre de variétés distinctes par la forme, le volume, la couleur et la saveur du fruit (Vulg. *Prune de Damas, Perdrigon, Reine-Claude, Mirabelle*, etc.).

3. ARMENIACA Tourn. *Inst.*

Fruit gros subglobuleux, *pubescent velouté*, profondément sillonné latéralement. *Noyau lisse*, arrondi, à bords comprimés, dont l'un obtus et l'autre caréné. — Jeunes feuilles roulées longitudinalement. *Fleurs solitaires ou géminées*, brièvement pédicellées.

† **1. A. vulgaris** Lmk. *Encycl. méth.* — *Prunus Armeniaca* L. *Sp.* — (Vulg. *Abricotier*). — Arbre peu élevé, non épineux. Feuilles ovales subcordiformes, acuminées, denticulées, glabres. Fleurs assez grandes, d'un blanc rosé, paraissant avant les feuilles. Fruit jaune, souv. rougeâtre, à saveur sucrée. ♄. Fl. mars-avril. Fr. juillet-août.

Cultivé en espalier, plus rar. en plein vent.

4. PERSICA Tourn. *Inst.*

Fruit gros, subglobuleux, *ord. pubescent velouté. Noyau ovoïde comprimé, irrégulièrement et profondément sillonné*. — Arbre peu élevé, non épineux. Jeunes feuilles pliées longitudinalement. *Fleurs solitaires ou géminées*, d'un rose vif.

† **1. P. vulgaris** Mill. *Dict.* — *Amygdalus Persica* L. *Sp.* — (Vulg. *Pêcher*). — Feuilles brièvement pétiolées, lancéolées allongées aigues, dentées, glabres. Fleurs subsessiles, paraissant avant les feuilles, solitaires ou géminées. Fruit sillonné latéralement, d'un vert jaunâtre ou rougeâtre, à saveur sucrée. ♄. Fl. mars-avril. Fruct. août-octobre.

Cultivé en espalier, rar. en plein vent.

S.-v. *lævis* (Coss. et Germ. *Fl.* — Vulg. *Brugnon*). — Fruit glabre.

XXXIII. ROSACÉES.

Fleurs régulières. Calice à 5, rar. 4 divisions, accompagné souv. d'un calicule à divisions plus petites, alternant avec celles du calice. Corolle à 5, rar. 4 pétales libres, caducs. *Etamines nombreuses*, libres, insérées avec les pétales sur le calice. Styles ord. latéraux, rar. réunis en colonne. *Fruits composés de carpelles* ord. *nombreux*, distincts, secs ou charnus, monospermes, indéhiscents, disposés en capitules, qqf. renfermés dans le réceptacle en forme de cupule, très-rar. polyspermes, déhiscents, disposés en un seul verticille. — — Pl. herbacées ou ligneuses. *Feuilles* alternes, *munies de stipules ord. adhérentes au pétiole.*

1. Carpelles renfermés dans le réceptacle 2
   Carpelles disposés en un seul verticille ou sur un réceptacle 3
2. Réceptacle turbiné presque ligneux à la maturité, hérissé d'épines. Carpelles 1-2 . . . . AGRIMONIA (8).
   Réceptacle en forme de cupule, charnu à la maturité. Carpelles nombreux . . . . ROSA (7).
3. Carpelles peu nombreux, déhiscents par le bord interne. . . . . SPIRÆA (1).
   Carpelles nombreux, indéhiscents 4
4. Calice dépourvu de calicule. Carpelles charnus, succulents . . . . RUBUS (2).
   Calice muni de calicule. Carpelles secs 5
5. Styles terminaux, articulés, s'accroissant après la floraison . . . . GEUM (3).
   Styles latéraux ne s'accroissant pas après la floraison . . 6
6. Réceptacle charnu, succulent . . . . . . FRAGARIA (4).
   Réceptacle sec ou spongieux 7
7. Réceptacle sec. Fleurs jaunes ou blanches. POTENTILLA (6).
   Réceptacle spongieux. Fleurs d'un pourpre foncé . . . . COMARUM (5).

1. SPIRÆA L. *Gen.*

Calice dépourvu de calicule. Pétales 5. Styles terminaux. Carpelles secs, peu nombreux, *disposés en un seul verticille, s'ouvrant par le bord interne*, 2-6-spermes. — Feuilles pinnatiséquées. Fleurs en corymbes terminaux.

1. Souche à racines renflées tuberculeuses. Carpelles pubescents non contournés en spirale . . *1. S. Filipendula.*
   Souche à racines non renflées. Carpelles glabres contournées en spirale . . . . *2. S. Ulmaria.*

1. S. Filipendula L. *Sp.* — Souche à *racines renflées tuberculeuses*. Tiges de 3-6 déc., dressées, simples. Feuilles glabres, pinnatiséquées, à segments très-nombreux, oblongs, étroits, incisés pinnatipartits, ciliés, inégaux. Fleurs blanches ou rosées. *Carpelles pubescents, non contournés en spirale.* ♃. Juin-juillet.

RR. — Coteaux secs. clairières des bois. — Bois d'Yzeux, bord de la route d'Ailly-le-Haut-Clocher à Amiens (*P. Fl.*).

2. S. Ulmaria L. *Sp.* — (Vulg. *Reine des prés*). — Souche à *racines non renflées tuberculeuses*. Tiges de 6-12 déc., dressées, simples, glabres. Feuilles pinnatiséquées, à segments nombreux, ovales, dentés, très-inégaux, le terminal plus grand, 3-5-lobé. Fleurs blanches, petites. *Carpelles glabres, contournés en spirale.* ♃. Juin-août.

Prairies humides ombragées.

Var. α. *denudata* (Koch *Syn.*). — Feuilles vertes glabres en dessous. — R. — Drucat; Aveluy; Breteuil près Montmarquet; bois d'Estouilly; Saint-Germain-sur-Bresle, Longpré-les-Corps-Saints, Amiens (*E. Gonse*); Abbeville (*H. Sueur*); Méricourt-l'Abbé (*Guilbert*).

Var. ϐ. *discolor* (Koch *Syn.*). — Feuilles blanchâtres tomenteuses en dessous. — CC.

2. RUBUS L. Gen.

Calice dépourvu de calicule. Pétales 5. Styles presque latéraux. *Carpelles nombreux, charnus*, réunis en une tête globuleuse, simulant une baie, *sur un réceptacle hémisphérique ou conique.* — Sous-arbrisseau à tiges sarmenteuses, munies d'aiguillons. Feuilles ord. palmatiséquées. Fleurs blanches ou roses, en panicules axillaires ou terminales.

1. { Feuilles pinnatiséquées. Fruit pubescent . . . *1. R. Idæus.*
   { Feuilles palmatiséquées. Fruit glabre. 2

2. { Calice à divisions dressées après la floraison. Fruit à carpelles peu nombreux inégaux. . . . . *2. R. cæsius.*
   { Calice à divisions étalées ou réfractées après la floraison. Fruit à carpelles nombreux égaux. . . *3. R. fruticosus.*

1. R. Idæus L. *Sp.* — (Vulg. *Framboisier*). — Tiges de 1-2 mètres, dressées, rameuses, munies d'aiguillons faibles, fins, ord. droits. *Feuilles inférieures pinnatiséquées*, à 5 folioles; les supérieures ternées. Folioles ovales aigues dentées, tomenteuses blanchâtres en dessous. Fleurs blanches. Calice à divisions étalées, puis réfractées. Pétales obovales, dressés. *Fruit* ord. rouge, parfumé, *pubescent*, composé de carpelles nombreux. ♄. Juin-août.

A.R. — Forêts, lieux boisés. — Crécy; Dompierre; Lucheux;

forêt d'Arguel près Senarpont ; Canterenne et Larronville près Rue ; Martainneville (*Guilbert*).

2. R. cæsius L. *Sp.* — Tiges de 1-2 mètres, faibles, couchées, cylindriques, glauques, munies d'aiguillons petits, sétacés, ord. droits. *Feuilles palmatiséquées*, ord. toutes à folioles ovales, doublement dentées, glabres ou pubescentes en dessous, les latérales sessiles. Fleurs blanches. *Calice à divisions dressées après la floraison. Fruit* un peu acide, *glabre, à carpelles peu nombreux*, gros, *inégaux*, d'un noir bleuâtre, couverts d'une poussière glauque, très-adhérents au réceptacle. ♄. Juin-août.

CC. — Bois ombragés, champs arides, lieux incultes.

Var. α. *umbrosus* (Wallr. Sched.). — Tiges allongées grêles. Feuilles grandes, molles, vertes, presque glabres.

Var. ϐ. *agrestis* (Weihe et Nees *Rub.*). — Tiges moins longues, raides, rameuses. Feuilles petites, coriaces, plissées, pubescentes veloutées en dessous. — Bois d'Huchenneville.

Var. γ. *dumetorum* (R. *dumetorum* Weihe et Nees *Rub.*). — Pl. plus robuste. Feuilles inférieures souv. à 5 folioles. Calice à divisions étalés à la maturité du fruit. Fruit moins glauque. Carpelles plus nombreux presqu'égaux. — Bois de Fréchencourt près Bailleul ; Cambron (*T.C.*).

3. R. fruticosus L. *Sp.* — (Vulg. *Ronce*). — Tiges de 1-4 mètres, décombantes ou dressées, arquées au sommet, anguleuses, plus rar. cylindriques, souv. rougeâtres, rar. glauques, à aiguillons robustes ou grêles, crochus ou droits. *Feuilles palmatiséquées* à 3-5 folioles dentées pubescentes ou tomenteuses en dessous, rar. glabres, sessiles ou pétiolulées. Fleurs grandes rosées ou blanches, en panicules multiflores terminales. *Calice à divisions étalées ou réfractées après la floraison.* Pétales ord. étalés. *Fruit* doux sucré, subgloguleux, *glabre*, d'un noir luisant, *à carpelles* petits, plus ou moins *nombreux, presqu'égaux*, peu adhérents au réceptacle. ♄. Juin-septembre.

Bois, haies, buissons, bords des chemins et des fossés, coteaux arides.

Linné a réuni sous le nom de *R. fruticosus* un grand nombre de variétés ou de formes de *Rubus*, que plusieurs auteurs modernes ont décrites comme espèces. Nous allons faire mention de celles, dont la présence a pu être constatée dans nos limites.

R. corylifolius Smith. *Fl. Brit.*; Boreau *Fl.* — Tiges obtusement anguleuses, à aiguillons qqf. peu nombreux, grêles droits ou arqués. Feuilles assez grandes ; les inférieures souv.

à 5 folioles ; les supérieures à 3. Folioles largement ovales acuminées, vertes sur les deux faces, pubescentes ou velues en dessous, qqf. plissées selon les nervures secondaires, les latérales sessiles. Fleurs en grappe lâche, blanches, plus rar. d'un blanc rosé. Calice à divisions brièvement acuminées, étalées après la floraison. Pétales obovales. Fruit à carpelles peu nombreux.

CC. — Bois, forêts.

S.-v. *plicatus* (Coss. et Germ. *Fl.*). — Feuilles ord. assez petites, plissées selon les nervures secondaires. — Bois de Caubert près Abbeville ; forêt de Crécy (*T.C.*).

R. glandulosus Bellardi *Act. Taur.* ; Boreau *Fl.* — Pl. munie de poils glanduleux rougeâtres et d'aiguillons droits sétacés. Tiges cylindriques couchées, à rameaux florifères dressés flexueux. Feuilles ord. à 3 folioles ovales ord. acuminées, molles, vertes sur les deux faces, souv. pubescentes, les latérales ord. pétiolulées dans les feuilles inférieures. Fleurs en panicule ample, à rameaux étalés ou réfléchis. Pétales oblongs. Fruit à carpelles nombreux.

A.C. — Bois, forêts. — Caubert près Abbeville ; Huchenneville ; Saint-Riquier ; forêt de Lucheux ; bois de Size près Ault ; bois du Gard près Picquigny (*T.C.*) ; forêt d'Ailly-sur-Somme (*Rom.*) ; forêt de Crécy (*Dovergne* Herb.).

R. rudis Weihe et Nees *Rub.* — Tiges arquées décombantes, anguleuses, à faces planes, velues glanduleuses au sommet, à aiguillons inégaux, droits ou inclinés, à rameaux florifères dressés, très-grêles. Feuilles inférieures à 3 ou 5 folioles ; les supérieures à 3. Folioles ovales acuminées, fortement dentées en scie, molles, vertes sur les deux faces, pubescentes en dessous, pétiolulées. Fleurs d'un blanc rosé, en panicule lâche à rameaux étalés, munis de glandes et de petits aiguillons. Pétales étroits oblongs atténués à la base.

R. — Bois de Bovelles (*Rom.*).

R. vestitus Weihe et Ness *Rub.* ; Gren. et Godr. *Fl.* — Tiges obtusement anguleuses, velues, à aiguillons nombreux droits ou un peu inclinés, élargis à la base. Feuilles inférieures à 5 folioles ; les supérieures à 3 folioles vertes, presque glabres en dessus, couvertes en dessous d'une pubescence grisâtre soyeuse, les latérales ovales, la terminale orbiculaire, brièvement acuminée. Fleurs en panicule ample. Pétales obovales suborbiculaires. Fruit à carpelles nombreux.

R. — Bois. — Caubert près Abbeville ; Bovelles (*Rom.*).

R. discolor Weihe et Nees *Rub.* — Tiges robustes arquées décombantes, anguleuses, à faces canaliculées, à aiguillons robustes, droits ou crochus. Feuilles la plupart à 5 folioles pétiolulées, obovales, brusquement acuminées, vertes glabres en dessus, tomenteuses blanchâtres ou cendrées en dessous. Fleurs ord. roses, en panicule allongée multiflore, à rameaux étalés divariqués. Pétales obovales.

CC. — Haies, bords des chemins, coteaux arides.

S.-v. *niveus* (Coss. et Germ. *Fl.*). — Folioles d'un blanc argenté en dessous. — Huchenneville ; Cambron (*T.C.*).

S.-v. *cinereus* (Coss. et Germ. *Fl.*). — Folioles d'un blanc cendré en dessous. — Cambron (*T.C.*).

R. carpinifolius Weihe et Ness. *Rub.*; Gren. et Godr. *Fl.* — Tiges d'un vert rougeâtre, arquées décombantes, anguleuses, à faces planes ou un peu canaliculées, à aiguillons nombreux, droits ou un peu courbés. Feuilles la plupart à 5 folioles ovales ou rhomboïdales acuminées, molles, vertes sur les deux faces, glabres en dessus, un peu pubescentes en dessous, les 2 inférieures subsessiles, les autres pétiolulées. Fleurs blanches ou roses, en panicule feuillée inférieurement, à rameaux dressés ou étalés, un peu glanduleux. Pétales largement obovales. Fruits assez gros.

R. — Haies, bois. — Bovelles (*Rom.*).

R. Sprengelii Weihe et Nees *Rub.*; Gren. et Godr. *Fl.* — Tiges grêles, couchées cylindriques, striées, à aiguillons crochus ou droits, à rameaux florifères dressés, grêles, flexueux, plus ou moins pubescents. Feuilles ord. toutes à 3 folioles ovales aigues, molles, vertes sur les deux faces, légèrement pubescentes, les latérales subsessiles. Fleurs ord. roses, en panicule pauciflore, subcorymbiforme. Pétales obovales.

R. — Bois. — Bovelles (*Rom.*).

R. tomentosus Borckh. in Willd. *Sp.* — Tiges longues grêles, plus ou moins anguleuses, souv. rougeâtres, presque glabres, à aiguillons droits un peu inclinés, à rameaux florifères poilus un peu glanduleux. Feuilles à folioles coriaces, tomenteuses cendrées sur les deux faces ou seulement en dessous, les latérales ord. subsessiles. Fleurs ord. blanches, en panicule étroite allongée pubescente, munie de petits aiguillons. Calice blanc tomenteux. Pétales obovales.

A.R. — Bois de Wailly ; forêt de Crécy, Cambron (*T.C.*) ; Bovelles (*Rom.*).

3. GEUM L. *Gen.*

Calice muni d'un calicule. Pétales 5. Styles terminaux, s'accroissant après la floraison, persistants, articulés ge-

nouillés supérieurement, à article terminal caduc. Fruits à carpelles nombreux, secs, velus, réunis en un capitule globuleux sur un réceptacle cylindrique, sec, hérissé. — Pl. herbacées velues, à souche épaisse. Feuilles radicales pinnatiséquées; les caulinaires triséquées. Fleurs solitaires au sommet des tiges et des rameaux.

1 { Fleurs jaunes, dressées. Calice à divisions réfléchies après la floraison . . . . 1. *G. urbanum.*
Fleurs rougeâtres penchées. Calice à divisions dressées après la floraison. . . . . 2. *G. rivale.*

1. G. urbanum L. *Sp.* — Souche courte tronquée. Tiges de 4-7 déc., dressées, velues, rameuses au sommet. Feuilles radicales, à segments obovales dentés, le terminal plus ample. Fleurs dressées, jaunes. *Calice* vert, à *divisions réfléchies après la floraison.* Pétales obovales arrondis, onguiculés. *Capitule sessile.* Style à article terminal presque glabre, 4 fois plus court que l'inférieur. ♃. Juin-août.

CC. — Bois, haies, lieux secs, prairies humides.

2. G. rivale L. *Sp.* — Souche à rhizome allongé. Tiges de 2-6 déc., souv. simples. Feuilles radicales à segments suborbiculaires, incisés dentés, le terminal beaucoup plus grand. Fleurs penchées, jaunes rougeâtres. *Calice* rougeâtre, à *divisions dressées après la floraison.* Pétales largement obovales, tronqués ou émarginés, longuement onguiculés. *Capitule longuement stipité.* Style à article terminal poilu à la base, égalant presque l'inférieur. ♃. Mai-juillet.

R. — Prés tourbeux ombragés. — Commun dans les prairies du faubourg Saint-Gilles à Abbeville; Mareuil; Breteuil près Montmarquet; Prouzel, Fossemanant, Renancourt près Amiens (*Rom.*); Amiens à la Hautoie (*Richer*); Gamaches (*E. Gonse*); Lœuilly (*F. Debray*); Forestmontiers (*Du Maisniel de Belleval*, Not. manuscr.).

4. FRAGARIA L. *Gen.*

Calice muni d'un calicule. Pétales 5, obovales. *Styles latéraux.* Fruits à carpelles nombreux, disposés sur un *réceptacle* ovoïde ou globuleux *accrescent, charnu succulent à la maturité.* — Pl. stolonifères. Tiges nues ou portant 1-2 feuilles florales. Feuilles radicales trifoliolées. Fleurs blanches, en cymes irrégulières, pauciflores.

1 { Pédicelles munis de poils appliqués. . . . . 1. *F. vesca.*
Pédicelles munis de poils étalés. . . . . . 2. *F. elatior.*

1. F. vesca L. *Sp.* — (Vulg. *Fraisier commun, Fraisier des bois*). — Tiges de 1-3 déc., dépassant rar. les feuilles.

Feuilles à folioles ovales, dentées, plissées, soyeuses en dessous. Pétioles munis de poils étalés. *Pédicelles munis de poils appliqués.* Fleurs 2-3, terminales. Calice à divisions étalées réfléchies à la maturité. Fruits rouges rar. blancs. ♃. Avril-juin.

CC. — Bois, coteaux boisés.

2. F. elatior Ehrh. Beitr. — *F. magna* Thuill. *Fl. Par.* — Tiges de 1-4 déc., dépassant ord. les feuilles. Feuilles amples, à folioles ovales largement dentées, soyeuses en dessous. Pétioles et *pédicelles munis de poils étalés.* Fleurs plus grandes que celles du *F. vesca* L., souv. stériles. Calice à divisions étalées réfléchies à la maturité. ♃. Avril-juin.

R. — Haies, bois. — *Intr.* — Communes de Vron ; Estrées-lès-Crécy ; Drucat ; Les Alleux près Behen ; Tœufles ; Taisnil (*E. Gonse*) ; bois de Frémontiers (*Soc. Linn.*) ; Rumigny (*R. Vion*). — Cultivé autrefois dans les jardins sous le nom de *Fraisier Capronnier*.

On cultive un grand nombre de variétés de fraisiers, provenant d'espèces exotiques, aussi remarquables par la grosseur que par la saveur de leurs fruits.

5. COMARUM L. Gen.

Calice muni d'un calicule. Pétales 5, oblongs aigus, plus courts que le calice. Styles latéraux. Carpelles secs, disposés sur un *réceptacle convexe,* persistant, velu, *spongieux* à la maturité. — Pl. à souche presque ligneuse. Feuilles pinnatiséquées. *Fleurs d'un pourpre foncé,* disposées en cymes irrégulières, pauciflores.

1. C. palustre L. *Sp.* — *Potentilla Comarum* Scop. *Carn.* — Tiges de 2-5 déc., couchées radicantes à la base, ascendantes, pubescentes, rougeâtres. Feuilles de 5-7 folioles rapprochées, ovales lancéolées, dentées, blanchâtres en dessous. *Calice rougeâtre à divisions* ovales, acuminées, *dressées, dépassant longuement le fruit.* ♃. Juin-juillet.

RR. — Marais tourbeux inondés. — Marais entre Rue et Vercourt ; Villers-sur-Authie ; Voisin près Dompierre (*Cagé*) ; Quend (*Baill.* Herb.).

6. POTENTILLA L. Gen.

Calice à 5, rar. 4 divisions, muni d'un calicule. Pétales 5, rar. 4, obovales, arrondis ou obcordés. Styles latéraux. Carpelles nombreux, secs, disposés sur un *réceptacle* convexe, persistant, *sec,* velu. — Pl. herbacées. Feuilles pinnatiséquées ou palmatiséquées. Fleurs en cymes irrégulières, rar. solitaires latérales.

1. { Fleurs blanches.. 2
    Fleurs jaunes.. 3
2. { Folioles dentées au moins dans leur moitié supérieure. Pétales dépassant à peine le calice... *1. P. Fragaria.*
    Folioles dentées seulement au sommet. Pétales dépassant longuement le calice........ *2. P. splendens.*
3. { Feuilles pinnatiséquées.............. *8. P. Anserina.*
    Feuilles palmatiséquées................................. 4
4. { Calice et calicule à 4, très-rar. 5 divisions......... 5
    Calice et calicule à 5 divisions.......................... 6
5. { Feuilles caulinaires sessiles........ *4. P. Tormentilla.*
    Feuilles caulinaires pétiolées........ *5. P. mixta.*
6. { Feuilles blanchâtres tomenteuses en dessous.. *7. P. argentea.*
    Feuilles vertes sur les deux faces........................ 7
7. { Tiges grêles longuement rampantes radicantes. Fleurs solitaires latérales............ *3. P. reptans.*
    Tiges étalées ascendantes. Fleurs en cyme pauciflore... *6. P. verna.*

* *Fleurs blanches.*

1. P. Fragaria Poir. *Encycl. méth.* — *P. Fragariastrum* Ehrh. *Herb.* — *Fragaria sterilis* L. *Sp.* — Pl. velue hérissée, ayant le port d'un *Fragaria*. Souche rampante à racine presque ligneuse, stolonifère. Tiges de 5-15 cent., flexueuses, couchées ou ascendantes, rougeâtres. Feuilles toutes trifoliolées. *Folioles* ovales, velues soyeuses en dessous, fortement *dentées, au moins dans leur moitié supérieure*, à dents non conniventes. Fleurs 1-3. *Pétales échancrés, dépassant à peine le calice.* ♃. Avril-mai.

CC. — Bois, coteaux herbeux.

2. P. splendens Ram. in DC. *Fl. Fr.* — *P. Vaillantii* Nestl. *Pot.* — Pl. couverte de poils blancs soyeux. Souche rampante, presque ligneuse, stolonifère. Tiges de 1-2 déc., grêles, étalées ou ascendantes. Feuilles ord. à 3 *folioles* obovales ou oblongues, soyeuses argentées en dessous, *dentées seulement au sommet*, à dents conniventes. Fleurs 1-3. Pétales échancrés, dépassant longuement le calice. ♃. Mai-juin.

RR. — Clairières des bois. — Bois de Moretaux près Namps-au-Mont (*E. Gonse*); Famechon (*Pillon*, Bull. Soc. Linn.).

ROSACÉES.

** *Fleurs jaunes.*

3. P. reptans L. *Sp.* — (Vulg. *Quinte-feuille*). — *Tiges simples, grêles, longuement rampantes, radicantes.* Feuilles longuement et inégalement pétiolées, à 5-7 folioles obovales oblongues, dentées dès la base, vertes sur les deux faces. *Fleurs assez grandes, solitaires latérales*, à pédicelles dépassant les feuilles. Pétales dépassant le calice. Carpelles un peu ridés tuberculeux. ♃. Juin-août.

C. — Prés secs ou humides, lieux herbeux, bords des bois.

4. P. Tormentilla Sibth. *Oxon.* — *Tormentilla erecta* L. *Sp.* — (Vulg. *Tormentille*). — Souche épaisse, brune, rougeâtre intérieurement. *Tiges* de 1-4 déc., ord. nombreuses, grêles, couchées ou ascendantes, *non radicantes. Feuilles* à 3-5 folioles, ovales oblongues, incisées dentées supérieurement ; les radicales pétiolées ; les *caulinaires sessiles*. Stipules assez grandes, ord. incisées lobées. Fleurs assez petites, en cymes terminales pluriflores. *Calice et calicule à 4 divisions.* Pétales 4, dépassant peu le calice. Carpelles murs presque lisses. ♃. Juin-août.

CC. — Prés secs ou humides, bois.

5. P. mixta Nolte ap. Rchb. *exsicc.* — *P. Tormentilla* var. *mixta* Coss. et Germ. *Fl.* — Espèce très-voisine de la précédente ; mais plus développée dans toutes ses parties. *Tiges* de 3-7 déc., nombreuses, faibles, couchées, *radicantes seulement aux nœuds supérieurs qui ne produisent des racines qu'à l'automne. Feuilles* à 3-5 folioles, *toutes pétiolées*. Stipules assez petites, ord. entières. Fleurs plus petites que dans le *P. reptans* L., mais un peu plus grandes que celles du *P. Tormentilla* Sibth. *Calice et calicule à 4-5 divisions.* Pétales 4-5 dépassant le calice. Carpelles murs ridés rugueux. ♃. Juin-août.

RR. — Lieux ombragés des forêts. — Forêt de Crécy. — Se trouve aussi dans la forêt d'Eu [Seine-Inférieure].

6. P. verna L. *Sp.* — Pl. hérissée de poils dressés. Souche presque ligneuse. *Tiges* de 5-20 cent., nombreuses, grêles, flexueuses, *étalées ascendantes*. Feuilles ord. à 5, rar. 3-7 folioles obovales cunéiformes, incisées dentées supérieurement, vertes sur les deux faces. Stipules linéaires lancéolées, entières. *Fleurs en cymes pauciflores.* Pétales obcordés, dépassant le calice. Carpelles presque lisses. ♃. Avril-juin.

A.C. — Coteaux secs, bords des bois. — Picquigny, Fourdrinoy, Famechon, Saleux, Bacouel, Prouzel, Ailly-sur-Noye, Courcelles-sous-Thoix, Lœuilly, Saint-Fuscien, Dury, Gentelles, Namps-au-Mont, Bacouel, Prouzel, Guyencourt, Remiencourt, Villers-Bretonneux, Cagny (*E. Gonse*) ; Bovelles, Ferrières, Saveuse, Saisseval (*Rom.*) ; Notre-Dame-de-Grâce près Amiens (*Richer*) ; Montdidier (*Dufourny*). — Cette espèce, assez répandue dans les environs d'Amiens, n'a pas été rencontrée à notre connaissance à proximité d'Abbeville.

7. P. argentea L. *Sp.* — Souche courte épaisse. Tiges de 1-5 déc., assez robustes, ascendantes, tomenteuses blanchâtres. *Feuilles* à 5 folioles, oblongues cunéiformes, profondément incisées dentées ou pinnatifides dans leur moitié supérieure, à bords enroulés, *blanchâtres tomenteuses en dessous*. Stipules linéaires, entières ou bi-tripartites. Fleurs petites, en cymes corymbiformes terminales. Pétales obovales égalant environ le calice. Carpelles finement ridés. ♃. Juin-septembre.

RR. — Coteaux secs, clairières des bois, lieux sablonneux. — Notre-Dame-de-Grâce près Amiens (*P. Fl.*) ; Boismont (*B. Herb.*).

8. P. Anserina L. *Sp.* — Souche épaisse. Tiges de 2-4 déc., grêles, couchées radicantes. *Feuilles pinnatiséquées à segments nombreux*, inégaux, ovales oblongs, fortement dentés dans tout leur contour, à dents acuminées, soyeux argentés en dessous. *Stipules des feuilles caulinaires profondément incisées*. Fleurs grandes, solitaires sur de longs pédoncules axillaires. Calicule à divisions incisées. *Pétales d'un beau jaune, obovales, dépassant longuement le calice*. Carpelles gros, lisses. ♃. Juin-octobre.

CC. — Bords des chemins, prairies, lieux cultivés humides.

7. ROSA L. *Gen.*

Calice dépourvu de calicule, à 5 divisions foliacées, dont 3 souv. pinnatifides, couronnant le *réceptacle* urcéolé, ovoïde ou globuleux rétréci à la gorge, s'accroissant après la floraison, *devenant charnu à la maturité*. Pétales 5. Styles libres ou réunis en colonne. *Carpelles nombreux*, monospermes, osseux, velus, stipités ou sessiles, *renfermés dans le réceptacle*. — Arbrisseaux munis d'aiguillons. Feuilles imparipinnées. Stipules adhérentes au pétiole. Fleurs grandes, blanches ou roses, solitaires ou en corymbes.

1 { Styles réunis en colonne 2
  { Styles libres 3
2 { Calice à divisions entières ou à peine incisées. . . . . .
  { . . . . *1. R. arvensis.*
  { Calice à divisions pinnatifides . . . . *2. R. stylosa.*

	Aiguillons grêles subulés ou sétacés droits . . . .
3	. . . . 6. *R. pimpinellifolia.*
	Aiguillons plus ou moins robustes, dilatés, comprimés à la base, le plus souv. courbés au sommet 4

	Aiguillons presque tous droits. Folioles tomenteuses cendrées sur les deux faces. . . . . . 5. *R. tomentosa.*
4	Aiguillons presque tous courbés au sommet. Folioles non tomenteuses cendrées sur les deux faces 5

	Aiguillons inégaux. Folioles glanduleuses en dessous, à dents supérieures non conniventes. . 4. *R. rubiginosa.*
5	Aiguillons presqu'égaux. Folioles non glanduleuses en dessous à dents supérieures conniventes. 3. *R. canina.*

* *Styles réunis en colonne.*

1. R. arvensis Huds *Fl. Angl.* — Tiges de 1-2 mètres, faibles, à rameaux arqués décombants. Aiguillons presqu'égaux, comprimés à la base, ord. courbés. Feuilles à 5-7 folioles ovales, glabres, d'un vert glauque en dessous, simplement et largement dentées. Stipules toutes conformes, linéaires oblongues, à oreillettes dressées. Pédoncules ord. glanduleux. Fleurs blanches inodores. *Calice à divisions* ne dépassant pas la corolle dans le bouton, *entières ou à peine incisées.* Styles réunis en colonne glabre, égalant les étamines. Fruit elliptique ou subgloduleux, rouge. Carpelles sessiles. ♄. Fl. juin. Fr. août-octobre.

CC. — Haies, coteaux incultes, lisières des bois, taillis.

S.-v. *microphylla* (*R. arvensis* var. *microphylla* Brébiss. *Fl.*). — Folioles petites arrondies.

Var. δ. *bibracteata* (DC. *Prodr.* — *R. arvensis* s.-v. *umbellata* Coss. et Germ. *Fl.* — *R. arvensis* var. *bracteata* Gren. et Godr. *Fl.* — *R. bibracteata* Bast. in DC. *Fl. Fr.*). — Fleurs en corymbe, à pédoncules munis de 2-3 longues bractées. — R. — Limeux ; Wailly ; Cambron (*T.C.*) ; Bovelles (*Rom.*) ; Nesle (*Picard* Not. manuscr.).

2. R. stylosa Desv. *Journ. bot.* — *R. arvensis* var. *stylosa* Brébiss. *Fl.* — *R. serpenti-canina* Kirschleg. *Fl.* — Tiges de 1-2 mètres, dressées. Aiguillons courts, dilatés à la base, arqués. Feuilles à 5-7 folioles ovales aigues, d'un vert pâle et pubescentes en dessous, simplement dentées, à dents aigues souv. glanduleuses. Stipules ciliées glanduleuses, les supérieures dilatées. Fleurs blanches, rar. rosées, odorantes. *Calice à divisions pinnatifides.* Styles réunis en colonne glabre, plus ou moins saillante. Fruit ovoïde oblong, rouge. Carpelles du centre un peu stipités. ♄. Fl. juin-juillet. Fr. août-octobre.

RR. — Haies, buissons. — Bovelles (*Rom.*)

** *Styles libres.*

3. R. canina L. *Sp.* — (Vulg. *Eglantier*). — Tiges de 1-3 mètres, à rameaux dressés ou étalés. *Aiguillons robustes, presqu'égaux,* dilatés, comprimés à la base, courbés au sommet. Feuilles à 5-7 *folioles* ovales, *non glanduleuses,* ord. *simplement dentées, à dents aigues, les supérieures conniventes.* Stipules supérieures dilatées, à oreillettes dressées. Fleurs roses ou blanches, odorantes. Calice à divisions pinnatifides. Fruit ovoïde ou subgloluleux, rouge écarlate. Carpelles du centre longuement stipités. ♄. Fl. juin. Fr. août-novembre.

Bois, haies, buissons.

Var. α. *canina* (Coss. et Germ. *Fl.* — *R. canina* var. *genuina* Gren. et Godr. *Fl.*). — Feuilles, pédoncules et fruits glabres. — **CC**.

S.-v. *nitens* (*R. nitens* Desv. *Journ.*). — Folioles d'un vert luisant.

S.-v. *glaucescens* (*R. glaucescens* Desv. *Journ.*). — Folioles blanchâtres glauques en dessous.

Var. ϐ. *Andegavensis* (Coss. et Germ. *Fl.* — *R. Andegavensis* Bast. *Ess.* — *R. canina* var. *hispida* DC. *Prodr.* — *R. canina* var. *hirtella* Gren. et Godr. *Fl.*). — Feuilles glabres. Pédoncules et fruits hispides glanduleux. — *R.* — Bois du Brusle près Huchenneville ; Pont-Remy ; Boves près des ruines du château.

Var. γ. *dumetorum* (Coss. et Germ. *Fl.* — *R. dumetorum* Thuill. *Fl. Par.*). — Feuilles à pétioles velus ou pubescents, à folioles pubescentes en dessous. Pédoncules et fruits glabres. — **C**. — Limeux ; Huchenneville ; Ercourt ; Drucat ; Gauville ; Montrelet ; Rue (*T.C.*).

4. R. rubiginosa L. *Mant.* — Tiges de 1-2 mètres, à rameaux ord. étalés. *Aiguillons inégaux,* les uns robustes, dilatés comprimés à la base, courbés au sommet, les autres plus grêles presque droits. Feuilles exhalant par le froissement l'odeur de la pomme de Reinette, à 5-7 *folioles* ovales arrondies glabres ou pubescentes en dessus, *glanduleuses en dessous,* doublement dentées, à *dents supérieures non conniventes.* Stipules supérieures dilatées, glanduleuses, à oreillettes dressées. Pédoncules hispides glanduleux. Fleurs petites, ord. d'un rose foncé. Calice à divisions pinnatifides. Fruit subgloluleux d'un rouge pourpre. ♄. Fl. juin-juillet. Fr. août-novembre.

A.C. — Coteaux arides, bords des chemins, buissons. — Ercourt ; Caumont près Huchenneville ; Bailleul ; Frucourt ; Epagne ; Francières ; Cambron ; Bovelles (*Rom.*) ; Guerbigny, Vismes (*Guilbert*) ; Caubert près Abbeville, Saint-Valery (*Baill.* Herb.) ; Boves, Oresmaux, Talmas (*P. Fl.*).

Var. 6. *sepium* (DC. *Prodr.;* Gren. et Godr. *Fl.* — *R. canina* var. *sepium* Thuill. *Fl. Par.*). — Folioles elliptiques, peu odorantes. Pédoncules glabres. Fleurs d'un blanc rosé. Fruit glabre, ord. ovoïde. — *R.* — Drucat; Francières; Caubert près Abbeville. — Cette variété est intermédiaire entre le *R. rubiginosa* L. et le *R. canina* L.

5. R. tomentosa Sm. *Fl. Brit.* — Tiges de 1-2 mètres. *Aiguillons* inégaux, comprimés à la base, *presque tous droits. Feuilles* à 5-7 folioles ovales ou oblongues, *tomenteuses cendrées sur les deux faces,* qqf. glanduleuses en dessous, doublement dentées, à dents non conniventes. Stipules supérieures dilatées, à oreillettes dressées. Pédoncules ord. hispides glanduleux. Fleurs d'un blanc rosé. Calice à divisions pinnatifides. Fruit subglobuleux, ord. hispide, rouge. ♄. Fl. juin. Fr. août-novembre.

A.R. — Bois, haies, buissons. — Limeux; Bailleul; Les Alleux près Behen; Huchenneville; Bovelles (*Rom.*); Mareuil (*Baill.* Herb.); Nesle, Menchecourt près Abbeville (*Picard,* Not. manuscr.).

6. R. pimpinellifolia L. *Sp.* — Tiges de 5-12 déc., très-rameuses au sommet. *Aiguillons* nombreux, inégaux, *droits, subulés ou sétacés.* Feuilles à 5-9 folioles, petites, ovales ou suborbiculaires, dentées, ord. glabres, d'un vert pâle en dessous. Stipules étroites, à oreillettes divergentes. Pédoncules axillaires, uniflores, glabres ou hispides. Fleurs blanches odorantes. Calice à divisions entières, dressées, ne dépassant pas la corolle dans le bouton, persistantes. *Fruit* globuleux *d'un rouge noirâtre.* ♄. Fl. juin-juillet. Fr. août-octobre.

RR. — Coteaux arides, terrains sablonneux, bois. — Saint-Valery; bois de Lanchères.

8. AGRIMONIA L. *Gen.*

Calice dépourvu de calicule, à divisions conniventes après la floraison, *couronnant le réceptacle turbiné,* devenant *presque ligneux à la maturité, hérissé au sommet d'épines subulées crochues.* Pétales 5. Etamines 12-15. *Carpelles* 1-2, secs, *renfermés dans le réceptacle.* — Pl. herbacée. Feuilles pinnatiséquées. Fleurs assez petites, en longues grappes terminales spiciformes.

1. A. Eupatoria L. *Sp.* — Tiges de 3-6 déc., dressées, ord. simples, velues. Feuilles pubescentes d'un vert cendré en dessous, à 5-9 segments ovales oblongs, profondément dentés, entremêlés de segments plus petits. Stipules incisées dentées. Pédoncules courts, munis de 2-3 petites bractées. Fleurs jaunes. ♃. Juin-septembre.

CC. — Lieux herbeux, pelouses, bords des chemins, lisières des bois.

XXXIV. SANGUISORBÉES (1).

Fleurs hermaphrodites, polygames ou monoïques. Calice ord. à 4 divisions couronnant le réceptacle urcéolé. *Corolle nulle.* Etamines 1-4 ou 20-30. Styles 1-2. *Carpelles 1-3, libres, monospermes, indéhiscents, enfermés dans le réceptacle induré.* — *Feuilles* alternes ou éparses, palmatipartites ou imparipinnées, *munies de stipules.*

1. { Feuilles palmatipartites. Fleurs hermaphrodites en glomérules ou en cymes corymbiformes . ALCHEMILLA (1).
Feuilles imparipinnées. Fleurs monoïques ou polygames en épis compactes . . . . POTERIUM (2).

1. ALCHEMILLA Tourn. *Inst.*

Fleurs hermaphrodites. Calice à 4 divisions, muni d'un calicule. Etamines 1-4. Style latéral ; stigmate capité. Carpelles 1, rar. 2. — Pl. velues pubescentes. *Feuilles palmatipartites.* Fleurs verdâtres, petites.

1. { Pl. vivace. Fleurs en cymes corymbiformes. 1. *A. vulgaris.*
Pl. annuelle. Fleurs en glomérules sessiles, opposées aux feuilles . . . . 2. *A. arvensis.*

1. A. vulgaris L. *Sp.* — Souche épaisse, presque ligneuse. Tiges de 1-3 déc., grêles ascendantes ou dressées. Feuilles d'un vert gai, réniformes, palmatilobées, à 5-9 lobes semiorbiculaires dentés, les radicales longuement pétiolées. *Fleurs en cymes corymbiformes* terminales ou latérales. ♃. Mai-août.

RR. — Clairières des bois. — Bois de Croixrault près Poix (*E. Gonse*, 1879) ; Crécy, Monflières près Abbeville (*Du Maisniel de Belleval* in P. Fl.) ; environs de Poix (*Galhaut* in P. Fl.).

2. A. arvensis Scop. *Carn.* — *Aphanes arvensis* L. *Sp.* — Tiges de 5-20 cent., étalées ou ascendantes. Feuilles cunéiformes à 3 lobes profonds 3-5 fides ; les radicales longuement pétiolées, détruites lors de la floraison. *Fleurs disposées en glomérules* sessiles, opposés aux feuilles. ⊙. Mai-août.

CC. — Champs arides, prairies artificielles, bords des chemins. — *Intr.*

---

(1) Les *Sanguisorbées* que l'absence de pétales avait souvent fait placer dans les *Apétales*, sont considérées maintenant comme inséparables des *Rosacées.*

2. POTERIUM L. Gen.

Fleurs monoïques ou polygames. Calice à 4 divisions, muni à la base de 2-3 écailles. Etamines 20-30. Styles terminaux ; stigmates colorés, en pinceau. Carpelles 2, rar. 3. — Pl. aromatiques, d'un vert qqf. rougeâtre. *Feuilles imparipinnées*, à folioles nombreuses pétiolulées. *Fleurs sessiles en épis* terminaux, subglobuleux *compactes ;* les femelles au sommet ; les hermaphrodites et les mâles à la base. Fruits tétragones.

1
- Fruit à 4 angles arrondis, non ailés, à faces réticulées . . . . 1. *P. dictyocarpum.*
- Fruit à 4 angles ailés, à faces fortement et irrégulièrement réticulées alvéolées . . . . . . 2. *P. muricatum.*

1. P. dictyocarpum Spach in *Ann. sc. nat.* — *P. Sanguisorba* L. *Sp.* ex part. — (Vulg. *Pimprenelle*). — Tiges de 3-6 déc., ascendantes, anguleuses, glabres ou pubescentes inférieurement. Feuilles à folioles suborbiculaires ou ovales, dentées, tronquées ou un peu cordées à la base, vertes en dessus, glauques en dessous. *Fruit à 4 angles arrondis,* non ailés, *à faces réticulées.* ♃. Mai-septembre.

CC. — Coteaux arides, pâturages secs, lisières et clairières des bois.

2. P. muricatum Spach in *Ann. sc. nat.* — *P. Sanguisorba* L. *Sp.* ex part. — *P. polygamum* W. et K. *Pl. rar. Hung.* — (Vulg. *Pimprenelle*). — Espèce ressemblant à la précédente par le port, les feuilles et les fleurs, mais caractérisée par son *fruit* plus gros *à 4 angles ailés,* sinués dentés, *à faces fortement et irrégulièrement réticulées alvéolées.* ♃. Mai-septembre.

A.C. — Prairies artificielles, champs de *Sainfoin.* — *Intr.* — Ercourt; Inval près Huchenneville ; Bailleul ; Caubert près Abbeville ; Bouillencourt-en-Sery ; Noyelles-sur-Mer ; Vercourt ; Drucat ; Wailly. — Cultivé dans les potagers.

XXXV. POMACÉES.

Fleurs régulières. Calice à 5 divisions. Pétales 5, suborbiculaires. *Etamines 20-30.* Styles 1-5. *Ovaire adhérent au réceptacle.* Fruit formé par les carpelles et par la capsule réceptaculaire devenant succulente, couronnée par le calice ou sa cicatrice, ord. ombiliqué au sommet, à 1-5 loges 1-2-spermes rar. plus. Endocarpe membraneux, cartilagineux ou osseux. — *Arbres ou arbrisseaux*, à rameaux qqf. épineux. Feuilles éparses. *Stipules libres*. Fleurs paraissant souv. avant les feuilles.

1. { Fruit à endocarpe osseux. (Fruit à noyaux). 2
   { Fruit à endocarpe membraneux ou cartilagineux. (Fruit à pépins). 3
2. { Calice à divisions courtes. Fruit à 1-2, rar. 3 noyaux. . . . . CRATÆGUS (1).
   { Calice à divisions foliacées allongées. Fruit à 5 noyaux . . . . MESPILUS (2).
3. { Fruit tomenteux à loges polyspermes . . . CYDONIA (3).
   { Fruit glabre à la maturité à loges 1-2-spermes 4
4. { Fleurs en corymbes rameux multiflores . . . SORBUS (6).
   { Fleurs en fascicules ombelliformes 5
5. { Styles libres. Fruit ombiliqué seulement au sommet. . . . . PYRUS (4).
   { Styles réunis à la base. Fruit ombiliqué au sommet et à la base. MALUS (5).

* *Fruit à noyaux.*

1. CRATÆGUS L. *Gen.* ex parte.

Calice à divisions courtes. Styles ord. 1-2, rar. plus. *Fruit* subgloduleux ombiliqué au sommet à *1-2 noyaux, osseux.* — Arbrisseau épineux, très-rameux. Feuilles glabres, plus ou moins profondément lobées ou incisées. Fleurs blanches rar. roses, odorantes, en petits corymbes 3-9-flores, rameux. Fruit pulpeux fade, rouge.

1. { Feuilles à nervures convergentes. Fruit à 2 noyaux. . . . . 1. *C. oxyacantha.*
   { Feuilles à nervures divergentes. Fruit à 1 noyau . . . . 2. *C. monogyna.*

1. C. oxyacantha L. *Sp.* — (Vulg. *Epine blanche, Aubépine*). — *Feuilles* obovales cunéiformes, *peu profondément lobées*, à 3-5 lobes incisés dentés, *à nervures convergentes. Pédicelles glabres ou presque glabres. Styles* ord. 2. *Fruits* ovoïdes, assez gros, *à 2 noyaux.* ♄. Fl. mai. Fr. août-octobre.

CC. — Bois, haies, buissons.

2. C. monogyna Jacq. *Austr.* — *Feuilles* ord. moins larges que dans l'espèce précédente, *profondément lobées*, à 3-5 lobes ord. étroits, incisés dentés, *à nervures divergentes.* Fleurs s'épanouissant 15 jours plus tard. *Pédicelles ord. velus. Style 1. Fruit* subgloduleux, *à un seul noyau.* ♄. Fl. mai-juin. Fr. août-octobre.

POMACÉES. 149

C. — Haies, buissons, bois.

2. MESPILUS L. Gen. ex parte.

Calice à divisions foliacées, allongées. Styles 5. *Fruit* globuleux déprimé, terminé par un large disque ombiliqué, pulpeux à la maturité, *à 5 noyaux osseux,* monospermes. — Arbrisseau tortueux étalé, ord. épineux.

1. M. Germanica L. *Sp.* — (Vulg. *Néflier*). — Jeunes rameaux tomenteux. Feuilles presque sessiles, obovales lancéolées, entières ou denticulées supérieurement, pubescentes, tomenteuses en dessous. Fleurs blanches, grandes, solitaires terminales, presque sessiles. Calice tomenteux. Fruit assez gros, brun, charnu, acerbe, devenant pulpeux et comestible. ♄. Fl. mai. Fr. septembre.

A.R. — Bois, haies, buissons. — Huppy; Huchenneville; Behen; Caubert près Abbeville; Gamaches; Drucat; Mers; Bovelles (*Rom.*); Villers-Tournelle, Thieulloy-la-Ville, Sainte-Segrée, Dury (*E. Gonse*); Bailleul (*Tripier*); Guerbigny, Wiry-au-Mont (*Guilbert*); Boves, Longpré, Pont-de-Metz, Gouy, Laviers (*P. Fl.*).

Var. 6. *sativa* (P. *Fl.* — *M. sativa* Chevall. *Fl. Par.*). — Arbrisseau non épineux. Fruit plus gros. — Planté dans les jardins et les vergers.

** *Fruit à pepins.*

3. CYDONIA Tourn. Inst.

Calice à divisions presque foliacées, dentées. Styles 5. *Fruit* pubescent tomenteux, *pyriforme, ombiliqué au sommet, à 5 loges polyspermes, à endocarpe membraneux.* Graines entourées de mucilage. — Arbre peu élevé, non épineux, à rameaux tortueux.

† **1. C. vulgaris** Pers *Syn.* — (Vulg. *Cognassier*). — Feuilles ovales ou ovales oblongues, entières, tomenteuses blanchâtres en dessous. Fleurs blanches ou rosées, grandes, solitaires, subsessiles. Divisions du calice ovales aigues, tomenteuses glanduleuses aux bords. Fruit gros, jaune, très-odorant, charnu, non pulpeux. ♄. Fl. avril-mai. Fr. septembre-octobre.

Planté dans les jardins et les vergers. — Qqf. subspontané.

4. PYRUS Tourn. Inst.

Styles 5, libres. *Fruit* charnu *ovoïde turbiné,* ombiliqué au sommet, *non ombiliqué à la base, à 5 loges ord. dispermes, à endocarpe membraneux.* — Arbre épineux à l'état sauvage. *Fleurs en fascicules ombelliformes.*

1. P. communis L. *Sp.* — Arbre plus ou moins élevé pyramidal. Feuilles ovales denticulées, brièvement acuminées luisantes, ord. glabres, longuement pétiolées. Fleurs blanches longuement pédicellées. Fruit de grosseur variable, acerbe à l'état sauvage. ♄. Fl. avril-mai. Fr. août-octobre.

R. — Spontané ou naturalisé dans les bois. — Drucat ; Huchenneville ; Villers-sur-Mareuil ; Bovelles (*Rom.*) ; Gentelles, Boves (*E. Gonse*) ; Dury, Saint-Fuscien, forêt de Crécy (*P. Fl.*). — Le *P. communis* L. a produit un très-grand nombre de variétés cultivées dans les jardins et dans les vergers.

5. MALUS Tourn. *Inst.*

Styles 5, réunis à la base. *Fruit charnu, subglobuleux déprimé, ombiliqué à la base et au sommet, à endocarpe cartilagineux, à 5 loges dispermes.* — Arbre épineux à l'état sauvage. *Fleurs en fascicules ombelliformes.*

1. M. communis Lmk. *Illustr.* — *Pyrus Malus* L. *Sp.* — Arbre peu élevé, à rameaux étalés. Feuilles ovales acuminées, obtusement dentées, plus ou moins pétiolées. Fleurs blanches ou rosées, pédicellées. ♄. Fl. avril-mai. Fr. septembre-octobre.

Var. α. *acerba* (Coss. et Germ. *Fl.* — *Pyrus acerba* DC. *Prodr.* — Vulg. *Boquetier, Pommier sauvage*). — Arbre épineux. Feuilles vertes sur les deux faces, glabres à l'état adulte, assez longuement pétiolées. Bourgeons pubescents, non tomenteux. Pédicelles assez longs, ord. glabres. Fruit acerbe. — A.R. — Bois, buissons, haies. — Huchenneville ; Huppy ; Drucat ; Crécy ; Cambron (*T.C.*) ; Bovelles (*Rom.*) ; Gentelles, Boves, La Faloise (*E. Gonse*) ; Vismes (*Guilbert*) ; Menchecourt près Abbeville (*Baill.* Herb.).

Var. β. *sativa* (*M. communis* var. *mitis* Coss. et Germ. *Fl.* — Vulg. *Pommier cultivé, Pomme à cidre, Pomme à couteau*). — Arbre non épineux. Feuilles tomenteuses blanchâtres en dessous. Bourgeons et pédicelles pubescents tomenteux. Fruit à saveur douce. — Subspontané dans quelques bois. — Cet arbre, cultivé très-communément dans les vergers et les jardins, présente de nombreuses variétés distinctes par la forme, le volume et la saveur du fruit.

Il existait à Saint-Valery-sur-Somme un *Pommier* unisexuel qui a été l'objet d'une notice intéressante publiée par M. Tillette de Clermont-Tonnerre (1).

---

(1) Voir les Mémoires de la Société Linnéenne de Paris (1825, t. 3, p. 164 et pl. 5), la Revue encyclopédique (septembre 1829, t. 43, p. 761), les Mémoires de la Société d'Émulation d'Abbeville (1833, p. 20 et pl. 1), la Flore du département de la Somme, par Pauquy (p. 123), et le Catalogue des plantes de la Somme, par de Vicq et de Brutelette (p. 84).

6. SORBUS L. *Gen.*

Styles 2-5. *Fruit globuleux ou pyriforme*, ombiliqué au sommet, *non ombiliqué à la base, à endocarpe membraneux mince, à 2-4 loges ord. monospermes.* — Arbres non épineux. *Fleurs* blanches *en corymbes rameux multiflores.*

1 { Feuilles pinnatiséquées. 2
  { Feuilles lobées ou dentées 3

2 { Bourgeons glabres visqueux. Fruit pyriforme verdâtre ou
  {   rougeâtre. . . . . 1. *S. domestica.*
  { Bourgeons tomenteux. Fruit globuleux d'un rouge vif.
  {   . . . . 2. *S. aucuparia.*

3 { Feuilles glabres luisantes à l'état adulte. *3. S. torminalis.*
  { Feuilles tomenteuses en dessous, même à l'état adulte. 4

4 { Feuilles dentées ou lobées, à lobes décroissant du sommet
  {   à la base . . . . *4. S. Aria.*
  { Feuilles à lobes décroissant de la base au sommet. . . .
  {   . . . . *5. S. latifolia.*

a. *Feuilles pinnatiséquées.*

(Sorbiers).

1. S. domestica L. *Sp.* — (Vulg. *Cormier*). — Arbre élevé. *Bourgeons glabres visqueux.* Feuilles à folioles nombreuses oblongues, dentées, d'abord velues en dessous, puis glabres. Styles ord. 5. *Fruit* assez gros charnu, *pyriforme ovoïde, verdâtre ou rougeâtre.* ♄. Fl. mai-juin. Fr. septembre-octobre.

RR. — Bois. — *Intr.?* — Wailly ; Boves, Guyencourt (*P.* Fl.).

2. S. aucuparia L. *Sp.* — (Vulg. *Sorbier des oiseaux*). — Arbre ord. peu élevé. *Bourgeons tomenteux.* Feuilles à folioles nombreuses oblongues, dentées, d'abord velues en dessous, puis glabres. Styles 2-3, rar. 4-5. *Fruit petit globuleux,* pulpeux acerbe, d'un rouge vif. ♄. Fl. mai-juin. Fr. septembre-octobre.

R. — Bois montueux. — *Ind.?* — Caubert près Abbeville ; Mareuil ; Jumel ; Aveluy ; Crécy ; Villers-Tournelle (*E. Gonse*) ; Caux (*P.* Fl.). — Souv. planté dans les parcs.

b. *Feuilles lobées ou dentées.*

(Alisiers).

3. S. torminalis Crantz *Austr.* — (Vulg. *Alisier*). — Arbre assez élevé. *Feuilles d'abord pubescentes, puis glabres luisantes,* ovales tronquées ou cordiformes à 7 lobes profonds acuminés, inégalement dentés, les inférieurs plus grands étalés. Styles 2-5. Fruit assez petit ovoïde, brunâtre, charnu devenant pulpeux. ♄. Fl. mai. Fr. septembre-octobre.

A.R. — Bois. — Huchenneville ; Bray-lès-Mareuil ; Bailleul ; Wiry-au-Mont ; Wailly ; Jumel ; Aveluy ; Le Gard près Picquigny (*T.C.*) ; Hocquincourt (*Dufourny*) ; Bovelles (*Rom.*) ; Fieffes (*Picard* Not. manuscr.) ; Francières (*B. Herb.*) ; Laboissière, Guerbigny (*Guilbert*) ; Quevauvillers (*Richer*) ; Dury, Boves, Ailly-sur-Noye (*E. Gonse*).

4. S. Aria Crantz *Austr.* — Arbre élevé. *Feuilles blanches tomenteuses en dessous, même à l'état adulte,* ovales oblongues, doublement *dentées ou sublobées dentées, à dents et à lobes décroissant du sommet à la base.* Styles 2-3. Fruit assez petit, subglobuleux, pulpeux, d'un rouge orangé. ♄. Fl. mai-juin. Fr. septembre.

RR. — Bois montueux. — *Intr.* — Bois du Camp-Thibaut près Berny-sur-Noye (*P. Fl.*) ; Bovelles (*Rom.*) ; Caux (*B. Extr. Fl.*).

† **5. S. latifolia** Pers. *Syn.* — Arbre élevé. *Feuilles tomenteuses d'un blanc jaunâtre en dessous, même à l'état adulte,* ovales, irrégulièrement *dentées lobées, à lobes triangulaires peu prononcés, décroissant de la base au sommet.* Styles 2-3. Fruit assez petit, subglobuleux, d'un jaune rougeâtre. ♄. Fl. mai. Fr. août-septembre.

Planté dans les parcs. — Bovelles ; Yvrench.

XXXVI. ONAGRARIÉES.

Fleurs régulières ou presque régulières. Calice à 4, plus rar. à 2 divisions. Corolle à 4, plus rar. à 2 pétales ou nulle. Etamines 8, rar. 4 ou 2. *Ovaire* infère, *enveloppé par la cupule réceptaculaire* resserrée au sommet où sont insérées les sépales, les pétales et les étamines. Style filiforme ; stigmates 1-4. *Fruit capsulaire à 4 loges* polyspermes, rar. 2 loges monospermes. — Pl. à feuilles simples opposées ou alternes, dépourvues de stipules. *Fleurs axillaires, solitaires ou en grappes* terminales dressées.

1 { Pétales 4. Etamines 8. 2
  { Pétales 2 ou nuls. Etamines 4 ou 2. 3

2 { Fleurs jamais jaunes. Graines munies d'une aigrette . .
  { . . . . EPILOBIUM (1).
  { Fleurs jaunes. Graines dépourvues d'aigrette. . . . . .
  { . . . . ŒNOTHERA (2).

3
- Calice à divisions persistantes. Pétales nuls. Etamines 4. . . . . Isnardia (3).
- Calice à divisions caduques. Pétales 2. Etamines 2 . . . . Circæa (4).

1. EPILOBIUM L. *Gen.*

Calice à 4 divisions caduques. Pétales 4. Etamines 8. Stigmates étalés en croix ou rapprochés en massue. *Capsule* linéaire, tétragone à 4 valves, à 4 *loges polyspermes. Graines munies d'une aigrette soyeuse.* — Pl. à souche émettant souv. des rejets. Tiges herbacées ou sous-frutescentes à la base. Fleurs en grappes.

1.
- Pétales entiers ou à peine émarginés. Etamines et styles réfléchis arqués. . . . . 1. *E. spicatum.*
- Pétales échancrés. Etamines et styles dressés. 2

2.
- Stigmates étalés en croix. 3
- Stigmates rapprochés en massue. 5

3.
- Fleurs grandes. Bouton floral apiculé par les divisions du calice mucronées conniventes. . . . 2. *E. hirsutum.*
- Fleurs petites. Bouton floral obtus ou presqu'obtus . . . 4

4.
- Tiges et feuilles pubescentes velues. Feuilles oblongues lancéolées, finement denticulées. . . 3. *E. parviflorum.*
- Tiges et feuilles glabres ou presque glabres. Feuilles ovales aigues fortement dentées . . . 4. *E. montanum.*

5.
- Tiges cylindriques sans lignes saillantes. Graines à aigrette stipitée. . . . . 5. *E. palustre.*
- Tiges présentant 2-4 lignes saillantes. Graines à aigrette sessile 6

6.
- Feuilles sessiles ou subsessiles à peine atténuées à la base. . . . . 6. *E. tetragonum.*
- Feuilles pétiolées atténuées aux deux extrémités. . . . . 7. *E. roseum.*

* *Stigmates étalés en croix.*

1. E. spicatum Lmk. *Encycl.* — *E. angustifolium Engl. Bot.* — Pl. glabre. Souche longuement rampante. Tiges de 5-15 déc., dressées cylindriques, souv. rougeâtres. Feuilles éparses, sessiles, longuement lancéolées, faiblement denticulées, veinées. Fleurs grandes, purpurines, en longues grappes spiciformes. *Pétales obovales, entiers ou à peine émarginés. Etamines et style réfléchis arqués.* ♃. Juin-août.

A.R. — Bois, lieux humides. — Forêt de Crécy; bois Boullon près Abbeville; Hocquincourt; Ercourt; forêt d'Arguel près Senarpont; Cambron, Le Hourdel (*T.C.*); Creuse, Poix, Namps-au-Mont, Sainte-Segrée, Souplicourt, Conty (*E. Gonse*) ; Vismes-au-Val, Martainneville, Forceville, Maisnières, Frettemeule, Guerbigny, Villers-Tournelle, Vadencourt (*Guilbert*) ; Ailly-sur-Somme (*Rom.*) ; bois de Saint-Riquier (*Picard*, Not. manuscr.).

2. E. hirsutum L. *Sp.* excl. var. ε. — Pl. velue. Souche stolonifère. Tiges de 5-10 déc., dressées cylindriques, rameuses. Feuilles oblongues lancéolées, denticulées, un peu amplexicaules ; les inférieures opposées ; les supérieures alternes. *Fleurs grandes*, purpurines, dressées avant la floraison, en grappes feuillées. *Bouton floral apiculé* par les divisions du calice mucronées, connivantes. Pétales échancrés. *Etamines et style dressés.* ♃. Juillet-septembre.

A.C. — Marais, bords des eaux.—Abbeville ; Drucat ; Doullens ; Picquigny ; Aveluy ; Thiepval ; Clapet près Domart ; Senarpont ; Cambron (*T.C.*) ; Vismes, Maisnières (*Guilbert*) ; Le Mesge, Renancourt près Amiens (*Rom.*) ; Rivery, Camon, Longueau (*P. Fl.*).

Var. ε. *villosissimum* (Koch. *Syn.* — *E. hirsutum* var. *intermedium* DC. *Prodr.*). — Tiges, feuilles, pédoncules et calices couverts d'une pubescence soyeuse abondante. — R. — Abbeville sur les bords de la Somme au Pâtis ; Menchecourt près Abbeville (*Picard*, Not. manuscr.) ; Camon, Longueau (*P. Fl.*).

3. E. parviflorum Schreb. *Spicil.* — *E. molle* Lmk. *Encycl.* — Souche sans stolons. *Tiges* de 3-6 déc., dressées, simples ou peu rameuses, cylindriques, *pubescentes velues. Feuilles* ord. opposées, *oblongues lancéolées, finement denticulées,* molles, *pubescentes,* sessiles ; les inférieures un peu pétiolées. *Fleurs petites*, roses, dressées avant la floraison, en grappes feuillées. Divisions du calice mutiques. *Bouton floral obtus.* Pétales échancrés. Etamines et style dressés. ♃. Juin-septembre.

C. — Lieux humides, fossés, bords des champs.

S.-v. *verticillatum* (Coss. et Germ. *Fl.*) — Feuilles au moins les inférieures verticellées par 3. — R. — Abbeville.

4. E. montanum L. *Sp.* — Souche sans stolons. *Tige* 2-6 déc., dressée, simple ou peu rameuse, cylindrique, *glabre ou à peine pubescente. Feuilles ovales aiguës*, arrondies à la base, brièvement pétiolées, *inégalement et fortement dentées, glabres ou presque glabres.* Fleurs petites, d'un rose souv. pâle, penchées avant la floraison. Divisions du calice lancéolées presqu'obtuses. Pétales échancrés. Etamines et style dressés. ♃. Juin-août.

CC. — Bois humides, lieux ombragés.

S.-v. *verticillatum* (Coss. et Germ. *Fl.*). — R. — Forêt de Lucheux ; forêt de Crécy (*T.C.*).

ONAGRARIÉES.

** *Stigmates rapprochés en massue.*

5. E. palustre L. *Sp.* — Souche émettant des stolons filiformes. *Tiges* de 2-6 déc., dressées, ord. simples, *cylindriques sans lignes saillantes*, brièvement pubescentes. Feuilles lancéolées linéaires entières, sinuées ou obscurément denticulées, atténuées à la base, la plupart opposées sessiles. Fleurs petites d'un rose pâle, penchées avant la floraison. Divisions du calice lancéolées. Pétales échancrés. Etamines et style dressés. *Graines* ord. lisses, *à aigrette stipitée*. ♃. Juin-septembre.

A.R. — Marais tourbeux, lieux inondés, bois humides. — Drucat; Caux; Bray-lès-Mareuil; Longpré-lès-Corps-Saints; Saint-Quentin-en-Tourmont; Cambron (*T.C.*); Montières près Amiens (*Richer*); Fossemanant, Hangest-sur-Somme, Longpré près Amiens (*E. Gonse*); forêt de Crécy (*Baill.* Herb.); Nesle (*Picard*, Not. manuscr.); Longueau, Fortmanoir (*P.* Fl.).

6. E. tetragonum L. *Sp.* — Souche émettant des rosettes de feuilles presque sessiles ou des stolons filiformes allongés. *Tiges* de 3-8 déc., dressées, rameuses, presque glabres, souv. rougeâtres, *présentant 2-4 lignes saillantes. Feuilles* lancéolées *à peine atténuées à la base*, glabres, *sessiles ou subsessiles*, dentées, la plupart opposées. Fleurs petites, roses, dressées avant la floraison. Divisions du calice lancéolées acuminées. Pétales échancrés. Etamines et style dressés. *Graines à aigrette sessile*. ♃. Juin-septembre.

Bois, lieux humides.

Var. a. *tetragonum* (Coss. et Germ, *Fl.* — *E. tetragonum* Engl. *Bot.*; Gren. et Godr. *Fl.*). — Souche dépourvue de stolons. Tige présentant ord. 4 lignes saillantes. Feuilles dressées fortement dentées. — R. — Drucat; Caux; forêt de Crécy (*T.C.*); Saint-Valery, Poix (*E. Gonse*); Bovelles (*Rom.*); bois de Parmont près Pont-Noyelles (*Soc. Linn.*); Mailly-Maillet (*Carette*); Abbeville (*B. Extr.* Fl.); Camon, Saint-Maurice près Amiens (*P.* Fl.).

Var. 6. *obscurum* (Coss. et Germ. *Fl.*). — *E. obscurum* Schreb. *Spicil.* — *E. virgatum* Fries *Nov. Fl. Suec.* — Souche stolonifère. Tige ne présentant ord. que 2 lignes saillantes. Feuilles molles, un peu étalées, sinuées ou lâchement dentées. — RR. — Bois de Cambron (*T.C.*).

7. E. roseum Schreb. *Spicil.* — Souche sans stolons. *Tiges* de 3-6 déc., dressées, rameuses, finement pubescentes au sommet, *présentant 2-4 lignes peu saillantes. Feuilles* toutes *pétiolées* oblongues lancéolées *atténuées aux deux extrémités*, inégalement dentées, minces, presque glabres, la plupart opposées. Fleurs petites, d'un rose pâle, veinées, penchées avant la floraison. Divisions du calice lancéolées, acuminées. Pétales échancrés. Etamines et style dressés. Graines à aigrette sessile. ♃. Juin-septembre.

RR. — Lieux humides, bords des eaux. — Abbeville (*T.C.*; *Picard*, Not. in herb. *Baill.*); Rubempré (*E. Caron*); La Faloise, Frettemeule (*Guilbert*); Montières, La Hautoie et faubourg de Hem à Amiens (*E. Gonse*).

2. OENOTHERA L. Gen.

Caractères du genre Epilobium. Graines dépourvues d'aigrette. — Fleurs jaunes.

1. OE. biennis L. *Sp.* — Tiges de 6-10 déc., dressées, simples ou rameuses, poilues. Feuilles oblongues lancéolées atténuées en pétiole, un peu pubescentes, entières ou sinuées denticulées. Fleurs grandes, odorantes, sessiles, axillaires, en grappe feuillée. Pétales émarginés. ②. Juin-septembre.

A.R. — Naturalisé dans les vergers, dans les bois et au bord des eaux. — Ribeauville près Saint-Valery; Eterpigny; bois entre Ault et Friaucourt (*F. Debray*); La Hautoie à Amiens (*Rom.*); Dury dans un champ de Trèfle (*E. Gonse*); bords de l'Authie près Argoules (*de Beaupré*); bords de la Somme à Abbeville (*Baill.* Herb.); Caux (*B. Extr. Fl.*); Bussy, Chaussoy-Epagny (*P. Fl.*).

3. ISNARDIA L. Gen.

Calice à 4 divisions persistantes. Pétales nuls. Etamines 4. Stigmate capité. Capsule courte, subtétragone, déhiscente, à 4 valves, à 4 loges polyspermes. — Pl. aquatique. Feuilles opposées. Fleurs solitaires axillaires.

1. I. palustris L. *Sp.* — Pl. glabre, souv. rougeâtre. Tiges de 1-4 déc., tétragones, couchées radicantes, qqf. nageantes, simples ou rameuses. Feuilles entières, ovales aiguës, atténuées en pétiole. Fleurs petites, verdâtres. ♃. Juillet-août.

RR. — Marais tourbeux, fossés. — Marais Malicorne à Abbeville.

4. CIRCÆA Tourn. Inst.

Calice à 2 divisions caduques. Pétales 2, bifides. Etamines 2. Stigmate émarginé. Capsule pyriforme, coriace indéhiscente à 2 loges monospermes, couverte de poils crochus. — Feuilles opposées, pétiolées. Fleurs en grappes.

1. C. Lutetiana L. *Sp.* — Pl. plus ou moins pubescente. Souche traçante. Tige de 3-6 déc., ord. simple, dressée. Feuilles ovales aiguës, denticulées, longuement pétiolées, presque glabres. Fleurs très-petites, blanches ou rosées, en grappe terminale allongée, dressée, lâche. Pédicelles réfléchis à la maturité. ⚥. Juin-août.

A.R. — Lieux humides, bois ombragés. — Huchenneville; Les Alleux près Behen; Bouvaincourt; Yvrench; Aveluy; Cambron (*T.C.*); La Faloise, Longpré près Amiens (*E. Gonse*); Amiens (*Rom.*); Vadencourt (*Guilbert*); Abbeville (*Picard*, Not. manuscr.).

XXXVII. HALORAGÉES.

Fleurs régulières monoïques. Calice à 4 divisions ou presque nul. Corolle à 4 pétales ou nul. Etamines 4-8. *Ovaire adhérent au réceptacle.* Style nul; stigmates 4. Fruit sec, presque ligneux, 4 loculaire, à loges indéhiscentes monospermes. — *Pl. aquatiques.*

1. MYRIOPHYLLUM Vaill. in *act. acad.*

Pétales très-petits ord. nuls dans les fleurs femelles. Stigmates gros, velus. — Pl. submergées à tiges plus ou moins longues. *Feuilles* verticillées, *pinnatiséquées* à segments capillaires. Fleurs peu apparentes, verticillées, plus rar. alternes, à l'aisselle de feuilles florales en forme de bractées, et disposées en épis terminaux nus ou feuillés, sortant ord. de l'eau; les supérieures mâles.

1 { Bractées pectinées, dépassant plus ou moins les fleurs. . . . . 3. *M. verticillatum.*
    Bractées supérieures indivises, plus courtes que les fleurs 2

2 { Fleurs en épis courts, penchés avant la floraison. Fruit conique tronqué. . . . . 2. *M. alternifolium.*
    Fleurs en épis effilés interrompus toujours dressés. Fruit subglobuleux . . . . 1. *M. spicatum.*

1. M. spicatum L. *Sp.* — Tiges rameuses grêles. Feuilles verticillées ord. par 4, à segments la plupart opposés. *Fleurs rosées, en épis effilés interrompus dressés,* verticillées à l'aisselle de bractées. Bractées inférieures incisées dentées, égalant les fleurs; les supérieures plus courtes, entières. *Fruit subglobuleux.* ⚥. Juillet-août.

A.C. — Fossés, rivières, tourbières. — Abbeville; Epagnette près Epagne; Mers; fossés de la citadelle à Amiens, Camon (*E. Gonse*); Péronne (*F. Debray*); Saint-Maurice, Longpré près Amiens (*Rom.*).

2. M. alterniflorum DC. *Fl. Fr. et Prodr.* — Pl. plus grêle que la précédente. — Tiges rameuses. Feuilles ord.

verticillées par 4, à segments très-fins, alternes. *Fleurs* peu nombreuses, verdâtres, *en épis courts* grêles *penchés avant la floraison;* les mâles alternes, solitaires à l'aisselle de bractées entières, plus courtes que les fleurs ; les femelles à l'aisselle de feuilles supérieures, semblables aux feuilles caulinaires. *Fruit* petit, *conique tronqué.* ♃. Juillet-septembre.

RR. — Mares dans les terrains sablonneux. — Marais des dunes de Saint-Quentin-en-Tourmont.

3. M. verticillatum L. *Sp.* — Tiges peu rameuses. Feuilles verticillées ord. par 5, à segments opposés. *Fleurs* verdâtres, verticillées à *l'aisselle de bractées pectinées qui les dépassent* plus ou moins, disposées en verticilles rapprochés dans le haut de la tige et des rameaux, écartés dans le bas. Fruit subgloduleux. ♃. Juin-août.

A.C. — Fossés, eaux stagnantes, rivières. — Bray-lès-Mareuil ; Mareuil ; marais Saint-Gilles à Abbeville ; Thiepval ; Suzanne ; Fossemanant, Fortmanoir (*E. Gonse*) ; Amiens, Longpré près Amiens, Ailly-sur-Somme (*Rom.*).

Var. α. *verticillatum* (Coss. et Germ. *Fl.*). — Bractées dépassant longuement les fleurs, à segments ord. écartés.

Var. 6. *pectinatum* (Coss. et Germ. *Fl.*). — Bractées dépassant peu les fleurs, à segments courts rapprochés.

XXXVIII. OMBELLIFÈRES.

Fleurs ord. hermaphrodites, régulières, plus rar. irrégulières. Calice à 5 dents souv. à peine distinctes, ou nulles. Corolle à 5 pétales caducs. *Etamines 5*, libres, insérées avec les pétales au sommet de la coupe réceptaculaire. *Ovaire* infère, *adhérent au réceptacle. Styles* 2, dilatés à la base en un disque épais (stylopode), qui recouvre le sommet de l'ovaire. *Fruit* (1) *sec, à 2 carpelles, monospermes indéhiscents,* réunis par leur face interne (commissure), se séparant à la maturité de bas en haut, et restant suspendus au sommet d'un axe central (columelle) filiforme, bifide ou bipartit, plus rar. indivis, qqf. adhérent aux carpelles. Carpelles munis sur le dos de 5 côtes (côtes primaires) plus ou moins saillantes, qqf. ailées ou pourvues d'aiguillons, munis qqf. entre les côtes primaires de 4 autres côtes (côtes secondaires). Intervalles entre les côtes primaires (vallécules), munis de canaux résinifères (bandelettes), ord. colorés, placés au niveau de chaque vallécule et à la face

(1) Des fruits murs sont nécessaires pour la détermination des *Ombellifères.*

commissurale des carpelles, correspondant ainsi aux côtes secondaires, très-rar. placés sous les côtes primaires, ord. distincts. — *Pl. herbacées ord. à odeur aromatique ou vireuse. Tiges souv. fistuleuses, striées ou sillonnées. Feuilles alternes ord. multiséquées, à pétiole engaînant. Fleurs disposées en ombelles régulières, ord.* pourvues d'un verticille de bractées (involucre), à rayons se terminant par de petites ombelles (ombellules), ord. munies aussi d'un verticille de bractées (involucelle), *rar. en ombelles irrégulières, en verticilles ou en capitules.*

1. { Ombelles imparfaites. Fleurs en verticilles ou en capitules............ 2
   Ombelles parfaites, à rayons portant des ombellules... 4

2. { Fleurs en verticilles. Feuilles suborbiculaires peltées. Tiges rampantes........... Hydrocotyle (1).
   Fleurs en capitules. Feuilles jamais suborbiculaires peltées. Tiges non rampantes............ 3

3. { Fleurs toutes hermaphrodites, en capitules assez gros, munis de paillettes et d'involucres épineux. Eryngium (3).
   Fleurs polygames, en petits capitules dépourvus de paillettes et d'involucres épineux.... Sanicula (2).

4. { Carpelles munis de 5 côtes primaires et de 4 côtes secondaires, hérissés d'aiguillons ou de soies raides.... 5
   Carpelles munis de 5 côtes primaires, dépourvus de côtes secondaires, glabres ou pubescents, très-rar. hérissés d'aiguillons............ 9

5. { Involucre à folioles triséquées ou pinnatiséquées.... .... Daucus (29).
   Involucre nul ou à folioles entières............ 6

6. { Fruits hérissés sur toute leur surface d'aiguillons et de soies raides irrégulièrement disposés. Tiges couvertes de poils réfléchis............ Torilis (33).
   Fruits hérissés d'aiguillons et de soies raides, disposés régulièrement sur les côtes. Tiges glabres ou munies de poils non réfléchis............ 7

7. { Feuilles pinnatiséquées. Carpelles à côtes presqu'égales, munies d'aiguillons robustes...... Turgenia (31).
   Feuilles bi-tripinnatiséquées. Carpelles à côtes inégales, les primaires munies de soies courtes, les secondaires, d'aiguillons............ 8

8. { Involucre à plusieurs folioles. Ombelles à 5-8 rayons. Pétales extérieurs rayonnants très-grands. Orlaya (30).
   Involucre nul ou presque nul. Ombelle à 2-4 rayons. Pétales extérieurs rayonnants beaucoup moins grands. .... Caucalis (32).

9. { Fruit comprimé par le dos (parallèlement à la commissure), souv. aplani lenticulaire............ 10
   Fruit comprimé par le côté (perpendiculairement à la commissure) ou non comprimé, souv. presque didyme. 14

OMBELLIFÈRES.

10 { Fruit entouré de 2 ailes membraneuses par l'écartement des ailes latérales des carpelles. 11
Fruit entouré d'un rebord aplani par le rapprochement des ailes latérales des carpelles. 12

11 { Carpelles à côtes dorsales filiformes. Feuilles à segments très-grands ovales ou lancéolés dentés . Angelica (25).
Carpelles à côtes dorsales ailées. Feuilles à segments pinnatifides à lobes linéaires . . . . . . Selinum (24).

12 { Pétales extérieurs profondément bifides, rayonnants. Bandelettes dépassant à peine la moitié supérieure du carpelle . . . . Heracleum (28).
Pétales entiers ou émarginés, les extérieurs non rayonnants. Bandelettes environ de la longueur du carpelle. 13

13 { Fleurs jaunes. Feuilles pinnatiséquées, à segments très-grands . . . . Pastinaca (27).
Fleurs blanches. Feuilles bi-tripinnatiséquées . . . . Peucedanum (26).

14 { Fruit à section horizontale non orbiculaire 15
Fruit à section horizontale orbiculaire. 28

15 { Fruit prolongé en bec linéaire très-long. . Scandix (22).
Fruit dépourvu de bec ou rétréci brusquement en bec court. 16

16 { Graine à face commissurale creusée d'un sillon profond. 17
Graine à face commissurale plane ou convexe. 19

17 { Fruit subglobuleux. . . . . Conium (23).
Fruit oblong 18

18 { Fruit dépourvu de bec. Carpelles lisses, à côtes primaires apparentes jusqu'à la base . . . . . Chærophyllum (21).
Fruit rétréci en bec court. Carpelles lisses ou hérissés d'aiguillons (A. vulgaris), à côtes primaires apparentes seulement au sommet . . . . Anthriscus (20).

19 { Feuilles entières . . . . Bupleurum (4).
Feuilles palmatiséquées, pinnatiséquées ou bi-tripinnatiséquées 20

20 { Involucre et involucelles nuls. 21
Involucre nul ou à 1 ou plusieurs folioles. Involucelles à plusieurs folioles. 23

21 { Feuilles palmatiséquées. Vallécules dépourvues de bandelettes. . . . . Ægopodium (7).
Feuilles pinnatiséquées ou bi-tripinnatiséquées. Vallécules à une ou plusieurs bandelettes 22

22 { Fleurs blanches. Columelle bifide. Vallécules à plusieurs bandelettes . . . . Pimpinella (13).
Fleurs d'un blanc verdâtre. Columelle indivise. Vallécules à une seule bandelette . . . . Apium (10).

23 { Dents du calice plus ou moins développées 24
Dents du calice nulles 26

24 { Dents du calice larges membraneuses. Carpelles subglobuleux . . . . Cicuta (5).
Dents du calice courtes. Carpelles oblongs 25

OMBELLIFÈRES. 161

25 { Columelle indivise, libre. Vallécules à une seule bandelette. . . . . HELOSCIADIUM (11).
Columelle bipartite, à divisions ord. adhérentes aux carpelles. Vallécules à plusieurs bandelettes . . SIUM (12).

26 { Involucre à folioles triséquées ou pinnatiséquées. AMMI (6).
Involucre à folioles entières, rar. nul 27

27 { Souche bulbiforme. Columelle bifurquée seulement au sommet. . . . . CARUM (8).
Souche non bulbiforme. Columelle bipartite. . . . . PETROSELINUM (9).

28 { Feuilles à segments filiformes. Fleurs jaunes . . . . FŒNICULUM (18).
Feuilles à segments non filiformes. Fleurs blanches ou rosées, rar. jaunâtres. 29

29 { Involucelles unilatéraux à folioles réfléchies rejetées en dehors. Fruit subgloduleux . . . . ÆTHUSA (14).
Involucelles réguliers, à folioles non réfléchies ni rejetées en dehors. Fruit oblong, cylindrique ou subtétragone . 30

30 { Dents du calice s'accroissant après la floraison. Columelle non distincte. . . . . ŒNANTHE (15).
Dents du calice ne s'accroissant pas après la floraison. Columelle distincte, bipartite 31

31 { Fleurs jaunâtres. Fruit glabre. Carpelles à côtes ailées . . . . SILAUS (19).
Fleurs blanches ou rosées. Fruit pubérulent ou velu hérissé. Carpelles à côtes non ailées 32

32 { Dents du calice allongées. Fruit velu hérissé. Involucre à plusieurs folioles. . . . . LIBANOTIS (16).
Dents du calice courtes. Fruit pubérulent. Involucre nul ou presque nul. . . . . SESELI (17).

A. *Ombelles imparfaites. Fleurs en verticilles ou en capitules.*

1. HYDROCOTYLE L. Gen.

Dents du calice à peine distinctes. Pétales ovales, entiers, aigus, à pointe dressée. *Fruit comprimé par le côté*, lenticulaire. Carpelles à 5 côtes, la dorsale carénée. Bandelettes non distinctes. Involucelles à 3-4 folioles. — *Fleurs sessiles en verticilles.*

1. H. vulgaris L. *Sp.* — *Tiges* de 1-3 déc., grêles, *rampantes*, radicantes. *Feuilles* disposées 1-2 au niveau des nœuds, glabres, longuement pétiolées, *suborbiculaires peltées*, nervées crénelées. Pédoncules filiformes plus courts que les pétioles. Fleurs petites, blanches ou rosées, en petits verticilles rapprochés pauciflores. ♃. Juin-septembre.

C. — Prés humides, marais tourbeux. — Saint-Quentin-en-Tourmont ; Larronville près Rue ; Cambron (*T.C.*) ; Montières près Amiens (*Rom.*) ; Mareuil, Gouy (*Baill. Herb.*) ; Guerbigny (*Guilbert*) ; Camon, Renancourt, Longpré, Longueau (*P. Fl.*).

2. SANICULA Tourn. *Inst.*

Dents du calice petites, persistantes. Pétales obovales émarginés, dressés, connivents, à longue pointe infléchie. Fruit subglobuleux. Carpelles dépourvus de côtes, hérissés d'aiguillons crochus. Bandelettes nombreuses peu distinctes. Columelle non distincte. Involucre et involucelles à plusieurs folioles. — *Fleurs polygames en petits capitules* globuleux.

1. S. Europæa L. *Sp.* — Pl. glabre, d'un vert foncé. Tiges de 3-5 déc., simples, presque nues. Feuilles disposées en rosette radicale, palmatipartites, longuement pétiolées, à 3-5 lobes trifides, incisés dentés. Fleurs blanches ou rosées ; fleurs hermaphrodites ord. 1-3 sessiles, entourées par les mâles plus nombreuses et brièvement pédicellées.

CC. — Bois ombragés.

3. ERYNGIUM Tourn. *Inst.*

Dents du calice foliacées épineuses, persistantes. Pétales dressés connivents, ovales oblongs, émarginés, à longue pointe infléchie. Fruit obovoïde. Carpelles oblongs, hérissés d'écailles, à côtes et à bandelettes non distinctes. Columelle bipartite adhérente aux carpelles. — Feuilles épineuses. *Fleurs toutes hermaphrodites, sessiles, en capitules multiflores, sur un réceptacle garni de paillettes. Involucre à folioles épineuses.*

1. { Pl. d'un vert blanchâtre. Folioles de l'involucre entières. Paillettes du réceptacle entières. . . . 1. *E. campestre.*
Pl. bleuâtre. Folioles de l'involucre dentées. Paillettes du réceptacle tricuspidées . . . . . . 2. *E. maritimum.*

1. E. campestre L. *Sp*, — (Vulg. *Chardon Roland*). — *Pl. d'un vert blanchâtre.* Tige de 3-6 déc., glabre, à rameaux nombreux, étalés. Feuilles coriaces, glauques, réticulées veinées ; les radicales pétiolées bi-pinnatipartites, à lobes décurrents incisés dentés ou pinnatifides, à dents épineuses ; les caulinaires sessiles amplexicaules auriculées. Fleurs blanchâtres. *Involucre à folioles* linéaires, *ord. entières*, dépassant le capitule. *Paillettes* linéaires, *entières.* ♃. Juillet-septembre.

CC. — Lieux arides, bords des chemins. — *Ind.?*

2. E. maritimum L. *Sp*. — *Pl*. robuste, *glauque, bleuâtre*. Tiges de 3-5 déc., rameuses au sommet, à rameaux étalés. Feuilles coriaces, réticulées veinées, ondulées, à dents épineuses ; les radicales longuement pétiolées, réniformes orbiculaires, ord. entières ou incisées dentées ; les caulinaires amplexicaules, sinuées lobées. Fleurs ord. bleuâtres. *Involucre à folioles* ovales, sinuées *dentées* dépassant le capitule. *Paillettes tricuspidées*. ♃. Juin-août.

C. — Sables maritimes. — Saint-Quentin-en-Tourmont ; Fort-Mahon près Quend ; Le Crotoy ; Saint Valery ; Cayeux-sur-Mer ; Mers.

B. *Ombelles parfaites, à rayons portant des ombellules.*

* *Carpelles munis de 5 côtes primaires, dépourvus de côtes secondaires.*

4. BUPLEURUM Tourn. Inst.

Dents du calice à peine distinctes. Pétales suborbiculaires, entiers, recourbés en dedans. *Fruit comprimé par le côté ou presque didyme. Carpelles* oblongs à 5 *côtes égales filiformes*. Vallécules pourvues ou dépourvues de bandelettes. Columelle libre, ord. bifide. Involucre nul ou à plusieurs folioles ; involucelles à plusieurs folioles. — Pl. glabres. *Feuilles* simples, *entières*. Fleurs jaunes.

1. { Feuilles larges suborbiculaires perfoliées . . . . 3. *B. rotundifolium*.
Feuilles linéaires ou oblongues étroites 2

2. { Folioles de l'involucelle dépassant les fleurs. Carpelles granuleux. Pl. annuelle . . . . 1. *B. tenuissimum*.
Folioles de l'involucelle ne dépassant pas les fleurs. Carpelles non granuleux. Pl. vivace . . 2. *B. falcatum*.

1. B. tenuissimum L. *Sp*. — Pl. annuelle. Tiges de 1-4 déc., grêles, ord. rameuses dès la base, à rameaux étalés flexueux. *Feuilles linéaires* étroites, acuminées, sessiles. Ombelles ord. nombreuses, très-petites, les terminales à 2-3 rayons inégaux, les latérales souv. réduites à des ombellules. Involucre à 2-3 folioles inégales ; *involucelle à folioles* linéaires acuminées, *dépassant les fleurs*. *Carpelles* jaunâtres, *granuleux,* à côtes sinuées plissées. Vallécules dépourvues de bandelettes. ⊙. Juillet-octobre.

A.R. — Pelouses arides, coteaux herbeux, digues dans la région maritime. — Noyelles-sur-Mer ; Ault ; Mers ; Cambron (*T.C.*) ; Saint-Valery (*B.* Herb.) ; Saigneville (*P.* Fl.).

S.-v. *nanum* (*B. tenuissimum* var. *nanum* DC. *Prodr.*). — Pl. **naine** Tige très-rameuse, à rameaux courts.

2. B. falcatum L. *Sp.* — Pl. vivace. Tiges de 3-8 déc., dressées, flexueuses, rameuses, à rameaux ascendants. *Feuilles nervées ondulées* ; les *inférieures oblongues étroites* atténuées en pétiole ; les supérieures sessiles, linéaires lancéolées, souv. arquées. Ombelles petites, à 5-10 rayons. Involucre à 1-5 folioles inégales ; *involucelles à 5 folioles* linéaires cuspidées, *ne dépassant pas les fleurs. Carpelles* brunâtres, *non granuleux*, à côtes saillantes. Vallécules à 3 bandelettes. ♃. Août-octobre.

A.C. — Coteaux pierreux, terrains calcaires, lisières des bois. — Bois Grillé près Huchenneville ; bois de Fréchencourt près Bailleul ; Hocquincourt ; Maisnières ; Gamaches ; Bouillencourt-en-Sery ; Bezencourt près Tronchoy ; bois du Gard près Picquigny ; Poix ; forêt d'Arguel près Senarpont ; Wailly ; Jumel ; La Faloise ; Pernois ; Cambron (*T.C.*) ; Bovelles, Ferrières ; Ailly-sur-Somme (*Rom.*) ; Dury, Ailly-sur-Noye, Bacouel, Vignacourt, Saint-Germain-sur-Bresle, Beaucamps-le-Jeune, Sainte-Segrée, Thieulloy-la-Ville, Cagny, Guyencourt, Yzeux, Folleville (*E. Gonse*) ; Guerbigny, Coullemelle (*Guilbert*) ; Querrieux (*Picard*, Not. man.).

3. B. rotundifolium L. *Sp.* Pl. annuelle. Tige de 2-5 déc., rameuse au sommet. *Feuilles larges suborbiculaires*, mucronées, *perfoliées ;* les inférieures atténuées vers la base, amplexicaules. Ombelles terminales à 4-8 rayons. Involucre nul ; *involucelles à folioles* d'un jaune pâle ou verdâtre, ovales cuspidées, dressées, connivantes après la floraison, *dépassant les fleurs*. Carpelles noirâtres, non granuleux, à côtes saillantes. Vallécules dépourvues de bandelettes. ⊙. Juin-août.

R. — Moissons des terrains calcaires. — *Intr.* — Bray-lès-Mareuil ; Picquigny (*Jeffroy* et *Hutin*) ; Cagny (*P. Fl.*) ; Montdidier (*B.* Extr. Fl.).

5. CICUTA.

Dents du calice larges membraneuses. Pétales obcordés, à pointe infléchie. *Fruit presque didyme. Carpelles subglobuleux, à 5 côtes égales*, presque planes, les latérales placées au bord. Vallécules à 1 bandelette large, très-saillante. Columelle bipartite. *Involucre à 1 foliole ou nul ; involucelles à folioles nombreuses*. — Pl. des lieux aquatiques, glabre, très-vénéneuse. Fleurs blanches.

1. C. virosa L. *Sp.* — (Vulg. *Ciguë aquatique*). — Tiges de 5-10 déc., dressées, fistuleuses, sillonnées, rameuses. *Feuilles bi-tripinnatiséquées*, à segments linéaires lancéolés aigus, profondément incisés dentés ; les inférieures très-longuement pétiolées. Ombelles à rayons nombreux. Involucelles à folioles linéaires sétacées. ♃. Juillet-août.

P.R. — Bords des rivières et des tourbières, fossés aquatiques, marais. — Hangest-sur-Somme, Bourdon, Glisy, Brie (*E. Gonse*); environs de Péronne et fossés de la ville (*F. Debray*, Bull. Soc. Linn.) ; marais de Quend au bord du canal (*Baill.* Herb.) ; Villers-sur-Authie (*Dovergne* Herb. ; *T.C.* Herb.) ; Rue, marais Saint-Gilles à Abbeville (*B.* Extr. Fl. et herb.) ; Longueau, Rivery, Camon (*P.* Fl.).

6. AMMI L. *Gen.*

Dents du calice nulles. Pétales obovales, bilobés, à lobes inégaux, à pointe infléchie. *Fruit comprimé par le côté. Carpelles oblongs, à 5 côtes filiformes égales, les latérales placées au bord. Vallécules à 1 bandelette. Columelle bipartite. Involucre à plusieurs folioles triséquées ou pinnatiséquées ; involucelles à folioles nombreuses.*

1. A. majus L. *Sp.* — Tiges de 3-6 déc., dressées, striées, rameuses. *Feuilles pinnatiséquées, ou bipinnatiséquées ;* les inférieures, à segments ovales lancéolés, dentés, à dents aigues ; les supérieures à segments nombreux, linéaires, dentés. Ombelles à rayons nombreux. Involucre à folioles divisées en segments linéaires étroits, subulés sétacés ; involucelles à folioles entières, filiformes, dépassant souv. l'ombellule. ⊙. Juillet-septembre.

R. — Champs, moissons, prairies artificielles.—*Intr.*—Ercourt; Eaucourt (*Tripier*) ; Quend (*Cagé*) ; Bovelles, Ferrières, Pissy (*Rom.*); champs entre Amiens et Saveuse (*Richer*) ; Dury, Le Bosquel (*E. Gonse*) ; Domart (*B.* Extr. Fl.).

Var. ε. *glaucifolium* (Coss. et Germ. Fl.). — *A. glaucifolium* L. *Sp.* — Feuilles toutes bipinnatiséquées, à segments linéaires entiers ou munis de 1-2 dents. — R. — Champs de Luzerne. — Dury (*E. Gonse*).

7. ÆGOPODIUM L. *Gen.*

Dents du calice nulles. Pétales obovales échancrés, à pointe infléchie. *Fruit comprimé par le côté. Carpelles oblongs à 5 côtes filiformes, les latérales placées au bord. Vallécules dépourvues de bandelettes. Columelle bifurquée au sommet seulement. Involucre et involucelles nuls.* — Pl. glabre. Fleurs blanches.

1. Æ. Podagraria L. *Sp.* — (Vulg. *Herbe-aux-goutteux*). — Souche rampante. Tiges de 5-8 déc., dressées, robustes, fistuleuses, sillonnées, rameuses au sommet. *Feuilles palmatiséquées ;* les inférieures longuement pétiolées, à 3 divisions triséquées, à segments ovales lancéolés acuminés, dentés ; les supérieures sessiles, simplement triséquées. Ombelles à rayons nombreux. ♃. Juin-août.

A.C. — Lieux couverts, haies, vergers. — *Ind.?* — Les Alleux près Behen ; Huppy ; Huchenneville ; Tours ; Drucat ; Arry ; Montrelet ; Bonneville ; Wiry-au-Mont ; Cambron (*T.C.*) ; Vismes (*Guilbert*) ; Abbeville (*Baill.* Herb.) ; cimetière de la Madelaine à Amiens, Pont-de-Metz (*E. Gonse*) ; Mareuil, Allonville, Villers-Bocage, Renancourt (*P.* Fl.).

8. CARUM Koch *Umbell.*

Dents du calice nulles. Pétales égaux, obovales, échancrés, à pointe infléchie. *Fruit comprimé par le côté.* Carpelles oblongs, *à 5 côtes filiformes*, les latérales placées au bord. Vallécules à 1 bandelette. *Columelle bifurquée seulement au sommet. Involucre et involucelles à plusieurs folioles, rar. nuls.* — Pl. glabre.

1. C. Bulbocastanum Koch *Umbell.* — *Bunium Bulbocastanum* L. Sp. — *Souche bulbiforme* globuleuse, charnue. Tige de 3-7 déc., dressée, striée, rameuse au sommet. *Feuilles bi-tripinnatiséquées*, à segments linéaires aigus ; *les inférieures longuement pétiolées.* Ombelles à rayons nombreux, presqu'égaux. Involucre et involucelles à folioles linéaires acuminées. *Fleurs blanches.* ♃. Juin-août.

Moissons des terrains calcaires. — *Intr.* — Commun dans les environs d'Amiens : Pont-de-Metz ; Dury ; Jumel ; Berny-sur-Noye ; Chaussoy-Epagny ; Picquigny (*F. Debray*) ; Bovelles, Ailly-sur-Somme, Ferrières, Saisseval (*Rom.*) ; Hangest-sur-Somme, Vignacourt, Villers-Bretonneux, Ailly-sur-Noye, Boves, Saint-Fuscien, Prouzel, Bacouel (*E. Gonse*) ; Amiens, Longueau, Cagny, Allonville (*P.* Fl.). — Rare dans les environs d'Abbeville : Nouvion ; Erondelle ; Caumont et Inval près Huchenneville ; Franqueville ; Yaucourt (*Lesaché*) ; Epagne (*B. Extr.* Fl.).

Le *C. Carvi* L. est signalé d'une manière vague dans les prés montueux vers Péronne (*P.* Fl.). — Cette espèce diffère du *C. Bulbocastanum* par les caractères suivants : racine fusiforme ; tige rameuse dès la base ; ombelles à rayons peu nombreux, inégaux ; involucre et involucelles nuls ou presque nuls.

9. PETROSELINUM Hoff. *Umbell.*

Dents du calice nulles. Pétales suborbiculaires courbés, entiers ou à peine émarginés, à pointe infléchie. *Fruit comprimé par le côté ou presque didyme. Carpelles* oblongs, à *5 côtes filiformes*, égales, les latérales placées au bord. Vallécules à 1 bandelette. *Columelle bipartite. Involucre à 1-3 folioles ; involucelles à folioles peu nombreuses ou nombreuses.* — Pl. glabre.

1 { Feuilles bi-tripinnatiséquées. Fleurs d'un jaune verdâtre.
. . . . *1. P. sativum.*
Feuilles pinnatiséquées. Fleurs blanches . 2. *P. segetum.*

† **1. P. sativum** Hoffm. *Umbell.* — (Vulg. *Persil*). — Tiges de 4-8 déc., striées, rameuses. *Feuilles bi-tripinnatiséquées*, d'un vert luisant ; les inférieures à segments ovales cunéiformes trifides, incisées dentées ; les supérieures ord. triséquées, à segments linéaires lancéolés entiers. Ombelles à rayons nombreux. Involucre à folioles entières ; involucelles à folioles nombreuses linéaires. *Fleurs d'un jaune verdâtre.* ②. Juin-août.

Cultivé dans les potagers. — Qqf. subspontané dans le voisinage des habitations.

S.-v. *crispum* (Coss. et Germ. *Fl.*). — Feuilles inférieures à segments plus amples crispés.

Le *P. sativum* Hoffm. varie qqf. à folioles toutes linéaires allongées, entières (Lloyd. *Fl.*). — Nous avons observé cette forme dans les galets maritimes entre Mers et Le Tréport.

2. P. segetum Koch *Umbell.* — *Sison segetum* L. *Sp.* — Tiges de 4-6 déc., striées, rameuses à rameaux grêles, presque nus. *Feuilles pinnatiséquées*, à segments ovales oblongs, incisés dentés ; les caulinaires à segments plus petits ; les supérieures réduites au pétiole. Ombelles petites, longuement pédonculées, à 2-4 rayons très-inégaux. Involucelles à folioles peu nombreuses. *Fleurs blanches.* ① ou ②. Juillet-septembre.

RR. — Champs pierreux, bords des chemins. — *Ind.?* — Dury, dans un terrain inculte auprès du bois du Crocq (*E. Gonse*) ; Péronne (*B. Extr. Fl.; P.* Fl.).

10. APIUM Hoffm. *Umbell.*

Dents du calice nulles. Pétales suborbiculaires, entiers, à pointe infléchie. *Fruit comprimé par le côté, presque didyme. Carpelles* subglobuleux, à 5 côtes filiformes égales, les latérales placées au bord. *Vallécules à 1 bandelette. Columelle indivise. Involucre et involucelles nuls.* — Pl. glabre, très-aromatique. *Fleurs d'un blanc verdâtre.*

1. A. graveolens L. *Sp.* — Tiges de 3-8 déc., dressées, sillonnées cannelées, fistuleuses rameuses. *Feuilles inférieures pinnatiséquées*, à segments rhomboïdaux incisés dentés ; les supérieures à 3 segments trifides. Ombelles nombreuses axillaires sessiles ou brièvement pédonculées, naissant presque de la base de la plante. ♃. Juillet-septembre.

A.C. — Prés salés, marais et bords des fossés dans la région maritime. — Noyelles-sur-Mer ; Port ; Saint-Valery ; Le Hourdel ; Mers ; Port-Mahon et Pont-à-Cailloux près Quend ; Saint-Quentin-en-Tourmont ; Cambron (T.C.) ; Le Crotoy (P. Fl.).

Var. 6. *dulce* (DC. *Prodr.* — Vulg. *Céleri cultivé*). — Racine grosse charnue oblongue. Feuilles dressées longuement pétiolées. — Cultivé dans les potagers.

Var. γ. *rapaceum* (DC. Prodr. — Vulg. Céleri-Rave). — Racine grosse, charnue globuleuse. Feuilles étalées, brièvement pétiolées. — Cultivé dans les potagers.

11. HELOSCIADIUM Koch *Umbell.*

Dents du calice courtes. Pétales ovales entiers, à pointe droite ou infléchie. *Fruit comprimé par le côté ou presque didyme. Carpelles oblongs, à 5 côtes filiformes,* un peu saillantes, égales, les latérales placées au bord. *Vallécules à 1 bandelette. Columelle indivise, libre. Involucre nul ou à plusieurs folioles ; involucelles à plusieurs folioles.* — Pl. aquatiques, glabres, plus ou moins radicantes. Fleurs blanches.

1. { Feuilles inférieures submergées à lanières capillaires . . . . 3. *H. inundatum*.
   { Feuilles toutes à segments ovales ou suborbiculaires . . 2

2. { Ombelles sessiles ou à pédoncule plus court que les rayons. Involucre nul ou à 1-2 folioles. 1. *H. nodiflorum*.
   { Ombelles à pédoncule plus long que les rayons. Involucre à 3-5 folioles. . . . . 2. *H. repens*.

1. H. nodiflorum Koch *Umbell.* — *Sium nodiflorum* L. *Sp.* — Tiges de 2-10 déc., couchées radicantes redressées, fistuleuses, striées, très-rameuses. *Feuilles pinnatiséquées* longuement pétiolées, à *segments ovales* lancéolés, dentés. Ombelles à 4-8 rayons, opposées aux feuilles, sessiles, ou à *pédoncule plus court que les rayons. Involucre nul ou à 1-2 folioles.* ♃. Juillet-septembre.

C. — Marais, bords des eaux. — Drucat ; Mers ; Oust-Marest ; Cambron (*T.C.*) ; Montières et Saint-Maurice près Amiens (*Rom.*) ; Laviers, Mareuil, Dreuil, Longueau (*P. Fl.*).

Var. 6. *intermedium* (Coss. et Germ. *Fl.* — *H. nodiflorum* var. *ochreatum* DC. *Prodr.* — *Sium hybridum* Mérat *Fl.*). — Pl. plus petite, intermédiaire entre l'*H. nodiflorum* Koch et l'*H. repens* Koch. Tiges rampantes, grêles. Ombelles pédonculées, à pédoncule égalant environ les rayons. — *RR.* — Glisy, Hangest-sur-Somme (*E. Gonse*) ; marais de Caubert près Abbeville (*Baill.* Herb.) ; Saint-Quentin-en-Tourmont, Epagnette près Epagne (*Picard* Herb.).

2. H. repens Koch *Umbell.* — *Sium repens* Jacq. *Austr.* — Tiges de 1-2 déc., très-grêles, couchées radicantes dans toute leur longueur. *Feuilles pinnatiséquées*, longuement pétiolées, à *segments* petits, *ovales ou suborbiculaires, inégalement dentés, incisés ou lobés. Ombelles* à 4-7 rayons, opposées aux feuilles, à *pédoncule plus long que les rayons. Involucre et involucelles à 3-5 folioles* lancéolées. ♃. Juillet-septembre.

A.R. — Prés marécageux. — Mareuil; Saint-Firmin près Le Crotoy; Larronville près Rue; Routhiauville près Quend; Villers-sur-Authie; Cappy; Hangest-sur-Somme, Dreuil, Glisy, Fossemanant (*E. Gonse*); Mautort près Abbeville (*T.C.*); Longpré près Amiens (*Richer*); Petit-Saint-Jean près Amiens (*Rom.*); marais Saint-Gilles à Abbeville (*B. Herb.*); Rivery, Saint-Maurice (*P. Fl.*).

3. H. inundatum Koch *Umbell.* — Tiges de 1-6 déc., grêles, fistuleuses, ord. submergées flottantes, plus rar. couchées radicantes. *Feuilles submergées tripinnatiséquées*, à *lanières capillaires* allongées; les supérieures émergées longuement pétiolées, à segments cunéiformes trifides au sommet. Ombelles très-petites, à 2 rar. 3 rayons 2-4-flores, opposées aux feuilles, à pédoncule aussi long ou plus long que les rayons. *Involucre nul;* involucelles à 3-4 folioles lancéolées courtes. ♃. Juin-août.

R. — Lieux inondés, marais tourbeux. — Marais Saint-Gilles à Abbeville; Villers-sur-Authie; Larronville et Canterenne près Rue; Saint-Quentin-en-Tourmont; Monchaux près Quend; Bray-lès-Mareuil (*Du Maisniel de Belleval* Not. manuscr.).

12. SIUM L. *Gen.* ex parte.

Dents du calice très-courtes. Pétales obovales, échancrés, à pointe infléchie. *Fruit comprimé par le côté ou presque didyme. Carpelles oblongs à 5 côtes filiformes* égales, les latérales placées au bord, ou éloignées du bord. Styles réfléchis. *Vallécules à plusieurs bandelettes. Columelle bipartite,* à *divisions ord. adhérentes aux carpelles. Involucre et involucelles à plusieurs folioles.* — Pl. aquatiques, glabres. *Feuilles pinnatiséquées.* Fleurs blanches.

1 { Ombelles terminales. Côtes latérales des carpelles placées au bord . . . . 1. S. *latifolium*.
Ombelles latérales opposées aux feuilles. Côtes latérales des carpelles éloignées du bord . . 2. S. *angustifolium*.

1. S. latifolium L. *Sp.* — Tiges de 6-12 déc., robustes, dressées, sillonnées, fistuleuses, rameuses au sommet. Feuilles *très-grandes*, à segments oblongs lancéolés, finement incisés dentés. *Ombelles terminales* grandes, longuement pédonculées, à rayons nombreux. *Côtes latérales des carpelles placées au bord.* Styles filiformes. Involucre et involucelles à folioles inégales lancéolées entières, plus rar. dentées. ♃. Juillet-septembre.

A.R. — Prés marécageux, bords des eaux. — Picquigny ; Suzanne ; Epagnette près Epagne ; Larronville près Rue ; Longpré-les-Corps-Saints ; Hangest-sur-Somme (*T.C.*) ; Glisy, Brie, Condé-Folie (*E. Gonse*) ; L'Etoile (*Richer*) ; Ailly-sur-Somme, Saint-Maurice et Longpré près Amiens (*Rom.*) ; Querrieux (*Soc. Linn.*) ; Mareuil (*Baill.* Herb.) ; Camon, Rivery, Longueau (*P. Fl.*) ; Dreuil (*Picard* Not. manuscr.).

2. S. angustifolium L. *Sp.* — *Berula angustifolia* Koch *Syn.* — Tiges de 4-8 déc., dressées, striées, fistuleuses, rameuses. Feuilles à segments ovales oblongs aigus, incisés dentés, à dents acuminées. *Ombelles latérales* pédonculées, opposées aux feuilles, à rayons nombreux. *Côtes latérales des carpelles éloignées du bord.* Styles élargis à la base. Involucre et involucelles à folioles ord. pinnatifides ou incisées dentées, réfléchies. ♃. Juillet-septembre.

C. — Lieux marécageux, bords des eaux. — Abbeville ; Mareuil ; Bray-lès-Mareuil ; Longpré-les-Corps-Saints ; Picquigny ; Oust-Marest ; Mers ; Aveluy ; Ailly-sur-Somme, Petit-Saint-Jean près Amiens (*Rom.*) ; Cambron, Villers-sur-Authie (*T.C.*) ; Laviers (*Picard*, Not. manuscr.) ; Camon, Rivery (*P. Fl.*).

13. PIMPINELLA L. *Gen.*

Dents du calice nulles. Pétales obovales échancrées, à pointe infléchie. *Fruit comprimé par le côté.* Carpelles oblongs à 5 côtes filiformes, les latérales placées au bord. Styles rejetés en dehors. *Vallécules à plusieurs bandelettes. Columelle bifide. Involucre et involucelles nuls.* — Ombelles penchées avant la floraison, à rayons nombreux. *Feuilles pinnatiséquées. Fleurs blanches.*

1 { Tige subcylindrique faiblement striée. Feuilles supérieures ord. réduites au pétiole. . . . . . 1. *P. saxifraga.*
Tige anguleuse sillonnée. Feuilles supérieures ord. non réduites au pétiole. . . . . 2. *P. magna.*

1. P. saxifraga L. *Sp.* — *Tige de 2-6 déc., subcylindrique, faiblement striée,* peu feuillée. *Feuilles* inférieures à segments ovales oblongs, plus ou moins incisés dentés ; les *supérieures à segments linéaires, ord. réduites au pétiole élargi.* Styles moins longs que le fruit. ♃. Juin-septembre.

CC. — Lieux incultes, coteaux calcaires, bords des bois.

S.-v. *poteriifolia* (*P. saxifraga* var. *poteriifolia* Koch *Syn.*). — Pl. plus petite. Feuilles à segments très-petits suborbiculaires crénelés. — C. — Lieux très-arides.

Var. 6. *dissectifolia* (Koch *Syn.* — *P. saxifraga* var. *dissecta* Coss.

et Germ. *Fl.*). — Feuilles à segments linéaires. — *A.R.* — Drucat; Abbeville; Caumont près Huchenneville; Bouillencourt-en-Sery; Mers; Frettecuisse; Saint-Germain-sur-Bresle, Longpré-les-Corps-Saints (*E. Gonse*).

2. P. magna L. *Mant.* — *Tige* de 4-8 déc., dressée, *sillonnée anguleuse,* feuillée, rameuse. *Feuilles* à segments ord. grands ovales aigus, dentés, incisés ou lobés, souv. pétiolulés; les *supérieures* à segments plus étroits, *rar. réduites au pétiole.* Styles plus longs que le fruit. ♃. Juillet-septembre.

A.C. — Bois, lieux ombragés. — Martainneville; Yvrencheux; Estrées-lès-Crécy; forêt de Dompierre; bois de Size près Ault; bois de Blingues près Mers; Bouillencourt-en-Sery; Senarpont; forêt d'Arguel près Senarpont; Doullens; Pernois; Fieffes; Montrelet; Bonneville; Bernapré (*F. Grout*); Bavelincourt, Contay, Clairfay près Varennes (*Guilbert*); Cambron (*T.C.*); Amiens (*Rom.*); Saint-Germain-sur-Bresle, Longpré-les-Corps-Saints, Saint-Acheul près Amiens, Canaples (*E. Gonse*); Saint-Riquier (*Lesaché*).

Var. **6. dissecta** (Koch *Syn.* — *P. dissecta* Retz *Obs.*). — Feuilles à segments bipinnatifides, à lobes lancéolés un peu arqués. — *RR.* — Bois de Size près Ault; Martainneville.

14. ÆTHUSA L. *Gen.* ex parte.

Dents du calice nulles. Pétales obovales échancrés, à pointe infléchie, les extérieurs un peu rayonnants. *Fruit ovoïde subglobuleux. Carpelles* hémisphériques, à 5 côtes épaisses saillantes, les latérales presqu'ailées placées au bord. Vallécules à 1 bandelette. Columelle bipartite. Involucre ord. nul; *involucelles unilatéraux à 3-5 folioles* linéaires subulées, *réfléchies, rejetées en dehors,* plus longues que les ombellules. — Pl. vénéneuse, glabre, d'un vert sombre. *Fleurs blanches.*

1. Æ. Cynapium L. *Sp.* — (Vulg. *Petite Ciguë*). — Tige de 2-6 déc., dressée, striée, rameuse. *Feuilles* triangulaires, bi-tripinnatiséquées, à *segments rhomboïdaux incisés pinnatifides.* Ombelles à rayons nombreux. ①. Juillet-octobre.

C. — Lieux cultivés, voisinage des habitations. — *Intr.*

15. OENANTHE L. *Gen.*

Dents du calice s'accroissant après la floraison. Pétales obovales échancrés, à pointe infléchie, souv. inégaux. *Fruit oblong cylindrique ou subtétragone. Carpelles* oblongs, à

5 *côtes obtuses, les latérales plus larges, placées au bord.*
Styles allongés ord. dressés. Vallécules à 1 bandelette. *Columelle non distincte.* Involucre nul, ou à plusieurs folioles ; *involucelles à plusieurs folioles.* — Pl. glabres. *Fleurs blanches, qqf. un peu rosées.*

1 { Souche à fibres filiformes, non charnues. Fleurs toutes égales . . . . 3. Œ. Phellandrium.
Souche à fibres la plupart renflées charnues fusiformes ou claviformes. Fleurs extérieures inégales 2

2 { Ombelles à 2-5 rayons. Involucre nul ou à 1 foliole . . . . 1. Œ. fistulosa.
Ombelles à 8-15 rayons. Involucre à plusieurs folioles . . . . 2. Œ. Lachenalii.

1. Œ. fistulosa L. *Sp.* — *Souche à fibres la plupart charnues fusiformes ou oblongues.* Tiges de 3-7 déc., faibles, cylindriques, radicantes inférieurement, striées, fistuleuses, peu rameuses. Feuilles radicales longuement pétiolées, bi-tripinnatiséquées, à segments peu nombreux ovales entiers ou lobés ; les caulinaires pinnatiséquées, à segments linéaires entiers ou trifides, à long pétiole fistuleux. *Ombelles à 2-5 rayons courts*, les latérales stériles ; ombellules globuleuses, à fleurs centrales fertiles subsessiles, à fleurs de la circonférence stériles pédicellées, à *pétales inégaux*. Fleurs qqf. un peu rosées. Fruit turbiné subtétragone. Style dressé aussi long que le fruit. *Involucre nul ou à 1 foliole.* ♃. Juin-août.

A.C. — Prés marécageux, bords des rivières, fossés. — Marais Saint-Gilles à Abbeville ; Saint-Quentin-en-Tourmont ; Le Hourdel ; Neuville près Estrébœuf ; Long ; Longpré près Amiens ; Cappy ; Renancourt et Montières près Amiens (*Rom.*) ; Laviers (*B. Extr. Fl.*) ; Camon, Rivery, Longueau (*P. Fl.*).

2. Œ. Lachenalii Gmel. *Fl. Bad.* — *Souche à fibres charnues allongées, souv. claviformes.* Tiges de 4-8 déc., grêles, dressées, cylindriques, striées, rameuses au sommet. Feuilles radicales ord. brièvement pétiolées, bi-tripinnatiséquées, à segments ovales cunéiformes, souv. lobés ; les supérieures pinnatiséquées, à segments linéaires allongés, souv. entiers. *Ombelles à 8-15 rayons* ; ombellules à fleurs centrales fertiles subsessiles, *à fleurs de la circonférence* stériles, inégales, pédicellées, à *pétales extérieurs suborbiculaires obcordés* échancrés jusqu'au milieu, de la même grandeur environ que les intérieurs. Fruit oblong subtétragone, atténué à la base, contracté au sommet. Style de moitié plus court que le fruit. *Involucre à plusieurs folioles* caduques. ♃. Juillet-septembre.

A.C. — Marais, prés salés. — Marais Saint-Gilles à Abbeville ; Laviers ; Cayeux-sur-Mer ; Saint-Quentin-en-Tourmont ; Quend ;

Fort-Mahon ; Mareuil (*P. de Vicq*) ; Fossemanant, Bourdon, Fortmanoir, Boves, Brie, Fouencamps (*E. Gonse*) ; Ailly-sur-Somme (*Rom.*).

3. OE. Phellandrium Lmk. *Fl. Fr.* — *Souche à fibres* nombreuses *filiformes, non charnues.* Tiges de 5-15 déc., couchées radicantes, souv. submergées, très-rameuses, fistuleuses, renflées inférieurement. Feuilles toutes pétiolées bi-tripinnatiséquées, à segments ovales incisés pinnatifides ; les inférieures qqf. submergées, divisées en lanières capillaires. Ombelles à 6-10 rayons grêles ; ombellules à *fleurs toutes égales,* fertiles, pédicellées. Fruit ovoïde cylindrique. *Involucre nul.* ♃. Juillet-septembre.

A.C. — Fossés aquatiques, rivières, marais inondés. — Dans la Somme à Abbeville ; Caubert près Abbeville ; Mareuil ; Longpré-les-Corps-Saints ; Picquigny ; Cantrenne près Rue ; Suzanne ; Ham ; Amiens, Boves (*E. Gonse*).

16. LIBANOTIS Crantz *Austr.*

Dents du calice allongées subulées, caduques. Pétales obovales échancrés, à pointe infléchie. *Fruit oblong cylindrique. Carpelles oblongs à 5 côtes peu saillantes,* les latérales placées au bord. Vallécules à 1-2 bandelettes. *Columelle bipartite. Involucre et involucelles à plusieurs folioles.* — *Fleurs blanches.*

1. L. montana All. Fl. Ped. — *Athamanta Libanotis* L. *Sp.* — *Seseli Libanotis* Koch *Umbell.* — Souche épaisse pivotante, couronnée par les nervures des feuilles de l'année précédente, émettant une seule tige. Tige de 4-8 déc., dressée, cannelée anguleuse, peu rameuse. Feuilles bipinnatiséquées, à segments ovales, incisés pinnatifides, à lobes courts lancéolés mucronés ; segments inférieurs souv. réfléchis, éloignés des autres et rapprochés du pétiole commun ; les feuilles supérieures souv. réduites au pétiole engainant. Ombelle terminale convexe à rayons très-nombreux, pubescents. *Fruit velu hérissé.* Involucre et involucelles à folioles linéaires acuminées. ②ou ♃. Juillet-septembre.

RR. — Coteaux calcaires boisés, lieux arides, bois montueux. — Bords du bois de Sery près Gamaches ; Sainte-Segrée (*E. Gonse*) ; garenne dite Le Morgan entre Albert et Péronne (*P. Fl.*) ; bois d'Heilly (*B. Extr. Fl.*).

17. SESELI L. *Gen.*

Dents du calice courtes épaisses, persistantes. Pétales obovales, émarginés, à pointe infléchie. Fruit oblong cylindrique. *Carpelles* oblongs, à 5 *côtes* un peu épaisses, plus ou moins saillantes, non ailées, les latérales placées au bord. Styles réfléchis. Vallécules ord. à 1 bandelette. *Columelle bipartite. Involucre nul ou presque nul;* involucelles à plusieurs folioles. — *Fleurs blanches ou rosées.*

1. S. montanum L. *Sp.* — Pl. glaucescente. Souche épaisse, couronnée par les nervures des feuilles de l'année précédente, émettant plusieurs tiges. Tiges de 2-5 déc., ascendantes, ord. peu rameuses. Feuilles inférieures bi-tripinnatiséquées, à segments linéaires cuspidés ; les supérieures peu nombreuses, pinnatiséquées, souv. réduites au pétiole engaînant. Ombelle à rayons ord. peu nombreux, courts. *Fruit pubérulent avant la maturité. Involucelles à folioles lancéolées, étroitement membraneuses aux bords,* plus courtes que l'ombellule. ♃. Juillet-octobre.

A.C. — Coteaux calcaires. — Picquigny; Boves; Jumel; La Faloise ; Bovelles, Saisseval (*Rom.*); Amiens, Fouencamps ; Ailly-sur-Noye, Dury, Saint-Fuscien, Glisy, Longueau, Vignacourt, Hangest-sur-Somme, Mers (*E. Gonse*) ; Essertaux (*Copineau*).

18. FOENICULUM Adans. *Fam.*

Dents du calice nulles. Pétales suborbiculaires entiers, enroulés en dedans, à pointe tronquée. *Fruit oblong cylindrique. Carpelles* oblongs, *à 5 côtes un peu saillantes,* obtuses. Vallécules à 1 bandelette. Columelle bipartite. Involucre et involucelles nuls. — Pl. aromatique, glaucescente. *Fleurs jaunes.*

1. F. officinale All. *Ped.* — (Vulg. *Fenouil*). — Tiges de 1-2 mètres, robustes, dressées, cylindriques, striées, rameuses. *Feuilles bi-tripinnatiséquées, à segments filiformes* très-allongés ; les supérieures sessiles engaînantes. Ombelles larges à rayons nombreux. ② ou ♃. Juillet-septembre.

A.C. — Décombres, remblais des chemins de fer, coteaux calcaires. — *Intr.* — Qqf. cultivé dans les jardins. — Amiens ; château de Picquigny ; Boves, La Faloise (*E. Gonse*) ; Guerbigny, Ailly-sur-Noye (*Guilbert*) ; commun autour de Montdidier (*P. Fl.*).

19. SILAUS Bess. in Sch. *Syst.*

Dents du calice peu distinctes. Pétales obovales oblongs, entiers ou émarginés, à pointe infléchie. *Fruit oblong cylindrique, glabre. Carpelles* oblongs, *à 5 côtes égales, ailées presque membraneuses,* les latérales placées au bord. Vallécules à 3-4 bandelettes. *Columelle bipartite.* Involucre nul ou à 1-2 folioles ; *involucelles à plusieurs folioles.* — Pl. glabre, d'un vert foncé. *Fleurs jaunâtres.*

1. S. pratensis Bess. loc. cit. — Tiges de 4-6 déc., dressées, striées, rameuses. *Feuilles* inférieures *bi-tripinnatiséquées, à segments linéaires lancéolés* aigus mucronés, rudes sur les bords, les latéraux entiers ou bipartits, les terminaux tripartits ; feuilles supérieures peu nombreuses, réduites souv. au pétiole engaînant. Ombelles à 5-10 rayons. Involucelles à folioles blanchâtres aux bords. ♃. Juillet-septembre.

RR. — Prairies humides, lieux marécageux. — Renancourt près Amiens, Bus, Fescamps (*E. Gonse*) ; marais Saint-Gilles à Abbeville (*Baill.* Herb.; *B.* Extr. Fl.; *P.* Fl.).

Nous avons trouvé, en dehors de nos limites, à Etaples [Pas-de-Calais], dans les sables maritimes au bord de la Canche, plusieurs touffes de *Crithmum maritimum* L., espèce qui croit communément sur les rochers maritimes de l'ouest de la France. Nous avions attribué sa présence au transport de ses graines avec le lest d'un navire. Mais en 1873 une nouvelle localité a été découverte sur les falaises entre Boulogne et le cap Gris-Nez au cran Barbier (*F. Debray*), où la plante croit avec le *Statice occidentalis* Lloyd. On peut donc présumer qu'elle était spontanée à Etaples. Peut-être se rencontrera-t-elle un jour sur notre littoral ? — Le genre *Crithmum* L. présente les caractères suivants : dents du calice nulles ; pétales suborbiculaires entiers, à pointe infléchie ; fruit ovoïde spongieux ; carpelles à 5 côtes carénées saillantes ; vallécules à bandelettes nombreuses ; plante d'un vert glauque ; fleurs blanchâtres. — Le *C. maritimum* se reconnaît à sa souche rampante, à ses tiges de 2-3 déc., épaisses, dressées, flexueuses, à ses feuilles glauques, charnues, bi-tripinnatiséquées, à segments linéaires, aigus, à son involucre et à ses involucelles polyphylles, à folioles membraneuses lancéolées aigues et à son ombelle à rayons nombreux épais.

20. ANTHRISCUS Hoffm. *Umbell.*

Dents du calice nulles. Pétales obovales tronqués ou émarginés, à pointe infléchie. *Fruit comprimé par le côté,* oblong, ovoïde ou linéaire *rétréci en bec plus court* que les carpelles. *Carpelles lisses ou hérissés d'aiguillons, à 5 côtes apparentes seulement à leur sommet.* Vallécules à bandelettes peu distinctes. Columelle bifide au sommet. *Graine à face commissurale creusée d'un sillon profond.* Involucre nul ; involucelles à 1 ou plusieurs folioles. — Fleurs blanches.

1 { Fruits hérissés d'aiguillons . . . . 1. *A. vulgaris.*
{ Fruits lisses 2

2
{ Ombelles sessiles ou subsessiles opposées aux feuilles, à
3-5 rayons . . . . 2. *A. Cerefolium.*
Ombelles pédonculées terminales à 8-12 rayons . . . .
. . . . 3. *A. sylvestris.*

1. A. vulgaris Pers. *Syn.* — Tige de 2-6 déc., dressée, rameuse, presque glabre, striée. Feuilles bipinnatiséquées, à segments pinnatifides, à lobes ovales, incisés ou entiers ; gaînes, pétioles et nervures poilus. Ombelles opposées aux feuilles, assez brièvement pédonculées, à 3-6 rayons. *Fruit ovoïde, hérissé d'aiguillons subulés crochus, à bec conique.* Styles droits courts. Involucelles à 2-3 folioles linéaires lancéolées. ①. Avril-juin.

R. — Lieux incultes, haies, décombres, terrains sablonneux. — Le Crotoy ; Rue ; Cayeux-sur-Mer ; remparts d'Abbeville ; Amiens (*Richer*) ; Boves (*E. Gonse*) ; Saint-Quentin-en-Tourmont, Saint-Firmin (*P. Fl.*).

† **2. A. Cerefolium** Hoffm. *Umbell.* — (Vulg. *Cerfeuil*). — Pl. aromatique. Tige de 3-7 déc., dressée, striée, rameuse, pubescente aux nœuds. Feuilles tripinnatiséquées, à segments courts pinnatifides, à lobes incisés ou entiers, à nervures un peu poilues. *Ombelles sessiles ou subsessiles, opposées aux feuilles, à 3-5 rayons* pubescents. *Fruit linéaire lisse, à bec cylindrique.* Styles droits. Involucelles à 2-3 folioles linéaires lancéolées. ①. Juin-août.

Cultivé dans les potagers. — Qqf. subspontané près des habitations.

3. A. sylvestris Hoffm. *Umbell.* — Tiges de 5-9 déc., dressées, sillonnées, fistuleuses, rameuses, velues à la base, ord. glabres au sommet. Feuilles bipinnatiséquées, à nervures et à gaînes qqf. pubescentes, à segments pinnatifides, à lobes ovales entiers ou incisés. *Ombelles terminales pédonculées, à 8-12 rayons. Fruit oblong, lisse, à bec très-court.* Styles un peu divergents. Involucelles à 5 folioles ovales lancéolées, ciliées, réfléchies. ♃. Mai-juillet.

C. — Décombres, lieux cultivés, pâtures ombragées. — Ind.?

21. CHÆROPHYLLUM L. *Gen.*

Dents du calice nulles. Pétales obcordés, à pointe infléchie. *Fruit comprimé par le côté, oblong linéaire, dépourvu de bec. Carpelles lisses, à 5 côtes égales obtuses apparentes dans toute la longueur des carpelles,* les latérales placées au bord. Vallécules à 1 bandelette. Columelle bifide. *Graine à face commissurale creusée d'un sillon profond.* Involucre nul ou à 1-2 folioles ; involucelles à plusieurs folioles. — Pl. velue, d'un vert sombre. Fleurs blanches.

1. C. temulum L. *Sp.* — Tige de 4-8 déc., dressée, rameuse, striée, renflée sous les nœuds, hispide et ord. tachée de brun inférieurement. Feuilles bipinnatiséquées, pubescentes, à segments ovales oblongs, pinnatifides, à lobes ord. incisés ou dentés. Ombelles longuement pédonculées, à 5-10 rayons, penchées avant la floraison. Involucelles à folioles ovales lancéolées, ciliées, réfléchies. ♃. Juin-juillet.

C. — Haies, buissons, lieux incultes. — *Ind.?*

Nous avons rencontré dans les haies de Menchecourt près Abbeville, le *Myrrhis odorata* Scop. (Vulg. *Cerfeuil musqué*), probablement échappé de quelque jardin. Cette espèce aromatique citée comme subspontanée autour des habitations, se reconnaît à ses tiges de 6-8 déc., velues, à ses feuilles mollement pubescentes tripinnatiséquées, les radicales très-grandes, à ses ombelles terminales à rayons ord. nombreux, à son involucre nul et ses involucelles à folioles lancéolées acuminées, membraneuses, à ses fleurs blanches, à ses fruits gros, oblongs acuminés, noirs luisants, odorants, à côtes égales, carénées tranchantes.

22. SCANDIX Gaertn. *Fruct.*

Dents du calice peu distinctes. Pétales obovales tronqués, à pointe infléchie. *Fruit comprimé par le côté, prolongé en un bec linéaire 3-4 fois plus long que les carpelles. Carpelles oblongs à 5 côtes égales obtuses*, les latérales placées au bord. Vallécules colorées, à bandelettes non distinctes. Columelle presqu'indivise. Involucre nul ou à 1 foliole ; involucelles à plusieurs folioles. — Fleurs blanches.

1. S. Pecten-Veneris L. *Sp.* — (Vulg. *Peigne de Vénus*). — Tige de 2-3 déc., striée, pubescente, rameuse, à rameaux étalés. Feuilles bi-tripinnatiséquées, à segments multipartits, à lobes linéaires aigus. Ombelles à 2-3 rayons courts. Fruit cilié scabre, à bec très-long et comprimé par le dos. Involucelles à folioles ovales entières ou bi-trifides. ①. Juin-août.

CC. — Moissons. — *Intr.*

S.-v. *hirsuta*. — Tiges et rameaux très-poilus, glanduleux. — Le Hourdel ; champs près le bois de Rampval à Mers (*E. Gonse*).

23. CONIUM L. *Gen.*

Dents du calice nulles. Pétales obovales échancrés, à pointe courte infléchie. *Fruit subglobuleux, comprimé par le côté, presque didyme, dépourvu de bec et d'aiguillons. Carpelles à 5 côtes* saillantes ondulées crénelées, les latérales placées au bord. Vallécules striées, à bandelettes non distinctes. Columelle bifide. *Graine à face commissurale creusée d'un sillon profond.* Involucre et involucelles à plusieurs folioles. — Pl. d'un vert sombre, à odeur vireuse. Fleurs blanches.

1. C. maculatum L. *Sp.* — (Vulg. *Ciguë*). — Tige de 6-12 déc., dressée, rameuse, striée, fistuleuse, parsemée surtout inférieurement de taches d'un brun rougeâtre. Feuilles bi-tripinnatiséquées, à segments pinnatifides, à lobes ovales oblongs, incisés ou dentés. Ombelles à rayons nombreux inégaux, ouverts. Involucre à folioles petites, lancéolées, acuminées, réfléchies, scarieuses aux bords. Involucelles à folioles réfléchies, rejetées en dehors, plus courtes que l'ombellule. ♃. Juin-août.

A.C. — Décombres, lieux incultes, bords des chemins. — *Intr.* — Abbeville ; Les Croisettes près Behen ; Mers ; Le Crotoy ; Aveluy ; Saint-Valery (*T.C.*) ; Guerbigny (*Guilbert*) ; Amiens, Ailly-sur-Somme (*Rom.*) ; Saint-Maurice (*P. Fl.*).

24. SELINUM Hoffm *Umbell.*

Dents du calice nulles. Pétales obovales échancrés, à pointe infléchie. *Fruit comprimé par le dos, entouré de 2 ailes par l'écartement des ailes latérales des 2 carpelles. Carpelles oblongs, à 5 côtes ailées, les latérales plus larges membraneuses* placées au bord. Vallécules à 1 bandelette, les extérieures qqf. à 2. Columelle bipartite. Involucre nul ou à 1-2 folioles ; involucelles à plusieurs folioles. — Pl. glabre. Fleurs blanches.

1. S. Carvifolium L. *Sp.* — Tige de 3-7 déc., dressée, rameuse, sillonnée anguleuse, à angles saillants. *Feuilles* bi-tripinnatiséquées *à segments pinnatifides, à lobes linéaires* mucronés ; les supérieures à pétiole dilaté. Ombelles à rayons nombreux. ♃. Juillet-septembre.

R. — Prés tourbeux humides. — Faubourg Saint-Gilles à Abbeville ; Bourdon, Renancourt près Amiens, Fouencamps, Camon (*E. Gonse*) ; Pont-de-Metz, Cagny (*Richer*) ; Ailly-sur-Somme (*Rom.*) ; marais de Mareuil (*B. Not. manuscr.*).

25. ANGELICA L. *Gen.* ex parte.

Dents du calice nulles. Pétales entiers, lancéolés acuminés, à pointe droite ou incurvée. *Fruit comprimé par le dos, entouré de 2 ailes par l'écartement des ailes latérales des*

2 *carpelles. Carpelles oblongs, à 5 côtes, les 3 dorsales filiformes* saillantes, les latérales largement ailées membraneuses, placées au bord. Vallécules à 1 bandelette. Columelle bipartite. *Involucre nul ou à 1-2 folioles;* involucelles à plusieurs folioles. — Fleurs blanches.

1. A. sylvestris L. *Sp.* — (Vulg. *Angélique sauvage*). — Tiges de 6-12 déc., dressées, robustes, fistuleuses, striées, rameuses, d'un vert glauque ou rougeâtre. *Feuilles bi-tripinnatiséquées, à segments très-grands, ovales ou lancéolés aigus, dentés,* plus pâles en dessous ; les supérieures à pétiole largement dilaté à la base. Ombelles à rayons très-nombreux, pubescents. Involucelles à folioles subulées. ♃. Juillet-septembre.

CC. — Prés humides, bois ombragés.

26. PEUCEDANUM Koch *Umbell.*

Dents du calice qqf. peu distinctes. *Pétales obovales émarginés ou presqu'entiers, égaux, à pointe infléchie. Fruit comprimé par le dos, entouré d'un rebord aplani par le rapprochement des ailes latérales des 2 carpelles. Carpelles* oblongs à 5 côtes, *les 3 dorsales filiformes,* les latérales placées au bord dilatées en une aile plus ou moins épaisse, aplanie. *Vallécules à 1 bandelette environ de la longueur du carpelle.* Columelle bipartite. Involucre et involucelles à plusieurs folioles. — Pl. glabre. Fleurs blanches.

1. P. palustre Mœnch. *Meth.* — *Selinum palustre* L. *Fl. Suec.* — *Thysselinum palustre* Hoffm. *Umbell.* — Tige de 6-10 déc., dressée, sillonnée, rameuse supérieurement. *Feuilles bi-tripinnatiséquées, à segments pinnatipartits, à lobes lancéolés acuminés, scabres aux bords.* Ombelles à rayons très-nombreux, inégaux. Involucre et involucelles à folioles linéaires lancéolées, membraneuses aux bords, réfléchies. ♃. Juillet-septembre.

RR. — Prés humides, marais tourbeux. — Faubourg Saint-Gilles à Abbeville ; Mareuil ; Suzanne ; Larronville près Rue ; Camon, Fouencamps, Brie (*E. Gonse*); Le Mesnil-Bruntel (*F. Debray*) ; Gouy (*Baill.* Herb.); vallée d'Authie (*P.* Fl.) ; Fortmanoir (*Picard* Not. manuscr.).

27. PASTINACA Tourn. *Inst.*

Dents du calice peu distinctes. *Pétales* suborbiculaires entiers, *enroulés en dedans. Fruit comprimé par le dos, entouré d'un rebord aplani par le rapprochement des ailes latérales des 2 carpelles. Carpelles oblongs suborbiculaires, à 5 côtes, les 3 dorsales filiformes, les latérales dilatées en une aile aplanie, placées au bord, écartées des dorsales. Vallécules à 1 bandelette environ de la longueur du carpelle.* Columelle bipartite. Involucre et involucelles ord. nuls. — *Fleurs jaunes.*

1. P. sativa L. *Sp.* — Tige de 3-10 déc., sillonnée anguleuse, rameuse. *Feuilles pinnatiséquées, à segments très-grands*, ovales ou oblongs, profondément bi-trilobées, à lobes inégalement incisés crénelés. Ombelles à rayons nombreux ; ombelle centrale ord. longuement dépassée par les latérales. ②. Juillet-août.

Var. α. *sylvestris* (DC. *Prodr.* — Vulg. *Panais sauvage*). — Racine grêle. Feuilles pubescentes au moins en dessous. — C. - Coteaux incultes, bords des chemins. — *Ind.?* — Abbeville ; Saint-Valery ; Tilloy-Floriville ; Gamaches ; Quend ; Picquigny ; Amiens ; Jumel ; Bray-sur-Somme ; Cappy ; Doullens ; Ailly-sur-Noye, Longpré près Amiens (*E. Gonse*) ; Gamaches, Villers-Tournelle, Guerbigny (*Guilbert*).

Var. ε. *edulis* (DC. *Prodr.* — Vulg. *Panais*). — Racine épaisse charnue. Feuilles glabres, luisantes surtout en dessus. — Cultivé qqf. dans les potagers.

28. HERACLEUM L. *Gen.*

Dents du calice distinctes. *Pétales obovales échancrés, à pointe infléchie, les extérieurs rayonnants profondément bifides. Fruit comprimé par le dos, entouré d'un rebord aplani par le rapprochement des ailes latérales de 2 carpelles. Carpelles oblongs suborbiculaires, à 5 côtes, les 3 dorsales filiformes, les latérales placées au bord, dilatées en aile aplanie. Vallécule à 1 bandelette* épaissie inférieurement en massue, *dépassant à peine la moitié supérieure du carpelle.* Columelle bipartite. Involucre à folioles caduques ; involucelles à plusieurs folioles. — Fleurs blanches.

1. H. Sphondylium L. *Sp.* — Tige de 6-15 déc., robuste, dressée, fistuleuse, profondément sillonnée, velue hérissée rude, rameuse supérieurement. Feuilles un peu rudes en dessus, pubescentes en dessous, pinnatiséquées, à segments amples bi-trilobés, ou pinnatipartites, à lobes ovales ou oblongs inégalement crénelés ou dentés. Ombelles très-grandes, à rayons nombreux. Fruit d'abord pubescent, puis glabre. ②. Juin-septembre.

CC. — Prairies, bords des fossés, bois humides.

** *Carpelles munis de 5 côtes primaires et de 4 côtes secondaires.*

29. DAUCUS Tourn. *Inst.*

Dents du calice petites, distinctes. Pétales obovales, échancrés, à pointe infléchie, les extérieurs rayonnants, profondément bifides. Fruit comprimé par le dos. *Carpelles oblongs à 5 côtes primaires* filiformes, *hérissées de soies courtes*, à *4 côtes secondaires* saillantes ailées, *munies d'un rang d'aiguillons* adhérents entre eux à la base. Vallécules à 1 bandelette placée sous chaque côte secondaire. Columelle indivise ou bifide. *Involucre à plusieurs folioles triséquées ou pinnatiséquées*, à segments linéaires ; involucelles à plusieurs folioles triséquées ou entières. — Fleurs blanches, qqf. rosées.

1. D. Carota L. *Sp.* — Tige de 3-8 déc., dressée, hispide rude, striée, rameuse. Feuilles bi-tripinnatiséquées, à segments pinnatifides, à lobes lancéolés acuminés. Ombelles à rayons très-nombreux, inégaux, les latéraux plus longs se redressant après la floraison et donnant à l'ombelle une forme concave. Fleur centrale ord. purpurine, stérile. Involucre à folioles égalant l'ombelle ou plus courtes ; involucelles à folioles dépassant ord. l'ombellule. Fruit à aiguillons subulés égalant environ son diamètre transversal. ②. Juin-octobre.

CC. — Lieux cultivés ou incultes, prairies, coteaux secs.

S.-v. *pusillus* (Coss. et Germ. *Fl.*). — Pl. naine. Involucre et involucelles à folioles ord. entières. Fruit à aiguillons presqu'avortés. — Lieux très-arides.

Var. ϐ. *maritimus* (D. *maritimus* With. *Brit.* — D. *Gummifer* Lmk.). — Pl. robuste. Tige de 1-2 déc., épaisse, flexueuse, rameuse dès la base, hérissée inférieurement de longs poils blancs, étalés, réfléchis. Feuilles un peu épaisses, à segments pinnatipartits, à lobes courts, ovales, obtus dans les feuilles inférieures. Ombelle à rayons nombreux, serrés à la maturité. Fruit à aiguillons courts, droits ou infléchis. Involucre et involucelles à folioles largement scarieuses. — R. — Eboulements des falaises. — Mers. — Se trouve aussi au Tréport [Seine-Inférieure].

Var. γ. *sativus* (Coss. et Germ. *Fl.* — Vulg. *Carotte*). — Racine fusiforme épaisse, charnue, blanche, jaune ou rouge. — Cultivé en plein champ et dans les potagers.

30. ORLAYA Hoffm. *Umbell.*

Dents du calice petites, distinctes. *Pétales obovales échancrés, à pointe infléchie, les extérieurs très-grands rayonnants* profondément bifides. Fruit comprimé par le dos.

Carpelles ovales oblongs, *à 5 côtes primaires* filiformes, *hérissées de soies courtes, à 4 côtes secondaires* presqu'ailées, *munies de 2-3 rangs d'aiguillons*. Vallécules à 1 bandelette placée sous chaque côte secondaire. Columelle bipartite. *Involucre et involucelles à plusieurs folioles* entières. — Pl. glabre ou presque glabre. Fleurs blanches.

1. O. grandiflora Hoffm. *Umbell.* — *Tige* de 2-3 déc., *glabre ou presque glabre*, dressée, rameuse dès la base. *Feuilles bi-tripinnatiséquées*, à segments pinnatipartits, à lobes courts, linéaires aigus. *Ombelle* plane, *à 5-8 rayons*. Fruit gros, à aiguillons subulés crochus. Involucre à folioles lancéolées acuminées, membraneuses aux bords ; involucelles à folioles ovales cuspidées, largement scarieuses blanchâtres. ①. Juin-septembre.

R. — Moissons des terrains calcaires. — Caubert près Abbeville ; Caumondel près Huchenneville ; Villers-sur-Mareuil ; Thieulloy-la-Ville (*E. Gonse*) ; Abbeville (*B. Herb.* ; *Baill.* Herb.) ; Dury (*Garnier*) ; Mailly-Maillet (*Carette*) ; Bulgny-l'Abbé (*Lesaché*) ; Vauchelles-lès-Quesnoy (*Picard* Not. manuscr.) ; Saint-Quentin-La-Motte-Croix-au-Bailly, Cagny, Boves (*P. Fl.*).

31. TURGENIA Hoffm. *Umbell.*

Dents du calice sétacées. Pétales obovales échancrés, à pointe infléchie, les extérieurs rayonnants bifides. Fruit comprimé par le côté, presque didyme. *Carpelles* ovales acuminés, *à 5 côtes primaires et à 4 côtes secondaires presqu'égales, les 2 latérales à aiguillons* plus courts *disposés sur un seul rang, les 7 autres à aiguillons* presqu'égaux, *robustes subulés, disposés sur 2-3 rangs*. Vallécules à 1 bandelette placée sous chaque côte secondaire. Columelle bifide. Involucre et involucelles à plusieurs folioles. — Pl. hispide rude. Fleurs blanches ou rosées.

1. T. latifolia Hoffm. *Umbell.* — *Tige* de 3-5 déc., dressée, raide, sillonnée, simple ou peu rameuse, *munie de poils non réfléchis*. Feuilles pinnatiséquées, à segments oblongs lancéolés, incisés dentés. Ombelle à 2-4 rayons raides, anguleux. Fruit gros à aiguillons raides, rougeâtres. Involucre et involucelles à folioles oblongues, largement scarieuses. ①. Juin-août.

RR. — Moissons des terrains maigres. — *Intr.* — Saisseval, Clairy, Oissy (*Rom.*) ; Lhortoy (*E. Gonse*) ; Lawarde (*Dizengremel*).

32. CAUCALIS Hoff. *Umbell.*

Dents du calice lancéolées. *Pétales* obovales échancrés, à

pointe infléchie, les *extérieurs un peu plus grands, rayonnants,* bifides. Fruit un peu comprimé par le côté. *Carpelles oblongs, à 5 côtes primaires filiformes, hérissées de soies courtes, à 4 côtes secondaires saillantes, munies d'aiguillons* robustes subulés crochus, disposés ord. sur 1 rang. Vallécules à 1 bandelette placée sous chaque côte secondaire. Columelle un peu bifide. *Involucre nul ou presque nul;* involucelles à plusieurs folioles.

1. C. daucoïdes L. *Mant.* — *Tige* de 1-4 déc., dressée, striée, anguleuse, rameuse, à rameaux divariqués, *glabre ou velue à poils non réfléchis. Feuilles bi-tripinnatiséquées,* à segments très-petits, linéaires aigus, entiers ou incisés. *Ombelles à 2-4 rayons.* Fruit gros. Involucelles à folioles linéaires, hérissées. ⊙. Juin-août.

A.C. — Moissons des terrains calcaires, champs en friche. — *Intr.* — Inval près Huchenneville ; Bailleul ; Bray-lès-Mareuil ; Moyenneville ; Maisnières ; Oust-Marest ; Eaucourt ; Pont-Remy ; Francières ; Jumel ; La Faloise ; Wailly ; Tronchoy ; Yzeux, Gentelles, Ailly-sur-Noye, Dury, Saint-Fuscien, Boves, Nampsau-Mont (*E. Gonse*) ; Bovelles (*Rom.*) ; Essertaux (**Copineau**).

Le *C. leptophylla* (L. *Sp.*) signalé à Cagny, Boves, Querrieux (*B. Extr. Fl.; P. Fl.*), n'y a pas été retrouvé à notre connaissance. Cette espèce voisine du *C. daucoïdes* L. se distingue par sa tige plus grêle, couverte de poils réfléchis, par ses feuilles à segments très-étroits, par ses fruits plus petits, à aiguillons disposés sur 2-3 rangs.

33. TORILIS Adans *Fam.*

Dents du calice lancéolées. Pétales obovales échancrés, à pointe infléchie, les extérieurs un peu plus grands rayonnants, bifides. Fruit comprimé par le côté. *Carpelles oblongs à 5 côtes primaires filiformes hérissées de soies courtes, à 4 côtes secondaires cachées par des aiguillons couvrant toute la surface des vallécules.* Vallécules à 1 bandelette placée sous chaque côte secondaire. Columelle bifide. *Involucre à 1 ou plusieurs folioles, qqf. nul;* involucelles à plusieurs folioles linéaires, hérissées. — *Tiges couvertes de poils raides, réfléchis apprimés. Feuilles pinnatiséquées.* Fleurs blanches, rar. rosées.

1. { Ombelles subsessiles, latérales. . . . . 3. *T. nodosa.*
   { Ombelles longuement pédonculées, terminales 2

2. { Fruits à aiguillons presque droits, crochus au sommet.
   {   Involucre nul ou à 1 foliole. . . . . . . 2. *T. infesta.*
   { Fruits à aiguillons arqués, non crochus au sommet. Involucre à 4-5 folioles. . . . . 1. *T. Anthriscus.*

1. T. Anthriscus Gmel. *Fl. Bad.* — Tige de 5-8 déc.,

rameuse, à rameaux dressés. Feuilles à segments ovales lancéolés, incisés dentés, le terminal très-allongé. *Ombelles terminales, longuement pédonculées*, à 5-8 rayons. *Fruits petits à aiguillons courts* arqués, *non crochus au sommet. Involucre* et involucelles *à 4-5 folioles* linéaires subulées, hérissées. ②. Juin-septembre.

CC. — Lieux incultes, haies, bords des chemins et des bois. — Ind ?

2. T. infesta Dub. *Bot.* — *T. Helvetica* Gmel. *Fl. Bad.* — Tige de 2-4 déc., finement striée, rameuse, diffuse, à rameaux étalés ou divariqués. Feuilles à segments lancéolés pinnatipartits ou profondément incisés dentés, le terminal des feuilles supérieures lancéolé allongé. *Ombelles terminales,* longuement *pédonculées*, à 3-7 rayons. *Fruits* assez petits, à *aiguillons presque droits, crochus au sommet. Involucre nul ou à 1 foliole* membraneuse. ②. Juillet-septembre.

CC. — Lieux secs et pierreux, moissons des terrains calcaires. — *Intr.*

Var. *6. divaricata* (*T. Helvetica* var. *divaricata* DC. *Prodr.*). — Tige courte, rameuse dès la base, à rameaux très-divariqués. — Lieux très-arides, galets maritimes. — Cayeux ; Inval près Huchenneville.

3. T. nodosa Gærtn. *Fruct.* — Tige de 1-5 déc., couchée, à rameaux étalés allongés diffus. Feuilles à segments lancéolés pinnatipartits, à lobes linéaires entiers ou incisés dentés. *Ombelles subsessiles, latérales, opposées aux feuilles,* à 2-3 rayons très-courts ; ombellules agglomérées. Fruits assez petits, ceux du centre à soies caduques tuberculeux, ceux de la circonférence hérissés d'aiguillons crochus au sommet. ①. Juin-août.

C. — Lieux incultes, coteaux arides, bords des chemins. — *Ind.?* — Limeux ; Bailleul ; Cayeux-sur-Mer ; Mers ; Bovelles ; Ferrières (*Rom.*) ; Amiens, Saint-Fuscien, Cagny (*E. Gonse*) ; Abbeville (*Baill.* Herb.) ; Saint-Quentin-La-Motte-Croix-au-Bailly, Dury, Boves (*P. Fl.*).

XXXIX. HÉDÉRACÉES.

Fleurs régulières. Calice à 4-5 dents. Corolle à 4-5 pétales. *Etamines* 4-5. *Ovaire* infère, *adhérent au réceptacle.* Style 1. *Fruit (baie ou drupe) à 2-5 loges monospermes.* — Arbrisseaux à feuilles simples entières ou lobées, dépourvues de stipules.

HÉRÉDACÉES.

1
- Arbrisseaux grimpants. Feuilles alternes persistantes. . . . . HEDERA (1).
- Arbrisseaux non grimpants. Feuilles opposées caduques. . . . . CORNUS (2).

1. HEDERA Tourn. *Inst.*

Calice à 5 dents. Pétales et étamines 5. *Baie globuleuse à 5 loges.* — Arbrisseau sarmenteux *grimpant. Feuilles alternes persistantes.*

1. H. Helix L. *Sp.* — (Vulg. *Lierre*). — Tiges ord. très-longues s'attachant aux arbres et aux pierres au moyen de racines adventives. Feuilles coriaces, glabres luisantes en dessus, à 3-5 lobes triangulaires, le terminal plus grand, celles des rameaux florifères ovales acuminées, entières. *Fleurs* verdâtres, *en ombelles subglobuleuses.* Baie noire. ♃. Septembre-octobre.

CC. — Vieux murs, troncs d'arbres.

S.-v. *prostrata* (Coss. et Germ. *Fl.*). — Tiges stériles, grêles, étalées sur la terre. Feuilles plus petites.

2. CORNUS Tourn. *Inst.*

Calice à 4 dents. Pétales et étamines 4. *Drupe à noyau biloculaire.* — *Arbrisseaux plus ou moins élevés. Feuilles* entières *opposées, caduques.*

1
- Fleurs blanches, paraissant après les feuilles. Fruit globuleux noir. . . . . 1. *C. sanguinea.*
- Fleurs jaunes, paraissant avant les feuilles. Fruit oblong rougeâtre . . . . 2. *C. mas.*

1. C. sanguinea L. *Sp.* — Arbrisseau à rameaux pubescents, rougeâtres. Feuilles ovales acuminées, pubescentes en dessous. *Fleurs blanches, paraissant après les feuilles,* disposées en corymbe plan, dépourvu d'involucre. *Fruit* petit *globuleux, noir.* ♄. Fl. juin-juillet. Fr. septembre-octobre.

CC. — Haies, bois.

2. C. mas L. *Sp.* — (Vulg. *Cornouiller*). — Arbrisseau à rameaux grisâtres. Feuilles ovales acuminées d'un vert pâle en dessous. *Fleurs jaunes, paraissant avant les feuilles,* disposées en petites ombelles latérales et terminales, munies d'un involucre à 4 folioles. *Fruit* assez gros, *oblong, rougeâtre,* d'une saveur douce. ♄. Fl. mars-avril. Fr. septembre-octobre.

A.C. — Haies, bois. — Drucat; Pont-Remy; Huchenneville; Wailly; bois du Gard près Picquigny (*T.C.*); Bovelles, Ferrières,

Ailly-sur-Somme (*Rom.*); Bacouel, Creuse, Mailly, Ailly-sur-Noye, Dury, Vignacourt, Yseux (*E. Gonse*); Essertaux (*Copineau*); Laboissière, Vadencourt, Coullemelle, Guerbigny (*Guilbert*); Mailly-Maillet (*Carette*); Bray-lès-Mareuil, Mareuil (*B. Extr. Fl.*); Cagny, Allonville (*P. Fl.*).

XL. LORANTHACÉES.

Fleurs unisexuelles, régulières. Fleur mâle : calice à 4 divisions. Corolle nulle. *Étamines* 4, à anthères sessiles. Fleur femelle : calice à bord entier, à peine visible. Corolle à 4 pétales squamiformes charnus. *Ovaire adhérent au réceptacle*. Stigmate sessile, obtus. Fruit (baie) globuleux, uniloculaire, monosperme. — *Arbrisseau parasite sur l'écorce des arbres.*

1. VISCUM Tourn. *Inst.*

Caractères de la famille.

1. V. album L. *Sp.* — (Vulg. *Gui*). — Tige de 2-5 déc., à rameaux dichotomes articulés, glabres, d'un vert jaunâtre. Feuilles opposées, oblongues obtuses, épaisses, coriaces, persistantes. *Fleurs* peu apparentes, jaunâtres, *en cymes 2-5-flores*, sessiles. Baie blanche transparente, remplie d'un mucilage visqueux. ♄. Mars-avril.

CC. — Parasite sur les vieux arbres, surtout sur les Pommiers et les Peupliers.

XLI. GROSSULARIÉES.

Fleurs régulières. Calice campanulé à 5 rar. 4 divisions ord. colorées, plus apparentes que la corolle. Corolle à 5 rar. 4 pétales très-petits. *Étamines 5, rar. 4. Ovaire adhérent au réceptacle*. Fruit bacciforme, pulpeux succulent, couronné par le calice persistant, uniloculaire, polysperme. — *Arbrisseaux* très-rameux avec ou sans épines. Feuilles pétiolées, alternes ou fasciculées, palmatilobées, sans stipules. Fleurs naissant avec les feuilles, en grappes ou subsolitaires.

1. RIBES L. *Gen.*

Caractères de la famille.

1 { Arbrisseau épineux. Fleurs subsolitaires. *1. R. Uva-crispa.*
{ Arbrisseau non épineux. Fleurs en grappes pluriflores . 2

2 { Calice glabre. Baie rouge, plus rar. blanchâtre . . . . .
. . . . 2. R. rubrum.
Calice pubescent glanduleux. Baie noire. . 3. R. nigrum.

1. R. Uva-crispa L. *Sp.* — *Arbrisseau* de 8-15 déc., à rameaux nombreux, *munis d'épines robustes tripartites*. Feuilles à 3-5 lobes obtus, incisés dentés. *Fleurs* verdâtres *1-3*, portées sur un pédoncule court. Calice velu, à divisions réfléchies. Baie ovoïde ou globuleuse, verdâtre ou rougeâtre, veinée hérissée ou glabre, d'une saveur sucrée. ♃. Fl. avril. Fr. juin-juillet.

Var. α. *Uva-crispa* (Coss. et Germ. *Fl.*). — Feuilles petites, pubescentes sur les deux faces. Baie glabre, verdâtre. — C. — Haies, buissons. — *Ind.?* — Abbeville; Drucat; Caumartin près Crécy; Huchenneville; Guerbigny (*Guilbert*); Cambron (*T.C.*); Bovelles, Fourdrinoy (*Rom.*); Rivery (*P.* Fl.).

Var. ϐ. *Grossularia* (Coss. et Germ. *Fl.* — Vulg. *Groseiller-à-Maquereau*). — Feuilles plus grandes, ord. glabres et luisantes en dessus. Baie plus grosse, glabre ou hérissée de poils caducs, souv. rougeâtre. — Cultivé dans les jardins.

2. R. rubrum L. *Sp.* — (Vulg. *Groseiller*). — *Arbrisseau* de 10-15 déc., *non épineux*. Feuilles cordées à la base, à 3-5 lobes obtus, crénelés dentés, pubescentes en dessous. *Fleurs* d'un vert pâle, ord. tachées de brun en dedans, *en grappes pluriflores* pendantes. *Calice glabre*, campanulé rotacé. *Baie rouge, plus rar. blanchâtre*, petite, globuleuse, glabre, acide. ♃. Fl. avril-mai. Fr. Juillet-août.

Cultivé dans les jardins. — Qqf. subspontané. — Bois Nul-s'y-Frotte près Péronne (*F. Debray*).

S.-v. *album* (Vulg. *Groseiller blanc*). — Baie blanchâtre.

3. R. nigrum L. *Sp.* — (Vulg. *Groseiller noir, Cassis*). — Arbrisseau de 10-15 déc., non épineux. Feuilles cordées à la base, à 3-5 lobes aigus crénelés un peu dentés, pubescentes glanduleuses en dessous, à glandes jaunâtres odorantes. Fleurs verdâtres, rougeâtres en dedans, en grappes pendantes, pubescentes. *Calice pubescent glanduleux*, élargi, à divisions réfléchies. *Baie noire*, globuleuse, glabre, d'une saveur aromatique. ♃. Fl. avril-mai. Fr. juillet.

Cultivé dans les jardins. — Qqf. subspontané.

XLII. SAXIFRAGÉES.

Fleurs régulières, qqf. incomplètes. Calice à 5, plus rar. à 4 divisions, persistant. Corolle à 5, plus rar. à 4 pétales ou nulle. *Etamines 10, plus rar. 8. Ovaire* plus ou moins *adhérent au réceptacle.* Styles 2 ; stigmates dilatés. *Fruit* capsulaire, *ord. biloculaire*, à loges polyspermes, composé de 2 carpelles se séparant plus ou moins complètement à la maturité. Graines très-petites. — *Pl. herbacées.* Feuilles sans stipules. *Fleurs en cyme ou en corymbe.*

1. SAXIFRAGA L. *Gen.*

Calice à 5 divisions. *Pétales 5.* Etamines 10. Styles persistants. Capsule s'ouvrant par un pore entre les styles. — Fleurs blanches.

1
{ Racine grêle sans bulbilles. Pédicelles 4-5 fois plus longs que le fruit. . . . . 1. *S. tridactylites.*
Souche à fibres munies de bulbilles nombreux. Pédicelles très-courts. . . . . 2. *S. granulata.*

1. S. tridactylites L. *Sp.* — *Racine grêle.* Tige de 5-10 cent., dressée, souv. rameuse, pubescente visqueuse. Feuilles un peu charnues ; les radicales en rosette irrégulière, pétiolées spatulées, ord. entières ; les caulinaires sessiles, cunéiformes, à 3-5 lobes ; les supérieures linéaires entières. *Fleurs assez petites, en cymes irrégulières; pédicelles* fructifères filiformes *4-5 fois plus longs que le fruit.* ①. Mars-mai.

CC. — Vieux murs, toits de chaume, champs pierreux. — Ind. ?

2. S. granulata L. *Sp.* — *Souche à fibres munies de bulbilles* nombreux. Tige de 2-4 déc., dressée, simple, rameuse au sommet, pubescente visqueuse supérieurement. Feuilles inférieures rapprochées, longuement pétiolées, réniformes, largement crénelées ; les supérieures sessiles, cunéiformes palmatilobées ; les florales 3 lobées ou linéaires. *Fleurs assez grandes, en corymbe terminal* pauciflore ; *pédicelles* fructifères, *très-courts.* ♃. Avril-juin.

R. — Coteaux, bords des bois. — Tœufles ; Bovelles, Ferrières, Montonvillers, Val-de-Maison près Talmas (*Rom.*); Fieffes (*T.C.*); Neuilly-l'Hôpital, Longuevillette (*Baill.* Herb.) ; Montdidier (*Dufourny*) ; Villers-Tournelle, Sainte-Segrée, Namps-au-Val ; Villers-Bretonneux, Prouzel (*E. Gonse*) ; Notre-Dame-de-Grâce près Amiens (*Richer, Copineau*) ; Warloy-Baillon (*Guilbert*).

Le *Chrysosplenium oppositifolium* (L. *Sp.*) et le *C. alternifolium* (L. *Sp.*), se trouvent à Sorus et à Monthuy près Montreuil [Pas-de-Calais] (*Baill.* Herb.). — Le *C. oppositifolium* est aussi indiqué dans la forêt d'Eu [Seine-Inférieure] (*B. Extr. Fl.*), et dans la forêt d'Hesdin [Pas-de Calais] (*Picard* Not. manuscr.). — Le genre *Chrysosplenium* (L. *Gen.*) se reconnaît aux caractères suivants : calice à 4 divisions ; corolle nulle ; étamines 8 ; styles 2 ; capsule uniloculaire, s'ouvrant en 2 valves au sommet. Ce sont des plantes succulentes, croissant dans les lieux humides, à tiges de 1-2 déc., radicantes à la base, dichotomes supérieurement, à fleurs en cymes glomérulées, à feuilles florales et à divisions du calice colorées en jaune. — Le *C. oppositifolium* se distingue par ses feuilles opposées, semiorbiculaires, tronquées ou atténuées à la base, faiblement crénelées, les radicales brièvement pétiolées. — Le *C. alternifolium* diffère par ses feuilles alternes, réniformes, fortement crénelées, les radicales longuement pétiolées.

SUBDIV. II.

MONOPÉTALES ou GAMOPÉTALES.

Fleurs à périanthe double, l'interne à divisions (pétales) plus ou moins réunies entre elles.

XLIII. CAPRIFOLIACÉES.

Fleurs régulières ou irrégulières. Calice à 2-5 divisions. Corolle 4-5 fide. Étamines 5-10 insérées sur la corolle. *Ovaire infère, adhérent au réceptacle. Fruit (baie) à 3-5 loges*, souv. uniloculaire par avortement. — *Arbrisseaux* plus ou moins élevés, *rar. plantes herbacées. Feuilles opposées*.

1. { Pl. grêle herbacée. Étamines 8-10 . . . . . . Adoxa (1).
   { Pl. robuste ord. ligneuse. Étamines 5 2
2. { Feuilles pinnatiséquées. . . . . Sambucus (2).
   { Feuilles simples, entières, lobées ou dentées. 3
3. { Corolle campanulée rotacée à 5 lobes . . . Viburnum (3).
   { Corolle tubuleuse infundibuliforme bilabié. Lonicera (4).

1. ADOXA L. *Gen.*

Calice à 2-3 divisions. Corolle rotacée, à 4-5 divisions planes. *Étamines 8-10*, insérées 2 à 2 entre les divisions de la corolle. Baie globuleuse, verdâtre, couronnée par les divisions du calice accrues, persistantes. — *Pl. herbacée grêle*, glabre glaucescente. *Fleurs en petite tête globuleuse* terminale.

1. A. Moschatellina L. *Sp.* — Souche horizontale, blanchâtre, écailleuse. Tige de 10-15 cent., simple, grêle, ne portant qu'une paire de feuilles. Feuilles radicales longuement pétiolées, à 3 segments pétiolés triséqués, à lobes incisés ; les caulinaires opposées triséquées. Fleurs d'un vert jaunâtre 4-6, à calice à 3 divisions, à corolle à 5 divisions, à 10 étamines et à 5 styles ; la terminale seule à calice à 2 divisions, à corolle à 4 divisions, à 8 étamines et à 4 styles. ♃. Avril-mai.

A.C. — Bois ombragés, lieux frais, bords des haies. — Caubert près Abbeville ; Drucat ;-Huchenneville ; Cambron ; Regnières-Ecluse ; Tœufles (*F. Grout*) ; Bertangles, Villers-Bretonneux, Picquigny, Vignacourt, Namps (*E. Gonse*) ; Pont-Remy (*Tripier*) ; Bovelles, Ferrières (*Rom.*) ; Boves, Essertaux (*Copineau*) ; Saint-Riquier, Brocourt (*H. Sueur*) ; Vismes-au-Val, Martainneville (*Guilbert*) ; Querrieux, Cagny, Dury (*P. Fl.*).

2. SAMBUCUS L. *Gen.*

Calice petit, à 5 dents. Corolle rotacée, à 5 lobes étalés. *Etamines* 5. Stigmates 3-5, sessiles. Baie noire globuleuse à 3-5 graines. — *Arbrisseaux plus ou moins élevés ou plante herbacée robuste. Feuilles pinnatiséquées.* Fleurs en corymbe.

1 { Pl. herbacée. Stipules foliacées . . . . 1. *S. Ebulus.*
  { Arbrisseau. Stipules nulles ou très-petites. . 2. *S. nigra.*

1. S. Ebulus L. *Sp.* — (Vulg. *Yéble*). — *Pl. herbacée*, glabre. Tiges de 6-12 déc., dressées, cannelées. Feuilles à segments lancéolés dentés. *Stipules* inégales, *foliacées*, ovales, dentées. *Fleurs* blanches, qqf. rosées en dehors, *en corymbe plan à 3 rameaux principaux.* ♃. Fl. juin-août. Fr. septembre-octobre.

A.R. — Bords des chemins et des fossés, buissons. — *Ind. ?* — Caubert près Abbeville ; Huppy ; Liercourt ; Senarpont ; Ercourt ; Saigneville ; Saint-Léger ; Rumaisnil, Flers, Doingt (*E. Gonse*) ; Coullemelle, Laboissière, Guerbigny, Frettemeule, Vismes-au-Val (*Guilbert*) ; Bouttencourt (*F. Debray*) ; Querrieux, Cottenchy, Saint-Fuscien, Dreuil, Molliens-Vidame, Oissy (*P. Fl.*).

2. S. nigra L. *Sp.* — (Vulg. *Sureau.* — En Picard *Séhu*). — *Arbrisseau* élevé à rameaux grisâtres verruqueux, remplis de moëlle blanchâtre. Feuilles à segments ovales aigus, dentés. *Stipules nulles ou très-petites. Fleurs* blanches, odorantes, *en corymbe* à 5 rameaux principaux. ♄. Fl. juin-juillet. Fr. septembre-octobre.

CC. — Haies, buissons. — *Ind. ?*

3. VIBURNUM L. *Gen.*

Calice très-petit, à 5 dents. *Corolle campanulée rotacée, à 5 lobes.* Etamines 5. Stigmates 3, sessiles. Baie monosperme.

CAPRIFOLIACÉES.

— Arbrisseaux plus ou moins élevés. *Fleurs* blanches *en corymbes* plans.

1
- Feuilles ovales dentées. Fleurs toutes semblables fertiles. . . . . 1. *V. Lantana.*
- Feuilles profondément lobées. Fleurs de la circonférence du corymbe plus grandes rayonnantes, stériles . . . . 2. *V. Opulus.*

1. V. Lantana L. *Sp*. — (Vulg. *Viorne*). — Rameaux flexibles, couverts au sommet de poils étoilés. *Feuilles ovales, dentées* à nervures saillantes, tomenteuses en dessous, à pubescence étoilée. Stipules nulles. *Fleurs toutes semblables fertiles.* Baie comprimée rouge, puis noire. ♄. Fl. mai. Fr. août-octobre.

C. — Bois, haies.

2. V. Opulus L. *Sp*. — Rameaux cassants, glabres. *Feuilles* glabres ou un peu pubescentes en dessous, ord. à *3 lobes profonds* inégalement incisés dentés. Stipules sétacées *Fleurs de la circonférence* du corymbe beaucoup *plus grandes rayonnantes, stériles*. Baie globuleuse rouge. ♄. Fl. mai-juin. Fr. septembre-octobre.

C. — Bois, lieux humides, haies, bords des fossés.

Var. 6. *sterilis* (DC. Prodr. — Vulg. *Boule-de-Neige*). — Fleurs toutes stériles en corymbe serré globuleux. — Planté dans les jardins et les parcs.

4. LONICERA L. Gen. ex parte.

Calice très-petit, urcéolé, à 5 dents. *Corolle tubuleuse infundibuliforme*, à 2 lèvres, la supérieure 4 lobée, l'inférieure entière, allongée roulée. Etamines 5. Style filiforme ; stigmate capité. Baie rouge, à 3 loges 2-4 spermes, ou uniloculaire par avortement. — Arbrisseaux sarmenteux volubiles. Feuilles entières, opposées. Fleurs très-odorantes, d'un blanc jaunâtre, rougeâtre en dehors.

1
- Feuilles toutes libres. Fleurs en faux verticille terminal pédonculé . . . . 1. *L. Periclymenum.*
- Feuilles supérieures connées perfoliées. Fleurs en tête terminale sessile . . . . 2. *L. Caprifolium.*

1. L. Periclymenum L. *Sp*. — (Vulg. *Chèvrefeuille sauvage*). — Jeunes rameaux un peu pubescents au sommet. *Feuilles* ovales aigues, brièvement pétiolées ; les florales sessiles, *libres. Fleurs* sessiles, *en faux verticille terminal pédonculé*. ♄. Fl. juin-août. Fr. septembre-octobre.

C. — Bois, haies.

† **2. L. Caprifolium** L. *Sp.* — (Vulg. *Chèvrefeuille*). — Jeunes rameaux glabres, souv. rougeâtres. *Feuilles* ovales glabres ; les inférieures pétiolées ; les *supérieures* plus ou moins *connées ; les florales perfoliées. Fleurs sessiles en tête terminale sessile.* ♄. Fl. juin-juillet. Fr. août-septembre.

Planté dans les parcs. — Qqf. naturalisé dans le voisinage des habitations.

XLIV. CUCURBITACÉES (1).

Fleurs monoïques ou dioïques, régulières. Calice et corolle à 5 divisions. Etamines 5 ; 4 réunies par paire, 1 libre. Anthères extrorses, linéaires flexueuses. *Ovaire* infère, *adhérent au réceptacle.* Style 1 ; stigmates 3, bilobés. *Fruit bacciforme ou charnu* à 3-5 loges, couronné par la cicatrice du calice et de la corolle. — *Tiges grimpantes ou rampantes*, anguleuses, *munies de vrilles.* Feuilles alternes, palmatilobées.

1. BRYONIA L. Gen.

Fleurs dioïques. Calice campanulé 5 fide. Corolle campanulé 5 partite. *Fruit* petit, globuleux *bacciforme, à 3 loges ord. 2 spermes.*

1. B. dioica Jacq. *Austr.* — Pl. *grimpante sarmenteuse*, à racine très-grosse charnue. Tiges de 2-4 mètres, grêles, anguleuses, rudes, velues. Feuilles rudes, à 5 lobes profonds aigus, le terminal plus grand. Fleurs assez petites, d'un jaune verdâtre, en petits corymbes axillaires, pédonculés dans les fleurs mâles, presque sessiles dans les femelles. Baie d'un rouge luisant à la maturité, à suc visqueux. ♃. Juin-septembre.

CC. — Bords des bois, haies.

On cultive dans les potagers plusieurs CUCURBITACÉES, le *Cucumis sativus* (L. *Sp.* — Vulg. *Cornichon, Concombre*), le *C. Melo* (L. *Sp.* — Vulg. *Melon*), le *Cucurbita maxima* (Duch. in Lmk *Encycl.* — Vulg. *Potiron*) et le *C. Pepo* (Seringe in DC. *Prodr.* — Vulg. *Citrouille, Giraumon*). Le genre *Cucumis* L. est principalement caractérisé par les anthères mucronées et par les graines obovales comprimées, à bord mince aigu. — Le *C. sativa* L. a les feuilles à lobes aigus et le fruit oblong, d'une saveur fade. — Le *C. Melo* L. a les feuilles à lobes arrondis et le fruit globuleux ou subglobuleux oblong, d'une saveur sucrée.

(1) La plupart des genres dans les *Cucurbitacées* sont à corolle polypétale, mais les espèces citées dans notre Flore ont la corolle monopétale.

Le genre *Cucurbita* L. se distingue par les anthères mutiques et les graines obovales à bord épaissi. — Le *C. maxima* Duch. a les feuilles à lobes arrondis peu profonds, les pédoncules non sillonnés à la maturité et le fruit ord. globuleux déprimé, souv. volumineux. — Le *C. Pepo* Ser. a les feuilles à lobes un peu aigus lobulés assez profonds, les pédoncules sillonnés à la maturité et le fruit de forme et de volume très-variables.

XLV. RUBIACÉES.

Fleurs ord. hermaphrodites. Calice à 4-6 dents, qqf. à peine distinctes ou nulles. Corolle rotacée, infundibuliforme ou campanulée. Etamines insérées sur le tube de la corolle, en nombre égal à celui de ses divisions, libres. *Ovaire* infère, *adhérent au réceptacle*. Style 1, souv. bifide ; stigmate 2. *Fruit sec, didyme*, à 2 carpelles subglobuleux, monospermes, indéhiscents se séparant ord. à la maturité, qqf. réduit à un seul par avortement. — Pl. herbacées. Tiges ord. tétragones. *Feuilles* sessiles, *ord. verticillées*. Stipules nulles.

1. { Calice à 6 dents profondes, s'accroissant après la floraison . . . . Sherardia (1).
    Calice à 4 dents courtes ou peu apparentes 2
2. { Corolle infundibuliforme campanulée . . . Asperula (2).
    Corolle rotacée. . . . . Galium (3).

1. SHERARDIA L. *Gen.*

Calice à 6 dents profondes, s'accroissant après la floraison. Corolle infundibuliforme, à limbe 4 fide. Fruit couronné par les dents du calice.

1. S. arvensis L. *Sp.* — Tiges de 1-3 déc., grêles, couchées étalées, très-rameuses, scabres. Feuilles ovales lancéolées aigues, hispides en dessus, ciliées aux bords, verticillées par 4-8. Fleurs lilas ou rosées en glomérules terminaux, entourés d'un involucre de feuilles. Fruit lisse, muni de poils courts apprimés. ①. Juin-octobre.

CC. — Moissons, lieux cultivés. — *Intr.*

2. ASPERULA L. *Gen.*

Calice à 4 dents très-courtes, disparaissant après la floraison. Corolle infundibuliforme campanulée, à limbe 4 rar. 3 fide.

	Fleurs bleues en glomérules dépassés par les feuilles d'un involucre............... *1. A. arvensis.*
1	Fleurs blanches ou rosées en cymes dépourvues d'involucre............................ 2

	Fruit glabre finement tuberculeux. Feuilles linéaires étroites............. *2. A. cynanchica.*
2	Fruit hérissé. Feuilles oblongues lancéolées. *3. A. odorata.*

1. A. arvensis L. *Sp.* — Tige de 2-3 déc., simple ou rameuse, dressée, un peu scabre. Feuilles un peu rudes aux bords ; les inférieures oblongues obovales, verticillées par 4 ; les supérieures linéaires obtuses, verticillées par 6-8. *Fleurs bleues, en glomérules* terminaux, *dépassés par un involucre de feuilles* longuement ciliées. Fruit lisse à la maturité. ①. Juin-juillet.

RR. — Moissons des terrains maigres. — *Intr.* — Hangest-sur-Somme (*T.C.*; *Baill.* Herb.) ; Amiens à Henriville (*Copineau*) ; Cramont (*B.* Not. manuscr.) ; environs de Doullens (*P.* Fl.).

2. A. cynanchica L. *Sp.* — Souche cespiteuse à racine pivotante. Tiges de 1-3 déc., nombreuses, lisses, rameuses diffuses, étalées ascendantes. *Feuilles* toutes *linéaires étroites*, mucronées, glabres, un peu rudes aux bords ; les inférieures verticillées par 4 ; les supérieures très-inégales, ord. opposées. *Fleurs d'un blanc rosé*, brièvement pédicellées, *en cymes terminales. Fruit glabre, finement tuberculeux.* ⚥. Juin-septembre.

CC. — Pelouses sèches, lieux arides, coteaux calcaires.

Var. 6. *densiflora* (Gren. et Godr. *Fl.*). — Tiges très-courtes, rapprochées, étalées. Fleurs nombreuses serrées. — Dunes de Saint-Quentin-en-Tourmont.

3. A. odorata L. *Sp.* — (Vulg. *Petit-Muguet*). — Pl. très-odorante à l'état sec. Souche traçante. Tiges de 1-3 déc., dressées, ord. simples, lisses. *Feuilles oblongues lancéolées*, ciliées scabres aux bords ; les inférieures verticillées par 4-6 ; les supérieures par 6-8. *Fleurs blanches*, pédicellées, *en cymes rapprochées en corymbe terminal. Fruit hérissé* de poils crochus. ⚥. Mai-juillet.

C. — Bois couverts. — Drucat ; Caux ; forêt de Crécy ; Ligescourt ; Estrées-lès-Crécy ; Laviers ; Pont-Remy ; Cambron ; Huchenneville ; Limeux ; Doudelainville ; Oust-Marest ; Franqueville ; forêt d'Arguel près Senarpont ; Ailly-sur-Noye ; Wailly ; La Faloise ; Aveluy ; Pernois ; Hiermont ; Vron ; Coullemelle (*Guilbert*) ; Essertaux (*Copineau*) ; Dury, Picquigny, Fourdrinoy, Famechon, Villers-Bretonneux, Le Cardonnois (*E. Gonse*) ; Querrieux, Bertangles (*P.* Fl.).

3. GALIUM L. Gen.

Calice à 4 dents très-petites, souv. peu apparentes. Corolle rotacée plane, à limbe 4 fide.

1. { Fleurs jaunes. 2
   { Fleurs blanches, blanchâtres, qqf. rougeâtres en dehors. 3

2. { Feuilles linéaires étroites, verticillées par 6-10. Fleurs en paniculcs dépassant longuement les feuilles. *2. G. verum.*
   { Feuilles ovales oblongues, verticillées par 4. Fleurs en cymes axillaires dépassées par les feuilles. *1. G. Cruciata.*

3. { Feuilles obtuses, non mucronées. 4
   { Feuilles aigues ou obtuses mucronées. 5

4. { Pl. grêle. Tiges de 3-5 déc., faibles. . . . *7. G. palustre.*
   { Pl. plus robuste dans toutes ses parties. Tiges de 6-10 déc., épaisses. Fleurs plus grandes. Floraison plus tardive. . . . . *8. G. elongatum.*

5. { Tiges lisses, glabres ou pubescentes 6
   { Tiges scabres. 9

6. { Corolle à divisions non cuspidées . . . . *6. G. sylvestre.*
   { Corolle à divisions cuspidées 7

7. { Tiges couchées étalées. Pl. des sables et des galets maritimes . . . . *5. G. neglectum.*
   { Tiges ascendantes ou dressées. Pl. des haies, des buissons et des prairies. 8

8. { Tiges de 6-15 déc., couchées ascendantes. Panicules très-amples, à rameaux étalés. Pédicelles fructifères ord. divariqués. . . . . *3. G. elatum.*
   { Tiges de 4-6 déc., ascendantes dressées. Panicules étroites, à rameaux plus ou moins dressés. Pédicelles fructifères dressés étalés . . . . *4. G. erectum.*

9. { Fleurs d'un beau blanc. Corolle plus large que le fruit. . . . . *9. G. uliginosum.*
   { Fleurs d'un blanc sale ou verdâtre. Corolle plus étroite que le fruit. 10

10. { Feuilles scabres de haut en bas. Fleurs en panicules lâches, axillaires et terminales. . . . *10. G. Anglicum.*
    { Feuilles scabres de bas en haut. Fleurs en cymes axillaires pauciflores. 11

11. { Pédoncules dépassés par les feuilles, ord. triflores. Pédicelles recourbés en crochet. . . . . . . *13. G. tricorne.*
    { Pédoncules dépassant les feuilles. Pédicelles droits, divariqués, non recourbés en crochet 12

12. { Tiges à nœuds renflés velus. Fruit gros, tuberculeux, hérissé de poils crochus. . . . . *11. G. Aparine.*
    { Tiges à nœuds non renflés velus. Fruit petit, non tuberculeux, glabre ou hispide chagriné . . . *12. G. spurium.*

* *Fleurs jaunes.*

1. G. Cruciata Scop. *Carn.* — *Valantia cruciata* L. *Sp.* — Pl. velue, d'un vert jaunâtre. Tiges de 3-7 déc., simples, faibles, diffuses, ascendantes. *Feuilles ovales oblongues, verticillées par 4. Fleurs* polygames, *en petites cymes axillaires*, munies de bractées herbacées, longuement *dépassées par les feuilles*. Pédoncules fructifères réfléchis à la maturité cachant les fruits sous les feuilles. Fruit assez gros, glabre. ♃. Mai-juin.

A.C. — Haies, buissons, clairières des bois. — Villers-sur-Mareuil; Liercourt; Beauvoir près Hocquincourt; Doudelainville; Senarpont; Wiry-au-Mont; Wailly; Ailly-sur-Noye; Jumel; La Faloise; forêt de Lucheux; Gauville; Bonneville; Montrelet; Vron; Vercourt; Bernapré (*F. Grout*); Vismes-au-Val (*Guilbert*); Bovelles, Ferrières (*Rom.*); Boves (*Picard* Not. manuscr.); Cambron (*B.* Herb.); Eaucourt (*Tripier*); Gouy, Laviers, Dury (*P. Fl.*).

2. G. verum L. *Sp.* — (Vulg. *Caille-lait*). — Pl. d'un vert foncé, noircissant par la dessication. Tiges de 4-6 déc., dressées ou ascendantes, diffuses, rameuses, pubescentes surtout au sommet. *Feuilles linéaires étroites* mucronées, luisantes en dessus, pubescentes blanchâtres à la face inférieure, à bords roulés en dessous, *verticillées par 6-10. Fleurs* hermaphrodites, odorantes, *en panicules terminales, dépassant longuement les feuilles*. Fruit petit, glabre, lisse. ♃. Juin-septembre.

CC. — Coteaux secs, prés, buissons, bords des chemins et des bois.

Var. β. *littorale* (Brébiss. *Fl.* — *G. verum* var. *maritimum* DC. *Fl. Fr.*; *P. Fl.*). — Tiges de 10-15 cent., ord. rameuses, couchées étalées. Panicule courte peu fournie. — *C.* — Sables maritimes. — Dunes de Saint-Quentin-en-Tourmont et de Quend; Cayeux-sur-Mer.

Var. γ. *decolorans* (*G. decolorans* Gren. et Godr. *Fl.*). — Pl. hybride probablement du *G. verum* L. et du *G. elatum* Thuill., plus robuste que le *G. verum*, pubérulente, ne noircissant pas par la dessication. Tiges de 4-6 déc. Feuilles linéaires étroites mucronées, verticillées par 6-8. Fleurs d'un blanc jaunâtre, en panicules amples, mais plus serrées que dans le *G. elatum*. Fruits noirâtres petits, à pédicelles divariqués. — *RR.* — Oust-Marest au bord de la route de Gamaches; Glisy sur le talus du chemin de fer, faubourg de Beauvais à Amiens (*E. Gonse*).

Var. δ. *approximatum* (*G. approximatum* Gren. et Godr. *Fl.*). — Pl. hybride, se distinguant de la précédente par ses feuilles oblongues lancéolées, obtuses mucronées, sa panicule moins serrée et ses fleurs petites, à peine jaunâtres. — Faubourg de Beauvais à Amiens (*E. Gonse*).

** *Fleurs blanches* ou *blanchâtres, qqf. rougeâtres en dehors.*

a. *Tiges lisses, glabres ou pubescentes.*

3. G. elatum Thuill. *Fl. Par.* — *G. Mollugo* L. *Sp.* ex parte. — *Tiges de 6-15 déc.*, faibles, *couchées ascendantes*, se soutenant au milieu des buissons, ord. très-rameuses, tétragones, renflées aux nœuds. *Feuilles* obovales oblongues obtuses, *mucronées*, ord. minces transparentes, à nervure peu saillante, rudes aux bords, verticillées par 6-8. *Fleurs* nombreuses petites blanchâtres, *en panicules très-amples, à rameaux étalés. Corolle à divisions cuspidées. Pédicelles fructifères* courts, ord. *divariqués*. Fruit petit, glabre, finement chagriné. ♃. Juin-septembre.

CC. — Haies, buissons, bords des bois et des chemins, prairies.

S.-v. scabrum (*G. Mollugo* var. *scabrum* DC. *Prodr.*). — Pl. munie de poils raides dans sa partie inférieure. — C.

S.-v. umbrosum (*G. elatum* var. *umbrosum* Gren. et Godr. *Fl.*). — Feuilles plus grandes papyracées. Panicule appauvrie. — A.R. — Bois couverts.

4. G. erectum Huds. *Angl.* — Très-voisin du *G. elatum* dont il diffère par ses *tiges de 4-6 déc., ascendantes dressées*, par ses feuilles linéaires oblongues, un peu épaisses, à nervure plus saillante, par ses *fleurs* plus blanches, moins nombreuses, disposés *en panicules étroites, à rameaux plus ou moins dressés* et par ses *pédicelles fructifères dressés étalés*. ♃. Mai-août.

RR. — Bords des bois et des chemins, haies. — Namps-au-Val, Ailly-sur-Noye, Henriville et faubourg de Beauvais à Amiens, Dury (*E. Gonse*).

5. G. neglectum Le Gall. *Fl. Morb.;* Lloyd *Fl.;* Gren. et Godr. *Fl.* — *G. Mollugo* var. *maritimum* P. *Fl.* — Souche rougeâtre longuement rampante. *Tiges de 2-3 déc.*, nombreuses, *couchées étalées. Feuilles* oblongues ou linéaires, *mucronées*, un peu charnues, à bords roulés en dessous, à nervure fine saillante, verticillées par 6-8. Fleurs d'un blanc sale, en panicules oblongues étroites, à rameaux dressés. *Corolle à divisions cuspidées* aigues. Pédicelles fructifères dressés. Fruit glabre, à peine chagriné. Pl. tendant à noircir par la dessication. ♃. Juin-août.

A.C. — Sables et galets maritimes. — Saint-Quentin-en-Tourmont; Le Hourdel; Ault.

6. G. sylvestre Poll. *Palat.* — Tiges de 2-4 déc., grêles, ascendantes, rameuses. *Feuilles* linéaires lancéolées, acuminées *mucronées*, ord. scabres aux bords, verticillées par 6-8. Fleurs blanches en panicules corymbiformes. *Corolle à divisions* aigues *non cuspidées*. Pédicelles fructifères dressés étalés. Fruit petit, glabre, finement tuberculeux. ♃. Juin-juillet.

Coteaux secs et calcaires, lisières des bois.

Var. α. *glabrum* (Koch *Syn.* — *G. læve* Thuill. *Fl. Par.*). — Pl. glabre. — A.R. — Drucat; Pont-Remy; Coquerelle près Bailleul; Bovelles (*Rom.*); Sainte-Segrée (*E. Gonse*).

Var. ϐ. *hirtum* (Koch *Syn.* — *G. Bocconi* DC. *Prodr.*). — Tiges et feuilles hérissées dans la partie inférieure de la plante. — A.C. — Drucat; Huchenneville; forêt de Lucheux; Bovelles (*Rom.*); Sainte-Segrée, Thieulloy-la-Ville, Bacouel, Namps, Ailly-sur-Noye (*E. Gonse*); Laviers (*Baill. Herb.*); Marcuil, Cagny, Boves (*P. Fl.*).

b. *Tiges denticulées scabres.*

7. G. palustre L. *Sp.* — *Pl. grêle. Tiges de 3-5 déc.*, faibles, rameuses étalées diffuses, plus ou moins scabres, rar. presque lisses. *Feuilles* oblongues ou linéaires oblongues, *obtuses, non mucronées*, scabres aux bords, à nervure fine, peu saillante, verticillées par 4-5. Fleurs blanches, qqf. rougeâtres en dehors, en panicules lâches allongées, à rameaux d'abord dressés, puis étalés ou réfléchis. Corolle à divisions aigues, non cuspidées. Pédicelles fructifères divariqués. Fruit petit, finement chagriné. Pl. noircissant par la dessication. ♃. Juin-août.

A.R. — Marais, bords des eaux, lieux humides. — Marais Saint-Gilles et marais Malicorne à Abbeville; Berteaucourt-les-Dames; Saint-Quentin-en-Tourmont; Fort-Mahon près Quend.

8. G. elongatum Presl. *Fl. Sic.*; Gren. et Godr. *Fl.* — *Espèce* voisine du *G. palustre* L., *plus robuste dans toutes ses parties. Tiges de 6-10 déc., épaisses. Feuilles* grandes oblongues ou linéaires oblongues, *obtuses, non mucronées*, à nervure saillante, verticillées par 4-6. *Fleurs plus grandes*, en panicules plus amples, à rameaux étalés, non réfléchis. Fruit plus gros, fortement chagriné. *Floraison plus tardive*. Pl. noircissant par la dessication. ♃. Juillet-septembre.

CC. — Marais, bords des eaux.

Le *G. debile* (Desv. *Observ. pl. Angl.* — *G. constrictum* Chaub in St Am. *Fl. Agen.*) signalé dans le département de la Somme (*P. Fl.*) sans indication de localité, a été récolté près de nos limites dans le marais d'Airon [Pas-de-Calais] (*Baill. Herb.*). Il se distingue par les caractères suivants: tiges de 2-5 déc., grêles, presque lisses, à rameaux ascendants; feuilles linéaires étroites, aigues; fleurs en panicules pauciflores, à rameaux dressés ou étalés; pédicelles fructifères dressés ord. rapprochés ; fruit très-petit, tuberculeux.

9. G. uliginosum L. *Sp.* — Tiges de 2-6 déc., grêles, faibles, diffuses, très-scabres. *Feuilles linéaires, mucronées, à bords scabres de bas en haut*, verticillées par 5-7. *Fleurs d'un beau blanc*, en panicules lâches, allongées. *Corolle plus large que le fruit.* Fruit petit, tuberculeux. ♃. Juillet-septembre.

A.C. — Marais tourbeux, bords des eaux. — Marais Saint-Gilles à Abbeville ; Drucat ; Picquigny; Saint-Quentin-en-Tourmont ; Bray-lès-Mareuil ; Hangest-sur-Somme (*E. Gonse*) ; Longueau, Cappy, Eclusier (*P. Fl.*)

10. G. Anglicum Huds. *Angl.* — *G. Parisiense* var. *nudum* Gren. et Godr. *Fl.* — Tiges de 1-4 déc., très-grêles, ord. nombreuses, rameuses, étalées, diffuses, scabres de bas en haut. *Feuilles linéaires mucronées, à bords scabres de haut en bas*, verticillées par 5-7. *Fleurs très-petites d'un blanc sale, rougeâtres en dehors, en panicules lâches axillaires et terminales. Corolle plus étroite que le fruit.* Fruit petit, tuberculeux. Pl. noircissant un peu par la dessication. ①. Juin-juillet.

R. — Lieux secs et pierreux, coteaux calcaires. — Bray-lès-Mareuil ; Caubert près Abbeville ; Bailleul ; Picquigny ; Ault ; Jumel ; Essertaux (*Copineau*) ; Bovelles, Ailly-sur-Somme (*Rom.*) ; Port (*T.C.*) ; Saint-Fuscien, Yzeux, Dury, Cagny, Ailly-sur-Noye (*E. Gonse*); Epagne (*B. Herb.*) ; Saint-Riquier (*P. Fl.*).

11. G. Aparine L. *Sp.* — *Tiges* de 5-12 déc., faibles, rameuses, très-scabres de bas en haut, *à nœuds renflés velus. Feuilles* oblongues obovales ou oblongues lancéolées acuminées mucronées, à nervure et *à bords très-scabres de bas en haut*, verticillées par 6-8. *Fleurs* d'un blanc verdâtre, *en cymes axillaires pauciflores. Pédoncules dépassant les feuilles. Pédicelles fructifères droits divariqués.* Corolle plus étroite que le fruit. *Fruit gros, hérissé de poils crochus, tuberculeux à la base.* ①. Juin-septembre.

CC. — Haies, buissons, lisières des bois.

12. G. spurium L. *Sp.* — *Tiges* de 1-6 déc., faibles, très-grêles, simples ou rameuses, *à nœuds non renflés velus*, scabres de bas en haut. *Feuilles* linéaires étroites, *mucronées, à nervure et à bords scabres de bas en haut*. Fleurs d'un blanc verdâtre, en cymes axillaires pauciflores. *Corolle plus étroite que le fruit. Pédoncules dépassant les feuilles. Fruit* plus *petit que dans le G. Aparine* L., ord. glabre, chagriné, *non tuberculeux*. ①. Juin-septembre.

R. — Lieux cultivés, moissons. — *Intr.?* — Henriville à Amiens, Le Bosquel près Conty (*E. Gonse*) ; faubourg Saint-Gilles à Abbeville (*Baill.* Herb.) ; (*B.* Extr. Fl.).

Var. **6. Vaillantii** (Gren. et Godr. *Fl.*). — Fruit hispide. — **A.C.** — Drucat ; Le Hourdel ; Henriville à Amiens (*E. Gonse*) ; faubourg du Bois à Abbeville (*Picard* Not. manuscr.) ; Dury, Bertangles (*P.* Fl.).

13. G. tricorne With. *Brit.* — Tiges de 1-4 déc., dressées ou ascendantes, scabres. *Feuilles* linéaires lancéolées *mucronées ou cuspidées*, à bords très-scabres de bas en haut, verticillées par 6-8. *Fleurs* blanchâtres *en cymes axillaires, pauciflores. Pédoncules ord. triflores, plus courts que les feuilles. Corolle plus étroite que le fruit. Pédicelles fructifères recourbés en crochet.* Fruit gros, verruqueux. ①. Juin-août.

R. — Moissons des terrains maigres. — *Intr.* — Le Hourdel ; Jumel ; La Faloise ; Bovelles, Ailly-sur-Somme (*Rom.*) ; Ailly-sur-Noye, Flers, Dury, Conty, Boves, Gentelles, Prouzel, Le Bosquel, Taisnil, Bacouel, Namps-au-Val (*E. Gonse*) ; Essertaux (*Copineau*) ; Saint-Valery (*B.* Herb.).

XLVI. VALÉRIANÉES.

Fleurs hermaphrodites, rar. dioïques, plus ou moins irrégulières. Calice à 1-5 dents, qqf. presque nul ou à limbe composé de poils plumeux enroulés pendant la floraison et se déroulant en aigrette à la maturité. *Corolle infundibuliforme*, à 5 lobes, qqf. gibbeuse ou éperonnée à la base. *Etamines 1-3*, libres, insérées sur le tube de la corolle. *Ovaire infère, adhérent au réceptacle.* Style 1 ; stigmates 1-3. *Fruit sec, indéhiscent.* — Pl. herbacées. *Feuilles* radicales fasciculées, les *caulinaires opposées*. Stipules nulles.

1. { Corolle à tube éperonné à la base. Etamine 1. . . . . CENTRANTHUS (1).
Corolle à tube non éperonné, qqf. un peu gibbeuse à la base. Etamines 3. 2

2. { Pl. vivaces. Feuilles caulinaires pinnatiséquées. Fruit couronné d'une aigrette . . . . VALERIANA (2).
Pl. annuelles. Feuilles caulinaires entières ou dentées. Fruit sans aigrette. . . . . VALERIANELLA (3).

1. CENTRANTHUS DC. *Fl. Fr.*

Calice à limbe composé de poils plumeux enroulés pendant la floraison et se déroulant à la maturité en aigrette couronnant le fruit. *Corolle éperonnée à la base. Etamine 1.* Fruit uniloculaire monosperme. — Pl. glabre, glauque. Feuilles entières ou à peine sinuées dentées. Fleurs en cymes corymbiformes.

1. C. ruber DC. *Fl. Fr.* — Tiges de 4-7 déc., dressées cylindriques, fistuleuses, lisses. Feuilles ovales lancéolées épaisses. Fleurs rouges, plus rar. blanches. Corolle à éperon plus long que l'ovaire. ♃. Juin-août.

R. — Talus des chemins de fer, décombres, vieux murs. — *Intr.* — Amiens ; Ailly-sur-Noye ; Menchecourt près Abbeville ; La Neuville près Amiens, La Faloise (*E. Gonse*).

2. VALERIANA L. *Gen.*

Calice à limbe composé de poils plumeux, enroulés pendant la floraison et se déroulant à la maturité en *aigrette couronnant le fruit. Corolle un peu gibbeuse à la base. Etamines 3.* Fruit uniloculaire, monosperme. — Fleurs hermaphrodites ou dioïques, en cymes corymbiformes.

1. { Fleurs hermaphrodites. Feuilles pubescentes, toutes pinnatiséquées. . . . . 1. *V. officinalis.*
   Fleurs dioïques. Feuilles glabres, les radicales entières. . . . . 2. *V. dioïca.*

1. V. officinalis L. *Sp.* — (Vulg. *Grande Valériane*). — Souche à fibres épaisses, ord. stolonifère, à odeur fétide. Tiges de 6-10 déc., dressées, fistuleuses, sillonnées. *Feuilles* pubescentes, *toutes pinnatiséquées* à segments lancéolés, entiers ou dentés. Fleurs hermaphrodites d'un blanc rosé ou blanches. ♃. Juin-août.

CC. — Prés marécageux, bois humides.

2. V. dioica L. *Sp.* — Souche à rhizome allongé oblique, stolonifère. Tige de 2-4 déc., dressée, fistuleuse, striée. *Feuilles* glabres ; les radicales et celles des fascicules stériles ovales ou oblongues entières ; les *caulinaires pinnatiséquées* à segments entiers, le supérieur plus grand. Fleurs dioïques rosées ; celles de la pl. femelle plus petites en corymbe plus serré. ♃. Mai-juin.

A.C. — Marais tourbeux, prairies humides. — Faubourg Saint-Gilles à Abbeville ; Drucat ; Vercourt ; Villers-sur-Authie ; Arry ; Regnières-Ecluse ; Montières et Renancourt près Amiens, Ailly-sur-Somme (*Rom.*) ; Fouencamps, Pont-de-Metz (*E. Gonse*) ; Guerbigny (*Guilbert*).

3. VALERIANELLA Tourn. *Inst.*

Calice irrégulier *à 1-5 dents*, non enroulé, *couronnant le fruit*, qqf. presque nul. Corolle dépourvue de bosse et d'éperon. Étamines ord. 3. Fruit à 3 loges, dont une fertile monosperme et 2 stériles souv. peu développées. — Pl. annuelles. Tiges dichotomes. *Feuilles* inférieures oblongues entières, disposées en rosette ; les *caulinaires entières ou sinuées dentées*. Fleurs petites, d'un blanc rosé ou bleuâtre, solitaires dans les bifurcations de la tige, et rapprochées en cymes, ou en glomérules compactes au sommet des rameaux (1).

1. { Fruit à loges stériles plus petites que la loge fertile. . . 2
   { Fruit à loges stériles plus grandes ou aussi grandes que la loge fertile 3

2. { Calice aussi large que le fruit, veiné réticulé, formant une couronne un peu évasée à 4-5 dents inégales . . . . 5. *V. eriocarpa.*
   { Calice plus étroit que le fruit, obliquement tronqué, formant une dent allongée aigue . . . 4. *V. Morisonii.*

3. { Calice obliquement tronqué formant une dent un peu obtuse, munie à la base de 2-4 petites dents. Cymes fructifères un peu lâches. . . . . 3. *V. Auricula.*
   { Calice à dents peu distinctes, non visibles sur le fruit. Glomérules fructifères compactes subglobuleux. . . . 4

4. { Fruit plus large que long, arrondi comprimé. Loge fertile renflée spongieuse sur le dos. . . . . . . 1. *V. olitoria.*
   { Fruit plus long que large, subtétragone, creusé en nacelle sur une face. Loge fertile non renflée spongieuse. . . . . 2. *V. carinata.*

* *Fruit à loges stériles plus grandes ou aussi grandes que la loge fertile.*

1. V. olitoria Poll. *Palat.;* Coss. et Germ. *Fl. et Illustr.* — (Vulg. *Mache.* — En picard *Coquille*). — Tige de 1-4 déc., à rameaux étalés. *Fleurs en glomérules compactes. Calice à dents peu distinctes, non visibles sur le fruit. Fruit arrondi comprimé, plus large que long, à loge fertile présentant sur le dos un renflement spongieux*, constituant environ la moitié du volume du fruit. ①. Avril-juin.

CC. — Lieux cultivés, moissons. — *Intr.*

Var. ϐ. *pubescens* (Coss. et Germ. *Fl.*). — Fruit pubescent. — Caux ; Yvrench ; Sainte-Segrée (*E. Gonse*).

2. V. carinata Lois. *Not.;* Coss. et Germ. *Fl. et Illustr.* — Tige de 1-4 déc., à rameaux étalés. *Fleurs en glomérules compactes. Calice à dents peu distinctes, non visibles sur le fruit. Fruit oblong, subtétragone plus long que large,*

---

(1) Pour étudier les espèces de ce genre, il est nécessaire de faire une coupe transversale des fruits murs.

creusé en nacelle sur une face, caréné sur l'autre, à loge fertile non renflée spongieuse. (I). Avril-juin.

RR. — Lieux cultivés, vieux murs. — *Intr.* — Huppy sur les murs du parc ; murs de la citadelle d'Amiens (*E. Gonse*) ; Bussus (*Lesaché*) ; Abbeville (*Baill. Herb.*).

3. V. Auricula DC. *Fl. Fr.* suppl.; Coss. et Germ. *Fl. et Illustr.* — Tige de 2-3 déc., rameuse supérieurement. *Fleurs en cymes un peu lâches. Calice plus étroit que le fruit, obliquement tronqué, formant une dent un peu obtuse, munie à la base de 2-4 petites dents.* Fruit ovoïde subglobuleux, marqué en avant d'un sillon profond. Loges stériles très-grandes. (I). Mai-août.

A.R. — Lieux cultivés, moissons. — *Intr.* — Drucat ; Epagne ; Villers-sur-Mareuil ; Bray-lès-Mareuil ; La Faloise ; Bovelles (*Rom.*) ; Sainte-Segrée (*E. Gonse*) ; Cambron (*T.C.*) ; Fossemanant (*F. Debray*).

** *Fruit à loges stériles plus petites que la loge fertile.*

4. V. Morisonii DC. *Prodr.;* Coss. et Germ. *Fl.* — V. *dentata* Koch et Ziz. *Cat.;* Coss. et Germ. *Illustr.* — Tige de 2-3 déc., rameuse supérieurement. Fleurs en cymes un peu lâches. *Calice beaucoup plus étroit que le fruit, obliquement tronqué, formant une dent allongée, très-aigue.* Fruit ovoïde conique, un peu comprimé, convexe sur une face, presque plan sur la face opposée, qui présente une fossette ovale lancéolée, circonscrite par les loges stériles filiformes. (I). Mai-août.

C. — Moissons, lieux cultivés, bords des bois. — *Intr.* — Huppy ; Huchenneville ; Bailleul ; Bray-lès-Mareuil ; Eaucourt ; Yvrench ; Drucat ; Villers-sur-Authie ; Vercourt ; Jumel ; Bezencourt près Tronchoy ; Cambron ; Hangest-sur-Somme (*T.C.*) ; Bovelles, Ailly-sur-Somme (*Rom.*).

Var. β. *pubescens* (Coss. et Germ. *Fl.*). — Fruit velu. — Dury, Cagny, Sainte-Segrée, Thieulloy-la-Ville, Fescamps (*E. Gonse*).

5. V. eriocarpa Desv. *Jour. bot.* — Tige de 1-2 déc., ord. très-rameuse dès la base, à rameaux raides divergents. Fleurs en cymes serrées, à pédoncules canaliculés en dessus, se renflant de la base au sommet. *Calice aussi large et presque aussi long que le fruit, veiné réticulé, formant une couronne un peu évasée, obliquement tronquée, à 4-5 dents inégales.* Fruit velu hérissé, ovoïde convexe sur une face, presque plan sur la face opposée, qui présente une fossette oblongue, circonscrite par les loges stériles filiformes. (I). Juin-juillet.

RR. — Lieux cultivés. — *Intr.* — Drucat ; Namps-au-Val (*E. Gonse*).

On a souvent pris des formes du *V. olitoria* Poll. et du *V. Morisonii* DC. à glomérules et à fruits gonflés par suite de la piqûre d'un insecte pour le *V. vesicaria* Mœnch. La présence sans doute accidentelle de cette espèce aux environs d'Abbeville (*P. Herb.*) n'y a pas été de nouveau constatée. Le *V. vesicaria* Mœnch. se reconnaît aux caractères suivants : fleurs en glomérules compactes globuleux ; calice plus large et plus long que le fruit, vesciculeux globuleux, évasé, à 6 dents triangulaires subulées, infléchies ; fruit ovoïde conique, velu.

XLVII. DIPSACÉES.

Fleurs plus ou moins irrégulières, *sessiles sur un réceptacle commun* (1), réunies en capitule entouré d'un involucre polyphylle. Réceptacle commun hérissé ou presque glabre, nu ou garni de paillettes. *Réceptacle propre à chaque fleur* en forme de bourse, à orifice rétréci au sommet, puis dilaté en une petite cupule supportant le calice et la corolle, et *entouré d'un involucelle caliciforme* sans adhérence, marqué de côtes ou d'angles saillants. Calice court tronqué, lobé ou divisé en arêtes. Corolle infundibuliforme, à 4-5 lobes inégaux. Étamines 4, libres, insérées sur la corolle. *Ovaire* infère, *adhérent au réceptacle*. Style 1. *Fruit sec* monosperme indéhiscent, couronné par le calice persistant. — Feuilles opposées. Capitules disposés en cymes ou en corymbes lâches.

1. { Tiges munies d'aiguillons. Calice sans arêtes. Dipsacus (3).
   { Tiges dépourvues d'aiguillons. Calice terminé par des arêtes 2

2. { Réceptacle hérissé de soies, dépourvu de paillettes . . . . Knautia (2).
   { Réceptacle hérissé ou presque glabre, garni de paillettes. . . . . Scabiosa (1).

1. SCABIOSA L. *Gen.* ex parte.

Involucre commun à folioles herbacées. *Réceptacle hérissé ou presque glabre, garni de paillettes*. Involucelle cylindrique, marqué de 8 côtes au moins dans sa partie supérieure. *Calice terminé par des arêtes* noirâtres, étalées. — *Tiges dépourvues d'aiguillons*. Capitules convexes, globuleux à la maturité.

(1) Pédoncule de l'inflorescence élargi en plateau.

1
- Feuilles toutes entières ou les supérieures qqf. un peu dentées. Fleurs égales. Corolle à 4 divisions. . . . . 2. *S. Succisa.*
- Feuilles caulinaires pinnatiséquées. Fleurs extérieures plus grandes rayonnantes. Corolle à 5 divisions. . . . . 1. *S. Columbaria.*

1. S. Columbaria L. *Sp.* — Pl. pubescente. Souche à racine pivotante, produisant des fascicules de feuilles. Tiges de 3-7 déc. *Feuilles* radicales oblongues obtuses, crénelées, rar. lyrées, atténuées en pétiole, les *caulinaires pinnatiséquées* à segments pinnatifides ou pinnatipartits, rar. linéaires entiers. *Fleurs* bleuâtres ou rosées, rar. blanches, les *extérieures plus grandes rayonnantes. Corolle à 5 divisions* inégales. Involucelle pubescent, terminé par un limbe scarieux crénelé, 3-4 fois plus court que les arêtes du calice. ♃. Juillet-octobre.

CC. — Bords des bois et des chemins, champs arides.

S.-v. *pumila* (Coss. et Germ. *Fl.*). — Tige de 5-15 cent., monocéphale. Feuilles rapprochées en rosette compacte. — Lieux très-arides.

2. S. Succisa L. *Sp.* — Pl. glabrescente ou velue. Souche tronquée. Tiges de 3-10 déc., simples ou rameuses. *Feuilles* ovales ou oblongues lancéolées, pétiolées, *entières ; les supérieures* plus étroites, *qqf. sinuées dentées. Fleurs* bleues, rar. roses ou blanches, *égales*, non rayonnantes. *Corolle à 4 divisions* presqu'égales. Involucelle velu, terminé par un limbe subherbacé, divisé en 4 dents irrégulières dressées, une fois plus court que les arêtes du calice. ♃. Août-octobre.

CC. — Bois, prairies, marais tourbeux.

2. KNAUTIA Coult. *Dips.*

Involucre commun à folioles herbacées. *Réceptacle hérissé de soies, dépourvu de paillettes.* Involucelle subtétragone terminé par 4 dents courtes, dont 2 presque nulles. *Calice terminé par des arêtes* blanchâtres, dressées, inégales. — *Tiges dépourvues d'aiguillons.* Capitules hémisphériques.

1. K. arvensis Coult. *Dips.* — Pl. poilue. Tiges de 3-6 déc., ord. rameuses, velues hérissées. Feuilles pubescentes ; les inférieures atténuées en pétiole, oblongues lancéolées entières ou sinuées dentées ; les supérieures pinnatifides ou pinnatiséquées, à lobes lancéolés ou linéaires entiers ou dentés. Fleurs d'un bleu rosé, qqf. blanches ; les extérieures plus grandes rayonnantes. Corolle à 5 divisions inégales. Involucelle velu. Calice terminé par 6-8 arêtes fines, de moitié plus courtes que le fruit. ♃. Juin-août.

CC. — Champs, prés, bois.

S.-v. *pinnatisecta* (Coss. et Germ. *Fl.*). — Feuilles toutes pinnatifides ou pinnatiséquées.

S.-v. *integrifolia* (Coss. et Germ. *Fl.*). — Feuilles toutes ovales lancéolées, atténuées en pétiole, entières ou dentées.

3. DIPSACUS L. *Gen.*

Involucre commun à folioles épineuses. Réceptacle garni de paillettes épineuses plus courtes que les folioles de l'involucre. Involucelle tétragone à 8 côtes, terminé par 4 dents très-courtes ou presque nulles. *Calice* subtétragone, *tronqué ou 4 lobé, cilié.* Corolle à 4 divisions. — *Tiges munies d'aiguillons.* Capitules ovoïdes oblongs ou globuleux.

1. { Feuilles toutes rétrécies en pétiole. Capitules petits globuleux . . . . 3. *D. pilosus.*
   Feuilles caulinaires connées. Capitules gros, ovoïdes oblongs 2

2. { Paillettes du réceptacle à pointe droite. . 1. *D. sylvestris.*
   Paillettes du réceptacle à pointe recourbée en dehors. .
   . . . . 2. *D. fullonum.*

1. D. sylvestris Mill. *Dict.* — Tige de 8-15 déc., robuste, cannelée, munie d'aiguillons courts, inégaux. *Feuilles* oblongues ou oblongues lancéolées crénelées ou dentées, munies d'aiguillons sur la nervure moyenne ; les radicales atténuées en pétiole ; les *caulinaires largement connées.* Involucre à folioles inégales, linéaires subulées épineuses, ascendantes arquées, plus longues que le capitule. *Capitules gros ovoïdes* oblongs. Fleurs d'un rose lilas, rar. blanches. Réceptacle garni de *paillettes* oblongues, brusquement *terminées en pointe* épineuse *droite*, dépassant les fleurs. ②. Juillet-septembre.

CC. — Lieux incultes, bords des haies et des chemins. — Ind.?

2. D. fullonum Willd. *Sp.* — (Vulg. *Chardon-à-foulon*). — Espèce très-voisine de la précédente, dont elle diffère par les folioles de l'involucre étalées, un peu plus courtes que le capitule et par les *paillettes* du réceptacle *terminées en pointe* épineuse *recourbée en dehors.* ①. Juillet-septembre.

Cultivé autrefois en grand, près de nos limites, pour les manufactures de drap. — Qqf. subspontané : ancienne gare du chemin de fer à Abbeville ; bois de Fortmanoir près Boves (*P. Fl.*).

3. D. pilosus L. *Sp.* — Tiges de 6-12 déc., raide, rameuse, cannelée, munie au sommet de petits aiguillons. *Feuilles* ovales acuminées dentées *rétrécies en pétiole*, munies à la base de 2 segments en forme d'oreillettes. Involucre à folioles longuement ciliées, lancéolées acuminées réfléchies, égalant le capitule. *Capitules petits, globuleux.* Fleurs blanchâtres ou bleuâtres. Réceptacle garni de paillettes obovales, longuement ciliées, terminées en pointe épineuse, égalant environ les fleurs. ♃. Juillet-septembre.

R. — Endroits ombragés, bords des haies et des bois. — *Ind.* ?
— Bois de Canvrières près Doudelainville; Huchenneville; ferme de Froideville entre Mers et Eu; Villers-sur-Mareuil; Cambron (*T.C.*); bois de Mareuil (*Baill.* Herb.); Saint-Valery (*B.* Herb.); Frettemeule, Vismes-au-Val (*Guilbert*); marais de Boves (*E. Gonse*); Yaucourt (*Lesaché*); Poix, Molliens-Vidame (*P. Fl.*).

XLVIII. COMPOSÉES.

(*Synantheræ* (Rich in Marth.).

Fleurs hermaphrodites, unisexuelles ou neutres, régulières ou irrégulières, *sessiles sur un réceptacle commun*, réunies en capitule entouré d'un involucre polyphylle. Réceptacle commun nu ou garni de soies ou de paillettes. Réceptacle propre à chaque fleuron supportant le calice et la corolle. Calice entier, denté ou divisé en écailles, en arêtes ou en poils simples ou plumeux (aigrette) (1) surmontant le fruit, qqf. peu distinct et comme nul. Corolle régulière tubuleuse (fleuron tubuleux, fleuron) à limbe 4-5 denté ou irrégulière fendue (fleuron ligulé, demi-fleuron) prolongée latéralement en languette (ligule, limbe). Etamines 5, insérées sur la corolle, réunies par leurs anthères en un tube qui engaîne le style. *Ovaire* infère, *adhérent au réceptacle*. Style 1, surmonté par 2 branches stigmatiques. Fruit (achaine) sec, monosperme, indéhiscent. — Feuilles alternes, rar. opposées; stipules nulles. Fleurs petites en capitules formés de fleurons tubuleux (flosculeuses), de fleurons ligulés (semi-flosculeuses) ou de fleurons tubuleux au centre et de fleurons ligulés à la circonférence (radiées).

1 { Capitules à fleurons tous ligulés. . III. CHICORACÉES.
    Capitules à fleurons tous tubuleux, régulièrement 4-5 dentés ou de deux sortes, les intérieurs tubuleux, les extérieurs ligulés. 2

(1) Un grand nombre de Botanistes considèrent les poils de l'aigrette comme les représentants des folioles calicinales. Cette opinion parait devoir être rejetée, parce que ces poils n'apparaissent généralement au sommet du réceptacle des Composées, que postérieurement au périanthe coloré, tandis que le contraire se produirait s'ils représentaient un calice (Baillon, *Dict. de Botanique*, pag. 77, *Aigrette*).

2 { Style renflé en nœud au-dessous des branches stigmatiques. Fleurons tous tubuleux. I. CYNAROCÉPHALES.
Style non renflé en nœud. Fleurons de deux sortes, les intérieurs tubuleux, les extérieurs ligulés, plus rar. Fleurons tous tubuleux. . . . . II. CORYMBIFÈRES.

I. CYNAROCÉPHALES.

(*Tubuliflorae* DC. pro part.).

Style renflé en nœud au-dessous des branches stigmatiques. *Capitules à fleurons tous tubuleux*, régulièrement 4-5 dentées. — Fleurs flosculeuses.

1 { Aigrette à poils réunis en anneau à la base. 2
Aigrette à poils libres à la base, rar. nulle 7

2 { Aigrette à poils scabres, non plumeux 3
Aigrette à poils plumeux. 5

3 { Réceptacle dépourvu de soies . . . . . . ONOPORDON (1).
Réceptacle hérissé de soies. 4

4 { Feuilles ord. marbrées de blanc. Involucre à folioles extérieures terminées par un appendice denté épineux, à épine terminale robuste. . . . . SILYBRUM (6).
Feuilles non marbrées de blanc. Involucre à folioles atténuées en une épine ord. faible. . . . CARDUUS (5).

5 { Involucre à folioles extérieures foliacées dentées épineuses, les intérieures scarieuses jaunâtres, rayonnantes. . . . . CARLINA (2).
Involucre à folioles ord. atténuées en épine ou en pointe, ou obtuses émarginées. 6

6 { Capitules très-gros. Réceptacle charnu. Anthères à appendice très-obtus. . . . . CYNARA (3).
Capitules assez petits, rar. gros. Réceptacle non charnu. Anthères à appendice linéaire subulé. . . CIRSIUM (4).

7 { Involucre à folioles terminées en pointe ord. recourbée en crochet. . . . . LAPPA (7).
Involucre à folioles non terminées en pointe recourbée en crochet 8

8 { Involucre oblong. Aigrette à poils extérieurs plus courts que les intérieurs . . . . SERRATULA (8).
Involucre ovoïde ventru. Aigrette à poils extérieurs plus longs que les intérieurs, qqf. nulle 9

9 { Involucre à folioles terminées par un appendice scarieux, lacinié ou cilié, plus rar. par une épine pinnatipartite à la base. . . . . CENTAUREA (9).
Involucre à folioles extérieures foliacées pinnatilobées, à lobes épineux. . . . . KENTROPHYLLUM (10).

1. ONOPORDON L. *Gen. ex parte.*

Involucre à folioles imbriquées lâches, épineuses. *Réceptacle nu*, profondément alvéolé ; bords des alvéoles membraneux, dentés. Achaines subtétragones comprimés, sillonnés transversalement. *Aigrette caduque à poils scabres, plurisériés, réunis en anneau à la base.*

1. O. Acanthium L. *Sp.* — Pl. pubescente aranéeuse blanchâtre. Tige de 5-12 déc., robuste, largement ailée épineuse, ord. rameuse. Feuilles décurrentes, oblongues, sinuées dentées ou lobées épineuses. Capitules gros, globuleux, solitaires ou 2-3 terminaux. Involucre à folioles lancéolées épineuses ; les extérieures étalées. Fleurons purpurins. ②. Juin-septembre.

C. — Lieux incultes, décombres, bords des chemins. — *Ind.?* — Remparts d'Abbeville ; Mareuil ; Pont-Remy ; Quend ; Ribeauville près Saint-Valery ; Cambron (*T.C.*) ; Amiens, Ailly-sur-Noye, Boves, Dury, Cagny, Vignacourt, Hangest-sur-Somme, Poix, Sainte-Segrée (*E. Gonse*) ; Marest-Montiers, Martainneville, Guerbigny (*Guilbert*) ; Ferrières, Bovelles (*Rom.*).

2. CARLINA Tourn. *Inst.*

Involucre à folioles imbriquées ; les *extérieures foliacées, dentées épineuses ; les intérieures scarieuses jaunâtres, rayonnantes*, simulant des fleurons ligulés. Réceptacle hérissé de soies. Achaines un peu comprimés, pubescents. *Aigrette caduque, à poils plumeux, fasciculés par 3-5, réunis en anneau à la base.*

1. C. vulgaris L. *Sp.* — Pl. pubescente aranéeuse. Tige de 2-6 déc., non ailée, raide. ord. rameuse au sommet. Feuilles blanchâtres tomenteuses en dessous, oblongues lancéolées, sinuées, dentées épineuses ; les caulinaires amplexicaules non décurrentes. Capitules assez gros, subglobuleux. Fleurs jaunâtres. ②. Juillet-septembre.

CC. — Lieux incultes, coteaux secs, champs en friche.

3. CYNARA Vaill. *Act. acad. Par.*

Involucre à folioles imbriquées, ovales obtuses émarginées mucronées ou atténuées en épine. *Réceptacle charnu* hérissé de longues soies. *Anthères terminés en appendice très-obtus.* Achaines obovoïdes tétragones un peu comprimés, lisses. *Aigrette à poils* longs, *plumeux*, plurisériés, *réunis en anneau à la base.* — Pl. très-robustes.

† **C. Scolymus** L. *Sp.* — (Vulg. *Artichaut*). — Tiges de 8-15 déc., cannelées. Feuilles très-grandes, blanchâtres en dessous, pinnatipartites, à lobes épineux ou non épineux ; les supérieures pinnatifides sinuées ou entières. *Capitules très-gros*, subglobuleux terminaux. Involucre à folioles extérieures ord. émarginées, mucronées, charnues à la base. Fleurons d'un bleu purpurin. ♃. Août-septembre.

Cultivé dans les potagers.

On cultive aussi, mais plus rar. le *C. Dracunculus* (L. *Sp.* — Vulg. *Cardon d'Espagne*), espèce qui paraît être le type du *C. Scolymus* L. Il en diffère par ses feuilles toutes pinnatifides, à lobes ord. épineux et par les folioles de son involucre ovales lancéolées, atténuées en épine, coriaces ou à peine charnues à la base.

4. CIRSIUM Tourn. *Inst.*

Involucre à folioles imbriquées entières, ord. atténuées en pointe, souv. épineuse. Réceptacle hérissé de soies. *Anthères terminés en appendice linéaire subulé.* Achaines oblongs comprimés. *Aigrette à poils plurisériés. plumeux, réunis en anneau à la base.* — Fleurons purpurins ou jaunâtres, très-rar. blancs.

1. { Fleurons purpurins, très-rar. blancs. 2
     Fleurons jaunâtres. 8

2. { Tige ailée épineuse. Feuilles caulinaires longuement décurrentes. 3
     Tige non ailée, qqf. presque nulle. Feuilles caulinaires non décurrentes ou un peu décurrentes. 4

3. { Feuilles hispides épineuses en dessus. Capitules gros. Involucre à folioles étalées, atténuées en épine. . . .
     . . . . 2. *C. lanceolatum.*
     Feuilles pubescentes non épineuses en dessus. Capitules petits. Involucre à folioles appliquées, mucronées. . .
     . . . . 1. *C. palustre.*

4. { Feuilles hispides épineuses en dessus. Capitules subglobuleux, très-gros. Involucre à folioles dilatées au sommet en spatule, rétrécies en épine robuste. . . .
     . . . . 3. *C. eriophorum.*
     Feuilles glabres ou pubescentes en dessus. Capitules ovoïdes. Involucre à folioles, non dilatées au sommet, mucronées ou atténuées en épine courte, étalée. . . . 5

5. { Capitules dioïques par avortement, ord. nombreux, agglomérés au sommet de la tige et des rameaux. . .
     . . . . 6. *C. arvense.*
     Capitules hermaphrodites solitaires ou peu nombreux. . 6

	Tige nue supérieurement. Feuilles tomenteuses aranéeuses en dessous. . . . . 5. *C. Anglicum.*
6	Tige feuillée jusqu'au sommet, qqf. presque nulle. Feuilles pubescentes non aranéeuses en dessous . . . 7
7	Tige presque nulle, rar. de 5-20 cent. Feuilles caulinaires non décurrentes. . . . . 4. *C. acaule.*
	Tige de 2-4 déc. Feuilles caulinaires un peu décurrentes. . . . . 10. *C. lanceolato-acaule.*
8	Capitules entourés de bractées larges, ovales, décolorées. . . . . 7. *C. oleraceum.*
	Capitules munis de bractées étroites, non décolorées . . 9
9	Capitules ovoïdes allongés, ord. nombreux. Feuilles caulinaires un peu décurrentes. . 8. *C. palustri-oleraceum.*
	Capitules subgloduleux, ord. solitaires. Feuilles caulinaires non décurrentes. . . . . . 9. *C. oleraceo-acaule.*

1. C. palustre Scop. *Carn.* — *Tige* de 6-12 déc., sillonnée, velue, *ailée épineuse*, souv. rameuse au sommet. *Feuilles pubescentes en dessus*, velues blanchâtres en dessous, pinnatipartites, à lobes dentés très-épineux ; *les caulinaires longuement décurrentes. Capitules petits*, ovoïdes oblongs, agglomérés au sommet de la tige et des rameaux. *Involucre* un peu aranéeux, à *folioles appliquées, ovales lancéolées mucronées. Fleurons purpurins, rar. blancs.* ②. Juin-août.

CC. — Marais, bois humides.

S.-v. *album.* — Fleurons blanchâtres. — La Bouvaque près Abbeville (*Picard*, Herb.).

2. C. lanceolatum Scop. *Carn.* — *Tige* de 5-12 déc., robuste, anguleuse, *ailée épineuse. Feuilles hispides épineuses en dessus*, ord. pubescentes aranéeuses en dessous, lancéolées pinnatipartites, à lobes bi-trifides épineux ; *les caulinaires longuement décurrentes. Capitules gros*, ovoïdes, solitaires ou 2-3 terminaux. *Involucre* ord. pubescent aranéeux, *à folioles* lancéolées subulées étalées, *atténuées en épine. Fleurons purpurins.* ②. Juin-septembre.

CC. — Bords des chemins, villages, lieux incultes. — *Intr.?*

S.-v. *hypoleucum* (*C. lanceolatum* var. *hypoleucum* Gren. et Godr. *Fl.;* DC. *Prodr.?*) — Tige de 6-9 déc., couverte de poils blancs articulés. Feuilles étroites pinnatifides, blanches aranéeuses en dessous, munies en dessus de nombreuses petites épines. — Longpré près Amiens (*E. Gonse*).

3. C. eriophorum Scop. *Carn.* — Tige de 8-15 déc., robuste, sillonnée non ailée, tomenteuse aranéeuse, ord. rameuse. *Feuilles hispides épineuses en dessus,* blanchâtres tomenteuses en dessous, pinnatifides, à segments ord. divisés en deux lobes entiers, divariqués, lancéolés épineux au sommet;

les *caulinaires* amplexicaules *non décurrentes. Capitules très-gros, subglobuleux,* subsolitaires terminaux. *Involucre* laineux aranéeux, à *folioles* subulées, *dilatées en spatule au sommet, rétrécies en épine robuste. Fleurons purpurins.* ②. Juillet-septembre.

A.R. — Coteaux pierreux, bords des bois et des chemins, terrains calcaires. — *Ind.?* — Bois de Size près Ault ; bois de Rampval près Mers ; Senarpont ; Gauville ; La Faloise ; Aveluy ; Fontaine-sous-Montdidier, Villers-Tournelle, Guerbigny, Grivesnes, La Houssoye, Folleville, Vismes-au-Val, Maisnières (*Guilbert*) ; Amiens, Boves, Rivery (*Rom.*) ; Essertaux (*Copineau*) ; Conty, Corbie (*Richer*) ; Dury, La-Chapelle-sous-Poix, Fescamps, Longueau (*E. Gonse*) ; Folleville (*Guilbert*) ; remparts d'Abbeville (*Baill.* Herb.) ; Mareuil (*P.* Fl.).

4. C. acaule All. *Ped.* — Souche à fibres radicales filiformes. *Tige presque nulle,* rar. de 5-20 cent., feuillée, non ailée. *Feuilles* glabres en dessus, *pubescentes en dessous,* sinuées, pinnatipartites, très-épineuses, à lobes ovales anguleux sinués ou trifides, les radicales pétiolées étalées en rosette, *les caulinaires non décurrentes,* ni amplexicaules. *Capitules* presque sessiles, *solitaires rar. 2-3,* assez gros, *ovoïdes. Involucre* glabre, *à folioles* appliquées, lancéolées mucronées. *Fleurons purpurins.* ♃. Juillet-septembre.

CC. — Coteaux secs, pelouses, bords des chemins.

S.-v. *caulescens* (Coss. et Germ. *Fl.*). — Tige de 1-2 déc., feuillée. — Lieux herbeux.

5. C. Anglicum Lmk. *Encycl. méth.* — Souche oblique, à fibres radicales épaisses, qqf. renflées. *Tige* de 3-6 déc., faible, simple, tomenteuse blanchâtre, *nue supérieurement,* non ailée. *Feuilles* oblongues lancéolées, sinuées dentées un peu pinnatifides, ciliées épineuses, pubescentes en dessus, *tomenteuses aranéeuses en dessous ;* les radicales rétrécies en pétiole ; *les caulinaires* peu nombreuses, un peu rétrécies à la base, *non décurrentes. Capitules solitaires,* rar. 2-3 terminaux *ovoïdes,* assez gros. *Involucre* un peu aranéeux, à *folioles* appliquées, *lancéolées mucronées. Fleurons purpurins.* ♃. Juin-septembre.

RR. — Prés et bois humides. — Quend (*Cagé*) ; vallée de Pavry près Fouencamps (*E. Gonse*) ; Fortmanoir, Rouy-le-Petit près Nesle, Mareuil (*P.* Fl.).

6. C. arvense Lmk. *Fl. Fr.* — Racine rampante. Tige de 5-8 déc., anguleuse, non ailée, rameuse. *Feuilles* pinnatipartites ou sinuées, épineuses, *presque glabres ;* les radicales un peu rétrécies en pétiole ; *les caulinaires* souv. amplexicaules, *un peu décurrentes. Capitules ovoïdes,* assez petits.

COMPOSÉES-CYNAROCÉPHALES. 213

dioïques par avortement, ord. nombreux, agglomérés au sommet de la tige et des rameaux. Involucre à folioles ovales ou lancéolées, appliquées ; les *extérieures mucronées. Fleurons purpurins, rar. blancs.* ♃. Juin-septembre.

CC. — Moissons, bords des chemins, lieux incultes. — *Intr.?*

7. C. oleraceum All. *Ped.* — Tige de 6-12 déc., sillonnée, presque glabre, simple ou rameuse supérieurement. Feuilles d'un vert pâle, glabres ou un peu pubescentes, pinnatifides ou sinuées, à lobes ovales aigus, ou lancéolés, dentés, ciliés épineux ; les radicales grandes, rétrécies en un pétiole un peu ailé ; les caulinaires cordiformes amplexicaules, non décurrentes. *Capitules* assez gros, ovoïdes, peu nombreux, terminaux, *entourés de bractées larges ovales décolorées,* d'un vert jaunâtre, dépassant les fleurons. Involucre à folioles dressées, lancéolées terminées par une épine molle. *Fleurons jaunâtres.* ♃. Juillet-août.

CC. — Prés humides, bords des eaux.

Hybrides (1).

8. C. palustri-oleraceum Nægeli in Koch, *Syn.* 999. — *C. hybridum* Koch ap. DC. *Fl. Fr.* Suppl. — Tige de 8-12 déc., sillonnée, anguleuse, non ailée, pubescente. *Feuilles* un peu pubescentes, sinuées dentées ou pinnatifides, à lobes oblongs, ou oblongs lancéolés, dentés, ciliés épineux ; les radicales longuement atténuées en pétiole ; les *caulinaires* amplexicaules, *un peu décurrentes. Capitules ovoïdes allongés* sessiles ou brièvement pédonculés, ord. nombreux agglomérés au sommet de la tige et des rameaux, *munis à la base de bractées étroites, non décolorées,* égalant presque les fleurons. Involucre à folioles lancéolées, terminées par une épine molle étalée. *Fleurons jaunâtres, qqf. un peu rosés.* ♃. Juillet-août.

RR. — Prés humides, marais tourbeux. — Oust-Marest; Cambron (*T.C.*) ; Longpré près Amiens, Renancourt (*E. Gonse*) ; Petit-Saint-Jean près Amiens (*Rom.*) ; marais des Planches à Abbeville (*Poulain* Herb.) ; vallée d'Authie entre Raye et Dompierre (*P. Fl.*).

(1) L'influence mâle et femelle, du pollen et de l'ovule, se fait assez facilement sentir dans l'aspect et le port d'une plante hybride. L'influence paternelle se fait remarquer plus spécialement dans la ramification, dans les capitules et dans les fleurs. L'influence maternelle, au contraire, se manifeste dans les organes de la végétation (bas de la tige, racine ou rhizome et feuillage).... Dans la nomenclature, la première épithète indique toujours l'espèce qui a fourni le pollen et la deuxième celle qui a fourni l'ovule (Kirschleg, Fl. 1, p. 443).

9. C. oleraceo-acaule Hampe in *Linnæa*. — *C. rigens* Wallr. *Sched.* — Tige de 3-7 déc., sillonnée, non ailée, pubescente, rameuse supérieurement. *Feuilles* glabres ou pubescentes, pinnatipartites, à lobes ovales bi-trifides, ciliés épineux ; les *caulinaires* sessiles ou subsessiles, *non décurrentes. Capitules solitaires ou peu nombreux, assez gros, subgloubuleux,* plus ou moins longuement pedonculés, *munis à leur base de bractées étroites* lancéolées *non décolorées,* égalant presque les fleurons. Involucre à folioles lancéolées, terminées par une épine molle. *Fleurons jaunâtres.* ♃. Juillet-août.

RR. — Prairies humides. — Longpré près Amiens (*Richer*) ; Lœuilly ; ferme de Froideville près Mers (*E. Gonse*) ; Abbeville (*P. Herb.*).

10. C. lanceolato-acaule Nægeli in Koch *Syn*. 997 — *Tige* de 2-4 déc., pubescente, *feuillée jusqu'au sommet. Feuilles pubescentes,* munies de quelques épines en dessus, sinuées pinnatifides, à lobes ovales trifides, ciliés épineux ; *les caulinaires un peu décurrentes. Capitules ovoïdes peu nombreux,* brièvement pédonculés. *Involucre à folioles* lancéolées appliquées, *atténuées en une épine courte étalée. Fleurons purpurins.* ♃. Juillet-septembre.

RR. — Lieux incultes, bords des chemins. — Bord de la route entre la ferme de la Chapelle et Froise près Quend (*Delacourt et Gaudefroy*).

5. CARDUUS L. *Gen.* ex parte.

Involucre imbriqué à *folioles atténuées en épine. Réceptacle hérissé de soies.* Achaines oblongs un peu comprimés, lisses. *Aigrette* caduque à *poils* plurisériés, plus ou moins scabres, non plumeux, *réunis en anneau à la base.* — Tiges ailées épineuses. Feuilles longuement décurrentes. Fleurons purpurins, rar. d'un blanc rosé.

1	Capitules oblongs subcylindriques, sessiles . . . . 1. *C. tenuiflorus.*	
	Capitules ovoïdes ou subgloubuleux, pédonculés	2
2	Pédoncules non ailés épineux. Capitules gros, penchés . . . . 3. *C. nutans.*	
	Pédoncules ailés épineux. Capitules moins gros, dressés.	3
3	Feuilles glabres en dessus, un peu velues en dessous sur les nervures. . . . . 4. *C. acanthoïdes*	
	Feuilles un peu poilues en dessus, aranéeuses en dessous . . . . 2. *C. crispus.*	

1. C. tenuiflorus Sm. *Brit*. — Tiges de 4-8 déc., ord. rameuses. Feuilles pubescentes en dessus, aranéeuses en dessous, pinnatifides, à lobes dentés épineux, à épines jaunâtres. *Capitules oblongs cylindriques*, petits. *sessiles*, agglomérés au sommet de la tige et des rameaux. Involucre ord. pubescent aranéeux, à folioles lancéolées, lâches, arquées en dehors, atténuées en une épine faible, jaunâtre. ① ou ②. Juin-août.

CC. — Lieux secs et arides, bords des chemins, décombres. — *Intr.?*

2. C. crispus L. *Sp.* — Port du *Cirsium palustre*. Tiges de 6-10 déc., rameuses. Feuilles un peu poilues en dessus, aranéeuse en dessous, pinnatifides, à lobes dentés très-épineux. *Pédoncules pubescents, ailés épineux. Capitules ovoïdes assez petits, dressés, ord. agglomérés au sommet des rameaux.* Involucre légèrement aranéeux, à folioles lâches, subulées atténuées en une épine faible. ②. Juillet-septembre.

A.C. — Lieux incultes, bords des chemins. — *Intr.?* — Erondelle ; Caubert près Abbeville ; Abbeville ; Picquigny ; Gamaches ; Bouillencourt-en-Séry ; Le Mesge (*Baillet*).

3. C. nutans L. *Sp.* — Tige de 5-10 déc., ord. rameuse. Feuilles presque glabres en dessus, velues en dessous, pinnatifides, à lobes ovales, dentés épineux. *Pédoncules* ord. tomenteux, *non ailés épineux. Capitules subglobuleux, gros, penchés*, ord. *solitaires* au sommet des pédoncules. Involucre un peu pubescent aranéeux, à folioles extérieures lancéolées étalées, souv. recourbées, terminées par une épine piquante plus ou moins forte. ②. Juillet-septembre.

CC. — Lieux incultes, bords des chemins, décombres. — *Intr.?*

S.-v. *flore albo.* — Fleurs blanches. — Fossés de la citadelle d'Amiens (*E. Gonse*).

4. C. acanthoides L. *Sp.* — *C. nutans* var. *acanthoides* Coss. et Germ. *Fl.* — Pl. intermédiaire entre le *C. crispus* et le *C. nutans*. Tige de 6-10 déc., rameuse, sillonnée, pubescente, ailée épineuse. *Feuilles glabres en dessus, un peu velues en dessous sur les nervures. Pédoncules ailés épineux*, souv. nus au sommet. *Capitules dressés*, plus ou moins agglomérés, assez souv. solitaires au sommet des pédoncules, plus gros que dans le *C. crispus et plus petits que dans le C. nutans*. Involucre à folioles atténuées en épine faible, plus ou moins étalées. ②. Juillet-septembre.

RR. — Lieux incultes, bords des chemins. — Longpré près Amiens, talus de la citadelle d'Amiens (*E. Gonse*).

S.-v. *microcephalus.* — Capitules assez petits. — Bois de Croixrault (*E. Gonse*).

6. SILYBUM Vaill. Act. acad. Par.

Involucre à folioles imbriquées, les *extérieures terminées par un appendice* étalé, *denté épineux, à épine terminale* longue, *robuste. Réceptacle hérissé de soies*. Etamines à filets réunis en tube. Achaines un peu comprimés, lisses. *Aigrette* caduque à *poils* plurisériés, longs, *très-scabres, réunis en anneau à la base*. — Fleurons purpurins.

1. S. Marianum Gærtn. *Fruct.* — (Vulg. *Chardon-Marie*). — Pl. presque glabre. Tige de 4-10 déc., robuste, ord. rameuse, non ailée. *Feuilles* grandes, sinuées pinnatifides à lobes courts, ciliés épineux, *ord. marbrées de blanc ;* les caulinaires amplexicaules. Capitules subglobuleux, très-gros, solitaires, terminaux. ① ou ②. Juillet-août.

RR. — Coteaux arides, villages, bords des chemins. — *Intr.* — La Bouvaque près Abbeville; Drucat; Mers; Warloy-Baillon (*Guilbert*); Cayeux-sur-Mer, Sainte-Radegonde près Péronne (*F. Debray*); Saint-Roch près Amiens (*Richer*); Gorenflos (*Lesaché*); Laviers (*B. Extr. Fl.*).

7. LAPPA Tourn. Inst.

Involucre à folioles imbriquées, lancéolées ou linéaires subulées, *à pointe ord. recourbée en crochet*. Réceptacle hérissé de soies. Achaines oblongs comprimés ridés. *Aigrette à poils* plurisériés, courts, scabres, *libres*, caduques. — Tiges striées. Feuilles pubescentes en dessus, tomenteuses blanchâtres en dessous, pétiolées, entières ou sinuées; les radicales ovales cordiformes; les caulinaires ovales lancéolées, atténuées à la base. Capitules globuleux. Fleurons purpurins rar. blancs.

1. { Capitules assez petits, brièvement pédonculés. *1. L. minor.*
   { Capitules gros, plus ou moins longuement pédonculés. . 2

2. { Capitules en grappe corymbiforme lâche. Involucre
   {   glabre à folioles toutes vertes. . . . . . . *2. L. major.*
   { Capitules espacés le long de la tige et des rameaux.
   {   Involucre aranéeux à folioles intérieures souv. rou-
   {   geâtres. . . . . *3. L. pubens.*

1. L. minor DC. *Fl. Fr.* — Tige de 6-8 déc., rameuse pubescente. *Capitules assez petits* terminaux ou latéraux *brièvement pédonculés*, en grappe irrégulière feuillée. Involucre glabre ou aranéeux à folioles subulées recourbées en crochet, ord. plus courtes que les fleurons, les intérieures ord. rougeâtres. ②. Juin-septembre.

CC. — Bords des chemins, des haies et des bois, lieux incultes. — *Ind.?*

Var. α. *minor* (*L. communis* var. *minor* Coss. et Germ. *Fl.*). — Involucre glabre ou presque glabre.

Var. ε. *tomentosa* (*L. communis* var. *tomentosa* Coss. et Germ. *Fl.* — *L. tomentosa* Lmk. *Fl. Fr.?*). — Involucre plus ou moins aranéeux.

S.-v. *flore albo*. — Fleurons blancs. — Domart ; Senarpont.

2. L. major DC. *Fl. Fr.* — Pl. plus grande dans toutes ses parties que le *L. minor*. *Capitules gros, longuement pédonculés, en grappe corymbiforme lâche. Involucre glabre, à folioles toutes vertes, subulées recourbées en crochet, plus longues que les fleurons.* ②. Juin-septembre.

R. — Bords des chemins, des haies, des bois, lieux incultes. — *Ind.?* — Cayeux-sur-Mer ; La Faloise, Vignacourt (*E. Gonse*) ; remparts d'Abbeville (*Baill.* Herb.) ; Hedauville (*Guilbert*).

3. L. pubens Boreau *Fl.* add. p. 758. — *Arctium pubens* Babgt. — Pl. presqu'aussi robuste que la précédente. *Capitules gros, moins longuement pédonculés, espacés le long de la tige et des rameaux. Involucre aranéeux à folioles intérieures souv. rougeâtres, égalant les fleurons.* ②. Juin-septembre.

R. — Lieux incultes, bords des bois. — *Ind.?* — Forêt d'Arguel près Senarpont ; bois de La Motte à Cambron ; bois de la Réserve à Namps (*E. Gonse*).

8. SERRATULA L. *Gen.* ex parte.

Involucre oblong à folioles imbriquées, les extérieures ovales lancéolées aiguës, non épineuses, les intérieures scarieuses au sommet. Réceptacle hérissé de soies. Achaines un peu comprimés, presque lisses. *Aigrette à poils plurisériés*, scabres, *libres, les extérieurs plus courts*. Fleurons purpurins, qqf. unisexuels.

1. S. tinctoria L. *Sp.* — Pl. presque glabre. Tige de 4-8 déc., anguleuse sillonnée, rameuse supérieurement, à rameaux dressés. Feuilles ovales, dentées ou pinnatipartites, à lobes lancéolés, le terminal plus grand. Capitules oblongs en corymbe lâche. Aigrette roussâtre. ♃. Août-septembre.

R. — Bois montueux. — Bois de Size près Ault ; bois de Rampval près Mers ; Lanchères ; Bernapré ; Poix ; Ailly-sur-Somme (*Rom.*) ; Saleux, Clairy-Saulchoy, Molliens-Vidame (*Richer*) ; Sainte-Segrée, Bus (*E. Gonse*).

9. CENTAUREA L. *Gen.* ex parte.

Involucre ovoïde ventru, à folioles imbriquées, *terminées par un appendice scarieux, lacinié ou cilié,* plus rar. par *une épine pinnatipartite à la base.* Réceptacle hérissé de soies. Fleurons intérieurs hermaphrodites ; les extérieurs, ord. plus grands, stériles, infundibuliformes, rayonnants. Achaines comprimés. *Aigrette* ord. persistante, plus rar. nulle, ord. à *poils* plurisériés, *libres*, scabres, inégaux ; *les intérieurs plus courts*, connivents.

1 { Involucre à folioles terminées en épine. 2
  { Involucre à folioles non terminées en épine. 3

2 { Fleurons jaunes. Feuilles caulinaires décurrentes. . . .
  { . . . . 2. *C. solstitialis.*
  { Fleurons purpurins, rar. blancs. Feuilles caulinaires
  {   non décurrentes . . . . 1. *C. Calcitrapa.*

3 { Fleurons bleus. . . . . 3. *C. Cyanus.*
  { Fleurons purpurins, très-rar. blancs 4

4 { Feuilles toutes lyrées ou pinnatipartites. Folioles exté-
  {   rieures de l'involucre ne recouvrant pas les inté-
  {   rieures. . . . . 4. *C. Scabiosa.*
  { Feuilles supérieures entières ou sinuées dentées. Folioles
  {   extérieures de l'involucre terminées par un appendice
  {   recouvrant les intérieures. 5

5 { Fleurons ord. tous égaux, hermaphrodites. . 6. *C. nigra.*
  { Fleurons extérieurs plus grands, rayonnants, stériles. .
  { . . . . 5. *C. pratensis.*

a. *Involucre à folioles terminées en épine.*

1. C. Calcitrapa L. *Sp.* — (Vulg. *Chardon-étoilé*). — Pl. pubescente. Tige de 3-7 déc., anguleuse, à rameaux nombreux, divariqués. *Feuilles* pinnatipartites, à lobes linéaires dentés ; les radicales en rosette ; les *caulinaires* presqu'amplexicaules, *non décurrentes ;* les supérieures souv. entières. Capitules ovoïdes oblongs, latéraux, solitaires, subsessiles. Involucre glabre, à folioles terminées par une longue épine robuste, étalée, pinnatipartite à la base. *Fleurons* égaux, *purpurins, très-rar. blancs.* Aigrette nulle. ②. Juillet-septembre.

C. — Intr. — Lieux secs et incultes, bords des chemins. — Limeux ; Balance près Vron ; Long ; Longpré-les-Corps-Saints ; Wiry-au-Mont ; Ribeauville près Saint-Valery ; Noyelles-sur-Mer.

2. C. solstitialis L. *Sp.* — Pl. tomenteuse blanchâtre. Tige de 3-7 déc., ord. très-rameuse diffuse, ailée. *Feuilles* inférieures lyrées pinnatifides ou pinnatipartites ; les *caulinaires* entières, linéaires lancéolées, *décurrentes.* Capitules ovoïdes subglobuleux, solitaires, longuement pédonculés, terminaux, disposés en corymbe. Involucre laineux, à folioles terminées en une longue épine, robuste, étalée, pinnatipartite à la base.

Fleurons égaux, *jaunes*. Achaines de la circonférence seuls dépourvus d'aigrette. ① ou ②. Juillet-septembre.

A.R. — Bords des moissons, prairies artificielles. — *Intr.* — Drucat; Vron; Hiermont; Cayeux-sur-Mer; Saint-Valery; Huppy; Ercourt; Villers-sur-Mareuil; Bovelles (*Rom.*); Saint-Firmin (*Dufourny*); Quend (*Cagé*); Renancourt, Dury, Villers-Bocage, Rubempré, Pont-de-Metz, Hangest-sur-Somme (*E. Gonse*); Quevauvillers, Fresnoy-au-Val (*Richer*); Vismes-au-Val, Martainneville, Warloy-Baillon, Baizieux (*Guilbert*); Eaucourt (*Tripier*); Essertaux (*Copineau*); Gorenflos (*Lesaché*); Mailly-Maillet (*Carette*); Abbeville (*Baill.* Herb.); Epagnette près Abbeville (*B.* Not. man.).

b. *Involucre à folioles non terminées en épine.*

3. C. Cyanus L. *Sp.* — (Vulg. *Bleuet*). — Pl. légèrement tomenteuse blanchâtre. Tige de 3-6 déc., grêle, rameuse. Feuilles inférieures pinnatipartites; les moyennes dentées à la base; les supérieures linéaires entières. Capitules ovoïdes, solitaires, longuement pédonculés. Involucre glabre, à folioles brunâtres au sommet, incisées ciliées. *Fleurons bleus*, très-rar. roses ou blancs; les extérieurs plus grands, rayonnants. Aigrette roussâtre. ① ou ②. Mai-juillet, refleurit souv. en automne.

CC. — Moissons. — *Intr.*

S.-v. *flore albo.* — Fleurons blancs. — Limeux.

4. C. Scabiosa L. *Sp.* — Tige de 4-8 déc., sillonnée, un peu scabre, ord. rameuse. *Feuilles* glabres ou velues en dessous, scabres aux bords, *lyrées ou pinnatipartites* à lobes pinnatifides, ou sinués, terminés par un mucron obtus. Capitules gros, subglobuleux, solitaires, longuement pédonculés. *Involucre à folioles* ovales, bordées de noir, ciliées au sommet; les *extérieures ne recouvrant pas les intérieures*. *Fleurons purpurins, très-rar.* blancs; les extérieurs plus grands, rayonnants. Aigrette brunâtre. ♃. Juin-août.

CC. — Bords des champs, moissons, coteaux calcaires. — *Intr.?*

S.-v. *alba.* — Fleurons blancs. — Drucat; Cambron (*T.C.*).

5. C. pratensis Thuill. *Fl. Par.* 444. — *C. decipiens* Thuill. *Fl. Par.* 445. — *C. Jacea* var. *intermedia* Coss. et Germ. *Fl.* — Tiges de 3-7 déc., velues, rudes, anguleuses, ord. rameuses. Feuilles rudes, lancéolées entières ou les inférieures dentées ou pinnatifides. Capitules ovoïdes subglobuleux, longuement pédonculés. *Involucre à folioles extérieures terminées par un appendice* noirâtre longuement pectiné cilié, *recouvrant les intérieures*; celles-ci à appendice irrégulièrement incisé. *Fleurons purpurins; les extérieurs* *rayonnants, stériles.* Aigrette nulle ou presque nulle. ♃. Juin-août.

CC. — Pâturages, prairies, coteaux herbeux, bords des bois.

S.-v. *pumila*. — Pl. de 5-10 cent. Tige monocéphale. — Pelouses arides.

6. C. nigra L. *Sp.* — *C. Jacea* var. *nigra* Coss. et Germ. *Fl.* — Tiges de 4-8 déc., anguleuses rudes, ord. rameuses. Feuilles rudes, lancéolées, entières ou sinuées dentées. Capitules assez petits, subglobuleux. *Involucre à folioles la plupart terminées par un appendice* noirâtre, lancéolé, longuement pectiné cilié ; *les appendices des folioles extérieures recouvrant les intérieures. Fleurons purpurins,* ord. *tous égaux, hermaphrodites.* Aigrette courte, plus rar. nulle. ♃. Juin-octobre.

CC. — Lieux herbeux, pâtures, coteaux secs, bords des bois.

S.-v. *pumila*. — Pl. de 5-20 cent. Tige monocéphale. — Lieux arides.

Nous n'avons jamais rencontré dans nos limites le véritable *C. Jacea* L., qui se distingue principalement par les folioles de son involucre, même les extérieures, à appendice presqu'entier ou irrégulièrement incisé, et non pectiné cilié. — La plante, indiquée sous ce nom à Feuquières (*P. Fl.*), est le *C. pratensis* Thuill.

10. KENTROPHYLLUM Neck. *Elem.*

Involucre ovoïde ventru à folioles imbriquées ; les *extérieures foliacées,* cartilagineuses à la base, *pinnatilobées à lobes épineux ;* les intérieures lancéolées atténuées en épine. Réceptacle hérissé de soies. Achaines subtétragones. *Aigrette à poils* plurisériés, *libres,* ciliés, *inégaux,* les intérieurs très-courts connivents, *nulle ou presque nulle dans les achaines extérieurs.* — Fleurons d'un beau jaune,

1. K. lanatum Neck. *Elem.* — Tige de 3-6 déc., raide, pubescente ou laineuse, ord. rameuse supérieurement. Feuilles coriaces, pubescentes aranéeuses en dessous, pinnatifides, à lobes lancéolés dentés épineux ; les supérieures amplexicaules, non décurrentes. Capitules assez gros ovoïdes subglobuleux, en corymbe irrégulier. Involucre laineux. ①. Juillet-octobre.

R. — Lieux arides, champs en friche, bords des chemins. — Ind.? — Prouzel ; Berny-sur-Noye ; Bovelles, Saisseval, Ailly-sur-Somme (*Rom.*) ; Molliens-Vidame (*Baillet*) ; Hocquincourt (*Dufourny*) ; Cavillon, Fourdrinoy (*Richer*) ; Ailly-sur-Noye, Fescamps, Yzeux, Namps, Dury, Amiens (*E. Gonse*) ; Essertaux (*Copineau*) ; Mailly-Maillet (*Carette*) ; Caubert près Abbeville (*Baill. Herb.*) ; Flixecourt, Allonville (*P. Fl.*) ; Guignemicourt (*B. Extr. Fl.*).

II. Corymbifères.

(Tubulifloræ DC. pro parte).

Style non renflé en nœud au-dessous des branches stigmatiques. *Capitules à fleurons de deux sortes, les intérieurs tubuleux, les extérieurs ligulés, plus rar. fleurons tous tubuleux.* — Fleurs radiées ou fleurs flosculeuses.

1. { Réceptacle garni de paillettes. 2
    Réceptacle nu ou garni de paillettes seulement à la circonférence. 4

2. { Fleurons extérieurs blancs ; les intérieurs jaunes. . . .
    . . . . ANTHEMIS (13).
    Fleurons tous de même couleur. 3

3. { Fleurons jaunes ; les extérieurs rar. ligulés. Achaines terminés par 3-5 arêtes. . . . . BIDENS (11).
    Fleurons blancs, qqf. roses ; les extérieurs toujours ligulés. Achaines dépourvus d'arêtes. . . . ACHILLEA (12).

4. { Achaines dépourvus d'aigrette. Réceptacle nu. 5
    Achaines tous ou la plupart terminés par une aigrette. Réceptacle nu ou garni de paillettes, seulement à sa circonférence. 11

5. { Fleurons extérieurs blancs ou rosés ; les intérieurs jaunes. 6
    Fleurons tous jaunes. 8

6. { Pl. subacaules. Feuilles obovales spatulées crénelées . .
    . . . . BELLIS (17).
    Pl. à tiges de 2-8 déc. Feuilles bi-tripinnatiséquées ou incisées dentées ou pinnatiséquées 7

7. { Feuilles bi-tripinnatiséquées. Réceptacle conique. Achaines munis de côtes seulement sur la face interne . . .
    . . . . MATRICARIA (14).
    Feuilles incisées dentées ou pinnatiséquées. Réceptacle hémisphérique convexe. Achaines munis de côtes dans toute leur circonférence . . . . PYRETHRUM (15).

8. { Fleurons extérieurs ligulés ; les intérieurs tubuleux. . . 9
    Fleurons tous tubuleux ; les extérieurs filiformes 10

9. { Achaines extérieurs triquètres, pourvus de 2 ailes latérales ; les intérieurs subcylindriques . . . .
    . . . . CHRYSANTHEMUM (16).
    Achaines très-irréguliers ; les extérieurs linéaires courbés en arc ; les intérieurs courbés en anneau ou concaves en nacelle . . . . CALENDULA (20).

10. { Capitules en corymbe compacte. Involucre hémisphérique. Achaines anguleux. . . . . . . TANACETUM (19).
    Capitules en panicule. Involucre ovoïde ou subglobuleux. Achaines cylindriques. . . . . ARTEMISIA (18).

11	Réceptacle garni de paillettes, seulement à la circonférence . . . . FILAGO (21).
	Réceptacle nu 12
12	Fleurons tous tubuleux. 13
	Fleurons extérieurs ligulés, qqf. nuls, les intérieurs tubuleux. 16
13	Pl. tomenteuses blanchâtres. Involucre à folioles scarieuses colorées. Fleurons jaunes, blanchâtres ou rosés. 14
	Pl. non tomenteuses blanchâtres. Involucre à folioles non scarieuses colorées. Fleurons rougeâtres 15
14	Pl. dioïque. Fleurons blanchâtres ou rosés . . . . ANTENNARIA (23).
	Pl. non dioïque. Fleurons jaunes . . . GNAPHALIUM (22).
15	Tiges de 2-4 déc., munies d'écailles lancéolées acuminées. Feuilles toutes radicales réniformes cordées, sinuées dentées. . . . . PETASITES (34).
	Tiges de 8 12 déc., dépourvues d'écailles. Feuilles radicales et caulinaires à 3-5 segments lancéolés dentés. . . . . EUPATORIUM (32).
16	Fleurons extérieurs bleuâtres, rosés ou blanchâtres; les intérieurs jaunes ou jaunâtres. 17
	Fleurons tous jaunes. 18
17	Fleurons extérieurs bleuâtres, sur un seul rang. Aigrette à poils plurisériés. . . . . ASTER (28).
	Fleurons extérieurs rosés ou blanchâtres, sur plusieurs rangs. Aigrette à poils unisériés. . . . ERIGERON (27).
18	Achaines terminés par une aigrette à poils allongés entourés d'une couronne dentée ou laciniée . . . . PULICARIA (24).
	Achaines terminés par une aigrette à poils non entourés par une couronne. 19
19	Fleurons extérieurs disposés sur plusieurs rangs . . . . TUSSILAGO (33).
	Fleurons extérieurs disposés sur un seul rang, qqf. nuls. 20
20	Aigrette à poils unisériés. 21
	Aigrette à poils plurisériés 22
21	Feuilles presque glabres. Capitules assez petits, en petites grappes dressées, disposées en panicule oblongue. . . . . SOLIDAGO (26).
	Feuilles tomenteuses en dessous. Capitules solitaires au sommet des rameaux, ou nombreux en corymbes . . . . INULA (25).
22	Souche traçante, charnue. Involucre à folioles disposées sur 2-3 rangs. Achaines extérieurs dépourvus d'aigrette . . . . DORONICUM (29).
	Souche qqf. traçante, non charnue. Involucre à folioles disposées sur un rang. Achaines tous terminés par une aigrette. 23

23 { Involucre muni à la base d'écailles accessoires. Fleurons
ligulés, qqf. nuls . . . . Senecio (31).
Involucre dépourvu d'écailles accessoires. Fleurons ligulés, jamais nuls . . . . Cineraria (30).

* *Achaines dépourvus d'aigrette, rar. terminés
par 2-5 arêtes.*

11. BIDENS L. Gen.

Involucre à folioles sur 2-3 rangs ; les extérieures plus grandes foliacées, inégales, étalées. *Réceptacle* plan, *garni de paillettes.* Fleurons tous tubuleux hermaphrodites, rar. les extérieurs ligulés stériles. Achaines oblongs comprimés, scabres sur les bords, munis d'une côte sur chaque face. *Aigrette remplacée par 2-5 arêtes* persistantes, munies de petits aiguillons recourbés. — Feuilles opposées, glabres. Fleurons jaunes.

1 { Feuilles tripartites. Capitules dressés . . *1. B. tripartita.*
Feuilles profondément dentées, non tripartites. Capitules penchés. . . . . *2. B. cernua.*

1. B. tripartita L. *Sp.* — Tige de 2-6 déc., dressée, anguleuse, ord. glabre, rameuse. *Feuilles* pétiolées, *tripartites*, à segments lancéolés dentés, le terminal plus grand. *Capitules dressés.* Aigrette remplacée par 2-3 arêtes, rar. plus. ①. Juillet-octobre.

A.C. — Marais, bords des eaux. — Caux ; Bray-lès-Mareuil ; Le Hourdel ; Saint-Quentin-en-Tourmont ; Quend ; Montières, Petit-Saint-Jean et Saint-Maurice près Amiens (*Rom.*) ; Glisy, Pont-de-Metz, Longpré près Amiens, Hangest-sur-Somme (*E. Gonse*) ; Vismes-au-Val (*Guilbert*) ; Epagne (*Baill.* Herb.) ; Menchecourt près Abbeville (*B.* Herb.).

2. B. cernua L. *Sp.* — Tige de 2-7 déc., dressée ou ascendante, radicante à la base, ord. glabre. *Feuilles* lancéolées *profondément dentées;* les supérieures subconnées. *Capitules penchés.* Fleurons extérieurs qqf. ligulés. Aigrette remplacée par 4-5 arêtes, rar. moins. ①. Juillet-octobre.

A.R. — Endroits marécageux, bords des eaux. — Caubert près Abbeville ; Senarpont ; Mers ; Argoules ; Maisnières (*Guilbert*) ; Abbeville (*Lesaché*) ; Le Mesge, Montières, Petit-Saint-Jean et Saint-Maurice près Amiens (*Rom.*) ; Amiens, Nampty-Coppegueule (*Copineau*) ; Longueau, Glisy, Camon (*E. Gonse*).

S.-v. *minima* (Coss. et Germ. *Fl.*). — Pl. naine. Capitules très-petits, à peine penchés.

S.-v. *rugosa* (Coss. et Germ. *Fl.*). — Tiges et rameaux rugueux, munis de petits aiguillons. — Ribeauville près Saint-Valery.

Var. *6. radiata* (DC. *Prodr.* — *Coreopsis Bidens* L. *Sp.*). — Fleurons extérieurs ligulés. — *RR.* — Marais de Mautort près Abbeville (*T.C.*) ; Epagnette près Epagne (*Poulain*).

On cultive qqf. dans les potagers et en plein champs l'*Helianthus tuberosus* (L. *Sp.* — Vulg. *Topinambour*). — Le genre *Helianthus* (L. *Gen.* ex parte), se distingue par le réceptacle plan, garni de paillettes, par les fleurons ligulés femelles, les tubuleux hermaphrodites. L'*H. tuberosus* L. se reconnaît aux caractères suivants : souche à tubercules oblongs ou subglobuleux charnus ; tiges de 1-2 mètres ; feuilles inférieures ovales cordées, les supérieures oblongues lancéolées ; capitules gros, penchés ; fleurons jaunes.

12. ACHILLEA L. *Gen.*

Involucre à folioles imbriquées. *Réceptacle* presque plan, *garni de paillettes. Fleurons extérieurs ligulés*, femelles, à ligule courte arrondie ; les intérieurs tubuleux, hermaphrodites. Achaines oblongs comprimés. — Pl. à racine rampante. Capitules en corymbes rameux terminaux. *Fleurons blancs, qqf. roses.*

1
- Feuilles bipinnatiséquées. Fleurons ligulés à limbe égalant à peine la moitié de la longueur de l'involucre . . . . 1. *A. Millefolium*.
- Feuilles indivises, denticulées. Fleurons ligulés à limbe égalant au moins la longueur de l'involucre . . . . 2. *A. Ptarmica*.

1. A. Millefolium L. *Sp.* — (Vulg. *Millefeuille*). — Pl. pubescente ou velue. Tiges de 2-6 déc., ord. simples. *Feuilles molles*, à circonscription lancéolée ou linéaire, *bipinnatiséquées*, à segments nombreux, linéaires mucronés. Capitules nombreux, petits. Involucre ovoïde oblong. *Fleurons* qqf. roses ; les *ligulés 4-5, à limbe égalant à peine la moitié de la longueur de l'involucre.* ♃. Juin-octobre.

CC. — Lieux incultes, coteaux secs, bords des chemins, prairies.

2. A. Ptarmica L. *Sp.* — (Vulg. *Herbe à éternuer*). — Pl. presque glabre. Tiges de 4-8 déc., simples ou peu rameuses. *Feuilles linéaires lancéolées finement denticulées.* Capitules de taille moyenne. Involucre hémisphérique. *Fleurons* tous blancs ; les *ligulés 8-12, à limbe égalant au moins la longueur de l'involucre.* ♃. Juillet-septembre.

RR. — Prés humides, bords des rivières. — Dreuil, Fortmanoir (*P.* Fl.) ; Amiens (*B.* Extr. Fl.). — Cette espèce n'a pas été retrouvée à notre connaissance.

13. ANTHEMIS L. *Gen.* ex parte.

Involucre à folioles imbriquées, scarieuses aux bords, presqu'égales. *Réceptacle convexe, garni de paillettes*. Fleurons extérieurs ligulés, à ligule oblongue, femelles ; les intérieurs tubuleux, hermaphrodites. Achaines subcylindriques, munis de côtes, terminés ou non par un rebord. — Feuilles bipinnatiséquées. Capitules solitaires terminaux. *Fleurons ligulés blancs ; les tubuleux jaunes.*

1
- Pl. presqu'inodore. Paillettes du réceptacle lancéolées, brusquement cuspidées, égalant les fleurons. Achaines à côtes lisses. . . . . *1. A. arvensis.*
- Pl. à odeur fétide. Paillettes du réceptacle linéaires sétacées plus courtes que les fleurons. Achaines tuberculeux . . . . *2. C. Cotula.*

1. A. arvensis L. *Sp.* — *Pl.* pubescente blanchâtre, *presqu'inodore*. Tiges de 2-4 déc., ord. nombreuses, dressées ou ascendantes, qqf. diffuses, souv. rougeâtres à la base. Feuilles à segments linéaires lancéolés. *Paillettes du réceptacle lancéolées, brusquement cuspidées, égalant les fleurons.* Fleurons ligulés fertiles. *Achaines à côtes lisses,* inégaux, terminés par un rebord. ①. Juin-septembre.

A.C. — Moissons, champs en friche. — *Intr.* — Drucat ; Bailleul ; Limeux ; Inval et Caumont près Huchenneville ; Ercourt ; Cambron (*T.C.*) ; Amiens, Dury, Le Bosquel (*E. Gonse*) ; Bovelles, Saisseval (*Rom.*).

2. A. Cotula L. *Sp.* — (Vulg. *Camomille-puante*). — *Pl.* à *odeur fétide*, pubescente ou presque glabre. Tige de 2-4 déc., dressée, rameuse. Feuilles à segments linéaires entiers ou bi-trifides. Pédoncules grêles. *Paillettes du réceptacle linéaires sétacées, plus courtes que les fleurons.* Fleurons ligulés stériles. *Achaines à côtes tuberculeuses,* souv. inégaux, dépourvus de rebord. ①. Juin-septembre.

CC. — Bords des champs, moissons, terrains en friche, décombres. — *Intr.*

14. MATRICARIA L. Gen. emend.

Involucre à folioles imbriquées scarieuses aux bords. *Réceptacle conique, nu*. Fleurons extérieurs ligulés, femelles ; les intérieurs tubuleux, hermaphrodites. *Achaines* tous de même forme, subcylindriques, *munis de 3-5 côtes seulement sur la face interne,* terminés ord. par un rebord ou une couronne membraneuse courte. — *Feuilles bi-tripinnatiséquées.* Capitules solitaires au sommet des rameaux. *Fleurons ligulés blancs ; les tubuleux jaunes.*

	Pl. à odeur aromatique. Réceptacle ovoïde conique, creux. . . . . 1. *M. Chamomilla*.	
1	Pl. presqu'inodore. Réceptacle hémisphérique conique, plein.	2
2	Feuilles à segments linéaires allongés, non charnus. Pl. des lieux cultivés . . . . 2. *M. inodora*.	
	Feuilles à segments courts obtus charnus. Pl. maritime. . . . . 3. *M. maritima*.	

1. M. Chamomilla L. *Sp.* — *Pl. à odeur aromatique.* Tige de 2-5 déc., dressée, ascendante ou diffuse, rameuse. Feuilles à segments linéaires allongés, étalés. Involucre à folioles oblongues scarieuses aux bords. *Réceptacle ovoïde conique, creux.* Achaines à 5 côtes filiformes, terminés ord. par un rebord, plus rar. par une couronne membraneuse. ①. Juin-août.

A.C. — Moissons, lieux incultes et pierreux. — *Intr.* — Abbeville ; Les Alleux près Behen ; Ault ; Le Hourdel ; Saint-Quentin-en-Tourmont ; Cambron (*T.C.*) ; Tilloy-Floriville (*Guilbert*) ; Bovelles (*Rom.*) ; Notre-Dame-de-Grâce, Ailly, Oresmaux (*P. Fl.*) ; Crécy (*B. Extr. Fl.*).

Var. 6. *coronata* (Coss. et Germ. *Fl.*). — Achaines terminés par une couronne membraneuse dentée. — *R.* — Le Crotoy ; Saint-Valery ; fortifications d'Abbeville ; Bovelles (*Rom.*).

2. M. inodora L. *Fl. Suec.* — *Pyrethrum inodorum* Sm. *Fl. Brit.* — *Chrysanthemum inodorum* L. *Sp.* — *Pl. presqu'inodore.* Tige de 2-5 déc., dressée ou ascendante, rameuse. *Feuilles à segments linéaires allongés* étalés. Involucre à folioles lancéolées ou oblongues, scarieuses, souv. brunâtres aux bords. *Réceptacle hémisphérique conique obtus, plein.* Achaines finement rugueux, à 3 côtes présentant en dehors au-dessous du sommet deux glandes orbiculaires, terminés par un rebord tranchant. ①. Juillet-septembre.

A.R. — Moissons, lieux pierreux, bords des chemins. — *Intr.* — Drucat ; ancienne gare d'Abbeville ; allée du bois de Croixrault ; Bovelles (*Rom.*) ; Vignacourt, Dury, Amiens à Henriville (*E. Gonse*) ; Mailly-Maillet (*Carette*) ; vers Péronne (*P. Fl.*).

3. M. maritima L. *Sp.* ; Gren. et Godr. *Fl.* — *Pyrethrum maritimum* Sm. *Fl. Brit.* — *Chrysanthemum maritimum* Pers. *Syn.* ; Brébiss. *Fl.* — *C. inodorum* var. *maritimum* Lloyd *Fl. ouest.* — *Pl. presqu'inodore.* Tiges de 2-4 déc., rameuses dès la base, étalées diffuses, rougeâtres inférieurement. *Feuilles à segments courts*, linéaires, *obtus, charnus*, carénés. Capitules convexes globuleux. Involucre ombiliqué à la maturité. *Réceptacle hémisphérique conique, plein.* Achaines ord. plus gros que ceux du *M. inodora* L., à côtes épaisses, séparées par des intervalles linéaires très-étroits, présentant au-dessous du sommet deux glandes oblongues, terminés par un rebord très-court. ①. Juillet-septembre.

RR. — Pelouses, digues et galets maritimes. — Noyelles-sur-Mer; Le Crotoy; Quend, Saint-Quentin-en-Tourmont (Baill. Herb.). — Commun au Trépied près Etaples et à Boulogne [Pas-de-Calais]; se trouve aussi à Criel [Seine-Inférieure].

15. PYRETHRUM Gærtn. *Fruct.*

Involucre à folioles imbriquées. *Réceptacle hémisphérique un peu convexe, nu*. Fleurons extérieurs ligulés, femelles; les intérieurs tubuleux, hermaphrodites. *Achaines* tous de même forme, subcylindriques ou subtétragones, *munis de côtes dans toute leur circonférence, terminés ou non par un rebord*. — *Fleurons ligulés blancs; les tubuleux jaunes.*

1
- Feuilles crénelées, dentées ou incisées. Capitules solitaires. . . . . 1. *P. Leucanthemum*.
- Feuilles pinnatiséquées. Capitules ord. nombreux en corymbe lâche. . . . . 2. *P. Parthenium*.

1. P. Leucanthemum Coss. et Germ. *Fl.* — (Vulg. *Grande Marguerite*). — Pl. presqu'inodore. Tiges de 2-8 déc., dressées ou ascendantes simples ou un peu rameuses supérieurement. *Feuilles crénelées, incisées ou dentées;* les inférieures obovales ou spatulées, atténuées en un long pétiole; les supérieures oblongues à base élargie amplexicaule. *Capitules* grands, *solitaires*, longuement pédonculés. Involucre ombiliqué, à folioles scarieuses brunâtres aux bords. Achaines noirâtres, munis de côtes filiformes, dépourvus de rebord. ♃. Mai-août.

CC. — Lieux herbeux, prairies, pâturages.

2. P. Parthenium Sm. *Fl. Brit.*—(Vulg. *Matricaire*). — Pl. odorante. Tiges de 3-6 déc., dressées, rameuses. *Feuilles* pétiolées, molles, *pinnatiséquées*, à segments oblongs obtus, incisés dentés, les supérieurs confluents. *Capitules ord. nombreux, en corymbe lâche*. Involucre à folioles scarieuses blanchâtres aux bords. Achaines blanchâtres ou brunâtres, terminés par un rebord membraneux court. ♃. Juin-août.

A.R. — Villages, voisinage des habitations, lieux incultes, vieux murs. — *Intr.* — Remparts d'Abbeville; Les Alleux près Behen; Dompierre; Drucat; Pernois; Aveluy; Saint-Maurice près Amiens (*E. Gonse*); Bovelles (*Rom.*).

16. CHRYSANTHEMUM DC. *Prodr.*

Involucre à folioles imbriquées. Réceptacle un peu convexe, nu. *Fleurons extérieurs ligulés*, femelles, fertiles; *les inté-*

rieurs *tubuleux*, hermaphrodites. *Achaines dépourvus de rebord ; les extérieurs triquêtres, à 2 ailes latérales ; les intérieurs subcylindriques*, munis de 10 côtes égales. — *Fleurons tous jaunes.*

1. C. segetum L. *Sp.* — (Vulg. *Marguerite dorée*). — En Picard *Ganet*). — Pl. glabre. Tige de 2-6 déc., dressée, rameuse. Feuilles oblongues incisées dentées, ord. élargies au sommet ; les supérieures amplexicaules. Capitules assez grands, solitaires, à pédoncules ord. renflés supérieurement. Involucre ombiliqué. ⊙. Juin-août.

Moissons. — *Intr.* — CC. dans les environs d'Abbeville ; R. vers Amiens où il ne se rencontre qu'accidentellement ; Villers-Bocage (*E. Gonse*).

17. BELLIS L. Gen.

Involucre à folioles égales, obtuses, sur 2 rangs. *Réceptacle conique, nu.* Fleurons extérieurs ligulés, femelles, fertiles ; les intérieurs tubuleux, hermaphrodites. Achaines obovoïdes comprimés, bordés, pubescents. — *Fleurons ligulés blancs, qqf. rosés en dessous ; les tubuleux jaunes.*

1. B. perennis L. *Sp.* — (Vulg. *Petite Marguerite, Paquerette*). — *Pl. subacaule* de 5-15 cent., ord. pubescente. *Feuilles* disposées en rosette, *obovales spatulées, crénelées*. Pédoncules monocéphales, dépassant les feuilles. ♃. Mars-novembre.

CC. — Pelouses, prairies, pâturages, bords des chemins.

18. ARTEMISIA L. Gen.

Involucre ovoïde ou subglobuleux, à folioles imbriquées. *Réceptacle nu*, qqf. velu. *Fleurons tous tubuleux ; les extérieurs filiformes*, ord. femelles ; les intérieurs hermaphrodites, qqf. stériles. *Achaines cylindriques obovoïdes sans côtes, dépourvus de rebord membraneux.* — Pl. aromatiques amères. *Capitules* nombreux, en petites grappes ou en épis, *formant une panicule. Fleurons jaunes.*

1 { Feuilles soyeuses blanchâtres seulement en dessous, à segments lancéolés élargis. . . . . 1. *A. vulgaris*.
   Feuilles soyeuses blanchâtres sur les deux faces, à segments linéaires étroits. . . . . 2. *A. maritima*.

1. A. vulgaris L. *Sp.* — (Vulg. *Armoise*). — Souche épaisse, ligneuse. Tiges de 5-10 déc., dressées, rameuses supérieurement, rougeâtres. *Feuilles* d'un vert foncé en dessus, *soyeuses blanchâtres en dessous*, pinnatipartites, *à segments lancéolés élargis*, ord. incisés dentés ; les caulinaires auriculées à la base. Capitules ovoïdes oblongs, subsessiles. Réceptacle glabre. ♃. Juillet-octobre.

A.C. — Lieux incultes, bords des chemins et des haies. — Abbeville ; Drucat ; Doullens ; Quend ; Saint-Quentin-en-Tourmont ; Saint-Valery ; Le Hourdel ; Mers ; Gamaches ; Wailly ; Ham ; Hangest-sur-Somme, Ailly-sur-Noye, Amiens (*E. Gonse*) ; Allery, Airaines, Cantigny (*Guilbert*) ; Notre-Dame-de-Grâce, Renancourt, Picquigny (P. Fl.).

2. A. maritima L. *Sp.* — (Vulg. *Absinthe maritime*). — Pl. tomenteuse blanchâtre. Souche rampante émettant des tiges stériles courtes, disposées en gazon. Tiges florifères de 2-5 déc., ascendantes, rameuses, ligneuses à la base. *Feuilles soyeuses blanchâtres sur les deux faces*, bipinnatiséquées, *à segments linéaires étroits;* les inférieures pétiolées, à pétiole dilaté, auriculé à la base ; les supérieures sessiles. Capitules ovoïdes ou oblongs, nombreux, 4-7-flores, subsessiles. Involucre à folioles oblongues ; les extérieures plus courtes, herbacées ; les intérieures largement scarieuses. Réceptacle glabre. ♃. Septembre-octobre.

C. — Bords de la mer, pelouses et digues baignées par la marée. — Port ; Noyelles-sur-Mer ; Saint-Quentin-en-Tourmont ; Le Crotoy ; Pont-à-Cailloux près Quend ; Saint-Valery ; Mers ; Cambron (*T.C.*).

Var. α. *maritima* (Koch *Syn.*). — Rameaux étalés arqués, réfléchis à la maturité. Capitules dressés.

Var. ε. *Gallica* (Koch *Syn.*). — Rameaux et capitules dressés.

Var. γ. *salina* (Koch *Syn.*). — Rameaux étalés non réfléchis. Capitules pendants.

On cultive dans les jardins l'*A. Absinthium* L. (Vulg. *Absinthe*), qui se reconnaît à ses feuilles soyeuses blanchâtres sur les deux faces, bipinnatifides, ses capitules subglobuleux pédonculés, penchés, son réceptacle velu hérissé.

On cultive aussi dans les potagers l'*A. Dracunculus* (L. *Sp.* — Vulg. *Estragon*), qui se distingue par les caractères suivants : pl. herbacée, verte glabre, à odeur et à saveur aromatique ; feuilles inférieures trifides au sommet ; les supérieures lancéolées linéaires, entières ou denticulées ; capitules globuleux.

19. TANACETUM L. *Gen.* ex parte.

Involucre hémisphérique à folioles imbriquées. *Réceptacle* convexe, *nu. Fleurons tous tubuleux ; les extérieurs filiformes*, femelles, les intérieurs hermaphrodites. *Achaines anguleux*, terminés par un rebord membraneux, court. — Pl. presque glabre, aromatique. *Fleurons jaunes.*

1. T. vulgare L. *Sp.* — (Vulg. *Tanaisie*). — Tiges de 6-10 déc., dressées, raides, striées, un peu rameuses. Feuilles pinnatiséquées, à segments oblongs linéaires pinnatifides, à lobes incisés dentés. *Capitules en corymbe terminal compacte.* Involucre à folioles obtuses, scarieuses au sommet. ♃. Juillet-octobre.

A.R. — Lieux incultes, haies, bords des rivières, voisinage des habitations. — *Intr.* — Abbeville ; Les Croisettes près Behen ; Huppy ; Huchenneville ; Drucat ; Le Clapier près Domart ; Arry ; Gamaches ; Eaucourt ; Longpré près Amiens (*E. Gonse*) ; Warloy-Baillon, Vismes-au-Val (*Guilbert*) ; Amiens (*Rom.*).

20. CALENDULA (1) L. *Gen.* ex parte.

Involucre à folioles égales, sur 2 rangs. *Réceptacle nu. Fleurons extérieurs ligulés*, femelles, fertiles ; *les intérieurs tubuleux*, hermaphrodites, souv. stériles. *Achaines très-irréguliers*, ord. muriqués dentés sur le dos ; *les extérieurs linéaires courbés en arc ; les intérieurs courbés en anneau ou concaves en nacelle.* — Pl. pubescente, à odeur forte. *Fleurons tous jaunes.*

1. C. arvensis L. *Sp.* — (Vulg. *Souci de Vigne*). — Tige de 1-3 déc., diffuse rameuse, à rameaux étalés. Feuilles entières ou lâchement dentées ; les inférieures plus larges, oblongues atténuées à la base ; les supérieures lancéolées, semi-amplexicaules. Capitules terminaux. Fleurons ligulés barbus à la base. ①. Juin-septembre.

RR. — Lieux cultivés. — *Intr.* — La Neuville près Amiens (*Garnier*) ; Saint-Roch près Amiens (*Richer*) ; Essertaux, Saint-Fuscien (*Copineau*) ; Marquivillers, Cantigny, Guerbigny, Fontaine-sous-Montdidier (*Guilbert*) ; Amiens (*Picard* in herb. *Poulain*) ; Montdidier (*B. Extr. Fl.*). — Cette espèce ne paraît se rencontrer que dans les localités où la Vigne était autrefois cultivée.

** *Achaines tous ou la plupart terminés par une aigrette.*

21. FILAGO Tourn. *Inst.* ex parte.

Involucre tomenteux ovoïde, ord. pentagone, à folioles sur 3-5 rangs ; les intérieures en forme de paillettes. *Réceptacle garni de paillettes seulement à la circonférence.* Fleurons tous tubuleux ; les extérieurs femelles sur plusieurs rangs entremêlés aux folioles de l'involucre ; les intérieurs peu nombreux, hermaphrodites. *Achaines* subcylindriques, dépourvus de côtes, libres, rar. renfermés dans les folioles de l'involucre ; les *intérieurs terminés par une aigrette* de poils plurisé-

---

(1) Dans le genre *Calendula*, le style est un peu renflé dans sa partie supérieure.

riés ; *les extérieurs sans aigrette*. — Pl. plus ou moins tomenteuses blanchâtres. Feuilles sessiles entières. Capitules petits, ovoïdes coniques, en glomérules sessiles ou subsessiles, axillaires ou terminaux, rar. subsolitaires. Fleurons peu apparents d'un blanc jaunâtre.

1. { Glomérules composés de capitules nombreux (8-25). Involucre à folioles extérieures, cuspidées 2
Glomérules composés de capitules peu nombreux (2-6). Involucre à folioles non cuspidées 3

2. { Feuilles étalées. Glomérules munis à la base de 3-4 feuilles dépassant les capitules. Capitules à angles saillants . . . . *1. F. spathulata.*
Feuilles dressées appliquées. Glomérules dépourvus de feuilles à la base ou munis de 1-2 feuilles ne dépassant pas les capitules. Capitules à angles peu marqués . . . . *2. F. Germanica.*

3. { Glomérules longuement dépassés par les feuilles. Achaines extérieurs renfermés dans les folioles endurcies de l'involucre . . . . *5. F. Gallica.*
Glomérules non dépassés par les feuilles. Achaines tous libres 4

4. { Capitules à angles peu marqués. Involucre à folioles extérieures linéaires étroites . . . . . . *4. F. arvensis.*
Capitules à angles saillants. Involucre à folioles extérieures ovales courtes . . . . *3. F. montana.*

1. F. spathulata Presl. *Delic. Prag.*—*F. Jussæi* Coss. et Germ. *Fl.* éd. 1. — Pl. qqf. un peu verdâtre. Tige de 1-2 déc., ord. rameuse dichotome, à rameaux étalés. *Feuilles* oblongues obovales subspatulées, un peu *étalées. Glomérules* subhémisphériques, *munis à la base de 3-4 feuilles dépassant les capitules. Capitules 8-16,* ovoïdes coniques, placés sur un tomentum qui ne s'élève pas au-dessus de leur base, *à angles saillants. Involucre à folioles* extérieures *cuspidées,* à pointe glabre jaunâtre ; les intérieures obtuses ou à peine mucronées. Réceptacle long, presque filiforme. ①. Juillet-octobre.

C. — Moissons, lieux cultivés, bords des chemins. — *Intr.* — Limeux ; Inval près Huchenneville ; Gamaches ; Drucat ; Jumel ; Pernois ; Vignacourt, Namps-au-Mont ; Poix, Ailly-sur-Noye, Pont-de Metz, Amiens, Hangest-sur-Somme (*E. Gonse*); Bovelles, Ferrières (*Rom.*); Epagne (*Baill.* Herb.).

2. F. Germanica L. *Sp.*—Tige de 1-3 déc., ord. simple à la base, dichotome au sommet, à rameaux ord. dressés. *Feuilles* oblongues lancéolées ord. aigues, *dressées appliquées,* ondulées, à bords souv. roulés en dessous. *Glomérules* subglobuleux, *dépourvus de feuilles ou munis de 1-2 feuilles ne dépassant pas les capitules. Capitules 20-25,* plongés dans un tomentum épais jusqu'au milieu de leur hauteur, à *angles peu marqués. Involucre à folioles* extérieures *cuspidées*, à pointe glabre; les intérieures obtuses ou à peine mucronées. Réceptacle long, presque filiforme. ⓘ. Juillet-septembre.

A.C. — Champs, coteaux incultes, bois arides. — *Ind.?* — Drucat; Nouvion; Abbeville; Pont-Remy; Bailleul; Bray-lès-Mareuil; Huchenneville; Ercourt; Bouvaincourt; Oust-Marest; Amiens, Renancourt, Taisnil, Namps-au-Mont, Bacouel, Dury, Ailly-sur-Noye (*E. Gonse*); Bovelles, Ferrières (*Rom.*); Nesle, Amiens (*Picard* Not. manuscr.); Le Maisnil-Saint-Georges, Le Cardonnois (*P.* Fl.).

3. F. montana L. *Sp.* — *F. minima* Fries *Novit. Suec.* — Tige de 1-2 déc., simple ou rameuse dès la base, dichotome au sommet, à rameaux ord. dressés. Feuilles linéaires lancéolées appliquées. *Glomérules non dépassés par les feuilles. Capitules 2-5, à angles saillants. Involucre à folioles non cuspidées, s'étalant en étoile à la maturité; les extérieures ovales courtes.* Réceptacle court, aplani. ⓘ. Juillet-septembre.

RR. — Champs sablonneux, lieux arides. — Bray-lès-Mareuil; Villers-sur-Authie; Vercourt; Ault; Villers-Tournelle (*Guilbert*); Abbeville, forêt de Crécy (*Baill.* Herb.); Quend (*B.* Extr. Fl.); Hombleux, Esmery (*P.* Fl.).

4. F. arvensis L. *Sp.* — Tige de 2-4 déc., rameuse au sommet, à rameaux dressés. Feuilles lancéolées, blanches tomenteuses. *Glomérules non dépassés par les feuilles. Capitules 2-6, à angles peu marqués. Involucre* tomenteux laineux, *à folioles* un peu scarieuses au sommet, *non cuspidées, s'étalant en étoile à la maturité; les extérieures linéaires étroites.* Réceptacle court aplani. ⓘ. Juillet-octobre.

RR. — Champs arides et sablonneux. — *Intr.* — Entre Roye et Montdidier (*P.* Fl.).

5. F. Gallica L. *Sp.* — *Logfia Gallica* Coss. et Germ. *Fl.* — Tige de 1-3 déc., simple ou rameuse dès la base, dichotome au sommet, à rameaux grêles. Feuilles linéaires aigues subulées. *Glomérules longuement dépassés par les feuilles. Capitules 3-5, à angles saillants. Involucre à folioles non cuspidées, s'étalant en étoile à la maturité; les extérieures ovales très-courtes. Achaines extérieurs renfermés dans les folioles endurcies de l'involucre.* Réceptacle court, aplani. ⓘ. Juillet-octobre.

R. — Champs après la moisson, lieux arides. — *Intr.* — Drucat; Bray-lès-Mareuil; Esclainvillers (*Guilbert*); Boismont (*Baill.* Herb.); Liercourt, Saint-Valery (*P.* Fl.).

22. GNAPHALIUM L. *Gen.* ex parte.

Involucre ovoïde à *folioles* imbriquées, *scarieuses colorées. Réceptacle nu. Fleurons tous tubuleux;* les extérieurs femelles, sur plusieurs rangs, jamais entremêlés aux folioles de l'involucre ; les intérieurs hermaphrodites, fertiles. Achaines subcylindriques, dépourvus de côtes. Aigrette à poils libres, plus rar. réunis en anneau à la base. — *Pl. tomenteuses blanchâtres.* Capitules en glomérules disposés en corymbe ou en grappe spiciforme. *Fleurons peu apparents, jaunes.*

1 { Capitules en grappe spiciforme. . . . . . *3. G. sylvaticum.*
{ Capitules en glomérules compactes. 2

2 { Glomérules feuillés. Feuilles toutes atténuées à la base.
{ . . . . *1. G. uliginosum.*
{ Glomérules non feuillés. Feuilles supérieures semi-amplexicaules. . . . . *2. G. luteo-album.*

1. G. uliginosum L. *Sp.* — Tiges de 1-3 déc., ord. rameuses diffuses, dressées ou étalées, molles. *Feuilles* linéaires lancéolées, *atténuées à la base. Capitules en glomérules compactes*, ord. terminaux, *feuillés*, plus ou moins longuement dépassés par les feuilles. Involucre à folioles brunâtres. Aigrette à poils blanchâtres, libres. ①. Juillet-octobre.

CC. — Lieux humides, champs après la moisson, allées des bois, fossés.

2. G. luteo-album L. *Sp.* — Tiges de 1-4 déc., ord. nombreuses, ascendantes, molles. *Feuilles* inférieures oblongues spatulées ; les *supérieures* linéaires *semi-amplexicaules. Capitules en glomérules compactes* terminaux *non feuillés*, disposés en corymbe. Involucre à folioles transparentes, d'un jaune pâle. Aigrette à poils blanchâtres, libres. ①. Juillet-septembre.

A.R. — Lieux humides et sablonneux, bois montueux, prairies artificielles, galets maritimes. — Routhiauville et Pont-à-Cailloux près Quend ; Cayeux-sur-Mer ; Le Hourdel ; Vron ; forêt de Crécy ; Bois Boullon près Abbeville (*H. Sueur*) ; Quiry-le-Sec (*Guilbert*) ; dunes de Saint-Quentin-en-Tourmont (*Poulain* Herb.) ; Neuilly-l'Hôpital (*Du Maisniel de Belleval* Not. manuscr.) ; Amiens, Boves (*P. Fl.*).

Var. 6. *prostratum* (Brébiss. *Fl.*). — Tiges étalées couchées. — Quend (*Gaudefroy*).

3. G. sylvaticum L. *Sp.* — *Gamochæta sylvatica* Wedd *Chl. And.* — Tige de 2-6 déc., ord. simple, dressée, raide. Feuilles lancéolées linéaires, vertes en dessus, blanchâtres tomenteuses en dessous. *Capitules* en épis axillaires *formant* *une longue grappe spiciforme* feuillée. Involucre à folioles brunâtres au sommet ; les extérieures beaucoup plus courtes que les intérieures. Aigrette à poils roussâtres, réunis en anneau à la base. ①. Juillet-septembre.

A.C. — Taillis des bois montueux. — Huchenneville ; Saint-Quentin-La-Motte-Croix-au-Bailly ; Lanchères ; Ligescourt ; forêt de Crécy ; Saint-Riquier ; Pernois ; Baizieux, Tilloy-Floriville (*Guilbert*) ; Vignacourt, Poix, bois de Size près Ault (*E. Gonse*) ; Dury, Boves, Port (*P. Fl.*).

23. ANTENNARIA R. Br. in Linn. trans.

Pl. dioïque. Involucre à folioles imbriquées, tomenteuses à la base, *scarieuses colorées. Réceptacle nu. Fleurons tous tubuleux.* Achaines subcylindriques, dépourvus de côtes. Aigrette à poils capillaires, réunis en anneau à la base. — *Pl. tomenteuse blanchâtre. Fleurons* peu apparents *blanchâtres ou rosés.*

1. A. dioica Gærtn. *Fruct.* — *Gnaphalium dioicum* L. *Sp.* — Souche émettant des rejets rampants radicants, terminés par des rosettes de feuilles. Tige de 1-2 déc., dressée, simple. Feuilles radicales obovales spatulées ; les caulinaires linéaires lancéolées dressées, appliquées. Capitules peu nombreux, en corymbe terminal compacte. Involucre des capitules mâles à folioles oblongues suborbiculaires supérieurement, blanchâtres, rar. rosées ; involucre des capitules femelles à folioles lancéolées ou oblongues, ord. roses. ♃. Mai-juin.

RR. — Coteaux secs, pelouses arides, bruyères. — Boves (*Garnier*) ; Cagny (*P. Fl.*) ; Pinchefalise près Boismont (*B. Extr. Fl.*). — Trouvé près de nos limites à Beaumont près Eu [Seine-Inférieure] (*B. Herb.* ; *Poulain Herb.*) et à Sorus [Pas-de-Calais] (*Baill. Herb.*).

24. PULICARIA Gærtn *Fruct.*

Involucre à folioles imbriquées. *Réceptacle nu. Fleurons extérieurs ligulés*, femelles, sur un seul rang ; *les intérieurs tubuleux*, hermaphrodites. Achaines subcylindriques, pubérulents. *Aigrette à poils allongés, entourés d'une couronne dentée ou laciniée.* — Capitules ord. en corymbe feuillé. *Fleurons tous jaunes.*

1. { Fleurons extérieurs dressés, dépassant à peine les intérieurs. Pl. annuelle. . . . . *1. P. vulgaris.*
   Fleurons extérieurs étalés rayonnants, dépassant longuement les intérieurs. Pl. vivace. . . . *2. P. dysenterica.*

1. P. vulgaris Gærtn. *Fruct.* — Pl. pubescente. Tiges de 1-4 déc., ord. rameuses, souv. rougeâtres. Feuilles oblongues lancéolées ondulées ; les supérieures semi-amplexicaules. Capitules subglobuleux, latéraux ou terminaux. *Fleurons extérieurs dressés, dépassant à peine les intérieurs.* Aigrette à couronne laciniée. ①. Juillet-septembre.

R. — Lieux humides et fangeux, bords des fossés et des chemins. — Saint-Quentin-en-Tourmont ; Le Royon et Château-Neuf près Quend ; Dury, Fortmanoir, Villers-sur-Authie, Cayeux-sur-Mer, Hombleux, Ham (P. *Fl.*).

2. P. dysenterica Gærtn. *Fruct.* — *Inula dysenterica* L. *Sp.* — Pl. pubescente tomenteuse, à odeur fétide. Souche épaisse. Tiges de 3-6 déc., rameuses. Feuilles oblongues lancéolées, élargies à la base cordées amplexicaules, ondulées, obscurément denticulées. Capitules assez gros, hémisphériques, terminaux. *Fleurons extérieurs étalés rayonnants, dépassant longuement les intérieurs.* Aigrette à couronne crénelée. ♃. Juillet-septembre.

CC. — Pâtures humides, bords des eaux.

25. INULA L. Gen. emend.

Involucre à folioles imbriquées. *Réceptacle nu. Fleurons extérieurs longuement ligulés ou à peine ligulés,* femelles, qqf. stériles, sur un seul rang ; *les intérieurs tubuleux,* hermaphrodites. Achaines subcylindriques ou subtétragones. *Aigrette à poils* un peu scabres, *unisériés.* — *Fleurons tous jaunes ou jaunâtres.*

1. { Capitules très-gros, solitaires au sommet des rameaux. Fleurons extérieurs longuement ligulés, dépassant les intérieurs . . . . 1. I. *Helenium.*
Capitules beaucoup moins gros, ord. nombreux en corymbes. Fleurons extérieurs à peine ligulés, ne dépassant pas les intérieurs . . . . 2. I. *Conyza.*

1. I. Helenium L. *Sp.* — Souche épaisse charnue, aromatique amère. Tige de 8-15 déc., dressée, robuste, velue ou pubescente. *Feuilles* grandes, inégalement dentées, *tomenteuses en dessous;* les radicales oblongues pétiolées ; les caulinaires ovales acuminées, semi-amplexicaules. *Capitules très-gros, solitaires au sommet des rameaux.* Involucre à folioles extérieures ovales, tomenteuses ; les intérieures oblongues spatulées. *Fleurons* d'un beau jaune ; *les extérieurs longuement ligulés, dépassant les intérieurs.* Achaines subtétragones, glabres. Aigrette d'un blanc roussâtre. ♃. Juillet-septembre.

RR. — Marais, pâtures, vergers, bois humides. — *Intr.?* — Quend (*Cagé*) ; forêt de Crécy (*Leroy*) ; Saint-Maulvis (*Masson*) ; Frettemeule (*Guilbert*) ; Bernay, Brutelles, Woirel (*B. Extr. Fl. et Herb.*) ; Rue, Cambron, Bussy, Hamelet (*P. Fl.*).

2. I. conyza DC. *Prodr*. — Pl. à odeur fétide. Tige de 5-8 déc., raide, rameuse, velue, rougeâtre. *Feuilles* oblongues lancéolées, veinées, pubescentes *tomenteuses en dessous;* les inférieures pétiolées. *Capitules ord. nombreux,* en corymbes. Involucre à folioles extérieures courtes, ovales aigues, réfléchies au sommet ; les intérieures linéaires aigues, rougeâtres. *Fleurons* d'un jaune pâle ; les *extérieurs à peine ligulés, ne dépassant pas les intérieurs*. Achaines subcylindriques, velus. Aigrette blanche. ②. Juillet-septembre.

A.C. — Lieux arides, bords des bois et des chemins. — Drucat ; Huchenneville ; Limeux ; Frucourt ; Bouillencourt-en-Sery ; Saint-Quentin-La-Motte-Croix-au-Bailly ; Picquigny ; Aveluy ; Amiens, Dury, Poix, Fouencamps, Namps, Sainte-Segrée, Saint-Germain-sur-Bresle (*E. Gonse*) ; Abbeville (*Poulain* Herb.) ; Fortmanoir (*P. Fl.*).

L'*I. graveolens* (Desf. *Atl.*) a été signalé vers Péronne sans indication précise de localité (*B. Extr. Fl.*; *P. Fl.*). Il se reconnaît aux caractères suivants : pl. annuelle, pubescente glanduleuse visqueuse, à odeur fétide ; tige de 2-5 déc., rameuse dès la base ; feuilles linéaires lancéolées ; capitules petits, nombreux, en grappes axillaires, formant une panicule pyramidale ; fleurons jaunâtres, les extérieurs à peine ligulés, ne dépassant pas les intérieurs ; achaines velus.

L'*I. Britannica* (L. *Sp.*) a été récolté à peu de distance de nos limites, à Marconnelle près Hesdin [Pas-de-Calais] (*Dovergne* Herb.). Ses caractères sont : plante vivace, velue laineuse ; tige de 3-7 déc., simple ; feuilles molles, entières ou denticulées, lancéolées, les inférieures atténuées en pétiole, les supérieures semi-amplexicaules ; capitules assez gros, en corymbe ; fleurons jaunes ; achaines velus.

26. SOLIDAGO L. Gen. ex parte.

Involucre à folioles imbriquées, inégales. *Réceptacle nu. Fleurons extérieurs ligulés,* femelles, peu nombreux, sur un seul rang ; *les intérieurs tubuleux,* hermaphrodites. Achaines cylindriques, striés. *Aigrette à poils unisériés.* — *Capitules en petites grappes* courtes *dressées, disposées en panicule oblongue* compacte. *Fleurons tous jaunes.*

1. S. Virga-aurea L. *Sp.* — (Vulg. *Verge d'or*). — Tige de 3-8 déc., dressée, raide, simple ou rameuse au sommet. *Feuilles presque glabres,* ovales ou oblongues ; les inférieures dentées, atténuées en pétiole ; les supérieures souv. entières. *Capitules assez petits.* Fleurons extérieurs 5-10, rayonnants. Achaines pubescents. ♃. Août-septembre.

CC. — Bords et clairières des bois.

Le *S. glabra* (Desf. *Cat.*), originaire de l'Amérique, s'est naturalisé à Abbeville sur les bords de la Somme près de la Portelette. Il se reconnaît aux caractères suivants : plante vivace ; tiges d'un mètre environ, dressées, raides, très-feuillées, à rameaux florifères allongés étalés arqués ; feuilles glabres, lancéolées, rudes aux bords, les supérieures linéaires acuminées ; capitules petits unilatéraux ; fleurons extérieurs ligulés 10-12, dépassant peu les intérieurs.

27. ERIGERON L. *Gen.* ex parte.

Involucre à folioles linéaires imbriquées. *Réceptacle nu. Fleurons extérieurs sur plusieurs rangs, ligulés* à limbe étroit linéaire égalant ou dépassant à peine les intérieurs ; *les intérieurs tubuleux*, hermaphrodites. Achaines oblongs comprimés. *Aigrette à poils unisériés.* — Pl. velues hispides. *Fleurons extérieurs d'un rose violet ou d'un blanc jaunâtre ; les intérieurs jaunâtres.*

1. Capitules solitaires, plus rar. 2-3 au sommet des rameaux en corymbe lâche. Fleurons extérieurs d'un rose violet . . . . 1. *E. acer.*
Capitules nombreux en grappes dressées formant une panicule oblongue. Fleurons extérieurs d'un blanc jaunâtre . . . . 2. *E. Canadensis.*

1. E. acer L. *Sp.* — Tiges de 1-4 déc., dressées ou ascendantes rameuses, ord. rougeâtres. Feuilles linéaires lancéolées ; les inférieures obtuses, atténuées en pétiole ; les supérieures sessiles. *Capitules solitaires, plus rar. 2-3 au sommet des rameaux en corymbe lâche.* Involucre pubescent ou velu. *Fleurons extérieurs* dressés, *d'un rose violet;* les intérieurs jaunâtres. Aigrette roussâtre. ②. Juillet-septembre.

A.C. — Coteaux arides, lieux incultes, bords des chemins. — Drucat ; Villers-sur-Mareuil ; Bouillencourt-en-Sery ; Cayeux-sur-Mer ; faubourg Rouvroy à Abbeville (*T.C.*); Bovelles, Guignemicourt (*Rom.*) ; Vauchelles-lès-Quesnoy (*Picard* Not. manuscr.) ; Vismes, Gamaches (*Guilbert*) ; Boves, Dury, Fouencamps, Ailly-sur-Noye, Le Bosquel, Flers, Longpré près Amiens, Mers (*E. Gonse*); Bertangles, Talmas (*P. Fl.*); Epagne (*B. Extr. Fl.*).

2. E. Canadensis L. *Sp.* — Tige de 2-6 déc., dressée, simple inférieurement. Feuilles nombreuses, linéaires lancéolées ciliées ; les inférieures en rosette, lâchement dentées. *Capitules petits, nombreux, en grappes dressées formant une panicule oblongue* compacte. Involucre presque glabre. *Fleurons extérieurs* dressés *d'un blanc jaunâtre;* les intérieurs jaunâtres. Aigrette blanchâtre. ①. Juillet-octobre.

A.R. — Lieux incultes, bois sablonneux, terrains remués, bords des chemins. — *Intr.* — Abbeville ; Laviers ; bois du cap Hornu et Ribeauville près Saint-Valery ; Cayeux-sur-Mer ; forêt de Crécy ; bois de Séry près Gamaches ; Amiens, Saleux, Boves, Ailly-sur-Noye, Le Bosquel, Flers, Saint-Fuscien, Dury (*E. Gonse*) ; Bovelles, Picquigny (*Rom.*) ; Sur-Somme près Abbeville (*Baill. Herb.*) ; Querrieux, Nouvion (*P. Fl.*) ; Epagne (*B. Not. manuscr.*).

S.-v. *nanum*. — Tige naine de 3-6 cent., ne portant que 2-3 capitules. Ancienne gare d'Abbeville.

28. ASTER L. *Gen.*

Involucre à folioles lâchement imbriquées. *Réceptacle nu. Fleurons extérieurs ligulés* rayonnants, femelles, *sur un seul rang ; les intérieurs tubuleux,* hermaphrodites. Achaines oblongs comprimés. *Aigrette à poils plurisériés. — Fleurons extérieurs d'un bleu pâle ; les intérieurs jaunes.*

1. A. Tripolium L. *Sp.* — Tiges de 2-7 déc., dressées, rameuses, striées. Feuilles glabres, un peu charnues, entières ou obscurement sinuées dentées ; les radicales oblongues allongées, obtuses, trinerviées, longuement pétiolées ; les caulinaires linéaires lancéolées aigues, sessiles. Capitules en corymbe. Involucre à folioles très-inégales ; les extérieures plus courtes, ovales obtuses, d'un brun rougeâtre ; les intérieures oblongues, jaunâtres, membraneuses blanchâtres sur les bords. Fleurons extérieurs qqf. nuls. Achaines jaunâtres, pubescents. ♃. Août-octobre.

A.C. — Lieux fangeux baignés par la marée. — Noyelles-sur-Mer ; Saint-Valery ; Le Crotoy ; Mers ; Le Hourdel ; Pinchefalise près Boismont (*P. Fl.*).

29. DORONICUM L. *Gen.*

Involucre à folioles linéaires lancéolées, presqu'égales, *sur 2-3 rangs. Réceptacle nu. Fleurons extérieurs ligulés* rayonnants, femelles, sur un seul rang ; *les intérieurs tubuleux,* hermaphrodites. *Achaines* oblongs sillonnés ; *les intérieurs munis d'une aigrette à poils* courts *plurisériés ; les extérieurs dépourvus d'aigrette. — Souche traçante à rhizomes terminés en tubercule charnu.* Capitules assez grands solitaires au sommet de la tige. *Fleurons tous jaunes.*

1. D. plantagineum L. *Sp.* — Tige de 4-7 déc., dressée, simple, presque glabre, ord. monocéphale, nue au sommet. Feuilles pubescentes ou presque glabres, entières sinuées ; les radicales ovales, très-longuement pétiolées ; les caulinaires oblongues, sessiles ; les supérieures amplexicaules. Réceptacle glabre. Achaines intérieurs velus ; les extérieurs glabres. ♃. Mai-juin.

RR. — Bois couverts montueux. — Bois de Rampval près Mers ; bois de Size près Ault ; Saint-Quentin-La-Motte-Croix-au-Bailly ; (*Duteyeul*) ; Pendé (*B. Extr. Fl.*); Poix (*P. Fl.*).

S.-v. *polycephalum*. — Tige portant 2-3 capitules. — Bois de Rampval près Mers.

Le *D. Pardalianches* (L. *Sp.*) signalé au bois de Size près Ault n'y a pas été retrouvé. Cette espèce, cultivée dans quelques jardins, devient qqf. subspontanée près des habitations (bosquets de Buigny-Saint-Maclou et des Alleux près Behen). Il se distingue par sa tige rameuse, feuillée dans toute sa longueur, à rameaux monocéphales, par ses feuilles pubescentes denticulées, les **radicales** amples suborbiculaires cordées, les caulinaires contractées en pétiole auriculé, les supérieures ovales amplexicaules.

30. CINERARIA L. *Gen.* ex parte.

Involucre à folioles égales, sur un rang, sans écailles accessoires. Réceptacle un peu convexe, *nu. Fleurons extérieurs ligulés,* femelles, *sur un seul rang ; les intérieurs tubuleux,* hermaphrodites. Achaines cylindriques, striés. *Aigrette à poils fins, plurisériés.* — Capitules en corymbe terminal. *Fleurons tous jaunes ;* les extérieurs rayonnants.

1 { Pl. blanchâtre laineuse. Feuilles supérieures non amplexicaules. . . . . 1. *C. lanceolata.*
    Pl. d'un vert pâle. Feuilles supérieures largement amplexicaules . . . . 2. *C. palustris.*

1. C. lanceolata Lmk. *Fl. Fr.* — *O. spathulæfolia* Gmel. *Fl. Bad.* — *Pl. blanchâtre laineuse.* Souche épaisse tronquée, à fibres nombreuses. Tige de 4-8 déc., dressée, simple, un peu fistuleuse. *Feuilles* blanches tomenteuses en dessous ; les radicales pétiolées, spatulées ou oblongues, plus ou moins crénelées ; les *supérieures* sessiles lancéolées ou linéaires *non amplexicaules.* Capitules en corymbe lâche ombelliforme. Involucre pubescent un peu tomenteux. Achaines hispides. ♃. Mai-juin.

RR. — Bois couverts. — Bois de Rampval près Mers ; bois de Size près Ault ; forêt de Crécy vers la Bucaille ; Bovelles (*Rom.*); bois du trou Wargnier près Dury (*R. Vion*) ; Dury (*E. Gonse*) ; bois de Lambercourt près Miannay (*Baill. Herb.*); Cambron (*Poulain Herb.*); Saint-Achard près Belloy (*P. Fl.*).

2. C. palustris L. *Sp.* — *Pl. d'un vert pâle,* un peu laineuse au sommet. Tige de 4-8 déc., dressée, molle, fistuleuse.

Feuilles un peu pubescentes ou presque glabres, plus ou moins sinuées dentées ; les inférieures oblongues rétrécies en pétiole ; les *supérieures* lancéolées *largement amplexicaules.* Capitules en corymbe irrégulier compacte. Involucre velu. Achaines glabres à côtes saillantes. ① ou ②. Mai-juin.

RR. — Marais tourbeux inondés. — Marais des dunes de Saint-Quentin-en-Tourmont ; Sailly-Bray près Noyelles-sur-Mer ; Regnières-Ecluse ; Lannoy près Rue ; Monchaux près Quend ; Neuville-lès-Forestmontiers ; Bernay (*Baill.* Herb.) ; Ailly, Dreuil (*P.* Fl.). — Observé en 1775 dans les fossés des fortifications d'Abbeville près de la porte Marcadé (*Du Maisniel de Belleval*, Not. manuscr.). — Le *C. palustris* L. devient de plus en plus rare par suite du desséchement des marais.

31. SENECIO L. Gen.

Involucre à folioles égales sur un seul rang, muni à la base d'écailles accessoires. Réceptacle presque plan, ou un peu convexe, *nu. Fleurons extérieurs ligulés*, femelles, *sur un seul rang, qqf. nuls ; les intérieurs tubuleux*, hermaphrodites. Achaines subcylindriques, sillonnés. *Aigrette à poils* fins, *plurisériés.* — Capitules en corymbe terminal irrégulier. *Fleurons tous jaunes.*

1	Fleurons tous tubuleux ou les extérieurs ligulés courts, enroulés en dehors.	2
	Fleurons extérieurs ligulés étalés rayonnants.	4
2	Fleurons tous tubuleux. Involucre glabre.	*1. S. vulgaris.*
	Fleurons ligulés courts, enroulés en dehors. Involucre pubescent.	3
3	Pl. visqueuse. Achaines glabres.	*3. S. viscosus.*
	Pl. non visqueuse. Achaines pubescents.	*2. S. sylvaticus.*
4	Souche traçante. Involucre à écailles accessoires lâches, égalant la moitié de la longueur de l'involucre. Achaines tous pubescents scabres.	*4. S. erucifolius.*
	Souche courte tronquée. Involucre à écailles très-courtes appliquées. Achaines extérieurs glabres ou presque glabres.	5
5	Feuilles à lobe terminal ovale, beaucoup plus ample que les autres lobes. Capitules en corymbe lâche.	*6. S. aquaticus.*
	Feuilles à lobes tous oblongs ou linéaires. Capitules en corymbe serré	*5. S. Jacobæa.*

a. *Fleurons tous tubuleux ou les extérieurs ligulés, courts, enroulés en dehors. Pl. annuelles.*

1. S. vulgaris L. *Sp.* — Tige de 1-5 déc., ord. dressée, rameuse, molle, glabre ou un peu pubescente aranéeuse au sommet. Feuilles pinnatifides, à lobes espacés, oblongs obtus, inégalement sinués dentés ; les inférieures atténuées en pétiole, les supérieures auriculées amplexicaules. Capitules petits, en corymbe compacte. *Involucre* cylindrique, *glabre*, à écailles accessoires appliquées, terminées en pointe noirâtre. *Fleurons* ord. *tous tubuleux*. Achaines pubescents. ①. Mars-novembre.

CC. — Lieux cultivés, décombres, champs en friche. — *Intr.*

2. S. sylvaticus L. *Sp.* — *Pl.* pubescente, *non visqueuse*. Tige de 3-7 déc., dressée, un peu ferme, ord. simple, rameuse au sommet. Feuilles pinnatifides, à lobes ord. très-inégaux, oblongs linéaires, sinués dentés ; les inférieures atténuées en pétiole ; les supérieures auriculées amplexicaules. Capitules petits, en corymbe assez ample. *Involucre* cylindrique, *pubescent*, à écailles accessoires très-courtes appliquées, terminées en pointe non colorée. *Fleurons extérieurs ligulés, courts, enroulés en dehors. Achaines pubescents.* ①. Juin-septembre.

R. — Lieux sablonneux et pierreux, bois. — Forêt de Crécy ; Neuville près Estrébœuf ; Fort-Mahon près Quend ; Cambron, Villers-sur-Authie (*T.C.*).

3. S. viscosus L. *Sp.* — *Pl.* velue glanduleuse *visqueuse*. Tiges de 3-7 déc., dressées, rameuses. Feuilles pinnatifides, à lobes oblongs inégaux, sinués dentés ; les inférieures atténuées en pétiole. Capitules assez gros, en corymbe lâche. *Involucre* hémisphérique cylindrique, *pubescent* glanduleux, à écailles accessoires lâches, égalant environ la moitié de la longueur de l'involucre, à pointe non colorée. *Fleurons extérieurs ligulés, courts, enroulés en dehors. Achaines glabres.* ①. Juin-août.

RR. — Lieux incultes, terrains remués. — *Intr.* — Saint-Valery (*B.* Herb.) ; Laviers (*Baill.* Herb.; *B.* Extr. Fl.).

b. *Fleurons extérieurs ligulés, étalés rayonnants.*
Pl. vivaces ou bisannuelles.

4. S. erucifolius L. *Sp.* — *Pl.* pubescente aranéeuse grisâtre. *Souche traçante.* Tige de 5-10 déc., dressée, raide, ord. rameuse. Feuilles pinnatifides ou lyrées, à lobes oblongs incisés dentés ; les inférieures pétiolées. Capitules assez gros, ord. nombreux en corymbe assez ample. *Involucre* subhémisphérique, pubescent, à folioles oblongues acuminées, à *écailles accessoires* nombreuses *lâches, égalant la moitié de la longueur de l'involucre. Achaines tous pubescents scabres.* ♃. Juillet-septembre.

A.R. — Coteaux incultes, bords des bois, des fossés et des chemins. — Quend ; Le Hourdel ; Pernois ; Bertheaucourt-lès-Dames ; Montrelet ; Doullens ; Bovelles (*Rom.*) ; Menchecourt près Abbeville (*Poulain* Herb.) ; Cayeux-sur-Mer (*F. Debray*) ; Vismes-au-Val (*Guilbert*) ; Noyelles-sur-Mer, Canaples, Namps-au-Mont (*E. Gonse*) ; Saint-Maurice près Amiens (*Picard* Not. manuscr.) ; Saint-Valery (*B. Extr. Fl.*) ; Beauchamps (*Du Maisniel de Belleval*, Not. manuscr.) ; Boves, Cagny, Bussy, Hamelet (*P. Fl.*).

5. S. Jacobæa L. *Sp.* — Pl. glabre ou un peu aranéeuse. *Souche tronquée* fibreuse. Tige de 5-10 déc., dressée, raide, rameuse. *Feuilles* qqf. rougeâtres en dessous ; les radicales pétiolées, oblongues dentées ou lyrées, souv. disposées en rosette ; les caulinaires pinnatipartites, *à lobes tous oblongs ou linéaires*, incisés dentés. *Capitules* assez gros, nombreux, *en corymbe serré*. *Involucre* subhémisphérique, ord. glabre, à folioles oblongues lancéolées, à *écailles* accessoires peu nombreuses 2-3, *très-courtes, appliquées*. *Achaines* intérieurs pubescents scabres ; les *extérieurs glabres ou presque glabres*. ② ou ♃. Juin-septembre.

CC. — Prairies, bords des bois, des haies et des chemins, coteaux secs.

6. S. aquaticus Huds *Fl. Angl.* — Pl. ord. glabre. Souche tronquée fibreuse. Tiges de 4-8 déc., dressées, raides, rameuses, souv. rougeâtres. *Feuilles* lyrées pinnatipartites, *à lobe terminal très-ample, ovale*, crénelé ou denté ; les inférieures pétiolées, souv. réduites au lobe terminal. *Capitules assez gros, en corymbe lâche*. *Involucre* hémisphérique, à folioles oblongues acuminées, *à écailles* accessoires peu nombreuses 2-3, *très-courtes, appliquées*. *Achaines* intérieurs finement pubescents ou glabres ; les *extérieurs glabres*. ♃. Juin-août.

RR. — Quend ; Rue ; Villers-sur-Authie (*Cagé*) ; Nampont (*B. Extr. Fl.*) ; Péronne (*P. Fl.*). — Commun dans le département du Pas-de-Calais près de nos limites : Verton ; Sorus ; Montreuil (*Baill.* Herb) ; Marconnel (*Poulain* Herb.) ; Hesdin (*T.C.* Herb.).

32. EUPATORIUM Tourn. *Inst.*

Involucre cylindrique à folioles imbriquées. *Réceptacle nu.* *Fleurons* peu nombreux, *tous tubuleux*, hermaphrodites. Styles très-longs. Achaines subcylindriques, à 4-5 côtes. Aigrette à poils scabres, unisériés. — *Fleurons purpurins*.

1. E. cannabinum L. *Sp.* — Pl. mollement pubescente. Tige de 8-12 déc., simple ou rameuse, souv. rougeâtre. *Feuilles* opposées, pétiolées, à *3-5 segments lancéolés dentés* ; le terminal ord. plus grand. Capitules en corymbes serrés. ♃. Juillet-septembre.

C. — Marais, bois humides, bords des eaux.

COMPOSÉES-CHICORACÉES.

33. TUSSILAGO L. *Gen.* ex parte.

Involucre à folioles sur 1-2 rangs. *Réceptacle nu. Fleurons extérieurs* étroitement *ligulés*, femelles, disposés *sur plusieurs rangs ; les intérieurs tubuleux*, mâles, peu nombreux. Achaines oblongs cylindriques. Aigrette à poils longs, blancs soyeux. — Tiges paraissant avant les feuilles. *Fleurons jaunes.*

1. T. Farfara L. *Sp.* — Souche à rhizomes rampants. Tiges de 1-2 déc., monocéphales, cotonneuses, munies d'écailles rougeâtres apprimées. Feuilles paraissant après la floraison, toutes radicales, longuement pétiolées, cordiformes anguleuses dentées, blanchâtres tomenteuses en dessous. ♃. Mars-mai.

C. — Terrains humides argileux ou calcaires, lieux où l'eau a séjourné l'hiver.

34. PETASITES Tourn. *Inst.*

Involucre à folioles sur 1-2 rangs, souv. muni à la base de quelques petites écailles. *Réceptacle nu. Fleurons tous tubuleux*, femelles avec quelques fleurons intérieurs mâles, ou mâles avec quelques fleurons extérieurs femelles. Achaines cylindriques. Aigrette à poils scabres, d'un beau blanc. — Pl. presque dioïque. Tiges paraissant avant les feuilles. *Fleurons rougeâtres.*

1. P. vulgaris Desf. *All.* — Souche épaisse à rhizomes rampants. *Tiges de 2-4 déc.*, polycéphales, cotonneuses, *munies d'écailles un peu lâches, lancéolées acuminées* très-longues, pubescentes aranéeuses. *Feuilles* paraissant après la floraison, *toutes radicales*, longuement pétiolées, très-amples, *réniformes cordées, sinuées dentées*, pubescentes en dessous. Capitules en grappes ovoïdes ou oblongues. ♃. Mars-avril.

RR. — Bords des eaux, lieux humides ombragés. — *Intr.* — Faubourg Rouvroy à Abbeville ; Pont-à-Cailloux près Quend (*E. Gonse*) ; Menchecourt près Abbeville (*P.* Herb.; *P.* Fl.).

III. CHICORACÉES.

(*Ligulifloræ* DC.).

Style non renflé en nœud au-dessous des branches stigmatiques. *Capitules à fleurons tous ligulés hermaphrodites.* — Fleurs semi-flosculeuses.

1. { Achaines dépourvus d'aigrette, tronqués ou terminés par un rebord ou par une couronne de petites écailles. 2
Achaines, au moins les intérieurs terminés par une aigrette. 4

2. { Fleurons bleus, rar. blancs. Achaines terminés par une couronne de petites écailles. ..... Cichorium (37).
Fleurons jaunes. Achaines tronqués ou terminés par un rebord 3

3. { Tige feuillée. Achaines tronqués ..... Lapsana (35).
Tige non feuillée. Achaines terminés par un rebord. .... Arnoseris (36).

4. { Réceptacle muni de paillettes caduques. Hypochoeris (38).
Réceptacle dépourvu de paillettes. 5

5. { Achaines, au moins les intérieurs terminés par une aigrette à poils tous plumeux ou à poils extérieurs seuls non plumeux. 6
Achaines terminés par une aigrette à poils lisses ou scabres, non plumeux. 12

6. { Achaines extérieurs terminés par une couronne membraneuse dentée. .... Thrincia (39).
Achaines tous terminés par une aigrette 7

7. { Achaines prolongés à la base en un pied renflé presqu'égal à leur longueur. ..... Podospermum (45).
Achaines ne présentant pas de prolongement à la base . 8

8. { Involucre à folioles extérieures ovales cordées, herbacées. .... Helminthia (42).
Involucre à folioles extérieures, non ovales cordées foliacées. 9

9. { Aigrette à poils réunis en anneau à la base. Picris (41).
Aigrette à poils non réunis en anneau 10

10. { Poils à barbes non entre-croisés .... Leontodon (40).
Poils à barbes entre-croisées. 11

11. { Involucre à folioles égales sur un seul rang, réunies à base .... Tragopogon (43).
Involucre à folioles inégales sur plusieurs rangs, non réunies à la base. .... Scorzonera (44).

12. { Achaines, au moins les intérieurs, prolongés en un bec filiforme, plus ou moins long. 13
Achaines non prolongés en bec. 16

13. { Pédoncules radicaux nus, portant un seul capitule. Aigrettes disposées en tête globuleuse. . Taraxacum (46).
Tiges portant plusieurs capitules. Aigrettes non disposées en tête globuleuse. 14

14. { Bec de l'achaine entouré à la base de 5 dents écailleuses. .... Chondrilla (47).
Bec de l'achaine dépourvu à la base de dents écailleuses. 15

15 { Achaines comprimés, brusquement terminés en bec filiforme. . . . . LACTUCA (48).
Achaines subcylindriques, atténués, au moins les intérieurs, en bec plus ou moins allongé. BARKHAUSIA (50).

16 { Aigrette à poils raides, fragiles, roussâtres, unisériés . . .
. . . . HIERACIUM (52).
Aigrette à poils fins, mous, blancs, plurisériés. 17

17 { Achaines comprimés, tronqués. Aigrette à poils réunis à
la base par fascicules. . . . . SONCHUS (49).
Achaines subcylindriques, un peu atténués au sommet.
Aigrette à poils non réunis à la base . . . CREPIS (51).

* *Achaines tronqués ou terminés par un rebord ou une couronne de petites écailles.*

35. LAPSANA L. *Gen.*

Involucre à folioles égales sur un seul rang, dressées à la maturité, muni à la base de quelques petites écailles. Réceptacle nu. *Achaines un peu comprimés, striés, tronqués, dépourvus d'aigrette et de rebord.* — Capitules pauciflores, en panicules lâches. *Fleurons jaunes.*

1. L. communis L. *Sp.* — *Tige* de 2-8 déc., dressée, rameuse, *feuillée,* velue à la base. Feuilles inférieures lyrées, à lobe terminal très-grand ; les supérieures ovales lancéolées, dentées. Pédoncules nus, allongés, rameux. ⊕. Juin-août.

CC. — Lieux cultivés, bords des bois et des chemins, décombres.

36. ARNOSERIS Gærtn. *Fruct.*

Involucre à folioles égales sur un seul rang, connivents à la maturité, muni à la base d'écailles courtes. Réceptacle nu. *Achaines ovoïdes subpentagones, sillonnés, terminés par un rebord* court. — Capitules 1-3, solitaires au sommet de la tige et des rameaux. *Fleurons d'un jaune pâle.*

1. A. pusilla Gærtn. *Fruct.* — *Hyoseris minima* L. *Sp.* — Pl. presque glabre. *Tiges* de 1-3 déc., ord. assez nombreuses, dressées, rougeâtres à la base, *non feuillées.* Feuilles toutes radicales, disposées en rosette, oblongues, atténuées à la base, sinuées dentées. — Pédoncules fistuleux renflés en massue au sommet. Capitules subglobuleux. ⊕. Juin-août.

RR. — Pelouses et champs sablonneux arides. — *Ind.?* — Ancienne garenne de Villers-sur-Authie.

37. CICHORIUM L. *Gen.*

Involucre à folioles sur 2 rangs ; les extérieures courtes lâches ; les intérieures plus nombreuses, réunies à la base. Réceptacle nu. *Achaines subtétragones terminés par une couronne de petites écailles sur 2 rangs. — Fleurons bleus, rar. blancs.*

1. C. Intybus L. *Sp.* — Tige de 4-8 déc., dressée, raide, anguleuse, rude, à rameaux étalés. Feuilles inférieures roncinées plus ou moins profondément, hérissées sur les nervures, à lobes dentés ; les florales lancéolées semi-amplexicaules. Capitules axillaires, solitaires ou réunis 2-3, sessiles ou l'un d'eux pédonculé. ♃. Juillet-août.

CC. — Lieux incultes, bords des chemins, coteaux arides.

On cultive dans les potagers le *C. Endivia* (L. *Sp.*), qui se distingue par ses feuilles florales largement ovales, à base cordée amplexicaule. Il varie par ses feuilles larges entières (*C. Endivia* var. *latifolium* P. *Fl.* — Vulg. *Scarole*), étroites allongées (*C. Endivia* var. *augustifolium* P. *Fl.* — Vulg. *Petite Endive*), ou découpées, crépues (*C. Endivia* var. *crispum* P. *Fl.* — Vulg. *Chicorée frisée*).

** *Achaines au moins les intérieurs terminés par une aigrette à poils plumeux ou à poils extérieurs seuls non plumeux.*

38. HYPOCHOERIS L. *Gen.*

Involucre à folioles inégales imbriquées. *Réceptacle muni de paillettes caduques.* Achaines striés, tous atténués en bec ou les extérieurs dépourvus de bec, plus rar. tous dépourvus de bec. *Aigrette à poils* bisériés ; les intérieurs *plumeux*, les *extérieurs* seulement *denticulés.* — Tiges munies de petites bractées. Feuilles toutes radicales en rosette, oblongues, atténuées à la base, sinuées ou roncinées. Pédoncules un peu renflés supérieurement. Capitules solitaires à l'extrémité de la tige et des rameaux. Fleurons jaunes.

1 { Feuilles glabres ou presque glabres. Folioles intérieures de l'involucre égalant environ les fleurons. Capitules petits . . . . 1. *H. glabra.*
Feuilles ord. hispides. Folioles intérieures de l'involucre plus courtes que les fleurons. Capitules assez gros . . . . 2. *H. radicata.*

1. H. glabra L. *Sp.* — Racine grêle. Tige de 1-4 déc., glabre, simple ou rameuse. *Feuilles glabres ou presque glabres. Capitules petits. Involucre* glabre à *folioles inté-*

rieures égalant environ les fleurons. Achaines extérieurs dépourvus de bec, les intérieurs atténués en un long bec, plus rar. tous semblables. ①. Juin-août.

R. — Coteaux arides, lieux sablonneux, moissons des terrains maigres. — Villers-sur-Authie; Saint-Quentin-La-Motte-Croix-au-Bailly, Blingues près Mers (*E. Gonse*); Forest-l'Abbaye (*Baill.* Herb.; *Picard* Herb.); Villers-sur-Mareuil, Nouvion (*Picard*, Not. manuscr.); Laviers (*Baill.* Herb.); Brailly, ferme de Saint-Nicolas près Abbeville (*Du Maisniel de Belleval*, Not. manuscr.).

2. H. radicata L. *Sp.* — Racine épaisse. Tige de 3-7 déc., ord. rameuse, glabre ou hérissée à la base. *Feuilles ord. hispides.* Capitules assez gros. *Involucre à folioles* glabres ou hérissées, les *intérieures plus courtes que les fleurons.* Achaines tous atténués en un long bec. ♃. Juin-septembre.

CC. — Prés secs ou humides, champs arides, bords des chemins et des bois.

39. THRINCIA Roth. *Cat.*

Involucre à folioles imbriquées, muni à la base de quelques petites écailles. *Réceptacle nu. Achaines* un peu arqués, striés, scabres, plus ou moins atténués au sommet, les *extérieurs terminés par une couronne membraneuse dentée, les intérieurs par une aigrette à poils plumeux.* Capitules solitaires terminaux. Fleurons jaunes.

1. T. hirta Roth *Cat.* — Souche ord. courte tronquée, émettant au collet des fibres nombreuses. Pédoncules radicaux de 1-3 cent., ascendants, hispides à la base. Feuilles toutes radicales, oblongues sinuées dentées ou roncinées, hérissées de poils simples ou bifurqués. Capitules penchés avant la floraison. Involucre glabre ou hispide. ♃. Juillet-août.

CC. — Lieux secs ou humides, prés, bords des chemins et des bois, coteaux.

Var. ɛ. *arenaria* DC. *Prodr.* — Souche à racine pivotante, grêle, simple ou rameuse, émettant des fibres dans toute sa longueur. — C. — Sables maritimes. — Le Crotoy; Quend; Saint-Quentin-en-Tourmont.

40. LEONTODON L. *Gen.* ex parte.

Involucre à folioles inégales imbriquées. *Réceptacle nu.* Achaines striés, un peu scabres, atténués au sommet. *Aigrette* persistante, d'un blanc sale, à *poils tous plumeux à barbes non entre-croisées, ou les extérieurs* seulement *denticulés.* — Souche tronquée. Fleurons jaunes.

1. { Pédoncules radicaux monocéphales. Aigrette à poils extérieurs seulement denticulés. . . . *1. L. proteiformis.*
Tiges rameuses polycéphales. Aigrette à poils tous plumeux . . . . *2. L. autumnalis.*

1. L. proteiformis Vill. *Dauph.* — Pl. hérissée, rar. glabre. *Pédoncules radicaux de 2-4 déc., ascendants ou dressés, monocéphales.* Feuilles toutes radicales, lancéolées sinuées pinnatifides ou roncinées. Capitules penchés avant la floraison. *Aigrette à poils extérieurs plus courts, seulement denticulés.* ♃. Juin-septembre.

Prés secs ou humides, coteaux, lisières des bois.

Var. α. *hispidus* (Coss. et Germ. *Fl.* — *L. hispidus* L. *Sp.* — Pl. velue hérissée, à poils bi-trifurqués. — **C.** — Drucat ; remparts d'Abbeville ; Villers-sur-Mareuil ; marais Saint-Gilles à Abbeville ; Montières près Amiens, Bovelles, Ailly-sur-Somme (*Rom.*) ; Rivery, Fortmanoir (*P. Fl.*).

Var. 6. *hastilis* (Coss. et Germ. *Fl.* — *L. hastilis* L. *Sp.*). — Pl. glabre ou presque glabre. — **R.** — Marais de Menchecourt près Abbeville (*Baill. Herb.*).

2. L. autumnalis L. *Sp.* — Pl. glabre ou presque glabre. *Tiges de 1-5 déc., dressées, ord. rameuses, polycéphales.* Feuilles la plupart radicales ord. pinnatipartites, à lobes linéaires. Capitules dressés avant la floraison. *Aigrette à poils égaux, tous plumeux.* ♃. Juillet-octobre.

C. — Coteaux, prairies, lieux incultes, bords des chemins. — Huchenneville ; Drucat ; Mers ; Doullens ; marais de Rouvroy et de Caubert près Abbeville (*T.C.*) ; Bovelles (*Rom.*).

Var. 6. *monocephalus* (Coss. et Germ. *Fl.* éd. 1.). — Tige monocéphale. — *A.R.* — Bois de Rampval près Mers, Dury (*E. Gonse*).

41. PICRIS Juss. *Gen.*

Involucre à folioles imbriquées inégales, sur plusieurs rangs ; les extérieures plus courtes, lâches. Réceptacle nu. Achaines ridés transversalement, un peu atténués au sommet. *Aigrette caduque, à poils plumeux, réunis en anneau à la base.* — Capitules en corymbe lâche. Fleurons jaunes ; les extérieurs violacés en dessous.

1. P. hieracioides L. *Sp.* — Pl. hérissée de poils rudes. Tige de 3-8 déc., dressée, striée, à rameaux étalés. Feuilles oblongues sinuées dentées ; les inférieures atténuées en pétiole ; les supérieures sessiles ou amplexicaules. Involucre longuement dépassé par les fleurons. ②. Juillet-septembre.

A.C. — Lieux incultes, coteaux pierreux, bords des chemins et des bois. — Drucat ; Bray-lès-Mareuil ; Behen ; Picquigny ; Cayeux-sur-Mer ; bois de Size près Ault ; Mers ; Argoules ; Villers-sur-Mareuil; Cambron (*T.C.*); Bovelles (*Rom.*); Fouencamps, Namps, Ailly-sur-Noye, Boves, Dury, Renancourt, Poix (*E. Gonse*): Ault (*F. Debray*); Martainneville (*Guilbert*); Bussus (*Lesaché*); Gouy, Mareuil (*P. Fl.*).

42. HELMINTHIA Juss. Gen.

Involucre à folioles sur 2 rangs ; les *extérieures* ord. 5, *herbacées, largement ovales cordées*, acuminées épineuses ; les intérieures 8, lancéolées étroites acuminées aristées. *Réceptacle nu.* Achaines ridés transversalement, brusquement terminés par un bec filiforme égalant leur longueur. *Aigrette à poils plumeux.* — Capitules peu nombreux, en corymbe lâche terminal. Fleurons jaunes.

1. H. echioides Gærtn. *Fl.* — Pl. hérissée de poils raides presqu'épineux, simples ou bifurqués. Tige de 4-10 déc., dressée, robuste, sillonnée, rameuse supérieurement. Feuilles oblongues sinuées dentées ou entières, atténuées à la base ; les supérieures largement amplexicaules. ①. Août-octobre.

A.R. — Lieux incultes, bords des chemins et des fossés. — *Intr.* — Le Hourdel ; Mers ; Les Alleux près Behen ; Huppy ; Noyelles-sur-Mer ; Moyenneville ; Quend (*Cagé*) ; Ailly-sur-Noye, Renancourt près Amiens, Saint-Fuscien, Dury, Flers, Villers-Bocage, Le Bosquel (*E. Gonse*) ; Cambron (*T.C.*); Harponville, Vismes-au-Val, Baizieux, Martainneville, Warloy-Baillon (*Guilbert*) ; Mailly-Maillet (*Carette*); Gorenflos (*Lesaché*) ; Laviers, Boismont (*B. Extr. Fl.*).

43. TRAGOPOGON L. Gen.

Involucre à folioles 6-12 égales sur un seul rang, réunies à la base, réfléchies à la maturité. Réceptacle nu. Achaines à côtes longitudinales très-scabres, atténués en un long bec grêle. *Aigrette à poils plumeux, à barbes entre-croisées.* — Feuilles linéaires lancéolées entières. Capitules solitaires terminaux. Fleurons jaunes dans nos espèces.

1 { Pédoncules fortement renflés au sommet . . 2. *T. major.*
  { Pédoncules à peine renflés au sommet. . 1. *T. pratensis.*

1. T. pratensis L. *Sp.* — Tige de 4-8 déc., dressée, simple ou rameuse. Feuilles lancéolées linéaires, amplexicaules, caniculées, longuement subulées, ondulées, souv. tortillées au sommet. *Pédoncules à peine renflés au sommet.* Involucre à 6-8 folioles égalant ou dépassant peu les fleurons. Achaines extérieurs égalant souv. leur bec. ②. Juin-septembre.

C. — Bords des haies, des bois, prés secs ou humides. — Drucat ; bois de Villers-sur-Mareuil ; Mers ; Bouillencourt-en-Sery ; Senarpont ; Pernois ; Le Mesge ; Pont-de-Metz ; Cambron (*T.C.*) ; Bovelles (*Rom.*); Vismes-au-Val (*Guilbert*); Menchecourt et Bois Boullon près Abbeville (*Picard* Not. manuscr.); Amiens, Poix, Sainte-Segrée, Dury, Ailly-sur-Noye, Saint-Germain-sur-Bresle, Boves (*E. Gonse*); Picquigny (*Copineau*); Camon (*P.* Fl.).

S.-v. *tortilis* (Coss. et Germ. *Fl.*). — Feuilles ondulées, à longue pointe tortillée.

2. T. major Jacq. *Austr.* — Tige de 3-6 déc., dressée simple ou rameuse. Feuilles amplexicaules, lancéolées acuminées. *Pédoncules fistuleux, fortement renflés en massue au sommet.* Involucre à 8-12 folioles dépassant les fleurons. Achaines extérieurs plus courts que leur bec. ②. Juin-août.

RR. — Prés secs, coteaux pierreux. — *Intr.* — Remparts d'Abbeville près la rue Millevoye (*Baill.* Herb.).

On cultive dans les potagers le *T. porrifolius* (L. *Sp.* — Vulg. *Salsifis blanc*), dont les principaux caractères sont : pl. plus élevée que le *T. major* Jacq.; pédoncules fortement renflés en massue; fleurons violacés, longuement dépassés par les folioles de l'involucre. — Cette espèce est qqf. subspontanée près des habitations. — Huchenneville; Vismes-au-Val (*Guilbert*).

44. SCORZONERA L. *Gen.* ex parte.

Involucre à folioles inégales, imbriquées sur plusieurs rangs, non réunies à la base. Réceptacle nu. Achaines à côtes ord. lisses, un peu atténués au sommet, dépourvus de bec. *Aigrette à poils plumeux, à barbes entre-croisées.* — Feuilles entières. Capitules ord. solitaires terminaux. Fleurons jaunes.

1. S. humilis L. *Sp.* — Souche épaisse surmontée d'écailles scarieuses noirâtres. Tige de 2-5 déc., dressée, ord. simple, monocéphale, glabre, qqf. lanugineuse. Feuilles radicales lancéolées allongées, atténuées à la base; les caulinaires 2-3 linéaires. Involucre à folioles extérieures lancéolées obtuses. ♃. Mai-juillet.

C. — Prés tourbeux. — Marais autour d'Abbeville; Laviers; Saint-Quentin-en-Tourmont; Montières près Amiens, Pont-de-Metz, Camon, Fouencamps (*E. Gonse*); Mareuil, Erondelle, Cambron, Glisy (*P.* Fl.).

S.-v. *linearifolia* (Brébiss. *Fl.*). — Feuilles toutes linéaires très-étroites.

S.-v. *ramosa* (Brébiss. *Fl.*). — Tige portant 2-3 capitules.

Le *S. Hispanica* (L. *Sp.* — Vulg. *Scorsonère d'Espagne, Salsifis noir*) est fréquemment cultivé dans les potagers. Il se distingue du *S. humilis* L. par sa tige plus élevée, plus feuillée, ord. rameuse, polycéphale, par son involucre à folioles plus aigues et par ses achaines extérieurs à côtes tuberculeuses.

45. PODOSPERMUM DC. *Fl. Fr.*

Involucre à folioles inégales, imbriquées sur plusieurs rangs. *Réceptacle nu. Achaines* lisses, dépourvus de bec, *prolongés à la base en un pied renflé* creux *presqu'égal à leur longueur. Aigrette à poils plumeux, à barbes entre-croisées.* — Feuilles ord. profondément pinnatipartites. Capitules solitaires au sommet de la tige et des rameaux. Fleurons d'un jaune pâle.

1. P. laciniatum DC. *Fl. Fr.* — Pl. d'un vert blanchâtre. Souche à racine longue, pivotante. Tige de 1-5 déc., pubescente ou glabre. ord. rameuse. Feuilles à lobes linéaires acuminés, le terminal linéaire lancéolé, ord. très-allongé, rar. indivises linéaires. Involucre à folioles lancéolées ; les extérieures plus courtes, munies souv. au-dessous de leur sommet d'une petite pointe. Fleurons extérieurs égalant ou dépassant à peine l'involucre. Achaines striés, grisâtres, à pied épais blanchâtre. Aigrette d'un blanc sale. ①. Juin-août.

RR. — Lieux incultes, vieux murs, décombres. — *Intr.* — Remparts d'Amiens (*Picard* Herb.; *P.* Fl.).

*** Achaines terminés par une aigrette de poils non plumeux, lisses ou scabres.

46. TARAXACUM Juss. *Gen.*

Involucre à folioles imbriquées sur plusieurs rangs ; les extérieures plus courtes, souv. étalées réfléchies lors de la floraison. *Réceptacle nu. Achaines* un peu comprimés, à côtes ridées transversalement, muriquées épineuses au sommet, brusquement *terminés en un long bec filiforme.* Aigrette à poils plurisériés. — Feuilles toutes radicales. *Capitules solitaires terminaux.* Fleurons jaunes. *Aigrettes disposées à la maturité en tête globuleuse.*

1. T. officinale Wigg. *Prim. Holsat.* — (Vulg. *Pissenlit*). — Souche à racine pivotante. Pédoncules radicaux de 1-4 déc., dressés ou ascendants, fistuleux, nus. Feuilles en rosette, atténuées en pétiole, oblongues roncinées ou pinnatifides, à lobes triangulaires aigus, incisés ou presqu'entiers, plus rar. sinuées dentées, qqf. entières. ♃. Avril-octobre.

Var. α. *vulgare* (*T. Dens-leonis* Desf. Atl.). — Pl. de 1-3 déc., ord. très-glabre. Feuilles à lobes roncinés lancéolés triangulaires. Folioles extérieures de l'involucre ord. réfléchies. Achaines d'un gris olivâtre, plus rar. jaunâtres ou brunâtres. — *CC.* — Prairies, pelouses, bords des chemins.

Var. ε. *lævigatum* (Coss. et Germ. *Fl.* — *T. lævigatum* DC. *Fl. Fr.*). — Pl. de 5-20 cent., glabre ou pubescente aranéeuse. Feuilles roncinées pinnatifides à lobes lancéolés linéaires. Folioles extérieures de l'involucre ord. étalées, non réfléchies, calleuses au sommet. Achaines ord. d'un rouge brique. — *A.R.* — Lieux secs et pierreux. — Abbeville, Mers; Notre-Dame-de-Grâce près Amiens, Ailly-sur-Noye, Dury, Sainte-Segrée (*E. Gonse*).

Var. γ. *palustre* (*T. palustre* DC. *Fl. Fr.*). — Pl. de 1-2 déc., glabre. Feuilles oblongues lancéolées, sinuées dentées ou linéaires presqu'entières. Folioles extérieures de l'involucre dressées appliquées. Achaines jaunâtres ou d'un gris verdâtre. — *A.R.* — Prés salés, marais tourbeux, allées humides des bois. — Laviers; marais Saint-Gilles à Abbeville; dunes de Saint-Quentin-en-Tourmont et de Quend; Saint-Valery; bois de La-Motte à Cambron; bois d'Estrées-lès-Crécy; forêt d'Ailly-sur-Somme (*Rom.*); Dury, Namps, Creuse, Sainte-Segrée (*E. Gonse*).

47. **CHONDRILLA** L. *Gen.*

Involucre cylindrique à 7-10 folioles dressées, presqu'égales sur 1-2 rangs, muni d'écailles à la base. *Réceptacle nu. Achaines à côtes muriquées épineuses au sommet, terminés par un bec allongé filiforme, entouré à la base de 5 dents écailleuses.* Aigrette à poils plurisériés. — *Capitules latéraux et terminaux*, à 7-12 fleurons. Fleurons jaunes.

1. C. juncea L. *Sp.* Tige de 6-10 déc., dressée, à rameaux nombreux allongés, raides, hérissée à la base de poils recourbés. Feuilles glabres; les radicales en rosette, roncinées; les caulinaires linéaires étroites entières. Capitules disposés par 3-4, rar. solitaires, disposés le long des rameaux, très-brièvement pédonculés. ②. Juin-août.

RR. — Champs sablonneux, lieux pierreux, bords des chemins. — *Intr.* — Moissons entre Saint-Valery et le bois du cap Hornu (*Richer*); Pont-de-Metz (*E. Gonse*); Essertaux (*Copineau*).

48. **LACTUCA** L. *Gen.*

Involucre oblong, à folioles inégales, disposées sur un ou plusieurs rangs; les extérieures très-petites. *Réceptacle nu. Achaines comprimés*, munis de côtes, *brusquement terminés par un bec filiforme*. Aigrette blanche à poils unisériés ou plurisériés. — Capitules nombreux. Fleurons jaunes, qqf. bleus violacés rar. blanchâtres.

1 { Fleurons bleus violacés, rar. blanchâtres. Pl. vivace. . . . . 1. *L. perennis.*
{ Fleurons jaunes. Pl. annuelle ou bisannuelle 2

	Involucre à folioles sur un seul rang. Feuilles non hérissées sur la nervure moyenne. . . . . . 2. *L. muralis.*
2	Involucre à folioles sur plusieurs rangs. Feuilles ord. hérissées sur la nervure moyenne. 3
3	Feuilles caulinaires linéaires acuminées . . 3. *L. saligna.*
	Feuilles caulinaires non linéaires acuminées 4
4	Feuilles pinnatifides roncinées. Achaines hispides au sommet . . . . 4. *L. Scariola.*
	Feuilles ovales oblongues obtuses, non pinnatifides. Achaines glabres au sommet . . . . . . 5. *L. virosa.*

a. Fleurons ord. bleus violacés, rar. blanchâtres.
Plante vivace.

1. L. perennis L. *Sp.* — Pl. glabre, glaucescente. Souche épaisse. Tige de 2-7 déc., dressée, rameuse au sommet. Feuilles la plupart radicales en rosette, profondément pinnatipartites, à lobes linéaires lancéolés entiers ou dentés ; les supérieures très-petites presqu'entières amplexicaules, à oreillettes arrondies. Capitules en corymbe lâche terminal. Involucre à folioles sur plusieurs rangs. Achaines égalant environ la longueur de leur bec, à côtes moyennes saillantes. ⚥. Juin-août.

C. — Moissons des terrains calcaires. — *Intr.* — Huchenneville; Bray-lès-Mareuil ; Limeux ; Frucourt ; Bouillencourt-en-Sery ; Oust-Marest ; Drucat ; Pont-Remy ; Francières ; Picquigny ; Valloires près Argoules ; Conteville ; Dury ; Wailly ; Liomer ; Frettecuisse ; Jumel ; Berny-sur-Noye ; Tiepval ; Méaulte ; Bovelles, Ferrières, Saisseval (*Rom.*) ; Port (*T.C.*) ; Hangest-sur-Somme, Ailly-sur-Noye, Poix, Sainte-Segrée, Saint-Germain-sur-Bresle, Villers-Bretonneux (*E. Gonse*) ; Amiens (*P. Fl.*).

S.-v. *alba.* — Fleurons blancs. — *A.R.*

b. *Fleurons jaunes. Plantes annuelles ou bisannuelles.*

2. L. muralis Fresen. *Tasch.* — *Prenanthes muralis* L. *Sp.* — *Phænopus muralis* Coss. et Germ. *Fl.* — Pl. glabre, souv. rougeâtre inférieurement. Tige de 4-8 déc., dressée, grêle, rameuse au sommet. *Feuilles* glauques en dessous, *non hérissées sur la nervure moyenne* ; les inférieures lyrées pinnatifides à lobes anguleux, le terminal large triangulaire très-ample ; les caulinaires à pétiole ailé embrassant. Capitules petits en panicule lâche. *Involucre à folioles peu nombreuses sur un seul rang.* Achaines brunâtres, plus longs que leur bec. ①. Juin-septembre.

A.C. — Vieux murs, bois ombragés, lieux cultivés. — *Intr.?* — Abbeville ; Feuquières ; bois de Bouillencourt-en-Sery ; Cambron

(*T.C.*); Amiens (*Rom.*); Aigneville (*Guilbert*); Crécy (*B.* Not. manuscr.).

S.-v. *coloratus* (Coss. et Germ. *Fl.*). — Pl. d'un rouge violacé dans sa partie inférieure.

3. L. saligna L. *Sp.* — Tige de 5-9 déc., très-glabre blanchâtre, dressée ou ascendante, à rameaux grêles effilés. *Feuilles* glabres *lisses ou hérissées sur la nervure moyenne;* les inférieures roncinées à lobes aigus; les *caulinaires linéaires* allongées *acuminées*, très-entières, sagittées amplexicaules. Capitules latéraux subsessiles le long des rameaux, disposés en grappes spiciformes effilées. *Involucre à folioles sur plusieurs rangs.* Achaines une fois plus courts que leur bec, striés, glabres. ②. Juillet-août.

RR. — Lieux arides pierreux et sablonneux. — *Intr.* — Bords des moissons entre le Hourdel et Cayeux-sur-Mer.

4. L. Scariola L. *Sp.* — Tige de 8-10 déc., dressée, ord. blanchâtre, rameuse au sommet, à rameaux plus ou moins étalés, hérissée d'aiguillons à la base. *Feuilles pinnatifides roncinées* à bords épineux, à lobes denticulés, amplexicaules sagittées, *munies en dessous d'aiguillons sur la nervure moyenne.* Capitules petits, pédonculés ou sessiles le long des rameaux, disposés en panicule terminale. *Involucre à folioles sur plusieurs rangs. Achaines* égalant presque la longueur de leur bec, grisâtres, striés, *hispides au sommet.* ②. Juin-août.

RR. — Lieux incultes pierreux. — *Intr.* — Remparts de la citadelle d'Amiens (*E. Gonse*); Amiens (*P.* Fl); Abbeville (*B.* Extr. Fl.).

6. L. virosa L. *Sp.* — Espèce très-voisine du *L. Scariola* L., dont elle diffère par sa tige souv. rougeâtre, ord. lisse, par ses *feuilles ovales oblongues obtuses entières ou sinuées, à nervure moyenne assez souv. sans aiguillons,* par ses *achaines noirs, glabres au sommet.* ②. Juin-août.

RR. — Lieux incultes pierreux. — *Intr.* — Fortmanoir près Boves (*Copineau*); Saint-Fuscien (*E. Gonse*).

On cultive communément dans les potagers le *L. sativa* (L. *Sp.* — Vulg. *Laitue*), qui se distingue par les caractères suivants : tige dressée, rameuse supérieurement, glabre, lisse. Feuilles entières, glabres, lisses ; les inférieures ord. en rosette, oblongues obovales, sinuées, carénées, un peu concaves, à peine ondulées (Var. *α* Romana Coss. et Germ. *Fl.* — Vulg. *Laitue romaine*. — En picard, *Chigon*), ou suborbiculaires, très-concaves, ondulées formant par leur rapprochement une tête globuleuse (Var. 6. *capitata* Coss. et Germ. *Fl.* — Vulg. *Laitue pommée*), les supérieures cordées amplexicaules.

49. SONCHUS L. Gen.

Involucre à folioles inégales, imbriquées sur plusieurs rangs. *Réceptacle nu. Achaines comprimés*, tronqués, striés, *dépourvus de bec. Aigrette à poils fins, mous, blancs, non plumeux*, lisses ou un peu scabres *plurisériés, réunis par fascicules à la base.* — Capitules en corymbes irréguliers. Fleurons jaunes.

1. { Involucre couvert de poils glanduleux. Pl. vivace. Souche rampante . . . . *3. S. arvensis.*
 Involucre glabre ou presque glabre. Pl. annuelle. Souche non rampante. 2

2. { Achaines à côtes striées transversalement. Feuilles caulinaires à oreillettes acuminées . . . . *1. S. oleraceus.*
 Achaines à côtes lisses. Feuilles caulinaires à oreillettes arrondies ord. contournées en dessous . . *2. S. asper.*

1. S. oleraceus L. *Sp.* excl. var. γ et δ. — (Vulg. *Laitron*. — En picard *Lanceron*). — Tige de 2-8 déc., dressée, rameuse supérieurement, fistuleuse, glabre ou un peu velue au sommet. *Feuilles* molles, très-variables dans leur forme, ord. roncinées pinnatipartites ou pinnatifides, à lobe terminal ord. ample triangulaire, à bords inégalement dentés ; les inférieures rétrécies en pétiole ; les *caulinaires* amplexicaules, à *oreillettes acuminées* étalées. *Involucre glabre ou presque glabre. Achaines à côtes striées transversalement.* ①. Juin-octobre.

CC. — Lieux cultivés, décombres. — *Intr.*

2. S. asper Vill. *Dauph.* — (Vulg. *Laitron*. — En picard, *Lanceron*). — Tige de 2-8 déc., glabre ou un peu velue glanduleuse au sommet, souv. rougeâtre. *Feuilles* assez fermes, luisantes, obovales oblongues indivises, à bords entiers épineux, qqf. roncinées pinnatifides ; les inférieures rétrécies en pétiole ; les *caulinaires* amplexicaules *à oreillettes arrondies ord. contournées en dessous. Involucre glabre ou presque glabre. Achaines à côtes lisses.* ①. Juin-octobre.

CC. — Lieux cultivés, décombres. — *Intr.*

Le *S. oleraceus* L. et le *S. asper* Vill. varient à feuilles entières, sinuées dentées, roncinées pinnatifides ou pinnatipartites.

3. S. arvensis L. *Sp.* — (En picard, *Lanceron traînant*). — *Souche rampante.* Tige de 5-10 déc., dressée, fistuleuse, glabre à la base, hérissée au sommet de poils glanduleux noirâtres. Feuilles glabres, roncinées pinnatifides, à lobe terminal allongé, à bords dentés épineux ; les inférieures rétrécies en pétiole ; les caulinaires amplexicaules élargies à la base, à oreillettes courtes arrondies. *Involucre et pédoncules couverts de poils glanduleux.* Achaines à côtes striées transversalement, beaucoup plus courts que l'aigrette. ♃. Juillet-septembre.

CC. — Lieux cultivés, moissons, terrains pierreux. — *Intr.*

S.-v. *elatior* (Coss. et Germ. *Fl.*). — Pl. plus robuste, très-élevée. Feuilles grandes à oreillettes élargies. Capitules ord. peu nombreux. — Marais.

Le *S. palustris* (L. *Sp.*) a été vaguement cité vers Ham (P. *Fl.*), où il n'a pas été retrouvé à notre connaissance. Il se distingue à sa souche vivace, non rampante, sa tige de 2-3 mètres, hérissée au sommet de poils glanduleux, ses feuilles inférieures roncinées pinnatipartites, à lobe terminal très-allongé, les caulinaires à oreillettes longues lancéolées aiguës, ses capitules nombreux en corymbe ample et ses achaines presque tétragones, plus courts que l'aigrette.

50. BARKHAUSIA Mœnch. *Méth.*

Involucre à folioles imbriquées; les extérieures inégales, courtes, lâches, un peu étalées. *Réceptacle nu*, glabre ou velu. *Achaines subcylindriques, striés, atténués au moins les intérieurs en bec plus ou moins allongé. Aigrette à poils non plumeux* fins, mous, blancs, lisses ou un peu scabres, plurisériés, non réunis à la base. — *Capitules en corymbe irrégulier.* Fleurons jaunes.

1
- Pédoncules penchés avant la floraison. Achaines extérieurs à bec court. Pl. à odeur désagréable. *1. B. fœtida.*
- Pédoncules dressés avant la floraison. Achaines tous à bec allongé. Pl. sans odeur. 2

2
- Tige hérissée de poils raides étalés. Aigrettes dépassant à peine l'involucre. . . . . *3. B. setosa.*
- Tige à peine pubescente. Aigrettes dépassant l'involucre de la moitié de leur longueur. *2. B. taraxacifolia.*

1. B. fœtida DC. *Fl. Fr.* — Pl. pubescente velue à odeur désagréable. Tige de 2-5 déc., dressée ou diffuse, raide, rameuse dès la base. Feuilles inférieures en rosette, roncinées pinnatifides, à lobes anguleux dentés; les supérieures sessiles, lancéolées, profondément incisées à la base. *Pédoncules penchés avant la floraison.* Involucre pubescent tomenteux. Fleurons extérieurs rougeâtres en dehors. *Achaines extérieurs à peine atténués en bec; les intérieurs à bec très-allongé, dépassant l'involucre.* ①. Juin-août.

A.C. — Lieux secs et arides, coteaux incultes, bords des chemins. — *Intr.?* — Beauvoir près Hocquincourt; Limeux, Caubert près Abbeville; Martainneville; Gamaches; Mers; bois Grillé près Huchenneville; Epagne; Drucat; Doullens; Vismes-au-Val, Maisnières, Frettemeule, Longpré-les-Corps-Saints, Epagny, Quiry-le-Sec, Baizieux, Harponville (*Guilbert*); Bovelles, Saisseval (*Rom.*); Amiens, Poix, Thieulloy-la-Ville, Dury, Hangest-sur-Somme (*E. Gonse*); Laviers (*Baill.* Herb.); Saint-Maurice, Longueau, Boves (*P.* Fl.); Abbeville (*B.* Not. manuscr.).

2. B. taraxacifolia DC. *Fl. Fr.* — Pl. inodore. *Tige de 3-8 déc., dressée, sillonnée, souv. rameuse au sommet, à peine pubescente*, rougeâtre à la base. Feuilles hispides; les inférieures en rosette, roncinées ou pinnatifides; les supérieures amplexicaules, profondément incisées à la base. *Pédoncules dressés avant la floraison.* Involucre à folioles intérieures velues blanchâtres, munies de poils glanduleux noirâtres; les extérieures lancéolées, brunâtres, glabrescentes scarieuses au bord. Fleurons extérieurs, ord. rougeâtres en dehors. *Achaines tous à bec allongé, plus courts que l'involucre. Aigrettes dépassant l'involucre de la moitié de leur longueur.* ②. Juin-août.

CC. — Prairies, moissons, champs arides, bords des chemins. — *Intr.?*

3. B. setosa DC. *Fl. Fr.* — Pl. inodore. *Tige* de 3-6 déc., dressée, rameuse, sillonnée, *plus ou moins hérissée de poils raides étalés.* Feuilles inférieures en rosette, roncinées dentées ou pinnatipartites à lobe terminal très-ample; les supérieures lancéolées acuminées sagittées amplexicaules, ord. entières. Pédoncules dressés avant la floraison. Involucre à folioles linéaires hérissées de poils raides jaunâtres. Fleurons extérieurs d'un jaune orangé en dehors. *Achaines tous à bec allongé. Aigrettes dépassant à peine l'involucre.* ① ou ②. Juillet-août.

RR. — Prairies artificielles, champs de Luzerne et de Trèfle. — *Intr.* — Behen; Saisseval (*Rom.*); Villers-Bocage, Saint-Fuscien, Le Bosquel, Dury (*E. Gonse*); Buigny-l'Abbé (*Lesaché*).

51. CREPIS L. *Gen.* ex parte.

Achaines dépourvus de bec, un peu atténués au sommet. Les autres caractères comme dans le genre *Barkhausia*. — Capitules en corymbe irrégulier. Fleurons jaunes.

1 { Involucre très-glabre . . . . **1. C. pulchra.**
  { Involucre plus ou moins velu ou pubescent blanchâtre. . 2

2 { Folioles de l'involucre glabres en dedans; les extérieures apprimées. Tige lisse au sommet. Réceptacle glabre. . . . . **2. C. virens.**
  { Folioles de l'involucre pubescentes en dedans; les extérieures étalées. Tige rude sur les angles au sommet. Réceptacle velu . . . . **3. C. biennis.**

1. C. pulchra L. *Sp.* — Tige de 3-8 déc., dressée, velue glanduleuse inférieurement, glabre au sommet. Feuilles poilues glanduleuses ; les inférieures en rosette, ord. roncinées pinnatifides ; les supérieures oblongues lancéolées, plus ou moins dentées, amplexicaules. *Involucre très-glabre*, à folioles extérieures petites, ovales apprimées. Réceptacle nu. Achaines linéaires, à stries peu marquées ; les intérieurs à stries lisses ; les extérieurs à stries hispides denticulées. ①. Juin-juillet.

RR. — Lieux pierreux. — *Ind.?* — Boves près des ruines du château.

2. C. virens Vill. *Dauph.* — *C. polymorpha* Wallr. *Sched.* — Pl. très-polymorphe. *Tige* de 2-10 déc., dressée ou diffuse, simple ou rameuse, glabre ou hispide inférieurement, *lisse au sommet*. Feuilles glabres ou presque glabres ; les inférieures en rosette, lancéolées, roncinées, pinnatifides, sinuées, dentées ou entières ; les supérieures lancéolées ou linéaires, sessiles, sagittées à la base. *Involucre pubescent blanchâtre, muni souv. de poils noirâtres, à folioles glabres au dedans ; les extérieures linéaires apprimées. Réceptacle glabre*. Achaines à stries très-marquées, lisses. ①. Juin-octobre.

CC. — Prairies, pelouses, champs, bords des chemins et des bois, sables maritimes.

Var. α. *virens* (Coss. et Germ. *Fl.*). — Tige ord. simple, rameuse seulement au sommet. Feuilles inférieures roncinées pinnatifides ou sinuées dentées, rar. entières.

S.-v. *subnuda* (Coss. et Germ. *Fl.*). — Tige à peu près nue supérieurement ou munie de quelques feuilles très-petites entières.

S.-v. *elatior* (Coss. et Germ. *Fl.*). — Tige robuste de 6-8 déc., très-feuillée. Feuilles amples pinnatifides ou sinuées dentées. Capitules nombreux, assez gros.

Var. 6. *diffusa* (Coss. et Germ. *Fl.* — *C. diffusa* DC. *Cat. hort. Monsp.*). — Tige rameuse, diffuse dès la base, à rameaux nombreux grêles, peu feuillés. Feuilles petites souv. entières. Capitules petits.

3. C. biennis L. *Sp.* — *Tige* de 6-10 déc., dressée, sillonnée, anguleuse, *rude sur les angles au sommet*, rameuse supérieurement. Feuilles velues ord. hérissées surtout en dessous, oblongues roncinées ; les inférieures en rosette ; les supérieures sessiles subamplexicaules auriculées. *Involucre pubescent blanchâtre, hérissé de poils noirs, à folioles pubescentes en dedans ; les extérieurs étalées* lancéolées linéaires. *Réceptacle velu*. Achaines à stries très-marquées, ord. lisses. ②. Juin-juillet.

A.R. — Prairies humides, bois ombragés. — Drucat ; faubourg des Planches à Abbeville ; Wailly ; Jumel ; Aveluy ; Epagnette près Epagne (*T.C*.); Renancourt près Amiens (*Rom.*); Pont-de-Metz, Montières près Amiens, Hangest-sur-Somme, Camon, Péronne (*E. Gonse*); Glisy (*P.* Fl.).

On trouve très-près de nos limites sur les éboulements des falaises au Tréport [Seine-Inférieure] le *Crepis maritima* (B. *Extr. Fl.*, p. 59). Cette plante nous paraît être une variété remarquable du *C. biennis* L., dont elle diffère par les caractères suivants : tige moins élevée (4-6 déc.), plus robuste, souv. rameuse dès la base ; feuilles sinuées dentées plus rar. roncinées, à lobes très-courts ; achaines profondément striés ; plante noircissant par la dessication.

82. HIERACIUM Tourn. *Inst.*

Involucre à folioles inégales, imbriquées, rar. recourbées en dehors. *Réceptacle nu*, glabre ou velu. *Achaines* subcylindriques, striés, *tronqués,* terminés par un rebord peu saillant. *Aigrette à poils non plumeux*, raides, *fragiles, roussâtres, unisériés.* — Pl. vivaces. Fleurons jaunes.

1. { Pédoncules radicaux. Pl. stolonifères........... 2
   { Tiges feuillées. Pl. non stolonifères........... 3

2. { Feuilles tomenteuses en dessous. Capitule solitaire...
   { .... 1. *H. Pilosella.*
   { Feuilles glaucescentes non tomenteuses. Capitules ord.
   { 2-5........... 2. *H. Auricula.*

3. { Feuilles radicales persistant lors de la floraison..... 4
   { Feuilles radicales ord. détruites avant la floraison.... 6

4. { Pl. glanduleuse visqueuse. Feuilles caulinaires cordiformes amplexicaules....... 5. *H. amplexicaule.*
   { Pl. non glanduleuse visqueuse. Feuilles caulinaires non
   { amplexicaules.................. 5

5. { Feuilles radicales tronquées, arrondies ou cordées à la
   { base. Tige portant une seule feuille.. 3. *H. murorum.*
   { Feuilles radicales rétrécies en pétiole. Tige portant plusieurs feuilles............... 4. *H. vulgatum.*

6. { Involucre à folioles extérieures recourbées en dehors..
   { .... 8. *H. umbellatum.*
   { Involucre à folioles apprimées............ 7

7. { Feuilles ovales lancéolées, munies vers le milieu de 3-5
   { dents espacées plus ou moins longues. 6. *H. tridentatum.*
   { Feuilles oblongues lancéolées brièvement et lâchement
   { dentées................. 7. *H. boreale.*

a. *Pédoncules radicaux. Plantes stolonifères.*

1. H. Pilosella L. *Sp.* — Souche à stolons radicants feuillés. Pédoncules de 1-2 déc., dressés, nus, velus blanchâtres. *Feuilles* étalées obovales oblongues entières, hérissées de longs poils, tomenteuses blanchâtres en dessous. Capitules solitaires. Involucre pubescent tomenteux, muni de poils noirâtres courts. Fleurons extérieurs souv. rougeâtres en dessous.

CC. — Lieux arides, coteaux, bois, bords des chemins.

2. H. Auricula L. *Sp.* — Souche à stolons radicants feuillés. Pédoncules de 1-3 déc., dressés, nus ou portant une seule feuilles inférieurement, glabres ou munis de quelques longs poils. *Feuilles étalées, oblongues lancéolées spatulées entières, glaucescentes, munies de quelques longs poils sur les bords et les nervures. Capitules 2-5 en corymbe terminal, plus rar. solitaires. Involucre muni de poils noirâtres. ♃. Juin-septembre.

RR. — Pelouses, talus herbeux, bois humides. — Les Alleux près Behen; Monchaux près Quend; Feuquières; marais d'Epagnette près Epagne (*T.C.*); Equennes (*E. Gonse*); forêt de Crécy (*Baill.* Herb.).

S.-v. *monocephalum* (Coss. et Germ. *Fl.*). — Capitules solitaires.

b. *Tiges feuillées. Plantes non stolonifères.*

3. H. murorum L. *Sp.* — Pl. plus ou moins poilue inférieurement. *Tige de 3-6 déc., simple, ne portant ord. qu'une seule feuille,* munie supérieurement d'une pubescence étoilée, mêlée de poils raides noirs glanduleux. *Feuilles* vertes ou glaucescentes; les *radicales* en rosette, *persistant lors de la floraison,* ovales ou ovales oblongues, *tronquées, arrondies ou cordées à la base,* ord. dentées surtout dans leur partie inférieure, à dents larges profondes dirigées en bas; la caulinaire plus petite subsessile. Capitules en corymbe ord. divariqué. Involucre à folioles apprimées. ♃. Juin-août.

C. — Bois, lieux pierreux. — Bouttencourt; bois de la Faude près Wiry-au-Mont; forêt d'Arguel près Senarpont; Bouillencourt-en-Sery; bois de Sery près Gamaches; Bailleul; bois de Tachemont près Huchenneville; Port; forêt de Crécy; Boves; Ham.

4. H. vulgatum Fries *Nov. Suec.* — *H. sylvaticum* Lmk. *Encycl. méth.* — Pl. plus ou moins poilue inférieurement. *Tige* de 4-8 déc., *portant ord. de 2-6 feuilles,* munie ord. supérieurement d'une pubescence blanchâtre étoilée, mêlée de poils noirâtres glanduleux. *Feuilles* vertes; les *radicales* en rosette, *persistant lors de la floraison,* ovales ou ovales lancéolées, *rétrécies en pétiole,* ord. dentées, à dents de la base étalées ou dirigées en haut; les caulinaires plus petites subsessiles. Capitules en corymbe plus ou moins ouvert.

Involucre à folioles apprimées. Floraison plus tardive que celle de l'*H. murorum* L. ♃. Juillet-septembre.

CC. — Bois.

5. H. amplexicaule L. *Sp.* — *Pl. hérissée de poils raides jaunâtres, glanduleux visqueux.* Tige de 1-4 déc., rameuse, portant plusieurs feuilles. *Feuilles* ord. d'un vert foncé ; les *radicales* en rosette, *persistant lors de la floraison*, lancéolées oblongues, longuement atténuées en pétiole, inégalement dentées ; *les caulinaires* ovales aigues, sessiles, *cordiformes amplexicaules*. Capitules ord. nombreux en corymbe plus ou moins ouvert. Involucre à folioles lâches. ♃. Juin-juillet.

RR. — Vieux murs, décombres. — *Intr.* — Trouvé à Abbeville dans les fortifications de la porte Saint-Gilles (1856), et sur de vieilles murailles (*De Brutelette*, Mém. Soc. Linn. Nord de la France, t. II, p. 45, année 1874).

6. H. tridentatum Fries *Monogr.* — *H. lævigatum* Willd. — Tige de 6-12 déc., raide, dressée, feuillée, pubescente, qqf. glabre. *Feuilles* ovales lancéolées, atténuées à chaque extrémité, *munies vers le milieu de 3-5 dents espacées plus ou moins longues ; les radicales ord. détruites avant la floraison*. Capitules assez gros en corymbe. *Involucre à folioles apprimées*, ne noircissant pas ord. à la dessication. ♃. Juillet-août.

R. — Lisières et clairières des bois. — Bois de Lanchères ; bois de Bouillencourt ; forêt d'Arguel près Senarpont ; bois de Sery près Gamaches ; Hiermont ; Namps-au-Mont, Ailly-sur-Noye, Poix, Vignacourt (*E. Gonse*).

7. H. boreale Fries *Nov. Suec.* — Tige de 5-10 déc., dressée, raide, très-feuillée, pubescente inférieurement ou presque glabre. *Feuilles* nombreuses rapprochées, *oblongues lancéolées, brièvement et lâchement dentées*, sessiles ou subsessiles ; *les radicales ord. détruites avant la floraison* : les supérieures un peu embrassantes. Capitules en corymbe allongé. *Involucre à folioles apprimées*, noircissant à la dessication. ♃. Juillet-octobre.

R. — Bords et clairières des bois. — Bois du Cap Hornu près Saint-Valery ; bois de Size près Ault, bois de Croixrault près Poix (*E. Gonse*).

8. H. umbellatum L. *Sp.* — Tige de 5-10 déc., raide, dressée, souv. glabre et rougeâtre inférieurement. *Feuilles* oblongues lancéolées ou linéaires, lâchement dentées ; les *radicales détruites avant la floraison* ; les caulinaires nombreuses subsessiles. Capitules en corymbe ombelliforme. *Invo-*

lucre à folioles extérieures recourbées en dehors, surtout dans les capitules jeunes, noircissant à la dessication. ♃. Juillet-octobre.

C. — Bois, sables maritimes. — Bois de Belloy près Huppy; Bouttencourt; bois de Size près Ault; bois de Rampval près Mers; Lanchères; Drucat; Yvrench; Saint-Quentin-en-Tourmont; Bichecourt près Hangest-sur-Somme (*T.C.*); Bovelles (*Rom.*); Notre-Dame-de-Grâce, Dury, Boves, Port (*P. Fl.*).

XLIX. AMBROSIACÉES.

Fleurs monoïques : fleurs mâles nombreuses en capitules, entourées d'un involucre polyphylle, à folioles sur un seul rang ; calice à 5 divisions ; corolle nulle ; étamines 5 ; anthères libres : fleurs femelles 1-2, placées au-dessous des mâles, entourées d'un involucre monophylle ; calice et corolle nuls ; *ovaire adhérent au réceptacle*; style bifide. *Fruit* (achaine) *renfermé dans l'involucre induré, hérissé d'aiguillons courbés au sommet*, terminé par 2 becs, ligneux à la maturité. — Fleurs verdâtres.

1. XANTHIUM Tourn. *Inst.*

Caractères de la famille.

1 { Tige dépourvue d'épines. Feuilles d'un vert cendré . . . . 1. *X. Strumarium.*
Tige munie d'épines tripartites. Feuilles blanchâtres tomenteuses en dessous. . . . . 2. *X. spinosum.*

1. X. Strumarium L. *Sp.* — Pl. pubescente. *Tige de 2-6 déc., dressée, anguleuse, ord. rameuse, dépourvue d'épines. Feuilles pétiolées d'un vert cendré*, un peu cordiformes, 3-5 lobées, inégalement dentées. Involucre fructifère ovoïde. ①. Juillet-septembre.

RR. — Lieux humides, bords des chemins et des fossés, villages. — *Intr.* — Saint-Quentin-en-Tourmont; Le Royon près Quend; Cayeux-sur-Mer (*Goze*); Brutelles, Noyelles-sur-Mer (*B. Not. manuscr.*); Rue, Quend (*P. Fl.*).

2. X. spinosum L. *Sp.* — *Tige de 2-5 déc., dressée, sillonnée, pubescente, très-rameuse, munie à l'insertion des feuilles de 1 ou 2 longues épines* jaunes, *tripartites. Feuilles* atténuées en pétiole, *blanchâtres tomenteuses en dessous*, cunéiformes, 3-5 lobées, à lobe moyen très-long. Involucre fructifère petit oblong, à la fin réfléchi. ①. Juillet-septembre.

RR. — Décombres, terrains incultes. — *Intr*. — Dury ; Saint-Maurice près Amiens (*E. Gonse*) ; Cayeux-sur-Mer (*T.C.* Herb.). — Cette espèce commune dans la région méditerranéenne doit être considérée comme accidentellement introduite.

L. CAMPANULACÉES.

Fleurs régulières. Calice à 5 divisions. Corolle à 5 divisions. *Etamines 5*. Anthères biloculaires. *Ovaire* infère *adhérent* à *la coupe réceptaculaire*. Style 1 ; stigmates 2-5. *Fruit capsulaire*, à 2-5 loges polyspermes, s'ouvrant au sommet ou latéralement par des pores. — *Feuilles alternes*.

1. { Corolle partagée jusqu'à la base en divisions d'abord cohérentes, puis libres . . . . Jasione (3).
Corolle campanulée ou rotacée 2

2. { Corolle campanulée. Capsule turbinée. . Campanula (1).
Corolle rotacée. Capsule linéaire oblongue prismatique . . . . Specularia (2).

1. CAMPANULA Tourn. *Inst.*

Corolle campanulée. Etamines à filets dilatés à la base. Stigmates 3-5. *Capsule turbinée*, à 3-5 loges s'ouvrant par des pores latéraux. — Feuilles radicales en rosette ou en fascicules. Fleurs bleues ou blanches.

1. { Fleurs sessiles rapprochées en glomérules, au moins les terminales . . . . 4. *C. glomerata*.
Fleurs pédonculées non rapprochées en glomérules. . . 2

2. { Capsule dressée. Feuilles radicales atténuées en pétiole . . . . 1. *C. Rapunculus*.
Capsule penchée. Feuilles radicales cordées. 3

3. { Pl. velue hérissée. Tige dressée robuste. Calice à divisions ovales lancéolées . . . . 3. *C. Trachelium*.
Pl. glabre ou presque glabre. Tige étalée ascendante, grêle. Calice à divisions linéaires subulées . . . . — 2. *C. rotundifolia*.

1. C. Rapunculus L. *Sp*. — (Vulg. *Raiponce*). — Pl. pubescente, rar. glabre, à racine fusiforme charnue blanchâtre. Tige de 3-8 déc., dressée, ord. simple. *Feuilles radicales*, oblongues obovales, légèrement crénelées, *atténuées en pétiole ;* les caulinaires sessiles, lancéolées linéaires, souv. ondulées. *Fleurs en panicule allongée* terminale. Calice ord. glabre, à divisions linéaires subulées. *Capsule dressée*. ②. Juin-septembre.

CC. — Haies, bois, prairies, bords des chemins.

S.-v. *alba*. — Fleurs blanches. — Bezencourt près Tronchoy.

2. C. rotundifolia L. *Sp.* — *Pl. glabre ou presque glabre* à souche rameuse. *Tiges de 1-4 déc., grêles, étalées ascendantes*, ord. simples. *Feuilles radicales* et celles des rejets stériles orbiculaires réniformes *cordées*, lâchement crénelées ou dentées, très-longuement pétiolées ; les caulinaires linéaires, entières, sessiles. Fleurs en panicule terminale pauciflore. *Calice glabre, à divisions linéaires subulées. Capsule penchée*. ♃. Juin-septembre.

CC. — Coteaux secs, pelouses, bords des chemins, des champs, marais des dunes.

3. C. Trachelium L. *Sp.* — *Pl. velue hérissée* à souche épaisse, presque ligneuse. *Tige de 5-10 déc., dressée, robuste*, anguleuse. *Feuilles radicales* inégalement dentées, ovales ou triangulaires *cordées*, longuement pétiolées ; les caulinaires ovales lancéolées, subsessiles. Fleurs grandes d'un bleu foncé, en grappes feuillées. Pédoncules axillaires 1-3 flores. *Calice à divisions ovales lancéolées. Capsule penchée*. ♃. Juillet-septembre.

C. — Bois couverts.

S.-v. *urticæfolia* (Coss. et Germ. *Fl.*). — Pl. grêle peu élevée. Pédoncules uniflores. — Bois de Roche à Yvrench.

4. C. glomerata L. *Sp.* — Pl. velue hérissée, plus rar. glabrescente, à souche courte. Tige de 2-4 déc., simple dressée, un peu anguleuse. Feuilles finement crénelées ; les radicales et les inférieures ovales lancéolées, ord. cordées à la base, longuement pétiolées ; les supérieures ovales aigues, sessiles amplexicaules à la base. *Fleurs d'un bleu foncé, sessiles, rapprochées en glomérules* terminaux, ou à l'aisselle des feuilles supérieures. Calice à divisions lancéolées aigues. ♃. Juin-septembre.

A.C. — Coteaux secs, terrains calcaires, lisières des bois. — Huchenneville ; Bray-lès-Mareuil ; Pont-Remy ; Fontaine-le-Sec ; Bernapré ; Bouillencourt-en-Sery ; Bouvaincourt ; Gamaches ; Boves ; Wailly ; Poix ; forêt d'Arguel près Senarpont ; Warloy-Baillon, Guerbigny (*Guilbert*) ; Bovelles (*Rom.*) ; Hangest-sur-Somme, Ailly-sur-Noye, Yzeux, Sainte-Segrée, Thieulloy-la-Ville, Beaucamps-le-Jeune, Saint-Germain-sur-Bresle, Namps (*E. Gonse*) ; Querrieux (*P. Fl.*).

S.-v. *pumila* (Coss. et Germ. *Fl.*). — Tige de 10-15 cent. Glomérule terminal pauciflore.

2. SPECULARIA Heist. *Syst. pl. gen.*

Corolle rotacée. Etamines à filets membraneux velus. Stigmates 3. *Capsule linéaire oblongue prismatique*, à 3 loges. — Feuilles oblongues ondulées crénelées.

1 { Calice à divisions linéaires ne dépassant pas la corolle. Corolle assez grande............ 1. *S. Speculum.*
Calice à divisions lancéolées dépassant la corolle. Corolle petite, souv. peu apparente .... 2. *S. hybrida.*

1. S. Speculum Alph. DC. *Camp.* — *Prismatocarpus Speculum* L'Hérit. *Sert. Angl.* — (Vulg. *Miroir-de-Venus*). — Tige de 1-4 déc., dressée, souv. rameuse dès la base, à rameaux étalés ascendants. Fleurs en panicule terminale, feuillée. *Calice à divisions linéaires* subulées étalées, *ne dépassant pas la corolle. Corolle* violette à gorge blanche, rar. blanche, *assez grande, ouverte.* ①. Juin-août.

CC. — Moissons. — *Intr.*

2. S. hybrida Alph. DC. *Camp.* — *Prismatocarpus hybridus* L'Hérit. *Sert. Angl.* — Tige de 1-3 déc., simple ou rameuse. Fleurs axillaires solitaires ou 2-3 réunies au sommet de la tige ou des rameaux. *Calice à divisions lancéolées*, dressées, *dépassant longuement la corolle. Corolle* violette à gorge verdâtre, *très-petite, ord. fermée, souv. peu apparente.* ①. Juin-juillet.

A.R. — Moissons. — *Intr.* — Caubert près Abbeville; Bray-lès-Mareuil; Amiens, Ailly-sur-Noye (*Copineau*); Dury, Flixecourt, La Faloise, Saveuse, Saint-Fuscien, Blangy-Tronville (*E. Gonse*); Cambron, Hangest-sur-Somme (*T.C.*); Coullemelle (*Guilbert*); Bovelles, Guignemicourt (*Rom.*); Vauchelles-lès-Quesnoy (*Picard Not. manuscr.*); Poix (*P. Fl.*).

3. JASIONE L. *Gen.*

Corolle partagée jusqu'à la base en 5 divisions linéaires, d'abord cohérentes, puis libres étalées. Anthères réunies à la base. Stigmates 2. Capsule subglobuleuse à 2 loges s'ouvrant au sommet par un pore. — Fleurs bleues, rar. blanches, pédicellées en capitules globuleux, entourés d'un involucre polyphylle.

1. J. montana L. *Sp.* — Pl. hispide inférieurement, plus rar. presque glabre. Tiges de 1-3 déc., dressées ou étalées ascendantes, à rameaux diffus. Feuilles linéaires lancéolées, souv. ondulées. Capitules terminaux longuement pédonculés. Folioles de l'involucre ovales aigues. ① ou ②. Juillet-septembre.

RR. — Lieux secs, terrains sablonneux. — Villers-Tournelle (*Guilbert*) ; Notre-Dame-de-Grâce (*P.* Fl.).

Var. δ. *littoralis* (Fries Nov.). — Tiges de 10-15 cent., ord. nombreuses, grêles, couchées, étalées, redressées. Fleurs plus pâles. — *A.R.* — Sables maritimes. — Dunes de Saint-Quentin-en-Tourmont ; Cayeux-sur-Mer ; Hautebut près Woignarue ; Ribeauville près Saint-Valery ; Saint-Valery (*P.* Fl.).

Le *Phyteuma spicatum* (L. *Sp.*) a été indiqué à Boulogne localité du département de l'Oise peu éloignée de Montdidier (*P.* Fl.). Cette espèce se reconnaît aux caractères suivants : pl. vivace, ord. glabre ; tige de 3-6 déc., dressée ; feuilles inférieures ovales aiguës cordées, dentées, pétiolées, les supérieures linéaires, sessiles ; fleurs d'un blanc jaunâtre en épi terminal, allongé à la maturité ; corolle à 5 divisions profondes, linéaires, d'abord cohérentes au sommet, puis libres ; étamines à filets dilatés à la base ; capsule courte à 2-3 loges, s'ouvrant par des pores latéraux.

LI. VACCINIÉES.

Fleurs régulières. Calice à 4-5 dents. Corolle à 4-5 divisions. Etamines 8-10 libres. Anthères biloculaires s'ouvrant par 2 pores. *Ovaire adhérent au réceptacle. Fruit bacciforme* globuleux, à 4-5 loges polyspermes. — *Sous-arbrisseaux* glabres. *Feuilles* coriaces, *alternes ou éparses*, brièvement pétiolées.

1 { Tiges ascendantes ou dressées. Corolle urcéolée, à 4-5 divisions peu profondes . . . . VACCINIUM (1).
{ Tiges couchées radicantes. Corolle rotacée, à 4 divisions profondes . . . . OXYCOCCOS (2).

1. VACCINIUM L. *Gen.* ex parte.

Corolle urcéolée, à 4-5 divisions peu profondes, ord. courbées en dehors. Etamines 8-10. Anthères munies de 2 appendices sétiformes. — *Tiges ascendantes ou dressées.* Feuilles caduques.

1. V. Myrtillus L. *Sp.* — (Vulg. *Airelle*). — Tiges de 2-4 déc., rameuses, anguleuses, à angles saillants. Feuilles d'un vert pâle, ovales aiguës denticulées. *Fleurs d'un blanc verdâtre ou rosé, solitaires au sommet de pédoncules* axillaires penchés. Baie d'un bleu noirâtre. ♄. Fl. avril-mai. Fr. juin-juillet.

RR. — Bois montueux, bruyères. — Bois de Citernes (*Rom.*) ; Boves, Fienvillers (*P.* Fl.). — Se trouve près de nos limites dans la forêt d'Eu vers les landes de Beaumont. — Observé à Sorus [Pas-de-Calais] (*Baill.* Herb.).

2. OXYCOCCOS Tourn. Inst.

Corolle rotacée, à 4 divisions profondes lancéolées réfléchies. Etamines 8. Anthères dépourvues d'appendices. — *Tiges couchées radicantes.* — Feuilles persistantes.

1. O. palustris Pers. *Syn.* — Tiges de 2-3 déc., filiformes feuillées, très-rameuses. Feuilles ovales, petites, entières, à bords enroulés, blanchâtres en dessous. *Fleurs* roses, penchées sur des pédoncules ascendants filiformes, dépassant longuement les feuilles, *1-3 au sommet des tiges et des rameaux.* Baie rouge. ♃. Fl. juin. Fr. juillet-août.

RR. — Marais tourbeux. — Villers-sur-Authie (*T.C.* Herb.; *Baill.* Herb.; *B.* Extr. Fl.; *P.* Fl.). — Il est à craindre que l'*O. palustris* n'ait disparu de cette localité par suite du dessèchement d'une partie du marais.

LII. ERICINÉES.

Fleurs ord. régulières. Calice à 4 divisions, persistant, souv. pétaloïde. Corolle à 4 divisions. Etamines 8. Anthères biloculaires, s'ouvrant par 2 pores, ord. extrorses. Fruit capsulaire à 4 loges. — *Sous-arbrisseaux* à feuilles entières, sessiles, persistantes.

1. CALLUNA Salisb. in *Linn. trans.*

Calice à divisions pétaloïdes, plus longues que la corolle, entouré à la base de bractées foliacées en forme de calicule. Corolle campanulée à divisions profondes. Capsule à 4 valves, à cloisons opposées aux sutures. — Feuilles opposées, imbriquées sur 4 rangs.

1. C. vulgaris Salisb. loc. cit. — (Vulg. *Bruyère*). — Tiges de 2-6 déc., très-rameuses, à rameaux dressés ord. rougeâtres. Feuilles lancéolées linéaires courtes, obtuses, prolongées à la base en un petit appendice bifide. Fleurs nombreuses purpurines, très-rar. blanches, en grappes spiciformes. ♃. Juillet-septembre.

A.C. — Landes, bois secs. — Limeux; Doudelainville; Tilloy-Floriville; Bouillencourt-en-Sery; Saint-Valery; Boismont; bois du Val près Laviers; Villers-sur-Authie; Rue; Vron; Boves; Jumel; Val-de-Maison près Talmas (*Rom.*); forêt de Crécy (*P. de Vicq*); bois de Frohen (*de Fercourt* Herb.); Dury, Mailly-Rainneval, Beaucamps-le-Jeune, La Faloise (*E. Gonse*); Embreville, Guerbigny, Villers-Tournelle, Toutencourt, Baizieux

(*Guilbert*) ; Cagny, Notre-Dame-de-Grâce (*P.* Fl.) ; bois de Francières (*B.* Extr. Fl.).

L'*Erica cinerea* (L. *Sp.*) est indiqué d'une manière vague vers Péronne (*B.* Extr. Fl.; *P.* Fl.). Le genre *Erica* a pour principaux caractères : corolle campanulée ou urcéolée dépassant longuement le calice ; capsule à cloisons opposées aux valves. — L'*E. cinerea* se distingue par ses feuilles verticillées par 3, glabres, par ses fleurs roses violacées en petites grappes formant une panicule spiciforme, par son calice glabre, par sa corolle ovoïde urcéolée et sa capsule glabre. — Nous l'avons rencontré dans la forêt d'Eu où il est rare.

L'*E. Tetralix* se trouve près de nos limites à Sorus [Pas-de-Calais]. Il a aussi été observé dans les bois de Monthuy et de Saint-Josse [Pas-de-Calais] (*B.* Extr. Fl.; *Baill.* Herb.). Ses caractères sont : feuilles verticillées ord. par 4, bordées de longs cils glanduleux ; fleurs roses en grappes courtes au sommet des tiges et des rameaux ; calice longuement cilié ; corolle urcéolée ; capsule velue soyeuse.

LIII. PYROLACÉES (1).

Fleurs régulières. Calice à 5 divisions, persistant. Corolle à 5 pétales caducs. *Étamines 10*. Anthères biloculaires, s'ouvrant par 2 pores, extrorses. Style filiforme ; stigmate indivis ou 5 lobé. *Fruit* capsulaire à 5 *loges polyspermes*, à 5 valves. — *Pl. stolonifères*, glabres. Tiges dressées portant quelques écailles écartées. Feuilles en rosette, pétiolées, suborbiculaires, coriaces, luisantes, persistantes. Fleurs blanches ou d'un blanc rosé en grappes terminales.

1. PYROLA Tourn. *Inst.*

Caractères de la famille.

1 { Style réfléchi, arqué au sommet, dépassant la corolle. . . . . 1. *P. rotundifolia*.
{ Style dressé, ne dépassant pas la corolle. . . 2. *P. minor*.

1. P. rotundifolia L. *Sp.* — Tiges de 2-3 déc. Fleurs en grappes lâches. Calice à divisions lancéolées aiguës, de moitié plus courtes que la corolle. Étamines penchées, à filets arqués. *Style réfléchi, arqué, dépassant la corolle*, épaissi au sommet ; stigmate indivis. ♃. Juin-juillet.

(1) Les *Pyrolacées* et les *Monotropées*, quoiqu'elles aient leurs corolles polypétales, sont maintenant placées, par la plupart des auteurs, près des *Éricinées* à cause des rapports qui existent entre ces familles.

R. — Bois montueux ombragés. — Frucourt ; bois de Size près Ault ; Ailly-sur-Somme (*Rom.*) ; Sainte-Segrée, Yzeux, Vignacourt (*E. Gonse*) ; bois de Neuilly près Picquigny (*Hutin*) ; forêt de Lucheux (*Demailly*) ; bois de Wailly (*Goze*) ; Mailly-Maillet (*Carette*) ; Hébécourt (*R. Vion*) ; Saint-Riquier (*Baill.* Herb.) ; Dury, Boves, Bertangles (*P. Fl.*) ; Francières (*B.* Extr. Fl. et Herb.).

Var. *6. arenaria* (Koch *Syn.*). — Pl. ord. moins élevée. Feuilles plus petites, qqf. un peu aiguës. Pédicelles plus courts, égalant à peine la longueur du calice. Calice à divisions oblongues obtuses. Juillet-août. — Dunes du Marquenterre où il croit parmi les *Hippophae* et les *Salix repens*. — Se trouve aussi dans les dunes du Boulonnais.

2. P. minor L. *Sp.* — Pl. plus petite dans toutes ses parties. Tiges de 1-2 déc., dressées. Feuilles finement crénelées. Fleurs en grappe ord. serrée. Calice à divisions ovales triangulaires 3-4 fois plus courtes que la corolle. Étamines conniventes. *Style dressé, ne dépassant pas la corolle;* stigmate 5 lobé, débordant le style. ♃. Juin-juillet.

R. — Bois montueux ombragés. — Limeux ; Bouillencourt-en-Sery ; Saint-Riquier ; Lucheux ; bois de Quevauvillers (*Richer*) ; Toutencourt (*Guilbert*) ; Francières (*H. Sueur*) ; Hallencourt (*Dufourny*) ; Ailly-sur-Somme (*Rom.*) ; Dury (*P. Fl.*).

LIV. MONOTROPÉES.

Fleurs presque régulières. Calice à 4-5 sépales squamiformes inégaux, persistant. Corolle à 4-5 pétales charnus, prolongés en éperon court, persistante. Étamines 8-10 ; anthères uniloculaires. Style 1 ; stigmate infundibuliforme. *Fruit* capsulaire à 4-5 loges polyspermes, à 4-5 *valves*. — *Pl. parasite sur les racines des arbres*, ayant l'aspect d'un *Orobanche*. Feuilles remplacées par des écailles.

1. MONOTROPA L. *Gen.*

Caractères de la famille.

1. M. Hypopitys L. *Sp.* — Pl. charnue, d'un blanc jaunâtre, noircissant par la dessication. Souche écailleuse. Tiges de 1-2 déc., simples, dressées, garnies d'écailles ovales oblongues, appliquées. Fleurs jaunâtres en grappe terminale d'abord serrée, courbée en crosse, puis lâche, dressée à la maturité ; les latérales à 4 pétales et 8 étamines ; la terminale à 5 pétales et 10 étamines. ♃. Juin-août.

A.R. — Bois couverts, croissant au pied des Hêtres, des Chênes, des Pins, etc. — Ercourt ; bois de Tachemont et bois Grillé à Huchenneville ; bois de Belloy et de Tronquoy près Huppy ; bois de Fréchencourt et de Coquerel près Bailleul ; bois de Séry près Gamaches ; Poix ; Cambron ; bois de Roche à Yvrench ; Wailly ; Bovelles, Ailly-sur-Somme (*Rom.*) ; Ailly-sur-Noye (*Dufourny*) ; Creuse, La Faloise, Villers-Bretonneux, Bus, Boves, Bacouel (*E. Gonse*) ; Poix (*Copineau*) ; bois de Ronval près Bresle, Harponville, Laboissière, Villers-Tournelle (*Guilbert*) ; Francières (*B. Herb.*) ; Allonville, Dury, Pont-Remy (*P. Fl.*) ; bois de Saint-Riquier (*Du Maisniel de Belleval* Not. manuscr.).

S.-v. *glabra* (Var. *glabra* Coss. et Germ. *Fl.*). — Fleurs glabres.
S.-v. *hirsuta* (Var. *hirsuta* Roth *Tent.*). Fleurs velues intérieurement.

LV. OLÉINÉES.

Fleurs hermaphrodites ou unisexuelles. Calice à 4 divisions, qqf. nul. Corolle à 4 divisions, qqf. nulle. Etamines 2. Style 1 ; stigmate bifide. Fruit de forme variable, capsulaire ou bacciforme. — *Arbres ou arbrisseaux* à rameaux ord. opposés.

1 { Calice et corolle nuls. Feuilles imparipinnées . . . . Fraxinus (2).
  { Fleurs pourvues de calice et de corolle. Feuilles entières. 2

2 { Baie globuleuse. . . . . Ligustrum (1).
  { Capsule ovoïde acuminée comprimée. . . . Syringa (3).

1. LIGUSTRUM Tourn. *Inst.*

Calice petit urcéolé, à 4 dents, caduc. Corolle infundibuliforme, à divisions étalées. *Baie globuleuse* à 2 loges 1-2 spermes. — Feuilles entières. Fleurs en panicules terminales serrées.

1. L. vulgare L. *Sp.* — (Vulg. *Troëne*). — Arbrisseau peu élevé, rameux. Feuilles oblongues lancéolées, glabres, luisantes en dessus, persistant dans les hivers doux. Fleurs blanches odorantes. Baie petite noire. ♃. Fl. juin-juillet. Fr. septembre.

CC. — Buissons, haies, bois.

2. FRAXINUS Tourn. *Inst.*

Fleurs polygames. *Calice et corolle nuls. Fruit* (samare) *ovale oblong comprimé ailé membraneux, coriace,* indéhiscent, ord. uniloculaire, monosperme. — *Feuilles imparipinnées.* Fleurs en grappes courtes serrées, naissant avant les feuilles.

1. F. excelsior L. *Sp.* — (Vulg. *Frêne*). — Arbre ord. très-élevé. Feuilles à 9-15 folioles oblongues lancéolées acuminées, denticulées. Fleurs verdâtres. Samares en grappes pendantes. ♄. Fl. avril-mai. Fr. juin-juillet.

CC. — Bois.

3. SYRINGA L. *Gen.*

Calice petit urcéolé à 4 dents, persistant. Corolle infundibuliforme à divisions concaves. *Capsule ovoïde acuminée comprimée*, à 2 valves, à 2 loges 1-2 spermes. — Feuilles entières. Fleurs nombreuses en panicules terminales.

† **1. S. vulgaris** L. *Sp.* — (Vulg. *Lilas*). — Arbrisseau rameux dès la base. Feuilles pétiolées ovales acuminées ord. un peu cordées, glabres. Fleurs lilas, plus rar. blanches, brièvement pédicellées, odorantes. ♄. Fl. avril-mai. Fr. août-septembre.

Planté dans les jardins et dans les parcs. — Naturalisé sur la lisière de quelques bois.

LVI. APOCYNÉES.

Fleurs régulières. Calice à 5 divisions, persistant. *Corolle à 5 lobes,* caduque. Étamines 5, à filets libres. Anthères biloculaires, libres. Pollen granuleux. Style 1 ; stigmate 1. Fruit à 2 carpelles polyspermes, s'ouvrant par la partie ventrale (follicules). — *Pl. sous-frutescentes.* Feuilles entières opposées. Fleurs solitaires axillaires.

1. VINCA L. *Gen.*

Corolle en coupe à long tube, à gorge nue, à 5 angles, à lobes cunéiformes, obliquement tronqués. Stigmate en anneau, surmonté d'une couronne de poils. Follicules allongés. — Pl. à rhizomes traçants. Feuilles persistant pendant l'hiver.

1. V. minor L. *Sp.* — (Vulg. *Petite-Pervenche*). — Tiges de 2-6 déc., presque ligneuses, rampantes radicantes, à rameaux florifères redressés. Feuilles ovales lancéolées, brièvement pétiolées, glabres luisantes, un peu coriaces. Fleurs bleues, très-rar. blanches, à pédicelles ord. plus longs que la feuille. Calice à divisions lancéolées glabres, beaucoup plus courtes que le tube de la corolle. ♃. Avril-juin.

CC. — Bois, haies ombragées.

S.-v. *alba.* — Fleurs blanches. — *RR.* — Feuquières.

Le *V. major* (L. *Sp.* — Vulg. *Grande-Pervenche*), planté dans les parcs, se trouve qqf. à l'état subspontané dans le voisinage des habitations. Ses caractères sont : feuilles ovales oblongues ord. cordées à la base, à bords pubescents ciliés ; pédicelles ord. plus courts que la feuille ; calice à divisions ciliées linéaires, égalant environ la longueur du tube de la corolle.

LVII. ASCLÉPIADÉES.

Fleurs régulières. Calice à 5 divisions, persistant. Corolle à 5 lobes, munie à la gorge d'appendices adhérents au tube formé par les filets des étamines et qui enveloppe le pistil. Étamines 5, réunies. Styles 2 cohérents sous un seul stigmate charnu, glanduleux, à 5 angles. Pollen aggloméré en masses qui se fixent aux glandes du stigmate. *Fruit à 2 carpelles s'ouvrant par la partie ventrale* (follicules). *Graines* nombreuses, *munies d'une aigrette soyeuse.* — Feuilles opposées, entières. Fleurs en corymbe.

1. VINCETOXICUM Mœnch *Méth.*

Corolle rotacée à divisions profondes, étalées. Anthères terminées par un appendice membraneux. Masses polliniques renflées, pendantes. — Fleurs blanchâtres.

1. V. officinale *loc. cit.* — Souche à fibres épaisses blanchâtres. Tiges de 3-7 déc., ord. simples, dressées. Feuilles brièvement pétiolées, ovales aiguës, un peu coriaces ; les inférieures un peu cordées. Follicules lancéolés acuminés, lisses. ♃. Juin-août.

A.R. — Bois pierreux. — Huchenneville ; Mareuil ; Caubert près Abbeville ; forêt d'Arguel près Senarpont ; bois de Bouttencourt ; Coquerelle près Bailleul (*P. de Vicq*) ; Bovelles (*Rom.*) ; Bus, Ailly-sur-Noye, Ailly-sur-Somme, Sainte-Segrée (*E. Gonse*) ; Boves (*Richer*) ; bois de Wailly (*Soc. Linn.*) ; Vadencourt, Coullemelle, Bouillencourt-en-Sery (*Guilbert*) ; bois de Size près Ault (*Baill. Herb.*)

LVIII. GENTIANÉES.

Fleurs régulières. Calice à 5, plus rar. 4-8 divisions plus ou moins profondes, persistant. *Corolle à 5, rar. 4-8 divisions*, ord. *marcescente persistante.* Étamines en nombre égal aux divisions de la corolle. Style 1 ; stigmate bilobé ou bifide.

GENTIANÉES.

Fruit capsulaire à 2 *valves*, à 1-2 *loges polyspermes*, rar. subindéhiscent. — *Pl. glabres, à suc amer.* Feuilles ord. opposées.

1. { Feuilles à 3 folioles. Fleurs d'un blanc rosé . . . . MENYANTHES (1).
   Feuilles simples. Fleurs jaunes, bleues ou roses. 2
2. { Fleurs jaunes. 3
   Fleurs bleues ou roses. 4
3. { Pl. aquatique, à feuilles pétiolées flottantes . . . . LIMNANTHEMUM (2).
   Pl. des terrains secs, à feuilles connées. . . CHLORA (3).
4. { Fleurs roses. Anthères contournées en spirale après la floraison. . . . . ERYTHRÆA (5).
   Fleurs bleues. Anthères non contournées en spirale. . . . . GENTIANA (4).

1. MENYANTHES Tourn. *Inst.*

Calice à 5 divisions. Corolle infundibuliforme, à 5 divisions étalées, barbues intérieurement. Etamines 5. Style filiforme ; stigmate bilobé. Capsule uniloculaire. — Pl. aquatique, à souche épaisse rampante. *Feuilles à 3 folioles. Fleurs d'un blanc rosé.*

1. M. trifoliata L. *Sp.* — (Vulg. *Trêfle-d'eau*). — Pl. glabre. Feuilles longuement pétiolées, à pétiole engaînant à la base, à folioles ovales oblongues. Fleurs en grappes spiciformes au sommet d'un long pédoncule axillaire. Capsule subglobuleuse. Graines ovoïdes, jaunes luisantes. ♃. Mai-juin.

A.C. — Prés humides, marais tourbeux. — Abbeville ; Drucat ; Mareuil ; Sailly-Bray ; Bernay ; Villers-sur-Authie ; Monchaux près Quend ; Long ; Querrieux ; Suzanne ; Ham ; Longueau (*Rom.*); Fossemanant (*E. Gonse*) ; Guerbigny (*Guilbert*) ; Fortmanoir, Fouencamps, Péronne (*P. Fl.*) ; Erondelle (*Picard* Not. manuscr.).

2. LIMNANTHEMUM Gmel. in *Act. Petrop.*

Calice à 5 divisions. Corolle presque rotacée, à tube court, à gorge barbue, à 5 divisions étalées, ciliées sur les bords. Etamines 5, alternant avec 5 glandes placées à la base de l'ovaire. Stigmate bilobé. Capsule ovoïde acuminée comprimée, uniloculaire, subindéhiscente. Graines comprimées, à bords ciliées. — *Pl. aquatique. Feuilles flottantes. Fleurs jaunes,* en fascicules axillaires.

1. L. Nymphoides Hoff. et Link *Fl. Port.* — Tiges plus ou moins longues submergées radicantes et nues inférieurement. *Feuilles* suborbiculaires cordées, *pétiolées,* à pétiole engaînant. Fleurs grandes longuement pédicellées. ♃. Juillet-septembre.

RR. — Fossés, canaux, étangs. — Ancien lit de la Somme à Suzanne ; Amiens vers l'île de Sainte-Aragone (*Rom.*) ; canal de la Somme près Montières (*E. Gonse*) ; hortillonnages d'Amiens (*Copineau*) ; fossés de Péronne (*F. Debray*) ; Long (*Tripier*) ; Camon (*Baill.* Herb.) ; Ham (*Magnier*) ; Glisy (*P.* Fl.).

3. CHLORA L. *Gen.*

Calice à 8 divisions profondes. Corolle en coupe, à tube court, à 8 divisions. Etamines 8. Style filiforme ; stigmate bifide. Capsule uniloculaire. — Pl. glauque, lisse. *Fleurs d'un beau jaune* en cymes terminales.

1. C. perfoliata L. *Mant.* — Tige de 2-5 déc., dressée, raide, simple ou rameuse au sommet. *Feuilles* radicales obovales rétrécies à la base ; les *caulinaires* ovales triangulaires, *opposées connées*. Calice à divisions subulées, plus courtes que la corolle. Corolle à divisions obtuses. Capsule oblongue subglobuleuse. Graines petites, tuberculeuses. ⊙. Juin-août.

R. — Coteaux calcaires, bois taillis, lieux sablonneux. — Coteau et bois de Bouillencourt-en-Sery ; dunes de Saint-Quentin-en-Tourmont ; Quend (*Cagé*) ; Gamaches, Maisnières, Vismes-au-Val (*Guilbert*) ; lisières du bois de Frohen (*de Fercourt* Herb.) ; au bas des Monts Caubert près Abbeville (*Baill.* Herb.) ; Bertangles, garenne dite Le Morgan entre Albert et Péronne, Haute-Visée près Doullens, Domart-en-Ponthieu (*P.* Fl.).

4. GENTIANA Tourn. *Inst.*

Calice tubuleux ou campanulé à 4-5 divisions. Corolle tubuleuse campanulée ou infundibuliforme, à 4-5 divisions. Etamines 4-5. Anthères non contournées en spirale après la floraison. Style presque nul ; stigmate bifide. Capsule ovoïde ou subcylindrique, uniloculaire. — *Feuilles entières*, ord. opposées. *Fleurs ord. bleues.*

1. { Corolle à gorge barbue. Pl. annuelle 2
   { Corolle à gorge nue. Pl. vivace. 3

2. { Calice à divisions beaucoup plus courtes que le tube de la corolle. Fleurs assez grandes . . . 3. *G. Germanica.*
   { Calice à divisions égalant presque le tube de la corolle. Fleurs petites . . . . 4. *G. amarella.*

3. { Tiges dressées. Fleurs très-grandes solitaires, axillaires et terminales. Corolle à 5 divisions. 1. *G. Pneumonanthe.*
   { Tiges étalées ascendantes. Fleurs assez petites fasciculées à l'aisselle des feuilles supérieures. Corolle à 4 divisions. . . . . 2. *G. Cruciata.*

GENTIANÉES.

1. G. Pneumonanthe L. *Sp.* — Souche tronquée fibreuse. *Tige* de 2-5 déc., *dressée*, raide, simple ou un peu rameuse au sommet. Feuilles lancéolées linéaires, brièvement engaînantes ; les inférieures très-petites, squamiformes. *Fleurs très-grandes, solitaires axillaires et terminales. Corolle* infundibuliforme-campanulée, d'un bleu d'azur, à *gorge nue*, à 5 plis, à *5 divisions* courtes triangulaires aiguës. Anthères cohérentes. ♃. Juillet-septembre.

RR. — Marais tourbeux. — Vallée de Pavry à Fouencamps ; Fouencamps (*Richer*; *Copineau*) ; Fortmanoir, Camon, Glisy (*Baill. Herb.*; *Garnier Herb.*; *P. Fl.*) ; Cagny, Rivery (*B. Extr. Fl.*).

2. G. Cruciata L. *Sp.* — Souche traçante. *Tiges* de 2-4 déc., simples, *étalées ascendantes*, anguleuses. Feuilles lancéolées obtuses, longuement engaînantes surtout les inférieures. *Fleurs assez petites, sessiles, fasciculées à l'aisselle des feuilles supérieures. Corolle* tubuleuse, bleue, *à gorge nue*, à 4 plis, à *4 divisions* ovales aiguës. Anthères non cohérentes. ♃. Juillet-août.

RR. — Bois secs et montueux. — Boves, Cagny, Poix, bois l'Abbé près Villers-Bretonneux (*P. Fl.*).

3. G. Germanica Willd. *Sp.* — Pl. glabre d'un vert sombre. Tige de 1-4 déc., dressée, anguleuse ord. violacée, souv. rameuse dès la base. Feuilles radicales en rosette, obovales atténuées en pétiole ; les caulinaires ovales lancéolées, sessiles. Fleurs assez grandes, axillaires et terminales, en panicule multiflore feuillée. *Calice à divisions* lancéolées, *beaucoup plus courtes que le tube de la corolle. Corolle* tubuleuse campanulée d'un bleu violet, à *gorge barbue*, à 5 divisions lancéolées. Capsule stipitée, oblongue subcylindrique, beaucoup plus longue que le calice. ⊙. Août-octobre.

A.C. — Lieux arides et montueux, pelouses des terrains calcaires, coteaux boisés. — Drucat ; Yvrencheux ; Caumondel et Inval près Huchenneville ; bois de Tronquoy près Huppy ; Villers-sur-Marcuil ; Limeux ; Bernapré ; Bouillencourt-en-Sery ; Oust-Marest ; Mers ; Cambron (*T.C.*) ; Ferrières, Bovelles, Saisseval, Ailly-sur-Somme (*Rom.*) ; Canaples, Poix, Ailly-sur-Noye, Yzeux, Vignacourt, Hangest-sur-Somme, Dury, Saint-Valery (*E. Gonse*) ; Vismes-au-Val, Guerbigny, Cartigny, Mesnil-Saint-Georges, Frettemeule, Warloy-Baillon (*Guilbert*) ; Mailly-Maillet (*Carette*) ; Yaucourt (*Lesaché*) ; Boves, Notre-Dame-de-Grâce (*P. Fl.*).

4. G. amarella L. *Sp.* — Espèce voisine du *G. Germanica* Willd. Pl. plus petite dans toutes ses parties. Tige de 5-12 cent., simple ou rameuse. Feuilles plus étroites, ovales ou lancéolées linéaires. *Fleurs petites*, en panicule souv. pauciflore. *Calice à divisions* allongées *égalant presque le tube* *de la corolle.* Corolle d'un bleu violet pâle, à *gorge barbue.* Capsule petite subsessile. ①. Août-septembre.

RR. — Marais sablonneux. — Marais communal de Quend; dunes de Saint-Quentin-en-Tourmont; Saint-Firmin; Le Crotoy.

3. ERYTHRÆA Renealm. Sp.

Calice tubuleux anguleux, à 5 divisions linéaires. Corolle infundibuliforme, à 5 divisions. Etamines 5. *Anthères contournées en spirale après la floraison.* Style filiforme; stigmate bifide. Capsule linéaire à 2 loges plus ou moins complètes. — Feuilles entières, opposées, sessiles. *Fleurs roses, très-rar. blanches.*

1. { Fleurs assez longuement pédicellées, dépourvues de bractées. . . . . *3. E. pulchella.*
   Fleurs subsessiles, munies de bractées 2

2. { Feuilles caulinaires ovales oblongues. Fleurs en cymes corymbiformes multiflores, ne s'allongeant pas à la maturité. . . . . *1. E. Centaurium.*
   Feuilles caulinaires oblongues linéaires. Fleurs en cymes corymbiformes pauciflores, s'allongeant à la maturité. . . . . *2. E. littoralis.*

1. E. Centaurium Pers. *Syn.* — (Vulg. *Petite Centaurée*). — Tiges de 2-5 déc., tétragones, dressées, simples ou rameuses dichotomes, à rameaux fastigiés. *Feuilles* radicales en rosette, obovales, atténuées à la base; les *caulinaires ovales oblongues. Fleurs subsessiles,* axillaires et terminales, *munies de bractées, en cymes corymbiformes multiflores, à rameaux ne s'allongeant pas à la maturité.* Calice à divisions plus courtes que le tube de la corolle. Corolle d'un rose pâle, à lobes ovales. ②. Juin-septembre.

CC. — Bois, prairies, pâturages.

S.-v. *alba.* — Fleurs blanches. — R. — Bois de Sery près Gamaches; bois de Franqueville; bois de Croixrault, bois de Rampval près Mers (*Gonse*); bois de Creuse (*Baillet*).

Var. δ. *capitata* (Koch *Syn.*). — Fleurs nombreuses, en cymes corymbiformes très-compactes. — R. — Marais des dunes de Saint-Quentin-en-Tourmont.

2. E. littoralis Fries *Nov. Suec.* — *E. linearifolia* Pers. *Syn.* — *E. linariæfolia* Koch *Syn.* — Pl. d'un vert jaunâtre. Tiges de 10-15 cent., ord. nombreuses, souv. rameuses au sommet, à rameaux opposés ascendants. *Feuilles* un peu épaisses, *oblongues linéaires,* trinervées, rudes aux bords; les radicales en rosette, ovales oblongues, atténuées à la base, détruites au moment de la floraison. *Fleurs subses-*

siles axillaires et terminales, *munies de bractées, en cymes corymbiformes pauciflores, à rameaux s'allongeant à la maturité.* Calice à divisions égalant le tube de la corolle. Corolle d'un rose vif, à lobes ovales aigus. ① ou ②. Juillet-août.

RR. — Marais sablonneux des dunes de Saint-Quentin-en-Tourmont et de Quend. — Se trouve aussi dans les dunes du Boulonnais.

3. E. pulchella Fries *Nov. Suec.* — Tiges de 5-20 cent., tétragones, souv. rameuses dès la base, à rameaux ouverts dichotomes étalés, souv. nombreux. Feuilles ovales oblongues 5-nervées ; les radicales non disposées en rosette. *Fleurs ord. nombreuses, assez longuement pédicellées, dépourvues de bractées,* en cymes dichotomes lâches. Corolle d'un rose vif, à lobes lancéolés. ① ou ②. Juin-septembre.

A.R. — Pelouses sèches ou humides, marais. — Laviers ; Saint-Quentin-en-Tourmont ; Quend ; Cayeux-sur-Mer ; Le Hourdel ; Ault ; Oust-Marest ; Cambron ; (*T.C.*) ; Caubert près Abbeville (*P. de Vicq*) ; Notre-Dame-de-Grâce près Amiens, Pont-de-Metz, Saint-Valery (*E. Gonse*) ; Longpré près Amiens (*Garnier* Herb.) ; Eaucourt (*Tripier*) ; Camon, Dreuil (*P. Fl.*).

S.-v. *pusilla* (Coss. et Germ. *Fl.* — *E. pulchella* var. *palustris* P. *Fl.*). — Pl. ord. naine, pauciflore, qqf. uniflore.

S.-v. *ramosissima* (*E. ramosissima* Pers. *Syn.*). — Pl. naine, très-rameuse, multiflore.

LIX. CONVOLVULACÉES Juss. *Gen.*

Fleurs régulières. Calice à 5 sépales, persistant, qqf. recouvert par 2 bractées foliacées. *Corolle infundibuliforme campanulée à limbe indivis,* à 5 plis, s'enroulant en dedans après la floraison. Etamines 5. Style 1, qqf. partagé jusqu'à la base ; stigmates 2. Fruit capsulaire indéhiscent, à 1 loge ou à 2 loges incomplètes. — *Pl. ord. volubiles.* Souche longuement traçante. *Feuilles alternes. Fleurs axillaires, ord. solitaires,* longuement pédonculées.

1. CONVOLVULUS L. *Gen.*

Caractères de la famille.

1 { Bractées petites, éloignées de la fleur. . . *1. C. arvensis.*
  { Bractées foliacées, recouvrant le calice. 2

2 { Tige volubile, souv. de plusieurs mètres. Pédoncules ord. plus courts que la feuille. Corolle d'un blanc pur . . . . 2. *C. sepium.*
Tige ord. étalée rampante de 1-3 déc. Pédoncules ord. plus longs que la feuille. Corolle purpurine. . . . . 3. *C. Soldanella.*

* *Bractées petites, éloignées du calice* (Convolvulus).

1. C. arvensis L. *Sp.* — (Vulg. *Petit-Liseron*). — Tige de 2-8 déc., faible couchée ou grimpante. Feuilles pétiolées, sagittées oblongues, à oreillettes aiguës. *Pédoncules plus longs que la feuille, munis de 2 petites bractées linéaires éloignées de la fleur.* Corolle d'un blanc rosé, présentant extérieurement 5 bandes d'un rose plus foncé. ♃. Juin-septembre.

CC. — Lieux cultivés, terrains en friche, bords des chemins. — *Intr.*

** *Bractées foliacées, recouvrant le calice* (Calystegia).

2. C. sepium L. *Sp.* — (Vulg. *Grand-Liseron, Liseron des haies*). — *Tige volubile, souv. de plusieurs mètres*, grêle, anguleuse. Feuilles pétiolées, ovales acuminées subsagittées, à oreillettes tronquées, sinuées ou lâchement dentées. *Pédoncules* tétragones *ord. plus courts que la feuille. Bractées* ovales cordées, *recouvrant le calice. Corolle* très-grande, *d'un blanc pur.* Capsule subglobuleuse. ♃. Juin-octobre.

CC. — Haies, buissons. — *Ind.?*

3. C. Soldanella L. *Sp.* — *Tiges de 1-3 déc., étalées rampantes,* qqf. volubiles, glabres. Feuilles pétiolées, épaisses, glabres, reniformes obtuses. *Pédoncules* anguleux un peu ailés, *dépassant ord. la feuille. Bractées* ovales obtuses, *recouvrant le calice. Corolle* très-grande, *purpurine.* Capsule subglobuleuse. Graines noires, obscurément chagrinées. ♃. Juillet-septembre.

A.C. — Sables maritimes. — Le Crotoy ; Saint-Firmin ; Saint-Quentin-en-Tourmont ; Quend ; Fort-Mahon.

LX. CUSCUTACÉES.

Fleurs régulières. Calice à 4-5 divisions. *Corolle* un peu charnue, *urcéolée ou campanulée à 4-5 divisions,* munie au-dessous des étamines de petites écailles pétaloides, ord. laciniées. Etamines 4-5. Styles 2 ; stigmates linéaires ou oblongs. Fruit capsulaire à 2 loges ord. dispermes, à déhiscence circulaire, marqué de petits points creux très-superficiels, couvert lorsqu'il est humide d'une légère couche mucilagineuse d'apparence réticulée. Embryon filiforme enroulé en spirale, dépourvu de cotylédons. — *Pl.* annuelles ?, *dépourvues de feuilles, devenant parasites par le moyen de suçoirs peu après leur germination. Tiges* filiformes *volubiles* de longueur variable. *Fleurs en glomérules* multiflores sessiles.

1. CUSCUTA Tourn. *Inst.*

Caractères de la famille.

1. { Corolle urcéolée subglobuleuse. Stigmates oblongs subclaviformes . . . . 4. *C. Epilinum.*
   Corolle campanulée. Stigmates linéaires oblongs 2

2. { Calice prolongé au-dessous de l'ovaire en un tube charnu. Styles plus courts que l'ovaire . . . . 3. *C. major.*
   Calice non prolongé en tube charnu. Styles plus longs que l'ovaire 3

3. { Pl. à tiges croissant en cercles ord. réguliers. Ecailles ne fermant pas le tube de la corolle . . . 2. *C. Trifolii.*
   Pl. à tiges croissant irrégulièrement. Ecailles fermant le tube de la corolle . . . . 1. *C. Epithymum.*

1. C. Epithymum Murray in *L. Syst.*; E.V. *Etud. Cuscut.*, p. 15. — *C. minor* DC. *Fl. Fr.* — (Vulg. *Petite-Cuscute, Teigne*). — Pl. très-grêle. Tiges capillaires très-fines, rameuses, ord. rougeâtres. Fleurs petites, rosées. Calice campanulé, non prolongé en tube charnu. *Corolle campanulée*, à divisions étalées, brièvement acuminées, égalant environ la longueur du tube. *Ecailles* conniventes *fermant le tube de la corolle.* Etamines saillantes hors du tube. Styles plus longs que l'ovaire ; *stigmates linéaires* d'un rouge foncé. Graines ovoïdes comprimées. Juillet-septembre.

A.R. — Coteaux, pâturages, bruyères. — Parasite sur le Serpolet, la Bruyère commune et autres plantes à basse tige. — Epagne ; Pont-Remy ; Frucourt ; Hocquincourt ; Huppy ; les Alleux près Behen ; Cambron ; Gamaches ; Villers-sur-Authie (*T.C.*) ; Boves, Fossemanant (*E. Gonse*) ; Saleux, Ferrières, Renancourt près Amiens (*Rom.*).

2. C. Trifolii Babingt. et Gibs. in Phyt.; E.V. *Etud. Cuscut.*, p. 15. — (Vulg. *Cuscute du Trèfle*). — Espèce voisine de la précédente, dont elle diffère particulièrement par son mode de développement en cercles ord. réguliers. Tiges capillaires, très-rameuses, rougeâtres ou jaunâtres. Fleurs plus grandes, d'un blanc rosé ou jaunâtre. Glomérules plus gros et plus serrés. Calice à divisions plus étroites. Corolle à divisions souv. presque dressées. *Ecailles ne fermant pas le tube de la corolle. Styles* ord. plus divergents, *plus longs que l'ovaire*. Graines ovoïdes comprimées. Juin-septembre.

CC. — Champs de Trèfle et de Luzerne. — *Intr.*, — et tendant à se propager.

3. C. major C. Bauh. *Pin.;* E.V. *Etud. Cuscut.*, p. 16. — (Vulg. *Grande-Cuscute*). — Pl. moins grêle que les précédentes. Tiges filiformes rameuses, jaunes verdâtres, plus rar. rougeâtres. Fleurs blanches ou rosées, 1 fois plus grandes que celles du *C. Epithymum. Calice* campanulé, *prolongé en dessous de l'ovaire en un tube charnu* épais presque cylindrique. *Corolle campanulée*, à tube renflée à divisions étalées, plus courtes que le tube. Etamines à filets élargis seulement près de la base, 2 fois environ plus longs que l'anthère. *Styles plus courts que l'ovaire; stigmates linéaires oblongs,* jaunâtres. Graines ovoïdes subglobuleuses comprimées. Juin-août.

RR. — Lieux incultes, buissons. — Parasite sur l'Ortie dioïque, le Houblon, etc. — Amiens, Querrieux, Epagne, Hamelet (*P. Fl.*). — Nous pensons que cette espèce, qui n'a pas été rencontrée à notre connaissance dans nos limites, a été confondue avec le *C. Trifolii* Bab. dont il n'a pas été fait mention.

Var. ε. *Vicieæ* (*C. Vicieæ* Schnitzlein, Kirschleg. *Fl. Als.*; E. V. *Etud. Cuscut.*, p. 17. — *C. Schkuhriana* Pfeiffer? *Ann. Sc. nat.* 5, 1846, p. 86. — Vulg. *Cuscute de la Vesce*). — Tiges purpurines un peu plus grêles. Fleurs d'un rose pâle. Calice à divisions plus courtes, plus larges et plus obtuses. Etamines à filets élargis depuis l'anthère jusqu'à la base, un peu plus longs que l'anthère. — Juillet-septembre. — *RR.* — *Intr.* — Observé pour la première fois en 1872 dans un champ de Vesce entre Huppy et Grébault (*P. de Vicq*); trouvé à Ercourt dans de la Vesce et à Behen sur un pied de Pomme de terre.

4. C. Epilinum Weihe in Arch. *Apoth.;* E.V. *Etud. Cuscut.*, p. 17. — *C. densiflora* Soy. Willm. in *Ann. Soc. Linn. Par.* — (Vulg. *Cuscute du Lin, Bourreau du Lin*). — Espèce très-distincte. Tiges filiformes simples ou à peine rameuses, d'un jaune verdâtre. Fleurs ord. plus grandes que celles du *C. major*, d'un blanc verdâtre. Calice campanulé urcéolé, à 5 divisions profondes. *Corolle urcéolée subgloguleuse*, à divisions dressées incurvées au sommet, de moitié environ plus courtes que le tube. Ecailles très-petites, appliquées sur le tube de la corolle. Styles plus courts que l'ovaire; *stigmates oblongs subclaviformes*, jaunâtres. Graines globuleuses subcubiques, plus mucilagineuses et plus réticulées que celles des autres espèces. Juin-août.

RR. — Parasite sur le Lin cultivé. — *Intr.* — Huchenneville ; Behen ; Septenville (*E. Gonse*).

LXI. BORAGINÉES.

Fleurs ord. régulières. Calice à 5 divisions, persistant. *Corolle* à 5 lobes, *caduque*. Etamines 5. Ovaire divisé en 4 lobes du milieu desquels sort le style. *Fruit à 2 carpelles dispermes, imitant 4 carpelles* indéhiscents *monospermes* libres, plus rar. adhérents entre eux. — Pl. velues, souv. hérissées de poils raides. Feuilles ord. alternes. Fleurs ord. sur 2 rangs, en grappes dressées unilatérales courbées en crosse avant la floraison.

1. { Corolle à gorge munie d'écailles 2
   { Corolle à gorge dépourvue d'écailles 8

2. { Carpelles hérissées d'aiguillons crochus. 3
   { Carpelles dépourvus d'aiguillons 4

3. { Fleurs en grappes feuillées. Style court. Carpelles adhérents à la colonne centrale dans toute leur longueur par leur angle interne . . . . . ECHINOSPERMUM (6).
   { Fleurs en grappes non feuillées. Style long. Carpelles adhérents à la colonne centrale seulement dans la partie supérieure de leur face interne. . . . .
   . . . . CYNOGLOSSUM (7).

4. { Corolle à lobes aigus. Filets des étamines munis en dehors d'un appendice linéaire . . . . BORAGO (1).
   { Corolle à lobes courts, obtus. Filets des étamines dépourvus d'appendice 5

5. { Corolle tubuleuse campanulée urcéolée, à gorge munie d'écailles subulées . . . . SYMPHYTUM (3).
   { Corolle rotacée, en coupe ou infundibuliforme, à gorge munie d'écailles obtuses 6

6. { Corolle à tube courbé . . . . LYCOPSIS (2).
   { Corolle à tube droit ou presque nul. 7

7. { Calice à divisions inégales s'accroissant après la floraison, comprimé en 2 valves planes renfermant le fruit . . .
   . . . . ASPERUGO (5).
   { Calice à divisions égales ou presqu'égales, ne s'accroissant pas après la floraison. . . . . . . MYOSOTIS (4).

8. { Corolle à lobes inégaux, presque bilabiée. Etamines ord. longuement saillantes . . . . ECHIUM (10).
   { Corolle à lobes égaux. Etamines incluses 9

16*

9
- Calice tubuleux campanulé. Corolle d'abord rouge, puis bleue violacée . . . . PULMONARIA (8).
- Calice divisé presque jusqu'à la base. Corolle blanche ou blanchâtre . . . . LITHOSPERMUM (9).

* *Corolle à gorge munie d'écailles.*

1. BORAGO Tourn. *Inst.*

Calice fermé après la floraison. *Corolle rotacée à lobes aigus étalés, à gorge munie de 5 écailles courtes obtuses émarginées. Étamines* longuement saillantes, *à filets* courts, charnus, *munis en dehors d'un long appendice linéaire*, dressé. Anthères oblongues, conniventes. Carpelles tuberculeux à base excavée. — Fleurs assez grandes, longuement pédicellées, en grappes lâches.

1. B. officinalis L. *Sp.* — (Vulg. *Bourrache*). — Pl. hérissée de poils raides. Tige de 3-5 déc., dressée, rameuse. Feuilles inférieures amples, ovales, atténuées en pétiole ; les supérieures oblongues, à base élargie amplexicaule. Fleurs bleues, rar. blanches. Anthères noires. Appendices des étamines d'un violet foncé. Carpelles noirs à la maturité. ①. Juin-octobre.

Cultivé dans les jardins. — Subspontané près des habitations ; décombres, terres rapportées. — Mers ; Caumondel près Huchenneville ; Cambron (*T.C.*) ; fortifications d'Abbeville (*H. Sueur*) ; Vismes-au-Val, Villers-Tournelle (*Guilbert*) ; Boves, Hangest-sur-Somme, Ault (*E. Gonse*).

S.-v. *flore albo.* — Fleurs blanches. — Remparts d'Abbeville.

On rencontre aussi qqf. à l'état subspontané dans le voisinage des habitations l'*Anchusa Italica* (Retz *Obs.*). Ses caractères sont : plante hérissée de poils raides ; tiges de 5-8 déc. ; feuilles lancéolées ou oblongues, ondulées ; fleurs assez grandes en grappes feuillées terminales ; calice à divisions linéaires allongées ; corolle en coupe, bleue, munie d'écailles blanches. — Observé aux Alleux près Behen, à Fortmanoir (*P. Fl.*), à Abbeville (*B. Extr. Fl.*).

2. LYCOPSIS L. *Gen.*

Corolle infundibuliforme à tube courbé, à lobes un peu inégaux, *à gorge munie de 5 écailles obtuses* poilues. Carpelles rugueux, à base excavée à rebord très-saillant. — Fleurs assez petites, en grappes terminales.

1. L. arvensis L. *Sp.* — Pl. hérissée de poils raides. Tige de 2-5 déc., dressée, rameuse. Feuilles lancéolées ou oblongues, sinuées ondulées ; les inférieures atténuées en pétiole ; les supérieures semi-amplexicaules. Fleurs bleues, très-rar. blanches. Calice s'accroissant après la floraison. ⊙. Juin-septembre.

A.C. — Moissons, bords des champs et des chemins. — *Intr.* — Drucat; Nouvion; Dompierre; Château-Neuf près Quend; Le Crotoy; Saint-Quentin-en-Tourmont; Saint-Valery; Saint-Blimont; Mers; Les Alleux près Behen; Frucourt; Suzanne; Chaussoy-Epagny; Liercourt (*Tripier*); Cayeux-sur-Mer, Villers-Tournelle, Vignacourt (*E. Gonse*); Guerbigny (*Guilbert*); Montières près Amiens (*Copineau*).

3. SYMPHYTUM Tourn. *Inst.*

Corolle tubuleuse campanulée urcéolée, à lobes courts, à gorge munie de 5 écailles subulées connivente. Carpelles à base excavée à rebord saillant. — Fleurs assez grandes en petites grappes lâches penchées.

1. S. officinale L. *Sp.* — (Vulg. *Grande-Consoude*). — Pl. hérissée de poils raides réfléchis. Souche épaisse charnue, noirâtre, rameuse. Tige de 4-8 déc., dressée rameuse, anguleuse. Feuilles inférieures amples, ovales lancéolées, pétiolées; les supérieures lancéolées longuement décurrentes. Fleurs rougeâtres, violacées ou blanches. *Corolle à lobes courts* triangulaires *obtus, réfléchis.* Carpelles lisses. ♃. Juin-septembre.

C. — Prés humides, fossés, bords des eaux.

Le *S. tuberosum* L. *Sp.* est signalé comme subspontané dans le bois de Rubempré (*E. Caron*). Il a été récolté, en dehors de nos limites, dans les environs de Béthune [Pas-de-Calais] (*Dovergne Herb.*). Cette espèce, répandue surtout dans le midi de la France, diffère du *S. officinale* L. par les caractères suivants : souche oblique, noueuse, brune; tige de 2-4 déc., simple ou bifide au sommet; feuilles lancéolées elliptiques, les supérieures un peu décurrentes, les inférieures plus petites contractées en pétiole, détruites au moment de la floraison; fleurs jaunâtres; carpelles rugueux.

4. MYOSOTIS L. *Gen.*

Calice à divisions égales ou presqu'égales. Corolle en coupe ou presque rotacée, à tube ord. court, *droit*, à lobes arrondis ou émarginés, *à gorge munie de 5 écailles obtuses* presque glabres. *Carpelles lisses* luisants à base presque plane. — Pl. pubescentes ou hérissées. Feuilles radicales ord. en rosette. Fleurs petites en grappes grêles.

1 { Calice muni de poils courts apprimés. 2
{ Calice hérissé inférieurement de poils étalés, recourbés en crochet 4

	Souche rampante. Fleurs assez grandes. Style atteignant presque les divisions du calice. . . . . *1. M. palustris.*
2	Souche non rampante. Fleurs petites. Style court ou presque nul. 3
3	Pl. de 3-12 cent. Fleurs en grappes ord. non feuillées à la base. Pédicelles inférieurs un peu plus longs que le calice . . . . *3. M. Sicula.*
	Pl. de 2-5 déc. Fleurs en grappes un peu feuillées à la base. Pédicelles 2-3 fois plus longs que le calice. . . . . *2. M. lingulata.*
4	Calice fructifère ouvert . . . . *4. M. hispida.*
	Calice fructifère fermé 5
5	Fleurs jaunes devenant rougeâtres ou bleuâtres. Pédicelles dressées. Corolle à tube dépassant les divisions du calice. . . . . *6. M. versicolor.*
	Fleurs bleues. Pédicelles étalés. Corolle à tube ne dépassant pas les divisions du calice. . . . *5. M. intermedia.*

a. *Calice à poils courts apprimés.*

1. M. palustris With *Arr. Brit.* — (Vulg. *Ne m'oubliez pas*). — *Souche* oblique *rampante.* Tiges de 2-5 déc., couchées radicantes à la base, anguleuses inférieurement, ord. rameuses, glabres ou un peu pubescentes. Feuilles oblongues lancéolées, un peu rudes. *Fleurs assez grandes* en grappes ord. courtes. Pédicelles inférieurs 2 fois plus longs que le calice. Calice fructifère ouvert. Corolle d'un bleu pâle, à gorge jaune, à lobes émarginés. *Style atteignant presque les divisions du calice.* ♃. Juin-juillet.

C. — Marais, fossés, bords des eaux.

2. M. lingulata Lehm. *Asp.* — Souche fibreuse non rampante. *Tiges de 2-5 déc.*, cylindriques, dressées ou ascendantes. Feuilles linéaires oblongues obtuses. *Fleurs* petites, espacées, *en grappes* allongées *un peu feuillées à la base. Pédicelles* inférieurs *2-3 fois plus longs que le calice.* Calice fructifère ouvert. Corolle d'un bleu pâle, à lobes non émarginés. *Style court ou presque nul.* ②. Juin-juillet.

C. — Marais, bords des eaux.

3. M. Sicula Guss. *Syn. Fl. Sic.* — Souche fibreuse. *Tige de 3-12 cent.*, qqf. un peu radicante inférieurement, dressée, munie de poils apprimés peu nombreux, rameuse dès la base. Feuilles oblongues linéaires obtuses ; les inférieures atténuées à la base ; les supérieures semi-amplexicaules. *Fleurs* très-petites *en grappes* allongées raides *ord. non feuillées à la base. Pédicelles inférieurs un peu plus longs que le calice.* Calice à divisions dépassant le tube de la corolle.

Corolle d'un bleu clair, un peu concave. *Style très-court.* ① ou ②. Juin-août.

R. — Parties marécageuses des dunes. — Saint-Quentin-en-Tourmont ; Quend.

b. *Calice hérissé inférieurement de poils étalés recourbés en crochet.*

4. M. hispida Schlecht in *Mag. Naturf. Berl.* — Tiges de 5-20 cent., ord. nombreuses, dressées ou ascendantes, simples ou rameuses, velues hérissées surtout inférieurement. Feuilles oblongues ; les radicales atténuées en pétiole. Fleurs très-petites en grappes plus longues que la tige après la floraison. Pédicelles étalés ord. à peine plus longs que le calice. *Calice fructifère ouvert.* Corolle bleue, concave, à tube ne dépassant pas les divisions du calice. ①. Mai-septembre.

CC. — Bords des chemins, lieux incultes, coteaux, vieux murs.

S.-v. *nana.* — Pl. de 2-3 cent. — Lieux très-arides.

5. M. intermedia Link *Enum. Hort. Berol.* — Tiges de 2-5 déc., simples ou rameuses, ord. dressées, velues hérissées. Feuilles oblongues lancéolées ; les radicales atténuées en pétiole. Fleurs assez petites en grappes plus courtes que la tige après la floraison. *Pédicelles étalés ;* les inférieurs 2 fois plus longs que le calice. *Calice fructifère fermé. Corolle bleue à tube ne dépassant pas les divisions du calice.* ① ou ②. Mai-septembre.

CC. — Bords des chemins, clairières des bois, moissons.

6. M. versicolor Rchb. in *Amoen. Dresd.* — Tige de 1-2 déc., ord. solitaire, dressée, simple ou rameuse. Feuilles oblongues lancéolées ; les radicales atténuées en pétiole. Fleurs petites en grappes ord. plus courtes que la tige après la floraison. *Pédicelles dressés ou ascendants,* plus courts que le calice. *Calice fructifère fermé* à la maturité. *Corolle d'un jaune clair devenant rougeâtre ou bleuâtre, à tube dépassant* assez longuement *les divisions du calice.* ①. Mai-juin.

A.R. — Champs en friche, prairies artificielles, bords des chemins. — *Intr.* — Huchenneville ; Les Alleux près Behen ; Moyenneville ; Tœufles ; Wiry-au-Mont ; Blingues près Mers ; Villers-sur-Authie ; Drucat ; Cambron (*T.C.*) ; Yonville près Citernes (*Rom.*).

5. ASPERUGO Tourn. *Inst.*

Calice à divisions inégales, sinuées dentées, s'accroissant après la floraison, comprimé en 2 valves planes renfer-

mant le fruit. *Corolle subinfundibuliforme, à tube court droit*, à lobes obtus, *à gorge fermée par 5 écailles* convexes obtuses. Carpelles comprimés, chagrinés, adhérents à la colonne centrale par un seul point au-dessus du milieu de leur bord interne. — Pl. couchée diffuse. Fleurs axillaires en grappes feuillées.

1. A. procumbens L. *Sp.* — Tige de 3-5 déc., souv. rameuse dichotome, munie de petits aiguillons réfléchis. Feuilles hérissées rudes, oblongues ; les inférieures atténuées à la base, alternes ; les supérieures sessiles, opposées. Fleurs petites, brièvement pédicellées, dirigées du même côté de la tige, en sens opposé à celui des feuilles. Pédicelles fructifères arqués réfléchis. Corolle d'un bleu violacé. ①. Mai-juillet.

R. — Bords des chemins, haies, décombres. — *Intr.* — Noyelles-sur-Mer (*Dovergne* Herb.) ; Mers (*B. Extr. Fl.*). — Observé près de nos limites au bord de la route d'Eu au Tréport (*Poulain* Herb.; *Baill.* Herb.).

6. ECHINOSPERMUM Sw. in Lehm *Asp.*

Corolle en coupe, à lobes obtus, *à gorge fermée par 5 écailles* convexes. Style court. *Carpelles triquètres adhérents à la colonne centrale dans toute leur longueur par leur angle interne, à face dorsale entourée d'aiguillons crochus* — Pl. poilue. *Fleurs* assez petites, *en grappes terminales feuillées*.

1. E. Lappula Lehm. *Asp.* — Tige de 2-5 déc., dressée, rameuse supérieurement, à rameaux étalés. Feuilles lancéolées linéaires sessiles. Pédicelles fructifères dressés plus courts que le calice. Corolle bleue. Carpelles brunâtres. ① ou ②. Juin-août.

RR. — Lieux arides et pierreux, vieux murs. — *Intr.* — Ruines du château de Boves ; bastion de Longueville et Petit-Saint-Jean à Amiens, châteaux d'Essertaux et de Folleville (*P. Fl.*).

7. CYNOGLOSSUM Tourn. *Inst.*

Corolle en coupe, à lobes obtus, *à gorge fermée par 5 écailles* convexes. *Style long. Carpelles* déprimés, *hérissés d'aiguillons crochus*, adhérents à la colonne centrale seulement dans la partie supérieure de leur face interne. — Pl. mollement pubescente grisâtre, à odeur désagréable. *Fleurs en grappes non feuillées.*

1. C. officinale L. *Sp.* — Tige de 4-7 déc., dressée, très-feuillée, rameuse au sommet. Feuilles inférieures oblongues, atténuées en pétiole ; les supérieures lancéolées semi-amplexicaules. Pédicelles fructifères plus longs que le calice. Corolle rouge violacée. ②. Mai-juillet.

A.R. — Lieux incultes sablonneux ou pierreux, bords des chemins, dunes. — Fortifications d'Abbeville près la porte Marcadé ; Caubert près Abbeville ; Caumondel près Huchenneville ; Limeux ; Wiry-au-Mont ; Doullens ; Ham ; Neuville près Estréboeuf ; Brutelles ; Saint-Quentin-en-Tourmont ; Martainneville, Vismes-au-Val, Contay, Fontaine-sous-Montdidier, Folleville (*Guilbert*) ; Cambron (*T.C.*) ; Saisseval (*Rom.*) ; bords de la route de Péronne à Cléry, Mesnil-Bruntel (*F. Debray*) ; Ham (*Copineau*) ; Eaucourt-sur-Somme (*Tripier*) ; Amiens, Eppeville près Ham, marais de Berny (*P. Fl.*).

** *Corolle à gorge dépourvue d'écailles.*

8. PULMONARIA Tourn. *Inst.*

Calice tubuleux campanulé pentagone. *Corolle* infundibuliforme, *à lobes suborbiculaires*, à gorge poilue. *Etamines incluses.* Carpelles lisses, ovoïdes, à base plane, entourée d'un rebord saillant. — Pl. velue hérissée. Fleurs en grappes courtes terminales.

1. P. angustifolia Schrank in *Act. Nat. cur.* — *P. azurea* Bess. *Prim. fl. Galic.* — (Vulg. *Pulmonaire*). — Souche épaisse, munie de longues fibres. Tiges de 1-4 déc., dressées ou ascendantes. Feuilles lancéolées ou ovales lancéolées, souv. tachées de blanc ; les radicales fasciculées, qqf. plus longues que la tige, atténuées en pétiole ; les caulinaires semi-amplexicaules. *Corolle* assez grande, *d'abord rouge, puis bleue violacée.* Carpelles noirâtres luisants. ♃. Avril-juin.

RR. — Bois couverts. — Bois de Port ; bois de la Halle près Hautvillers (*De Beaufort*) ; Poix, Molliens-Vidame, Etrejust (*P. Fl.*).

9. LITHOSPERMUM Tourn. *Inst.*

Calice divisé presque jusqu'à la base, à divisions linéaires. Corolle infundibuliforme, à gorge ouverte munie de 5 plis pubescents. *Etamines incluses.* Carpelles osseux, à base presque plane. — Pl. pubescentes rudes. Feuilles couvertes de poils apprimés. Fleurs en grappes feuillées.

1 { Carpelles grisâtres, ridés tuberculeux. Pl. annuelle . . . . 1. *L. arvense*.
Carpelles d'un beau blanc, lisses luisants. Pl. vivace . . . . 2. *L. officinale*.

1. L. arvense L. *Sp.* — Tige de 2-4 déc., dressée, simple ou un peu rameuse. Feuilles lancéolées, à nervure moyenne seule saillante ; les inférieures oblongues, atténuées en pétiole. Corolle petite, blanche, rar. bleuâtre. *Carpelles grisâtres, ridés tuberculeux,* non luisants. ①. Mai-juillet.

CC. — Moissons, champs en friche. — *Intr.*

2. L. officinale L. *Sp.* — (Vulg. *Herbe-aux-Perles*). — Tiges de 4-6 déc., dressées, raides, rameuses. Feuilles lancéolées acuminées, à nervures toutes saillantes à la face inférieure. Corolle petite, blanchâtre. *Carpelles d'un beau blanc, lisses luisants.* ♃. Juin-juillet.

A.C. — Taillis des bois secs et montueux. — Bois du Brusle et de Tachemont près Huchenneville ; bois de Tronquoy près Huppy ; Wiry-au-Mont ; Bouillencourt-en-Sery ; bois de Rampval près Mers ; Pont-Remy ; Montrelet ; Franqueville ; Wailly ; Fossemanant (*F. Debray*) ; Bovelles (*Rom.*) ; Ailly-sur-Noye (*Copineau*) ; Yzeux, Bacouel, Vignacourt, Taisnil, Villers-Bretonneux (*E. Gonse*) ; Picquigny (*Demailly*) ; Martainneville, Coullemelle, La Faloise, Fontaine-sous-Montdidier (*Guilbert*) ; Mareuil (*Baill.* Herb.) ; Boves, Cagny, Allonville, Folleville, Laviers (*P. Fl.*).

10. ECHIUM L. *Gen.*

Corolle infundibuliforme campanulée, *presque bilabiée,* à gorge ouverte nue, *à 5 lobes inégaux,* l'inférieur plus petit réfléchi. *Etamines et style longuement saillants.* Carpelles rugueux, à base presque plane. — Pl. hérissée de poils raides piquants. Fleurs unilatérales presque sessiles, en petites grappes axillaires formant une longue panicule feuillée.

1. E. vulgare L. *Sp.* — (Vulg. *Vipérine*). — Racine pivotante. Tige de 3-7 déc., dressée, robuste, simple ou rameuse, couverte de poils insérés sur des tubercules noirâtres. Feuilles radicales oblongues allongées atténuées inférieurement ; les caulinaires lancéolées étroites sessiles. Corolle bleue, qqf. rose ou blanche, dépassant longuement le calice. ①. Juin-septembre.

CC. — Bords des chemins, lieux incultes, moissons des terrains maigres. — *Ind.?*

S.-v. *flore albo.* — Fleurs blanches. — Mont Saint-Quentin près Péronne, Saint-Maurice près Amiens (*E. Gonse*).

LXII. SOLANÉES.

Fleurs ord. régulières. Calice à 5 divisions, ord. persistant. *Corolle* à 5 lobes, *caduque.* Etamines 5, *à filets égaux.*

SOLANÉES.

Anthères *biloculaires*. Style 1 ; stigmate simple ou bifide. *Fruit ord. biloculaire, polysperme*, bacciforme, ou capsulaire s'ouvrant en 2 ou 4 valves ou circulairement (pyxide). — Pl. ord. d'un vert sombre, à odeur vireuse, à suc narcotique vénéneux. Feuilles alternes ou les supérieures géminées.

1 { Fruit bacciforme. 2
  { Fruit capsulaire 5

2 { Calice renflé vésiculeux après la floraison, enveloppant
  {   complétement la baie. . . . . Physalis (2).
  { Calice non renflé vésiculeux, n'enveloppant jamais com-
  {   plètement la baie. 3

3 { Corolle infundibuliforme. Arbrisseau épineux. Lycium (4).
  { Corolle rotacée ou campanulée. Plante herbacée, qqf.
  {   ligneuse 4

4 { Corolle rotacée. Anthères s'ouvrant au sommet par
  {   2 pores . . . . Solanum (1).
  { Corolle campanulée. Anthères s'ouvrant longitudinale-
  {   ment. . . . . Atropa (3).

5 { Capsule s'ouvrant circulairement au sommet. Fleurs en
  {   grappes scorpioïdes unilatérales feuillées. . . . .
  {   . . . . Hyosciamus (7).
  { Capsule s'ouvrant en valves. Fleurs solitaires ou en
  {   panicules. 6

6 { Capsule hérissée d'épines. Calice persistant seulement à
  {   la base. . . . . Datura (6).
  { Capsule dépourvue d'épines. Calice persistant en entier.
  {   . . . . Nicotiana (5).

* *Fruit bacciforme.*

1. SOLANUM L. *Gen.*

Corolle rotacée. Anthères conniventes, *s'ouvrant au sommet par 2 pores.* Baie globuleuse ou ovoïde. — Fleurs en grappes ou en corymbes.

1 { Tige ligneuse grimpante. . . . . 1. *S. Dulcamara.*
  { Tige herbacée, non grimpante 2

2 { Feuilles pinnatiséquées. Pl. à rhizomes produisant des
  {   tubercules. . . . . 3. *S. tuberosum.*
  { Feuilles ovales, plus ou moins sinuées dentées. Pl. ne
  {   produisant pas de tubercules . . . . . . 2. *S. nigrum.*

1. S. Dulcamara L. *Sp.* — (Vulg. *Douce-amère*). — *Tiges* de 1-2 mètres *ligneuses*, rameuses, flexueuses, *grimpantes*. Feuilles pétiolées, glabres ou finement pubescentes, ovales cordiformes ; les supérieures souv. à 2 lobes à la base. Fleurs en grappes longuement pédonculées. Corolle à lobes lancéolées, souv. réfléchis, violette tachée de vert à la base,

rar. blanche. Baie ovoïde, pendante, rouge à la maturité. ♄.
Juin-septembre.

C. — Haies, buissons, surtout dans les lieux humides.

Var. *6. tomentosum* Koch. *Syn.* — Tiges et feuilles mollement pubescentes grisâtres. —. *R.* — Galets maritimes, lieux arides. — Le Hourdel ; Villers-sur-Mareuil.

2. S. nigrum L. *Sp.* — (Vulg. *Morelle*). — *Tige* de 2-5 déc., *herbacée*, souv. rameuse diffuse, à rameaux anguleux. *Feuilles* pétiolées, ovales aiguës, *plus ou moins sinuées dentées.* Fleurs en petits corymbes latéraux brièvement pédonculés. Pédicelles réfléchis. Corolle blanche. Baie globuleuse, noire ou d'un vert jaunâtre. ①. Juillet-octobre.

C. — Lieux cultivés, décombres, bords des chemins.

Var. *α. nigrum* (Coss. et Germ. *Fl.*). — Baie noire.
Var. *6. ochroleucum* (Coss. et Germ. *Fl.*). — Baie verdâtre.

† **3. S. tuberosum** L. *Sp.* — (Vulg. *Pomme de terre*). — Souche à *rhizomes produisant des tubercules* de forme et de couleur diverses. Tige de 4-6 déc., dressée ou ascendante diffuse, anguleuse. *Feuilles* pubescentes, *pinnatiséquées*, à segments ovales acuminés pétiolulés, entremêlés de petits segments sessiles. Fleurs en corymbes longuement pédonculés. Pédicelles à la fin réfléchis. Corolle assez grande, blanche ou violette. Baie assez grosse, globuleuse, pendante, jaunâtre ou violacée. ♃. Juin-septembre.

Cultivé dans les jardins et en plein champ, présentant un grand nombre de variétés.

2. PHYSALIS L. *Gen.*

Calice campanulé, *devenant après la floraison renflé vésiculeux* coloré. Corolle rotacée. Anthères dressées conniventes, s'ouvrant longitudinalement. *Baie globuleuse, enveloppée par le calice.* — Fleurs solitaires axillaires.

1. P. Alkekengi L. *Sp.* — (Vulg. *Coqueeret*).— Souche à rhizome traçant. Tige de 3-5 déc., dressée, anguleuse, souv. rameuse. Feuilles glabres ou presque glabres, pétiolées, ovales aiguës, entières ou sinuées ; les supérieures géminées. Fleurs assez grandes, penchées. Calice florifère petit, le fructifère très-ample, veiné réticulé d'un rouge vif. Corolle blanchâtre, à gorge verdâtre. Baie globuleuse, rouge. ♃. Juin-septembre.

RR. — Lieux cultivés, haies, pâtures ombragées. — *Intr.* — Maisnières (*Guilbert*) ; Monflières et Vauchelles près Abbeville (*B. Extr. Fl. et Not. manuscr.*).

3. ATROPA L. Gen. ex parte.

Calice à divisions étalées après la floraison. *Corolle campanulée à tube court.* Etamines inégales. *Anthères s'ouvrant longitudinalement,* réfléchies à la fin sur le filet. Baie globuleuse. — Feuilles entières. Fleurs solitaires ou géminées, axillaires.

1. A. Belladona L. *Sp.* — (Vulg. *Belladone*). — Tige de 6-10 déc., dressée, robuste, rameuse, pubescente. Feuilles assez amples, ovales acuminées, atténuées en pétiole. Fleurs assez grandes, penchées. Corolle d'un pourpre violacé strié de brun. Baie grosse, d'un noir luisant, très-vénéneuse. ♃. Juin-août.

RR. — Endroits ombragés des forêts. — Crécy ; Lucheux ; bois de la Réserve à Namps (*E. Gonse*). — Se trouve dans la forêt d'Eu [Seine-Inférieure] et dans la forêt d'Hesdin [Pas-de-Calais] (*Dovergne* Herb.).

4. LYCIUM L. Gen.

Calice urcéolé, bilabié. *Corolle infundibuliforme,* à tube court, à limbe étalé ord. 5-lobé. Etamines saillantes à filets velus à la base. Anthères s'ouvrant longitudinalement. Baie ovoïde. — *Arbrisseau épineux* formant un buisson touffu. Feuilles alternes ou fasciculées.

1. L. vulgare Dun in *DC. Prodr.* ; Brébiss. *Fl.* ; Boreau *Fl.* — *L. Barbarum* L. *Sp.* ex parte. — Tiges de 1-2 mètres, faibles, très-rameuses, à rameaux grêles, pendants. Feuilles petites, glabres, oblongues lancéolées, entières, atténuées à la base. Corolle rougeâtre ou violacée. Baie rougeâtre. ♄. Juin-septembre.

Planté çà et là et naturalisé dans quelques haies. — Port ; Menchecourt près Abbeville ; Ault (*F. Debray*) ; Essertaux (*Copineau*) ; Boves, Fouencamps (*E. Gonse*) ; Quiry-le-Sec (*Guilbert*) ; Amiens, Bussy-lès-Poix (*P.* Fl.).

** *Fruit capsulaire.*

5. NICOTIANA L. Gen.

Calice urcéolé, persistant en entier. Corolle infundibuliforme, à long tube, à 5 lobes obtus plissés. *Capsule à 2-4 loges, s'ouvrant en 2-4 valves.* Graines très-petites, nombreuses. — *Fleurs en panicules* terminales.

† **1. N. rustica** L. *Sp.* — Pl. pubescente visqueuse. Tige

de 4-8 déc., dressée, rameuse. Feuilles pétiolées, ovales obtuses entières. Corolle d'un jaune verdâtre. Capsule subglobuleuse. ①. Août-octobre.

Cultivé qqf. dans les jardins. — Subspontané dans le voisinage des habitations.

Le *N. Tabacum* (L. *Sp.* — Vulg. *Tabac*) est qqf. cultivé dans les jardins comme plante médicinale. Il se distingue par les caractères suivants : feuilles sessiles oblongues lancéolées acuminées ; corolle à tube dépassant très-longuement le calice, à limbe rougeâtre à lobes triangulaires acuminés. — On le récolte en grand près de nos limites dans le Pas-de-Calais.

6. DATURA L. Gen.

Calice tubuleux renflé inférieurement, à 5 angles, *persistant seulement à la base*. Corolle infundibuliforme à 5 plis, à 5 lobes courts acuminés. *Capsule ovoïde, épineuse, à deux loges divisées par une fausse cloison, s'ouvrant en 4 valves.* — *Fleurs* très-grandes, brièvement pédonculées, *solitaires* dans la bifurcation des rameaux.

1. D. Stramonium L. *Sp.* — (Vulg. *Stramoine, Pomme épineuse*). — Pl. glabre, fétide, vénéneuse. Tige de 3-8 déc., dressée, rameuse, dichotome. Feuilles grandes, longuement pétiolées, ovales acuminées, inégalement sinuées anguleuses, à dents larges acuminées. Corolle grande, blanche. Capsule dressée, hérissée d'épines robustes. ①. Juillet-septembre.

R. — Bords des cultures, décombres, villages. — *Intr.* — Abbeville à la porte d'Hocquet ; Cayeux-sur-Mer (*F. Debray*) ; Pont-de-Metz, Saint-Valery (*E. Gonse*) ; Warloy-Baillon (*Guilbert*) ; Pendé (*Baill.* Herb.) ; Amiens, Montières, Sallenelle (*P.* Fl.).

7. HYOSCIAMUS L. Gen.

Calice campanulé, renflé à la base, s'accroissant après la floraison, persistant. Corolle infundibuliforme, à tube court, à lobes obtus inégaux. *Capsule* ovoïde, renflée à la base, *s'ouvrant circulairement* par un opercule. — *Fleurs* subsessiles *en grappes scorpioïdes unilatérales feuillées*.

1. H. niger L. *Sp.* — (Vulg. *Jusquiame*). — Pl. velue visqueuse, fétide, d'un vert sombre. Tige de 3-8 déc., dressée, robuste, rameuse, couverte de poils blanchâtres. Feuilles molles, ovales oblongues, sinuées anguleuses ou presque pinnatifides ; les inférieures pétiolées ; les supérieures semi-amplexicaules. Corolle assez grande, d'un jaune livide réticulé veiné de pourpre noirâtre. ① ou ②. Juin-juillet.

A.R. — Villages, lieux incultes, bords des chemins, décombres. — *Intr.* — Abbeville; Drucat; Noyelles-sur-Mer; Le Crotoy; Rue; Saint-Quentin en-Tourmont; Monchaux près Quend; Vron; Ault; Mers; Neuville près Estrebœuf; Tœufles; Oisemont; Bray-lès-Mareuil; Mareuil; Aigneville, Maisnières, Martainneville, Guerbigny, Coullemelle, Villers-Tournelle, Grivesnes (*Guilbert*); Ferrières (*Rom.*); Boves, Cayeux-sur-Mer, citadelle d'Amiens, Ailly-sur-Noye (*E. Gonse*); Essertaux, Ham (*Copineau*); Eaucourt (*Tripier*); Mailly-Maillet (*Carette*); Picquigny (*Joffroy* et *Hutin*); Saint-Nicolas près Oresmaux, Eppeville près Ham (*P. Fl.*).

LXIII. VERBASCÉES.

Fleurs un peu irrégulières. Calice à 5 divisions, persistant. *Corolle* rotacée, à tube presque nul, à 5 lobes inégaux, *caduque. Etamines 5, à filets ord. inégaux. Anthères uniloculaires* fixées transversalement ou obliquement au sommet dilaté des filets. *Fruit* capsulaire ovoïde, rar. globuleux, *biloculaire polysperme*, s'ouvrant en 2 valves souv. bifides. — Pl. ord. tomenteuses. Feuilles alternes. Fleurs ord. fasciculées en grappes spiciformes.

1. VERBASCUM L. Gen.

Caractères de la famille.

1	Feuilles décurrentes	2
	Feuilles non décurrentes	3
2	Corolle assez petite, concave. Etamines inférieures à anthères un peu décurrentes, 4 fois plus courtes que le filet.	1. *V. Tapsus.*
	Corolle grande, presque plane. Etamines inférieures à anthères longuement décurrentes, 1-2 fois plus courtes que le filet.	2. *V. Thapsiforme.*
3	Etamines à filets chargés d'une laine blanchâtre.	4
	Etamines à filets chargés d'une laine violette ou purpurine	5
4	Pl. couverte d'un tomentum laineux se détachant par flocons.	3. *V. floccosum.*
	Pl. couverte d'un duvet court grisâtre ne se détachant pas par flocons	4. *V. Lychnitis.*
5	Capsule ovoïde. Feuilles inférieures longuement pétiolées.	5. *V. nigrum.*
	Capsule globuleuse. Feuilles inférieures rétrécies en un court pétiole.	6. *V. Blattaria.*

* *Feuilles décurrentes.*

1. V. Thapsus L. *Fl. Suec.* — *V. Schraderi* Mey. *Chl. Hanov.* — (Vulg. *Bouillon blanc*). — Pl. couverte d'un duvet court d'un blanc jaunâtre. Tige de 5-20 déc., dressée, robuste, ord. simple. Feuilles épaisses, finement crénelées ; les radicales amples, ovales oblongues, rétrécies en pétiole ; les caulinaires ovales acuminées. Fleurs en longue grappe spiciforme, dressée, compacte. Pédicelles beaucoup plus courts que le calice. *Corolle assez petite, concave, d'un jaune pâle. Étamines* supérieures à filets laineux blanchâtres; les *inférieures* à filets glabres ou un peu velus, à *anthères un peu décurrentes, 4 fois plus courtes que le filet.* Stigmate capité. ②. Juillet-septembre.

CC. — Bords des chemins, lieux incultes, coteaux arides. — *Ind.?*

2. V. thapsiforme Schrad. *Monogr.* — (Vulg. *Bouillon blanc*). — Pl. couverte d'un tomentum épais persistant, d'un blanc jaunâtre. Tige de 5-20 déc., dressée, robuste. Feuilles amples, crénelées ; les radicales ovales oblongues, rétrécies en pétiole ; les caulinaires ovales acuminées. Fleurs en longue grappe spiciforme, dressée, compacte. Pédicelles beaucoup plus courts que le calice. *Corolle grande, presque plane,* jaune. *Étamines* supérieures à filets laineux blanchâtres ; les *inférieures* à filets glabres ou un peu velus, à *anthères longuement décurrentes, 1-2 fois plus courtes que le filet.* Stigmate longuement décurrent sur le style.

CC. — Lieux incultes, bords des chemins. — *Ind.?*

Nous avons observé entre le *V. Thapsus* L. et le *V. thapsiforme* Schrad. des formes intermédiaires qui ne nous ont pas paru assez tranchées pour les signaler comme variétés. Nous devons faire remarquer que la plupart des espèces du genre *Verbascum* peuvent donner naissance à des hybrides.

** *Feuilles non décurrentes.*

3. V. floccosum Waldst. et Kit. *Rar. Hung.* — *V. pulverulentum* Will. *Fl. Dauph.* — Pl. couverte d'un *tomentum laineux* blanchâtre, *se détachant par flocons.* Tige de 4-8 déc., dressée rameuse au sommet, à rameaux étalés. Feuilles radicales amples, oblongues rétrécies en pétiole ; les caulinaires sessiles ; les florales ovales brusquement acuminées, semi-amplexicaules. Fleurs en grappes lâches interrompues, formant une panicule pyramidale. Pédicelles égalant environ la longueur du calice. Corolle assez petite, jaune. *Etamines toutes à filets chargés d'une laine blanchâtre.* Anthères toutes réniformes. ②. Juin-septembre.

A.R. — Lieux incultes, bords des chemins. — *Intr.?* — Drucat; Neuilly-l'Hôpital; Aveluy; Cappy; citadelle d'Amiens; Vercourt; Villers-sur-Authie; Bovelles, Saint-Maurice près Amiens, Ailly-sur-Somme (*Rom.*); Fouencamps (*F. Debray*); Guerbigny (*Guilbert*); Hangest-sur-Somme, Ailly-sur-Noye (*E. Gonse*); Longueau, Dury, Folleville, Quiry-le-Sec, Caubert près Abbeville (*P. Fl.*).

4. V. Lychnitis L. *Sp.* — *Pl. couverte d'un duvet court grisâtre.* Tige de 3-8 déc., dressée, anguleuse, ord. rameuse au sommet, à rameaux dressés. Feuilles crénelées, presque glabres en dessus, tomenteuses en dessous; les radicales amples, oblongues, rétrécies en pétiole; les caulinaires sessiles; les florales lancéolées acuminées. Fleurs en grappes lâches interrompues, formant une panicule pyramidale. Pédicelles 1-2 fois plus longs que le calice. Corolle assez petite, d'un jaune pâle, qqf. blanche. *Etamines à filets chargés d'une laine blanchâtre.* Anthères toutes réniformes. ②. Juillet-septembre.

A.R. — Lieux arides, champs en friche, bois. — *Ind.?* — Bois de Fréchencourt près Bailleul; Oisemont; Bernapré; Bouillencourt-en-Sery; Bouvaincourt; Oust-Marest; Hangest-sur-Somme; Jumel; Wailly; Aveluy; Hamel près Thiepval; coteau de Grâce près Amiens (*Richer*); Yzeux, Ailly-sur-Noye, Sainte-Segrée, Poix (*E. Gonse*); Mesnil-Bruntel (*F. Debray*); Le Gard près Crouy (*Copineau*); Septoutre près Ainval, Guerbigny (*Guilbert*); Mareuil (*Baill. Herb.*); Boves, Dury, Fortmanoir, Fontaine-sur-Somme (*P. Fl.*).

S.-v. *album*. — Corolle blanche. — Guerbigny, Cantigny (*Guilbert*).

5. V. nigrum L. *Sp.* — Tige de 5-8 déc., dressée, ord. simple, anguleuse au sommet, tomenteuse, rougeâtre. *Feuilles* ovales oblongues, crénelées, d'un vert sombre, plus ou moins pubescentes en dessus, tomenteuses en dessous; les *inférieures longuement pétiolées*, cordées à la base; les supérieures sessiles ou subsessiles. Fleurs en grappe lâche spiciforme dressée. Pédicelles 1-2 fois plus longs que le calice. Corolle assez petite, jaune. *Etamines à filets chargés d'une laine violette ou purpurine.* Anthères toutes réniformes. *Capsule petite, ovoïde.* ② ou ♃. Juillet-septembre.

A.C. — Lieux incultes, bords des bois et des chemins. — *Ind.?* — Drucat; Caux; Pont-Remy; Cocquerel; Flixecourt; Fieffes; Montrelet; Doullens; Picquigny; Frucourt; Bailleul; Huchenneville; Gamaches; Oust-Marest; Gauville; Cappy; Hangest-sur-Somme, Pont-Noyelles, Sainte-Segrée, Poix, Souplicourt (*E. Gonse*); Vismes-au-Val (*Guilbert*); Cambron (*T.C.*); Bovelles, Saisseval

(*Rom.*) ; Chaussoy-Epagny, Hornoy, Bussy-lès-Poix (*P.* Fl.) ; Caubert près Abbeville (*B.* Extr. Fl.).

S.-v. *ramosum* (Coss. et Germ. *Fl.*). — Tige rameuse. Grappes disposées en panicule. — A.R. — Beauvoir près Hocquincourt; Sainte-Segrée, Poix (*E. Gonse*); Vismes-au-Val, Contay, Harponville (*Guilbert*); remparts d'Abbeville (*Baill.* Herb.).

S.-v. *tomentosum* (Coss. et Germ. *Fl.*). — Feuilles tomenteuses sur les deux faces. — RR. — Vers Péronne (*P.* Fl.).

S.-v. *album*. — Corolle blanche. — R. — Cimetière d'Hautvillers.

6. V. Blattaria L. *Sp.* — Tige de 5-10 déc., dressée, ord. simple, pubescente glanduleuse au sommet. *Feuilles* glabres, vertes sur les deux faces, crénelées ou sinuées; les *inférieures* oblongues, *rétrécies en un court pétiole;* les supérieures lancéolées acuminées, sessiles semi-amplexicaules. Fleurs écartées, ord. solitaires, en grappe lâche spiciforme. Pédicelles 1-2 fois plus longs que le calice. Corolle assez grande, jaune. *Etamines à filets chargés d'une laine violette ou purpurine*, les inférieures à anthères oblongues décurrentes sur le filet. *Capsule globuleuse.* ②. Juin-septembre.

RR. — Bords des bois, lieux herbeux, berges des rivières. — Ind.? — Bords de la Somme à Amiens (*Rom.*); bois de la Faloise (*E. Gonse*); Amiens vers Saint-Roch et au cimetière de la Madeleine (*Richer*); Querrieux, Bussy-lès-Poix (*P.* Fl.); Abbeville (*B.* Not. manuscr.).

LXIV. SCROFULARIÉES.

Fleurs plus ou moins irrégulières. Calice à 4-5 divisions, persistant. *Corolle* caduque, *bilabiée ou en gueule, campanulée ou rotacée*. Etamines 4, inégales par paires (didynames), dont 2 plus courtes, plus rar. seulement 2. Style 1; stigmate simple ou bilobé. *Fruit* capsulaire, à 2 *loges ord. polyspermes,* à 2 valves entières ou 2-3-fides, rar. s'ouvrant au sommet par des pores. — Pl. qqf. parasites par leurs fibres radicales, noircissant souv. par la dessication.

1	Corolle rotacée. Etamines 2. . . . . VERONICA (1).	
	Corolle campanulée, bilabiée ou en gueule. Etamines 4 .	2
2	Corolle campanulée, ventrue ou tubuleuse. DIGITALIS (3).	
	Corolle bilabiée ou en gueule.	3
3	Corolle à tube prolongé en éperon ou bossu à la base. .	4
	Corolle dépourvue d'éperon ou de bosse à la base. . . .	5
4	Corolle à tube prolongé en éperon . . . . . LINARIA (5).	
	Corolle à tube bossu à la base. . . . . ANTHIRRINUM (4).	

SCROFULARIÉES.

5 { Feuilles toutes pinnatipartites ou bipinnatipartites à lobes incisés . . . . PEDICULARIS (6).
Feuilles inférieures entières, dentées ou crénelées . . . 6

6 { Corolle à tube globuleux. . . . . . . SCROFULARIA (2).
Corolle à tube non globuleux. 7

7 { Calice renflé ventru, comprimé. . . . . RHINANTHUS (7).
Calice tubuleux ou campanulé non renflé ventru 8

8 { Capsule acuminée, à loges 1-2-spermes. MELAMPYRUM (8).
Capsule obtuse ou émarginée, à loges polyspermes . . . 9

9 { Lèvre inférieure de la corolle à lobes émarginés ou bi-lobés. Anthères inégalement mucronées. EUPHRASIA (9).
Lèvre inférieure de la corolle à lobes entiers. Anthères également mucronées. . . . . ODONTITES (10).

1. VERONICA Tourn. *Inst.*

Calice à 4, très-rar. 5 divisions, souv. inégales. *Corolle rotacée à 4 lobes, le supérieur plus grand. Etamines 2.* Capsule ord. comprimée ovale, échancrée ou obcordée, biloculaire. — Pl. plus ou moins pubescentes, qqf. glanduleuses, rar. glabres. Fleurs ord. bleues.

1 { Fleurs axillaires solitaires, ou rapprochées en grappes terminales 2
Fleurs en grappes disposées sur des pédoncules communs axillaires. 11

2 { Fleurs axillaires solitaires. Pédicelles fructifères courbés réfléchis 3
Fleurs en grappes terminales. Pédicelles dressés. . . . 6

3 { Calice à divisions cordées à la base. Capsule 4-lobée, à loges 1-2-spermes . . . . 1. *V. hederæfolia.*
Calice à divisions non cordées. Capsule 2-lobée, à loges 4-10-spermes. 4

4 { Capsule à lobes comprimés très-divergents. Pédicelles fructifères 2-4 fois plus longs que la feuille . . . . 4. *V. Buxbaumii.*
Capsule à lobes renflés non divergents. Pédicelles fructifères égalant ou dépassant peu la feuille 5

5 { Feuilles ord. d'un vert jaunâtre. Calice à divisions oblongues obtuses. Corolle d'un bleu pâle, qqf. blanche. 2. *V. agrestis.*
Feuilles ord. d'un vert foncé. Calice à divisions ovales aigues. Corolle d'un bleu vif . . . . . . 3. *V. polita.*

6 { Pl. vivace, glabre ou presque glabre. Tiges couchées radicantes à la base. . . . . 10. *V. serpyllifolia.*
Pl. annuelles, plus ou moins pubescentes glanduleuses. Tiges non radicantes. 7

7 { Feuilles caulinaires palmatiséquées ou pinnatipartites. . 8
Feuilles entières, dentées ou crénelées 9

8	Feuilles caulinaires palmatiséquées. Pédicelles fructifères plus longs que la feuille. Capsule assez grosse suborbiculaire, à lobes renflés. . . . . 5. *V. triphyllos.* Feuilles caulinaires pinnatipartites. Pédicelles fructifères plus courts que la feuille. Capsule plus large que haute, à lobes comprimés. . . . . 8. *V. verna.*
9	Pédicelles fructifères beaucoup plus courts que la feuille. 9. *V. arvensis.* Pédicelles fructifères dépassant ou égalant la feuille. . . 10
10	Capsule assez grosse, plus haute que large, un peu échancrée, à lobes renflés. . . . . 6. *V. præcox.* Capsule petite, plus large que haute, profondément échancrée, à lobes comprimés. . . . . 7. *V. acinifolia.*
11	Calice à 5 divisions . . . . 17. *V. Teucrium.* Calice à 4 divisions. 12
12	Calice à divisions dépassées par la capsule . . . . 13 Calice à divisions dépassant la capsule 15
13	Fleurs en grappes spiciformes serrées . 11. *V. officinalis.* Fleurs en grappes lâches. 14
14	Feuilles velues, longuement pétiolées, ovales ou suborbiculaires, fortement dentées . . . . . 12. *V. montana.* Feuilles glabres sessiles, lancéolées linéaires, lâchement denticulées ou entières. . . . . 13. *V. scutellata.*
15	Pl. poilues, croissant dans les lieux secs. Capsule obcordée, souv. avortée. . . . . 16. *V. Chamædrys.* Pl. glabres, croissant dans les lieux inondés. Capsule suborbiculaire très-légèrement échancrée. 16
16	Tiges cylindriques. Feuilles pétiolées, ovales ou oblongues, obtuses. . . . . 15. *V. Beccabunga.* Tiges subtetragones. Feuilles sessiles, semi-amplexicaules, ovales lancéolées aigues . . . 14. *V. Anagallis.*

* *Fleurs axillaires solitaires. Pédicelles fructifères courbés réfléchis.*

1. V. hederæfolia L. *Sp.* — Pl. pubescente. Tiges de 1-2 déc., couchées diffuses. Feuilles pétiolées, suborbiculaires un peu cordées, à 3-5 lobes obtus ; les inférieures opposées ; les supérieures alternes. Pédicelles égalant ou dépassant la feuille. *Calice à divisions* amples, ovales aigues, *cordées à la base,* ciliées, égalant environ la capsule. Corolle d'un bleu pâle ou presque blanche. *Capsule* glabre, subglobuleuse *4-lobée, à loges 1-2-spermes.* ①. Avril-juin et souv. en automne.

CC. — Lieux cultivés, champs en friche. — *Intr.*

2. V. agrestis L. *Sp.* — Pl. pubescente. Tiges de 1-2 déc., couchées diffuses. *Feuilles ord. d'un vert jaunâtre,* pétiolées, ovales ou oblongues un peu cordées, crénelées dentées. *Pédicelles égalant ou dépassant peu la feuille. Calice à divisions oblongues obtuses* ciliées, dépassant ord. la capsule. *Corolle d'un bleu pâle* veiné, qqf. presque blanche. *Capsule* munie de poils épars souv. glanduleux, plus large que haute, *2-lobée à lobes renflés non divergents*, à loges 4-5-spermes. ①. Avril-octobre.

CC. — Lieux cultivés, champs en friche, bords des chemins. — *Intr.*

3. V. polita Fries *Nov. Suec.* — *V. didyma* Ten. *Fl. Nap.* — Espèce voisine du *V. agrestis*. Elle en diffère par les caractères suivants : *feuilles ord. d'un vert foncé, suborbiculaires cordées, profondément dentées ; calice à divisions ovales aiguës ; corolle d'un bleu vif* veiné ; *capsule* munie de poils courts serrés glanduleux, *à lobes plus renflés*, à loges 6-10-spermes. ①. Avril-octobre.

A.R. — Lieux cultivés, jardins. — *Intr.* — Abbeville ; Les Alleux près Behen ; Fransu ; Cambron (*T.C.*) ; Bovelles (*Rom.*).

4. V. Buxbaumii Ten. *Fl. Nap.* — *V. Persica* Poir. *Encycl. méth.* — Pl. pubescente. Tiges de 1-3 déc., étalées diffuses ou ascendantes. Feuilles pétiolées, ovales un peu cordées, incisées dentées. *Pédicelles 2-4 fois plus longs que la feuille.* Calice à divisions divariquées par paires, dépassant la capsule. Corolle assez grande, d'un beau bleu veiné. *Capsule* pubescente réticulée, beaucoup plus large que haute, *2-lobée, à lobes obtus comprimés très-divergents*, à loges 5-8-spermes. ①. Avril-octobre.

A.C. — Bords des champs, lieux cultivés, prairies artificielles. — Espèce introduite assez récemment avec des graines de prairies artificielles et tendant à se naturaliser. — Faubourgs Saint-Gilles, du Bois et de la Bouvaque à Abbeville ; Tœufles ; Villers-sur-Mareuil ; Baisnat près Huppy ; Cambron ; Noyelles-sur-Mer ; Quend ; Saint-Valery ; Drucat ; Épagnette près Epagne ; Vismes-au-Val (*Guilbert*) ; Dury, Saint-Fuscien, Cagny, Villers-Bretonneux, Ailly-sur-Noye (*E. Gonse*) ; Bovelles, Amiens (*Rom.*).

** *Fleurs en grappes terminales. Pédicelles fructifères dressés ou ascendants.*

5. V. triphyllos L. *Sp.* — *Pl. pubescente glanduleuse.* Tiges de 5-15 cent., dressées ou ascendantes, simples ou rameuses, à rameaux divergents. *Feuilles* subsessiles ; les inférieures opposées, cordées, entières ou crénelées ; les *caulinaires alternes, palmatiséquées*, à 3-5 lobes obtus ; les florales souv. réduites au segment terminal. Fleurs en grappes lâches. *Pédicelles plus longs que la feuille.* Calice à divisions inégales, oblongues, dépassant un peu la capsule. Corolle d'un bleu foncé plus courte que le calice. *Capsule assez grosse, suborbiculaire* échancrée, *à lobes renflés.* ①. Avril-mai.

RR. — Champs pierreux. — *Intr.* — Abbeville entre la porte du Bois et la porte Saint-Gilles ; Quend (*Cagé*) ; Amiens (*Garnier*) ; Caubert près Abbeville (*Baill.* Herb.) ; Notre-Dame-de-Grâce, Dury, Saint-Gratien (*P.* Fl.) ; Épagnette près Epagne (*B.* Extr. Fl.).

6. V. præcox All. *Auct.* — *Pl. pubescente glanduleuse.* Tiges de 5-15 cent., dressées ou ascendantes simples ou rameuses. *Feuilles* d'un vert sombre, souv. rougeâtres en dessous ; les *inférieures* brièvement pétiolées, opposées, ovales cordées, *crénelées dentées ; les florales* alternes, oblongues, *qqf. entières.* Fleurs en grappes lâches. *Pédicelles dépassant ou égalant* environ *la feuille.* Calice à divisions oblongues, égalant la capsule. Corolle d'un beau bleu veiné, dépassant le calice. *Capsule* assez grosse, oblongue suborbiculaire, *plus haute que large, un peu échancrée, à lobes renflés.* ①. Avril-mai.

R. — Champs cultivés, vieux murs. — *Intr.* — Bovelles, Guignemicourt (*Rom.*) ; Quend (*Cagé*) ; faubourg de Beauvais et Henriville à Amiens, Villers-Bretonneux, Bacouel, Namps-au-Mont, Blangy-Tronville (*E. Gonse*) ; château de la Vallée près Amiens (*Garnier*); Notre-Dame-de-Grâce (P. Fl.).

7. V. acinifolia L. *Sp.* — Pl. pubescente un peu glanduleuse. Tiges de 5-10 cent., simples ou rameuses dès la base, à rameaux ascendants. *Feuilles* un peu épaisses, qqf. rougeâtres ; les *inférieures* opposées, brièvement pétiolées, ovales oblongues obtuses, *un peu crénelées ; les florales* lancéolées, *entières.* Fleurs en grappes lâches. *Pédicelles dépassant la feuille.* Calice à divisions oblongues, un peu plus courtes que la capsule. Corolle d'un bleu foncé, dépassant le calice. *Capsule petite, plus large que haute, profondément échancrée, à lobes orbiculaires comprimés.* ①. Avril-mai.

R. — Champs argileux, humides, moissons. — *Intr.* — Limeux ; Limercourt près Huchenneville ; Bienfay près Moyenneville ; Yvrencheux ; Grivesnes, Bézieux, Warloy - Baillon (*Guilbert*) ; Boves (*Copineau*) ; Epagne (*Baill.* Herb.) ; Bray-lès-Mareuil ; (*B.* Extr. Fl.) ; Woincourt (*B.* Not. manuscr.) ; Saint-Riquier (*Du Maisniel de Belleval* Not. manuscr.).

8. V. verna L. *Sp.* — *Pl. pubescente glanduleuse,* surtout au sommet. Tiges de 5-15 cent., dressées ou ascendantes, simples ou rameuses. *Feuilles* inférieures opposées, oblongues, entières ou dentées atténuées en pétiole ; les *cauli-*

naires pinnatipartites, à lobe terminal plus grand ; les florales lancéolées ou linéaires entières. Fleurs en grappes lâches. *Pédicelles beaucoup plus courts que la feuille.* Calice à divisions lancéolées, plus longues que la capsule. Corolle d'un bleu pâle, dépassée par le calice. Capsule petite, plus large que haute, comprimée, fortement échancrée. (I). Avril-mai.

RR. — Terrains sablonneux. - *Intr.* — Faubourg de Thuison à Abbeville (*Baill.* Herb.). — Cette espèce n'a pas été retrouvée à notre connaissance.

9. V. arvensis L. *Sp.* — *Pl. pubescente glanduleuse*, surtout au sommet. Tiges de 5-20 cent., rameuses, étalées ascendantes. *Feuilles* inférieures opposées, ovales oblongues, un peu cordées, *crénelées dentées*, subsessiles ; les florales alternes, lancéolées. Fleurs en grappes spiciformes lâches. *Pédicelles beaucoup plus courts que la feuille.* Calice à divisions lancéolées, plus longues que la capsule. Corolle petite, d'un bleu clair. Capsule petite, suborbiculaire, comprimée, profondément échancrée. (I). Avril-octobre.

CC. — Champs cultivés, bords des chemins. — *Intr.*

10. V. serpyllifolia L. *Sp.* — *Pl. glabre ou presque glabre. Tiges* de 1-2 déc., ord. nombreuses, *couchées radicantes à la base,* redressées. Feuilles subsessiles, ovales ou oblongues obtuses, entières ou sinuées crénelées ; les inférieures opposées ; les florales oblongues linéaires, alternes. Fleurs en grappes lâches, allongées. Pédicelles plus courts que la feuille. Calice à divisions ovales oblongues, glabres, ord. plus courtes que la capsule. Corolle petite, d'un blanc bleuâtre veiné. Capsule petite, plus large que haute, légèrement échancrée. ♃. Avril-octobre.

CC. — Lieux humides, allées et clairières des bois, moissons.

Var. ε. *humifusa* (Dicks. *Act. Soc. Linn.*). — Pl. plus petite. Tiges plus rampantes. Feuilles presqu'orbiculaires.

*** *Fleurs en grappes disposées sur des pédoncules communs axillaires.*

11. V. officinalis L. *Sp.* — Pl. velue. Souche rameuse émettant des rejets stériles. Tiges de 1-3 déc., couchées radicantes, redressées, raides, très-velues. Feuilles opposées, brièvement pétiolées, ovales ou oblongues, finement dentées. *Fleurs en grappes spiciformes serrées* multiflores, alternes, rar. opposées. Pédicelles dressés, plus courts que la bractée. *Calice à divisions* lancéolées, *beaucoup plus courtes que la* *capsule.* Corolle petite, d'un bleu pâle veiné, plus rar. d'un blanc rosé. Capsule assez petite, triangulaire obcordée. ♃. Mai-juillet.

C. — Lisières et clairières des bois, coteaux secs.

12. V. montana L. *Sp.* — Pl. velue. Souche grêle, longuement traçante. Tiges de 1-3 déc., faibles, couchées radicantes. *Feuilles velues,* opposées, *longuement pétiolées, ovales ou ovales suborbiculaires, fortement dentées. Fleurs en grappes lâches* pauciflores. Pédicelles grêles, étalés, beaucoup plus longs que la bractée. *Calice à divisions* ovales obtuses, *largement débordées en tous sens par la capsule.* Corolle d'un bleu pâle veiné. Capsule grande, plus large que haute, un peu émarginée au sommet et à la base, très-comprimée. ♃. Juin-juillet.

RR. — Forêts, bois. — Bois du Brusle près Huchenneville ; forêt de Crécy ; bois d'Estouilly près Ham ; bois d'Aquennes près Villers-Bretonneux (*E. Gonse*) ; bosquet du Vieux Quend (*Cagé*). — Trouvé dans la forêt d'Hesdin [Pas-de-Calais] (*Dovergne* Herb.).

13. V. scutellata L. *Sp.* — Pl. ord. glabre. Souche longuement traçante. Tiges de 1-6 déc., grêles, couchées radicantes, redressées. *Feuilles glabres,* opposées, sessiles subamplexicaules, *lancéolées linéaires* aigues, lâchement denticulées ou entières. *Fleurs en grappes lâches,* pluriflores, alternes. Pédicelles filiformes, étalés réfléchis, beaucoup plus longs que la bractée. *Calice à divisions* oblongues, *largement débordées en tous sens par la capsule.* Corolle d'un bleu pâle veiné. Capsule assez petite, plus large que haute, suborbiculaire comprimée, largement échancrée. ♃. Juin-septembre.

A.R. — Fossés, lieux marécageux. — Drucat ; Villers-sur-Authie ; Renancourt près Amiens (*Rom.*) ; Fossemanant (*E. Gonse*) ; Abbeville (*Poulain* Herb.) ; Saint-Maurice près Amiens, Longpré, Picquigny, Saleux, Salouel (*P. Fl.*).

14. V. Anagallis L. *Sp.* — Pl. glabre. *Tiges* de 2-8 déc., épaisses fistuleuses, *subtétragones,* dressées, rameuses, souv. radicantes à la base. *Feuilles* opposées un peu charnues, *sessiles, semi-amplexicaules, ovales lancéolées aigues,* lâchement dentées ou sinuées. Fleurs en grappes lâches multiflores, ord. opposées. Pédicelles étalés, plus longs que la bractée. *Calice à divisions* oblongues lancéolées, *dépassant un peu la capsule.* Corolle d'un bleu pâle veiné. *Capsule* assez petite, *suborbiculaire* renflée, *très-légèrement échancrée.* ② ou ♃. Juin-septembre.

C. — Marais, fossés, bords des eaux.

15. V. Beccabunga L. *Sp.* — Pl. glabre. *Tiges* de

2-6 déc., grosses, fistuleuses, *cylindriques*, couchées radicantes à la base, puis ascendantes. *Feuilles* opposées, charnues, *pétiolées, ovales ou oblongues obtuses*, dentées ou sinuées. Fleurs en grappes lâches multiflores, ord. opposées. Pédicelles étalés de la longueur environ de la bractée. *Calice à divisions* oblongues lancéolées, *dépassant un peu la capsule*. Corolle ord. d'un bleu foncé. *Capsule assez petite suborbiculaire* renflée, *très-légèrement échancrée*. ♃. Juin-septembre.

CC. — Lieux marécageux, fossés, bords des eaux.

16. V. Chamædrys L. *Sp.* — *Pl. poilue*. Souche longuement traçante. Tiges de 2-5 déc., couchées radicantes à la base, puis ascendantes, munies ord. de 2 lignes de poils opposées. Feuilles opposées, subsessiles, ovales ou oblongues, inégalement dentées. Fleurs en grappes lâches, multiflores ord. opposées. Pédicelles ascendants ou dressés, plus courts ou plus longs que la bractée. *Calice à divisions* inégales, lancéolées linéaires *plus longues que la capsule*. Corolle assez grande d'un beau bleu veiné. *Capsule assez petite, obcordée, souv. avortée*. ♃. Mai-août.

CC. — Prés secs, bois taillis, haies, bords des chemins.

Var. β. *pilosa* (Benth. in DC. *Prodr.*). — Tiges nombreuses, couchées étalées, pubescentes sur toute leur surface. Feuilles assez longuement pétiolées. — R. — Forêt de Crécy.

17. V. Teucrium L. *Sp.* — Pl. pubescente velue. Souche longuement traçante, ord. rameuse, un peu ligneuse. Tiges de 1-4 déc., couchées ascendantes, rar. dressées. Feuilles opposées, subsessiles, ovales oblongues, lancéolées ou linéaires, un peu ridées, inégalement dentées ou presqu'entières. Fleurs en grappes spiciformes multiflores, souv. compactes, ord. opposées. Pédicelles dressés, dépassant ord. la bractée. *Calice à 5 divisions* linéaires très-inégales, plus courtes ou plus longues que la capsule. Corolle assez grande, d'un beau bleu. Capsule assez petite, un peu comprimée, oblongue suborbiculaire échancrée. ♃. Mai-juillet.

A.C. — Coteaux secs, pelouses arides, bords des bois. — Bois Grillé près Huchenneville ; bois de Fréchencourt près Bailleul ; Senarpont ; Bouillencourt ; Drucat ; Jumel ; La Faloise ; Ailly-sur-Noye ; Bovelles, Ferrières (*Rom.*) ; Boves, Picquigny (*Copineau*) ; Pont-Remy (*H. Sueur*) ; Famechon, Saint-Ouen, Guyencourt, Gentelles, Yzeux, Saveuse, Bacouel, Remiencourt, Ailly-sur-Somme, Sainte-Segrée, Saint-Germain-sur-Bresle, Beaucamp-le-Jeune, Thieulloy-la-Ville, Namps (*E. Gonse*) ; Folleville, Coullemelle, Grivesnes, Monchelet près Maisnières (*Guilbert*) ; Port (*Baill.* Herb.) ; Cambron (*Poulain* Herb.) ; Cagny, Dury (*P.* Fl.).

Var. ε. *prostrata* (Coss. et Germ. *Fl.*). — Tiges courtes couchées. Feuilles linéaires lancéolées. Fleurs en grappes courtes. — R. — Caubert près Abbeville (*Baill.* Herb.).

2. SCROFULARIA Tourn. *Inst.*

Calice à 5 divisions. *Corolle à tube globuleux, bilabiée;* la lèvre supérieure bilobée, munie souv. en dedans d'une petite écaille (1); l'inférieure trilobée, à lobe moyen étalé réfléchi. Capsule subglobuleuse acuminée. — Pl. plus ou moins fétides. Feuilles opposées. Fleurs en cymes pluriflores disposées en panicule terminale.

1
- Racine fibreuse. Feuilles largement crénelées, à crénelures inférieures plus petites . . . . 1. *S. aquatica.*
- Racine noueuse. Feuilles doublement dentées, à dents inférieures plus longues . . . . 2. *S. nodosa.*

1. S. aquatica L. *Sp.* — *S. Balbisii* Hornem. *Hort. Hafn.* — *Racine fibreuse.* Tige de 6-10 déc., raide, à 4 angles ailés. *Feuilles pétiolées*, glabres ou presque glabres, ovales oblongues obtuses subcordiformes, souv. munies à la base de 1-2 petits segments, largement *crénelées à crénelures inférieures plus petites; pétioles ord. ailés.* Fleurs d'un brun rougeâtre, en panicule non feuillée. Calice à divisions suborbiculaires largement membraneuses aux bords. ♃. Juin-août.

CC. — Marais, fossés, bords des eaux.

2. S. nodosa L. *Sp.* — *Racine* renflée *noueuse*. Tiges de 5-8 déc., dressées, raides, glabres, souv. simples, à 4 angles non ailés. *Feuilles pétiolées*, glabres, ovales aiguës subcordiformes, doublement dentées, *à dents inférieures plus longues; pétioles non ailés.* Fleurs d'un brun verdâtre, très-rar. jaunes, en panicule terminale non feuillée. Calice à divisions ovales obtuses, étroitement membraneuses aux bords. ♃. Juin-août.

C. — Lieux frais, bois humides, bords des eaux. — Marouil; Fontaine-le-Sec; Pernois; Bonneville; Saint-Riquier; Hautvillers; Baisnat près Huppy; Gamaches; Bovelles (*Rom.*); Yzeux, Ailly-sur-Noye, Bacouel, Sainte-Segrée, Le Cardonnois (*E. Gonse*); Pont-Remy (*Tripier*); Ailly-le-Haut-Clocher (*Lesaché*); Gouy, Saint-Fuscien, Querrieux, Dury (*P. Fl.*); Cambron (*B. Extr. Fl.*).

S.-v. *lutea* (Boreau *Fl.*). — Fleurs jaunes. — *RR.* — Bois de Rubempré (*E. Caron*).

Le *S. vernalis* (L. *Sp.*) signalé dans les environs de Roye (*B. Extr. Fl.*; *P. Fl.*) n'y a pas été retrouvé à notre connaissance. On l'a récolté près de nos limites à Marconnelle [Pas-de-Calais] (*Do-*

---

(1) Rudiment d'une 5ᵉ étamine.

vergne Herb.). Il se reconnaît aux caractères suivants : plante bisannuelle, velue ; racine fibreuse ; feuilles minces, cordiformes, incisées dentées ; fleurs d'un jaune verdâtre en panicule feuillée ; calice à divisions oblongues non membraneuses ; corolle à lèvre supérieure dépourvue d'écaille.

3. DIGITALIS Tourn. *Inst.*

Calice à 5 divisions inégales. *Corolle campanulée, ventrue ou tubuleuse*, à limbe court oblique subbilabié ; la lèvre supérieure entière ou émarginée ; l'inférieure trilobée. Etamines à anthères biloculaires. Capsule ovoïde acuminée. — Tiges ord. simples. Feuilles alternes. Fleurs pendantes ou étalées en grappes spiciformes unilatérales.

1. { Corolle grande, purpurine, rar. blanche. Calice à divisions ovales. . . . . 1. *D. purpurea.*
Corolle petite, d'un jaune pâle. Calice à divisions lancéolées aigues . . . . 2. *D. lutea.*

1. D. purpurea L. *Sp.* — (Vulg. *Digitale*). — Pl. pubescente. Tige de 5-10 déc., dressée, robuste. Feuilles ovales lancéolées, crénelées, ridées, tomenteuses en dessous ; les inférieures amples, pétiolées. *Calice à divisions ovales* acuminées. *Corolle* campanulée ventrue, *très-grande, purpurine, rar. blanche*, à gorge parsemée de taches pourpres bordées de blanc ; lèvre inférieure à lobes courts arrondis. ② ou ♃. Juin-août.

R. — Forêts, bois montueux, lieux boisés. — Forêt d'Arguel près Senarpont ; forêt de Crécy ; Larronville près Rue ; Martainneville (*Guilbert*) ; Conty, Hornoy, Poix (*P. Fl.*).

2. D. lutea L. *Sp.* — Pl. ord. glabre. Tiges de 5-8 déc., dressées, raides, ord. simples. Feuilles oblongues lancéolées, denticulées ; les inférieures atténuées en pétiole. *Calice à divisions lancéolées aigues. Corolle petite,* campanulée tubuleuse, *d'un jaune pâle ;* lèvre inférieure à lobes latéraux aigus. ② ou ♃. Juin-août.

RR. — Coteaux pierreux, bords des bois. — Boves ; Ailly-sur-Noye (*E. Gonse*) ; Bovelles (*Rom.*) ; Montdidier (*Dufourny*) ; Le Gard près Crouy (*Copineau*) ; Saint-Pierre à Gouy (*P. Fl.*). — Naturalisé au bois Boullon près Abbeville.

4. ANTIRRHINUM Juss. *Gen.*

Calice à 5 divisions profondes. *Corolle en gueule, à tube bossu à la base ;* la lèvre supérieure bifide, à lobes réfléchis en dehors ; l'inférieure 3-lobée, à palais saillant velu fermant la gorge. Capsule irrégulièrement ovoïde, s'ouvrant au sommet par 3 pores. — Tiges pubescentes glanduleuses supérieurement. Feuilles opposées ou les supérieures alternes.

1 { Calice à divisions linéaires étroites, plus longues que la corolle. Fleurs assez petites en grappes lâches feuillées. . . . . 1. A. Orontium.
Calice à divisions ovales obtuses, plus courtes que la corolle. Fleurs en grappes, munies de bractées. . . . . 2. A. majus.

1. A. Orontium L. *Sp.* — Tige de 2-4 déc., dressée, souv. simple, poilue. Feuilles lancéolées ou linéaires atténuées en pétiole, glabres. *Fleurs axillaires, disposées en grappes lâches feuillées. Calice pubescent glanduleux, à divisions linéaires étroites, plus longues que la corolle.* Corolle assez petite, purpurine, très-rar. blanche. Capsule velue, plus courte que le calice. ⊙. Juillet-septembre.

A.C. — Moissons, champs en friche. — *Intr.* — Les Alleux près Behen ; Huchenneville ; Drucat ; Bovelles (*Rom.*) ; Amiens, Ailly-sur-Noye, La-Chapelle-sous-Poix, Le Bosquel, Hangest-sur-Somme (*E. Gonse*) ; Vismes-au-Val, Etelfay (*Guilbert*) ; Laviers, Dury, Boves (*P. Fl.*) ; Cambron (*B. Extr. Fl.*).

2. A. majus L. *Sp.* — (Vulg. *Muflier, Gueule-de-Lion*). — Tiges de 4-7 déc., dressées ou ascendantes, ord. rameuses. Feuilles lancéolées atténuées en pétiole, glabres ou un peu pubescentes. *Fleurs en grappes terminales, munies de bractées. Calice à divisions ovales obtuses, beaucoup plus courtes que la corolle.* Corolle très-grande, rouge plus rar. blanche, à palais jaune. Capsule légèrement pubescente glanduleuse, plus longue que le calice. ♃. Juin-septembre.

A.C. — Subspontané sur les vieux murs. — Abbeville ; Saint-Valery ; Aveluy ; Longueau ; Amiens ; Picquigny, Boves, Ailly-sur-Noye (*E. Gonse*) ; Guerbigny (*Guilbert*) ; Cagny (*P. Fl.*).

5. LINARIA Juss. *Gen.*

Calice à 5 divisions. *Corolle en gueule, à tube prolongé en éperon à la base ; la lèvre supérieure bifide, à lobes ord. réfléchis en dehors ; l'inférieure 3-lobée, à palais saillant fermant ord. la gorge. Capsule ovoïde ou subglobuleuse, s'ouvrant par 2 petites valves entières ou trifides.* — Fleurs axillaires ou en grappes terminales.

1 { Feuilles pétiolées, ovales ou suborbiculaires, cordées ou hastées. Fleurs solitaires axillaires. 2
Feuilles sessiles, lancéolées linéaires ou linéaires. Fleurs en grappes terminales 4

SCROFULARIÉES. 307

2 { Pl. glabre. Feuilles suborbiculaires cordées à 5-7 lobes, longuement pétiolées . . . . 1. *L. Cymbalaria*.
Pl. velue. Feuilles ovales hastées ou ovales suborbiculaires, brièvement pétiolées. 3

3 { Feuilles la plupart ovales hastées. Pédicelles glabres . . . . 2. *L. Elatine*.
Feuilles ovales suborbiculaires. Pédicelles très-velus . . . . 3. *L. spuria*.

4 { Fleurs disposées en grappes feuillées. Corolle à gorge incomplétement fermée par le palais. . . 7. *L. minor*.
Fleurs en grappes non feuillées. Corolle à gorge complétement fermée par le palais 5

5 { Pl. annuelle. Tiges couchées. Fleurs en grappes courtes. . . . . 5. *L. supina*.
Pl. vivace. Tiges dressées. Fleurs en grappes spiciformes allongées. 6

6 { Corolle jaune à palais orangé, à éperon très-long. Graines comprimées, largement ailées. . . . . . 4. *L. vulgaris*.
Corolle d'un blanc bleuâtre strié à palais jaune, à éperon court. Graines ovoïdes trigones non ailées. 6. *L. striata*.

* *Feuilles pétiolées ovales ou suborbiculaires, cordées ou hastées.*

1. L. Cymbalaria Mill. *Dict.* — Pl. glabre, souv. pendante le long des murs. Tiges de 1-6 déc., grêles couchées très-rameuses diffuses. *Feuilles* presque toutes alternes, *longuement pétiolées, suborbiculaires cordées, à 5-7 lobes* obtus. *Fleurs solitaires axillaires*, longuement pédicellées. Corolle d'un violet bleuâtre, à palais jaunâtre, à éperon court arqué. Capsule subglobuleuse. ⚃. Juin-septembre.

RR. — Vieux murs humides, bords des haies. — *Intr.* — Gamaches ; Doullens ; château de Ham ; Abbeville ; Montdidier (*L. de Villers*) ; Amiens, Longpré près Amiens (*E. Gonse*) ; Henencourt, Albert (*Guilbert*).

2. L. Elatine Desf. *All.* — *Pl. velue.* Tiges de 2-6 déc., rameuses dès la base, à rameaux filiformes, couchés diffus. *Feuilles brièvement pétiolées, ovales hastées*, alternes ; les inférieures souv. non hastées, opposées. *Fleurs axillaires solitaires. Pédicelles* filiformes *glabres*. Calice à divisions lancéolées acuminées. Corolle d'un jaune pâle à lèvre supérieure violette intérieurement, à éperon presque droit. Capsule subglobuleuse. ①. Juillet-octobre.

A.C. — Champs en friche, lieux cultivés. — *Intr.* — Huppy ; Huchenneville ; Drucat ; Cambron, Le Hourdel (*T.C.*) ; Dury, Ailly-sur-Noye, Boves, La Faloise, Amiens (*E. Gonse*) ; Bovelles (*Rom.*) ; Guerbigny, Coullemelle (*Guilbert*) ; Epagne, Notre-Dame-de-Grâce, Rivery, Querrieux, Allonville (*P. Fl.*) ; Caubert près Abbeville (*B. Extr. Fl.*).

3. L. spuria Mill. *Dict.* — Pl. velue. Tiges de 2-5 déc., rameuses, couchées ou redressées. *Feuilles* brièvement pétiolées, toutes *ovales suborbiculaires* ; les inférieures souv. cordées à la base. *Fleurs solitaires axillaires. Pédicelles* filiformes *très-velus.* Calice à divisions ovales aiguës. Corolle jaune à lèvre supérieure violette intérieurement, à éperon un peu arqué. Capsule subglobuleuse. ⊙. Juillet-octobre.

CC. — Champs calcaires après la moisson. — *Intr.*

** *Feuilles sessiles, lancéolées ou linéaires.*

4. L. vulgaris Mœnch *Meth.* — Pl. glabre inférieurement, souv. pubescente glanduleuse au sommet. *Tiges* de 2-6 déc., raides, *dressées*, simples ou un peu rameuses. *Feuilles* nombreuses, toutes éparses, très-rapprochées, *lancéolées linéaires ou linéaires. Fleurs en grappes spiciformes allongées*, compactes, *non feuillées. Corolle* grande, *jaune à palais orangé, à éperon* droit, *très-long.* Capsule ovoïde. *Graines comprimées, largement ailées.* ♃. Juillet-septembre.

CC. — Lieux arides et pierreux, bords des fossés et des chemins.

5. L. supina Desf. *Atl.* — Pl. glabre inférieurement, plus ou moins pubescente glanduleuse au sommet. *Tiges* de 1-3 déc., diffuses *couchées* redressées. *Feuilles linéaires* toutes éparses ou les inférieures verticillées. *Fleurs en grappes* très-*courtes* compactes, *non feuillées.* Corolle assez grande, d'une jaune pâle à palais orangé, à éperon très-long un peu courbé. Capsule subglobuleuse. Graines comprimées largement ailées. ⊙. Juin-septembre.

A.C. — Champs arides, coteaux secs, lieux incultes. — *Intr.* — Huchenneville ; Beauvoir près Hocquincourt ; Bovelles, Ailly-sur-Somme (*Rom.*) ; Boves (*Copineau*) ; La Faloise, Cagny, Namps-au-Mont, Querrieux, Bacouel, Saint-Fuscien, Longueau, Airaines, Hangest-sur-Somme (*E. Gonse*) ; Epagne (*Baill. Herb.*) ; Dury, Notre-Dame-de-Grâce près Amiens (*P. Fl.*).

6. L. striata DC. *Fl. Fr.* — *L. repens* Steud. *Nom. bot.* — Pl. glabre, à racines rampantes. Tiges de 2-6 déc., dressées ou ascendantes, rameuses. *Feuilles linéaires lancéolées* ; les inférieures verticillées ; les supérieures éparses. *Fleurs en grappes spiciformes allongées*, lâches, *non feuillées. Corolle d'un blanc bleuâtre strié de violet à palais jaune, à éperon court.* Capsule petite, globuleuse. *Graines ovoïdes trigones, non ailées.* ♃. Juillet-septembre.

SCROFULARIÉES.

RR. — Coteaux calcaires, lieux incultes. — Picquigny; Saint-Germain-sur-Bresle (*E. Gonse*) ; Ailly-sur-Somme (*Joffroy* et *Hutin*); Saint-Pierre-à-Gouy (*T.C.*) ; Ault (*Baill.* Herb.).

S.-v. *alba.* — Fleurs blanches. — Saint-Germain-sur-Bresle (*E. Gonse*).

7. L. minor Desf. *Fl. Atl.* — Pl. ord. pubescente glanduleuse. Tige de 1-3 déc., dressée, très-rameuse. *Feuilles lancéolées linéaires* obtuses; les inférieures opposées ; les supérieures alternes. *Fleurs en grappes* lâches *feuillées*. *Corolle* petite, d'un violet pâle à palais jaunâtre, à éperon très-court, *à gorge incomplètement fermée par le palais*. Capsule ovoïde. Graines ovales oblongues, sillonnées, non ailées. ①. Juin-septembre.

C. — Lieux cultivés ou incultes, champs après la moisson. — *Intr.*

6. PEDICULARIS Tourn. *Inst.*

Calice renflé ventru, à 5 divisions inégales, ou irrégulièrement bilobé. *Corolle* tubuleuse *bilabiée*, à lèvre supérieure en casque, comprimée ; l'inférieure 3-lobée étalée. Capsule comprimée, oblique. Graines ovoïdes subtrigones, ord. peu nombreuses. — *Feuilles* toutes *pinnatipartites* ou bipinnatipartites. Fleurs ord. roses, subsessiles en grappes terminales.

1
  - Tiges nombreuses, la centrale dressée, les latérales étalées diffuses. Capsule plus courte que le calice. . . . . 1. *P. sylvatica.*
  - Tige solitaire dressée. Capsule plus longue que le calice. . . . . 2. *P. palustris.*

1. P. sylvatica L. *Sp.* — Pl. glabre. *Tiges* de 1-2 déc., *nombreuses* simples, *la centrale dressée, les latérales étalées diffuses. Feuilles* à *lobes oblongs incisés dentés*. Calice à 5 divisions inégales foliacées dentées au sommet. Corolle à lèvre supérieure tronquée, terminée par 2 petites dents acuminées. *Capsule* arrondie au sommet mucronée sur le côté, *plus courte que le calice*. ② ou ♃. Mai-juillet.

A.R. — Bois couverts, pelouses humides. — Les Alleux près Behen ; Tœufles ; bois de Canvrières près Doudelainville; Limeux ; Drucat ; Rue ; Vron ; forêt de Crécy ; bois de Bouttencourt ; Morival près Vismes (*Guilbert*) ; Port (*Baill.* Herb.) ; Laviers (*Poulain* Herb.).

S.-v. *alba.* — Fleurs blanches. — R. — Tœufles (*Franklin Grout*).

2. P. palustris L. *Sp.* — Pl. presque glabre. *Tige* de 2-5 déc., *solitaire dressée*, simple ou rameuse, à rameaux dressés. *Feuilles* à *lobes oblongs incisés crénelés*. Calice irrégulièrement bilobé, à lobes foliacés dentés crispés en crête. Corolle à lèvre supérieure terminée par 2 petites dents acuminées, munie vers le milieu de chaque côté d'une autre dent. *Capsule* atténuée en pointe au sommet, *plus longue que le calice*. ② ou ♃. Mai-août.

A.C. — Marais tourbeux, prés humides. — Drucat ; Saint-Quentin-en-Tourmont ; Bernay ; Villers-sur-Authie ; Gamaches ; Picquigny ; Suzanne ; Fossemanant, Bourdon, Boves, Hangest-sur-Somme (*E. Gonse*) ; Montières près Amiens (*Rom.*) ; Guerbigny (*Guilbert*) ; Caubert près Abbeville (*T.C.*) ; Rivery, Fortmanoir, Camon (*P. Fl.*) ; marais Saint-Gilles à Abbeville (*B. Extr. Fl*).

7. RHINANTHUS L. *Gen.* ex parte.

Calice renflé ventru comprimé, à 4 dents. *Corolle bilabiée* ; la lèvre supérieure en casque, comprimée échancrée, munie de chaque côté au-dessous du sommet d'une petite dent, ord. bleuâtre ; la lèvre inférieure 3-lobée, plane. Capsule suborbiculaire comprimée. Graines nombreuses comprimées presque planes, ailées membraneuses. — *Feuilles* opposées *dentées*, rudes, sessiles. Fleurs jaunes, subsessiles, accompagnées de bractées, en grappes terminales.

1 { Bractées jaunâtres. Corolle à tube dépassant ord. assez longuement le calice. . . . . 1. *R. major*.
   Bractées vertes. Corolle à tube ne dépassant pas ou dépassant à peine le calice. . . . . 2. *R. minor*.

1. R. major Ehrh. *Beitr.* — Tige de 3-6 déc., dressée, simple ou rameuse supérieurement, souv. tachée de brun. Feuilles oblongues lancéolées. *Bractées jaunâtres*, ovales acuminées incisées dentées. *Corolle à tube* un peu courbé *dépassant ord. longuement le calice* ; dents de la lèvre supérieure plus longues que larges. Graines ord. assez étroitement ailées. ①. Mai-juillet.

Prés humides, pâtures.

Var. α. *glaber* (F. Schultz *Arch. Fl.* — *R. major* Koch *Syn.*). — Bractées et calice glabres. — CC.

Var. ε. *hirsutus* (F. Schultz *Arch. Fl.* — *R. hirsuta* Lmk. *Fl. Fr.* — *R. Alectorolophus* Koch *Syn.*). — Bractées et calice velus. — A.R. — Mareuil ; Epagne ; Jumel ; Thiepval ; Camon, Pont-de-Metz, Hangest-sur-Somme (*E. Gonse*) ; Lœuilly, Eterpigny, vallée de Pavry près Thézy, Péronne (*F. Debray*) ; Renancourt près Amiens (*Rom.*).

2. R. minor Ehrh. *Beitr.* — Tige de 2-4 déc., dressée, grêle, simple ou rameuse au sommet. Feuilles oblongues linéaires ou lancéolées. Bractées vertes, ovales, incisées, dentées. Calice ord. glabre. *Corolle* assez petite, *à tube droit court, ne dépassant pas ou dépassant à peine le calice* ;

dents de la lèvre supérieure ord. courtes, plus larges que longues. Graines largement ailées. ①. Mai-juillet.

A.R. — Prairies humides, lieux herbeux ombragés, coteaux boisés. — Villers-sur-Authie ; Saint-Quentin-en-Tourmont ; Fort-Mahon près Quend ; bords du bois de Wailly ; Jumel ; Ham ; forêt d'Arguel près Senarpont ; Bacouel (*E. Gonse*) ; Le Mesge, Renancourt près Amiens (*Rom.*) ; Laviers (*Poulain* Herb.).

8. MELAMPYRUM Tourn. *Inst.*

Calice tubuleux, à 4 divisions inégales. *Corolle bilabiée*; la lèvre supérieure en casque, comprimée, à bords repliés; l'inférieure 3-dentée. *Capsule* ovoïde comprimée *acuminée oblique, à 2 loges 1-2-spermes*. Graines ovoïdes subtrigones. — Pl. parasites sur les racines d'autres plantes. Feuilles opposées, scabres. Fleurs accompagnées de grandes bractées, en épis terminaux.

1 { Fleurs en épi court, quadrangulaire compacte. Bractées cordiformes, recourbées pliées . . . . *1. M. cristatum*.
Fleurs en épi subcylindrique ou unilatéral. Bractées lancéolées dressées non pliées 2

2 { Fleurs purpurines, en épi subcylindrique. Bractées purpurines. Capsule longuement dépassée par le calice. . . . . *2. M. arvense*.
Fleurs jaunâtres, en épi unilatéral. Bractées vertes. Capsule dépassant le calice . . . . *3. M. pratense*.

1. M. cristatum L. *Sp*. — Tige de 2-3 déc., dressée, pubescente, rameuse, à rameaux étalés. Feuilles sessiles, lancéolées linéaires ; les inférieures entières ; les supérieures incisées pinnatifides à la base. *Fleurs en épi court, quadrangulaire compacte. Bractées cordiformes* acuminées imbriquées, *pliées, recourbées*, pectinées ciliées. Calice à dents lancéolées acuminées, longuement dépassées par le tube de la corolle. *Corolle d'un blanc jaunâtre* mêlé de pourpre, à palais jaune. Capsule dépassant le calice. ①. Juin-août.

A.R. — Clairières des bois montueux. — Bois de Tachemont près Huchenneville ; Ercourt ; Bouvaincourt ; Bouillencourt-en-Sery ; bois de Rampval près Mers ; Liomer ; Bézencourt près Tronchoy ; forêt d'Arguel près Senarpont ; Sainte-Segrée, Poix (*E. Gonse*) ; Frucourt ; Bougainville (*Rom.*) ; Laviers (*Baill.* Herb.); Dury (*P. Fl.*).

2. M. arvense L. *Sp*. — (Vulg. *Queue-de-Renard*. — En picard, *Brunette*). — Tige de 3-6 déc., dressée pubescente, rameuse, à rameaux étalés dressés. Feuilles sessiles lancéolées linéaires ; les inférieures entières ; les supérieures incisées à la base. *Fleurs en épi* multiflore *allongé subcylindrique.*

Bractées purpurines, ovales *lancéolées* acuminées *dressées* rapprochées, bordées de longues dents linéaires subulées. Calice à dents longuement sétacées, égalant la longueur du tube de la corolle. *Corolle purpurine à gorge jaunâtre. Capsule longuement dépassée par le calice.* ①. Juin-août.

CC. — Moissons des terrains maigres, champs en friche. — *Intr.*

S.-v. *album*. — Fleurs blanches. — Bray-lès-Mareuil.

3. M. pratense L. *Sp.* — Tige de 2-5 déc., dressée, presque glabre, rameuse à rameaux grêles étalés. Feuilles subsessiles, lancéolées ou lancéolées linéaires ; les inférieures entières ; les supérieures hastées pinnatifides à la base. *Fleurs disposées par paires en épi lâche unilatéral. Bractées vertes*, dressées lancéolées incisées pinnatifides à la base. Calice à dents linéaires sétacées beaucoup plus courtes que le tube de la corolle. *Corolle jaunâtre* à tube blanc. *Capsule dépassant le calice.* ①. Juin-août.

CC. — Bois, jeunes taillis.

9. EUPHRASIA L. *Gen.* ex parte.

Calice tubuleux ou campanulé, à 4 divisions. *Corolle bilabiée à lèvre* supérieure en casque, concave, bilobée, à lobes larges ; *l'inférieure plane, à 3 lobes ord. émarginés ou bilobés. Étamines à anthères inégalement mucronées. Capsule oblongue comprimée obtuse ou émarginée, à loges polyspermes.* Graines petites, ovoïdes fusiformes, striées. — Pl. probablement parasites sur les racines des autres végétaux. Feuilles inférieures opposées. Fleurs en épis terminaux feuillés, subunilatéraux.

1. E. officinalis L. *Sp.* — Tige de 5-20 cent., dressée, pubescente, qqf. glanduleuse, souv. très-rameuse, à rameaux ascendants. Feuilles pubescentes, sessiles, ovales, dentées, nervées ; les florales à dents aiguës. Calice à divisions lancéolées cuspidées. Corolle blanche ou d'un violet pâle, striée, à palais jaune. ①. Juillet-octobre.

CC. — Pâtures, pelouses sèches, bois arides, coteaux.

Var. α. *officinalis* (*Coss.* et *Germ.* Fl.). — Pl. très-pubescente, glanduleuse au sommet. Tige à poils étalés, très-rameuse dès la base. Feuilles à dents ord. courtes.

Var. 6. *nemorosa* (*Coss.* et *Germ.* Fl.). — Pl. légèrement pubescente, non glanduleuse. Tige à poils appliqués, ord. simple inférieurement. Feuilles à dents ord. aiguës.

10. ODONTITES Hall. *Helv.*

Calice tubuleux ou campanulé, à 4 divisions. *Corolle bilabiée*, à *lèvre* supérieure en casque, concave, entière ou émarginée ; *l'inférieure* presqu'égale, dressée, étalée, à 3 *lobes entiers. Étamines à anthères également mucronées. Capsule* oblongue comprimée *obtuse ou émarginée, à loges polyspermes*. Graines ovoïdes fusiformes, striées. — Feuilles sessiles, nervées, lâchement dentées. Fleurs en épis terminaux feuillés, subunilatéraux.

1 { Tige à rameaux ascendants. Feuilles florales dépassant ord. les fleurs. . . . . 1. *O. verna.*
Tige à rameaux étalés. Feuilles florales ne dépassant pas ord. les fleurs. . . . . 2. *O. serotina.*

1. O. verna Rchb. *Fl. Germ. excurs.* — *Euphrasia Odontites* L. *Sp.* ex parte. — *Tige* de 1-4 déc., dressée, pubescente, rameuse, à *rameaux ascendants. Feuilles* lancéolées linéaires, élargies à la base ; les *florales* oblongues linéaires, *dépassant ord. les fleurs.* Corolle pubescente, rougeâtre. ①. Juin-août.

CC. — Lieux herbeux ombragés, clairières des bois, moissons.

S.-v. flore albo. — Amiens (F. Debray).

2. O. serotina Rchb. *Fl. Germ. excurs.* — Pl. plus tardive que la précédente. *Tige* de 2-5 déc., dressée pubescente, à *rameaux étalés. Feuilles* lancéolées linéaires acuminées, atténuées à la base ; les *florales* linéaires, *ne dépassant pas ord. les fleurs.* Corolle pubescente, rougeâtre. ①. Juillet-octobre.

CC. — Pelouses arides, prés secs, moissons.

LXV. OROBANCHÉES.

Fleurs irrégulières. Calice à 4 divisions, tubuleux campanulé ou à 2 divisions souv. bifides, accompagné de 1-3 bractées. *Corolle* tubuleuse ou campanulée, *bilabiée*, à lèvre supérieure en casque, entière émarginée ou bilobée. Étamines 4, inégales par paires (didynames) insérées sur la corolle, cachées sous la lèvre supérieure. Style 1, ord. arqué au sommet ; stigmates 2. Fruit capsulaire, uniloculaire, polysperme, à 2 valves. — *Pl. jamais vertes, parasites* sur les racines des autres plantes. *Tiges* épaisses, charnues, *garnies d'écailles remplaçant les feuilles.* Fleurs solitaires en épis terminaux, rar. en grappes.

1	Calice accompagné de 3 bractées. . . . . Phelipæa (1).	
	Calice accompagné d'une seule bractée	2
2	Calice à 2 divisions ord. bifides. Fleurs en épis . . . . Orobanche (2).	
	Calice à 4 divisions. Fleurs en grappes . . Lathræa (3).	

1. PHELIPÆA Tourn. *Inst.*

Calice à 4 divisions, tubuleux campanulé, accompagné de 3 bractées, les 2 latérales linéaires subulées. Capsule à valves se séparant seulement au sommet. — *Fleurs en grappes.*

1. P. ramosa C. A. Mey. in Ledeb. — Tige de 1-2 déc., ord. rameuse dès la base, pubescente, jaunâtre ou bleuâtre. Calice à divisions ovales triangulaires subulées. Corolle assez petite, jaunâtre ord. bleuâtre supérieurement, resserrée au-dessus de la base, à lobes obtus. Anthères glabres ou presque glabres. Stigmate blanchâtre. ①. Juin-septembre.

RR. — Chenevières. — *Intr.* — Parasite sur le *Cannabis sativa*. — Fontaine-sur-Somme (*Masson*); Abbeville (*Baill. Herb.*); Cambron (*T.C. Herb.*); Epagnette près Epagne (*Poulain Herb.*); Menchecourt près Abbeville (*Du Maisniel de Belleval*, Not. manuscr.); Glisy (*P. Fl.*). — Le *P. ramosa* que l'on rencontrait assez fréquemment dans les environs d'Abbeville, paraît en avoir disparu depuis que l'on n'y cultive plus qu'une variété de *Chanvre* à haute tige, connue dans le pays sous le nom de *Chanvre de Piémont*.

2. OROBANCHE L. *Gen.* ex parte.

Calice à 2 divisions, ord. bifides, accompagné d'une seule bractée. Capsule à valves restant adhérentes au sommet et à la base. — Pl. pubescentes glanduleuses. *Fleurs en épis terminaux.*

1	Etamines à filets glabres au moins inférieurement. Stigmate d'un jaune pâle . . . . 1. *O. Rapum*.	
	Etamines à filets velus, ou munis au moins inférieurement de poils épars. Stigmate pourpre ou violet, ou d'un jaune citron.	2
2	Stigmate d'un jaune citron . . . . 2. *O. cruenta*.	
	Stigmate pourpre ou violet, très-rar. jaunâtre.	3
3	Corolle à lèvre supérieure émarginée ou subbilobée. . .	4
	Corolle à lèvre supérieure entière.	7
4	Corolle à tube élargi très-ample dans sa partie supérieure. Etamines à filets très-velus. . . . . 3. *O. Galii*.	
	Corolle à tube non élargi ou à peine élargi. Etamines à filets munis de poils épars	5

	Etamines insérées vers la base du tube de la corolle . .
5	. . . . 4. *O. Epithymum.*
	Etamines insérées vers le milieu du tube de la corolle . 6

	Corolle à tube brusquement courbé. Bractées dépassant très-longuement les fleurs . . . . . . 8. *O. amethystea.*
6	Corolle à tube insensiblement arqué. Bractées plus courtes que les fleurs ou les dépassant à peine . . . . 7. *O. minor.*

	Etamines insérées vers le milieu du tube de la corolle, à filets très-velus. Stigmate violet. . . . . 6. *O. Picridis.*
7	Etamines insérées vers la base du tube de la corolle, à filets munis de poils seulement dans leur moitié inférieure. Stigmate d'un rouge pourpre. . . 5. *O. Teucrii.*

1. O. Rapum Thuill. *Fl. Fr.* — O *major* DC. *Fl. Fr.*; P. *Fl.* — Tige de 3-6 déc., d'un roux fauve, robuste, renflée à la base en forme de bulbe couvert d'écailles courtes, nombreuses imbriquées. Fleurs en épi compacte, un peu odorantes. Bractées lancéolées acuminées, dépassant les fleurs. Divisions du calice égalant le tube de la corolle. Corolle grande, d'un rose jaunâtre, campanulée arquée, à lèvres obscurément denticulées ; la supérieure émarginée ; l'inférieure à lobe moyen plus grand. *Etamines insérées à la base de la corolle, à filets glabres au moins inférieurement.* Anthères blanchâtres après la floraison. *Stigmate d'un jaune pâle.* ♃. Juin-juillet.

R. — Bois, bruyères. — Parasite sur le *Sarothamnus scoparius*. — Bois de Size près Ault; Franc-Picard près Vron ; Sainte-Segrée (*E. Gonse*) ; forêt de Crécy (*Baill.* Herb.) ; Notre-Dame-de-Grâce, Ailly, Boves (*P. Fl.*).

2. O. cruenta Bert. *Rar. It.* — Tige de 2-4 déc., un peu renflée et rougeâtre à la base, pubescente glanduleuse supérieurement à poils courts, munie d'écailles lancéolées acuminées assez longues. Fleurs en épi ord. assez lâche, un peu odorantes. Bractées égalant ou dépassant la corolle. Divisions du calice ord. plus longues que le tube de la corolle. Corolle jaunâtre en dehors, d'un rouge sang violacé en dedans, qqf. entièrement rouge violacée, campanulée arquée, ventrue en avant, à lèvres denticulées glanduleuses ; la supérieure entière ou légèrement émarginée ; l'inférieure à 3 lobes arrondis presqu'égaux. *Etamines insérées à la base de la corolle, à filets poilus laineux au moins inférieurement.* Anthères blanchâtres après la floraison. Style rougeâtre ; *stigmate d'un jaune citron.* ♃. Juin-juillet.

RR. — Coteaux secs, pelouses montueuses. — Parasite sur le *Lotus corniculatus*, l'*Hippocrepis comosa*, l'*Onobrychis sativa*, etc. — Gamaches entre le bois de Tilloy et celui de Sery (*Guilbert*).

3. O. Galii Dub. *Bot.* — *O. caryophyllacea* Sm. in *Act. Soc. Linn.*; P. *Fl.* — Tige de 2-4 déc., jaunâtre ou rougeâtre, un peu renflée à la base, velue glanduleuse à poils fins transparents. Fleurs en épi ord. lâche, à odeur de giroflée. Bractées lancéolées, ord. plus courtes que les fleurs. Divisions du calice égalant ord. la moitié du tube de la corolle. *Corolle* d'un blanc jaunâtre rosé ou violacé, campanulée *à tube élargi très-ample dans sa partie supérieure*, à lèvres irrégulièrement denticulées ; la *lèvre supérieure émarginée*; l'inférieure à lobes courts presqu'égaux. *Etamines* insérées un peu au-dessus de la base de la corolle, à *filets très-velus*. Anthères brunâtres après la floraison. *Stigmate d'un pourpre foncé.* ♃. Juin-juillet.

R. — Pâturages, lisières des bois, lieux herbeux, dunes. — Parasite sur les *Galium Mollugo, verum*, etc. — Saint Quentin-en-Tourmont ; Monchaux près Quend ; Wailly ; Ailly-sur-Somme ; Bovelles (*Rom.*) ; Prouzel, Péronne (*E. Gonse*) ; Dury (*F. Debray*) ; Cagny, Querrieux (*Garnier*) ; Fortmanoir, Bertangles (*P. Fl.*).

4. O. Epithymum DC. *Fl. Fr.* — Tige de 1-2 déc., jaunâtre ou rougeâtre, un peu renflée à la base, pubescente glanduleuse. Fleurs en épi lâche pauciflore, à odeur de giroflée. Bractées ord. plus courtes que les fleurs. Divisions du calice lancéolées acuminées subulées, dépassant ord. la moitié du tube de la corolle. *Corolle* d'un blanc jaunâtre ou rougeâtre, pubescente glanduleuse, campanulée un peu arquée, à lèvres denticulées ; la *lèvre supérieure subbilobée*, à lobes étalés ; l'inférieure à lobe moyen plus long que les latéraux. *Etamines insérées vers la base du tube de la corolle, à filets munis inférieurement de poils épars.* Anthères brunâtres après la floraison. *Stigmate d'un rouge pourpre*, très-rar. jaunâtre. ♃. Juin-juillet.

RR. — Coteaux arides, lisières des bois. — Parasite sur le *Thymus Serpyllum*. — Ailly-sur-Noye, faubourg de Beauvais à Amiens (*E. Gonse*) ; Grivesnes (*Guilbert*) ; bois d'Erondelle (*Baill. Herb.*).

Var. 6. *lutescens* (Boreau *Fl.* — Coss. et Germ. *Fl.*). — Plante entièrement jaunâtre. Stigmate jaunâtre. — Grivesnes (*Guilbert*).

5. O. Teucrii F. Schultz in *Holl. Fl. Mos.* — Tige de 1-2 déc., d'un jaune rougeâtre, pubescente glanduleuse, à poils courts blanchâtres. Fleurs en épi lâche pauciflore, à odeur de giroflée. Bractées ord. plus courtes que les fleurs. Divisions du calice ne dépassant pas la moitié du tube de la corolle. *Corolle* d'un brun rougeâtre, campanulée tubuleuse, à tube non arqué, à lèvres inégales denticulées, la *lèvre supérieure entière, en casque* ; l'inférieure à 3 lobes presqu'égaux. *Etamines insérées vers la base du tube de la corolle, à* *filets munis de poils seulement dans leur moitié inférieure* et glanduleux au sommet. Anthères brunâtres après la floraison. *Stigmate d'un rouge pourpre.* ♃. Juin-juillet.

RR. — Coteaux calcaires, pelouses sèches. — Parasite sur le *Teucrium montanum* et le *T. Chamædrys*. — Coteau du bois de Louvet près Ailly-sur-Noye (*E. Gonse*).

6. O. Picridis F. Schultz ap. Koch *Deutschl*. — Tige de 2-4 déc., d'un jaune pâle violacé, grêle, munie ord. au sommet de poils blancs, glanduleux. Fleurs en épi pluriflore, lâche à la base. Bractées égalant les fleurs. Divisions du calice dépassant le tube de la corolle. *Corolle* assez petite, d'un blanc jaunâtre veiné de violet, tubuleuse campanulée un peu courbée au sommet, à lèvres faiblement denticulées ; la *lèvre supérieure entière* à bords ouverts ; l'inférieure à lobe moyen un peu plus long que les latéraux. *Etamines insérées vers le milieu du tube de la corolle, à filets très-velus. Stigmate violet*, granuleux. ⊙. Juin-juillet.

RR. — Coteaux arides. — Parasite sur le *Picris hieracioides*. — Bords du bois de Rampval près Mers.

7. O. minor Sutt. in *Trans. Soc. Linn*. — Tige de 1-3 déc., rougeâtre, très-pubescente, glanduleuse supérieurement, renflée à la base. Fleurs en épi ord. lâche. *Bractées plus courtes que les fleurs ou les dépassant à peine*. Divisions du calice ovales lancéolées subulées, entières ou bifides, égalant ou dépassant le tube de la corolle. *Corolle* assez petite, blanchâtre striée de violet, tubuleuse, à *tube insensiblement arqué*, à *lèvres denticulées*, à dents obtuses ; la supérieure *émarginée ou subbilobée* ; l'inférieure à lobes presqu'égaux. *Etamines insérées vers le milieu du tube de la corolle, à filets munis de poils épars. Stigmate pourpre ou violet*. ⊙. Juin-juillet.

R. — Lieux incultes, pâturages, coteaux arides. — Parasite sur le *Carduus nutans*, le *Poterium Sanguisorba*, le *Trifolium pratense*, etc. — Saint-Fuscien, La Faloise, Dury, Ailly-sur-Noye (*E. Gonse*); Querrieux (*Soc. Linn.*); Septoutre près Ainval; Guerbigny (*Guilbert*); bois de Gouy (*Baill*. in *P*. Fl.); prés entre Saleux et Plachy (*P*. Fl.).

8. O. amethystea Thuill. *Fl. Par.* — *O. Eryngii* Dub. *Bot*. — Tige de 2-5 déc., rougeâtre ou violacée, un peu renflée à la base, pubescente glanduleuse surtout au sommet. Fleurs en épi serré. *Bractées dépassant très-longuement les fleurs*. Divisions du calice ovales brusquement subulées, bifides ou entières, égalant environ la corolle. *Corolle* blanchâtre veiné de lilas, à *tube brusquement courbé* un peu au-dessus de la base, à *lèvres denticulées* à dents inégales obtuses ; *la supérieure émarginée ou subbilobée ;* l'inférieure à lobe moyen plus grand, bi-trifide. *Etamines insérées vers le milieu du tube de la corolle, à filets ord. munis inférieurement de poils épars. Stigmate pourpre ou violet.* ♃. Juin-juillet.

RR. — Lieux incultes, coteaux arides, bords des bois. — Parasite sur l'*Eryngium campestre*. — Namps-au-Mont (*E. Gonse*) ; bois de Guignemicourt (*P. Fl.*).

3. LATHRÆA L. *Gen.* ex parte.

Calice à 4 divisions, campanulé, accompagné d'une seule bractée. Corolle à lèvre supérieure entière, à lèvre inférieure 3-lobée. Capsule à valves s'ouvrant au sommet. — Pl. blanchâtre rosée, noircissant à la dessication. *Fleurs en grappes.*

1. L. Squamaria L. *Sp.* — Souche à rhizome rameux, garni d'écailles imbriquées charnues blanchâtres. Tige de 1-2 déc., simple. Fleurs unilatérales pendantes, en grappe penchée, se redressant après la floraison. Bractées grandes, arrondies. Corolle blanche ou rosée. Etamines à anthères velues. ♃. Avril-mai.

RR. — Bois couverts. — Parasite sur plusieurs espèces d'arbres et d'arbrisseaux. — Bois Le-Comte et bois Saint-Laurent près Albert (*B. Herb.* ; *P. Fl.*). — Trouvé à proximité de nos limites dans le bois Créquy près Hesdin [Pas-de-Calais] (*Dovergne* in *Baill. et Poulain* Herb.).

LXVI. LABIÉES.

Fleurs irrégulières. Calice tubuleux ou campanulé, persistant, à 5, rar. 10 dents, qqf. bilabié, souv. plus ou moins nervé. *Corolle ord. bilabiée, qqf. d'apparence unilabiée, plus rar. à 4 lobes presqu'égaux.* Etamines 4, inégales par paires (didynames), plus rar. 2. Ovaire divisé en 4 lobes. Style 1, inséré au centre des lobes de l'ovaire ; stigmate ord. bifide. *Fruit composé de 2 carpelles dispermes, imitant 4 carpelles monospermes* indéhiscents, placés au fond du calice. — Pl. ord. à odeur aromatique. Tiges tétragones. Feuilles opposées. Fleurs axillaires, rar. solitaires ou géminées, ord. en glomérules opposés, simulant des verticilles disposés en épis ou en capitules de cymes.

1 { Corolle à 4 lobes presqu'égaux 2
   { Corolle bilabiée ou d'apparence unilabiée. 3

2	Etamines fertiles 2. Feuilles souv. pinnatifides à la base. . . . . Lycopus (2).
	Etamines fertiles 4. Feuilles jamais pinnatifides. . . . . Mentha (1).
3	Corolle distinctement bilabiée. 4
	Corolle d'apparence unilabiée. 21
4	Etamines fertiles 2 . . . . Salvia (3).
	Etamines fertiles 4 5
5	Calice à 10 dents alternativement plus petites, recourbées en crochet au sommet. Etamines incluses dans le tube de la corolle. . . . . Marrubium (16).
	Calice bilabié ou à 5 dents presqu'égales, non recourbées en crochet. Etamines saillantes au moins à la gorge de la corolle. 6
6	Etamines distantes, droites divergentes ou arquées conniventes 7
	Etamines rapprochées parallèles sous la lèvre supérieure de la corolle. 10
7	Etamines droites divergentes 8
	Etamines arquées convergentes. 9
8	Calice bilabié. . . . . Thymus (5).
	Calice à 5 dents presqu'égales . . . . . . Origanum (4).
9	Fleurs en verticilles entourés à la base d'un involucre de bractées nombreuses, sétacées . . Clinopodium (7).
	Fleurs en verticilles munis d'un petit nombre de bractées . . . . Calamintha (6).
10	Calice bilabié à lèvres fermées après la floraison. . . . 11
	Calice tubuleux ou campanulé, qqf. irrégulièrement bilabié, jamais fermé par le rapprochement des lèvres. 12
11	Calice à lèvre supérieure entière munie sur le dos d'une écaille concave. . . . . Scutellaria (20).
	Calice à lèvre supérieure dentée dépourvue d'écaille . . . . Brunella (19).
12	Etamines inférieures plus courtes que les supérieures. . 13
	Etamines inférieures plus longues que les supérieures. . 14
13	Corolle d'un violet pâle. Anthères rapprochées par paire en forme de croix . . . . Glechoma (9).
	Corolle blanche ponctuée de rouge. Anthères non rapprochées en forme de croix. . . . . Nepeta (8).
14	Etamines inférieures déjetées en dehors de la corolle après la floraison. 15
	Etamines non déjetées en dehors de la corolle 16
15	Feuilles profondément 3-5-lobées. Carpelles velus au sommet. . . . . Leonurus (18).
	Feuilles seulement crénelées ou dentées. Carpelles glabres . . . . Stachys (14).
16	Corolle à gorge présentant de chaque côté un pli dentiforme. Galeopsis (13).
	Corolle à gorge dépourvue de pli dentiforme 17

17
- Fleurs jaunes. Lèvre inférieure de la corolle à lobes lancéolés aigus . . . . GALEOBDOLON (12).
- Fleurs roses, purpurines ou blanches. Lèvre inférieure de la corolle à lobe moyen plus grand, obtus, ord. échancré ou émarginé 18

18
- Lèvre inférieure de la corolle à lobes très-inégaux, les latéraux très-petits ord. en forme de dents. LAMIUM (11).
- Lèvre inférieure de la corolle à 3 lobes obtus. 19

19
- Calice irrégulièrement bilabié. Corolle grande, blanche, panachée de rouge. Anthères disposées par paires en forme de croix. . . . . MELITTIS (10).
- Calice à 5 dents. Corolle purpurine, très-rar. blanche. Anthères non disposées en forme de croix 20

20
- Calice à dents larges ovales pliées longitudinalement. Corolle à tube muni intérieurement d'un anneau de poils. . . . . BALLOTA (17).
- Calice à dents triangulaires lancéolées non pliées. Corolle à tube dépourvu d'anneau de poils. BETONICA (15).

21
- Corolle à tube muni intérieurement d'un anneau de poils, à lèvre supérieure très-courte, émarginée. . . . . AJUGA (21).
- Corolle à tube dépourvu d'anneau de poils, à lèvre supérieure très-courte à 2 lobes rejetés vers la lèvre inférieure qui parait ainsi 5-lobée . . . TEUCRIUM (22).

A. *Corolle à 4 lobes presqu'égaux.*

1. MENTHA L. *Gen.*

Calice à 5 dents presqu'égales, à gorge rar. fermée par un anneau de poils. Corolle infundibuliforme campanulée, à 4 lobes presqu'égaux ; le supérieur plus large souv. échancré. *Etamines fertiles* 4, distantes, droites divergentes. Anthères à loges parallèles, s'ouvrant en long. Carpelles lisses. — Pl. très-aromatiques. Souche longuement traçante. Tiges souv. radicantes. Fleurs petites, roses, très-rar. blanches, disposées en épis ou en têtes terminales de cymes.

1
- Calice à gorge fermée par un anneau de poils. . . . . 6. *M. Pulegium.*
- Calice à gorge nue. 2

2
- Fleurs en verticilles espacés ; les supérieures en épi feuillé ord. surmonté d'un bouquet de feuilles . . . . 5. *M. arvensis.*
- Fleurs en verticilles rapprochés en tête terminale ou en épi, jamais surmonté d'un bouquet de feuilles. 3

3
- Verticilles au moins les supérieurs rapprochés en tête terminale globuleuse. . . . . 4. *M. aquatica.*
- Verticilles au moins les supérieurs disposés en épi cylindrique allongé. 4

| Feuilles ovales suborbiculaires obtuses. Bractées très-petites, ovales lancéolées. . . . . . 1. *M. rotundifolia.*
4 | Feuilles ovales lancéolées ou oblongues aigues. Bractées linéaires subulées, égalant ou dépassant les fleurs . . 5
5 | Pl. velue soyeuse. . . . . 2. *M. sylvestris.*
  | Pl. glabre ou presque glabre. . . . . 3. *M. viridis.*

* *Calice à gorge nue.*

1. M. rotundifolia L. *Sp.* — (Vulg. *Menthe sauvage, Baume*). — Pl. velue grisâtre. Tige de 3-6 déc., dressée, rameuse. *Feuilles* sessiles, *ovales suborbiculaires obtuses*, crénelées dentées, fortement ridées. *Fleurs en épis de cymes cylindriques allongés. Bractées ovales lancéolées, très-petites.* Calice fructifère subglobuleux, à dents lancéolées subulées conniventes. ♃. Juillet-septembre.

A.C. — Lieux humides, fossés, bords des eaux. — Abbeville ; Drucat ; Senarpont ; Oust-Marest ; Clapet près Domart-en-Ponthieu ; Boves, Longpré près Amiens, Fouencamps (*E. Gonse*) ; Le Mesge (*Rom.*) ; Guerbigny, Maisnières (*Guilbert*) ; Cambron (*Baill.* Herb.) ; Fortmanoir, Dreuil (*P. Fl.*).

2. M. sylvestris L. *Sp.* — *Pl. velue soyeuse.* Tiges de 4-7 déc., dressées, rameuses. *Feuilles* sessiles, *ovales lancéolées ou oblongues aigues*, inégalement dentées, tomenteuses blanchâtres en dessous. *Fleurs en épis de cymes cylindriques allongés. Bractées linéaires subulées égalant les fleurs.* Calice fructifère renflé, à dents linéaires subulées. ♃. Juillet-septembre.

R. — Bords des fossés et des chemins près des habitations, décombres. — *Intr.* — Saint-Maurice près Amiens (*E. Gonse*) ; Rue (*Baill.* Herb.) ; Cambron (*Poulain* Herb.) ; Montdidier (*Besse*) ; Fortmanoir, Liancourt (*P. Fl.*) ; Bernay (*B. Extr. Fl.*).

3. M. viridis L. *Sp.* — *Pl. glabre ou presque glabre*, à odeur pénétrante. Tiges de 3-5 déc., dressées, rameuses. *Feuilles* subsessiles, *ovales lancéolées aigues*, dentées, à dents aigues, vertes sur les deux faces. Fleurs en épis de cymes cylindriques, souv. interrompus inférieurement. *Bractées linéaires subulées, égalant* ou dépassant *les fleurs.* Calice fructifère campanulé renflé, à dents linéaires subulées. ♃. Juillet-septembre.

RR. — Subspontané. — Bords de la Somme à Amiens (*Copineau*) ; bords de la rivière des Chartreux à Abbeville (*B. Herb.*) ; Abbeville (*Baill.* Herb.).

4. M. aquatica L. *Sp.* — Pl. velue hérissée ou presque glabre. Tiges de 3-8 déc., ascendantes, flexueuses, rameuses. Feuilles pétiolées, ovales aigues dentées. *Fleurs en verticilles de cymes peu nombreux, les supérieurs ord. rapprochés en* *tête terminale globuleuse,* non surmontée d'un bouquet de feuilles. Calice campanulé, à dents triangulaires subulées. ♃. Juillet-septembre.

Lieux humides, marais, bords des eaux.

Var. α. *hirsuta* (Coss. et Germ. *Fl.*). — Tiges et feuilles velues hérissées. — CC.

S.-v. *maritima.* — Pl. hérissée blanchâtre. Feuilles sessiles ou subsessiles. — Dunes de Saint-Quentin-en-Tourmont (Dovergne *Herb.*).

Var. 6. *glabrescens* (Coss. et Germ. *Fl.*). — Tiges et feuilles presque glabres. — A.R. — Mers.

5. M. arvensis L. *Sp.* — Pl. ord. velue hérissée. Tiges de 1-5 déc., ascendantes, qqf. couchées, rameuses à rameaux diffus. Feuilles brièvement pétiolées, ovales ou ovales lancéolées dentées, de grandeur variable. *Fleurs en verticilles* de cymes nombreux *feuillés, espacés,* décroissant vers le sommet de la tige ; *le supérieur surmonté ord. d'un bouquet de petites feuilles.* Calice campanulé urcéolé, à dents triangulaires presqu'aussi larges que longues. ♃. Juillet-septembre.

CC. — Lieux humides, fossés, bords des chemins, moissons.

Var. 6. *lanuginosa* (Wirgt. *Herb. Menth. Rhen*; E. Malinvaud in *litt.*). — Pl. très-velue. Feuilles ovales assez petites ; les florales réfléchies, diminuant insensiblement de grandeur dans la partie supérieure de la plante. Fleurs en verticilles nombreux ; les inférieurs un peu espacés ; les supérieurs en un épi nu au sommet ou surmonté de quelques petites feuilles. — *RR.* — Sables humides à Fort-Mahon près Quend.

** *Calice à gorge fermée par un anneau de poils.*

6. M. Pulegium L. *Sp.* — Pl. ord. pubescente. Tiges de 2-4 déc., ascendantes ou couchées radicantes redressées, rameuses. Feuilles brièvement pétiolées, ord. petites, ovales ou oblongues obtuses, obscurément dentées, diminuant insensiblement de grandeur vers le sommet de la plante. Fleurs en verticilles de cymes nombreux, assez gros, espacés. Calice tubuleux, à dents lancéolées subulées. ♃. Juillet-septembre.

RR. — Marais, fossés, champs humides. — Hombleux entre Nesle et Ham (*P. Fl.*).

Le genre *Mentha* paraît se prêter facilement à l'hybridation et a fourni de nombreuses formes qui ont souvent été décrites comme espèces. Nous ne donnons ici que les espèces les mieux caractérisées.

2. LYCOPUS L. *Gen.*

Calice campanulé, à 5 dents presqu'égales. Corolle infundibuliforme campanulée, à tube court, à 4 lobes presqu'égaux ;

le supérieur émarginé. *Etamines fertiles* 2, distantes, divergentes. Carpelles lisses, entourés d'une bordure épaisse. — Plante presqu'inodore. Fleurs petites en verticilles multiflores, espacés.

1. L. Europæus L. *Sp.* — Souche ord. traçante. Tige de 4-8 déc., dressée, ord. rameuse. *Feuilles* pétiolées ovales oblongues aiguës, profondément dentées, *souv. pinnatifides à la base.* Calice à dents acuminées subulées. Corolle blanche, ponctuée de pourpre. ♃. Juillet-septembre.

A.C. — Lieux humides, marais, bords des eaux. — Abbeville ; Le Hourdel ; Le Mesge ; Cambron (*T.C.*) ; Longpré près Amiens, Hangest-sur-Somme, Boves, Camon, Fouencamps, Longueau, Pont-de-Metz, Picquigny, Prouzel, Dreuil (*E. Gonse*) ; Guerbigny, La Faloise (*Guilbert*) ; Rivery (*P. Fl.*).

B. *Corolle bilabiée.*

3. SALVIA L. *Gen.*

Calice bilabié. Corolle à lèvre supérieure en casque ; l'inférieure trilobée. *Etamines fertiles* 2. Anthères à loges très-écartées et portées chacune par un pédicelle filiforme (connectif) transversal, la supérieure fertile, l'inférieure stérile. Carpelles ovoïdes trigones. — Pl. pubescentes glanduleuses, odorantes. Fleurs en verticilles de cymes disposés en épis terminaux.

1 { Corolle grande, dépassant longuement le calice. Style plus long que la lèvre supérieure de la corolle . . . . 1. *S. pratensis.*
  { Corolle petite, dépassant à peine le calice. Style plus court que la lèvre supérieure de la corolle. . . . . 2. *S. Verbenaca.*

1. S. pratensis L. *Sp.* — (Vulg. *Sauge des prés*). — Tige de 3-7 déc., raide, ascendante ou dressée, simple ou rameuse au sommet. Feuilles ovales ou oblongues, doublement crénelées, ridées rugueuses ; les radicales pétiolées, cordées à la base, amples ; les caulinaires ord. sessiles amplexicaules. Fleurs en verticilles 2-6-flores, peu espacés. Bractées ovales acuminées, plus courtes que le calice. *Corolle grande,* d'un beau bleu, rar. blanche, *dépassant longuement le calice,* à lèvre supérieure très-comprimée. *Style* arquée, *plus long que la lèvre supérieure de la corolle.* ♃. Juin-juillet.

CC. — Prés, pâturages, bords des chemins.

2. S. Verbenaca L. *Sp.* — Tige de 2-5 déc., ascendante ou dressée, simple ou rameuse. Feuilles ovales ou oblongues, crénelées lobées ou presque pinnatifides, ridées rugueuses ; les radicales pétiolées, souv. un peu cordées à la base ; les caulinaires sessiles. Fleurs en verticilles ord. 6-flores, disposés en épis lâches. Bractées suborbiculaires apiculées, plus courtes que le calice. *Corolle petite*, bleue, *dépassant à peine le calice*, à lèvre supérieure non comprimée. *Style plus court que la lèvre supérieure de la corolle.* ♃. Juin-août.

RR. — Lieux arides, coteaux herbeux. — *Intr.* — Talus des fortifications d'Abbeville.

Le *S. officinalis* (L. *Sp.* — Vulg. *Sauge*) est souvent cultivé dans les jardins. On le reconnaît aux caractères suivants : Pl. pubescente blanchâtre à odeur très-aromatique ; tiges sous-frutescentes à la base, à rameaux blanchâtres ; feuilles oblongues lancéolées, finement crénelées ; fleurs en verticilles 6-12-flores ; bractées ovales acuminées, caduques ; calice à dents lancéolées aristées ; corolle assez grande, d'un rose lilas, à lèvre supérieure non comprimée ; style dépassant longuement la lèvre supérieure.

4. ORIGANUM Tourn. *Inst.*

Calice campanulé, *à 5 dents presqu'égales*, à gorge poilue. Corolle à lèvre supérieure droite émarginée ; l'inférieure à 3 lobes égaux. *Etamines 4, distantes, droites, divergentes* ; les 2 inférieures un peu plus longues. — Fleurs disposées en épis, de cymes courts arrondis, rapprochés en corymbe.

1. O. vulgare L. *Sp.* — (Vulg. *Marjolaine*). — Pl. pubescente ou velue. Tige de 3-6 déc., dressée, raide, rameuse au sommet, souv. rougeâtre. Feuilles pétiolées, ovales obscurément sinuées denticulées. Fleurs petites, roses, rar. blanches. Bractées ovales, ord. rougeâtres, dépassant le calice. ♃. Juillet-octobre.

CC. — Lisières et clairières des bois, haies, lieux incultes.

S.-v. *pallescens* (Coss. et Germ. *Fl.*). — Fleurs blanchâtres. Bractées verdâtres. — R. — Lieux ombragés. — Doullens ; Drucat ; ferme de Froideville près Mers (*E. Gonse*) ; Mailly-Maillet (**Guilbert**) ; Saint-Riquier (*Lesaché*).

5. THYMUS L. *Gen.* ex parte.

Calice tubuleux campanulé, *bilabié*, à gorge fermée par un anneau de poils. Corolle à tube dépassant à peine le calice, à lèvre supérieure droite, presque plane ord. émarginée ; l'inférieure étalée, à 3 lobes presqu'égaux. *Etamines 4, distantes, droites, divergentes.* Carpelles ovoïdes subglobuleux. — Pl. sous-frutescentes, à souche ligneuse traçante. Fleurs rougeâtres, rar. blanches.

1
- Tiges munies de poils tout autour. Fleurs en verticilles de cymes disposés en têtes globuleuses ou ovoïdes . . . . 1. *T. Serpyllum.*
- Tiges munies seulement de 2 ou 4 lignes de poils. Fleurs en verticilles de cymes disposés en épis interrompus à la base . . . . 2. *T. Chamædrys.*

1. T. Serpyllum Fries *Nov.* — (Vulg. *Serpolet*). — *Tiges* de 1-3 déc., nombreuses couchées, longuement radicantes, très-rameuses, ord. rougeâtres, *munies de poils tout autour.* Feuilles petites, ovales ou oblongues, atténuées en pétiole, ciliées surtout à la base, fortement nervées. *Fleurs en verticilles de cymes rapprochés en têtes globuleuses ou ovoïdes.* ♃. Juillet-octobre.

CC. — Coteaux secs, pelouses arides, bords des bois.

S.-v. *flore albo.* — Fleurs blanches. — *R.* — Wailly ; Maisnières.

2. T. Chamædrys Fries *Nov.* — *Tiges* de 1-3 déc., couchées ascendantes, peu rameuses, ord. rougeâtres, radicantes seulement à la base, *munies de 2 ou 4 lignes de poils.* Feuilles un peu plus grandes que celles du *T. Serpyllum*, ovales suborbiculaires, brusquement rétrécies en pétiole, non ciliées, faiblement nervées. *Fleurs en verticilles de cymes disposés en épis interrompus à la base.* ♃. Juillet-octobre.

CC. — Talus herbeux, bords des chemins, coteaux secs.

On cultive fréquemment dans les potagers le *T. vulgaris* (L. *Sp.* — Vulg. *Thym*), qui est caractérisé par ses tiges presque ligneuses, dressées, non radicantes, par ses feuilles lancéolées, blanchâtres, à bords enroulés en dessous, présentent souv. à leurs aisselles des fascicules de feuilles plus petites.

L'*Hyssopus officinalis* (L. *Sp.*), planté dans quelques jardins, se rencontre sur les vieilles murailles. Il se trouvait autrefois à Abbeville sur la grosse tour au bout de la rue Myllevoie (*B.* Herb. et Extr. Fl.; *Baill.* Herb.; *P.* Fl.). On le distingue par les caractères suivants : pl. sous-frutescente ; souche traçante ; tiges de 2-5 déc., très-rameuse, à rameaux redressés, effilés, finement pubescents ; feuilles lancéolées linéaires, entières, sessiles, vertes sur les deux faces ; fleurs en verticilles de cymes rapprochés au sommet de la tige en épis unilatéraux ; calice souv. bleuâtre, à 5 dents presqu'égales, à gorge nue ; corolle bleue.

6. CALAMINTHA Tourn. *Inst.*

Calice tubuleux ou campanulé, *bilabié,* à gorge fermée par un anneau de poils. Corolle à lèvre supérieure droite, presque plane, émarginée ; l'inférieure trilobée. *Etamines 4, distantes arquées convergentes* sous la lèvre supérieure de la corolle ; les 2 inférieures plus longues. Carpelles ovoïdes ou subglobuleux. — Fleurs axillaires, en glomérules sessiles ou en petites cymes pédonculées, disposées en forme de verticilles munis d'un petit nombre de bractées.

1
- Fleurs à pédicelles courts simples, disposées en glomérules axillaires 2-3-flores, sessiles . . . . 1. *C. Acinos.*
- Fleurs disposées en petites cymes axillaires 3-15-flores, pédonculées 2

2
- Calice à dents très-inégales, les inférieures beaucoup plus longues, à gorge munie de poils presqu'inclus. Feuilles assez grandes. . . . . 2. *C. sylvatica.*
- Calice à dents presqu'égales, à gorge munie de poils saillants. Feuilles assez petites . . . . . 3. *C. Nepeta.*

1. C. Acinos Gaud. *Fl. Helv.* — *Thymus Acinos* L. *Sp.* — Pl. ord. velue grisâtre. Tiges de 1-3 déc., rameuses dès la base, souv. étalées diffuses. Feuilles petites, ovales, obscurément dentées, atténuées en pétiole. *Fleurs à pédicelles courts simples, en glomérules axillaires 2-3-flores sessiles.* Calice gibbeux à la base, à dents subulées ciliées, conniventes à la maturité. Corolle d'un bleu rougeâtre, rar. blanche. ① ou ②. Juin-septembre.

CC. — Lieux incultes, terres en friche, moissons des terrains maigres.

2. C. sylvatica Bromfield in *Engl. bot.* — Pl. pubescente ou velue. Souche traçante. Tiges de 3-6 déc., dressées ou ascendantes, simples ou rameuses. *Feuilles assez grandes,* ovales larges, dentées, pétiolées. *Fleurs en petites cymes axillaires 3-9-flores, à pédoncules rameux. Calice à dents* subulées ciliées, *très-inégales, les inférieures beaucoup plus longues, à gorge munie de poils presqu'inclus.* Corolle 2-3 fois plus longue que le calice, d'un rose purpurin. ♃. Juillet-septembre.

RR. — Bois montueux, taillis ombragés, coteaux boisés. — Bois de Bouillencourt-en-Séry ; coteau boisé à Inval près Huchenneville ; Monchelet et Harcelaines près Mesnières (*Guilbert*).

3. C. Nepeta Hoffm. et Lmk *Fl. Port.* — Pl. mollement pubescente grisâtre. Souche traçante, presque ligneuse. Tiges de 3-6 déc., ascendantes, rameuses. *Feuilles assez petites,* ovales obtuses, crénelées, pétiolées. *Fleurs en petites cymes axillaires 3-15-flores, à pédoncules rameux. Calice à dents* brièvement ciliées, *presqu'égales* ou les inférieures un peu plus longues, *à gorge munie de poils saillants.* Corolle assez petite, 1 fois plus longue que le calice, d'un lilas pâle, rar. blanche. ♃. Juillet-septembre.

A.R. — Lieux secs et pierreux, coteaux calcaires exposés au midi, bords des chemins. — Faubourg Thuison à Abbeville ; Cambron ; Saint-Valery ; Brutelles ; Mers ; Oust-Marest ; Bouvaincourt; Beauchamps; Gamaches; Bouttencourt; Ault (*Baill.* Herb.); Maisnières (*Guilbert*).

7. CLINOPODIUM Tourn. *Inst.*

Calice tubuleux arqué, bilabié, à gorge un peu poilue. Corolle à lèvre supérieure droite, presque plane, émarginée; l'inférieure trilobée. *Etamines 4, distantes arquées convergentes sous la lèvre supérieure de la corolle; les 2 inférieures plus longues. Carpelles ovoïdes, lisses. — Fleurs en glomérules* brièvement pédonculés, *disposés en forme de verticilles* multiflores *entourés à la base d'un involucre de nombreuses bractées sétacées ciliées.*

1. C. vulgare L. *Sp.* — Pl. mollement velue. Souche traçante. Tiges de 3-6 déc., dressées. Feuilles pétiolées, ovales lancéolées, obscurément dentées. Calice à dents longuement ciliées; les inférieures beaucoup plus longues. Corolle rose purpurine, rar. blanche. ♃. Juillet-octobre.

C. — Bois, haies, pâturages, lieux incultes.

Le *Melissa officinalis* (L. *Sp.* — Vulg. *Citronnelle*), cultivé qqf. dans les jardins, a été signalé comme subspontané dans les haies à Avesne près Vron (*B. Extr. Fl.; P. Fl.*), à Frohen (*De Fercourt* Herb.). Ses caractères sont : Pl. un peu poilue, à odeur de citron; tiges de 4-7 déc., dressées, rameuses; feuilles assez grandes, ovales crénelées, longuement pétiolées; fleurs en glomérules espacés, subsessiles, longuement dépassés par les feuilles; calice bilabié, à gorge un peu poilue; corolle blanche.

On cultive aussi dans les potagers le *Satureia hortensis* (L. *Sp.* — Vulg. *Sariette*). Il se rencontre assez souvent à l'état subspontané dans les terrains remués. On le distingue par les caractères suivants : pl. pubérulente, très-aromatique; tige de 1-2 déc., raide, dressée, très-rameuse; feuilles ponctuées, linéaires, obtuses, atténuées à la base; fleurs en glomérules 3-5-flores, brièvement pédonculés; calice campanulé, à dents presqu'égales, à gorge nue; corolle petite, rosée ou blanchâtre.

8. NEPETA L. *Gen.*

Calice tubuleux à 5 dents presqu'égales. Corolle tubuleuse, à gorge élargie, à lèvre supérieure droite, presque plane, échancrée, l'inférieure trilobée, à lobe moyen suborbiculaire concave, les latéraux petits, réfléchis. *Etamines 4, parallèles sous la lèvre supérieure de la corolle, déjetées après la floraison, les 2 inférieures plus courtes. Anthères non rapprochées en forme de croix.* — Fleurs en glomérules multiflores compactes, brièvement pédonculés, rapprochés en épis terminaux.

1. N. Cataria L. *Sp.* — Pl. fétide, pubescente blanchâtre. Tiges de 5-8 déc., dressées, rameuses. Feuilles pétiolées, ovales aiguës, cordées à la base, fortement dentées. *Corolle blanche, ponctuée de rouge.* ♃. Juillet-septembre.

R. — Haies, buissons, bords des chemins, décombres. — *Intr.* — Bords de la Somme à l'île Sainte-Aragone à Amiens (*Rom.*); Saint-Maurice, talus de la citadelle à Amiens, cimetière de Dury (*E. Gonse*); faubourg Saint-Martin à Montdidier (*Dufourny*); Villers-Tournelle, Belle-Assise, près Fontaine-sous-Montdidier; (*Guilbert*); faubourg Thuison à Abbeville (*Baill.* Herb.); Cardonnette, Camon, Rivery, Nouvion, Menchecourt près Abbeville (*P. Fl.*).

9. GLECHOMA L. Gen.

Calice tubuleux, à 5 dents presqu'égales. Corolle à lèvre supérieure droite, presque plane, bifide; l'inférieure trilobée, à lobe moyen plus grand, plan, émarginé. *Etamines 4, rapprochées et parallèles sous la lèvre supérieure de la corolle, les 2 inférieures plus courtes. Anthères rapprochées par paires en forme de croix.* — Fleurs en glomérules pauciflores, axillaires, brièvement pédonculés.

1. G. hederacea L. *Sp.* — (Vulg. *Lierre terrestre*). — Tiges de 2-5 déc., grêles, couchées radicantes, redressées, à rejets nombreux rampants. Feuilles réniformes suborbiculaires, crénelées, plus ou moins velues, longuement pétiolées. *Corolle d'un violet pâle,* tachée de pourpre à la base de la lèvre inférieure. ♃. Avril-juin.

CC. — Lieux herbeux, haies, buissons.

S.-v. *hirsuta* (Coss. et Germ. *Fl.*). — Tiges et feuilles velues hérissées.

10. MELITTIS L. Gen.

Calice campanulé, ample, membraneux, veiné, *irrégulièrement bilabié,* à lèvre supérieure bi-tridentée ou entière, à lèvre inférieure bilobée. Corolle à tube dépassant longuement le calice, à lèvre supérieure suborbiculaire entière, presque plane; l'inférieure à 3 lobes obtus, le moyen plus grand. *Etamines 4, rapprochées et parallèles sous la lèvre supérieure de la corolle,* non déjetées en dehors après la floraison, *les 2 inférieures plus longues. Anthères disposées par paires en forme de croix.* — *Fleurs grandes, blanches, panachées de rouge,* solitaires, géminées ou ternées à l'aisselle des feuilles supérieures.

1. M. Melissophyllum L. *Sp.* — Pl. élégante, velue, à odeur forte. Souche traçante. Tige de 2-4 déc., dressée, ord.

simple. Feuilles pétiolées, ovales aigues, arrondies ou un peu cordées à la base, crénelées ou dentées; les inférieures plus petites. Carpelles ovoïdes globuleux, lisses ou réticulés. ♃. Mai-juillet.

RR. — Bois montueux, taillis. — Coullemelle, bois du Parc à Folleville (*Guilbert*) ; La Faloise (P. *Fl.*).

11. LAMIUM L. *Gen.*

Calice campanulé, à 5 dents sétacées presqu'égales. Corolle à gorge renflée, à *lèvre* supérieure en casque ; *l'inférieure à lobes très inégaux, les latéraux très petits*, réfléchis, *ord. en forme de dents, le moyen plus grand, échancré. Étamines 4, rapprochées et parallèles sous la lèvre supérieure de la corolle,* non déjetées en dehors après la floraison, *les 2 inférieures plus longues.* Anthères barbues. Carpelles trigones, tronqués, à angles aigus. — Pl. à odeur désagréable. Fleurs subsessiles, en verticilles de cymes pluriflores.

1. { Corolle grande, blanche . . . . 3. *L. album.*
     Corolle petite, rose. 2

2. { Feuilles supérieures sessiles amplexicaules . . . .
     . . . . 1. *L. amplexicaule.*
     Feuilles supérieures brièvement pétiolées, non amplexicaules. . . . . 2. *L. purpureum.*

1. L. amplexicaule L. *Sp.* — Tiges de 1-3 déc., ascendantes diffuses, presque glabres. *Feuilles* inférieures suborbiculaires réniformes, incisées crénelées, longuement pétiolées, pubescentes ; les *supérieures* plus larges, presque lobées, *sessiles amplexicaules.* Calice velu, à dents conniventes après la floraison. *Corolle petite, rose* foncé, à tube grêle droit dépassant ord. longuement le calice, nu intérieurement. ⊙. Avriloctobre.

C. — Moissons, champs en friche, bords des chemins. — *Intr.*

2. L. purpureum L. *Sp.* — Tiges de 1-3 déc., ascendantes, diffuses, presque glabres. *Feuilles* ovales obtuses, cordées, inégalement crénelées, *toutes pétiolées*, pubescentes ; *les supérieures* plus grandes, *rapprochées au sommet de la tige*, souv. rougeâtres. Calice pubescent, à dents étalées après la floraison. *Corolle petite, rose,* à tube presque droit dépassant ord. peu le calice, muni d'un anneau de poils. ⊙. Avriloctobre.

CC. — Lieux cultivés, bords des chemins, décombres. — *Intr.*

3. L. album L. *Sp.* — (Vulg. *Ortie blanche*). — Tiges de 2-5 déc., ascendantes ou couchées redressées, pubescentes.

Feuilles ovales cordées acuminées, fortement dentées, pétiolées. Fleurs en verticilles écartés. Calice pubescent, à dents étalées après la floraison. *Corolle* velue, *grande, blanche,* un peu jaunâtre en dedans, à tube courbé en avant, muni d'un anneau de poils. Anthères noires. ♃. Avril-octobre.

CC. — Lieux incultes, haies, bords des murs et des chemins. — Ind. ?

12. GALEOBDOLON Huds. *Fl. Angl.*

Calice campanulé, à 5 dents un peu inégales, subulées épineuses. *Corolle* à tube courbé, présentant intérieurement un anneau de poils, *à lèvre* supérieure en casque, l'*inférieure à 3 lobes lancéolés aigus,* le moyen un peu plus grand. *Etamines 4, rapprochées et parallèles sous la lèvre supérieure de la corolle,* non déjetées en dehors après la floraison ; *les inférieures plus longues.* Anthères glabres. Carpelles trigones, tronqués, à angles aigus. — Fleurs subsessiles, en verticilles écartés.

1. G. luteum Huds. *Fl. Angl.* — *Lamium Galeobdolon* Crantz *Austr.* — (Vulg. *Ortie jaune*). — Tiges de 3-5 déc., émettant des rejets rampants, couchées redressées, peu rameuses. Feuilles pétiolées, ovales cordées ou atténuées à la base, acuminées, inégalement dentées, qqf. tachées de blanc. Calice fructifère à dents divergentes. *Corolle assez grande, jaune,* à tube ne dépassant pas le calice. ♃. Mai-juin.

C. — Lieux ombragés, bois, haies, buissons.

13. GALEOPSIS L. *Gen.* ex parte.

Calice campanulé, à 5 dents subulées épineuses *presqu'égales. Corolle* à tube droit, *à gorge* dilatée *présentant* de chaque *côté un pli dentiforme,* à lèvre supérieure en casque; l'inférieure à 3 lobes ovales étalés, le moyen plus grand. *Etamines 4, rapprochées et parallèles sous la lèvre supérieure de la corolle, non déjetées en dehors après la floraison; les 2 inférieures plus longues.* Carpelles ovoïdes comprimés. — Fleurs subsessiles, en verticilles de cymes.

1
- Tige renflée sous les nœuds, hérissée de poils raides . . . . 1. G. Tetrahit.
- Tige non renflée sous les nœuds, pubescente. . . . . 2. G. Ladanum.

1. G. Tetrahit L. *Sp.* — *Tige* de 2-7 déc., dressée rameuse, à rameaux étalés ascendants, *renflée sous les nœuds, hérissée de poils raides.* Feuilles pétiolées, ovales ou oblongues acuminées, fortement dentées. Calice à dents longues épineuses. Corolle rose ou blanche, à tube dépassant à peine le calice, à lèvre inférieure tachée de jaune et veinée de rouge, à lobe moyen presque carré. ⊙. Juillet-septembre.

C. — Lieux frais, haies, bois, champs. — Abbeville; Drucat; Yvrench; Les Alleux près Behen; Le Plouy près Vismes-au-Val; Mers; Cambron (*T.C.*); Aigneville, Martainneville (*Guilbert*); Yonville près Citernes (*Rom.*); Ailly-sur-Noye, Boves, Fouencamps, Saint-Maurice et Renancourt près Amiens, Sainte-Segrée, Saint-Germain-sur-Bresle (*E. Gonse*); Nampty-Coppegueulle (*Copineau*); Vron (*Lesaché*).

2. G. Ladanum L. *Sp.* — *G. angustifolia* Ehrh. *Herb.* — *Tige* de 1-4 déc., dressée, raide, ord. rameuse, à rameaux ascendants ou étalés, *non renflée sous les nœuds, mollement pubescente.* Feuilles plus ou moins pubescentes, oblongues lancéolées ou linéaires entières ou lâchement dentées, atténuées en pétiole. Calice pubescent ou velu laineux. Corolle purpurine, à tube dépassant longuement le calice, à lèvre inférieure tachée de jaune, à lobe moyen obtus. ⊙. Juillet-octobre.

CC. — Lieux incultes, moissons des terrains calcaires, champs en friche. — *Intr.*

Var. *6. littoralis* — Pl. velue blanchâtre. Racine longuement pivotante. Tige de 1-2 déc., robuste, rameuse dès la base, à rameaux courts étalés, souv. divariqués. Verticilles nombreux, multiflores, couverts de poils laineux. — Galets maritimes. — Cayeux-sur-Mer; Le Hourdel.

14. STACHYS L. *Gen.*

Calice campanulé, à 5 dents presqu'égales, plus ou moins épineuses. Corolle à tube présentant ord. intérieurement un anneau de poils, à lèvre supérieure ord. entière, concave; l'inférieure à lobes obtus, le moyen plus grand. *Etamines 4, rapprochées et parallèles sous la lèvre supérieure de la corolle; les 2 inférieures plus longues, déjetées en dehors après la floraison. Carpelles* ovoïdes, *glabres.* — Fleurs subsessiles, en verticilles de cymes disposés en épis terminaux.

1. { Corolle d'un blanc jaunâtre 2
   { Corolle purpurine ou rosée 3

2. { Pl. annuelle. Feuilles glabres ou presque glabres. Calice
   {   à dents terminées en pointe ciliée . . . . 6. *S. annua.*
   { Pl. vivace. Feuilles pubescentes ou velues. Calice à dents
   {   terminées en pointe glabre . . . . 7. *S. recta.*

3. { Pl. toute laineuse blanchâtre . . . . . . 1. *S. Germanica.*
   { Pl. plus ou moins velue, non blanchâtre 4

4. { Calice à dents ovales mucronées . . . . . 2. *S. Alpina.*
   { Calice à dents lancéolées épineuses 5

| Feuilles ovales obtuses. Corolle dépassant à peine le calice. Pl. annuelle de 1-3 déc. . . . . . **5. S. *arvensis*.**
5 { Feuilles ovales acuminées ou oblongues lancéolées aigues. Corolle dépassant longuement le calice. Pl. vivace de 4-10 déc. 6

6 { Pl. hispide, glanduleuse au sommet. Feuilles inférieures longuement pétiolées . . . . **3. S. *sylvatica*.**
Pl. velue, non glanduleuse. Feuilles inférieures à peine pétiolées. . . . . **4. S. *palustris*.**

* *Corolle purpurine ou rosée.*

1. S. Germanica L. *Sp.* — *Pl. toute laineuse blanchâtre.* Tige de 4-8 déc., dressée ou ascendante, robuste, simple ou rameuse. *Feuilles* épaisses, *crénelées;* les inférieures pétiolées, ovales lancéolées, cordées à la base ; les supérieures sessiles, lancéolées. Fleurs en verticilles multiflores, compactes, rapprochés en épis feuillés. Calice à dents ovales aigues, mucronées piquantes. Corolle purpurine, à tube ne dépassant pas le calice. ② ou ♃. Juillet-août.

R. — Coteaux secs, lieux incultes, bords des chemins. — Jumel; Cappy; Saisseval (*Rom.*) ; Brie, Ailly-sur-Noye (*E. Gonse*); Essertaux, Oresmaux (*Copineau*); La Faloise, Chaussoy-Epagny, Vadencourt, Septoutre près Ainval, Warloy-Baillon (*Guilbert*) ; Namps-au Mont (*Richer*) ; Ville-Saint-Ouen (*Lesaché*) ; Flixecourt (*Dovergne* Herb.); Saint-Milford près Abbeville (*B.* Herb.) ; Laviers (*Baill.* Herb.) ; Querrieux (*Garnier*) ; Boves, Mouflers (*P. Fl.*).

2. S. Alpina L. *Sp.* — *Pl. pubescente ou velue,* un peu glanduleuse au sommet. Tige de 4-8 déc., dressée, simple ou rameuse. *Feuilles crénelées;* les inférieures pétiolées, ovales oblongues, cordées à la base ; les supérieures sessiles, lancéolées. Fleurs en verticilles pluriflores espacés ou les supérieurs rapprochés en épis feuillés. *Calice à dents ovales mucronées.* Corolle d'un rose brunâtre, à gorge tachée de blanc. ♃. Juillet-août.

R. — Bois, buissons ombragés. — Pâture du château de Senarpont ; forêt d'Arguel près Senarpont ; Gauville ; bois de Bouttencourt; Poix (*Richer*); Ailly-sur-Noye, La Faloise, Namps, Sainte-Segrée, Thieulloy-la-Ville, Saint-Germain-sur-Bresle (*E. Gonse*); Bovelles (*Rom.*); Sourdon, Guerbigny, Grivesnes, Cantigny, Harcelaines près Maisnières, Coullemelle, Sauvillers-Mongival (*Guilbert*); Boves, Mouflers (*P. Fl.*).

3. S. sylvatica L. *Sp.* — *Pl. hispide, glanduleuse au sommet,* à odeur fétide. Souche longuement traçante. Tige de 4-8 déc., dressée, souv. simple. *Feuilles* ovales acuminées, *fortement dentées ; les inférieures longuement pétiolées,* cordées à la base. Fleurs en verticilles 6-8-flores, disposés en épis un peu lâches, non feuillés. *Calice à dents lancéolées* subulées, *un peu épineuses. Corolle* d'un pourpre vineux, à gorge tachée de blanc, *dépassant longuement le calice.* ♃. Juin-août.

CC. — Lieux couverts, bois, haies.

4. S. palustris L. *Sp.* — *Pl. velue, non glanduleuse.* Souche traçante. Tige de 5-10 déc., dressée, ord. simple, munie de poils réfléchis. *Feuilles* oblongues lancéolées acuminées, *crénelées dentées; les inférieures subsessiles, ou brièvement pétiolées;* les supérieures sessiles. Fleurs en verticilles 6-12-flores, disposés en épis interrompus inférieurement. *Calice à dents lancéolées* subulées *épineuses. Corolle* purpurine, à gorge tachée de blanc, *dépassant longuement le calice.* ♃. Juillet-septembre.

C. — Lieux cultivés humides, marais, fossés.

5. S. arvensis L. *Sp.* — Pl. velue. *Tige de 1-3 déc.,* faible, ord. rameuse dès la base. *Feuilles ovales obtuses,* un peu cordées à la base, *crénelées,* pétiolées; les florales supérieures sessiles, mucronées. Fleurs en verticilles 2-6-flores espacés ou rapprochés en épis. *Calice à dents lancéolées, à pointe courte épineuse. Corolle* petite, rose ponctuée de pourpre, *dépassant à peine le calice.* ⊙. Juillet-octobre.

CC. — Moissons, champs en friche. — *Intr.*

** *Corolle d'un blanc jaunâtre.*

6. S. annua L. *Sp.* — Tige de 1-4 déc., dressée, souv. rameuse dès la base, pubescente. *Feuilles glabres ou presque glabres; les inférieures pétiolées, ovales oblongues obtuses, crénelées dentées;* les supérieures sessiles, lancéolées acuminées, souv. entières. Fleurs en verticilles 4-6-flores, en épis feuillés. *Calice* velu, *à dents* lancéolées linéaires, *terminées en pointe ciliée.* Corolle blanchâtre à lèvre inférieure jaune, à tube dépassant ord. le calice. ⊙. Juillet-octobre.

CC. — Moissons des terrains maigres, champs en friche. — *Intr.*

7. S. recta L. *Mant.* — Souche presque ligneuse. Tiges de 2-5 déc., étalées ascendantes, ord. nombreuses, simples ou rameuses, velues. *Feuilles* oblongues ou lancéolées, *crénelées,* brièvement pétiolées, *pubescentes ou velues;* les florales supérieures sessiles, ovales, souv. entières, mucronées. Fleurs en verticilles 4-10-flores, disposés en épis ord. allongés interrompus. *Calice* hérissé, *à dents* triangulaires lancéolées, *terminées en pointe glabre.* Corolle d'un blanc jaunâtre à lèvre ponctuée de rouge, à tube égalant environ le calice. ♃. Juin-septembre.

RR. — Lieux incultes et arides, bords des bois. — Jumel; Fortmanoir (*Garnier*); Cagny, Saint-Fuscien, Amiens à Henriville (*E. Gonse*); Quiry-le-Sec (*Guilbert*); Notre-Dame-de-Grâce, Boves, Querrieux, Dury (*P. Fl.*).

15. BETONICA L. *Gen.*

Calice tubuleux campanulé, à 5 dents presqu'égales triangulaires lancéolées, terminées en pointe épineuse. *Corolle à tube un peu courbé, dépourvu d'anneau de poils, à lèvre supérieure dressée*, un peu concave ; *l'inférieure à 3 lobes obtus, le moyen plus grand, ord. émarginé. Etamines 4, rapprochées et parallèles sous la lèvre supérieure de la corolle, non déjetées en dehors après la floraison; les 2 inférieures plus longues.* Carpelles obovoïdes obtus. — Fleurs subsessiles, en verticilles de cymes pluriflores, disposés en épi terminal oblong interrompu à sa base.

1. B. officinalis L. *Sp.* — Pl. pubescente ou velue. Tiges de 3-6 déc., ord. simples, ascendantes ou dressées. Feuilles espacées, ovales oblongues obtuses, cordées à la base, fortement crénelées ; les inférieures longuement pétiolées ; les supérieures subsessiles, plus étroites. Calice longuement cilié à la gorge. Corolle purpurine, pubescente en dehors, à tube dépassant longuement le calice. ♃. Juillet-septembre.

CC. — Lisières et clairières des bois.

S.-v. *alba*. — Fleurs blanches. — *R.* — Bois de Lanchères.

16. MARRUBIUM L. *Gen.* ex parte.

Calice tubuleux, *à 10 dents* ord. *alternativement plus petites*, subulées *recourbées en crochet au sommet*. Corolle à tube court, à lèvre supérieure plane, étroite, bifide ; l'inférieure à 3 lobes. *Etamines 4, parallèles, incluses dans le tube de la corolle.* Carpelles cunéiformes subtrigones, glabres. — Fleurs en verticilles de cymes multiflores, compactes, subglobuleux, espacés.

1. M. vulgare L. *Sp.* — Pl. tomenteuse blanchâtre, très odorante. Tige de 3-8 déc., dressée, rameuse, à rameaux ascendants. Feuilles ridées en réseau, pétiolées, ovales suborbiculaires, inégalement crénelées. Bractées subulées, égalant environ le calice. Corolle petite, blanche. ♃. Juillet-octobre.

C. — Bords des routes, villages, lieux arides, décombres. — *Intr.*

17. BALLOTA Tourn. Inst.

Calice campanulé infundibuliforme, à 5 angles, *à 5 dents larges ovales pliées longitudinalement*, brusquement mucronées. *Corolle à tube* dépassant à peine le calice, *muni intérieurement d'un anneau de poils, à lèvre supérieure* droite, un peu concave ; *l'inférieure à lobes obtus, le moyen plus grand, émarginé. Etamines 4, rapprochées et parallèles sous la lèvre supérieure de la corolle*, non déjetées en dehors après la floraison ; *les 2 inférieures plus longues.* Carpelles oblongs, glabres. — Fleurs en verticilles de cymes multiflores, brièvement pédonculés.

1. B. fœtida Lmk. *Fl. Fr.* — Pl. fétide, pubescente, d'un vert sombre. Tiges de 4-7 déc., dressées ou ascendantes, rameuses. Feuilles pétiolées, ovales, un peu cordées à la base, inégalement crénelées. Bractées linéaires subulées. Corolle purpurine, rar. blanche. ♃. Juillet-septembre.

CC. — Bords des chemins, villages, haies, décombres. — *Intr.*

18. LEONURUS L. Gen.

Calice campanulé, à 5 angles, à 5 dents épineuses *un peu inégales*, divergentes après la floraison. Corolle à tube courbé, muni intérieurement d'un anneau de poils, à lèvre supérieure concave ; l'inférieure étalée, à 3 lobes obtus, s'enroulant souv. longitudinalement peu après la floraison. *Etamines 4, rapprochées et parallèles sous la lèvre supérieure de la corolle ; les 2 inférieures plus longues, déjetées en dehors après la floraison. Carpelles* trigones tronqués, *velus au sommet.* — Fleurs sessiles, en verticilles de cymes pluriflores compactes, disposés en épis feuillés interrompus.

1. L. Cardiaca L. *Sp.* — Tige de 5-10 déc., dressée raide, rameuse. Feuilles pétiolées, pubescentes en dessous ; les inférieures profondément 3-5-lobées, à lobes oblongs aigus incisés dentés : les supérieures cunéiformes trifides. Corolle velue en dehors, rose ponctuée de pourpre. ♃. Juillet-octobre.

R. — Haies, buissons, villages. — *Intr.* — Tours ; Drucat ; Folleville (*Guilbert*) ; Boveiles (*Rom.*) ; Roye (*Besse*) ; Caubert près Abbeville (*Baill.* Herb.) ; Mareuil (*Du Maisniel de Belleval* Not. manuscr.) ; Cagny (*P. Fl.*) ; Cambron (*B. Extr. Fl.*).

19. BRUNELLA Tourn. Inst.

Calice campanulé, *bilabié, à lèvres fermées après la flo-*

raison; *la supérieure* plane, **large**, tronquée, *3-dentée*; l'inférieure bifide. Corolle à tube muni intérieurement d'un anneau de poils, à lèvre supérieure en casque ; l'inférieure à 3 lobes, le moyen plus large. *Etamines 4, rapprochées et parallèles sous la lèvre supérieure de la corolle*, les 2 inférieures plus longues ; filets divisés en 2 pointes dont une porte l'anthère. Carpelles oblongs subtrigones, glabres. Fleurs en verticilles de cymes pauciflores, rapprochés en épis terminaux compactes, munis de larges bractées souv. colorées, suborbiculaires acuminées, ciliées.

1
- Corolle d'un bleu violet. Filet des étamines longues à pointe droite. . . . . *1. B. vulgaris.*
- Corolle d'un blanc jaunâtre. Filet des étamines longues à pointe courbée . . . . 2. *B. alba.*

1. B. vulgaris L. *Sp.* excl. var. ε. — Tiges de 1-4 déc., couchées, souv. radicantes, puis ascendantes, ord. simples, pubescentes à poils apprimés. Feuilles pétiolées, ovales ou oblongues, entières ou sinuées dentées, plus rar. pinnatifides. Fleurs en épis oblongs, ord. munis à la base de 2 feuilles opposées, courtes. Calice ord. coloré, à lèvre supérieure tronquée, à dents très courtes mucronées ; l'inférieure à dents lancéolées, un peu ciliées. *Corolle petite, d'un bleu violet. Filets des 2 étamines longues à pointe droite.* ♃. Juillet-août.

CC. — Prairies, bords des bois et des chemins.

Var. ε. *pinnatifida* (Gren. et Godr. *Fl.*). — Feuilles supérieures pinnatifides. — *A.R.* — Lieux secs, pelouses arides. — Caubert près Abbeville; Drucat; Wailly ; Amiens (*Rom.*); Cagny, Bourdon, Taisnil, Ailly-sur-Noye, Sainte-Segrée (*E. Gonse*); Camon, Rivery, Fortmanoir (*P. Fl.*) ; Laviers, Dreuil (*Picard*, Not. manuscr.).

2. B. alba Pall. ap. Bieb. — *Tiges* de 1-3 déc., couchées ascendantes, simples ou rameuses, hérissées de poils blanchâtres. Feuilles velues, pétiolées ; les inférieures oblongues, entières ou dentées ; les supérieures ord. pinnatifides. Fleurs en épis courts, ord. munis à la base de 2 feuilles opposées, allongées. Calice à lèvre supérieure à dents largement ovales, mucronées ; l'inférieure à dents lancéolées subulées, pectinées ciliées. *Corolle assez grande, d'un blanc jaunâtre. Filets des 2 étamines longues à pointe courbée.* ♃. Juillet-août.

R. — Pelouses sèches, coteaux arides. — Wailly; Jumel; Bovelles (*Rom.*); Dury (*F. Debray*); *Quevauvillers* (*Richer*); Sainte-Segrée, Cagny, Ailly-sur-Noye, Notre-Dame-de-Grâce près Amiens (*E. Gonse*); Cantigny, Sauvillers-Mongival (*Guilbert*); bois de Moretaux près Namps (*Soc. Linn.*).

Var ε. *integrifolia* (Gren et Godr. *Fl.*). — Feuilles toutes entières. — *RR.* — Forêt de Dompierre ; bois de Namps (*E. Gonse*).

20. SCUTELLARIA L. Gen.

Calice court, bilabié, à lèvres entières, fermées après la floraison; la supérieure munie sur le dos d'une écaille concave. Corolle à tube dépassant longuement le calice, à lèvre supérieure comprimée en casque, à lèvre inférieure étalée. *Etamines 4, rapprochées et parallèles sous la lèvre supérieure de la corolle*, les 2 inférieures plus longues. Carpelles ovoïdes subgloduleux.—Fleurs solitaires à l'aisselle des feuilles, tournées du même côté.

1. S. galericulata L. *Sp.* — Souche traçante. Tige de 2-5 déc., faible, dressée ou ascendante, ord. rameuse. Feuilles brièvement pétiolées, oblongues lancéolées cordées à la base, ord. un peu obtuses, lâchement crénelées. Calice glabre ou presque glabre. Corolle violacée, à tube courbé à la base. ♃. Juillet-septembre.

A.C. — Marais, bords des eaux. -- Mareuil; Abbeville; Drucat; Caux; Villers-sur-Authie; Quend; Cambron; Wailly; Long; La Faloise, Renancourt, Hangest-sur-Somme, Fossemanant, Fortmanoir, Boves, Camon, Ailly-sur-Somme; Saint-Ouen, Picquigny, Bourdon (*E. Gonse*); Amiens (*Rom.*); Guerbigny, Bavelincourt (*Guilbert*); Rivery (*P. Fl.*); Laviers, Dreuil (*Picard* Not. manuscr.).

Nous avons rencontré, près de nos limites, à Sorus [Pas-de-Calais], le *S. minor* (L. *Sp.*), qui a aussi été trouvé dans le bois de Belledame près Airon [Pas-de-Calais] (*Baill.* Herb.). Ses principaux caractères sont: pl. plus petite; tige de 1-2 déc., très-grêle; feuilles entières ou munies de 1-2 dents de chaque côté à la base; calice hérissé; corolle petite, rose, à tube droit un peu ventru à la base.

C. *Corolle d'apparence unilabiée.*

21. AJUGA L. Gen. ex parte.

Calice ovoïde campanulé, à 5 dents presqu'égales. Corolle à tube muni intérieurement d'un anneau de poils, à lèvre supérieure très-courte, presque nulle, *émarginée*, à lèvre inférieure à 3 lobes, le moyen obcordé, beaucoup plus grand. Etamines 4, rapprochées et parallèles, dépassant ord. longuement la lèvre supérieure de la corolle, les inférieures plus longues. Carpelles oblongs ou subgloduleux, réticulés. — Fleurs solitaires axillaires, ou en verticilles de cymes disposés en épis terminaux feuillés.

1. {
   Fleurs jaunes, solitaires axillaires. Feuilles la plupart tripartites à lobes linéaires . . . . . 3. **A. Chamæpitys**.
   Fleurs bleues, rar. roses ou blanches, en verticilles rapprochés en épis terminaux. Feuilles oblongues ou obovales 2
}

2. {
   Pl. émettant de longs rejets rampants. Tige pubescente sur 2 faces . . . . 1. **A. reptans**.
   Pl. dépourvue de rejets rampants. Tiges velues sur les 4 faces . . . . 2. **A. Genevensis**.
}

1. A. reptans L. *Sp.* — Pl. *émettant de longs rejets stériles rampants. Tige* de 1-3 déc., dressée, simple, *pubescente sur 2 faces. Feuilles* presque glabres, *oblongues ou obovales*, sinuées ; les radicales atténuées en pétiole, persistantes ; les caulinaires subsessiles ; les florales souv. colorées. *Fleurs en verticilles* pluriflores, *rapprochés en épi feuillé. Corolle bleue, rar. rose ou blanche.* ♃. Mai-juillet.

CC. — Lieux ombragés, bois, haies, prairies.

2. A. Genevensis L. *Sp.* — *Pl. dépourvue de rejets rampants. Tiges* de 1-2 déc., rar. solitaires, dressées, simples ou un peu rameuses, *velues sur les 4 faces. Feuilles* velues *oblongues ou obovales*, sinuées ou inégalement crénelées ; les radicales atténuées en pétiole, non persistantes ; les caulinaires sessiles ; les florales assez souv. colorées. Fleurs en verticilles pluriflores, rapprochés en épi feuillé compacte. *Corolle d'un bleu clair, rar. rose ou blanche.* ♃. Juin-juillet.

A.C. — Lieux secs, coteaux calcaires. — Limeux ; Bailleul ; Huchenneville ; Frucourt ; Wiry-au-Mont ; Wailly ; La Faloise ; lisières de la forêt d'Arguel près Senarpont ; Camon, Boves (*Copineau*) ; Bovelles, Saisseval (*Rom.*) ; Hocquincourt (*Dufourny*) ; Pont-Noyelles, Saint-Ouen, Dury, Saint-Fuscien, Gentelles, Ailly-sur-Noye, Saveuse, Bacouel, Prouzel, Le Cardonnois (*E. Gonse*) ; Warloy-Baillon, Ribemont, Vadencourt, Septoutre près Ainval, Harponville (*Guilbert*) ; Pont-Remy, Gouy (*B. Extr. Fl.*).

3. A. Chamæpitys Schreb. *Unilab.* — Pl. velue un peu visqueuse, odorante. Tiges de 5-15 cent., rameuses dès la base, à rameaux nombreux ascendants. *Feuilles la plupart tripartites, à lobes linéaires* ; les inférieures oblongues, entières ou un peu dentées, atténuées en pétiole. *Fleurs solitaires axillaires*, longuement dépassées par les feuilles florales. *Corolle petite, jaune.* ①. Juillet-septembre.

A.C. — Moissons des terrains calcaires, champs en friche. — *Intr.* — Caumondel près Huchenneville ; Limeux ; Bray-lès-Marcuil ; Frucourt ; Bouillencourt-en-Sery ; Oust-Marest ; Caubert près Abbeville ; Eaucourt ; Pont-Remy ; Francières ; Wailly ; Jumel ; Pernois ; Cambron (*T.C.*) ; Bovelles (*Rom.*) ; Quiry-le-Sec,

Guerbigny (*Guilbert*); La Faloise, Ailly-sur-Noye, Notre-Dame-de-Grâce près Amiens, Yzeux, Vignacourt, Saint-Quentin-la-Motte-Croix-au-Bailly (*E. Gonse*); Bussus (*Lesaché*); Boves, Cagny (*Picard* Not manuscr.).

22. TEUCRIUM L. *Gen.*

Calice tubuleux ou campanulé, à 5 dents presqu'égales ou paraissant qqf. bilabié par le développement de la dent supérieure. *Corolle à tube court dépourvu d'anneau de poils, à lèvre supérieure très courte, à 2 lobes rejetés vers la lèvre inférieure qui paraît ainsi 5-lobée.* Etamines 4, rapprochées parallèles, saillantes entre les lobes de la lèvre supérieure, les 2 inférieures plus longues. Carpelles obovoïdes subglobuleux, ord. réticulés rugueux. — Fleurs axillaires solitaires ou géminées ou disposées en grappes de cymes spiciformes ou en glomérules.

1. Feuilles entières. Fleurs disposées en glomérules terminaux. . . . . 5. *T. montanum.*
Feuilles pinnatifides ou dentées ou crénelées. Fleurs non disposées en glomérules terminaux. 2

2. Feuilles pinnatifides. . . . . 2. *T. Botrys.*
Feuilles dentées ou crénelées 3

3. Calice paraissant bilabié. Corolle jaunâtre. . . . . 1. *T. Scorodonia.*
Calice à 5 dents presqu'égales. Corolle purpurine. . . . 4

4. Pl. sous-frutescente. Feuilles un peu pétiolées. . . . . 4. *T. Chamædrys.*
Pl. herbacée. Feuilles sessiles. . . . . . 3. *T. Scordium.*

1. T. Scorodonia L. *Sp.* — Pl. pubescente. Tiges de 3-5 déc., dressées raides, simples ou rameuses supérieurement. *Feuilles* pétiolées, ovales ou oblongues, cordées à la base, ridées, *inégalement crénelées*, plus pâles en dessous. Fleurs solitaires, axillaires unilatérales, en longues grappes grêles terminales. *Calice paraissant bilabié*, à dent supérieure ovale plus grande, les 4 inférieures triangulaires mucronées. Corolle jaunâtre. Carpelles lisses. ♃. Juillet-septembre.

C. — Lisières et clairières des bois. — Huchenneville, bois de Blingues près Mers; Helincourt près Saint-Blimont; Ailly-sur-Noye, Sainte-Segrée, Saint-Germain-sur-Bresle, Villers-Tournelle, Conty (*E. Gonse*); Maisnières, Tilloy-Floriville (*Guilbert*); Bovelles (*Rom.*); Saint-Riquier (*B.* Extr. Fl.); Mareuil, Port (*P.* Fl.).

2. T. Botrys L. *Sp.* — Pl. velue, un peu visqueuse. Tiges de 1-2 déc., ord. rameuses dès la base. *Feuilles* pétiolées. *pinnatifides*, à lobes courts linéaires oblongs. *Fleurs* pédicellées, *en grappes de cymes pauciflores* espacés. Calice gibbeux à la base, à 5 dents presqu'égales triangulaires acuminées. Corolle purpurine. ①. Juillet-octobre.

A.C. — Champs secs et pierreux, coteaux calcaires. — *Intr.* — Limeux ; Bouillancourt-en-Sery ; Pont-Remy ; Hocquincourt ; Liercourt ; Bray-les-Mareuil ; Poix ; Franqueville ; Picquigny ; Wailly ; Jumel ; Aveluy ; Yzeux, Hangest-sur-Somme, Ailly-sur-Noye, Taisnil, Bourdon, Vignacourt, La Faloise, Pont-Noyelles, Namps (*E. Gonse*) ; Villers-Tournelle, Guerbigny, Coullemelle (*Guilbert*) ; Yaucourt (*Lesaché*) ; Cagny (*Picard* Not. manuscr.) ; Boves, Querrieux (*P. Fl.*) :

3. T. Scordium L. *Sp.* — Pl. mollement velue. Souche longuement traçante, émettant des rejets. Tige de 1-3 déc., couchée radicante, puis redressée, faible, ord. rameuse. *Feuilles sessiles*, molles, oblongues, *fortement dentées*. Fleurs solitaires ou géminées, axillaires unilatérales. *Calice* petit, à *dents presqu'égales*, lancéolées acuminées. *Corolle purpurine*. ♃. Juillet-octobre.

Lieux marécageux, prairies humides. — *A.C.* dans les marais des dunes de Saint-Quentin-en-Tourmont. — Indiqué entre Belloy-sur-Somme et Le Gard (*P. Fl.*).

4. T. Chamædrys L. *Sp.* — *Pl. sous-frutescente*. Souche traçante. Tiges de 1-3 déc., nombreuses couchées ascendantes, rameuses, pubescentes. *Feuilles un peu pétiolées*, ovales, cunéiformes à la base, *incisées crénelées*, d'un vert pâle en dessous. Fleurs en grappes de cymes pauciflores terminales feuillées. *Calice à dents presqu'égales* lancéolées acuminées. *Corolle purpurine*. Carpelles presque lisses. ♃. Juillet-septembre.

A.C. — Lieux pierreux, coteaux calcaires, lisières des bois. — Caux ; Boves ; La Faloise ; Bezencourt près Tronchoy ; Coullemelle, Guerbigny, Sauvillers-Mongival (*Guilbert*) ; Ailly-sur-Noye, Bourdon, Yzeux, Namps-au-Mont, Poix, Beaucamps-le-Jeune, Saint-Germain-sur-Bresle (*E. Gonse*) ; Fouencamps (*F. Debray*) ; Oissy, Picquigny, Bovelles (*Rom.*) ; Montdidier (*Dufourny*) ; Mailly-Maillet (*Carette*) ; Notre-Dame-de-Grâce, Dury, Fortmanoir (*P. Fl.*).

5. T. montanum L. *Sp.* — Pl. sous-frutescente. Tiges de 1-2 déc., ord., nombreuses. *Feuilles* linéaires lancéolées, *entières*, atténuées à la base, vertes en dessus, tomenteuses blanchâtres en dessous, à bords enroulés. *Fleurs* brièvement pédicellées, *disposées en glomérules terminaux* multiflores déprimés. Calice à dents presqu'égales, lancéolées acuminées. Corolle d'un blanc jaunâtre. ♃. Juin-août.

RR. — Coteaux secs calcaires. — Bouillencourt-en-Sery ; Jumel ; Ailly-sur-Noye (*E. Gonse*). — Indiqué au Bois-Robin près Aumale [Seine-Inférieure]. (*B. Extr. Fl.* ; *P. Fl.*).

LXVII. VERBÉNACÉES.

Fleurs irrégulières. Calice tubuleux, à 4-5 dents, persistant. *Corolle à tube courbé, à limbe à 5 lobes inégaux*, caduque. Etamines 4, incluses, didynames. Style 1, terminal. Fruit capsulaire se séparant à la maturité en 4 carpelles monospermes. — Feuilles opposées. Fleurs subsessiles, en longs épis grêles terminaux.

1. VERBENA Tourn. *Inst.*

Caractères de la famille.

1. V. officinalis L. *Sp.* — Tige de 5-8 déc., tétragone, dressée, rameuse. Feuilles pubescentes, ovales oblongues, atténuées en pétiole, incisées dentées ou pinnatifides, à lobes dentés. Fleurs petites, d'un lilas clair. Carpelles réticulés. ② ou ♃. Juin-octobre.

CC. — Lieux incultes, décombres, villages, bords des chemins. — Ind.?

LXVIII. LENTIBULARIÉES.

Fleurs irrégulières. Calice bilabié ou subbilabié, persistant. *Corolle bilabiée ou en gueule, prolongée en éperon à la base. Etamines 2*, insérées à la base de la corolle. Style 1, court; stigmate à 2 lèvres. *Fruit capsulaire, uniloculaire, polysperme.* — Pl. aquatiques, ou des terrains marécageux.

1
{ Feuilles non submergées, entières, Pédoncules radicaux uniflores. Fleurs violettes. . . . . . PINGUICULA (1).
{ Feuilles submergées, multiséquées. Tiges florifères pluriflores. Fleurs d'un beau jaune . . . . UTRICULARIA (2).

1. PINGUICULA Tourn. *Inst.*

Calice subbilabié, à 5 divisions. Corolle bilabiée, prolongée en un éperon subulé dirigé en arrière, à lèvre supérieure bilobée, l'inférieure trilobée. Capsule à 2 valves. Graines subcylindriques. — *Feuilles* charnues mucilagineuses, *toutes radicales en rosette. Pédoncules radicaux uniflores.*

1. P. vulgaris L. *Sp.* — *Feuilles* d'un vert jaunâtre, appliquées sur la terre, ovales oblongues obtuses, *entières*, atténuées à la base. Pédoncules de 5-10 cent., dressés, glabres, ou glanduleux au sommet. *Fleurs violettes.* Capsule ovoïde. ♃. Mai-juin.

R. — Marais tourbeux. — Epagnette près Epagne; Epagne; Mareuil; Bray-lès-Mareuil; Fouencamps (*Richer*); Boves, Cagny (*P. Fl.*).

2. UTRICULARIA L. Gen.

Calice bilabié, à lèvres entières. Corolle en gueule, à palais saillant, prolongée en un éperon conique dirigé en avant, à lèvre inférieure grande, entière. Capsule globuleuse s'ouvrant circulairement. Graines suborbiculaires. — *Pl. à feuilles submergées*, à segments munis de vesicules remplies d'air. *Tiges florifères émergées.*

1. U. vulgaris L. *Sp.* — *Feuilles* ovales ou oblongues dans leur circonscription, *pinnatiséquées, à segments multiséqués* capillaires, finement denticulés. Tiges florifères de 1-2 déc., fistuleuses, rougeâtres. *Fleurs* en grappe lâche, 3-7-flores, *d'un beau jaune*, à gorge fermée, à palais marqué de stries orangées. ♃. Juin-août.

C. — Marais et fossés des prés tourbeux. — Mares et fossés autour d'Abbeville; Epagne; Mareuil; Bray-lès-Mareuil; Villers-sur-Authie; Vercourt; Rue; Quend; Bray-sur-Somme; Suzanne; Cambron (*T.C.*); Longpré près Amiens (*Copineau*): La Faloise, Daours, Hangest-sur-Somme, Camon, Longueau Ailly-sur-Somme (*E. Gonse*); Fouencamps (*Richer*); Guerbigny (*Guilbert*); Glisy, Renancourt, Fortmanoir, Cagny (*P. Fl.*).

L'*U. minor* (L. *Sp.*) a été signalé d'une manière vague dans les mêmes lieux que l'*U. vulgaris* (*P. Fl.*). Nous ne l'avons rencontré qu'en dehors de nos limites dans les landes de Beaumont près Eu [Seine-Inférieure]. Il diffère de l'*U. vulgaris* par son port plus grêle, ses grappes 2-3-flores, ses fleurs plus petites d'un jaune pâle à gorge entr'ouverte à palais marqué de stries ferrugineuses, sa corolle à éperon très-court en forme de bosse conique obtuse.

LXIX. PRIMULACÉES.

Fleurs régulières. Calice à 5, rar. 4 divisions, persistant. Corolle à 5 ou 4 lobes, rar. nulle. *Etamines 5 ou 4, insérées sur la corolle, opposées à ses lobes. Ovaire rar. adhérent au réceptacle. Style 1 ; stigmate 1. Fruit* sec, uniloculaire, ord. *polysperme*, s'ouvrant au sommet par plusieurs valves (capsule) ou circulairement par un opercule (pyxide). — Feuilles

PRIMULACÉES.

entières, qqf. crénelées ou dentées, rar. pinnatiséquées, souv. opposées, qqf. toutes radicales.

1. { Capsule s'ouvrant en plusieurs valves. 2
   { Capsule s'ouvrant circulairement. 6

2. { Fleurs munies d'un calice coloré, dépourvues de corolle.
   { . . . . GLAUX (5).
   { Fleurs pourvues de calice et de corolle 3

3. { Feuilles pinnatiséquées pectinées, toutes submergées. .
   { . . . . HOTTONIA (2).
   { Feuilles entières, qqf. crénelées ou dentées, non sub-
   {   mergées 4

4. { Ovaire adhérent inférieurement au réceptacle. Fleurs
   {   blanches. . . . . SAMOLUS (4).
   { Ovaire libre. Fleurs jaunes 5

5. { Feuilles toutes radicales. Calice à 5 dents. . PRIMULA (1).
   { Tiges feuillées. Calice à 5 divisions profondes. . . . .
   { . . . . LYSIMACHIA (3).

6. { Calice et corolle à 5 divisions. Feuilles toutes opposées.
   { . . . . ANAGALLIS (6).
   { Calice à 4 divisions. Feuilles supérieures alternes. . . .
   { . . . . CENTUNCULUS (7).

* *Capsule s'ouvrant en plusieurs valves.*

1. PRIMULA L. *Gen*.

Calice tubuleux, à 5 angles, à 5 *dents*. Corolle infundibuliforme, à 5 lobes, à tube dilaté à l'insertion des étamines. Étamines 5, incluses. *Capsule* ovoïde ou oblongue, *s'ouvrant au sommet en 5 valves* entières ou bifides. — Pl. à souche épaisse tronquée. *Feuilles toutes radicales* en rosette, *irrégulièrement denticulées, crénelées*, ondulées, ridées. *Fleurs jaunes*, qqf. purpurescentes, devenant verdâtres par la dessication, disposées en ombelle au sommet d'un pédoncule radical, ou solitaires sur des pédicelles radicaux par suite de l'avortement du pédoncule.

1. { Fleurs solitaires portées sur des pédicelles radicaux par
   {   suite de l'avortement du pédoncule. *3. P. grandiflora.*
   { Fleurs en ombelle au sommet d'un pédoncule radical. . 2

2. { Calice renflé à dents triangulaires presqu'obtuses. Co-
   {   rolle à limbe concave, d'un jaune citron. *1. P. officinalis.*
   { Calice étroit, appliqué sur le tube de la corolle, à dents
   {   lancéolées acuminées. Corolle à limbe presque plan,
   {   d'un jaune soufre pâle . . . . *2. P. elatior.*

1. P. officinalis Jacq. *Misc*. — (Vulg. *Primevère, Coucou*). — Feuilles ovales, obtuses, brusquement contractées en pétiole ailé. *Fleurs* odorantes, souv. penchées d'un même côté, disposées *en ombelle au sommet d'un pédoncule radical de 1-3 déc.*, dépassant les feuilles, à pédicelles inégaux, assez courts. *Calice* pubescent blanchâtre, *renflé, à dents triangulaires* courtes, *presqu'obtuses*, environ aussi long que le tube de la corolle. *Corolle d'un jaune citron*, marquée à la gorge de tâches orangées, *à limbe* court, *concave*. ♃. Avril-juin.

CC. — Prés, bois, pâtures.

2. P. elatior Jacq. *Misc.* — Feuilles oblongues obtuses, contractées en pétiole ailé. *Fleurs* inodores, penchées du même côté, disposées *en ombelle au sommet d'un pédoncule radical* de 1-3 déc., dépassant les feuilles, à pédicelles inégaux ord. assez courts. *Calice* vert sur les angles, blanchâtre dans les intervalles, *à dents lancéolées, acuminées, étroit, appliqué sur le tube de la corolle* et égalant environ la moitié de sa longueur. *Corolle d'un jaune soufre à gorge un peu orangée, à limbe presque plan.* ♃. Mars-avril.

CC. — Clairières des bois, pâtures.

3. P. grandiflora Lmk *Fl. Fr.* — Feuilles obovales ou ovales oblongues atténuées en pétiole ailé. *Fleurs* un peu odorantes, *solitaires portées sur des pédicelles* de 1-2 déc., laineux, *radicaux par suite de l'avortement du pédoncule*, atteignant ord. la longueur des feuilles. Calice d'un vert blanchâtre, appliqué sur le tube de la corolle. *Corolle grande, d'un jaune soufre à gorge orangée, à limbe large, presque plan.* ♃. Avril-juin.

R. — Bois couverts. — Bois de La Motte à Cambron; bois du Val près Laviers; bois de Blingues près Mers; forêt de Crécy (P. de Vicq); Aubercourt (E. Gonse); bois de Famechon (Soc. Linn.); Ailly, Bertangles, Querrieux (P. Fl.).

Hybrides.

P. officinali-grandiflora. — Feuilles atténuées en pétiole ailé. Fleurs non penchées, disposées en ombelle au sommet d'un pédoncule radical accompagné ord. à la base de pédicelles uniflores, rar. portées toutes sur des pédicelles uniflores. Calice blanchâtre un peu renflé, à dents triangulaires acuminées, environ aussi long que le tube de la corolle. Corolle d'un jaune citron, à taches orangées, à limbe presque plan, de grandeur intermédiaire entre la corolle du *P. officinalis* et celle du *P. grandiflora*. — ♃. Avril-juin.

RR. — Bords des bois couverts, dans lesquels se trouvent des *P. officinalis* mèlés aux *P. grandiflora.* — Bois de La Motte près Cambron.

P. elatiori-grandiflora. — Feuilles atténuées en pétiole ailé. Fleurs ord. non penchées, disposées en ombelle au sommet d'un pédoncule radical, accompagné ord. à la base de pédicelles uniflores, plus rar. portées toutes sur des pédicelles uniflores. Calice vert sur les angles, blanchâtre dans les intervalles, à dents lancéolées aiguës, plus long que la moitié du tube de la corolle. Corolle d'un jaune soufre, à gorge ord. un peu orangée, à limbe presque plan, de grandeur intermédiaire entre la corolle du *P. elatior* et celle du *P. grandiflora.* ♃. Avril-juin.

R. — Taillis des bois couverts, dans lesquels se trouvent des *P. elatior* mêlés aux *P. grandiflora.* — Bois de La Motte près Cambron.

P. officinali-elatior. — Feuilles atténuées en pétiole ailé. Fleurs non penchées, ou à peine penchées, disposées en ombelle au sommet d'un pédoncule radical. Calice d'un vert blanchâtre, un peu renflé, à dents triangulaires acuminées, moins long que le tube de la corolle. Corolle d'un jaune citron pâle, à taches orangées peu marquées, à limbe presque plan. ♃. Avril-juin.

RR. — Taillis couverts. — Trouvé en 1863 et en 1878 au milieu des *P. officinalis* et des *P. elatior* dans un bosquet des Alleux près Behen, où ces deux espèces croissent seules.

2. HOTTONIA L. Gen.

Calice à 5 divisions profondes. Corolle en coupe, à 5 lobes, à tube court. *Capsule subglobuleuse à 5 valves, restant cohérentes à la base et au sommet.* — Pl. aquatique. *Feuilles toutes submergées, verticillées, pinnatiséquées-pectinées.*

1. H. palustris L. *Sp.* — Tige de 4-7 déc., rampante à la base, à partie submergée oblique feuillée, à partie émergée dressée nue. Fleurs blanches un peu rosées, pédicellées, disposées en 3-5 verticilles espacés. Pédicelles munis à la base d'une petite bractée linéaire, réfléchis après la floraison. ♃. Mai-juin.

R. — Marais inondés, fossés. — Mareuil; Noyelles-sur-Mer; Saint-Quentin-en-Tourmont; Quend; Rue; Vercourt; Villers-sur-Authie; Favières (*T.G.*); Péronne, Brie, Glisy, Hangest-sur-Somme (*E. Gonse*); La Neuville près Amiens, Fortmanoir (*Richer*); Camon (*Copineau*); Boves (*Soc. Linn.*); Rivery (*Joffroy et Hutin*); Nampont (*Du Maisniel de Belleval* Not. manuscr.).

3. LYSIMACHIA L. Gen. ex parte.

Calice à 5 divisions profondes. Corolle presque rotacée,

à 5 lobes, à tube très-court. Etamines dépassant longuement le tube de la corolle. *Capsule à 5 valves ou à 2 valves se subdivisant à la maturité.* — Souche traçante. *Feuilles entières* ord. opposées, brièvement pétiolées. Fleurs jaunes.

1. { Fleurs en panicules terminales. Tiges dressées, robustes. . . . . 1. *L. vulgaris*.
    Fleurs solitaires axillaires. Tiges couchées, grêles. . . . 2

2. { Calice à divisions cordiformes aigues. Fleurs assez grandes . . . . 2. *L. Nummularia*.
    Calice à divisions linéaires subulées. Fleurs petites . . . . 3. *L. nemorum*.

1. L. vulgaris L. *Sp.* — *Tiges* de 5-10 déc. *dressées robustes*, pubescentes, rameuses. Feuilles ovales lancéolées, pubescentes en dessous, opposées, qqf. verticillées par 3-4, rar. alternes. *Fleurs en panicules terminales.* Calice à divisions lancéolées acuminées. Etamines à filets dilatés réunis à la base. ♃. Juin-août.

C. — Marais, bords des eaux.

2. L. Nummularia L. *Sp.* — Pl. glabre. *Tiges* de 1-5 déc., *grêles* anguleuses, *couchées* radicantes. Feuilles ovales orbiculaires. *Fleurs assez grandes, solitaires axillaires*, opposées. Pédicelles égalant environ la longueur des feuilles. *Calice à divisions cordiformes aigues.* Etamines à filets réunis à la base. ♃. Juin-août.

A.C. — Bois humides, prairies, — Drucat; Huchenneville; Pernois; Ham; Abbeville (*T.C.*); Essertaux (*Copineau*); La Faloise, Villers-Bretonneux, Renancourt, Vignacourt (*E. Gonse*); Guerbigny (*Guilbert*); Rivery, Camon, Cagny, Allonville (*P. Fl.*).

3. L. nemorum L. *Sp.* — Pl. glabre. *Tiges* de 1-3 déc., *grêles, couchées* radicantes, redressées. Feuilles ovales aigues. *Fleurs petites, solitaires axillaires*, opposées. Pédicelles filiformes, dépassant les feuilles, recourbés à la maturité. *Calice à divisions linéaires subulées.* Etamines à filets libres. ♃. Juin-août.

A.R. — Forêts, bois couverts. — Crécy; Ligescourt; Dompierre; Lucheux; bois de Rampval près Mers; bois de Raincheval (*Copineau*); Vismes-au-Val, Corroy près Tours (*Guilbert*); Argoules (*De Beaupré*).

On rencontrait, il n'y a pas encore très-longtemps, dans les fossés des fortifications d'Abbeville, vers la porte d'Hocquet, le L. *thyrsiflora* (L. *Sp.*), espèce septentrionale très-rare en France. Les herbiers des botanistes abbevillois (*B* ; *T.C.* ; *Baill.* ; *Poulain*) en renferment des échantillons recueillis dans la localité que nous venons de citer, et d'où cette plante a disparu par suite de travaux faits aux fortifications. — Le *L. thyrsiflora* a été découvert en 1868 aux environs de Saint-Quentin [Aisne] dans le marais de Rouvroy situé à peu de distance des sources de la Somme (Petermann in *Bull. Soc. bot. Fr.*, 16, 216). Cette rencontre doit encourager à diriger de nouvelle recherches dans les autres parties de la vallée de la Somme. On reconnaît le *L. thyrsiflora* aux caractères suivants : pl. vivace à souche rampante, croissant dans les lieux marécageux inondés ; tiges de 3-4 déc., simples dressées ; feuilles lancéolées linéaires acuminées entières, opposées ou verticillées par 3-4 ; fleurs petites, jaunes ponctuées de pourpre, disposées en grappes axillaires denses, pédonculées, dépassées par les feuilles florales ; corolle divisée presque jusqu'à la base en lanières obtuses séparées par des petites dents.

4. SAMOLUS Tourn. *Inst.*

Calice campanulé, à 5 divisions, persistant. Corolle en coupe, à 5 lobes, à gorge munie de 5 écailles filiformes (étamines stériles), alternant avec les 5 étamines fertiles. *Ovaire adhérent inférieurement au réceptacle. — Capsule s'ouvrant au sommet en 5 valves. — Feuilles entières.* Fleurs en grappe terminale.

1. S. Valerandi L. *Sp.* — Pl. glabre. Souche tronquée, à racines fibreuses. Tiges de 1-5 déc., dressées, simples ou rameuses. Feuilles obovales ; les inférieures en rosette, atténuées en pétiole ; les supérieures subsessiles, alternes. *Fleurs blanches*, petites. Pédicelles munis d'une petite bractée au-dessus du milieu. ♃. Juin-août.

A.R. — Marais, bords des eaux. — Abbeville ; Laviers ; Saint-Quentin-en-Tourmont ; Villers-sur-Authie ; Mers ; Ribeauville près Saint-Valery ; Fortmanoir, Longpré-les-Corps-Saints, Bourdon (*E. Gonse*) ; Longpré près Amiens (*Copineau*) ; Cayeux-sur-Mer (*F. Debray*) ; Ailly-sur-Somme (*Joffroy* et *Hutin*) ; Saint-Maurice près Amiens, Epagne (*P. Fl.*).

5. GLAUX L. *Gen.*

Calice campanulé à 5 divisions, *coloré. Corolle nulle.* Etamines insérées au fond du calice alternes avec ses divisions. *Capsule* subglobuleuse, à 5 *valves.* — Pl. maritime. Fleurs solitaires axillaires sessiles, disposées en grappes feuillées.

1. G. maritima L. *Sp.* — Pl. glabre, glauque. Souche rampante, à fibres épaisses allongées. Tiges de 2-12 cent., rameuses ord. couchées radicantes. Feuilles sessiles opposées, entières, ovales lancéolées, un peu épaisses, rapprochées. Fleurs d'un blanc rosé. Graines 3-5, trigones. ♃. Mai-juillet.

C. — Prés salés, pelouses maritimes. — Menchecourt près Abbeville ; Noyelles-sur-Mer ; Le Crotoy ; Saint-Quentin-en-Tourmont ; Fort-Mahon près Quend ; Saint-Valery ; Cayeux-sur-Mer ; Cambron, Saigneville, Rue (*P. Fl.*).

** *Capsule s'ouvrant circulairement.*

6. ANAGALLIS Tourn. *Inst.*

Calice à 5 divisions. Corolle à tube presque nul, *à 5 lobes.* Etamines 5, à filets velus. — *Feuilles* entières, *opposées* qqf. ternées. Fleurs solitaires, axillaires.

1. { Tige filiforme. Corolle dépassant longuement le calice. Etamines à filets réunis à la base. . . . *3. A. tenella.*
Tige non filiforme. Corolle dépassant peu le calice. Etamines à filets libres 2

2. { Corolle rouge, plus rar. rose ou blanche, à lobes ord. bordés de cils glanduleux . . . . *1. A. phœnicea.*
Corolle bleue, à lobes ord. denticulés non glanduleux . . . . *2. A. cœrulea.*

1. A. phœnicea Lmk *Fl. Fr.* — *A. arvensis* L. *Sp.* ex parte. — (Vulg. *Mouron rouge*). — Pl. glabre. Tiges de 1-3 déc., anguleuses, rameuses dès la base, à rameaux diffus, étalés ascendants. Feuilles sessiles qqf. ternées, ovales. Pédicelles grêles, arqués, réfléchis après la floraison, dépassant les feuilles. Calice à divisions lancéolées acuminées, membraneuses aux bords. *Corolle* rotacée, *rouge, plus rar. rose ou blanche*, dépassant peu le calice, *à lobes* suborbiculaires, *ord. bordés de cils glanduleux. Etamines à filets libres.* ①. Juin-octobre.

CC. — Lieux cultivés, champs en friche. — *Intr.*

2. A. cœrulea Schreb. *Spicill.* — *A. arvensis*, L. *Sp.* ex parte. — (Vulg. *Mouron bleu*). — Cette espèce, très voisine de l'*A. phœnicea*, en diffère par les tiges moins grêles, redressées, les pédicelles égaux aux feuilles, la *corolle d'un beau bleu, à lobes ord. denticulés non glanduleux.* ①. Juin-octobre.

A.R. — Lieux cultivés, champs en friche. — *Intr.* — Mareuil; Limeux ; Jumel; Ailly-sur-Noye, Villers-Bocage, Bacouel, Namps, Vignacourt, Hangest-sur-Somme (*E. Gonse*); Saint-Fuscien, (*F. Debray*); Essertaux (*Copineau*); Gouy (*T.C.*); Guerbigny, Marest-Montiers, Coullemelle, Warloy-Baillon (*Guilbert*).

3. A. tenella L. *Mant.* — Pl. glabre. *Tiges* de 5-12 cent., *filiformes*, couchées, très radicantes à la base, simples ou rameuses. Feuilles brièvement pétiolées, suborbiculaires, rapprochées. Pédicelles capillaires, arqués, réfléchis après la floraison, 2-3 fois plus longs que la feuille. Fleurs assez grandes. Calice à divisions linéaires subulées, non membraneuses. *Corolle* rose, subinfundibuliforme, *dépassant longuement les divisions du calice. Etamines à filets réunis à la base.* ♃. Juin-août.

A.R. — Marais tourbeux, prairies humides. — Saint-Quentin-en-Tourmont ; Quend; Fort-Mahon; Mareuil ; Abbeville, Cambron (*Baill.* Herb.) ; Laviers, Epagne (*P.* Fl.).

7. CENTUNCULUS L. *Gen.*

Calice à 4 *divisons*. Corolle à tube renflé subglobuleux, à 4 lobes. Etamines 4, saillantes. Capsule globuleuse. — *Feuilles* entières ; les *supérieures alternes*. Fleurs solitaires axillaires.

1. C. minimus L. *Sp.* — Pl. glabre. Tiges de 2-6 cent., grêles, peu rameuses, dressées, ou ascendantes. Feuilles subsessiles, ovales aigues. Fleurs blanchâtres un peu rosées, subsessiles, très petites. Calice à divisions linéaires subulées, dépassant la corolle. Graines nombreuses. ①. Juillet-septembre.

R. — Champs argileux, bois couverts. — *Ind.?* — Les Croisettes près Behen ; Behen; Ercourt; bois du Brusle près Huchenneville; bois de Belloy et de Tronquoy près Huppy ; Estrées-les-Crécy ; Yvrench ; Vismes-au-Val (*Guilbert*) ; Quend (*Cagé*).

LXX. GLOBULARIÉES.

Fleurs irrégulières. Calice à 5 divisions, persistant. *Corolle* tubuleuse, *bilabiée*, à lèvre supérieure très courte bifide ; l'inférieure à 3 lobes linéaires. *Etamines* 4, saillantes. Style 1 ; stigmate bifide. *Fruit* sec *uniloculaire monosperme*, indéhiscent. *Fleurs* sessiles sur un réceptacle commun, muni de paillettes, et *disposées en capitules* globuleux *terminaux*, entourés à la base d'un involucre à plusieurs folioles lancéolées ciliées, plus courtes que les fleurs.

1. GLOBULARIA L. *Gen.*

Caractères de la famille.

1. G. vulgaris L. *Sp.* — Pl. glabre. Souche presque ligneuse. Tiges de 1-4 déc., simples, dressées, solitaires, ou peu nombreuses. Feuilles radicales en rosette, ovales spatulées, atténuées en pétiole, entières ou émarginées, les caulinaires plus petites, lancéolées aigues, sessiles. Fleurs bleues, très rar. blanches. Calice hérissé, à divisions inégales, lancéolées, acuminées, ciliées. ♃. Mai-juin.

R. — Coteaux calcaires boisés, pelouses arides. — Bernapré ; lisières de la forêt d'Arguel près Senarpont ; Bezencourt près Tronchoy; Oissy (*Rom.*) ; Le Cardonnois, Namps-au-Mont, Ailly-sur-Noye, Famechon, Guyencourt, Gentelles, Creuse, Bacouel (*E. Gonse*); bois de Lozières entre Essertaux et Jumel, Quevauvillers (*Copineau*); Boves, Cagny (*Richer*); Dury, Hébécourt (*R. Vion*); Marest-Montiers (*Guilbert*).

LXXI. PLOMBAGINÉES.

Fleurs régulières. Calice tubuleux, scarieux supérieurement, persistant, à 5 plis et à 5 dents. Corolle à 5 divisions plus ou moins profondes. *Etamines 5, opposées aux divisions de la corolle. Styles 5. Fruit.* ord. membraneux, uniloculaire, *monosperme.* — Feuilles toutes radicales.

1. { Fleurs en capitules disposés au sommet de pédoncules radicaux. Feuilles linéaires . . . . Armeria (1).
Fleurs en épis unilatéraux, rapprochés en panicules sur des tiges rameuses. Feuilles ovales oblongues. . . . . Statice (2).

1. ARMERIA Willd. *Hort. Berol.*

Fleurs disposées *au sommet de pédoncules radicaux, en glomérules hémisphériques* entourés à la base d'un involucre à folioles extérieures réfléchies, formant une gaine scarieuse sur le pédoncule. — Feuilles disposées en gazon compacte.

1. A. maritima Willd. *Hort.* Berol. — Souche cespiteuse terminée en racine pivotante. *Feuilles* nombreuses, *linéaires* obtuses, uninervées, glabres ou ciliées à la base. Pédoncules de 4-20 cent., pubescents. Fleurs d'un rose lilas. Involucre à folioles extérieures obtuses ou terminées en pointe obtuse; les intérieures largement scarieuses, mutiques. Calice à tube velu égalant le pédicelle, muni de côtes aussi larges que les sillons, à 5 divisions ovales courtes, mucronées. ♃. Mai-septembre.

A.C. — Prés salés, pelouses maritimes. — Noyelles-sur-Mer: Le Crotoy; Saint-Quentin-en-Tourmont; Pont-à-Cailloux près Quend; Saint-Valery; Ault; Laviers; Port; Cayeux (*T.C.*); Saigneville (*P. Fl.*).

2. STATICE Willd. *Hort. Berol.*

Fleurs disposées *en cymes unilatérales, rapprochées en panicules sur des tiges rameuses*. Epillets (cymes) 1-2-flores, entourés de 2-3 bractées inégales. — Feuilles disposées en rosette.

1. S. Limonium L. *Sp.* — Pl. robuste, glabre. Souche épaisse. Tiges de 2-5 déc., raides, nues, striées, rameuses dans leur moitié supérieure. — *Feuilles* glabres, *ovales, oblongues*, longuement atténuées en pétiole, munies d'une seule nervure rameuse, obtuses ou un peu aigues, terminées par une petite pointe subulé, naissant qqf. un peu au-dessous du sommet. Fleurs bleuâtres. Rameaux de la panicule arqués en dehors, garnis d'épillets nombreux. Bractée intérieure beaucoup plus grande que les extérieures. Calice à divisions ovales aigues. ♃. Juillet-septembre.

RR. — Prés salés, endroits marécageux de la région maritime, digues. — Saint-Valery ; Noyelles-sur-Mer ; digues maritimes près Le Crotoy ; Saint-Firmin ; Laviers.

LXXII. PLANTAGINÉES.

Fleurs hermaphrodites, rar. monoïques, régulières. Calice à 4 divisions, persistant. *Corolle* à 4 lobes, *scarieuse*. Etamines 4, longuement saillantes. Style 1, dépassant longuement la corolle. *Fruit capsulaire à 2-4 loges polyspermes, s'ouvrant circulairement*, rar. crustacée, uniloculaire, monosperme, indéhiscent. Fleurs hermaphrodites en épis cylindriques ou subglobuleux, rar. unisexuelles, monoïques, solitaires ou géminées.

1 { Fleurs monoïques. Fleurs mâles solitaires longuement pédonculées. . . . . Littorella (1).
Fleurs hermaphrodites disposées en épis. . Plantago (2)

1. LITTORELLA L. *Gen.*

Fleurs monoïques : les mâles solitaires longuement pédonculées; calice à 4 divisions ; corolle tubuleuse à 4 lobes ; filets des étamines capillaires 5-6 fois plus longs que la corolle : les femelles ord. géminées sessiles à la base du pédoncule de la fleur mâle ; calice à 3 divisions inégales ; corolle urcéolée à 3-4 dents. Fruit crustacé, monosperme, indéhiscent. — Pl. croissant sous l'eau, ne fleurissant que dans les endroits d'où celle-ci s'est retirée.

1. L. lacustris L. *Mant.* — Pl. glabre de 6-10 cent., à rhizome filiforme. Feuilles toutes radicales, linéaires aigues, semi-cylindriques, un peu charnues. Fleurs blanchâtres. Pédoncules des fleurs mâles munis vers le milieu d'une petite bractées. ♃. Juin-septembre.

Marais sablonneux. — Commun dans les marais des dunes; fleurit rarement. — Le Crotoy ; Saint-Quentin-en-Tourmont : Monchaux près Quend ; Quend (*P.* Fl.)

PLANTAGINÉES.

2. PLANTAGO L. Gen.

Fleurs hermaphrodites. Calice à 4 divisions profondes ; les extérieures qqf. réunies en une seule. Corolle tubuleuse à tube souv. renflé, à 4 lobes réfléchis après la floraison. Capsule à 2-4 loges, s'ouvrant circulairement. — Pl. à feuilles ord. toutes radicales, rar. à tiges feuillées. *Fleurs en épis* munis de bractées, disposés au sommet de pédoncules radicaux.

1. { Tiges feuillées . . . . *6. P. arenaria*
   { Feuilles toutes radicales 2
2. { Feuilles pinnatifides . . . . *5. P. Coronopus.*
   { Feuilles entières ou un peu dentées. 3
3. { Feuilles ovales ou oblongues larges. 4
   { Feuilles lancéolées linéaires étroites 5
4. { Epis linéaires allongés. Capsule 8-16-sperme. *1. P. major.*
   { Epis oblongs, assez courts. Capsule 4-sperme. *2. P. media.*
5. { Feuilles lancéolées acuminées, planes, non charnues. Pédoncules anguleux. Fleurs en épis courts ovoïdes. Corolle à tube glabre. . . . . *3. P. lanceolata.*
   { Feuilles lancéolées linéaires planes ou linéaires semi-cylindriques charnues. Pédoncules cylindriques. Fleurs en épis linéaires. Corolle à tube pubescent . . . . *4. P. maritima.*

* *Feuilles toutes radicales.*

1. P. major L. *Sp.* — (Vulg. *Plantain des oiseaux*). — *Feuilles* longuement pétiolées *ord. larges ovales entières ou un peu dentées*, glabres ou pubescentes en dessous, à 5-9 nervures. Pédoncules de 1-6 déc., cylindriques, ascendants, dépassant ord. les feuilles. *Fleurs* brunâtres, *en épis linéaires* cylindriques *ord. très allongés*. Bractées petites, ovales concaves. Corolle à tube glabre. *Capsule 8-16-sperme,* ♃. Mai-octobre.

CC. — Prairies, pâturages, villages, bords des chemins.

S.-v. *minima* (Coss. et Germ, *Fl.*). — Pl. naine. Feuilles ord. étalées en rosette, à 3 nervures. Pédoncules 3-8 cent., étalés ascendants, ord. plus courts que les feuilles. Epi court, pauciflore.

2. P. media L. *Sp.* — *Feuilles* étalées en rosette, *ovales ou oblongues, assez larges, entières ou plus ou moins dentées*, contractées en un court pétiole, pubescentes surtout en dessous, à 5-7 nervures. Pédoncules de 1-6 déc., subcylindriques, étalés redressés, dépassant longuement les feuilles. *Fleurs* blanchâtres, *en épi oblong, ord. assez court.* Bractées ovales concaves. Corolle à tube glabre. Etamines à filets purpurins. *Capsule ord. 4-sperme.* ♃. Juin-août.

CC. — Bords des chemins, pelouses sèches, prairies.

3. P. lanceolata L. *Sp.* — Souche courte épaisse. *Feuilles lancéolées acuminées*, planes, non charnues, dressées ou étalées, atténuées en pétiole, *entières* ou obscurément *denticulées*, glabres ou velues surtout inférieurement, à 3-5 nervures. *Pédoncules* de 1-4 déc., *anguleux*, dépassant longuement les feuilles. *Fleurs* blanchâtres ou brunâtres, *en épi court ovoïde ou oblong*. Bractées ovales longuement acuminées. Divisions extérieures du calice réunies en une seule. *Corolle à tube glabre*. Capsule 2-sperme. ♃. Mai-octobre.

CC. — Pâturages, prairies, bords des chemins et des moissons.

Var ε. *maritima* (Gren et Godr. *Fl.*). — Pédoncules munis de poils appliqués. Feuilles étroites couvertes de poils étalés. Epi oblong. — *R.* — Le Hourdel (*T.C.*).

Les *P. major* et *lanceolata* sont sujets à des anomalies, dont quelques auteurs ont fait mention : bractées foliacées (*P. major* var. *foliosa* et *P. lanceolata* var. *foliosa* P. *Fl.*) ; épi bifide ou rameux (*P. major* var. *polystachya* et *P. lanceolata* var. *digitata* P. *Fl.*) ; épi surmonté d'un bouquet de feuilles (*P. lanceolata* var. *comosa* Kirschleg. *Fl. Als.*).

4. P. maritima L. *Sp.* — Souche très épaisse. *Feuilles charnues, lancéolées linéaires planes ou linéaires étroites semi-cylindriques*, à 3 nervures. *Pédoncules* de 1-4 déc., ascendants, *cylindriques*, pubescents, dépassant ord. les feuilles. *Fleurs* blanchâtres, *en épis linéaires*. Bractées d'un vert noirâtre, ord. obtuses. Calice à divisions extérieures obtuses, largement scarieuses, carénées, ciliées au sommet. *Corolle à tube pubescent*, à lobes lancéolés aigus. Capsule oblongue, 2-sperme. ♃. Juillet-septembre.

C. — Prés salés, bords des fossés baignés par la marée.

Var. α. *graminea*. (Brébiss. *Fl.* — *P graminea* Lmk *Illustr.*; P. *Fl.*). — Feuilles lancéolées linéaires planes, ord. très-lâchement dentées, glabres ou munies à la base de poils laineux.

Var. ε. *Wulfenii* (*P. Wulfenii* Willd *Hort. Berol.* — Gren et Godr. *Not. in Fl.* — *P. maritima* P. *Fl.*). — Pl. plus petite. Feuilles linéaires étroites, entières, charnues, souv. semi-cylindriques.

5. P. Coronopus L. *Sp.* — Pl. plus ou moins pubescente poilue. *Feuilles* ord. étalées en rosette, linéaires *pinnatifides*, à lobes linéaires entiers ou dentés, espacés. Pédoncules de 5-20 cent., cylindriques, étalés ou ascendants, dépassant ord. les feuilles. Fleurs blanchâtres, en épis linéaires ou oblongs. Bractées ovales acuminées subulées. Corolle à tube velu. Capsule 3-4-sperme. ① ou ②. Juin-août.

C. — Terrains sablonneux, prés salés, pelouses maritimes. — Noyelles-sur-Mer; Le Crotoy; Saint-Quentin-en-Tourmont; Villers-sur-Authie ; Cayeux-sur-Mer ; Le Hourdel ; Saint-Valery ; Mers ; Laviers ; Menchecourt près Abbeville ; Cambron (*T.C.*) ; Saigneville (*P. Fl.*).

** *Tiges feuillées.*

6. P. arenaria Waldst et Kit. *Rar. Hung.* — Pl. velue glanduleuse. Tige de 1-4 déc., dressée, ord. rameuse. Feuilles opposées, linéaires aigues, ord. entières. Fleurs blanchâtres, en épis ovoïdes pédonculés, à pédoncules axillaires dépassant les feuilles ; les épis supérieurs réunis en forme d'ombelle terminale. Bractées inférieures terminées en une longue pointe foliacée. Corolle à tube glabre. Capsule 2-sperme. ①. Juillet-septembre.

RR. — Terrains sablonneux incultes, prairies artificielles. — *Ind.?* — Pelouses sablonneuses accidentées situées près de la mer entre l'embouchure de la Maye et Le Crotoy. — Introduit dans des champs de Luzerne ; Bovelles (*Rom.*) ; Dury (*E. Gonse*).

SUBDIV. III.

APÉTALES.

Fleurs à périanthe simple (calice), rar. nul.

LXXIII. AMARANTACÉES.

Fleurs monoïques, régulières. *Calice à 3 ou 5 divisions scarieuses,* persistant. Fleur mâle : étamines 3 ou 5, libres. Fleur femelle : styles 2-3. *Fruit capsulaire uniloculaire,* monosperme, s'ouvrant circulairement, plus rar. indéhiscent. — Feuilles alternes. Fleurs munies ord. de 3 bractées, disposées en glomérules, en panicules ou en épis de cymes.

1. AMARANTUS L. *Gen.* ex parte.

Caractères de la famille.

1 { Fruit indéhiscent. Bractées plus courtes que le calice. . . . . 4. *A. viridis.*
Fruit s'ouvrant circulairement. Bractées égalant ou dépassant le calice 2

2 { Calice à 5 divisions. Etamines 5 . . . . *1. A. retroflexus.*
Calice à 3 divisions. Etamines 3. 3

3 { Bractées non piquantes, égalant environ le calice. . . .
. . . . *3. A. Blitum.*
Bractées piquantes, dépassant longuement le calice . . .
. . . . *2. A. albus.*

* *Fruit s'ouvrant circulairement.*

1. A. retroflexus L. *Sp.* — Tige de 2-7 déc., dressée, sillonnée, pubescente, rude. Feuilles d'un vert pâle, longuement pétiolées, ovales acuminées en pointe obtuse, nervées. Fleurs verdâtres, en glomérules spiciformes formant une panicule composée terminale. *Bractées subulées piquantes, dépassant* longuement *le calice. Calice à 5 divisions. Etamines 5.* ⓘ. Juillet-septembre.

R. — Décombres, champs incultes. — *Intr.* — Saint-Maurice près Amiens (*E. Gonse*).

2. A. albus L. *Sp.* — Pl. glabre d'un vert très pâle. Tige de 5-7 déc., blanche, dressée, un peu anguleuse, à rameaux nombreux étalés, recourbés. Feuilles petites atténuées en un long pétiole, obovales oblongues obtuses. Fleurs verdâtres, en glomérules axillaires géminés, disposés en épis grêles effilés, feuillés. *Bractées* subulées *piquantes dépassant* longuement *le calice. Calice à 3 divisions. Etamines 3.* ⓘ. Juillet-septembre.

R. — Champs incultes, décombres. — *Intr.* — Saint-Maurice près Amiens (*E. Gonse*).

3. A. Blitum L. *Sp.* non auct. plurim. ; Moq. Tand. in DC *Prodr.* — *A. sylvestris* Desf. *Cat. hort. Par.* — Pl. glabre. Tige de 2-5 déc., sillonnée, dressée, rameuse, à rameaux inférieurs étalés ascendants. Feuilles longuement pétiolées, ovales rhomboïdales. Fleurs verdâtres, en glomérules tous axillaires espacés, ou les supérieurs rapprochés en épis feuillés. *Bractées lancéolées linéaires, non piquantes, égalant* environ *la longueur du calice. Calice à 3 divisions. Etamines 3.* ⓘ. Juillet-septembre.

R. — Lieux cultivés, décombres. — *Intr.* — Abbeville sur le rempart près la Portelette ; Amiens (*P. Fl.*).

** *Fruit indéhiscent.*

4. A. viridis L. *Sp.* — *A. Blitum* auct. plurim. non L. — *Euxolus viridis* Moq. Tand. in DC. *Prodr.* — Tige de 2-6 déc., glabre, striée, rameuse à rameaux diffus étalés ou ascendants. Feuilles longuement pétiolées, ovales rhomboïdales obtuses, émarginées au sommet, nervées, tachées souv. de blanc ou de noir en dessus. Fleurs verdâtres, en glomérules axillaires, les supérieurs rapprochés en épis non feuillés. *Bractées* lancéolées, *plus courtes que le calice*. Calice à 3 divisions. Étamines 3. ①. Juillet-septembre.

R. — Lieux cultivés, décombres. — *Intr.* — Remparts d'Abbeville ; Amiens (*Rom.*) ; La Neuville près Amiens (*Copineau*) ; gare de Picquigny, faubourgs Saint-Pierre et de Hem, cour de la Bibliothèque à Amiens (*E. Gonse*) ; La Balance près Vron (*Lesaché*).

LXXIV. SALSOLACÉES.

Fleurs hermaphrodites, polygames, monoïques ou dioïques. *Calice à 5 plus rar. 2-3-4 divisions herbacées, souv. charnues, ou indurées* après la floraison, persistant, qqf. nul dans les fleurs femelles et remplacé par 2 valves (bractées). Etamines 5 ou moins. *Ovaire rar. adhérent au réceptacle.* Style 2, rar. 3-4, qqf. réunis inférieurement. *Fruit uniloculaire*, monosperme, indéhiscent, ord. renfermé dans le calice. Embryon en anneau, plus rar. en spirale. ou en hélice. — Feuilles ord. alternes, qqf. nulles. Fleurs petites, verdâtres rar. jaunâtres ou rougeâtres.

1. { Feuilles planes, entières ou dentées. 2
   { Feuilles semi-cylindriques charnues ou nulles 7

2. { Fruit renfermé dans 2 valves. 3
   { Fruit renfermé dans un calice à 2-5 divisions 4

3. { Valves libres ou réunies à la base. . . . . Atriplex (4).
   { Valves réunies dans toute leur longueur ou presque jusqu'au sommet. . . . . Obione (5).

4. { Fleurs dioïques . . . . Spinacia (6).
   { Fleurs hermaphrodites 5

5. { Fruit enveloppé par le calice devenu ligneux, simulant une capsule. . . . . Beta (1).
   { Fruit ord. enveloppé par le calice herbacé ou devenant charnu 6

6. { Fruit déprimé. Graine horizontale. . . Chenopodium (2).
   { Fruit comprimé. Graine verticale. . . . . . Blitum (3).

7. { Pl. articulée. Fleurs en épis cylindriques. Salicornia (7).
   { Pl. non articulée. Fleurs axillaires solitaires, ou 2-3 en glomérules disposés en grappes spiciformes. 8

8. { Pl. pubescente. Feuilles terminées en épine. Calice à divisions ailées transversalement. . . . . Salsola (9).
   { Pl. glabre· Feuilles non épineuses. Calice à divisions non ailées. . . . . Chenopodina (8).

1. BETA Tourn. *Inst.*

Fleurs hermaphrodites. Calice urcéolé à 5 *divisions.* Etamines 5. Ovaire adhérent au réceptacle. Style 2-3. *Fruit* déprimé, *enveloppé par le réceptacle et le calice devenant ligneux* à la maturité, *simulant une capsule à 5 côtes.* Graine horizontale. — Pl. glabres. Feuilles alternes. Fleurs réunies 2-3 en glomérules, formant de longs épis de cymes.

1 { Tiges couchées étalées grêles. Pl. maritime. . . . . *1. B. maritima.*
{ Tiges dressées robustes. Pl. cultivée . . . *2. B. vulgaris.*

1. B. maritima L. *Sp.* ; DC. *Fl. Fr.* — Racine grêle, allongée. *Tiges* de 4-8 déc., *couchées étalées grêles*, rameuses, persistantes à la base, et reproduisant l'année suivante de nouveaux rameaux. Feuilles charnues, ondulées, vertes ou rougeâtres ; les inférieures ovales rhomboïdales, un peu acuminées, décurrentes sur le pétiole ; les supérieures lancéolées. Fleurs verdâtres ou rougeâtres, disposées en longs épis nus ou feuillés. ② ou ♃. Juin-septembre.

RR. — Bords de la mer, digues, sables et galets maritimes. — Noyelles-sur-Mer ; Le Crotoy, digue près l'embouchure de la Maye ; Fort-Mahon près Quend (*Cagé*) ; Saint-Valery, Le Hourdel (*P.* Fl.). Mers (*Poulain* Herb.). — Se trouve aussi à Criel [Seine-Inférieure]. — Cette plante est généralement regardée comme le type des Betteraves cultivées.

† **2. B. vulgaris** L. *Sp.*; DC. *Fl. Fr.* — *Tiges* de 8-12 déc., *dressées, robustes*, rameuses. Feuilles amples, ovales obtuses ondulées, d'un vert gai, ou rougeâtres ; les inférieures longuement pétiolées ; les supérieures petites, rhomboïdales. Fleurs disposées en longs épis feuillés. ① ou ②. Juillet-septembre.

Var. α. *Cicla* (Moq.-Tand. in DC. *Prodr.* — Vulg. *Bette-Carde, Poirée*). — Racine cylindrique, dure. Feuilles à nervure moyenne blanche, épaisse charnue. — Cultivé dans les potagers.

Var. ϐ. *rapacea* (Coss. et Germ. *Fl.* — Vulg. *Betterave*). — Racine charnue, ord. très-grosse allongée ou globuleuse, blanche, jaune ou rouge. — Cultivé en grand et présentant beaucoup de variétés.

2. CHENOPODIUM L. *Gen.* ex parte.

Fleurs hermaphrodites. Calice à 5 divisions. *Fruit déprimé, enveloppé ord. par le calice herbacé. Graine horizontale* à testa crustacé. — Fleurs en glomérules, ord. disposés en grappes ou en panicules de cymes.

1 { Feuilles toutes entières. 2
{ Feuilles inférieures dentées, sinuées, ou trilobées. . . . 3

2	Plante très-fétide. Feuilles farineuses blanchâtres. Calice recouvrant le fruit. . . . . 2. *C. Vulvaria*.
	Plante non fétide. Feuilles vertes non farineuses. Calice laissant voir le fruit. . . . . 1. *C. polyspermum*.
3	Feuilles ord. farineuses blanchâtres au moins en dessous. 4
	Feuilles vertes sur les deux faces. 5
4	Feuilles inférieures inégalement dentées ou sinuées. Graines luisantes, presque lisses . . . . . 3. *C. album*.
	Feuilles inférieures trilobées. Graines ponctuées . . . . 4. *C. ficifolium*.
5	Feuilles ovales triangulaires plus ou moins cordiformes à la base, présentant de chaque côté 3-4 dents larges, acuminées . . . . 6. *C. hybridum*.
	Feuilles ovales rhomboïdales à dents assez nombreuses, aigues. . . . . 5. *C. murale*.

1. C. polyspermum L. *Sp.* — Tiges de 1-6 déc., couchées, rameuses, diffuses ou ascendantes. *Feuilles entières* pétiolées, ovales obtuses ou subaigues, *vertes, qqf. rougeâtres*. Fleurs vertes, en grappes grêles feuillées. *Calice laissant voir le fruit*. Graines luisantes. ①. Août-octobre.

CC. — Lieux cultivés, voisinage des habitations. — *Intr.*

Var. α. *spicatum* (Moq.-Tandon in DC. *Prodr.*). — Tiges ascendantes. Fleurs en grappes spiciformes dressées.

Var. ϐ. *cymosum* (Coss. et Germ. *Fl.*). — Tiges couchées. Fleurs en grappes subdichotomes.

S.-v. *acutifolium* (Coss. et Germ. *Fl.*). — Feuilles ovales oblongues aigues.

2. C. Vulvaria L. *Sp.* — Pl. très fétide, pulvérulente. Tiges de 2-5 déc., rameuses diffuses, couchées. *Feuilles entières*, pétiolées, ovales rhomboïdales, *farineuses blanchâtres*. Fleurs d'un vert blanchâtre, en petites grappes non feuillées. *Calice recouvrant le fruit*. Graines luisantes finement ponctuées. ①. Juillet-octobre.

R. — Décombres, bords des chemins, pied des murs. — *Intr.* — Montdidier, Guerbigny (*Guilbert*); Amiens (*Rom.*); Abbeville (*Baill.* Herb.).

3. C. album Moq.-Tand. in DC. *Prodr.* — Tige de 2-8 déc., dressée, ord. rameuse, anguleuse, blanchâtre, striée de vert ou de rouge. *Feuilles* pétiolées, ord. ovales rhomboïdales; les *inférieures ord. inégalement sinuées ou dentées*; les supérieures oblongues lancéolées aigues, entières. Fleurs en grappes axillaires et terminales nues ou feuillées. Calice recouvrant le fruit. *Graines luisantes*, presque lisses. ①. Juillet-octobre.

CC. — Lieux cultivés, villages, décombres, bords des chemins. — *Intr.*

Var. α. *commune* (Moq.-Tand, loc. cit.). — Feuilles ovales rhomboïdales sinuées dentées, pulvérulentes, d'un vert cendré en dessus, blanchâtres en dessous. Fleurs blanchâtres, en grappes compactes.

Var. δ. *viridescens* (Moq.-Tand. loc. cit.). — Feuilles ovales rhomboïdales sinuées dentées, vertes sur les deux faces, à peine pulvérulentes. Fleurs verdâtres, en grappes un peu lâches.

Var. γ. *viride* (Moq.-Tand. loc. cit.). — Feuilles lancéolées presqu'entières, vertes sur les deux faces, à peine pulvérulentes. Fleurs vertes, en grappes lâches.

4. C. ficifolium Smith. *Engl. bot.* — *C. serotinum* Moq. Tand. in DC. Prodr. — Très voisin du *C. album* dont il diffère surtout par ses *feuilles inférieures trilobées*, à lobe moyen allongé, oblong lancéolé, obtus et par ses *graines petites, ponctuées*. ①. Août-octobre.

RR. — Décombres, lieux cultivés. — *Intr.* — Abbeville, terrains vagues près la porte du Bois (*Lesaché*).

5. C. murale L. *Sp.* — Tige de 3-7 déc., dressée ou étalée, rameuse. *Feuilles* pétiolées, *ovales rhomboïdales* aigues, *d'un vert foncé*, luisantes, *inégalement dentées, à dents assez nombreuses, aigues.* Fleurs vertes, en grappes rameuses, disposées en panicule lâche. Calice recouvrant le fruit. *Graines non luisantes*, ponctuées rugueuses, entourées d'un petit rebord. ①. Juillet-octobre.

A.C. — Décombres, rues des villages, bords des chemins. — *Intr.* — Abbeville; Saint-Valery; Cayeux-sur-Mer; Le Hourdel; Mers, Petit-Laviers et Rouvroy près Abbeville (*B. Extr. Fl*).

6. C. hybridum L. *Sp.* — Tige de 4-9 dec., dressée, anguleuse, rameuse. *Feuilles* pétiolées, amples, minces, glabres, *vertes sur les deux faces, ovales triangulaires* longuement acuminées, *plus ou moins cordiformes à la base, présentant de chaque côté 3-4 dents* inégales, *larges, acuminées.* Fleurs vertes, en grappes rameuses lâches nues, disposées en panicule. Calice recouvrant le fruit. *Graines ponctuées non luisantes.* ①. Juillet-octobre.

A.R. — Lieux cultivés, décombres. — *Intr.* — Drucat; Abbeville; Amiens, La Faloise (*E. Gonse*); Essertaux, Saint-Roch près Amiens (*Copineau*); Saint-Maurice près Amiens (*Rom.*).

3. BLITUM Tourn. *Inst.* emend.; Moq.-Tand.
in DC. *Prodr.*

Fleurs hermaphrodites. Calice à 3-5 divisions, herbacé ou devenant charnu à la maturité. Fruit comprimé enveloppé par le calice. Graine verticale, à testa presque crustacé. — Feuilles alternes. Fleurs verdâtres ou rougeâtres, en glomérules disposés en grappes ou en panicules de cymes spiciformes.

1 { Pl. annuelle. Feuilles luisantes. Glomérules en grappes feuillées. . . . . 1. *B. rubrum.*
Pl. vivace. Feuilles un peu pulvérulentes. Glomérules en panicules spiciformes non feuillées. . . . .
. . . . 2. *B. Bonus-Henricus.*

1. B. rubrum Rchb. *Fl. excurs.* — *Chenopodium rubrum* L. *Sp.* — Pl. glabre. Tige de 1-6 déc., simple ou rameuse, striée de vert, de blanc ou de rouge. *Feuilles* verdâtres ou rougeâtres, *luisantes*, rhomboïdales triangulaires ou hastées, sinuées dentées. *Glomérules en grappes* simples ou rameuses, *feuillées*. Graines finement ponctuées. ⊙. Juillet-octobre.

Lieux humides, terrains remués, décombres.

Var. α. *vulgare* (Moq.-Tand. in DC. *Prodr.*). — Tige de 3-6 déc., robuste, dressée. Feuilles profondément sinuées dentées. Grappes serrées. Calice fructifère herbacé. — CC. — *Intr.*

Var. ϐ. *crassifolium* (Moq.-Tand. loc. cit. — *Chenopodium rubrum*, var. *patulum* P. *Fl.*). — Tige de 1-3 déc., rameuse dès la base, couchée ou ascendante. Grappes lâches. Calice fructifère souv. rouge, un peu charnu. — A.R. — Marais des dunes de Saint-Quentin-en-Tourmont et de Quend. — *Intr.?*

2. B. Bonus-Henricus Rchb. *Fl. excurs.* — Tige de 3-7 déc., dressée ou ascendante, anguleuse. *Feuilles* grandes, vertes *un peu pulvérulentes*, triangulaires hastées, entières ou un peu sinuées. *Glomérules en grappes* axillaires et terminales, *non feuillées*, formant une longue panicule spiciforme. *Calice fructifère herbacé.* Graines finement ponctuées. ♃. Juillet-octobre.

A.R. — Rues des villages, pied des murs. — *Intr.* — Drucat; Caumartin près Crécy; Tœufles; Mareuil; Huchenneville; Senarpont; Gamaches; La Faloise; Mautort près Abbeville (*H. Sueur*); Bussus (*Lesaché*); Le Mesge, Pissy, Montonvillers, Saint-Maurice près Amiens (*Rom.*); Maisnières, Heilly, Laviéville, Montdidier Guerbigny (*Guilbert*); Bussus (*Lesaché*); Abbeville (*Baill.* Herb.); Valines (*Poulain* Herb.); Cagny, Allonville, Dury (*P. Fl.*).

On rencontre qqf. dans les décombres près des habitations, le *B. virgatum* (L. *Sp.*), dont les caractères sont : pl. annuelle glabre; tige de 2-5 déc., rameuse, dressée ou étalée ; feuilles vertes, triangulaires oblongues, profondément dentées ; fleurs en glomérules petits, arrondis, sessiles, disposés en un long épi lâche feuillé ; calices fructifères charnus, ord. rougis à la maturité, et simulant une petite fraise.

4. ATRIPLEX Tourn. *Inst.*

Fleurs monoïques, rar. polygames. Fleurs mâles ou hermaphrodites : calice à 3-5 divisions ; étamines 3-5. *Fleurs femelles* dépourvues de calice, *munies de 2 valves* (bractées) *libres ou réunies à la base*, s'accroissant à la maturité et *renfermant le fruit* ; styles 2, filiformes ; fruit comprimé ; graine verticale à testa crustacé : plus rar. fleurs femelles de 2 sortes, les unes munies de 2 valves, les autres pourvues d'un calice semblable à celui des fleurs mâles, à fruit déprimé et à graine horizontale. — Fleurs verdâtres, en glomérules formant des grappes de cymes spiciformes latérales et terminales.

1. { Fleurs en grappes feuillées. Feuilles farineuses argentées sur les 2 faces . . . . 2. *A. crassifolia*.
    Fleurs en grappes non feuillées. Feuilles vertes, glabres ou un peu farineuses. 2
2. { Feuilles, au moins les moyennes, triangulaires hastées . 3
    Feuilles moyennes lancéolées linéaires 4
3. { Valves fructifères ovales arrondies suborbiculaires. . . . . 1. *A. hortensis*.
    Valves fructifères triangulaires ou rhomboïdales . . . . 3. *A. hastata*.
4. { Tige dressée, à rameaux dressés . . . . . 5. *A. littoralis*.
    Tige ord. couchée, à rameaux étalés. . . . 4. *A. patula*.

† **1. A. hortensis** L. *Sp.* — (Vulg. *Arroche, Bonne-Dame*). — Tige de 4-10 déc., dressée rameuse. *Feuilles d'un vert un peu glauque, triangulaires hastées*, entières ou sinuées dentées ; les supérieures oblongues ou lancéolées. *Valves fructifères* libres, larges, *ovales, arrondies suborbiculaires*, entières, réticulées. Graines horizontales et graines verticales. ①. Juillet-septembre.

Subspontané dans le voisinage des habitations. Qqf. cultivé dans les jardins.

S.-v. *rubra* (Coss. et Germ. *Fl.*). — *A. hortensis* var. *rubra* L. *Sp.*; Moq.-Tand. in DC. *Prodr.*). — Pl. rouge dans toutes ses parties, plus répandue que l'espèce.

2. A. crassifolia C. A. Mey. in Ledeb. *Fl. Alt.*; Moq.-Tand. in DC. *Prodr.* — Tiges de 4-5 déc., couchées ascendantes, très rameuses, rougeâtres dans leur partie inférieure, farineuses supérieurement. *Feuilles* alternes, épaisses, glauques, *farineuses argentées sur les 2 faces*, ovales rhomboïdales, sinuées dentées, subtrilobées. *Fleurs en grappes feuillées* allongées, interrompues. Valves fructifères réunies inférieurement, épaisses, cartilagineuses blanchâtres, triangulaires rhomboïdales, trilobées, hastées, dentées ou entières, lisses ou muriquées. ①. Août-septembre.

RR. — Sables maritimes, digues. — Le Crotoy ; Fort-Mahon près Quend (*Cagé*) ; Saint-Valery (*T.C.*).

3. A. hastata L. *Sp.;* Moq.-Tand. in DC. *Prodr*. — *A. patula* et *A. hastata* P. *Fl.* — Tige de 2-8 déc., dressée ou étalée, rameuse. *Feuilles vertes ou blanchâtres*, minces ou épaisses, *glabres ou farineuses*, alternes, plus rar. opposées, *ord. triangulaires hastées*. Valves fructifères triangulaires *ou ovales rhomboïdales*, dentées ou entières, lisses ou muriquées. ①. Juillet-octobre.

Var. α. *deltoides* (Moq.-Tand. loc. cit. — *A. hastata* var. *genuina* Gren. et Godr. *Fl.*). — Tige ord. élevée, dressée ou ascendante rameuse, à rameaux dressés. Feuilles inférieures et moyennes, grandes, minces, vertes sur les 2 faces, rar. un peu farineuses, triangulaires hastées, entières ou sinuées dentées, alternes ou opposées. Valves fructifères ord. lisses, entières. — *CC*. — Lieux incultes, fossés, décombres, voisinage des habitations.

Var. ϐ. *salina* (*A. latifolia* var. *salina* Koch *Syn.*). — Tige ord. couchée, à rameaux étalés. Feuilles moins grandes que dans la var α, alternes, rar. opposés, épaisses, d'un vert pâle, souv. blanchâtres, surtout en dessous. Valves fructifères ord. dentées, muriquées. — *CC*. — Prés salés, digues et fossés de la région maritime.

Var. γ *prostrata* (*A. prostrata* B. *Extr. Fl.* ; P. *Fl.* ; DC. *Fl. Fr.* ; Dub. *Bot.* ; Puel et Maill. *Fl. loc. exsicc* ; Billot *Exsicc.*). — Tige grêle, couchée, à rameaux étalés. Feuilles petites, alternes, épaisses, ord. hastées, d'un vert pâle ou blanchâtres farineuses, surtout en dessous. Valves fructifères lisses, entières ou denticulées sur les bords. — *CC*. — Prés salés, digues et fossés dans la région maritime.

Var. δ. *microsperma* (Moq.-Tand. in DC. *Prodr*. — *A. microsperma* W. et K. *Pl. rar. Hung.*). — Tige dressée. Valves fructifères lisses, convexes, entières, dépassant à peine la graine. Graines très-petites. — *A.R.* — Lieux cultivés. — *Intr.* — Mautort, Petit-Laviers et Sur-Somme près Abbeville ; Ribeauville près Saint-Valery (*F. Debray*).

4. A. patula L. *Sp.;* Moq.-Tand. loc. cit. — *A. angustifolia* Sm. *Fl. Brit.;* P. *Fl.* — *Tige de 2-8 déc., très rameuse, ord. couchée, à rameaux étalés. Feuilles* vertes, glabres, rar. farineuses, lancéolées ou linéaires, ord. atténuées à la base ; les inférieures seules qqf. hastées, entières ou un peu dentées ; les *moyennes lancéolées*, entières ; *les supérieures linéaires*. Fleurs en grappes interrompues. Valves fructifères rhomboïdales hastées, entières ou denticulées, lisses ou muriquées. ①. Juillet-octobre.

CC. — Lieux incultes, champs après la moisson, bords des chemins, décombres. — *Intr.*

Var. *ß microcarpa* (Koch. *Syn.* ; Moq.-Tand. loc. cit.). — Valves fructifères entières, convexes, dépassant à peine les graines. Graines très-petites.

3. A. littoralis L. *Sp.* — *Tige* de 3-8 déc., *dressée*, très rameuse, à rameaux ord. dressés. *Feuilles vertes*, rétrécies en pétiole ; *les inférieures lancéolées linéaires*, entières ou sinuées dentées ; les supérieures linéaires étroites aiguës. Fleurs disposées au sommet de la tige et des rameaux en longues grappes spiciformes raides. Valves fructifères ovales rhomboïdales, dentées ord. muriquées. ⊙. Juillet-septembre.

RR. — Galets et sables maritimes. — Château-Neuf près Quend (*Baill.* Herb.) ; Ault (*P.* Fl.). — L'*A. littoralis* a été trouvé à Berck et à Étaples [Pas-de-Calais] (*Dovergne* Herb.).

3. OBIONE Gærtn. *Fruct.*

Fleurs monoïques ou dioïques. Fleurs mâles : calice à 4-5 divisions ; étamines 4-5. *Fleurs femelles* dépourvues de calice, *munies de 2 valves* (bractées) *réunies dans toute leur longueur ou presque jusqu'au sommet et renfermant le fruit*, renflées, durcies et s'accroissant à la maturité. Styles 2. Fruit comprimé. Graine verticale à testa coriace. — Pl. maritimes, blanchâtres argentées. Fleurs en glomérules formant des grappes de cymes spiciformes latérales et terminales.

1 { Feuilles opposées. Valves fructifères sessiles ou subsessiles . . . . 1. *O. Portulacoides*.
Feuilles alternes. Valves fructifères longuement pédonculées . . . . 2. *O. pedunculata*.

1. O. Portulacoides Moq.-Tand. in DC. *Prodr.* — *Atriplex Portulacoides* L. *Sp.* — Tiges de 3-6 déc., sous-frutescentes, couchées à la base, striées anguleuses, rameuses. *Feuilles opposées*, dressées, pétiolées, ovales oblongues obtuses, entières, épaisses, farineuses blanchâtres ; les supérieures étroites aiguës. Fleurs jaunâtres. *Valves fructifères sessiles ou subsessiles*, réunies presque jusqu'au sommet, triangulaires ou rhomboïdales triangulaires, rétrécies à la base, trilobées au sommet, à lobes arrondis, le moyen ord. plus petit, lisses ou muriquées. ♄. Juillet-septembre.

R. — Lieux fangeux baignés par la marée. — Le Hourdel ; entre Mers et Le Tréport ; Saint-Valery (*T.C.*) ; Cayeux-sur-Mer (*Poulain* Herb. ; Le Crotoy (*P.* Fl.).

2. O. pedunculata Moq.-Tand. loc. cit. — *Atriplex pedunculata* L. *Sp.* — Tige de 5-20 cent., herbacée, dressée ou ascendante, striée, flexueuse, simple ou rameuse dès la base, à rameaux divergents. *Feuilles alternes*, entières ovales ou oblongues, atténuées à la base, obtuses, épaisses, farineuses blanchâtres. Fleurs jaunâtres. *Valves fructifères* petites, *ord. longuement pédonculées* à pédoncule étalé réfracté, réunies dans toute leur longueur, lisses triangulaires obcordées, cunéiformes à la base, bilobées au sommet, à lobes tronqués divergents, présentant une dent à l'angle de la bifidité et rappelant la forme de la silicule du *Capsella Bursa-pastoris*. ①. Juillet-septembre.

RR. — Lieux fangeux baignés par la marée. — Bords de la Bresle entre Mers et Le Tréport; Saint-Valery (*B.* Not. manuscr.); retrouvé dans cette localité, en 1876, par MM. Gaudefroy et Delacour; Le Crotoy (*B.* Herb; *Baill.* Herb.). — Nous l'avons récolté en abondance, en 1858, à l'embouchure de la Canche au Trépied près Etaples [Pas-de-Calais]. — *L'O. pedunculata* ne paraît pas avoir été rencontré sur les côtes de France au sud du Tréport.

6. SPINACIA Tourn. *Inst.*

Fleurs dioïques. Fleurs mâles; calice à 4-5 divisions; étamines 4-5. Fleurs femelles: *calice* tubuleux ventru à *2-4 divisions*; styles 4, très longs. *Fruit* comprimé *enveloppé par le calice* persistant ligneux. Graine verticale, à testa membraneux. — Feuilles alternes pétiolées. Fleurs verdâtres; les mâles en glomérules formant des épis de cymes lâches; les femelles en glomérules axillaires.

1 { Calice fructifère muni d'épines robustes . . *1. S. oleracea*
{ Calice fructifère dépourvu d'épines. . . . . 2. *S. glabra.*

† **1. S. oleracea** L. *Sp.* — *S. spinosa* Mœnch *Meth.* (Vulg. *Epinard commun*). — Tige de 3-7 déc., dressée, rameuse. Feuilles triangulaires aigues, hastées ou dentées à la base. *Calice fructifère* subtrigone, *muni de 2-4 épines robustes*, divergentes. ①. Juin-septembre.

Cultivé dans les jardins potagers. — Qqf. subspontané près des habitations.

† **2. S. glabra** Mill. *Dict.* — *S. inermis* Mœnch *Meth.* — (Vulg. *Gros Epinard, Epinard de Hollande*). — Tige de 3-7 déc., dressée, rameuse. Feuilles triangulaires aigues, hastées ou dentées à la base, plus rar. ovales oblongues entières. *Calice fructifère* subglobuleux, comprimé, rugueux, *dépourvu d'épines*. ①. Juin-septembre.

Cultivé dans les jardins potagers. — Qqf. subspontané près des habitations.

7. SALICORNIA Tourn. *Inst. Coroll.*

Fleurs polygames, ord. ternées, la médiane hermaphrodite, cachées dans les excavations de l'axe. Calice obscurément denté, renflé charnu à la maturité. Etamines 1-2, saillantes. Stigmates 2, très courts. Fruit comprimé renfermé dans le calice. Graine verticale, à testa membraneux. — *Pl. d'un vert glauque, charnue, articulée. Feuilles presque nulles.*

1. S. herbacea L. *Sp.* — (Vulg. en picard *Passepierre*). Tige de 1-2 déc., ord. dressée, rameuse, glabre, herbacée, devenant un peu ligneuse à la base. Rameaux opposés ascendants, composés d'articles épais, cylindriques un peu comprimés, échancrés. *Fleurs très petites, simulant des épis cylindriques* obtus, atténués au sommet, naissant à l'aisselle des articulations supérieures. ⓘ. Juillet-septembre.

CC. — Plages maritimes, lieux fangeux baignés par la marée. — Cette plante se mange confite dans le vinaigre.

8. CHENOPODINA Moq.-Tand. in DC. *Prodr.*

Fleurs ord. hermaphrodites. *Calice urcéolé à 5 divisions, charnu renflé à la maturité.* Etamines 5. Stigmates 3. Fruit déprimé renfermé dans le calice. Graine horizontale, à testa crustacé. — *Pl. glabre glauque, verte ou rougeâtre, charnue, non articulée. Fleurs solitaires ou en glomérules 2-3 flores.*

1. C. maritima Moq.-Tand. in DC. *Prodr.*— *Chenopodium maritimum* L. *Sp.* — *Suæda maritima* Dumort. *Fl. Belg.* — *Schoberia maritima* Mey. *Fl. Alt.* — Tige de 1-4 déc., herbacée, qqf. un peu ligneuse à la base, ord. très rameuse, à rameaux diffus, dressés ou étalés ascendants. Feuilles glabres, linéaires semi-cylindriques aigues. *Fleurs disposées en grappes de cymes spiciformes* feuillées. Graine noire luisante, finement ponctuée.

CC. — Plages maritimes, lieux fangeux baignés par la marée.

9. SALSOLA Gærtn. *Fruct.*

Fleurs hermaphrodites, munies de 2 bractées. *Calice à 5 divisions persistantes, ailées transversalement* à la maturité. Etamines 5. Fruit déprimé renfermé dans le calice. Graine horizontale subglobuleuse, à testa membraneux. — *Pl. pubescente non articulée. Feuilles* alternes, sessiles, *charnues.*

1. S. Kali L. *Sp.* — *S. Kali* var. *hirta* Moq.-Tand. in DC. *Prodr.* — Tige de 1-3 déc., herbacée, raide, striée, ord. rameuse dès la base, à rameaux diffus, étalés ascendants. *Feuilles* étalées, *semi-cylindriques* linéaires *terminées en épine.* Bractées élargies à la base, épineuses, divergentes, égalant ou dépassant le calice. *Fleurs disposées en grappes de cymes spiciformes* feuillées. Calice fructifère cartilagineux, à divisions lancéolées aigues, munies sur le dos d'un appendice scarieux lacéré sinué, blanc ou rose. ①. Juillet-septembre.

A.C. — Sables maritimes. — Saint-Valery; Fort-Mahon près Quend; Cayeux-sur-Mer; Le Crotoy; Saint-Quentin-en-Tourmont.

LXXV. POLYGONÉES.

Fleurs hermaphrodites, plus rar. unisexuelles. Calice à 4-5 ou 6 divisions profondes, persistant. Etamines 5-8. Ovaire libre. Styles 2-3. Fruit (achaine) sec, comprimé ou trigone, monosperme, indéhiscent, ord. recouvert par le calice, simulant une capsule. — Tiges souvent noueuses. *Feuilles* alternes, souv. *munies de stipules disposées en gaine* ord. *membraneuse.*

1. Calice à 6 divisions, les intérieures plus grandes. Stigmates en pinceau . . . . RUMEX (1).
Calice à 4-5 divisions presqu'égales. Stigmates capités. POLYGONUM (2).

1. RUMEX L. *Gen.*

Calice à 6 divisions disposées sur 2 rangs, les intérieures plus grandes, conniventes, s'accroissant en forme de valves après la floraison, souv. munies sur le dos d'un petit granule charnu. Etamines 6. Styles 3, filiformes; *stigmates en pinceau.* Fruit trigone, recouvert par les 3 divisions intérieures du calice. Tiges ord. dressées. Fleurs petites verdâtres ou rougeâtres, en verticilles de cymes disposés en grappes ou en épis pédicellés, à pédicelles articulés réfléchis à la maturité.

1. Feuilles sagittées ou hastées, à saveur acide. Fleurs dioïques 2
Feuilles ni sagittées, ni hastées, à saveur non acide. Fleurs hermaphrodites ou polygames 3

2. Feuilles sagittées, à oreillettes parallèles ou convergentes. Divisions extérieures du calice réfractées. 1. *R. Acetosa.*
Feuilles hastées, à oreillettes divergentes. Divisions extérieures du calice dressées . . . . . . 2. *R. Acetosella.*

POLYGONÉES.

3 { Valves fructifères fortement dentées 4
  { Valves fructifères entières ou un peu denticulées 5

4 { Feuilles lancéolées linéaires, atténuées en pétiole. Valves fructifères munies de chaque côté de 2 dents subulées. . . . . 3. *R. palustris.*
  { Feuilles ovales oblongues cordées, au moins les inférieures. Valves fructifères munies de chaque côté de dents triangulaires acuminées. . . . 4. *R. obtusifolius.*

5 { Feuilles inférieures longues de 4-8 déc.. 6
  { Feuilles jamais longues de 4 déc.. 7

6 { Feuilles atténuées aux deux extrémitées . . . . 6. *R. Hydrolapathum.*
  { Feuilles obliquement arrondies, tronquées ou cordées à la base . . . . 7. *R. maximus.*

7 { Feuilles ondulées crépues sur les bords. Valves fructifères suborbiculaires . . . . 5. *R. crispus.*
  { Feuilles non ondulées crépues. Valves fructifères lancéolées oblongues 8

8 { Verticilles la plupart munis d'une feuille bractéale. Valves fructifères toutes pourvues d'un granule . . . . 8. *R. conglomeratus.*
  { Verticilles la plupart non munis d'une feuille bractéale. Valve fructifère extérieure pourvue seule d'un granule. . . . . 9. *R. nemorosus.*

**Fleurs dioïques. — Feuilles sagittées ou hastées, à saveur acide.*

1. R. Acetosa L. *Sp.* — (Vulg. *Oseille*). — Souche épaisse. Tige de 6-8 déc., sillonnée, rameuse au sommet. *Feuilles* inférieures longuement pétiolées, ovales oblongues obtuses, *sagittées, à oreillettes parallèles ou convergentes;* les supérieures plus étroites cordiformes amplexicaules aiguës. Verticilles ord. pauciflores, en épis non feuillés. Valves fructifères débordant l'achaine, ovales suborbiculaires cordées, membraneuses, entières, pourvues à la base d'un petit granule écailleux. *Divisions extérieures du calice réfractées.* ♃. Mai-juillet.

C. — Prairies, clairières des bois. — On cultive dans les potagers une variété à larges feuilles.

2. R. Acetosella L. *Sp.* — (Vulg. *Petite Oseille*). — Racine rampante. Tiges de 1-3 déc., grêles, dressées ou ascendantes, rameuses, souv. rougeâtres. *Feuilles* pétiolées, ovales oblongues ou lancéolées *hastées, à oreillettes étroites divergentes.* Fleurs ord. rougeâtres. Verticilles ord. pauciflores, en épis grêles non feuillés. Valves fructifères, ne dépassant pas l'achaine, suborbiculaires cordées, un peu aiguës, dépourvues de granule. *Divisions extérieures du calice dressées* apprimées. ♃. Mai-septembre.

CC. — Pâturages, lieux incultes, prairies artificielles, champs après la moisson.

** *Fleurs hermaphrodites ou polygames. — Feuilles ni sagittées, ni hastées, à saveur non acide.*

a. *Valves fructifères dentées.*

3. R. palustris Sm. *Fl. Brit.* — Tige de 2-5 déc., dressée ou un peu couchée radicante à la base, anguleuse, rameuse. *Feuilles lancéolées linéaires* allongées, ondulées, *atténuées en pétiole.* Verticilles disposés en épis feuillés un peu lâches. *Valves fructifères*, ovales, oblongues acuminées pourvues d'un granule oblong, et *munies de chaque côté de 2 dents subulées* n'égalant pas la longueur de la valve. ⊙ ou ♃. Juillet-septembre.

R. — Lieux marécageux, surtout dans la région maritime, bords des fossés. — Laviers ; Saint-Quentin-en-Tourmont ; Cayeux-sur-Mer ; Le Hourdel ; Saint-Valery ; Longpré-les-Corps-Saints ; Amiens à la Hautoie (*E. Gonse*) ; Montières près Amiens (*Richer*) ; Le Hable d'Ault près Cayeux-sur-Mer, Camon (*F. Debray*) ; marais Saint-Gilles à Abbeville (*Baill.* Herb.).

Nous n'avons pas rencontré dans nos limites le *R. maritimus* (L. *Sp.*) qui se distingue par ses verticilles très-rapprochés disposés en épis compactes, par ses valves fructifères à dents très-fines aussi longues ou plus longues que les valves.

Le *R. pulcher* (L. *Sp.*) signalé à Doullens (*B. Extr. Fl.* ; *P. Fl.*) n'y a pas été retrouvé à notre connaissance. Ses caractères sont : feuilles radicales en rosette, pétiolées, ord. en forme de violon ; les supérieures petites, lancéolées aiguës ; verticilles tous ord. munis d'une feuille bractéale petite, disposés en épis lâches effilés ; valves fructifères ovales oblongues, réticulées, pourvues d'un granule oblong rugueux et munies de chaque côté de dents subulées, raides presqu'épineuses.

4. R. obtusifolius L. *Sp.* — *R. Friesii* Gren. et Godr. *Fl.* — Tige de 5-10 déc., sillonnée, rameuse. *Feuilles* pétiolées ; les inférieures assez amples, *ovales oblongues cordées*, ord. obtuses ; les supérieures lancéolées aigues. Verticilles nombreux, peu espacés, la plupart non feuillés. *Valves fructifères* ovales ou triangulaires, réticulées, pourvues d'un granule ovoïde plus développé sur l'une d'elles, et *munies de chaque côté de dents triangulaires acuminées.* ♃. Juillet-septembre.

CC. — Prairies humides, lieux frais et ombragés.

Var 6. *acutifolius* (Coss. et Germ. *Fl.* — *R. pratensis* Mert. et Koch *Deutschl. Fl.*). — Feuilles aiguës.

b. *Valves fructifères entières ou un peu denticulées.*

5. R. crispus L. *Sp.* — (Vulg. *Parelle*). Tige de 5-10 déc., sillonnée, rameuse. *Feuilles* pétiolées, lancéolées, *ondulées crépues sur les bords.* Verticilles, la plupart dépourvus de feuilles bractéales, disposés en épis assez compactes. *Valves fructifères suborbiculaires* un peu cordées, ord. entières, pourvues d'un granule ovoïde, ord. plus petit ou presque nul sur deux d'entr'elles. ♃. Juillet-septembre.

CC. — Lieux incultes, prairies, bords des chemins, moissons.

On cultive qqf. dans les potagers le R. *Patientia* (L. *Sp.* — Vulg. *Patience*). Ses principaux caractères sont : tige de 8-15 déc., robuste, cannelée ; feuilles inférieures très-amples, ovales lancéolées, contractées en un long pétiole canaliculé, dilaté à la base, les supérieures lancéolées ; verticilles ord. non feuillés, disposés en épis très-compactes ; valves fructifères grandes, suborbiculaires cordées, ord. entières, réticulées, une seule pourvue d'un petit granule.

6. R. Hydrolapathum Huds. *Fl. Angl.* — Tige de 1-2 mètres, robuste, cannelée, rameuse au sommet. *Feuilles inférieures longues de 6-8 déc.*, pétiolées, lancéolées, acuminées, *atténuées aux deux extrémités*, décurrentes sur le pétiole, légèrement ondulées, crénelées ; les supérieures plus petites ; pétioles plans en dessus. Verticilles multiflores, ord. non feuillés. Valves fructifères, ovales, triangulaires, entières ou un peu denticulées à la base, pourvues d'un granule oblong. ♃. Juillet-août.

C. — Bords des rivières, lieux aquatiques.

7. R. maximus Schreb. in Schweigg. et Kœrt. *Fl. Erlang.* — Tige de 1-2 mètres, robuste, cannelée, rameuse supérieurement. *Feuilles inférieures, longues de 4-6 déc.*, pétiolées, oblongues lancéolées, *obliquement arrondies, tronquées ou cordées à la base* ; les supérieures plus petites, souv. atténuées en pétiole ; pétioles plans, bordés de chaque côté d'une côte saillante. Verticilles ord. non feuillés. Valves fructifères cordiformes triangulaires, ord. un peu denticulées à la base, pourvues d'un granule oblong. ♃. Juillet-août.

RR. — Prés humides, bords des rivières et des fossés aquatiques. — Breteuil près Montmarquet. — Signalé à la limite de notre département sur les bords de la Bresle entre Eu et le Tréport [Seine-Inférieure] (A. Passy).

8. R. conglomeratus Murr. *Prodr. Gœtt.* — Tige de

4-8 déc., anguleuse, très rameuse, à rameaux grêles, étalés ou ascendants. Feuilles pétiolées ; les inférieures oblongues lancéolées, obtuses ou aiguës, arrondies ou cordées à la base; les supérieures lancéolées acuminées. *Verticilles espacés, la plupart munis d'une feuille bractéale,* disposés en épis lâches effilés. *Valves fructifères* lancéolées oblongues, obtuses, entières, *toutes pourvues d'un granule* ovoïde. ♃. Juillet-septembre.

A.C. — Bords des eaux, fossés, bois humides. — Drucat; Doullens; Saint-Quentin-en-Tourmont; Erondelle; Cambron (*T.C.*); Bovelles (*Rom.*).

9. R. nemorosus Schrad in Willd. *Enum.*— *R. Nemolapathum* Spreng. *Syst.* — Tige de 4-8 déc., anguleuse, qqf. rougeâtre, très rameuse, à rameaux ord. redressés. Feuilles pétiolées, assez minces, oblongues lancéolées, arrondies ou cordées à la base; les supérieures plus étroites, brièvement pétiolées. *Verticilles espacés, la plupart non munis d'une feuille bractéale,* disposés en épis lâches effilés. *Valves fructifères lancéolées oblongues obtuses,* très entières, *l'extérieure seule pourvue d'un granule* subglobuleux. ♃. Juin-septembre.

C. — Lieux humides ombragés, bois. — Drucat; Oust-Marest; Cambron (*T.C.*); Wailly, Ailly-sur-Noye, Bacouel (*E. Gonse*); Dury, bois de Size (*P. Fl*).

Var. β *sanguineus* (P. *Fl.* — *R. sanguineus* L. *Sp.* — Vulg. *Sang-de-Dragon*). — Tige et nervures des feuilles rouges. — Cultivé dans quelques jardins. — Subspontané dans le voisinage des habitations.

2. POLYGONUM L. Gen. ex parte.

Calice à 4-5 divisions presqu'égales, souv. coloré, persistant. Étamines 5-8. Styles 2-3 ; *stigmates capités.* Fruit ovoïde comprimé ou trigone, ord. recouvert par le calice. — Stipules en forme de gaines membraneuses entourant la tige. Fleurs en épis ou grappes de cymes, plus rar. en glomérules axillaires.

1	Pl. volubiles.............	2
	Pl. non volubiles.............	3
2	Tiges anguleuses. Divisions extérieures du calice à carène obtuse. Fruits finement striés, non luisants .... 8. *P. Convolvulus.*	
	Tiges cylindriques. Divisions extérieures du calice à carène ailée membraneuse. Fruits lisses luisants ... 9. *P. dumetorum.*	
3	Feuilles cordiformes-sagittées..... 7. *P. Fagopyrum.*	
	Feuilles non cordiformes-sagittées............	4

4 {	Fleurs en glomérules axillaires 2-4-flores. *6. P. aviculare.*
	Fleurs en épis 5
5 {	Pl. vivaces, souche épaisse, contournée ou traçante, ord. submergée. Etamines saillantes 6
	Pl. annuelles, à racine pivotante ou fibreuse. Etamines non saillantes 7
6 {	Souche épaisse, contournée. Feuilles inférieures décurrentes sur le pétiole. Fruits trigones. . . *1. P. Bistorta.*
	Souche traçante, ord. submergée. Feuilles non décurrentes sur le pétiole. Fruits ovoïdes comprimés . . . . *2. P. amphibium.*
7 {	Pl. à saveur poivrée. Fleurs en épis grêles, lâches, interrompus . . . . *5. P. hydropiper.*
	Pl. à saveur non poivrée. Fleurs en épis oblongs, cylindriques, compactes 8
8 {	Gaines nues ou brièvement ciliées. Calice glanduleux . . . . *3. P. lapathifolium.*
	Gaines longuement ciliées. Calice non glanduleux. *4. P. Persicaria.*

* *Plantes non volubiles.*

1. P. Bistorta L. *Sp.* — *Souche épaisse*, noirâtre, *contournée*, presque ligneuse. Tige de 4-6 déc., dressée, simple. *Feuilles* glauques en dessous ; les *inférieures* ovales, oblongues, atténuées ou un peu cordées à la base, *décurrentes sur un long pétiole* ; les supérieures lancéolées, sessiles. Gaines non ciliées, ord. obliquement tronquées. *Fleurs* roses, *en épi* ovoïde ou subcylindrique compacte, terminal, solitaire. *Etamines 8, saillantes*. Styles 3. *Fruits* lisses luisants, *trigones* acuminés, à angles tranchants. ♃. Juin-juillet.

RR. — Prairies, lieux herbeux humides. — Senarpont; Gamaches. — Trouvé près de nos limites dans la forêt et dans les prairies d'Hesdin [Pas-de-Calais] (*Baill.* Herb.; *Poulain* Herb.); et à Auxi-le-Château (*P.* Fl.).

2. P. amphibium L. *Sp.* — *Pl. ord. submergée*, à souche longuement *traçante*. Tiges de longueur variable, ord. rameuses. *Feuilles* pétiolées, ovales lancéolées, ciliées, denticulées, d'un vert blanchâtre en dessous, ord. flottantes, *non décurrentes sur le pétiole*. Gaines tronquées. Fleurs roses, en épis terminaux oblongs, solitaires, compactes, s'élevant au-dessus de l'eau. Etamines 5, saillantes. Styles 2. *Fruits* lisses luisants, *ovoïdes comprimés*. ♃. Juillet-septembre.

C. — Fossés, tourbières, lieux marécageux. — Abbeville; Noyelles-sur-Mer; Saint-Quentin-en-Tourmont; Nampont; Picquigny; Long; Martainneville (*Guilbert*); Longpré près Amiens, Longueau, Fouencamps (*E. Gonse*); Marcuil (*B.* Herb.); Rivery, Camon, Renancourt (*P.* Fl.).

Var. 6. *terrestris* (Coss. et Germ. *Fl.*). — Pl. croissant hors de l'eau. Tige couchée radicante, redressée. Feuilles lancéolées, pubescentes rudes.

3. P. lapathifolium L. *Sp.* — Tige de 3-8 déc., ord. dressée, rameuse. Feuilles ovales, elliptiques ou lancéolées, pétiolées, ord. glabres, qqf. présentant une tache noire en dessus; les supérieures glanduleuses en dessous. *Gaînes nues ou brièvement ciliées. Fleurs* verdâtres ou rosées, *en épis oblongs, cylindriques, compactes.* Pédoncules et *calices ord. glanduleux.* Étamines 6, Styles 2. Fruits luisants, suborbiculaires, comprimés. ①. Juin-septembre.

CC. — Champs humides, prés, fossés, bords des eaux.

S.-v. *incanum.* — (Var. *incanum* Coss. et Germ. *Fl.*). — Feuilles blanchâtres tomenteuses en dessous. — Le Hâble d'Ault, Moislains (*F. Debray*).

S.-v. *nodosum.* — (Var. *nodosum* Coss. et Germ. *Fl.*). — Pl. plus grêle. Tige à nœuds plus renflés. Epis lâches linéaires, un peu penchés.

4. P. Persicaria L. *Sp.* — (Vulg. *Persicaire.* — En picard *Sucinée*). Tige de 3-7 déc., dressée ou étalée, ascendante, rameuse, souv. rougeâtre. Feuilles brièvement pétiolées, oblongues ou lancéolées, ord. glabres, présentant souv. une tache noire en dessus. *Gaînes longuement ciliées. Fleurs* roses, plus rar. verdâtres, *en épis oblongs, cylindriques, ord. compactes.* Pédoncules et *calices ord. non glanduleux.* Étamines 6. Styles 2-3. Fruits luisants, les uns suborbiculaires comprimés, les autres trigones. ①. Juillet-septembre.

CC. — Champs humides, prés, fossés, bords des eaux.

S.-v. *incanum* (Var. *incanum* Coss. et Germ. *Fl.*). — Feuilles pubescentes blanchâtres tomenteuses en dessous.

5. P. Hydropiper L. *Sp.* — (Vulg. *Poivre d'eau*). — Pl. *à saveur poivrée*. Tige de 3-8 déc., dressée ou couchée, ascendante, rameuse. Feuilles lancéolées, atténuées en pétiole, glabres ou presque glabres. Gaines lâches, bordées de quelques cils raides. *Fleurs* d'un blanc verdâtre ou rosé, *en épis grêles, lâches, interrompus,* ord. penchés. Calice glanduleux. Étamines 6. Styles 2-3. Fruits finement chagrinés, les uns comprimés, les autres trigones. ①. Juillet-octobre.

C. — Lieux humides, marais, rues ombragées des villages.

Le *P. mite* (Schrank *Baier. Fl.*) a été trouvé près de nos limites dans les prairies de la ville d'Eu [Seine-Inférieure] (*Duteyeul*). et dans le marais de Grigny près Hesdin [Pas-de-Calais] (*Dovergne Herb.*). Ses caractères sont: pl. à saveur non poivrée; tige de 2-6 déc. à rameaux dressés grêles; feuilles oblongues lancéolées; gaînes longuement ciliées; fleurs roses ou d'un blanc verdâtre, en épis grêles, interrompus, ord. penchés ; calice non glanduleux ; styles à la fin réfléchis ; fruits, les uns comprimés, les autres trigones.

Le *P. minus* (Huds. *Fl. Angl.* — *P. pusillum* Lmk *Fl. Fr.*) diffère du *P. mite* par sa taille moins élevée, sa tige plus grêle, ses feuilles lancéolées linéaires plus étroites, ses épis dressés plus petits ainsi que ses fleurs, et par ses styles toujours dressés. — Il a aussi été récolté, comme le précédent, près d'Hesdin (*Dovergne*).

6. P. aviculare L. *Sp.* — (Vulg. *Trainasse*. — En picard *Charneuse*). — Tiges de 1-5 déc., grêles, étalées ou ascendantes, rar. dressées, à rameaux divergents, feuillés jusqu'au sommet. Feuilles oblongues lancéolées, linéaires, subsessiles. Gaînes scarieuses laciniées. *Fleurs* blanchâtres ou rosées, subsessiles, *en glomérules axillaires 2-4-flores*. Etamines 8. Styles 3, courts. Fruits non luisants, trigones, striés. ①. Juin-octobre.

CC. — Moissons, lieux incultes, bords des chemins.

Var. β. *erectum* (Roth *Tent. Fl. Germ.*). — Tige dressée. Feuilles ovales oblongues, plus larges que dans l'espèce. — Cayeux-sur-Mer (*F. Debray*).

Var. γ. *littorale* (Koch *Syn.*). — Feuilles rapprochées, ovales, épaisses un peu charnues. Gaînes blanchâtres, finement laciniées. — Sables maritimes. — Le Crotoy ; Cayeux-sur-Mer (*F. Debray*).

† **7. P. Fagopyrum** L. *Sp.* — *Fagopyrum esculentum* Mœnch. *Meth.* — (Vulg. *Blé noir, Sarrasin*. — En picard *Grenade*). — Tige de 3-6 déc., dressée, rougeâtre, rameuse. *Feuilles* longuement pétiolées, ovales, acuminées, *cordiformes sagittées*. Fleurs roses ou blanches, en grappes courtes, longuement pédonculées, axillaires et terminales ; les terminales disposées en corymbe. Etamines 8. Styles 3, ord. longs. Fruits lisses, trigones, à angles aigus, dépassant le calice. ①. Juillet-septembre.

Cultivé en grand dans les terrains maigres. — Qqf. subspontané dans les moissons.

** *Plantes volubiles.*

8. P. Convolvulus L. *Sp.* — *Tiges* de 2-8 déc., grêles, *anguleuses*, striées, rameuses, couchées, grimpantes. Feuilles pétiolées, ovales aiguës, cordiformes, sagittées. Gaînes très courtes, tronquées. Fleurs blanchâtres, en grappes axillaires 3-6-flores, très lâches. *Calice fructifère à divisions extérieures carénées, à carène obtuse*. Anthères violacées. *Fruits finement striés*, trigones, *non luisants*. ①. Juillet-octobre.

CC. — Champs, moissons, terrains en friche. — *Intr.* ?

9. P. dumetorum L. *Sp.* — *Tiges* de 1-2 mètres.

grêles, *cylindriques*, rameuses. Feuilles pétiolées, ovales aigues, cordiformes sagittées. Gaînes très courtes, tronquées. Fleurs blanchâtres, en grappes axillaires 3-6 flores, lâches. *Calice* fructifère à *divisions extérieures* carénées, à carène ailée, *membraneuse*. Anthères blanches. *Fruits* trigones, *lisses luisants*. ①. Juillet-septembre.

RR. — Bords des bois, haies, buissons. — *Intr.?* — Cambron (*T.C.*); Bovelles (*Rom.*); Laviers (*Baill. Herb.*); forêt de Crécy (*B. Extr. Fl.*); Cagny, Boves, Heilly, Caubert près Abbeville (*P. Fl.*).

LXXVI. ULMACÉES.

Fleurs hermaphrodites.. Calice campanulé à 4-5 divisions. Etamines 4-8. Styles 2, divergents. *Fruit* (samare) sec, comprimé, *entouré d'une aile large, membraneuse*, un peu échancré au sommet, uniloculaire, monosperme, indéhiscent. — *Arbres élevés*. Feuilles pétiolées, alternes, dentées. Stipules caduques. Fleurs assez petites, rougeâtres, en fascicules latéraux, paraissant avant les feuilles.

1. ULMUS L. Gen.

Caractères de la famille.

1. U. campestris L. *Sp.* — (Vulg. *Orme*). — Feuilles ord. pubescentes, rudes, ovales aigues, inégalement obliques à la base, doublement dentées, à dents ovales. Fleurs brièvement pédicellées. Calice à divisions ciliées. Fruits subsessiles, glabres, obovales ou suborbiculaires. Graine placée immédiatement au-dessous de l'échancrure. ♄. Avril-mai.

CC. — Villages, plantations, bords des bois. — *Intr.*

Var α. *campestris* (Coss. et Germ. *Fl.* — *U. campestris* var. *nuda* Koch *Syn.*). — Ecorce des rameaux lisse.
S.-v. *microphylla* (*U. campestris* var. *microphylla* Brébiss. *Fl.*). — Feuilles petites, incisées.
S.-v. *corylifolia* (Coss. et Germ. *Fl.*) — Feuilles largement ovales, à dents larges.
Var. β. *suberosa* (Coss. et Germ. *Fl.*). — Ecorce des rameaux ailée subéreuse.
L'*U. effusa* (Willd. *Prodr. Fl. Berol.*) a été indiqué comme planté au bord des routes (*P. Fl.*). Nous n'avons pas encore pu constater sa présence dans nos limites. Il se distingue principalement par ses fruits longuement pédicellés, velus ciliés aux bords, et par sa graine éloignée de l'échancrure.

LXXVII. URTICÉES.

Fleurs monoïques, dioïques ou polygames. Calice à 4-5 divisions. Etamines 4-5. Styles 1-2. *Fruit sec* (achaine), *uniloculaire*, monosperme, indéhiscent. — *Feuilles souv. munies de stipules.*

1. { Calice à 5 divisions. Etamines 5. 2
   { Calice à 4 divisions. Etamines 4. 3
2. { Pl. vivace. Tige volubile . . . . HUMULUS (4).
   { Pl. annuelle. Tige dressée. . . . . CANNABIS (3).
3. { Pl. hérissée, à poils piquants . . . . URTICA (1).
   { Pl. pubescente, à poils non piquants. . . PARIETARIA (2).

1. URTICA Tourn. *Inst.* ex parte.

Fleurs monoïques ou dioïques. Fleur mâle. *Calice à 4 divisions; étamines 4*, à filets d'abord repliés, puis se redressant avec élasticité. Fleur femelle: calice à 4 divisions, les 2 extérieures plus petites, les 2 intérieures renfermant l'achaine. — *Pl. hérissée de poils piquants*, qui, en se brisant, sécrètent une liqueur caustique. Feuilles pétiolées, opposées. Fleurs verdâtres, en cymes simples ou rameuses, axillaires.

1. { Pl. vivace. Fleurs dioïques, en cymes plus longues que le pétiole. . . . . 1. *U. dioica.*
   { Pl. annuelle. Fleurs monoïques, en cymes ord. plus courtes que le pétiole . . . . 2. *U. urens.*

1. U. dioica L. *Sp.* — (Vulg. *Ortie, Grande Ortie*). — Souche traçante. Tiges de 6-10 déc., dressées, rameuses. Feuilles ovales oblongues, acuminées, fortement dentées, ord. cordées à la base. *Fleurs dioïques, en cymes* rameuses, paniculées, grêles, *plus longues que le pétiole;* les fructifères pendantes. ⚥. Juin-octobre.

CC. — Lieux incultes, villages, décombres, pied des murs, bords des chemins. — Ind. ?

2. U. urens L. *Sp.* — (Vulg. *Petite Ortie*). — Tiges de 2-5 déc., dressées ou étalées ascendantes, rameuses souv. dès la base. Feuilles ovales, profondément dentées, à dents étroites aiguës. *Fleurs monoïques, en cymes* simples, géminées, ord. *plus courtes que le pétiole*, dressées ou étalées. ①. Mai-octobre.

CC. — Lieux incultes, décombres, rues des villages, pied des murs. — Ind. ?

2. PARIETARIA Tourn. Inst.

Fleurs polygames. *Calice à 4 divisions*, celui des fleurs hermaphrodites s'allongeant en tube après la floraison. *Etamines 4*, à filets d'abord repliés, puis se redressant avec élasticité. Style 1 ; stigmate en pinceau. Achaine renfermé dans le calice persistant. — *Pl. pubescente, à poils non piquants.* Feuilles alternes, pétiolées. Fleurs en glomérules axillaires, sessiles, entourés d'un involucre commun.

1. P. officinalis L. *Sp.* — (Vulg. *Pariétaire*). Tiges de 1-8 déc., ord. nombreuses, simples ou rameuses. Feuilles pétiolées, ovales oblongues ou lancéolées, acuminées, atténuées à la base. Fleurs verdâtres. ⚥. Juin-octobre.

Var. α. *diffusa* (Wedd. *Monogr. Urtic.*). — Tiges de 1-6 déc. étalées diffuses, ord. rameuses. Feuilles ovales, faiblement acuminées. — *C.* — Vieux murs, décombres. — *Intr.* — Abbeville ; Drucat ; Pont-Remy ; Cayeux-sur-Mer ; Ault ; Montdidier (*Guilbert*) ; Amiens (*Rom.*).

Var. 6. *erecta* (Wedd. loc. cit.). — Tiges de 4-8 déc., dressées, ord. simples. Feuilles oblongues acuminées, longuement atténuées inférieurement. — *R.* — Haies, lieux ombragés. — *Intr.* — Drucat ; Estréboeuf ; Gamaches ; Vercourt ; Valloires près Argoules ; château de Folleville, Saint-Maurice près Amiens (*E. Gonse*) ; Maisnières (*Guilbert*) ; Bellancourt (*Lesaché*).

3. CANNABIS Tourn. Inst.

Fleurs dioïques. Fleurs mâles en grappes de cymes : *Calice à 5 divisions ; étamines 5*. Fleurs femelles axillaires : calice monophylle, persistant ; styles 2. Achaine renfermé dans le calice, se divisant en 2 valves par la pression. Embryon plié. — *Pl. pubescente*, à odeur très forte. *Tige dressée.* Fleurs petites, verdâtres.

† **1. C. sativa** L. *Sp.* — (Vulg. *Chanvre*). — *Tige* de 1-2 mètres, raide, ord. simple, *très rude*. Feuilles pétiolées, rudes, palmatiséquées, à 3-7 segments lancéolés, acuminés, fortement dentés. Achaine d'un gris verdâtre, subglobuleux, un peu comprimé, lisse. ⊕. Juillet-septembre.

Cultivé en grand.
On cultive surtout une variété à tige plus élevée, connue dans le pays sous le nom de *Chanvre de Piémont*.

4. HUMULUS L. Gen.

Fleurs dioïques. Fleurs mâles en grappes lâches de cymes, opposées, axillaires ou terminales : *calice à 5 divisions ; éta-*

mines 5. Fleurs femelles disposées par paires à l'aisselle de bractées membraneuses réticulées, formant des épis pédonculés, compacts, ovoïdes, en forme de cônes foliacés : calice monophylle, devenant membraneux foliacé ; style 2. Embryon à cotylédons linéaires enroulés en spirale. — *Tige volubile à droite.*

1. H. Lupulus L. *Sp.* — (Vulg. *Houblon*). — *Tiges couvertes de poils courts,* crochus, souv. très longues, rameuses. sarmenteuses, anguleuses, rudes. Feuilles pétiolées, cordées à la base, palmatilobées, à 3-5 lobes ovales acuminés, fortement dentés. Achaine chargé, ainsi que les bractées et le calice, de glandes résineuses jaunes, odorantes (Lupulin), à saveur amère. ♃. Juillet-août.

A.C. — Haies, buissons. — *Intr.* — Drucat; Mareuil; Gamaches; Oust-Marest; Brutelles; Valloires près Argoules; La Faloise; Aveluy; Bovelles (*Rom.*); Montières près Amiens, Longpré-les-Corps-Saints, Fortmanoir (*E. Gonse*); Vercourt (*Tripier*); Bussus (*Lesaché*). — Cultivé en grand dans quelques localités : Argoules, Dominois.

Le *Morus nigra* (L. *Sp.* — Vulg. *Murier noir*) de la famille des *Morées* est qqf. planté dans les jardins. Cet arbre se distingue par les caractères suivants : feuilles ovales acuminées, dentées, cordées à la base, pubescentes scabres ; fleurs monoïques, en épis de cymes unisexuels, les mâles munis d'un calice à 4 divisions hérissées aux bords ; fruit noir, à saveur sucrée acide, formé par les calices devenus charnus succulents, réunis à la maturité.

On cultive aussi le *Ficus Carica* (L. *Sp.* — Vulg. *Figuier*) appartenant à la même famille. Ses caractères principaux sont : arbrisseau à suc laiteux ; feuilles grandes, épaisses, palmatilobées; fleurs monoïques, très-nombreuses, petites, renfermées dans un réceptacle pyriforme creux charnu, devenant pulpeux succulent (*Figue*).

LXXVIII. DAPHNOIDÉES.

Fleurs hermaphrodites. Calice coloré, tubuleux, à 4 divisions, caduc. Etamines 8. Style très court. *Fruit drupacé* en forme de baie ovoïde, uniloculaire, monosperme. — *Sous-arbrisseaux* à écorce ridée par la dessication. Feuilles alternes.

1. DAPHNE L. *Gen.*

Caractères de la famille.

1 { Feuilles caduques. Fleurs rougeâtres. Baie rouge . . . . 1. *D. Mezereum.*
Feuilles persistantes. Fleurs d'un jaune verdâtre. Baie noire . . . . 2. *D. Laureola.*

1. D. Mezereum L. *Sp.* — (Vulg. *Bois-joli*). — Tige de 5-8 déc., rameuse. *Feuilles lancéolées, atténuées à la base*, un peu glauques en dessous, *caduques*, ne paraissant qu'après les fleurs. *Fleurs rougeâtres*, odorantes, disposées par 2-3 le long des rameaux, en épi interrompu terminé par une rosette de jeunes feuilles. Calice pubescent, à divisions ovales aigues. *Baie rouge* à la maturité. ♄. Fl. février. Fr. juin.

RR. — Bois montueux. — Frucourt; Caumondel près Huchenneville; Cambron; Vismes-au-Val, Martainneville, Coullemelle (*Guilbert*); Essertaux, Boves (*Copineau*); Fontaine-sous-Montdidier (*Dufourny*); Notre-Dame-de-Grâce, La Faloise, Oresmaux (*P. Fl.*).

2. D. Laureola L. *Sp.* — Tige de 5-8 déc., rameuse au sommet. *Feuilles lancéolées atténuées à la base*, lisses, luisantes, coriaces, *persistantes*, en rosettes au sommet des rameaux. *Fleurs d'un jaune verdâtre*, odorantes, en grappes 3-7 fl., axillaires, penchées. Calice glabre, à divisions ovales lancéolées. *Baie noire* à la maturité. ♄. Fl. mars-avril. Fr. juin.

R. — Bois montueux. — Bois de Tachemont et de Caumondel près Huchenneville; Cambron; forêt d'Arguel près Senarpont; bois d'Epaumesnil (*Masson*); Essertaux, Boves (*Copineau*); Argoules (*De Beaupré*); Folleville (*Guilbert*); La Faloise, Pissy, bois de Size près Ault, Saint-Quentin-La-Motte-Croix-au-Bailly (*P. Fl.*).

LXXIX. HIPPURIDÉES.

Fleurs hermaphrodites. Calice peu distinct. Corolle nulle. Etamine 1; Anthère biloculaire. Style filiforme, passant dans le sillon de l'anthère. Fruit uniloculaire, monosperme, indéhiscent. — *Pl. aquatiques. Feuilles verticillées.* Fleurs très petites, axillaires.

1. HIPPURIS L. *Gen.*

Caractères de la famille.

1. H. vulgaris L. *Sp.* — Pl. glabre, à rhizome traçant, rameux, submergé. Tiges de 2-6 déc., simples, cylindriques, fistuleuses, comme articulées, ayant l'aspect d'un *Équisetum*. *Feuilles linéaires entières*, en verticilles rapprochés. Fleurs sessiles à l'aisselle des feuilles, verdâtres. Fruits petits, ovoïdes, lisses. ♃. Juin-août.

A. C. — Fossés aquatiques, rivières, mares des prés tourbeux. — Faubourg Saint-Gilles à Abbeville; Mareuil; Saint-Quentin-en-Tourmont; Ham; Montières et Petit-Saint-Jean près Amiens (*Rom.*); Le Royon près Quend, Boves, Camon, Amiens à la Hautoye (*E. Gonse*); Longueau (*P. Fl.*).

LXXX. SANTALACÉES.

Fleurs hermaphrodites. Calice à 4-5 divisions, coloré intérieurement. Etamines 4-5. *Ovaire adhérent au réceptacle creusé en coupe. Style 1. Fruit sec, uniloculaire, monosperme*, indéhiscent, couronné par les divisions du calice, persistantes, s'enroulant en dedans après la floraison. — *Pl. parasites sur les racines des autres plantes.* Feuilles alternes. Fleurs en grappes de cymes paniculées.

1. THESIUM L. *Gen.*

Caractéres de la famille.

1. T. humifusum DC. *Fl. Fr.* Suppl. emend. — Souche ligneuse, pivotante, rameuse. Tiges de 1-4 déc., nombreuses, diffuses, étalées ou ascendantes. *Feuilles linéaires étroites, aigues*, d'un vert pâle. Fleurs petites, jaunâtres, munies de 2-3 bractées inégales et disposées en grappes terminales, à rameaux courts étalés. Fruit ovoïde oblong, subsessile ou pédicellé, 2-3 fois plus long que le calice. ♃. Juin-septembre.

A.C. — Coteaux incultes, terrains secs et calcaires, sables maritimes. — Inval près Huchenneville; Bailleul; Liercourt, Francières; Franqueville; Saint-Quentin-en-Tourmont; Quend; Mers; Wailly; Jumel; La Faloise; Bernapré; Bovelles, Ferrières, Ailly-sur-Somme (*Rom.*); Yzeux, Taisnil, Poix, Ailly-sur-Noye, Dury, Saint-Fuscien (*E. Gonse*); Essertaux (*Copineau*); Bray-lès-Mareuil (*Baill.* Herb.); Boves, Fortmanoir (*P. Fl.*).

LXXXI. CÉRATOPHYLLÉES.

Fleurs monoïques. Calice à 10-12 divisions linéaires. Fleur mâle : étamines 10-25; anthères sessiles, tricuspidées. Fleur femelle : ovaire uniloculaire, comprimé, solitaire, libre. Fruit coriace, ovoïde, monosperme, indéhiscent, terminé par le style accru, persistant. — Pl. aquatiques. Tiges filiformes. *Feuilles verticillées, à segments linéaires filiformes*, raides, cassants. Fleurs mâles et femelles solitaires, axillaires, sessiles.

1. CERATOPHYLLUM L Gen.

Caractères de la famille.

1 { Fruit muni vers la base de 2 épines. Style égalant ou dépassant le fruit. . . . . *1. C. demersum.*
Fruit sans épines à la base. Style beaucoup plus court que le fruit . . . . *2. C. submersum.*

1. C. demersum L. *Sp.* — Pl. d'un vert sombre. Tiges allongées, rameuses, submergées, nageantes. Feuilles en verticilles très rapprochées au sommet des rameaux, ord. 2 fois dichotomes à segments sétacés, fortement denticulés. *Fruit muni vers la base de deux épines, terminé par le style accru épineux, égalant ou dépassant sa longueur.* ♃. Juillet-septembre.

CC. — Rivières, tourbières, fossés.

2. C. submersum L. *Sp.* — Pl. d'un vert clair. Tiges allongées, rameuses, submergées, nageantes. Feuilles en verticilles moins rapprochés que dans l'espèce précédente, ord. 3 fois dichotomes à segments sétacés lisses, ou à peine denticulés. *Fruit sans épines à la base, terminé par le style beaucoup plus court que lui.* ♃. Juillet-septembre.

R. — Rivières, fossés, tourbières. — Noyelles-sur-Mer (*E. Gonse*); Le Mesge, Bovelles, Ailly-sur-Somme, Renancourt près Amiens (*Rom.*); Suzanne, Eclusier, Cappy (*P. Fl.*).

LXXXII. ÉLÉAGNÉES.

Fleurs régulières. Calice à 2-4 divisions. Etamines 4-8. Style 1. Fruit (baie) monosperme, indéhiscent.

1. HIPPOPHAE L. Gen.

Fleurs dioïques. Fleurs mâles disposées en chaton court; calice à 2 divisions; étamines 4. Fleurs femelles axillaires; calice tubuleux, bifide. Baie ovoïde, subglobuleuse. — *Arbrisseau épineux*, à écorce grisâtre. Fleurs verdâtres.

1. H. rhamnoides L. *Sp.* — Tiges de 8-15 déc., très rameuses, à rameaux terminés en épine. *Feuilles entières*, oblongues, lancéolées ou linéaires, obtuses, d'un vert grisâtre en dessus, argentées et couvertes en dessous d'écailles rousses. Fleurs femelles pédicellées, disposées à la base des jeunes rameaux en grappes interrompues. *Baies* de 5-6 mill., *d'un jaune orangé*. ♄. Fl. avril. Fr. août-septembre.

CC. — Sables maritimes. — Dunes de Saint-Quentin-en-Tourmont et de Quend; Le Crotoy; Cayeux-sur-Mer; Mers. — Nous ne trouvons cette espèce que dans la région maritime, comme en Normandie, en Belgique, en Suède et en Angleterre.

L'*Aristolochia Clematitis* (L. *Sp.*), de la famille des *Aristolochiées*, a été signalé à Mareuil (*Du Maisniel de Belleval* Not. manuscr.) où nous ne l'avons pas revu. Nous l'avons récolté près de nos limites à Criel [Seine-Inférieure]. Il se reconnait aux caractères suivants: pl. vivace glabre, à racine traçante; tiges de 3-6 déc., simples, dressées; feuilles pétiolées, alternes, assez amples, ovales triangulaires obtuses, profondément cordées; fleurs d'un jaune pâle en fascicules axillaires 4-6-flores; calice tubuleux ventru à la base, puis dilaté en languette unilatérale; étamines 6; ovaire adhérent au réceptacle; capsule pyriforme, pendante, à 6 loges polyspermes.

LXXXIII. EUPHORBIACÉES (1).

Fleurs monoïques ou dioïques. Calice nul, ou à 3-5 divisions. Fleurs mâles: étamines insérées vers le centre de la fleur, ou sous le rudiment du pistil. Fleurs femelles: ovaire sessile ou stipité; styles 2-3, entiers ou bifides. *Fruit capsulaire, 2-3-loculaire, 1-2-sperme, à loges (coques) se détachant souv. avec élasticité de leur axe commun.*

1 { Pl. à suc laiteux. Fleurs monoïques. Capsule à 3 coques.
. . . . Euphorbia (1).
Pl. à suc aqueux. Fleurs dioïques. Capsule à 2 coques. .
. . . . Mercurialis (2).

1. EUPHORBIA L. *Gen.*

Fleurs monoïques. Fleurs mâles entourant une seule fleur femelle pédicellée, réunies dans un involucre commun, simulant une fleur hermaphrodite (2). Involucre caliciforme campanulé, à 8-10 divisions, dont 4-5 (lobes) membraneuses ou herbacées, entières ou dentées, dressées ou courbées en dedans et 4-5 (glandes) plus grandes, épaisses, glanduleuses, entières, arrondies ou échancrées en croissant, étalées en dehors. Fleurs

(1) Nous plaçons, comme la plupart des floristes, les *Euphorbiacées* dans les *Apétales*, quoique beaucoup de genres exotiques soient munis de calice et de corolle, mais nos espèces françaises sont toutes apétales.
(2) Considérée comme telle par Linné et plusieurs botanistes modernes.

mâles 10 ou plus, constituées, chacune par une seule étamine à filet articulé sur un pédicelle filiforme ; étamines formant 4-5 faisceaux accompagnés d'écailles laciniées. Fleur femelle : styles 3, bifides ou émarginés. *Capsule* saillante, penchée, *à 3 coques* monospermes. — *Pl. à suc laiteux.* Tiges ord. dressées ou ascendantes. Feuilles ord. éparses. Fleurs jaunâtres, ord. disposées en une ombelle terminale, munie à la base d'un verticille de feuilles florales (involucre), à rayons pourvus, en dessous des fleurs, de feuilles florales opposées ou verticillées (involucelle).

1. { Glandes entières, arrondies, non échancrées en croissant. 2
   { Glandes échancrées en croissant 3
2. { Capsule lisse. Graines réticulées. . . . *1. E. helioscopia.*
   { Capsule fortement tuberculeuse. Graines lisses . . . . .
   { . . . . *2. E. palustris.*
3. { Graines réticulées ridées rugueuses ou sillonnées alvéolées 4
   { Graines lisses. 6
4. { Feuilles linéaires étroites . . . . *4. E. exigua.*
   { Feuilles obovales ou oblongues lancéolées 5
5. { Pl. de 1-3 déc. Feuilles éparses, pétiolées. Capsule petite.
   { . . . . *3. E. Peplus.*
   { Pl. de 6-12 déc. Feuilles opposées par paire en croix, sessiles. Capsule très-grosse . . . . . . *5. E. Lathyris.*
6. { Feuilles des involucelles réunies par paire en forme de plateau. Pl. des bois. . . . . *7. E. amygdaloides.*
   { Feuilles des involucelles non réunies. Pl. des sables maritimes. . . . . *6. E. Paralias.*

* *Glandes entières, arrondies, non échancrées en croissant.*

1. E. helioscopia L. *Sp.* — Tige de 1-4 déc., ord. simple. Feuilles obovales cunéiformes, obtuses, finement dentées au sommet, glabres. Ombelles à 5 rayons trifurqués, à rameaux bifurqués. Feuilles de l'involucre de même forme, mais plus grandes que les caulinaires. *Capsule lisse. Graines réticulées*, brunâtres. ①. Juin-octobre.

CC. — Lieux cultivés, jardins. — *Intr.*

2. E. palustris L. *Sp.* — Souche épaisse. Tige de 6-12 déc., robuste, rameuse, à rameaux ord. stériles, les supérieurs rapprochés de l'ombelle, qqf. florifères. Feuilles ovales, oblongues ou lancéolées, ord. entières, glabres. Ombelle à rayons ord. nombreux, bi-trifurqués. Feuilles de l'involucre et des involucelles oblongues, obtuses, atténuées à la base, d'un beau jaune lors de la floraison. *Capsule grosse, fortement tuberculeuse. Graines lisses*, brunâtres. ♃. Mai-juillet.

EUPHORBIACÉES. 383

RR. — Prés tourbeux, humides, bords des fossés. — Marais Saint-Gilles et de Mautort près Abbeville ; bords de la Somme à Montières près Amiens (*Richer*) ; La Faloise (P. Fl.).

** *Glandes échancrées en croissant.*

3. E. Peplus L. *Sp.* — Tige de 1-3 déc., souv. rameuse. *Feuilles éparses, pétiolées, obovales,* obtuses, entières, glabres, minces. Ombelle ord. à 3 rayons plusieurs fois bifurqués. Feuilles de l'involucre et des involucelles semblables aux caulinaires. Glandes à pointes allongées. *Capsule petite,* lisse, à coques munies sur le dos de 2 ailes peu saillantes. *Graines blanchâtres, devenant brunâtres, subhexagones, munies d'un côté de 2 sillons longitudinaux, et de l'autre de petites fossettes.* ⨀. Juin-octobre.

CC. — Lieux cultivés, jardins. — *Intr.*

4. E. exigua L. *Sp.* — Tiges de 5-20 cent., grêles, dressées ou étalées, souv. rameuses, à rameaux diffus. *Feuilles* sessiles, *linéaires, étroites,* entières, aiguës, obtuses, mucronées ou tronquées, glabres. Ombelle de 2-5 rayons, 1 ou plusieurs fois bifurqués. Feuilles de l'involucre semblables aux caulinaires, celles des involucelles élargies, subcordées à la base. Glandes à pointes allongées. Capsule lisses. *Graines* blanchâtres, devenant noirâtres, subtétragones, *ridées, rugueuses.* ⨀. Juin-octobre.

CC. — Champs cultivés, moissons, terrains en friche. — *Intr.*

S.-v. *retusa*. — (*E. exigua* var. *retusa* DC. *Fl. Fr.*). — Feuilles tronquées, mucronées au sommet.

5. E. Lathyris L. *Sp.* — (Vulg. *Epurge*). — Pl. glabre glauque. *Tige de 6-12 déc.,* robuste, raide. *Feuilles opposées,* nombreuses, sessiles, entières, *oblongues lancéolées, disposées par paire en croix;* les supérieures cordiformes, ovales, oblongues. Ombelle grande, ord. à 4 rayons dichotomes, à fleurs ord. en grappes unilatérales. Feuilles de l'involucre semblables aux caulinaires ; celles des involucelles, ovales, aiguës, cordées à la base. Glandes à pointes courtes, obtuses. *Capsule très grosse,* lisse, arrondie, à coques sillonnées. *Graines* brunâtres, *réticulées rugueuses.* ⨀. Juin-juillet.

R. — Subspontané. — Lieux cultivés, jardins, voisinage des habitations. — Abbeville ; Epagnette près Epagne; Montières près Amiens, Dury (*Copineau*) ; Cayeux-sur-Mer (*F. Debray*) ; Gorenflos (*Lesaché*). — Naturalisé dans le Marquenterre (*Baill.* Herb. ; P. Fl.).

6. E. Paralias L. *Sp.* — Pl. glabre, glauque. Souche frutescente. Tige de 3-5 déc., dressée ou ascendante, simple ou rameuse à la base, donnant souv. naissance au-dessous de l'ombelle à des rameaux florifères. Feuilles nombreuses, rapprochées, serrées, sessiles, oblongues lancéolées, entières, obtuses ou aigues. Ombelle à 3-5 rayons bifurqués. *Feuilles* de l'involucre ovales ou lancéolées, celles *des involucelles* réniformes, mucronulées, *non réunies*. Glandes à pointes courtes. Capsule glabre, trigone, finement chagrinée, à coques sillonnées sur le dos. *Graines lisses*, d'un blanc cendré. ♃. Juillet-septembre.

C. — Sables maritimes, bords de la mer. — Saint-Quentin-en-Tourmont ; Quend ; Le Crotoy ; Noyelles-sur-Mer.

7. E. amygdaloides L. *Sp.*—*E. sylvatica* Jacq. *Austr.* — Pl. pubescente. Souche presque ligneuse. Tiges de 3-7 déc., frutescentes, rougeâtres à la base, portant sous l'ombelle plusieurs rameaux florifères. Feuilles presqu'en rosette vers le milieu des tiges, obovales oblongues entières, rétrécies en pétiole ; les supérieures espacées, plus petites. Ombelle à rayons nombreux, ord. 1-2 fois bifurqués. *Feuilles* de l'involucre ovales, celles *des involucelles réunies par paire en forme de plateau suborbiculaire perfolié.* Glandes qqf. purpurines, en croissant à pointes assez longues. Capsule lisse ou finement chagrinée. *Graines lisses*, brunâtres. ♃. Mai-juin.

CC. — Bois.

L'*E. Cyparissias* (L *Sp.*) a été signalé près d'Amiens (*B.* Extr. Fl.; *P.* Fl.) où nous ne pensons pas qu'on l'ait retrouvé. Cette espèce se reconnaît aux caractères suivants : souche ord. traçante; tiges de 2-5 déc., garnies, au-dessous de l'ombelle, de nombreux rameaux stériles; feuilles linéaires étroites. Ombelle à rayons nombreux ; feuilles des involucelles ovales triangulaires cordiformes. Glandes échancrées à pointes courtes ; capsule finement chagrinée sur le dos. Graines lisses, blanchâtres ou brunâtres.

2. MERCURIALIS Tourn. *Inst.*

Fleurs dioïques. Calice à 3 divisions. Fleur mâle: étamines 9-12. Fleur femelle: styles 2, courts, à stigmates allongés. *Capsule* hispide, *à 2 coques* monospermes s'ouvrant en 2 valves avec élasticité. — *Pl. à suc aqueux*, bleuissant souv. à la dessication. Tiges dressées. Feuilles opposées, dentées, pétiolées. Fleurs verdâtres, les mâles en épis grêles axillaires, les femelles solitaires ou fasciculées.

1 { Pl. vivace. Tiges simples. Fleurs femelles longuement pédonculées. . . . . 1. *M. perennis.*
Pl. annuelle. Tiges rameuses. Fleurs femelles subsessiles. . . . . 2. *M. annua.*

1. M. perennis L. *Sp.* — Souche longuement traçante. *Tiges* de 2-3 déc., *simples*. Feuilles ovales lancéolées aigues, pubescentes. *Fleurs femelles longuement pédonculées.* Capsule assez grosse, hispide. Graines grisâtres, subglobuleuses, rugueuses. ♃. Avril-juin.

C. — Bois, haies, lieux ombragés.

2. M. annua L. *Sp.* — (Vulg. *Mercuriale*). — Racine pivotante, fibreuse. *Tige* de 2-5 déc., lisse, *rameuse*, à rameaux opposés, ascendants. Feuilles ovales lancéolées, un peu ciliées. *Fleurs femelles subsessiles.* Capsule hispide. Graines brunes, subglobuleuses, rugueuses. ☉. Juin-octobre.

CC. — Lieux cultivés, moissons; jardins. — *Intr.*

Var. *6. angustifolia*. (*M. foliis capillaceis*, March. *Act. acad.* 1709, p. 59, tab. 6; Boreau *Not. in Fl.*; Gren. et Godr. *Not. in Fl.*). — Feuilles nombreuses, dressées contre la tige et les rameaux; les inférieures lancéolées très-étroites, fortement dentées; les supérieures linéaires. — *RR.* — Saint-Riquier, à la lisière du bois de M. Canu (*Lesaché*).

LXXXIV. CALLITRICHINÉES.

Fleurs hermaphrodites ou unisexuelles, munies à la base de 2 bractées (1) opposées ord. falciformes, transparentes, pétaloïdes. Calice et corolle nuls. Étamines 1-2 ; anthère réniforme, uniloculaire ; styles 2, subulés. *Fruit capsulaire*, à 4 angles. se séparant à la maturité en 4 carpelles monospermes indéhiscents. — *Pl. aquatiques*, radicantes, *ord. submergées ou nageantes*. Tiges grêles, filiformes, rameuses. Feuilles opposées ; les supérieures ord. nageantes, souv. disposées en rosette. Fleurs solitaires, axillaires, très petites.

1. CALLITRICHE L. *Gen.*

Caractères de la famille.

1. { Feuilles toutes obovales spatulées . . . . . *1. C. stagnalis.*
   { Feuilles supérieures obovales ou oblongues, les inférieures linéaires 2

2. { Styles courts dressés, caducs. Fruit à angles carénés, non ailés. . . . . *3. C. verna.*
   { Styles allongés réfléchis ou divariqués à la maturité, persistants. Fruit à angles ailés. 3

(1) Ces bractées ont été regardées comme un périanthe par différents auteurs.

3 { Bractées falciformes à pointes un peu arquées, connniventes, se croisant qqf.. Styles réfléchis. 2. *C. platycarpa.*
Bractées courbées en crochet au sommet. Styles divariqués. . . . . 4. *C. hamulata.*

1. C. stagnalis Kutz *Linnæa*; Scop. *Carn.* — *Feuilles toutes obovales spatulées.* Bractées falciformes conniventes, persistantes. Styles allongés, réfléchis à la maturité, persistants. Fruit à angles carénés ailés. ♃. Mai-septembre.

CC. — Eaux stagnantes ou courantes.

2. C. platycarpa Kutz. *Linnæa.*—*Feuilles inférieures linéaires étroites; les supérieures obovales.* Bractées *falciformes, à pointes un peu arquées conniventes se croisant qqf.*, persistantes. *Styles allongés, réfléchis à la maturité, persistants. Fruits à angles carénés ailés.* ♃. Maiseptembre.

A.R. — Eaux stagnantes ou courantes. — La Bouvaque près Abbeville; Drucat; marais du Petit-Saint-Jean près Amiens (*Rom.*); Fouencamps (*F. Debray*).

3. C. verna Kutz. *Linnæa.* — *C. vernalis* Koch. *Syn.* — *Feuilles inférieures linéaires, les supérieures obovales.* Bractées lancéolées, à peine courbées, non conniventes, persistantes. *Styles courts, dressés, caducs. Fruits à angles* très rapprochés par paire, *carénés non ailés.* ♃. Maiseptembre.

A.R. — Eaux stagnantes ou courantes, mares. — Laviers; Drucat; Tœufles; Le Mesge (*Rom.*).

4. C. hamulata Kutz. in Koch *Syn.* — *Feuilles* ord. toutes submergées, *linéaires* atténuées à la base, plus rar. *les supérieures linéaires oblongues, ou linéaires spatulées.* Bractées courbées en crochet au sommet, caduques. *Styles allongés, d'abord étalés, puis divariqués, persistants. Fruits à angles carénés ailés.* ♃. Mai-septembre.

RR. — Forêt d'Ailly-sur-Somme (*Rom.*); dans la Somme à Abbeville (*Baill.* Herb. sub nomine *C. autumnalis* L.).

Dans les diverses espèces de *Callitriche*, les plantes sont ord. plus petites lorsqu'elles croissent dans les lieux d'où l'eau s'est retirée. (S.-v. *terrestris* Coss. et Germ. *Fl.*).

LXXXV. SALICINÉES.

Fleurs dioïques à l'aisselle d'une écaille, disposées en chatons. Calice remplacé par 1-2 glandes, ou par une petite cupule obliquement tronquée. Fleurs mâles; étamines 2-12 ou plus.

Fleurs femelles : ovaire sessile ou pédicellé ; style qqf. nul ; stigmates 2. Fruit capsulaire petit, ovoïde, uniloculaire, polysperme, à 2 valves s'enroulant en dehors. *Graines accompagnées de longs poils soyeux.* — *Arbres ou arbrisseaux.* Feuilles alternes ou éparses. Stipules libres, persistantes ou caduques, qqf. nulles.

1 { Calice remplacé par 1-2 glandes. Ecailles des chatons entières . . . . Salix (1).
Calice remplacé par une petite cupule obliquement tronquée. Ecailles des chatons ord. incisées ou laciniées. . . . . Populus (2).

1. SALIX Tourn. *Inst.* (1)

Ecailles des chatons entières. Calice remplacé par 1-2 glandes à la base des étamines ou de l'ovaire. Fleurs mâles : étamines 2-3 ; anthères jaunes, rar. purpurines. Fleurs femelles : stigmates courts, échancrés ou bifides, plus rar. entiers. — Arbres ou arbrisseaux. Bourgeons recouverts d'une seule écaille. Chatons sessiles ou pédonculés, feuillés à la base. Ecailles persistantes, plus rar. caduques, velues, rar. glabres au sommet.

1 { Capsule glabre. Chatons pédonculés. 2
Capsule tomenteuse, très-rar. glabrescente. Chatons sessiles ou subsessiles. 5

2 { Arbre à rameaux pendants. . . . . 3. *S. Babylonica.*
Arbre ou arbrisseau à rameaux non pendants 3

3 { Feuilles blanchâtres soyeuses, surtout en-dessous. . . . . 1. *S. alba.*
Feuilles glabres ou un peu pubescentes dans leur jeunesse. 4

4 { Etamines 3. Ecailles glabres au sommet. . 4. *S. triandra.*
Etamines 2. Ecailles velues même au sommet. 2. *S. fragilis.*

5 { Sous-arbrisseau à tige souterraine 6
Arbrisseau à tige élevée 7

6 { Feuilles oblongues ou lancéolées, plus ou moins soyeuses en dessous, jamais sur les 2 faces . . . . 14. *S. repens.*
Feuilles largement ovales ou suborbiculaires, très-soyeuses argentées en dessous, qqf. sur les 2 faces . . . . 15. *S. argentea.*

7 { Anthères purpurines, devenant noirâtres 8
Anthères jaunes 9

(1) Pour déterminer les *Saules*, il est nécessaire d'en récolter des échantillons à différentes époques, les chatons de la plupart d'entre eux paraissant avant que les feuilles ne soient parvenues à l'état adulte.

8	Style plus court que les stigmates. Feuilles oblongues lancéolées, élargies au sommet. . . . . *5. S. purpurea.*
	Style ord. plus long que les stigmates. Feuilles lancéolées allongées, souv. acuminées . . . . *6. S. rubra.*
9	Capsule sessile. 10
	Capsule pédicellée 11
10	Ecailles brunes noirâtres. Stigmates filiformes, entiers. . . . . *7. S. viminalis.*
	Ecailles jaunâtres ferrugineuses. Stigmates bifides. . . . . *8. S. mollissima.*
11	Feuilles oblongues lancéolées. Capsule à pédicelle 1-2 fois plus long que la glande 12
	Feuilles oblongues ou lancéolées obovales, ou ovales ou oblongues suborbiculaires. Capsule à pédicelle 3-5 fois plus long que la glande. 13
12	Feuilles pétiolées. Capsule à pédicelle 1 fois plus long que la glande. Style assez long. Stigmates bifides . . . . *9. S. Smithiana.*
	Feuilles atténuées à la base. Capsule à pédicelle 2 fois plus long que la glande. Style court, Stigmates entiers. . . . . *10. S. salviæfolia.*
13	Bourgeons blanchâtres tomenteux. Feuilles brièvement acuminées, à pointe droite. . . . . . . *11. S. cinerea.*
	Bourgeons glabres. Feuilles brusquement acuminées, à pointe recourbée. 14
14	Feuilles obovales ou oblongues obovales, rugueuses. Chatons assez petits. . . . . *13. S. aurita.*
	Feuilles ovales ou oblongues suborbiculaires, non rugueuses. Chatons assez gros . . . . . . *12. S. caprea.*

* *Capsules glabres.*

1. S. alba L. *Sp.* — (Vulg. *Saule commun, Saule blanc*). — Arbre à rameaux dressés, flexibles, grisâtres pubescents, qqf. jaunâtres. *Feuilles* lancéolées, acuminées, atténuées à la base, denticulées, *blanchâtres soyeuses, surtout en dessous.* Stipules petites, lancéolées ord. caduques. *Chatons* paraissant ord. en même temps que les feuilles, *pédonculés.* Ecailles jaunâtres, caduques. Etamines 2; anthères jaunes. Capsule à pédicelle égalant à peine la glande. Style court; stigmates bilobés. ♃. Avril-mai.

CC. — Bords des eaux, prairies.

Var. *6. vitellina* (Coss. et Germ. *Fl.*). — *S. vitellina* L. *Sp.* — Vulg. *Osier jaune)* — Rameaux jaunâtres. — Souv. planté dans les oseraies.

2. S. fragilis L. *Sp.* — *Arbre peu élevé*, à rameaux verdâtres, fragiles. *Feuilles* brièvement pétiolées, lancéolées, acuminées, finement dentées, à dents glanduleuses, *glabres* souv. glauques en dessous, *un peu pubescentes seulement dans leur jeunesse.* Stipules ovales semi-cordiformes. *Chatons* paraissant avec les feuilles, *pédonculés. Ecailles* jaunâtres, *velues, même au sommet,* caduques. *Etamines* 2 ; anthères jaunes. Capsule à pédicelle 2-3 fois aussi long que la glande. Style un peu plus long que les stigmates ; stigmates courts, bifides. ♄. Avril-mai.

A.R. — Lieux humides, prairies, bords des eaux. — Marais Saint-Gilles et de Menchecourt près Abbeville ; Bovelles (*Rom.*) ; Amiens, Renancourt et Petit-Saint-Jean (*P. Fl.*) ; Mireuil (*B. Extr. Fl.*).

†**3. S. Babylonica** L. *Sp.* — (Vulg. *Saule pleureur*). — *Arbre* assez élevé, à *rameaux* très-longs flexibles, *pendants.* Feuilles lancéolées linéaires acuminées, finement denticulées, glabres. Stipules lancéolées falciformes. *Chatons* femelles paraissant ord. en même temps que les feuilles, petits, arqués, *pédonculés.* Capsule sessile. Glande dépassant la base de la capsule. Style court. ♄. Mars-avril.

Souv. planté dans les parcs et les jardins au bord des eaux. — On ne connait que l'individu femelle de cette espèce.

4. S. triandra L. *Sp.* — *S. amygdalina* L. *Sp.* — Arbrisseau à rameaux d'un brun rougeâtre. *Feuilles* oblongues lancéolées acuminées, finement dentées, *glabres,* d'un vert foncé, luisantes, qqf. glauques en dessous. Stipules grandes semi-cordiformes, dentées. *Chatons* paraissant en même temps que les feuilles, *pédonculés. Ecailles* jaunâtres, *glabres au sommet,* persistantes. *Etamines* 3. Capsule à pédicelle 2-3 fois plus long que la glande. Style très-court ; stigmates échancrés divergents ♄. Avril-mai.

CC. — Prairies, bords des eaux. — Souv. planté dans les oseraies.
S.-v. discolor. — (*S. amygdalina* var *discolor* Koch *Syn.*). — Feuilles glauques en dessous.

** *Capsules tomenteuses, très rar. glabrescentes.*

5. S. purpurea L. *Sp.* — (Vulg. *Osier rouge*). — Arbrisseau à rameaux rougeâtres ou grisâtres, à jeunes pousses d'un pourpre violacé. *Feuilles* subsessiles, *oblongues lancéolées élargies au sommet,* acuminées, très finement denticulées, vertes luisantes en dessus, glauques en dessous, qqf. pubescentes soyeuses dans leur jeunesse. Stipules ord. nulles. *Chatons subsessiles,* les mâles grêles paraissant ord. avant les feuilles. Ecailles brunâtres. Etamines 2, à filets réunis dans toute leur longueur ; *anthères purpurines devenant noi-*

râtres. Capsule sessile. Glande dépassant la base de la capsule. *Style plus court que les stigmates.* ♄. Avril-mai.

RR. — Prairies, bords des eaux. — *Intr.* — Qqf. planté dans les oseraies. — Le Boisle ; Quend (*Cagé*) ; vers Péronne et Montdidier (*P. Fl.*) ; Abbeville (*B. Extr. Fl.*).

6. S. rubra Huds *Fl. Angl.* — *Arbrisseau assez élevé*, à rameaux d'un vert jaunâtre. *Feuilles lancéolées allongées, souv. acuminées,* denticulées, à bords un peu enroulés, d'abord pubescentes soyeuses en dessous, puis vertes et glabres. Stipules petites, linéaires ou nulles. *Chatons subsessiles,* paraissant en même temps que les feuilles. Ecailles d'un brun noirâtre au sommet. Etamines 2, à filets réunis inférieurement ; *anthères purpurines devenant noirâtres.* Glande dépassant la base de la capsule. *Style ord. plus long que les stigmates.* ♄. Avril-mai.

RR. — Bords des eaux, oseraies. — *Intr.* — Vers Péronne et Ham (*P. Fl.*).

7. S. viminalis L. *Sp.* — (Vulg. *Osier blanc, Osier vert*). — *Arbrisseau assez élevé*, à rameaux souples, effilés, jaunâtres ou grisâtres. Feuilles allongées lancéolées acuminées, entières ou un peu ondulées, à bords un peu enroulés dans leur jeunesse, d'un vert clair en dessus, soyeuses argentées en dessous. Stipules petites, lancéolées linéaires. *Chatons sessiles,* les mâles ovoïdes, paraissant avant les feuilles, les femelles cylindriques, paraissant en même temps que les feuilles. *Écailles brunes noirâtres.* Etamines 2 ; anthères jaunes. *Capsule sessile.* Glande dépassant la base de la capsule. Style assez long ; stigmates filiformes, entiers. ♄. Avril-mai.

CC. — Bords des eaux, oseraies. — *Ind. ?*

Var. ε. *angustissima* (Coss. et Germ. *Fl.*). — Feuilles linéaires étroites.

8. S. mollissima Ehrh. *Beitr.* ; Koch *Syn.* ; Gren. et Godr. *Fl..* — *Arbrisseau* à rameaux brunâtres. Feuilles lancéolées allongées acuminées, lâchement denticulées, finement tomenteuses en dessous dans leur jeunesse. Stipules ovales aigues. *Chatons sessiles ou subsessiles. Ecailles jaunâtres ferrugineuses,* longuement barbues. Etamines 2 ; anthères jaunes. *Capsule* ovoïde conique, *sessile.* Glande dépassant la base de la capsule. *Stigmates bifides,* ne dépassant pas les poils des écailles. ♄. Mars-avril.

RR. — Lieux humides, bords des eaux. — *Intr.* — Quend (*Cagé*).

9. S. Smithiana Willd. *Enum.* ; Coss. et Germ. *Fl.* ; Gren. et Godr. *Fl.* — *S. Seringeana* Gaud. *Fl. Helv.* — *Arbrisseau* à jeunes rameaux pubescents grisâtres. *Feuilles* *oblongues lancéolées* acuminées, brièvement *pétiolées*, sinuées crénelées, d'un vert foncé en dessus, blanches tomenteuses, veinées réticulées en dessous. Stipules semi-cordiformes ou ovales lancéolées recourbées. *Chatons subsessiles*, arqués, paraissant un peu avant les feuilles. Ecailles brunes ou noirâtres. Etamines 2 ; *anthères jaunes. Capsule à pédicelle 1 fois plus long que la glande. Style assez long ; stigmates bifides.* ♄. Mars-avril.

A.C. — Prés humides, bords des eaux, oseraies. — *Intr.* — Marais Saint-Gilles à Abbeville ; Le Boisle ; Ailly-sur-Somme (*Rom.*) ; Quend (*Cagé*).

10. S. salviæfolia Link apud Willd. ; Koch *Syn.* — Espèce très-voisine du *S. Smithiana*, avec lequel la confondent plusieurs auteurs. *Feuilles* oblongues lancéolées aigues, *atténuées à la base,* obscurément denticulées, blanchâtres tomenteuses en dessous et à nervures saillantes. *Chatons sessiles*, un peu arqués. Etamines 2 ; *anthères jaunes. Capsule* tomenteuse, ovoïde conique allongée, pédicellée, *à pédicelle environ 2 fois plus long que la glande.* Style court ; *stigmates* oblongs, *entiers.* ♄. Avril-mai.

RR. — Lieux humides, marais. — *Intr.* — Quend (*Cagé*).

11. S. cinerea L. *Sp.* — *Arbrisseau qqf. assez élevé,* à rameaux pubescents grisâtres, *à bourgeons blanchâtres tomenteux. Feuilles* pétiolées, *oblongues obovales ou lancéolées obovales, brièvement acuminées, à pointe droite,* entières ondulées, ou denticulées, velues tomenteuses en dessous, fortement nervées. Stipules réniformes. *Chatons sessiles,* paraissant avant les feuilles. Ecailles brunes. Etamines 2 ; *anthères jaunes. Capsule à pédicelle 4 fois plus long que la glande.* Style très-court ; stigmates bifides ou entiers. ♄. Avril-mai.

C. — Prairies, bords des eaux, bois humides, oseraies. — Abbeville ; Le Boisle ; Suzanne ; Quend (*Cagé*) ; Renancourt près Amiens (*Rom.*) ; Rivery (*P. Fl.*). — Cette espèce varie à feuilles ovales acuminées (*S. acuminata* Hoffm. *Salix*), ou obovales brusquement et brièvement acuminées (*S. aquatica* Sm. *Fl. Brit.*).

12. S. caprea L. *Sp.* — (Vulg. *Saule Marseau, Bourseau*). — *Arbrisseau souv. élevé,* à rameaux d'un vert grisâtre, glabres ou un peu pubescents au sommet, *à bourgeons glabres. Feuilles* pétiolées, ord. assez amples, *ovales ou oblongues suborbiculaires, brusquement acuminées, à pointe recourbée,* lâchement ondulées crénelées, blanches tomenteuses en dessous. Stipules réniformes, souv. nulles. *Chatons assez gros, sessiles,* paraissant avant les feuilles. Ecailles brunes. Etamines 2 ; *anthères jaunes. Capsule* étalée.

à *pédicelle 4-5 fois plus long que la glande*. Style très-court; stigmates bifides ♃. Mars-avril.

CC. — Bois secs ou humides, prairies, bords des eaux.

13. S. aurita L. *Sp*. — *Arbrisseau ord. peu élevé*, à rameaux grisâtres ou jaunâtres, les plus jeunes glabres, à *bourgeons glabres. Feuilles* pétiolées, *obovales ou oblongues obovales, brusquement acuminées, à pointe recourbée*, plus rar. obtuses, ondulées ou denticulées, *rugueuses*. fortement nervées, pubescentes en dessus, tomenteuses en dessous. Stipules grandes, réniformes. *Chatons assez petits, sessiles ou subsessiles*, paraissant avant les feuilles. Écailles brunâtres. Etamines 2 ; *anthères jaunes. Capsule à pédicelle 3-4 fois plus long que la glande*. Style très-court ; stigmates émarginés. ♃. Avril-mai.

A.R. — Prairies, bords des eaux, taillis humides. — Ind.? — Abbeville ; Le Boisle ; Quend (*Cagé*) ; Bovelles, Rivery, Renancourt près Amiens (*Rom.*) ; Fortmanoir, Notre-Dame-de-Grâce (*P. Fl.*).

14. S. repens L. *Sp*. — *Sous-arbrisseau de 2-6 déc., à tige souterraine traçante*, brunâtre, à rameaux étalés rampants ou redressés. *Feuilles* très-brièvement pétiolées, petites, *oblongues ou lancéolées*, obtuses ou acuminées, à pointe très-courte recourbée, entières ou lâchement denticulées, glabres ou pubescentes en dessus, *souv. plus ou moins soyeuses en dessous*, à bords enroulés. Stipules lancéolées aiguës, ou nulles. Chatons petits, sessiles ou subsessiles, paraissant avant les feuilles, Ecailles brunâtres. Etamines 2 ; anthères jaunes. Capsule à pédicelle 2-3 fois plus long que la glande. Style très-court ; stigmates bifides. ♃. Avril-mai.

R. — Marais tourbeux. — Marais Saint-Gilles à Abbeville ; Arry ; Bernay ; Bray-lès-Mareuil (*Du Maisniel de Belleval*, Not. manuscr.) ; Fouencamps, Formanoir, Long, Cambron (*P. Fl.*).

15. S. argentea Smith *Fl. Brit.* ; Boreau *Fl*. — *S. repens* var. *argentea* (E. V. et B.B. *Cat. Pl. Somme*). — *Sous-arbrisseau de 2-6 déc., à tige souterraine traçante*, brunâtre, à rameaux ord. diffus étalés. un peu anguleux. *Feuilles* plus grandes que dans le *S. repens, largement ovales ou suborbiculaires*, entières, sessiles ou subsessiles, à bords un peu enroulés, mucronées, à pointe recourbée, pubescentes grisâtres en dessus, *très-soyeuses argentées en dessous*, qqf. sur les *deux faces*. Chatons sessiles ou subsessiles, disposés ord. au sommet des rameaux latéraux, paraissant avant les feuilles. Ecailles brunâtres, Etamines 2 ; anthères jaunes. Capsule tomenteuse, plus rar. glabrescente, à pédicelle 2-3 fois plus long que la glande. Style court. ♃. Avril-mai.

SALICINÉES.

C. — Sables maritimes. — Dunes de Saint-Quentin-en-Tourmont et de Quend.

S.-v. *leiocarpa* (*S. repens* var. *leiocarpa* Koch. *Syn.*). — Capsules glabrescentes. — Dans les mêmes lieux que l'espèce, mais moins commun.

2. POPULUS Tourn. *Inst.*

Ecailles des chatons ord. incisées ou laciniées. Calice remplacé par une petite cupule obliquement tronquée. Fleurs mâles: étamines 6-12 ou plus. Fleurs femelles: stigmates allongés bipartits. — *Arbres ord. élevés.* Bourgeons recouverts de plusieurs écailles imbriquées. Feuilles longuement pétiolées.

1. { Ecailles des chatons velues. Jeunes pousses pubescentes ou tomenteuses. 2
   Ecailles des chatons glabres. Jeunes pousses glabres, souv. visqueuses 3

2. { Feuilles tomenteuses blanchâtres en dessous. 1. *P. alba.*
   Feuilles glabres sur les 2 faces, qqf. pubescentes grisâtres en dessous, jamais blanches . . . 2. *P. Tremula.*

3. { Arbre à branches dressées serrées contre le tronc. 4. *P. pyramidalis.*
   Arbre à branches étalées 4

4. { Rameaux et rejets cylindriques ou obscurément anguleux. Feuilles ord. plus longues que larges . . . 3. *P. nigra.*
   Rameaux ou rejets anguleux à angles aigus disparaissant avec l'âge. Feuilles ord. plus larges que longues . . . . 5. *P. Virginiana.*

* *Ecailles des chatons velues. Jeunes pousses ord. pubescentes tomenteuses.*

1. P. alba L. *Sp.* — (Vulg. *Blanc de Hollande*). — *Arbre élevé à écorce grise crevassée, à rameaux étalés; les jeunes pousses blanchâtres tomenteuses. Feuilles* anguleuses dentées, ou cordiformes, à 5 lobes peu profonds, d'un vert sombre en dessus, *tomenteuses blanches en dessous.* Chatons femelles plus grêles que les mâles. Ecailles lancéolées, un peu crénelées, ciliées. ♄. Mars-avril.

A.R. — Bois humides. — *Intr.* — Souv. planté dans les prairies et le long des chemins.

2. P. Tremula L. *Sp.* — (Vulg. *Tremble*). — *Arbre ord. moins élevé que le P. alba*, à écorce lisse grisâtre, à rameaux étalés; *les jeunes pousses pubescentes grisâtres. Feuilles* très-mobiles, suborbiculaires, sinuées dentées, *glabres sur les 2 faces, qqf. pubescentes grisâtres en dessous, jamais blanches.* Ecailles incisées digitées. ♄. Mars-avril.

CC. — Bois.

** *Ecailles des chatons glabres. Jeunes pousses glabres, souv. visqueuses.*

† **3. P. nigra** L. *Sp.* — *Arbre élevé à écorce grisâtre crevassée, à branches étalées, à rameaux et rejets cylindriques ou obscurément anguleux. Feuilles ovales triangulaires, acuminées dentées, glabres, ord. plus longues que larges.* Anthères purpurines. ♄. Mars-avril.

RR. — Planté dans les lieux humides et au bord des eaux.

† **4. P. pyramidalis** Rozier *Cours agr.* — *P. fastigiata* Poir. *Encycl. méth.* — (Vulg. *Peuplier d'Italie*). — *Arbre très-élevé à écorce crevassée, à branches dressées serrées contre le tronc, disposées en pyramide. Feuilles ovales triangulaires ou rhomdoïdales acuminées, dentées, glabres, ord. plus larges que longues.* Anthères purpurines. ♄. Mars-avril.

C. — Planté dans les lieux humides, dans les parcs et le long des routes. — On ne connaît que l'individu mâle de cette espèce dont la patrie est inconnue (1).

† **5. P. Virginiana** Desf. *Cat.* — *P. monilifera* Ait. *Hort. Kew.* — (Vulg. *Peuplier de Virginie*). — *Arbre très-élevé, à branches étalées, à rameaux et rejets anguleux, à angles aigus disparaissant avec l'âge. Feuilles ovales triangulaires aigues, dentées, glabres ou pubescentes aux bords, ord. plus larges que longues. Chatons femelles très-longs pendants, lâches, moniliformes.* ♄. Mars-avril.

Fréquemment planté.

LXXXVI. BÉTULINÉES.

Fleurs monoïques, les mâles et les femelles 2-3 à la base d'écailles, disposées en chatons. Fleurs mâles en chatons cylindriques ; étamines 4-6. Fleurs femelles en chatons cylindriques ou ovoïdes ; stigmates 2, filiformes, entiers ; *ovaire libre. Fruit petit, comprimé, sec, indéhiscent. — Arbres plus ou moins élevés.* Feuilles alternes ou éparses. Chatons se développant avant ou en même temps que les feuilles.

1 { Chatons femelles cylindriques, pendants. Ecailles caduques. Fruit bordé d'une aile membraneuse. BETULA (1).
Chatons femelles ovoïdes, dressés. Ecailles persistantes. Fruit dépourvu d'aile membraneuse. . . . . ALNUS (2).

(1) On est à peu près convaincu maintenant qu'il est sorti d'un semis de *P. nigra*. C'est ce pied unique qui aurait été bouturé depuis indéfiniment.

1. BETULA Tourn. *Inst.*

Chatons mâles cylindriques, pendants, sessiles, jaunâtres, à écailles pédicellées, trilobées, 3-flores. Etamines 6, à filets bifurqués, à branches portant chacune une des loges de l'anthère. *Chatons femelles* oblongs *cylindriques*, compactes, *pendants*, solitaires, longuement pédonculés, à *écailles* 2-3-*flores*, oblongues, devenant trilobées, membraneuses, coriaces, *caduques. Fruit bordé d'une aile membraneuse.*

1. B. alba L. *Sp.* — (Vulg. *Bouleau*). — Arbre assez élevé, à écorce lisse blanchâtre se détachant circulairement, à rameaux grêles, dressés ou pendants, rougeâtres. *Feuilles* pétiolées, *ovales triangulaires acuminées*, doublement dentées, d'un vert pâle en dessous. ♄. Fl. avril-mai. Fr. août-septembre.

CC. — Bois, taillis.

2. ALNUS Tourn. *Inst.*

Chatons mâles et femelles sur un même pédoncule rameux, les mâles grêles, cylindriques à écailles pédicellées 3-flores ; étamines 4, à filets indivis. *Chatons femelles ovoïdes dressés*, à *écailles* biflores, ovales, ligneuses, *persistantes*, les fructifères en forme de cône de Pin. Fruit dépourvu d'aile membraneuse.

1. A. glutinosa Gærtn. *Fruct.* — (Vulg. *Aulne, Aulnois*). — Arbre ord. élevé, à écorce brune. *Feuilles* pétiolées, *ovales suborbiculaires obtuses*, sinuées dentées, visqueuses dans leur jeunesse, d'un vert foncé en dessus, d'un vert pâle en dessous. ♄. Fl. mars-avril. Fr. août-septembre.

CC. — Prairies, bords des eaux, bois humides.

LXXXVII. CUPULIFÈRES.

Fleurs monoïques. Fleurs mâles en chatons cylindriques, plus rar. subgloduleux ; écaille portant les étamines, ou calice à 5-8 divisions ; étamines 6-20. *Fleurs femelles 1-5, non disposées en chatons; ovaire adhérent au réceptacle;* stigmates 3-8. Involucre fructifère (cupule) s'accroissant après la floraison, renfermant le fruit ou l'entourant en partie. Fruit indéhiscent, uniloculaire par avortement, ord. monosperme. — *Arbres ou arbrisseaux.*

396 CUPULIFÈRES.

1 { Cupule plus ou moins épineuse, renfermant et cachant complètement le fruit.............. 2
   { Cupule non épineuse, ne cachant pas complètement le fruit............................ 3

2 { Fleurs mâles en chatons globuleux, longuement pédonculés. Fruits à angles tranchants. Feuilles ovales, légèrement sinuées dentées........... FAGUS (1).
   { Fleurs mâles en chatons filiformes interrompus très-longs. Fruits n'ayant pas d'angles tranchants. Feuilles oblongues lancéolées, fortement dentées... CASTANEA (2).

3 { Cupule ligneuse, entourant le fruit seulement à la base. .... QUERCUS (3).
   { Cupule foliacée, débordant ord. le fruit, mais ne le cachant pas complètement............... 4

4 { Fleurs femelles en grappes. Fruit comprimé. CARPINUS (5).
   { Fleurs femelles renfermées dans un bourgeon écailleux. Fruit non comprimé.......... CORYLUS (4).

1. FAGUS Tourn. *Inst.*

Fleurs mâles en chatons subglobuleux, longuement pédonculés, pendants; calice à 5-6 divisions : étamines 8-15. Fleurs femelles 1-3 : calice à 4 divisions ; stigmates 3. *Cupule ligneuse, chargée d'épines molles coriaces, renfermant complètement le fruit*, s'ouvrant en 4 valves. *Fruit* (faîne) à 1-2 graines, *trigone, à angles tranchants,* brun luisant. Péricarpe coriace, velu intérieurement.

1. F. sylvatica L. *Sp.* — (Vulg. *Hêtre*). — Arbre très-élevé, à écorce lisse blanchâtre ou grisâtre. *Feuilles* pétiolées, à pétioles pubescents, *ovales*. ord. aiguës, *légèrement sinuées dentées,* ciliées aux bords, lisses, coriaces, à nervures pubescentes, puis glabres. Fleurs verdâtres. ♄. Fl. avril-mai. Fr. août-septembre.

CC. — Bois, forêts.

2. CASTANEA Tourn. *Inst.*

Fleurs mâles en petits glomérules, munis de bractées, disposés en chatons filiformes dressés, grêles, *interrompus, très-longs*; calice à 5-6 divisions ; étamines 8-15. Fleurs femelles 1-5, sessiles, à l'aisselle des feuilles ou à la base des chatons mâles supérieurs ; stigmates 5-8, entourés d'étamines stériles. *Cupule épaisse, ligneuse, chargée d'épines subulées* divergentes, *renfermant complètement 1-3 fruits,* s'ouvrant en 4 valves. *Fruit* (châtaigne) *convexe sur une face, plan sur l'autre,* brun luisant. Péricarpe coriace, tomenteux intérieurement.

1. C. vulgaris Lmk. *Encycl. méth.* — (Vulg. *Châtaignier*). — Arbre très-élevé, à écorce grisâtre fendillée. *Feuilles grandes, pétiolées, oblongues lancéolées acuminées, fortement dentées*, à dents cuspidées, glabres luisantes. Fleurs jaunâtres. ♄. Fl. mai-juin. Fr. septembre-octobre.

A.R. — Bois montueux. — *Intr.* — Caux ; bois des environs de Saint-Valery ; Bouillencourt-en-Sery ; Tœufles ; bois de Belloy près Huppy ; Frucourt ; Mareuil ; Aveluy ; bois de Valanglart près Moyenneville (*T.C.*) ; Martainneville (*Guilbert*) ; Querrieux, Sainte-Segrée (*E. Gonse*) ; Mailly-Maillet (*Carette*) ; Allonville, Bussy-lès-Poix, bois du Val près Laviers (*P. Fl.*).

3. QUERCUS Tourn. *Inst.*

Fleurs mâles en chatons grêles filiformes interrompus, pendants ; calice à 6-8 divisions ; étamines 6-10. Fleurs femelles solitaires ; stigmates 3. *Cupule hémisphérique, indurée ligneuse, n'entourant le fruit qu'à la base.* Fruit (gland) ovoïde ou oblong, uniloculaire, monosperme. Péricarpe coriace luisant, vert, puis jaunâtre.

1 { Fruits longuement pédonculés. Feuilles subsessiles . . . . 1. *Q. pedunculata.*
{ Fruits presque sessiles. Feuilles pétiolées. 2. *Q. sessiliflora.*

1. Q. pedunculata Ehrh. *Arb.* ; Rchb. *Icon.* — (Vulg. *Chêne, Chêne commun*). — Arbre très-élevé. *Feuilles subsessiles*, glabres, obovales oblongues, sinuées lobées, à lobes inégaux, obtus. *Glands ord. épars au sommet d'un long pédoncule.* ♄. Fl. avril-mai. Fr. septembre-octobre.

CC. — Bois, forêts.

2. Q. sessiflora Salisb, *Prodr.* — *Q. Robur* Rchb. *Icon.* — Arbre ord. moins élevé que le précédent, à bois moins estimé. *Feuilles pétiolées*, glabres ou pubescentes dans leur jeunesse, obovales oblongues, sinuées lobées, à lobes plus réguliers, obtus. *Glands ord. agglomérés, presque sessiles.* ♄. Fl. avril-mai. Fr. septembre-octobre.

A.R. — Bois, forêts. — Bois de Popincourt près Mareuil ; Jumel ; Boves ; Ailly-sur-Somme, Bovelles (*Rom.*) ; Villers-Tournelle (*E. Gonse*) ; Guerbigny (*Guilbert*) ; Le Mesge (*Baillet*) ; Laviers (*Baill.* Herb.) ; Dury, Notre-Dame-de-Grâce, Querrieux (*P. Fl.*).

4. CORYLUS Tourn. *Inst.*

Fleurs mâles, en chatons cylindriques, pendants ; étamines 6-8 à l'aisselle d'une écaille obovale, 3-lobée. *Fleurs femelles renfermées dans un bourgeon terminal écailleux*, à écailles entières imbriquées, les supérieures seules fertiles ; styles 2, filiformes, rouges. *Cupule foliacée*, charnue à la base, irrégulièrement lacérée dentée au sommet, *ouverte, et dépassant le fruit. Fruit* (noisette) *ovoïde ou oblong.* Péricarpe ligneux.

1. C. Avellana L. *Sp.* — (Vulg. *Noisetier*). — Arbrisseau de 2-4 mètres. Feuilles pétiolées, ovales suborbiculaires, ord. cordées à la base, brusquement acuminées, doublement dentées, pubescentes. Chatons mâles, jaunâtres, paraissant longtemps avant les feuilles. Bourgeons des fleurs femelles, solitaires, latéraux ou terminaux. ♄. Fl. février-mars. Fr. août-septembre.

CC. — Bois, taillis, haies, buissons,

8. CARPINUS L. *Gen.* ex parte.

Fleurs mâles en chatons cylindriques, à écailles ovales, ciliées ; étamines 6-12. *Fleurs femelles en grappes lâches*; styles 2, filiformes. *Cupule foliacée*, très-ample, 3-lobée, à lobe moyen plus grand que les latéraux, *dépassant longuement le fruit et l'embrassant incomplètement. Fruit ovoïde comprimé*, muni de côtes longitudinales, surmonté par les dents du calice. Péricarpe ligneux.

1. C. Betulus L. *Sp.* — (Vulg. *Charme*). — Arbre plus ou moins élevé. Feuilles pétiolées, ovales oblongues acuminées, doublement dentées, fortement nervées. Chatons paraissant avec les feuilles ou un peu avant. ♄. Avril-mai. Fr. juillet-août.

CC. — Bois, forêts, taillis.

LXXXVIII. JUGLANDÉES.

Fleurs monoïques. Fleurs mâles en chatons cylindriques ; calice à 2-6 divisions ; étamines nombreuses. Fleurs femelles 1-3 au sommet des jeunes rameaux ; calice 4-denté, caduc ; ovaire adhérent à la cupule réceptaculaire ; styles 2, courts, à stigmates allongés. Fruit osseux (noix), monosperme, à 2 valves ligneuses, irrégulièrement sillonnées, renfermé dans une drupe (brou) ovoïde, verte, noircissant à la maturité, se divisant irrégulièrement. Graine bosselée, à 4 lobes séparés par de fausses cloisons. — *Feuilles imparipinnées*, aromatiques. Fleurs verdâtres, paraissant avant les feuilles.

1. JUGLANS L. Gen.

Caractères de la famille.

† **1. J. regia** L. *Sp.* — (Vulg. *Noyer*). — *Arbre très-élevé*, à cyme arrondie. *Feuilles* glabres, coriaces, à 7-9 folioles ovales aiguës, presqu'égales, d'un vert sombre. Fruit lisse, ovoïde subglobuleux. ♄. Fl. avril-mai. Fr. août-octobre.

Planté dans les cours et dans les vergers.

On plante assez souvent dans les avenues et dans les parcs, le *Platanus vulgaris* (Spach. in Ann. sc. nat. — Vulg. *Platane*) de la famille des *Platanées*, qui se distingue par ses fleurs monoïques, mâles et femelles, sur des rameaux différents, par ses chatons globuleux, compacts, paraissant avant les feuilles, espacés et sessiles sur de longs pédoncules pendants, et par ses fruits petits, coriaces, entourés de poils à la base. Les principaux caractères du *P. vulgaris* sont : arbre élevé à épiderme se détachant par plaques : feuilles alternes, longuement pétiolées, palmatilobées, à 3-5 lobes acuminés; fleurs verdâtres.

LXXXIX. CONIFÈRES.

Fleurs monoïques ou dioïques disposées en chatons, dépourvues d'enveloppes florales, de style et de stigmate. Chatons mâles à étamines ord. nombreuses, insérées autour de l'axe; anthères bi ou pluriloculaires portés par un connectif dilaté au sommet en forme d'écaille peltée ou non peltée. Chatons femelles à écailles imbriquées portant à leur base intérieurement 2 ovules rar. plus, ou un seul, munies ou non extérieurement d'une bractée membraneuse. Chaton fructifère (cône) à écailles indurées, coriaces ou ligneuses, plus rar. à écailles devenant charnues et réunies en forme de baie ou développées en cupule charnue. Embryon à 2 ou plusieurs cotylédons. — *Arbres ou arbrisseaux* à bois constitué par des cellules allongées, ponctuées, à suc résineux. *Feuilles persistantes, très-rar. caduques.*

1 { Fleurs dioïques. Cône subglobuleux à écailles réunies, s'accroissant à la maturité, simulant une baie. . . . . JUNIPERUS (1).
  Fleurs monoïques. Cône ovoïde ou oblong, à écailles libres entre elles, coriaces ou ligneuses. . . PINUS (2).

1. JUNIPERUS L. Gen.

Fleurs dioïques. Chatons mâles ovoïdes, à écailles peltées,

portant à la base 3-7 anthères uniloculaires. Chatons femelles, à écailles imbriquées, verticillées par 3, les 3 supérieures seules fertiles portant à leur base 1-2 ovules dressés, prolongés en tube ouvert au sommet. *Cône subglobuleux, à écailles réunies s'accroissant à la maturité, simulant une baie à 3 graines osseuses non ailées.* Embryon à 2 cotylédons.

1. J. communis L. *Sp.* — (Vulg. *Genévrier*). — Arbrisseau ord. très-rameux dès la base, à rameaux étalés ou dressés. Feuilles rapprochées, ternées, linéaires, subulées piquantes, légèrement canaliculées en dessus, obtusement carénées en dessous. Cône petit, axillaire, d'un noir bleuâtre à la maturité, couvert d'une poussière glauque, longuement dépassé par les feuilles. ♄. Fl. avril-mai. Fr. août-octobre.

CC. — Bois arides, coteaux boisés calcaires. — Le seul conifère indigène de notre flore.

On plante assez souv. dans les jardins et les parcs le *Taxus baccata* (L. *Sp.* — Vulg. *If*), qui se distingue par ses feuilles rapprochées distiques étalées, aiguës, d'un vert foncé en dessus et d'un vert plus pâle en dessous, par ses chatons femelles à écailles inférieures stériles, la supérieure seule fertile s'accroissant en forme de cupule ouverte au sommet, subglobuleuse, succulente, d'un beau rouge. — Des fragments de bois d'If ont été rencontrés dans nos tourbières.

2. PINUS L. Gen.

Fleurs monoïques. Chatons mâles terminaux, rapprochés en grappes, à écailles imbriquées portant en dessous 2 anthères uniloculaires. Chatons femelles à écailles portant à leur base interne deux ovules. *Cônes ovoïdes ou oblongs à écailles libres, coriaces ou ligneuses,* épaissies ou minces, persistantes. Graines munies d'une aile membraneuse, persistante ou caduque. Embryon à plusieurs cotylédons verticillés. — Arbres ord. élevés en cyme pyramidale, à branches ord. verticillées horizontales, qqf. presque pendantes. Feuilles persistantes, très-rar. caduques.

1. { Feuilles géminées 2
   { Feuilles éparses ou fasciculées 3

2. { Chatons femelles à pédoncule recourbé. Feuilles longues de 2-6 cent. . . . . 1. *P. sylvestris.*
   { Chatons femelles à pédoncule court d'abord dressé, puis étalé. Feuilles longues de 1 déc. . . . . 2. *P. maritima.*

3. { Feuilles caduques, la plupart fasciculées, d'un vert gai. . . . . 5. *P. Larix.*
   { Feuilles persistantes, épaisses, rapprochées, d'un vert foncé au moins en dessus. 4

{ Feuilles linéaires subtétragones, aigues. Cônes pendants.
. . . . 3. *P Abies.*
4 { Feuilles linéaires planes, obtuses ou émarginées. Cônes
dressés. . . . . 4. *P. Picea.*

* *Feuilles géminées.*

† **1. P. sylvestris** L. *Sp.* — (Vulg. *Pin sylvestre, Pin commun*). — Arbre élevé à écorce rougeâtre. *Feuilles raides, linéaires étroites, longues de 4-6 cent.*, piquantes, canaliculées en dessus, convexes en dessous, un peu glauques. Chatons mâles petits, oblongs, en grappe compacte dépassant les feuilles. *Chatons femelles à pédoncule recourbé.* Cônes ovoïdes coniques, à écailles épaissies au sommet. ♄. Fl. Avril-mai.

Planté dans les parcs et les bois.

† **2. P. maritima** C. Bauh. *Pin.* — (Vulg. *Pin maritime*). — Arbre assez élevé, à écorce très rugueuse. *Feuilles raides, linéaires, allongées, aigues, longues de 1-déc.*, canaliculées en dessus, convexes en dessous. Chatons mâles ovoïdes en grappe compacte, longuement dépassés par les feuilles supérieures. *Chatons femelles, à pédoncule court, d'abord dressé, puis étalé.* Cônes gros, ovoïdes, ou oblongs côniques, à écailles épaissies au sommet. ♄. Fl. mai.

Planté dans les dunes où on le multiplie par des semis. — Cayeux-sur-Mer ; Quend ; Saint-Quentin-en-Tourmont.

** *Feuilles éparses ou fasciculées.*

† **3. P. Abies** L. *Sp.* — *Abies excelsa* DC. *Fl. Fr.* — (Vulg. *Epicéa*). — *Feuilles éparses, rapprochées, raides, linéaires subtétragones, aigues*, assez courtes, *d'un vert foncé.* Chatons mâles oblongs, solitaires, épars vers le sommet des rameaux. Chatons femelles terminaux, sessiles. Cônes oblongs cylindriques, *pendants*, dépassant longuement les feuilles, à écailles lisses, minces, atténuées ou tronquées, denticulées, non épaissies. ♄. Fl. avril-mai.

Planté dans les parcs et dans quelques bois.

† **4. P. Picea** L. *Sp.* — *Abies pectinata* DC. *Fl. Fr.* — (Vulg. *Sapin commun, Sapin de Normandie*). — *Feuilles éparses, rapprochées, étalées sur 2 rangs, comme pectinées, linéaires étroites, planes, obtuses ou émarginées, d'un vert foncé* en dessus, blanchâtres en dessous. Chatons mâles oblongs cylindriques, solitaires, rapprochés au sommet des rameaux. Chatons femelles ord. laté-

raux, épars, subsessiles. *Cônes* oblongs cylindriques, *dressés,* dépassant longuement les feuilles, à écailles minces, larges au sommet, obtuses, non épaissies. ♄. Fl. avril-mai.

Planté dans les parcs et dans les bois. — Introduit depuis très-longtemps dans le pays.

† **3. P. Larix** L. *Sp.* — *Larix Europæa* DC. *Fl. Fr.*— (Vulg. *Mélèze*). — *Feuilles* molles, linéaires, étroites, presque planes, obtuses, d'un vert gai, fasciculées sur les vieux rameaux, *caduques*. Chatons mâles ovoïdes, solitaires, sessiles. Chatons femelles latéraux, brièvement pédonculés. Cônes ovoïdes, assez petits, dressés ou redressés, à écailles minces, lâches, obtuses, non épaissies au sommet. ♄. Fl. mai.

Planté dans les parcs et dans quelques bois.

On plante un grand nombre d'autres Conifères, mais nous n'indiquons ici que les espèces les plus anciennement introduites et qui tendent à se naturaliser.

Div. II. MONOCOTYLÉDONÉES.

Plantes ord. herbacées (1), à tiges composées de faisceaux fibro-vasculaires entremêlés de tissu cellulaire, dépourvues de moelle et d'écorce véritable, ne s'accroissant pas par des couches concentriques. Enveloppes de la fleur (périanthe) à divisions ord. ternaires, ord. disposées sur 2 rangs, souv. remplacées par des bractées ou des soies, ou nulles. Embryon à un seul cotylédon.

XC. ALISMACÉES.

Fleurs hermaphrodites ou monoïques, régulières. *Périanthe à 6 divisions; les 3 extérieures herbacées; les 3 intérieures pétaloïdes* plus grandes, ord. caduques. *Fruit composé de carpelles* secs, *nombreux*, monospermes, indéhiscents, *libres*. — Pl. aquatiques ou des lieux marécageux.

(1) Le *Ruscus* seul dans notre flore n'est pas herbacé.

Feuilles toutes radicales, longuement pétiolées, à pétiole engaînant.

1
- Fleurs monoïques. Feuilles sagittées. Etamines nombreuses . . . . SAGITTARIA (2).
- Fleurs hermaphrodites. Feuilles non sagittées. Etamines 6 . . . . ALISMA (1).

1. ALISMA L. *Gen.*

Fleurs hermaphrodites. Etamines 6. — Feuilles atténuées ou un peu cordées à la base.

1
- Fleurs disposées en 3-5 verticilles. Carpelles comprimés, mutiques, arrondis au sommet. . . . . *1. A. Plantago.*
- Fleurs disposées en 1-2 verticilles. Carpelles à 5 angles, terminés en bec au sommet . . . . *2. A. ranunculoides.*

1. A. Plantago L. *Sp.* — Souche bulbiforme. Tige de 2-8 déc., dressée, à rameaux verticillés. Feuilles ovales un peu cordées, plus rar. oblongues, lancéolées, 5-7-nervées. *Fleurs* assez petites, blanches rosées, *disposées en 3-5 verticilles* superposés, munis à la base de petites bractées scarieuses. *Carpelles comprimés, mutiques arrondis au sommet*, sillonnés sur le dos, disposés en cercle. ♃. Juin-septembre.

CC. — Lieux marécageux, fossés, bords des eaux.

S.-v. *angustifolia* (Coss. et Germ. *Fl.*). — Feuilles lancéolées étroites, atténuées à la base.

2. A. ranunculoides L. *Sp.* — Souche fibreuse. Tige de 1-4 déc., dressée ou étalée, ou couchée, radicante au niveau des nœuds. Feuilles linéaires lancéolées, 3-nervées. *Fleurs* assez grandes, rosées, longuement pédicellées, *disposées en un verticille terminal ou en 2 verticilles superposés. Carpelles à 5 angles saillants, terminés en bec au sommet*, réunis en tête globuleuse. ♃. Juin-septembre.

A.R. — Marais, fossés, bords des eaux. — Abbeville; Mareuil: Saint-Quentin-en-Tourmont; Fort-Mahon près Quend; Villers-sur-Authie; Cayeux-sur-Mer; Suzanne; Rivery (*E. Gonse*); Ailly-sur-Somme, Longpré près Amiens (*Rom.*); Laviers, Fortmanoir (*P. Fl.*).

2. SAGITTARIA L. *Gen.*

Fleurs monoïques. Fleurs mâles à étamines nombreuses. — Feuilles sagittées.

1. S. sagittifolia L. *Sp.* — Souche à fibres nombreuses, munie de rhizomes filiformes donnant naissance à un tubercule ovoïde reproduisant l'année suivante une nouvelle plante. Tige de longueur variable, dressée ou ascendante. Feuilles profondément sagittées, à lobes étroits aigus. Fleurs assez grandes, blanches, rosées à la base, en grappe interrompue, pédicellées, opposées ou ternées, les inférieures femelles. Carpelles très nombreux, comprimés, disposés en tête globuleuse. ♃. Juin-août.

C. — Marais, fossés, bords des eaux.

S.-v. *vallisnerifolia* (Coss. et Germ. *Fl.*). — Feuilles toutes submergées, linéaires très-allongées. Pl. ord. stérile. — Ruisseaux à courant un peu rapide.

XCI. BUTOMÉES.

Fleurs hermaphrodites, régulières. *Périanthe à 6 divisions; les 3 extérieures herbacées; les intérieures pétaloïdes.* Étamines 9. *Fruit composé de 6 carpelles* secs, polyspermes, *réunis à la base,* s'ouvrant par l'angle interne. — Pl. croissant au bord des eaux. Feuilles toutes radicales.

1. BUTOMUS L. *Gen.*

Caractères de la famille.

1. B. umbellatus L. *Sp.* — (Vulg. *Jonc fleuri*). — Rhizome charnu, horizontal. Tige de 5-8 déc., dressée, cylindrique. Feuilles très longues, linéaires, acuminées. Fleurs nombreuses, rosées, élégantes, se développant successivement, longuement et inégalement pédicellées, disposées en ombelle terminale, munie à la base de 3 bractées, membraneuses, lancéolées. ♃. Juin-août.

A.C. — Marais, bords des rivières, fossés. — Abbeville; Mareuil; Picquigny; Estrebœuf; Amiens, Renancourt, Longueau, Camon, Hangest-sur-Somme, Rivery (*E. Gonse*); Petit-Saint-Jean, Longpré près Amiens (*Rom.*); Dreuil (*Copineau*).

XCII. COLCHICACÉES.

Fleurs hermaphrodites, régulières. *Périanthe pétaloïde, à 6 divisions* presqu'égales. *Étamines 6. Styles 3,* filiformes allongés, à stigmates recourbés. *Fruit capsulaire,* à 3 carpelles réunis inférieurement, se séparant à la maturité par leurs bords rapprochés en cloisons. Graines nombreuses.

1. COLCHICUM Tourn. *Inst.*

Périanthe infundibuliforme, à tube très allongé, beaucoup plus long que le limbe. — Bulbe gros, à tunique membraneuse, noirâtre.

1. C. autumnale L. *Sp.*
— Bulbe émettant à l'automne 1-3 fleurs longues de 1 déc. environ, d'un lilas clair, à divisions oblongues, lancéolées. Feuilles larges lancéolées, dressées, un peu aigues, presque planes, glabres d'un vert foncé, ne paraissant qu'au printemps suivant avec la capsule, et l'entourant. Capsule grosse, obovoïde renflée. ♃. Fl. septembre-octobre. Fr. mai-juin.

A.R. — Pâtures ombragées, prairies humides. — Drucat ; Bernapré ; Amiens à l'île Sainte-Arragone, Pont-de-Metz, Bus, Fescamps, Montières, Prouzel (*E. Gonse*) ; Saint-Maulvis (*Masson*) ; Bovelles (*Rom.*) ; Doullens (*Copineau*) ; Montdidier (*Dufourny*) ; Guerbigny où il est commun (*Guilbert*) ; Fortmanoir, Lheure près Caux (*P. Fl.*).

XCIII. LILIACÉES.

Fleurs hermaphrodites, régulières. *Périanthe pétaloïde, à 6 divisions sur 2 rangs. Etamines 6. Ovaire libre. Style 1 ; stigmates 3, ou 1 trigone. Fruit capsulaire,* à 3 loges s'ouvrant en 3 valves portant la cloison au milieu. Graines plus ou moins nombreuses. — Souche bulbeuse, rar. fibreuse.

1. { Divisions du périanthe munies à la base d'une fossette nectarifère . . . . FRITILLARIA (1).
Divisions du périanthe sans fossette nectarifère 2

2. { Périanthe ovoïde cylindrique, ou urcéolé à 6 dents courtes . . . . MUSCARI (8).
Périanthe à divisions libres, ou réunies seulement à la base 3

3. { Style nul . . . . TULIPA (2).
Style filiforme plus ou moins long 4

4. { Fleurs en ombelle sortant d'une spathe. . . ALLIUM (7).
Fleurs en grappe, en corymbe ou en panicule, sans spathe. 5

5. { Souche fibreuse. Fleurs en panicule. Périanthe rétréci à la base en un tube en forme de pédicelle. PHALANGIUM (1).
Souche bulbeuse. Fleurs en corymbe ou en grappe. Périanthe non rétréci en forme de pédicelle 6

6. { Fleurs jaunes . . . . GAGEA (4).
Fleurs bleues, blanches ou d'un blanc verdâtre 7

	Fleurs d'un blanc verdâtre ou blanches rayées de vert. Etamines à filets dilatés à la base. . Ornithogalum (3).	
7		
	Fleurs bleues. Etamines à filets filiformes.	8
8	Périanthe à divisions libres, étalées . . . . . Scilla (5).	
	Périanthe campanulé à divisions réunies en tube à la base . . . . Endymion (6).	

1. FRITILLARIA L. Gen.

Périanthe campanulé, caduc, *à divisions libres*, elliptiques oblongues, *munies à la base d'une fossette nectarifère* oblongue. Style allongé ; stigmates 3. Capsule trigone. Graines planes, nombreuses. — Fleurs toujours penchées.

1. F. Meleagris L. *Sp.* — (Vulg. *Fritillaire*). — Bulbe petit, subglobuleux. Tige de 2-4 déc., feuillée, grêle, dressée, uniflore, très rar. biflore. Feuilles 2-4, alternes linéaires, canaliculées, recourbées. Fleur grande, marquée alternativement de carreaux blancs et de carreaux violets en manière de damier, plus rar. blanche. Capsule petite, ovoïde oblongue, redressée. ♃. Avril-juin.

RR. — Marais tourbeux. — Abondant dans les prés du faubourg Saint-Gilles à Abbeville ; Epagnette ; Epagne ; Caubert et Menchecourt près Abbeville ; Mareuil.

S.-v. *alba*. — Fleur blanche, — A.R.
S.-v. *biflora*. — Tige biflore. — RR.

2. TULIPA L. Gen.

Périanthe campanulé, caduc, *à divisions libres*, ovales lancéolées, *dépourvues de fossette nectarifère. Style nul;* stigmates sessiles, à lobes épais. Capsule oblongue, trigone. Graines planes, nombreuses. — Fleur penchée avant la floraison, puis dressée.

1. T. sylvestris L. *Sp.* — Bulbe ovoïde, entouré de tuniques membraneuses, brunâtres. Tige de 3-5 déc., dressée, cylindrique, glabre, uniflore. Feuilles 2-3 lancéolées, linéaires, canaliculées. Fleur grande; jaune. Etamines à filets velus à la base. ♃. Avril-juin.

RR. — Taillis, endroits herbeux des parcs. — *Intr.* — Essertaux (*Copineau*) ; parc du château de Huppy (*Tripier*).

3. ORNITHOGALUM L. Gen.

Périanthe marcescent, *à divisions libres*, étalées. *Etamines à filets dilatés à la base. Style filiforme.* Capsule ovoïde, trigone. Graines ovoïdes subglobuleuses ou anguleuses. — Feuilles toutes radicales, linéaires, canaliculées. Fleurs accompagnées de bractées membraneuses acuminées.

1 { Fleurs en grappe spiciforme serrée au sommet. Feuilles desséchées lors de la floraison. . . . 1. *O. Pyrenaicum*.
Fleurs en grappe corymbiforme lâche. Feuilles non desséchées lors de la floraison . . . . . 2. *O. umbellatum*.

1. O. Pyrenaicum L. *Sp*. — *Bulbe gros, ovoïde.* Tige de 6-8 déc., simple. Feuilles ord. desséchées lors de la floraison. *Fleurs nombreuses, d'un blanc verdâtre*, jaunissant à la dessication, *en grappe spiciforme* serrée au sommet. Pédicelles plus longs que les bractées, les fructifères dressés. Divisions du périanthe linéaires, oblongues, obtuses. ♃. Mai-juin.

R.R. — Bois, taillis. — *Intr.* — Dury (*Richer*; *Poulain* Herb.; *Baillon* Herb.); Cagny, Fortmanoir (*P. Fl.*).

2. O. umbellatum L. *Sp*. — (Vulg. *Dame-d'onze-heures*). — Pl. croissant ord. en touffe. *Bulbe ovoïde*, blanchâtre, à caïeux allongés produisant des feuilles et des tiges. Tige de 1-3 déc., rameuse au sommet. Feuilles non desséchées lors de la floraison. *Fleurs* assez grandes, *blanches*, largement *rayées de vert* en dehors, s'ouvrant au soleil, *en grappe corymbiforme*, lâche. Pédicelles inégaux, beaucoup plus longs que les bractées, les fructifères étalés. Divisions du périanthe, oblongues, obtuses, les extérieures ord. mucronulées. ♃. Mai-juin.

A.R. — Prés, vergers, bords des bois. — *Ind.?* — Drucat; Rue; bois du cap Hornu près Saint-Valery; Sur-Somme près Abbeville; Vercourt; Limeux; Boves, Cagny, Quevauvillers (*Richer*); Ailly-sur-Noye (*Copineau*); Eaucourt (*Tripier*); Villers-Bretonneux, Renancourt (*E. Gonse*); Ribemont-sur-l'Ancre, Warloy-Baillon, Cantigny, Vadencourt, Guerbigny, Buire-sous-Corbie (*Guilbert*); Mailly-Maillet (*Carette*); Picquigny (*Demailly*); Le Mesge (*Rom.*); Pont-de-Metz, Fortmanoir, Querrieux, Oissy, Jumel (*P. Fl.*).

4. GAGEA Salisb. in *Ann. bot.*

Périanthe s'accroissant après la floraison, persistant, à *divisions libres* étalées. Etamines à filets filiformes. *Style filiforme.* Capsule trigone. Graines subglobuleuses. — Tiges nues inférieurement, portant au sommet des feuilles bractéales.

1. G. arvensis Schult. *Syst. veg.* — *Ornithogalum minimum* DC. *Fl. Fr.* — Bulbe petit, subglobuleux, accompagné d'un autre plus petit dans une même tunique. Tige de 4-15 cent., souv. tombante. Feuilles radicales 2, linéaires, canaliculées, recourbées, plus longues que la tige. *Fleurs* jaunes, *verdâtres en dehors*, en corymbe muni à sa base de 2 feuilles bractéales lancéolées. Pédoncules très courts, portant 1-6 fleurs à pédicelles longs, inégaux, velus. Divisions du périanthe linéaires aigues. ♃. Mars-avril.

A.R.—Champs argileux, prairies artificielles. — *Intr.*—Beauvoir près Hocquincourt, champs entre Montdidier et Forestel (*Dufourny*); Bovelles, Ferrières (*Rom.*); Eaucourt (*Tripier*); Dury, Saint-Fuscien, Villers-Bretonneux, Bacouel (*E. Gonse*); Coullemelle, Warloy-Baillon, Ribemont-sur-l'Ancre (*Guilbert*); Mailly-Mailet (*Carette*); Essertaux (*Copineau*); Cambron, Boves (*T.C.*); Villers-sous-Ailly (*De Beaufort*); Saint-Accard près Belloy-sur-Somme (*Dovergne* Herb.); Laviers, Poulainville (*Baill.* Herb); Querrieux, Cagny (*P. Fl.*).

5. SCILLA L. *Gen.* ex parte.

Périanthe à divisions libres, étalées. Etamines à filets filiformes. Style filiforme. Capsule ovoïde. Graines subglobuleuses.

1. S. bifolia L. *Sp.* — *Adenoscilla bifolia.* Gren. et Godr. *Fl.* — *Bulbe assez petit.* Tige de 1-2 déc., molle. Feuilles 2, rar. 3, engainantes, lancéolées, linéaires, canaliculées, enroulées au sommet en pointe cylindrique. *Fleurs d'un beau bleu, en grappe corymbiforme*, lâche, pauciflore, à pédicelles dressés, les inférieurs plus longs. ♃. Mars-avril.

R.R. — Taillis, clairières des bois. — Conty, La Faloise, Villers-Bretonneux (*E. Gonse*); Essertaux (*Copineau*); Péronne (*B. Extr. Fl.*); bois l'Abbé près Villers-Bretonneux (*Poulain* Herb.; *P. Fl.*).

6. ENDYMION Dumort *Fl. Belg.*

Périanthe campanulé à divisions lancéolées, *réunies en tube à la base*, recourbées en dehors au sommet. Etamines à filets filiformes. *Style filiforme.* Capsule ovoïde, subtrigone. Graines subglobuleuses.

1. E. nutans Dumort *Fl. Belg.* — *Hyacinthus non scriptus* L. *Sp.* — *Scilla nutans* Sm. *Fl. Brit.* — (Vulg. *Jacinthe des bois*). — Bulbe produisant plusieurs feuilles. Tige de 1-4 déc. Feuilles toutes radicales, linéaires, un peu canaliculées, ord. dressées. *Fleurs assez grandes, en grappe unilatérale* penchée, puis redressée après la floraison, ord. multiflore, *bleues, rar. blanches*, à odeur de jacinthe. Pédicelles munis chacun de 2 bractées colorées, lancéolées, linéaires. ♃. Avril-mai.

CC. — Bois, pâtures ombragées.

7. ALLIUM L. Gen.

Périanthe à divisions conniventes ou étalées, ord. persistant. Etamines toutes à filets entiers ou les 3 intérieures à filets munis de chaque côté d'un appendice subulé. *Style filiforme.* Capsule trigone, à 3 valves et à 3 loges bipartites, réunies sur un axe filiforme persistant. Graines peu nombreuses, subtrigones. — Pl. exhalant ord. une odeur forte. Souche bulbeuse, à un seul bulbe muni de tuniques, qqf. accompagné de bulbilles. Feuilles toutes radicales, paraissant qqf. naître de la tige, se prolongeant inférieurement par une gaine naissant du bulbe. *Fleurs en ombelle terminale, souv. globuleuse, sortant d'une spathe,* qqf. remplacées par des bulbilles.

1	Etamines toutes à filets entiers.	2
	Etamines intérieures à filets munis de chaque côté d'un appendice subulé.	3
2	Feuilles planes, ovales lancéolées, longuement pétiolées. Fleurs blanches	1. *A. ursinum.*
	Feuilles linéaires subcylindriques, canaliculées. Fleurs roses.	2. *A. oleraceum.*
3	Feuilles planes.	5. *A. Porrum.*
	Feuilles fistuleuses, cylindriques ou renflées ventrues	4
4	Ombelle assez petite, à fleurs peu nombreuses, ord. remplacées toutes, ou presque toutes par des bulbilles. Tige cylindrique.	3. *A. vineale.*
	Ombelle très-grosse, serrée, à fleurs nombreuses, très-rar. entremêlées de bubilles. Tige renflée ventrue.	4. *A. Cepa.*

* *Etamines toutes à filets entiers.*

1. A. ursinum L. *Sp.* — Bulbe oblong, blanchâtre. Tige de 1-3 déc., subtrigone. *Feuilles 2-3, ovales, lancéolées, planes, à long pétiole* engainant. Spathe à 1-3 valves, membraneuse, plus courte que l'ombelle. *Fleurs blanches*, à odeur alliacée, en ombelle assez lâche, multiflore. Périanthe à divisions lancéolées aigues, étalées. Etamines plus courtes que le périanthe. ♃. Avril-mai.

R.R. — Forêts, bois couverts. — Forêt de Crécy ; bois de Rampval près Mers ; bois de Size près Ault (*Baill.* Herb.) ; forêt d'Heilly (*P.* Fl.).

2. A. oleraceum L. *Sp.* — Bulbe ovoïde, assez petit. Tige de 3-5 déc., cylindrique, feuillée. *Feuilles linéaires, semi-cylindriques,* fistuleuses, *canaliculées* en dessus, striées en dessous, un peu rudes. Spathe à 2 valves inégales.

terminées en une pointe très allongée dépassant ord. longuement l'ombelle. *Fleurs d'un rose pâle*, à pédicelles penchés, en ombelle lâche, ord. pauciflore, entremêlées de bulbilles. Périanthe campanulé, à divisions obtuses. Etamines de la longueur environ du périanthe. ♃. Juillet-août.

R.R. — Lieux cultivés, lisières des bois. — *Intr.* — Ancennes près Bouillencourt-en Sery ; Ercourt ; bois de Size près Ault.

On cultive dans les potagers l'*A. Schœnoprasum* L. *Sp.* (Vulg. *Civette, Ciboulette*), qui se reconnaît aux caractères suivants : bulbes oblongs, réunis en touffe ; tige de 1-3 déc. ; feuilles linéaires, cylindriques, ou un peu comprimées, fistuleuses ; spathe égalant environ l'ombelle, à 2 valves courtes ; fleurs roses, luisantes, brièvement pédicellées, en ombelle globuleuse sans bulbilles ; périanthe à divisions lancéolées aigues ; étamines plus courtes que le périanthe.

** *Etamines intérieures à filets munis de chaque côté d'un appendice subulé.*

3. A. vineale L. *Sp.* — Bulbe assez petit, accompagné de bulbilles pédicellés renfermés dans la même tunique. Tige de 3-7 déc. cylindrique, feuillée. *Feuilles linéaires cylindriques, fistuleuses*, étroitement canaliculées en dessus, souv. tortillées au sommet. Spathe à une seule valve ovale, courte, brusquement acuminée. *Fleurs très peu nombreuses, d'un rose pâle*, assez longuement pédicellées, *en ombelle lâche, presque toujours remplacées par de nombreux bulbilles*, ovoïdes ou oblongs, réunis en tête. Etamines dépassant le périanthe. ♃. Juin-juillet.

A.C. — Champs cultivés, moissons, prés, lisières des bois, dunes. — *Intr.?* — Menchecourt et bois Boullon près Abbeville ; Caux ; Ercourt ; Huchenneville, Bray-les-Mareuil ; Le Crotoy ; Quend ; Saint-Quentin-en-Tourmont ; Bovelles (*Rom.*) ; Cantigny, Marquivillers, Guerbigny (*Guilbert*) ; Taisnil, La Chapelle-sur-Poix, Tilloloy près Roye, Bus (*E. Gonse*) ; Bussus (*Lesaché*) ; Drucat (*B. Extr. Fl.*) ; Soues (*P. Fl.*).

S.-v. *compactum* (Coss. et Germ. *Fl.*). — Ombelle complètement bulbifère. — Plus commun que le type.

† **4. A. Cepa** L. *Sp.* — (Vulg. *Ognon*). — Pl. à odeur très-forte. Bulbe ord. subglobuleux déprimé, ord. gros. *Tige de 5-8 déc., fistuleuse, renflée, ventrue* un peu au-dessus de la base. *Feuilles cylindriques, fistuleuses, renflées*. Spathe à valves réfléchies. *Fleurs d'un blanc verdâtre*, assez longuement pédicellées, très nombreuses, *en ombelle globuleuse, ord. très grosse*. Etamines dépassant le périanthe. ♃. Juin-août.

LILIACÉES. 411

Cultivé dans les jardins potagers.

Var. *6. bulbiferum* (Coss. et Germ. *Fl.*). — Fleurs peu nombreuses, entremêlées de bulbilles. — Plus rar. cultivé.

† **5. A. Porrum** L. *Sp.* — (Vulg. *Poireau*). — Pl. d'une odeur piquante spéciale. Bulbe oblong produisant qqf. 1 ou 2 caïeux. Tige de 5-8 déc., cylindrique, feuillée jusqu'au milieu. *Feuilles* un peu glauques, *planes*, lancéolées, linéaires, assez larges, un peu carénées. Spathe caduque, à 1 valve, prolongée en une pointe beaucoup plus longue que l'ombelle. Fleurs blanchâtres, striées de rose, très nombreuses en ombelle globuleuse très grosse, serrée. Périanthe ovoïde, subglobuleux, à divisions oblongues, obtuses, concaves, à carène verdâtre, scabre. ② ou ♃. Juin-août.

Cultivé dans les jardins potagers.

L'*A. sativum* (L. *Sp.* — Vulg. *Ail*), est qqf. planté dans les potagers. Ses caractères sont : pl. à odeur pénétrante ; bulbe composé de bulbilles oblongs arqués, dans une tunique commune ; tige de 2-3 déc., cylindrique, feuillée, enroulée en cercle avant la floraison ; feuilles linéaires élargies planes ; fleurs d'un blanc sale, entremêlées de bulbilles, disposées en ombelle munie d'une spathe caduque, à 1 valve prolongée en pointe très-longue.

On cultive aussi l'*A. Ascalonicum* (L. *Sp.* — Vulg. *Echalote*), qui se distingue par son bulbe ovoïde oblong, renfermant des bulbilles violets, par sa tige de 2-3 déc., par ses feuilles subulées, cylindriques, fistuleuses, sa spathe à 2 valves courtes, par ses fleurs blanchâtres ou violacées en ombelle globuleuse, souv. remplacées par des bulbilles.

L'*A. sphærocephalum* (L. *Sp.*) a été indiqué d'une manière vague vers Péronne et Montdidier (*P. Fl.*; *B. Extr. Fl.*). Il se distingue par son bulbe assez petit, entouré de bulbilles pédicellés, par sa tige de 4-8 déc., cylindrique, par ses feuilles semi-cylindriques, fistuleuses, canaliculées en dessus, par sa spathe membraneuse courte, par ses fleurs purpurines, très-nombreuses, brièvement pédicellées, en ombelle globuleuse devenant conique après la floraison, par son périanthe ovoïde, dépassé par les étamines.

8. MUSCARI Tourn. *Inst.*

Périanthe ovoïde cylindrique ou urcéolé, à 6 dents courtes. Style filiforme, court. Capsule à angles saillants et à loges dispermes. Graines subglobuleuses. Feuilles toutes radicales. — Fleurs en grappe spiciforme, les supérieures stériles ord. plus petites.

1 { Fleurs en grappe lâche allongée, les supérieures longuement pédicellées, disposées en houppe. *1. M. comosum.*
Fleurs en grappe ovoïde ou oblongue, les supérieures brièvement pédicellées 2

2
- Feuilles linéaires étroites, étalées. Fleurs d'un bleu foncé, en grappe courte ovoïde. . . 2. *M. racemosum*.
- Feuilles linéaires larges, dressées. Fleurs d'un bleu tendre, en grappe oblongue serrée aigue, devenant cylindrique allongée. . . . . 3. *M. botryoides*.

1. M. comosum Mill. *Dict.* — Bulbe ovoïde, gros. Tige de 3-5 déc. Feuilles longues, linéaires, larges, canaliculées, engaînantes, un peu rudes aux bords. *Fleurs* cylindriques, un peu anguleuses, *en grappe lâche, allongée; les inférieures* horizontales, *d'un brun livide; les supérieures d'un bleu violet*, stériles, plus petites, *longuement pédicellées, rapprochées en forme de houppe*. Pédicelles et partie supérieure de la tige violets. ♃. Mai-juillet.

C. — Champs, moissons des terrains maigres. — *Intr.*

2. M. racemosum Mill. *Dict.* — Bulbe ovoïde. Tige de 1-2 déc. *Feuilles* molles, *linéaires, étroites*, canaliculées, *étalées*, recourbées. *Fleurs* petites; urcéolées, *d'un bleu foncé*, à dents blanchâtres, *en grappe* courte, *ovoïde*, très odorantes; les inférieures penchées; assez longuement pédicellées, *les supérieures* dressées, stériles, plus petites, *brièvement pédicellées*.

R.R. — Champs cultivés, pelouses sablonneuses. — *Intr.* — Quend (*Baill.* Herb.); anciennes fortifications de Montdidier (*Dufourny*); Boves, Cagny, Miannay, Saint-Valery (*P.* Fl.).

3. M. botryoides Mill. *Dict.* — Bulbe ovoïde, conique, prolifère. Tige de 1-2 déc. *Feuilles linéaires, larges*, canaliculées, *dressées*, égalant la tige. *Fleurs* petites, urcéolées, brièvement pédicellées, penchées, *d'un bleu tendre*, presqu'inodores, *en grappe oblongue, d'abord serrée, aigue, puis cylindrique, allongée;* les supérieures dressées, stériles, brièvement pédicellées. ♃. Avril-mai.

R.R. — Subspontané dans les bosquets et les lieux herbeux près des habitations. — Drucat; Amiens sur les remparts de la citadelle (P. *Fl.*). — Cultivé dans les jardins comme plante d'ornement.

9. PHALANGIUM Tourn. *Inst.*

Périanthe rétréci à la base en tube étroit en forme de pédicelle, à divisions étalées. Etamines à filets filiformes. Style filiforme. Capsule subglobuleuse, coriace, obscurément trigone. Graines anguleuses, noirâtres, rugueuses. — *Souche à fibres radicales cylindriques, épaisses.* Feuilles toutes radicales. Fleurs à pédicelles articulés.

1. P. ramosum Lmk. *Encycl. méth.* — *Anthericum*

ramosum L. *Sp.* — Tige de 3-5 déc., dressée, raide, rameuse au sommet. Feuilles linéaires, étroites, canaliculées, acuminées, dressées. Fleurs blanches, petites, en panicule lâche. Bractées courtes, linéaires, subulées. Style dressé. ♃. Juillet-août.

R.R. — Pelouses arides, côteaux calcaires boisés. — Bords de la forêt d'Arguel près Senarpont; Bezencourt près Tronchoy; bois de Queue-Comtesse à Beaucamp-le-Jeune (*E. Gonse*).

XCIV. ASPARAGINÉES.

Fleurs hermaphrodites, plus rar. dioïques. *Périanthe régulier pétaloïde*, à 6 plus rar., 4-8 divisions libres ou presque libres, ou réunies en tube à la base. Etamines 6, plus rar. 3-8. Ovaire libre. Styles 1-4. *Fruit bacciforme charnu*, indéhiscent, à 3, rar. 2-4 loges, qqf. uniloculaire, monosperme par avortement.

1 { Fleurs dioïques. Pl. à feuilles réduites à des écailles. . 2
  { Fleurs hermaphrodites. Pl. pourvues de véritables feuilles. 3

2 { Ramuscules filiformes simulant des feuilles. Etaminés 6.
  { . . . . ASPARAGUS (1).
  { Ramuscules aplanis terminés par une épine et simulant
  { des feuilles. Etamines 3. . . . . RUSCUS (6).

3 { Périanthe campanulé urcéolé ou tubuleux à 6 dents. . . 4
  { Périanthe à divisions libres ou presque libres à 4 ou 8
  { divisions. 5

4 { Périanthe campanulé urcéolé. Tige non feuillée. . . . .
  { . . . . CONVALLARIA (2).
  { Périanthe tubuleux cylindrique. Tige feuillée . . . . . .
  { . . . . POLYGONATUM (3).

5 { Périanthe à 8 divisions. Fleur terminale solitaire. . . .
  { . . . . PARIS (5)
  { Périanthe à 4 divisions. Fleurs en grappe terminale. . .
  { . . . . MAIANTHEMUM (4).

1. ASPARAGUS L. *Gen.*

Fleurs dioïques par avortement. Périanthe campanulé à 6 divisions pétaloïdes, réunies à la base en un tube grêle en forme de pédicelle. *Etamines 6*. Style 1; stigmates 3, réfléchis. Baie globuleuse à 3 loges 2-spermes. — *Feuilles réduites à des écailles. Ramuscules filiformes* verts, *simulant des feuilles*.

1. A. officinalis L. *Sp.* — (Vulg. *Asperge*). — Souche (griffe) à fibres radicales, nombreuses, épaisses. Jeunes pousses cylindriques, blanches, charnues, munies d'écailles, terminées par un bourgeon violacé, comestible. Tiges de 3-9 déc., très rameuses, à rameaux disposées en forme pyramidale. Ramuscules fasciculés, filiformes, cylindriques, lisses, glabres. Fleurs jaunâtres, géminées, axillaires, penchées. Anthères presqu'aussi longues que les filets. Baies rouges. ♃. Fl. juin-juillet. Fr. août-octobre.

Var. α. *maritimus* (L. *Sp*; Gren et Godr. *Fl.*; Lloyd *Fl.* — *A. prostratus* Dumort. *Florul. Belg*). — Tige de 3-6 déc., couchées flexueuses, à ramuscules courts épais. — R. — Sables maritimes. — Dunes de Saint-Quentin en Tourmont et de Quend.

Var. ß. *campestris* (Gren et Godr. *Fl.*). — Tiges de 7-9 déc., dressées, à ramuscules grêles allongés. — Cultivé dans les potagers. — Qqf. subspontané, même dans les dunes où ses graines ont été apportées des cultures voisines par les oiseaux.

2. CONVALLARIA L. *Gen.*

Fleurs hermaphrodites. Périanthe campanulé urcéolé, à 6 dents recourbées. Etamines 6. Stigmate obtus, trigone. Baie globuleuse, à 3 loges 1-2-spermes. — Feuilles toutes radicales, entourées à la base d'écailles engaînantes.

1. C. maialis L. *Sp.* — (Vulg. *Muguet à clochettes*). — Souche rameuse longuement traçante. *Tige* de 1-3 déc., semi-cylindrique *non feuillée*. Feuilles 2, radicales, longuement pétiolées, ovales, lancéolées, grandes, nervées. Fleurs blanches, très odorantes, penchées, en grappe presqu'uni-latérale au sommet de la tige. Baies rouges. ♃. Fl. mai. Fr. août-septembre.

AC. — Bois couverts. — Drucat; forêt de Crécy; Mareuil; Bailleul; Tilloy-Floriville; bois de La Motte-Croix-au-Bailly; bois de Size près Ault; Lanchères; La Faloise; Ailly-sur-Noye, Picquigny, Fourdrinoy, Prouzel, Bacouel, Gentelles, Villers-Tournelle, Le Cardonnois (*E. Gonse*); Ailly-sur-Somme, Bovelles (*Rom.*); Port (*H. Sueur*); La Boissière (*A. Guilbert*); Dury, Cagny, Allonville (*P. Fl.*); Neuilly-l'Hôpital (*B. Extr. Fl.*).

3. POLYGONATUM Desf. in *Ann. Mus.*

Fleurs hermaphrodites. *Périanthe tubuleux cylindrique, à 6 dents dressées*. Etamines 6. Style filiforme; stigmate obtus, trigone. Baie subglobuleuse, à 3 loges 1-2-spermes. — Souche traçante horizontale, épaisse, blanchâtre. *Tige* simple, dressée, arquée, feuillée, munie à la base de gaînes membraneuses. Feuilles sessiles, ord. alternes, rejetées d'un même côté, ovales, oblongues, glabres, nervées, d'un vert pâle en

ASPARAGINÉES.

dessous. Pédoncules axillaires. Fleurs blanches à sommet vert, pendantes, inodores.

1
- Tige anguleuse striée. Pédoncules 1-flores. Filets des étamines glabres . . . . 1. *P. vulgare.*
- Tige cylindrique. Pédoncules 3-5-flores. Filet des étamines poilus . . . . 2. *P. multiflorum.*

1. P. vulgare Desf., loc. cit. — *Convallaria Polygonatum* L. *Sp.* — (Vulg. *Sceau de Salomon*). — Tige de 3-4 déc., anguleuse, striée. *Pédoncules 1 très rar. 2-flores. Fleurs cylindriques renflées, assez grosses. Etamines à filets glabres.* Baies d'un noir bleuâtre. ♃. Fl. avril-mai. Fr. août-septembre.

RR. — Bois couverts. — Bords du bois d'Ailly-sur-Noye, Lozières (*Copineau*).

2. P. multiflorum Desf., loc. cit. — *Convallaria multiflora* L. *Sp.* — Vulg. *Sceau de Salomon*). Tige de 3-6 déc., cylindrique ou un peu anguleuse. *Pédoncules 3-5 flores.* Fleurs assez grêles. Etamines à filets poilus. Baies bleuâtres. ♃. Fl. avril-mai. Fr. août-septembre.

CC. — Bois couverts. — On a souvent pris pour le *P. vulgare* des formes appauvries de cette espèce.

4. MAIANTHEMUM Wigg. *Prim. fl.*

Fleurs hermaphrodites. Périanthe à 4 divisions profondes. Etamines 4. Style 1 ; stigmate obtus. Baie à 2 loges monospermes. — Tige simple, feuillée. *Fleurs blanches, en grappe grêle terminale.*

1. M. bifolium DC. *Fl. Fr.* — Souche longuement traçante. Tige de 1-2 déc., anguleuse, flexueuse au sommet, portant 2, rar. 1-3 feuilles. Feuilles brièvement pétiolées, alternes, cordiformes, acuminées. Fleurs petites, à pédicelles ord. géminés. Divisions du périanthe étalées ou réfléchies. Baies rouges. ♃. Mai-juin.

R.R. — Grand bois de Dury vers Hébécourt (*P. Herb.*; *Picard*, Not. manuscr.).

5. PARIS L. *Gen.*

Fleurs hermaphrodites. Périanthe persistant, *à 8 divisions libres, étalées,* les 4 extérieures lancéolées, les 4 intérieures linéaires très étroites. Etamines 8. Styles 4, filiformes. Baie globuleuse, à 4 loges 6-8-spermes. — Tige simple. *Fleur terminale solitaire.*

1. P. quadrifolia L. *Sp.* — Souche à rhizome longuement traçant. Tige de 2-3 déc., cylindrique, uniflore, feuillée seulement au sommet. Feuilles 4 rar. 5 en verticille au-dessous du pédicelle de la fleur, sessiles, ovales ou suborbiculaires acuminées, nervées. Fleur assez grande, dressée, verdâtre. Ovaire d'un pourpre foncé. Baie d'un noir bleuâtre. ⚥. Fl. mai-juin. Fr. juillet-août.

A.C. — Bois couverts. — Huchenneville; Huppy; Cambron; Drucat; Millencourt; Wailly; Bonneville; Bovelles, Ailly-sur-Somme (*Rom.*); Boves, Ailly-sur-Noye (*Copineau*); Creuse, La Faloise (*E. Gonse*); La Balance près Vron (*Lesaché*); Cagny, Dury, Allonville, Mareuil, Saint-Quentin-La-Motte-Croix-au-Bailly, Jumel (*P. Fl.*).

6. RUSCUS L. *Gen.*

Fleurs dioïques par avortement. Périanthe à 6 divisions libres, étalées; les extérieures ovales oblongues, les intérieures plus petites lancéolées. Fleur mâle: étamines 3, à filets réunis en tube ovoïde portant au sommet les anthères. Fleur femelle; style très court; stigmate épais. Baie globuleuse à 3 loges 2-spermes. — *Sous arbrisseau toujours vert, à ramuscules aplanis terminés par une épine et simulant des feuilles.* Feuilles réduites à de petites écailles membraneuses en forme de stipules.

1. R. aculeatus (1) L. *Sp.* — (Vulg. *Petit Houx*). — Souche oblique traçante, à fibres radicales épaisses. Tiges de 3-8 déc., dressée, verte, raide, flexible, striée, très rameuse. Ramuscules ovales acuminés en épine, coriaces, persistants. Fleurs 1-2 d'un blanc verdâtre mêlé de violet, sortant au milieu de la face supérieure des ramuscules, et munies d'une petite bractée scarieuse. Baie assez grosse, rouge. ♄. Fl. avril-mai. Fr. septembre.

R. — Bois montueux. — Bois de Size près Ault; bois de Rampval près Mers; Oust-Marest; Bouvaincourt.

XCV. DIOSCORÉES.

Fleurs dioïques, régulières. *Périanthe* campanulé, à *6 divisions pétaloïdes*, presqu'égales, sur 2 rangs. Fleur mâle; à 6 étamines. Fleur femelle; ovaire adhérent au réceptacle; styles 3, réunis inférieurement, réfléchis. *Fruit bacciforme* subglobuleux, succulent, à 3 loges 1-2-spermes. Graines subglobuleuses. — Souche épaisse charnue. *Tige volubile.*

(1) La seule espèce ligneuse parmi les Monocotylédonnées de notre flore.

1. TAMUS L. Gen.

Caractères de la famille.

1. T. communis L. *Sp.* — Tige de 2-3 mètres, grêle, sarmenteuse, rameuse. Feuilles longuement pétiolées, alternes, ovales profondément cordées, acuminées, glabres. Fleurs petites, jaunes verdâtres, en grappes axillaires grêles, lâches interrompues, très courtes dans la plante femelle. Baies rouges, grosses, retombant en guirlande à la maturité. ♃. Fl. juin-juillet. Fr. août-septembre.

A.R. — Bois couverts, haies, buissons. — Drucat; Estrées-les-Crécy; Huchenneville; Bailleul; forêt d'Arguel près Senarpont; Mers; Valloires près Argoules; Cambron (*T.C.*); Bovelles, Ferrières (*Rom.*); bois de Rampval près Mers (*Copineau*); Vismes-au-Val, Guerbigny, Lignières-lès-Roye, Vadencourt, Baizieux, Coullemelle (*Guilbert*); Bertangles, Querrieux, Mareuil; Ailly, Fortmanoir, Oresmaux (*P. Fl.*).

XCVI. IRIDÉES.

Fleurs hermaphrodites. *Périanthe régulier, à 6 divisions pétaloïdes*, sur 2 rangs. *Étamines 3*; anthères extrorses. Ovaire infère, adhérent au réceptacle. *Fruit capsulaire, à 3 loges polyspermes, à 3 valves.* — Fleurs renfermées, avant la floraison, dans des bractées herbacées ou membraneuses en forme de spathe.

1. IRIS L. Gen.

Divisions extérieures du périanthe réfléchies, les intérieures dressées. Style court, à 3 lobes larges pétaloïdes souv. échancrés, portant les stigmates en dessous et recourbés sur les étamines. — Souche à rhizome rameux charnu, épais. Tige dressée, rameuse, pluriflore. Feuilles ensiformes. Fleurs très grandes.

1. { Fleurs d'un beau bleu violet. Pl. des lieux secs. . . . . 1. *I. Germanica.*
Fleurs jaunes. Pl. des lieux aquatiques . . . . 2. *I. Pseudo-Acorus.*

1. I. Germanica L. *Sp.* — (Vulg. *Iris.* — En picard *Glajeu*). — Tige de 5-8 déc. Feuilles lancéolées, assez larges, les radicales nombreuses, un peu arquées. Spathes membraneuses dans leur moitié supérieure. *Fleurs* sessiles, solitaires dans la spathe, *d'un beau bleu violet*, odorantes. Périanthe à divisions extérieures de même longueur que les intérieures. ♃. Mai-juin.

A.C. — Vieux murs, toits de chaume, jardins. — *Intr.*

2. I. Pseudo-Acorus L. *Sp.* — (Vulg. *Iris jaune, Glayeul des marais*). — Tige de 5-6 déc. Feuilles lancéolées linéaires longues. Spathes herbacées. *Fleurs* pédicellées 2-3 dans chaque spathe, *d'un beau jaune*, inodores. Périanthe à divisions extérieures beaucoup plus longues que les intérieures. ♃. Juin-juillet.

C. — Lieux marécageux, bords des eaux.

CXVII. AMARYLLIDÉES.

Fleurs hermaphrodites, régulières. *Périanthe régulier, à 6 divisions pétaloïdes*, souv. tubuleux à la base, qqf. muni à la gorge d'une couronne pétaloïde. Étamines 6. Ovaire adhérent au réceptacle. *Style 1; stigmates 1-3. Fruit capsulaire* à 3 loges polyspermes, à 3 valves. Graines subglobuleuses. — Souche bulbeuse, composée de tuniques. Feuilles toutes radicales linéaires, à base engaînante. Fleurs terminales renfermées, avant la floraison, dans des bractées membraneuses en forme de spathe.

1 { Périanthe muni à la gorge d'une couronne pétaloïde. . . . . NARCISSUS (1)
Périanthe dépourvu de couronne. . . . . GALANTHUS (2).

1. NARCISSUS L. *Gen.*

Périanthe tubuleux à la base, à divisions entières, *muni à la gorge d'une couronne pétaloïde* campanulée, ondulée crénelée au bord, égalant les divisions du périanthe. Capsule subglobuleuse, trigone.

1. N. Pseudo-Narcissus L. *Sp.* — (En picard *Ayault*). — Tige de 2-4 déc., un peu comprimée, uniflore. Feuilles assez larges, un peu canaliculées, obtuses, ord. plus courtes que la tige. Fleur grande un peu penchée, presqu'inodore. Périanthe jaune pâle à couronne d'un jaune foncé. ♃. Mars-mai.

Bois, pâtures, vergers. — C. — Dans les bois autour d'Abbeville. — R. — dans les environs de Poix et d'Amiens, — La Faloise (*E. Gonse*); Saint-Gratien (*P.* Fl.).

2. GALANTHUS L. *Sp.*

Périanthe à tube très court, à divisions extérieures obovales obtuses concaves, entières, les intérieures ovales échancrées, de moitié plus courtes que les extérieures, *dépourvu à la gorge d'une couronne pétaloïde*. Stigmate simple, capsule ovoïde.

1. G. nivalis L. *Sp.* — (Vulg. *Perce-neige.*) — Tige de 1-3 déc., grêle, fistuleuse, un peu comprimée, uniflore. Feuilles ord. 2, sortant d'une longue gaîne membraneuse, linéaires obtuses, planes, munies en dessous de 3 côtes rapprochées. Fleur pédicellée, pendante. Divisions extérieures du périanthe blanches, les intérieures marquées en dehors au sommet d'une tache verte et en dedans de lignes d'un vert jaunâtre. ♃. Février-mars.

R. — Prairies, vergers. — *Intr.* — Menchecourt et la Bouvaque près Abbeville; les Alleux près Behen; Villers-sur-Mareuil; Beauvoir près Hocquincourt (*Dufourny*); Huppy, Limeux (*Tripier*); Saint-Maurice près Amiens, le Gard près Gouy (*P. Fl.*).

Le *Leucoium vernum* (L. *Sp.*; B. *Extr Fl.*; *P. Fl.*); s'est naturalisé sur les pelouses et dans le bois du parc de Villers-sur-Mareuil. On le reconnaît à sa tige de 1-2 déc., comprimée trigone, à ses feuilles dressées, à ses fleurs solitaires, assez grandes, penchées, à son périanthe campanulé à divisions presqu'égales, épaissies et verdâtres au sommet.

XCVIII. ORCHIDÉES.

Fleurs hermaphrodites. *Périanthe irrégulier, à 6 divisions pétaloïdes*, dont 3 extérieures et 3 intérieures; les extérieures souv. connivente avec 2 des intérieures, et dressées en forme de casque, la troisième différente des autres (labelle) de forme variée ord. pendante, à cause de la torsion du pédicelle, prolongée souv. en éperon à sa base. Etamines 3, à filets réunis en colonne avec le style (gynostème, colonne); les 2 latérales stériles, la moyenne fertile. Pollen aggloméré en masses pulvérulentes ou cireuses (masses polliniques), qqf. atténuées inférieurement en pédicelle (caudicule); le caudicule ou la masse pollinique présentant ord. à sa base une glande visqueuse (rétinacle) libre ou réunie avec celle de la masse pollinique voisine et souv. renfermé dans un repli (bursicule) qui surmonte le stigmate. Ovaire infère, adhérent au réceptacle. Surface stigmatique placée sous l'anthère à la partie supérieure et extérieure du gynostème. *Fruit capsulaire*, uniloculaire, polysperme, à 3 valves. Graines nombreuses, très petites. — Souche composée de 2 tubercules, dont l'un se renouvelle chaque année, entiers ou palmés, accompagnés de fibres cylindriques ou munie seulement de fibres radicales, plus rar. de 1-2 bulbes entourés de tuniques. Tiges dressées. Feuilles ord. engaînantes, qqf. réduites à des écailles. Fleurs en épis munis de bractées.

1. { Souche constituée par un bulbe écailleux, ord. accompagné d'un jeune bulbe plus petit. . . . . . LIPARIS (12).
Souche munie de tubercules surmontés de fibres radicales, ou seulement de fibres radicales 2

2. { Souche munie de 2 tubercules entiers ou palmés. 3
Souche munie seulement de fibres radicales. 8

3. { Labelle à division moyenne très-longue contournée en spirale. . . . . LOROGLOSSUM (1).
Labelle à division moyenne, non contournée en spirale. 4

4. { Labelle non prolongé en éperon . . . . . . OPHRYS (4).
Labelle prolongé en éperon 5

5. { Labelle linéaire allongé indivis. . . . PLATANTHERA (6).
Labelle à 3 lobes 6

6. { Masses polliniques à rétinacles non renfermés dans une bursicule . . . . GYMNADENIA (5).
Masses polliniques à rétinacles libres ou réunis en un seul, renfermés dans une bursicule. 7

7. { Rétinacles libres, renfermés dans une bursicule biloculaire . . . . ORCHIS (3).
Rétinacles réunis en un seul renfermé dans une bursicule uniloculaire. . . . . ANACAMPTIS (2).

8. { Tige dépourvue de feuilles, ou pourvu seulement au-dessus de la base de 2 feuilles opposées. 9
Tige pourvue de plus de 2 feuilles 10

9. { Labelle prolongé en éperon, à partie terminale indivise. LIMODORUM (7).
Labelle sans éperon, à partie terminale bifide . . . . NEOTTIA (10).

10. { Fleurs en épi tordu en spirale. . . . . SPIRANTHES (11).
Fleurs en épi non tordu 11

11. { Fleurs dressées ou un peu étalées. Ovaire contourné . . . . CEPHALANTHERA (8).
Fleurs penchées. Ovaire non contourné. . EPIPACTIS (9).

Souche constituée par 2 tubercules surmontés de fibres radicales.

1. LOROGLOSSUM Rich. *Orch. Eur.* in *Mém. Mus.*

Périanthe à divisions extérieures connivents en casque subgloboleux avec les 2 intérieures ; *labelle à éperon court, à 3 divisions linéaires, les 2 latérales petites ondulées crépues, la division moyenne linéaire très longue contournée en spirale*, tronquée ou un peu dentée à l'extrémité. Rétinacles réunis en un seul dans une bursicule. Ovaire contourné. — *Tubercules entiers* ovoïdes.

1. L. hircinum Rich. *Orch. Eur.* — *Satyrium hircinum* L. *Sp.* — *Aceras hircina* Lindl. *Orch.;* Gren et Godr. *Fl.* — Vulg. *(Orchis Bouc).* — Tige de 3-7 déc., robuste. Feuilles ovales lancéolées. Bractées linéaires plus longues que l'ovaire, 3-5 nervées. Fleurs à odeur de bouc, en épi lâche allongé. Périanthe d'un blanc verdâtre rayé et ponctué de pourpre en dedans. Eperon très court obtus. ♃. Juin-juillet.

A.R. — Lieux sablonneux ou calcaires, bois, côteaux. — Neufmoulin; Epagne; Saint-Quentin-en-Tourmont; Monchaux près Quend; bois de Croixrault près Poix; Laviers; bois Boullon près Abbeville (*T.C.*); Bovelles (*Rom.*); Grivesnes (*Guilbert*); Boves, Bertangles, Ailly, Dury (*P. Fl.*); bois de Port (*B.* Extr. Fl.).

2. ANACAMPTIS Rich. *Orch. Eur.*

Périanthe à divisions extérieures latérales étalées ; *labelle large 3-lobé* à lobes courts, muni à la base de 2 petites lamelles, *prolongé en éperon grêle. Rétinacles réunis en un seul renfermé dans une bursicule uniloculaire.* Ovaire contourné. — *Tubercules subgloluleux.*

1. A. pyramidalis Rich. *Orch. Eur.* — *Aceras pyramidalis* Rchb. *Ic.;* Gren. et Godr. *Fl.*). — Tige de 2-4 déc., assez grêle. Feuilles lancéolées linéaires aigues. Bractées lancéolées acuminées, 3-nervées, égalant environ l'ovaire. Fleurs en épi court compacte ovoïde. Périanthe d'un rose vif. Labelle à lobes ovales oblongs obtus, presqu'égaux, les latéraux un peu plus larges. Eperon filiforme égalant ou dépassant l'ovaire. ♃. Mai-juillet.

R.R. — Pelouses sèches, côteaux incultes. — Bailleul, lisières de la forêt d'Arguel près Senarpont; pâturages sur les falaises entre Ault et Mers (*Richer*); forêt d'Ailly-sur-Noye (*F. Lequet*); Laviers (*Baill.* Herb. ; *B.*Extr. Fl.).

3. ORCHIS L. *Gen.* ex parte.

Périanthe à divisions extérieures conniventes en casque avec les 2 intérieures, ou à divisions extérieures latérales étalées, réfléchies ou redressées ; *labelle prolongé en éperon, à 3 lobes* le moyen entier, bilobé ou bifide. *Rétinacles libres renfermés dans une bursicule biloculaire.* Ovaire contourné. — *Tubercules entiers ou palmés.*

1 { Tubercules palmés 2
  { Tubercules entiers 3

2 { Tige fistuleuse. Bractées la plupart plus longues que les fleurs. Périanthe d'un rose foncé plus rar. d'un rose pâle . . . . 2. *O. latifolia.*
Tige pleine. Bractées la plupart plus courtes que les fleurs. Périanthe blanc ou lilas veiné. 1. *O. maculata.*

3 { Périanthe à divisions extérieures latérales étalées, réfléchies ou redressées. 4
Périanthe à divisions connivantes en casque 5

4 { Feuilles planes. Bractées 1-nervées. . . . 8. *O. mascula.*
Feuilles canaliculées. Bractées 3-5-nervées. 9. *O. palustris.*

5 { Labelle trilobé, à lobe moyen entier ou émarginé. . . . . 7. *O. Morio.*
Labelle tripartit, à lobe moyen bifide. 6

6 { Bractées égalant ou dépassant la moitié de la longueur de l'ovaire. Divisions du périanthe libres. Fleurs petites. 3. *O. ustulata.*
Bractées beaucoup plus courtes que l'ovaire. Divisions extérieures du périanthe réunies inférieurement. Fleurs plus grandes. 7

7 { Labelle à lobes tous très-étroits . . . . . . 6. *O. Simia.*
Labelle à lobe moyen dilaté. 8

8 { Casque ovoïde subgloboleux, ord. d'un pourpre foncé. Labelle à lobe moyen dilaté dès la base. 4. *O. purpurea.*
Casque ovoïde aigu, d'un rose cendré. Labelle à lobe moyen linéaire dilaté seulement ou sommet . . . . 5. *O. militaris.*

a. *Tubercules palmés.*

1. O. maculata L. *Sp.* — *Tige* de 3-5 déc., feuillée, *pleine*. Feuilles ord. tachées de noir, ovales oblongues ou lancéolées ; les supérieures plus petites étroites acuminées. *Bractées ord. la plupart plus courtes que les fleurs,* vertes, 3-nervées ; les inférieures plus longues que l'ovaire. Fleurs en épi oblong serré. *Périanthe blanc ou lilas, veiné ou taché de pourpre ou de violet,* à divisions extérieures lancéolées, les latérales étalées ascendantes. Labelle large, à lobes peu profonds ; le moyen entier plus petit que les latéraux. Éperon cylindrique, conique, plus court que l'ovaire. ♃. Juin-juillet.

CC. — Bois, prairies, pâtures.

2. O. latifolia L. *Sp.* — *Tige* de 3-6 déc., feuillée *fistuleuse*. Feuilles étalées dressées, lancéolées allongées, obtuses ou aiguës, tachées ou non de noir. *Bractées ord. la plupart plus longues que les fleurs,* vertes ou rougeâtres, linéaires acuminées, 3-5-nervées veinées. Fleurs en épi serré ovoïde ou oblong. *Périanthe d'un rose foncé, plus rar. d'un rose* *pâle*, à divisions extérieures lancéolées, les latérales redressées. Labelle ponctué ou veiné de pourpre, large à lobes peu profonds, les latéraux réfléchis. Eperon cylindrique, conique, ord. plus court que l'ovaire. ♃. Mai-juin.

CC. — Près humides, marais tourbeux.

Var. β. *incarnata* (Coss. et Germ. *Fl.* — *O. incarnata* Gren. et Godr. *Fl.*). — Tige ord. plus élevée. Feuilles dressées, étroites lancéolées, d'un vert clair, non tachées. Bractées inférieures plus longues que les fleurs. Fleurs ord. plus tardives, plus grandes, en épi moins serré, ord. plus pâles. — R. — Drucat; Saint-Quentin-en-Tourmont; Fortmanoir près Boves (*R. Vion*); Fossemanant (*E. Gonse*); Lœuilly, Fouencamps, Mesnil-Bruntel (*F. Debray*); Guerbigny (*Guilbert*).

b. *Tubercules entiers.*

3. O. ustulata L. *Sp.* — Espèce simulant une forme naine de l'*O. purpurea* Huds. Tubercules subglobuleux. Tige de 1-3 déc. Feuilles oblongues canaliculées. *Bractées uninervées*, membraneuses colorées, *égalant ou dépassant la moitié de la longueur de l'ovaire. Fleurs petites* en épi ovoïde serré. *Périanthe à divisions connivantes en casque* subglobuleux, *libres*, d'un pourpre presque noirâtre. *Labelle* blanc taché de pourpre, *tripartit, à lobe moyen* un peu plus long *bifide*. Eperon petit, beaucoup plus court que l'ovaire. ♃. Mai-juin.

Côteaux secs, pelouses calcaires. — Assez abondant au-dessus des falaises entre Ault et Mers; Pinchefalise près Boismont (*B. Not. manuscr.*); bois de Port, dunes de Saint-Quentin-en-Tourmont (*Dovergne* Herb.).

4. O. purpurea Huds. *Fl. Angl.*; Coss. et Germ. *Fl.*; Gren. et Godr. *Fl.* — *O. fusca* Jacq. *Austr.* — Tubercules ovoïdes. Tige de 4-8 déc., robuste. Feuilles ovales oblongues; les supérieures acuminées. *Bractées membraneuses, beaucoup plus courtes que l'ovaire.* Fleurs assez grandes en épi un peu lâche ovoïde ou oblong. *Périanthe à divisions connivantes en casque ovoïde subglobuleux*, ord. *d'un pourpre foncé; les extérieures réunies inférieurement. Labelle tripartit*, blanc ou rosé, ponctué ord. de petites houppes pourpres, à lobes latéraux linéaires; le *lobe moyen* grand *dilaté dès la base, bifide au sommet*, à divisions ord. très larges crénelées, divergentes, muni ord. d'une petite pointe dans l'échancrure. Eperon beaucoup plus court que l'ovaire. ♃. Mai-juin.

Bois, côteaux calcaires boisés.

Var. α *purpurea* (Coss. et Germ. *Fl.*). — Casque d'un pourpre foncé. Labelle à lobes latéraux ord. rapprochés du lobe moyen; lobe moyen à divisions ord. très-larges. — **C.** — Drucat ; Caux ; Neufmoulin ; Neuilly-l'Hôpital ; forêt de Crécy ; Estrées-lès-Crécy; Vron ; Port ; Mareuil ; Huchenneville ; Bailleul ; Wiry-au-Mont; Vismes-au-Val, Martainneville (*Guilbert*) ; Bovelles, Saisseval (*Rom.*); Bray-lès-Mareuil (*B. Herb.*); Bertangles, Dury, Cagny, Saveuse, Cambron (*P. Fl.*).

S.-v. *alba*. — Casque d'un blanc verdâtre. Labelle blanc non ponctué. — *R*. — Drucat.

Var. 6. Jacquini (Coss. et Germ. *Fl.* — *O. Jacquini* Godr. *Fl. Lorr.* — *O. fusca* var. *stenoloba* Coss. et Germ. *Fl.* ed. 1). — Casque d'un pourpre ord. moins foncé. Labelle à lobes latéraux ord. écartés du lobe moyen ; lobe moyen à divisions souv. presqu'aussi étroites que les lobes latéraux. — *R*. — Mêlé avec le type. — Bois Boullon près Abbeville ; Drucat ; Dury, Guyencourt (*E. Gonse*); bois de Port (*Baill. Herb.*).

5. O. militaris L. *Sp.* excl. var.; Coss. et Germ. *Fl.*; Gren. et Godr. *Fl.* — *O. galeata* Lmk. *Encycl. méth.*; P. *Fl.* — Tubercules ovoïdes. Tige de 3-6 déc., ord. robuste. Feuilles ovales oblongues ; les supérieures acuminées. Bractées membraneuses beaucoup plus courtes que l'ovaire. *Fleurs assez grandes* en épi ord. serré, ovoïde oblong. *Périanthe à divisions conniventes en casque ovoïde aigu, d'un rose cendré* en dehors, ponctué et strié de pourpre en dedans ; *les extérieures réunies inférieurement. Labelle tripartit*, blanc ou rosé, ponctué de petites houppes purpurines, à lobes latéraux linéaires : le *lobe moyen linéaire à la base, puis dilaté au sommet et bifide* à divisions oblongues arrondies ou tronquées divergentes, muni ord. d'une petite pointe dans l'échancrure. Eperon beaucoup plus court que l'ovaire. ⚥. Mai-juin.

A.C. — Marais tourbeux, terrains calcaires, bois montueux. — Marais Saint-Gilles à Abbeville ; Epagne, Pont-Remy; Mareuil ; Caumondel près Huchenneville; forêt d'Arguel près Senarpont; Laviers ; bois Boullon près Abbeville ; Cambron (*T.C.*); Bovelles, Guignemicourt (*Rom.*); Prouzel, Fossemanant Fouencamps (*E. Gonse*); bois de Creuse (*R. Vion*); Boves, Essertaux, Cagny (*Copineau*); Pont-de-Metz, Camon, Glisy, Fortmanoir, Renancourt (*P. Fl.*).

6. O. Simia Lmk. *Fl. Fr.* — Tubercules ovoïdes. Tige de 2-4 déc. Feuilles lancéolées oblongues. *Bractées membraneuses beaucoup plus courtes que l'ovaire. Fleurs en épi court ovoïde assez gros. Périanthe à divisions conniventes en casque* ovoïde aigu, d'un blanc rosé ou cendré, ponctué de pourpre en dedans ; *les extérieures ord. réunies inférieurement*; les intérieures linéaires. Labelle ponctué à la base de petites houppes purpurines, *tripartit*, à lobes latéraux *linéaires très étroits; le moyen linéaire* profondément *bifide* muni dans l'échancrure d'une petite pointe subulée, à divisions linéaires allongées aussi longues que les lobes latéraux. Eperon renflé au sommet, de moitié plus court que l'ovaire. ♃. Mai-juin.

RR. — Bois montueux, côteaux secs boisés. — Guyencourt près Ailly-sur-Noye (*E. Gonse*); Bovelles (*Rom.*); bois de Port (*B. Extr. Fl.*).

L'*O. coriophora* (L. *Sp.*) a été signalé à Abbeville dans les prairies le long de la Somme (*B. Extr. Fl.*), où nous n'avons pu le retrouver. Ses caractères sont : tubercules ovoïdes ; tige de 2-3 déc. ; feuilles linéaires lancéolées canaliculées ; bractées de la longueur de l'ovaire ; fleurs à odeur de punaise, en épi oblong ; périanthe à divisions conniventes en casque acuminé, d'un rouge brunâtre ; labelle verdâtre ou brunâtre ponctué de pourpre, trifide à lobe moyen oblong entier, un peu plus long que les latéraux ; éperon lancéolé conique arqué, ord. une fois plus court que l'ovaire.

7. O. Morio L. *Sp.* — Tubercules subglobuleux. Tige de 1-3 déc. Feuilles inférieures oblongues obtuses, ord. étalées, un peu canaliculées ; les supérieures aigues. Bractées membraneuses purpurines, aussi longues environ que l'ovaire ; les inférieures 3-nervées ; les supérieures uninervées. Fleurs en épi ovoïde ou oblong, lâche, souv. pauciflore. *Périanthe* d'un rouge violet plus rar. rose ou blanc, *à divisions conniventes en casque* subglobuleux obtus, les extérieurs libres jusqu'à la base. *Labelle* plus large que long, plus ou moins *trilobé* à lobes larges obtus ; le *lobe moyen entier ou émarginé* ; les latéraux souv. réfléchis. Eperon oblong conique obtus, horizontal ou ascendant, plus court que l'ovaire. ♃. Mai-juin.

A.C. — Pâtures, pelouses sèches, bords des bois. — Yvrench ; Yvrencheux ; Vercourt ; Bernay ; Arry ; Villers-sur-Authie ; Larronville près Rue ; Laviers ; Buigny-Saint-Macloux ; Neufmoulin ; Tœufles ; les Alleux près Behen ; Doudelainville ; Bovelles (*Rom.*) ; Morival près Vismes (*Guilbert*) ; Hocquincourt (*Dufourny*) ; Abbeville (*Baill.* Herb. ; *B.* Herb) ; Longueau, Dury, Notre-Dame-de-Grâce (*P.* Fl.) ; Sant-Valery (*B. Extr. Fl.*).

S.-v. *flore carneo*. — Fleurs rosées pâles. — Côteau du bois de Doudelainville.

S.-v. *flore albo*. — Fleurs blanches. — Marais de Bernay.

8. O. mascula L. Sp. — Tubercules ovoïdes gros. Tiges de 2-4 déc. *Feuilles* oblongues lancéolées *planes*, qqf. tachées de brun. *Bractées uninervées*, membraneuses, purpurines, aussi longues environ que l'ovaire. Fleurs en épi lâche allongé. *Périanthe* purpurin, rar. blanc, *à divisions extérieures* ovales oblongues, obtuses ou aigues, les deux *latérales étalées,* *puis réfléchies*. Labelle ponctué et pubescent à la base, à lobes larges dentés ; le moyen profondément échancré. Eperon épais cylindrique obtus horizontal ou ascendant, environ aussi long que l'ovaire. ♃. Avril-juin.

A.R. — Bois montueux, pâturages. — Drucat ; Millencourt ; Vron ; Laviers ; Cambron ; Ercourt ; les Alleux près Behen ; Hallencourt, bois de Mézières près Péronne (*F. Debray*) ; Bovelles (*Rom.*) ; Essertaux (*Copineau*) ; La Faloise, Famechon, Bacouel, Ailly-sur-Noye, Vignacourt (*E. Gonse*) ; Namps (*Demailly*) ; Querrieux (*E. Joffroy* et *Hutin*) ; Dury, Creuse (*R. Vion*) ; Cagny, Allonville, Boves, Notre-Dame-de-Grâce (*P. Fl.*).

9. O. palustris Jacq. *Coll. ;* Gren. et Godr. *Fl.* — *O. laxiflora* var. *palustris* Coss. et Germ. *Fl.* — Tubercules ovoïdes ou subglobuleux. Tige de 3-5 déc., très feuillée. *Feuilles* lancéolées linéaires, *canaliculées. Bractées 3-5 nervées*, souv. colorées, aussi longues environ que l'ovaire. Fleurs en épi allongé lâche, pauciflore. *Périanthe* d'un pourpre foncé, à *divisions extérieures* oblongues obtuses écartées ; les deux *latérales étalées, redressées ou réfléchies*. Labelle variable, ord. large, à 3 lobes ; le moyen émarginé ; les latéraux ord. crénelés, réfléchis. Eperon cylindrique obtus, plus court que l'ovaire. ♃. Mai-juin.

RR. — Marais, prés tourbeux. — Marais de Cambron (*T.C. ; Poulain* Herb. ; *B.* Herb.) ; Mautort près Abbeville (*T.C.* Herb.) ; bords du canal de Saint-Valery (*Baill.* Herb.) ; Abbeville (*P. Fl*).

4. OPHRYS L. *Gen.* ex parte.

Périanthe à divisions extérieures étalées, les intérieures plus petites dressées ; *labelle dépourvu d'éperon*, épais un peu charnu, entier ou 3 lobé. Rétinacles libres renfermés dans 2 bursicules distinctes. Ovaire non contourné. — *Tubercules entiers* subglobuleux. Feuilles tendant à noircir par la dessication. Bractées dépassant ord. l'ovaire. Fleurs espacées, en épi lâche, ord. pauciflore.

1	Labelle présentant un appendice courbé à son extrémité.	2
	Labelle ne présentant pas d'appendice à son extrémité. .	3
2	Labelle à appendice courbé en dessus. Gynostème à bec court droit . . . . 3. *O. arachnites*.	
	Labelle a appendice courbé en dessous. Gynostème à bec long flexueux. . . . . 4. *O. apifera*.	
3	Labelle trilobé, à lobe moyen profondément échancré. Les deux divisions intérieures du périanthe linéaires filiformes, d'un pourpre noirâtre. . . . 1. *O. muscifera*.	
	Labelle entier ou légèrement émarginé au sommet. Les 2 divisions intérieures du périanthe oblongues, vertes. . . . . 2. *O. aranifera*.	

1. O. muscifera Huds. *Fl. Angl.* — *O. myodes* Jacq. *Misc.* — Tige de 2-4 déc., grêle. Feuilles oblongues. *Périanthe à divisions* extérieures ovales lancéolées obtuses, verdâtres ; les 2 *intérieures linéaires filiformes d'un pourpre noirâtre.* Labelle oblong, velouté d'un brun marron, marqué d'une tache glabre d'un blanc bleuâtre, *3-lobé*, à lobes latéraux assez courts, oblongs étroits ; le *lobe moyen* plus large et plus long, *profondément échancré au sommet, dépourvu d'appendice terminal.* ♃. Mai-juin.

A.C. — Bois, côteaux herbeux, terrains calcaires. — Huchenneville ; Epagne ; bois de Bouttencourt ; forêt d'Arguel près Senarpont ; Drucat ; Noyelles-sur-Mer ; Lœuilly (*E. Gonse*) ; Bovelles, Saisseval (*Rom.*) ; Vismes-au-Val (*Guilbert*) ; Picquigny (*Joffroy* et *Hutin*) ; Essertaux, Boves, Montrelet (*Copineau*) ; Cambron (*T.C.* Herb.) ; Bertangles, Cagny, Ailly, Oissy, Port (*P.* Fl.).

2. O. aranifera Huds *Fl. Angl.* — Tige de 1-3 déc. Feuilles ovales lancéolées. *Périanthe à divisions extérieures* étalées en croix, ovales oblongues, *d'un vert pâle ; les intérieures oblongues*, plus courtes, *d'un vert plus foncé*, glabres. *Labelle* velouté, brun, marqué de 2-4 lignes parallèles, glabres blanchâtres, obovale indivis *entier ou légèrement émarginé au sommet*, convexe, à bords réfléchis, muni vers la base de 2 saillies latérales, *dépourvu d'appendice terminal.* ♃. Mai-juin.

RR. Côteaux secs, clairières des bois. — Saisseval, Guignemicourt (*Rom.*) ; bois de Mareuil (*Elie*) ; Boves (*Copineau*) ; Saint-Fuscien (*F. Debray*) ; bois de Caubert près Abbeville (*Baill.* Herb.) ; Cagny, Ailly, bois Boullon près Abbeville (*P.* Fl.).

3. O. arachnites Hoffm. *Deutschl. Fl.* — Tige de 2-3 déc. Feuilles ovales lancéolées. Périanthe à divisions extérieures ovales oblongues obtuses, d'un rose pâle, à nervure verte ; les 2 intérieures plus petites, ovales lancéolées, veloutées, rosées, verdâtres au sommet. *Labelle* velouté, d'un brun pourpre, marqué à sa partie moyenne d'une tache glabre verdâtre, muni vers sa base de 2 saillies latérales coniques, large obovale indivis convexe, tronqué au sommet, *terminé par un appendice* glabre jaunâtre, *courbé en dessus. Gynostème à bec court droit.* ♃. Mai-juin.

A.R. — Côteaux calcaires, clairières des bois. — Caux ; Neufmoulin ; Epagne ; les Alleux près Behen ; bois de Bouttencourt ; Bouillencourt-en-Sery ; Vismes-au-Val, Martainneville, Henencourt, Vadencourt (*Guilbert*) ; Bovelles, (*Rom.*) ; Montrelet (*Copineau*) ; Cambron (*Baill.* Herb.) ; Boves, Cagny (*R. Vion*).

4. O. apifera Huds. *Fl. Angl.* — Tige de 2-3 déc. Feuilles oblongues. Périanthe à divisions extérieures ovales oblongues, roses rayées de vert; les 2 intérieures plus petites, lancéolées élargies à la base, veloutées, d'un rose verdâtre. *Labelle* velouté, d'un brun pourpre, marqué à la partie moyenne d'une tache glabre verdâtre, large obovale, *trilobé*, à lobes latéraux très veloutés, situés près de la base, subtriangulaires infléchis ; le *lobe moyen* large convexe *à 3 divisions* connivantes rejetées en arrière, *la division moyenne terminée en appendice* glabre verdâtre, *courbé en dessous*. Gynostème à bec long flexueux. ♃. Juin-juillet.

A.R. — Côteaux herbeux, clairières des bois. — Huchenneville; Bouvaincourt ; Limeux ; Pont-Remy ; Villers-sur-Mareuil ; Menchecourt près Abbeville ; Lenchères ; forêt d'Arguel près Senarpont; Vismes-au-Val, Martaineville (*Guilbert*) ; Ailly-sur-Somme (*Rom.*) ; Montrelet (*Dours*) ; Hornoy (*Copineau*) ; Picquigny (*Joffroy et Hutin*) ; Bacouel, Bertangles (*E. Gonse*) ; Saleux (*Goze*); Epagne, Cagny, Boves, Oissy (*P. Fl.*) ; Caubert près Abbeville (*B. Extr. Fl.*).

L'*Herminium monorchis* (R. Br. *in* Ait. Hort Kew. — *H. clandestinum* Gren. et Godr. *Fl.*). — *Ophrys monorchis* L. *Sp.*), indiqué sur les monts Caubert près Abbeville (*B. Extr. Fl.*), n'y a pas été retrouvé à notre connaissance. Il a été observé près de nos limites dans la forêt d'Hesdin [Pas-de-Calais] (*Poulain* Herb. ; *Baill.* Herb.) et signalé dans la forêt d'Eu [Seine-Inférieure] (*Du Maisniel de Belleval* Not. manuscr. ; *B. Extr. Fl.*). L'*H. monorchis* (R. Br.) se distingue par ses tubercules 1-3 globuleux, sa tige de 1-2 déc., grêle, ses feuilles oblongues lancéolées 2-3 vers la base de la tige, ses bractées environ de la longueur de l'ovaire, ses fleurs petites, verdâtres, en épi grêle allongé, qqf. un peu en spirale, à odeur de fourmi, son périanthe à divisions toutes connivantes en cloche, à labelle à 3 lobes linéaires entiers, les latéraux plus courts étalés divergents, ses rétinacles libres non renfermés dans une bursicule et son ovaire contourné.

5. GYMNADENIA Rich. *Orch. Eur.* ex parte.

Périanthe à divisions extérieures latérales étalées, la moyenne connivante avec les 2 intérieures, ou toutes les divisions connivantes en casque ; *labelle 3-lobé prolongé en éperon. Rétinacles libres, non renfermés dans une bursicule.* Ovaire contourné. — *Tubercules palmés.*

1 { Périanthe rose ou purpurin, rar. blanc, à divisions extérieures étalés. Eperon filiforme très-long. *1. G. conopsea.*
Périanthe d'un jaune verdâtre, à divisions toutes connivantes en casque. Eperon obtus, renflé, très-court . . . . 2. *G. viridis.*

1. G. conopsea Rich. *Orch. Eur.* — Tige de 3-5 déc. Feuilles lancéolées acuminées. Bractées égalant ou dépassant l'ovaire. Fleurs à odeur agréable, disposées en épi cylindrique allongé aigu, ord. compacte. *Périanthe rosé ou purpurin, rar.*

blanc, à *divisions extérieures latérales* ovales étalées. Labelle à 3 lobes ovales obtus, à peu près égaux. *Eperon filiforme subulé arqué, 2 fois aussi long que l'ovaire*. ♃. Juin-juillet.

C. — Prés humides, côteaux calcaires boisés, clairières des bois.

S.-v. *flore albo*. — Fleurs blanches. — Francières.

2. G. viridis Rich. *Orch. Eur.* — *Satyrium viride* L. *Sp.* — Tige de 1-3 déc. Feuilles inférieures ovales obtuses ; les supérieures lancéolées. Bractées 3-nervées, lancéolées, 1 fois plus longues que l'ovaire, dépassant ord. les fleurs. Fleurs en épi oblong, un peu lâche. *Périanthe d'un vert jaunâtre, à divisions conniventes en casque* subglobuleux. Labelle oblong linéaire, à 3 lobes aigus ; le moyen très court en forme de dent. *Eperon obtus renflé*, très court. ♃. Mai-juin.

RR. — Pâtures humides, pelouses, côteaux herbeux. — Pâturages au-dessus des falaises près Mers ; marais de Villers-sur-Authie ; Doudelainville (*H. Sueur*); Dury (*Poulain*, Herb.) ; Notre-Dame-de-Grâce, Le Gard près Picquigny, Camon, Fortmanoir, bois de Croixrault près Poix (*P. Fl.*) ; Laviers (*B. Extr. Fl.*).

6. PLATANTHERA Rich. *Orch. Eur.*

Périanthe à divisions extérieures latérales très étalées ; la moyenne largement ovale connivente avec les 2 intérieures ; *labelle* linéaire *allongé, indivis prolongé en éperon* filiforme subulé arqué, *très long*. Rétinacles libres, non renfermés dans une bursicule. Ovaire contourné. — *Tubercules entiers* ovoïdes oblongs, ord. atténués en pointe.

1 { Loges des anthères écartées et divergentes inférieurement . . . . 1. *P. montana*.
Loges des anthères rapprochées et parallèles. 2. *P. bifolia*.

1. P. montana Schmidt *Fl. Bohem*. — *P. chlorantha* Cust. ap. Rchb in *Mœssl. Haudb.* — *Orchis bifolia* Var. γ. L. *Sp.* — Tige de 3-5 déc. raide, un peu fistuleuse. Feuilles inférieures 2, rar. 3 à la base de la tige, larges ovales oblongues ; les supérieures très petites lancéolées. Bractées plurinervées, égalant environ l'ovaire. Fleurs assez grandes, en épi oblong lâche, un peu odorantes. Périanthe blanchâtre. Labelle d'un vert jaunâtre, à éperon un peu renflé. *Loges des anthères écartées et divergentes inférieurement*. ♃. Mai-juin.

C. — Bois, lieux herbeux, prés humides. — Huchenneville ; Bienfay près Moyenneville ; bois du Cap-Hornu près de Saint-Valery ; Mers ; Noyelles-sur-Mer ; Neufmoulin ; Caux ; Mareuil ; Senarpont ; Bouttencourt ; Wiry-au-Mont ; Gauville ; Vismes-au-

Val ; Martaineville (*Guilbert*) ; Cambron (*T.C.*) ; Taisnil, Pont-de-Metz, Dury, Bertangles, Bacouel, Vignacourt, Yzeux, La Faloise (*E. Gonse*); Bovelles (*Rom.*) ; Essertaux (*Copineau*).

2. P. bifolia Rich. *Orch. Eur.* — *Orchis bifolia* var. ε. L. *Sp.* — Espèce ressemblant à la précédente, mais ord. plus grêle dans toutes ses parties. *Tige de 2-3 déc., fistuleuse. Feuilles inférieures ord. 2 à la base de la tige, oblongues ; les supérieures très petites lancéolées linéaires.* Bractées égalant environ l'ovaire. Fleurs assez petites, en épi lâche, odorantes. Périanthe blanchâtre. Labelle d'un vert jaunâtre, à éperon à peine renflé. *Loges des anthères rapprochées et parallèles.* ⚥. Mai-juin.

RR. — Lieux herbeux, bois humides, pâtures ombragées. — Bernapré; bois de Bonneville ; Canterenne et Larronville près Rue ; Doudelainville ; Tœufles (*Franklin Grout*); bois de Nul-s'y-Frotte près Péronne (*F. Debray*).

** *Souche munie seulement de fibres radicales.*

7. LIMODORUM Tourn. *Inst.*

Périanthe à divisions étalées dressées connivents ; *labelle connivent avec les divisions, entier, rétréci en onglet à la base, prolongé en éperon, à partie terminale indivise.* Masses polliniques réunies par un rétinacle commun. Ovaire non contourné, à pédicelle contourné. — *Souche à fibres épaisses, nombreuses; Feuilles remplacées par des écailles engaînantes* colorées.

1. L. abortivum Sw. *Nov. act. Holm.* — Pl. violacée dans toutes ses parties. *Tige de 4-7 déc., robuste, dépourvue de feuilles.* Bractées membraneuses, plurinervées, égalant ou dépassant l'ovaire. Fleurs grandes, en épi lâche allongé. Périanthe violet, à lignes plus foncées, à divisions extérieures ovales lancéolées, les intérieures plus étroites. Labelle ovale, un peu ondulé. Eperon presque droit, subulé, pendant, égalant l'ovaire. ⚥. Juin-juillet.

RR. — Bois montueux, côteaux secs. — Bovelles (*Rom.*); Dury. (*Garnier*); Boves (*Richer*); bois de Neuilly près Picquigny (*Hutin*); Prouzel (*E. Gonse*); bois du Gard (*B. Extr. Fl.*); Cagny, Ailly, Jumel, Notre-Dame-de-Grâce (*P. Fl.*).

8. CEPHALANTHERA Rich. *Orch. Eur.*

Périanthe à divisions presque connivents ; labelle sans éperon, 3-lobé, à lobe terminal indivis, resserré au milieu. Masses polliniques dépourvues de rétinacle. *Ovaire con-*

tourné. — *Souche à fibres radicales nombreuses. Tige feuillée dans toute sa longueur. Fleurs assez grandes dressées ou un peu étalées, en épi lâche* ord. pauciflore.

1
{ Bractées égalant ou dépassant l'ovaire. Feuilles ovales lancéolées. . . . . 1. *C. grandiflora.*
Bractées beaucoup plus courtes que l'ovaire. Feuilles lancéolées linéaires. . . . . .2. *C. ensifolia.*

1. C. grandiflora Babingt. *Man. Brit. bot.* — *C. lancifolia* P. *Fl.*—*Epipactis pallens* Sw. in *Act. Holm.* — Tige de 3-5 déc. *Feuilles ovales lancéolées. Bractées égalant ou dépassant l'ovaire*, les supérieures plus petites que les inférieures. Périanthe blanchâtre, à divisions toutes obtuses, plus longues que le labelle. Labelle rayé de jaune, à lobe terminal ovale cordé, plus large que long, obtus. Ovaire glabre. ♃. Mai-juin.

A.C. — Bois montueux, côteaux calcaires boisés. — Caumondel près Huchenneville; Villers-sur-Mareuil; Bouttencourt; Oust-Marest; Lanchères; Neuville près Estrebœuf; Francières; Coquerel près Bailleul; Senarpont; Drucat; Neuilly-l'Hôpital; Neuf-moulin; Cambron (*T.C.*); Bovelles (*Rom.*); Port (*Baill.* Herb.); Essertaux (*Copineau*), Creuse, Guyencourt, Bertangles, Bacouel, La Faloise, Boves, Lœuilly (*E. Gonse*); Vismes-au-Val, Martainne-ville (*Guilbert*); Laviers, Caubert près Abbeville (*Poulain* Herb.); Wailly, Namps (*Goze*); Cagny, Ailly, Dury, bois Boullon près Abbeville (*P.* Fl.); Epagne (*B. Extr.* Fl.).

2. C. ensifolia Rich. *Orch. Eur.*; Gren. et Godr. *Fl.* — *C. Xiphophyllum* Rchb. *Icon.*; Coss. et Germ. *Fl.* — Tige de 3-5 déc. *Feuilles lancéolées linéaires* aigues, ensiformes, distiques. *Bractées beaucoup plus courtes que l'ovaire.* Périanthe blanc, à divisions extérieures aigues plus longues que le labelle. Labelle taché de jaune au sommet, à lobe terminal plus large que long, obtus. Ovaire glabre. ♃. Mai-juin.

R.R. — Bois montueux, lieux pierreux ombragés. — Bois de Port; bois de Bouttencourt; bois de La Motte à Cambron (*Baill.* Herb.); Laviers (*Poulain*, Herb.); Jumel (P. Fl.).

Nous avons vu dans l'herbier de M. Dovergne le *C. rubra* (Rich. *Orch. Eur.*) récolté dans le bois de Port par M. Tillette de Clermont-Tonnerre. Nous ne pensons pas qu'on l'y ait retrouvé. Cette espèce se distingue principalement par sa tige pubescente-glanduleuse au sommet, son périanthe d'un beau rose, son labelle blanc à bords rosés, à partie terminale ovale acuminée et par son ovaire très-pubescent.

9. EPIPACTIS Rich. *Orch. Eur.*

Périanthe à divisions extérieures dressées ou un peu étalées, subcampanulées ; labelle sans éperon, étalé, brusquement rétréci vers le milieu, concave, à partie terminale indivise, présentant à sa base 2 saillies obtuses. Masses polliniques réunies par un rétinacle commun. *Ovaire* pubescent, *non contourné*, atténué en pédicelle contourné. — Fibres radicales fasciculées. Tige feuillée dans toute sa longueur, pubescente au sommet. *Fleurs penchées*, souv. unilatérales, *en épi allongé*.

1. { Feuilles inférieures oblongues lancéolées. Labelle à partie terminale suborbiculaire obtuse. Pl. des marais. 3. *E. palustris*.
Feuilles inférieures ovales. Labelle à partie terminale acuminée. Pl. des lieux sec. 2

2. { Fleurs ord. d'un pourpre foncé. Bractées ne dépassant ord. les fleurs. . . . . 2. *E. atrorubens*.
Fleurs ord. d'un vert blanchâtre, rosées en dedans. Bractées inférieures dépassant ord. les fleurs. 1. *E. latifolia*.

1. E. latifolia All. *Ped.* — Tige de 3-8 déc. *Feuilles inférieures* larges *ovales*, les supérieures lancéolées aigues. *Bractées inférieures dépassant ord. les fleurs.* Fleurs en épi lâche, à pédicelles courts. *Périanthe d'un vert blanchâtre, rose en dedans*, à divisions oblongues ou ovales lancéolées. *Labelle* plus court que les divisions extérieures latérales, à *partie terminale* ovale, brièvement *acuminée* en pointe recourbée. Ovaire ovoïde. ♃. Juillet-août.

A.R. — Bois, lieux sablonneux. — Neufmoulin ; Cambron ; Bouillencourt-en-Sery ; Huchenneville ; Noyelles-sur-Mer ; dunes de Saint-Quentin-en-Tourmont ; Jumel ; Francières ; bois de La-Motte-Croix-au-Bailly ; Bezencourt près Tronchoy ; bois de Croix-rault près Poix ; Bacouel, Longpré près Amiens, La Faloise, Ailly-sur-Noye, Namps, Bichecourt près Hangest-sur-Somme (*E. Gonse*) ; Bovelles, Ailly-sur-Somme (*Rom.*) ; bois d'Harponville (*Guilbert*) ; Mailly-Maillet (*Carette*) ; Vers-Hébécourt, Essertaux (*Copineau*).

Var. ϐ. *viridiflora*. — Varians (*E. viridiflora* Hoffman ; Reich. *Fl. exc.* ; Boreau *Fl.* — *E. Crantz* ; Reich. *Orch.* tab. 1351). — Feuilles moins grandes. Fleurs d'un jaune verdâtre. Fleurit environ un mois plus tôt que le type. — R. — Ailly-sur-Noye au bois Louvet (*E. Gonse*).

2. E. atrorubens Schult. *Œstr.* — *E. latifolia* var. *atrorubens* Coss. et Germ. *Fl.* — *E. rubiginosa* Gaud. *Fl. Helv.* — Tige de 2-6 déc., rougeâtre. *Feuilles inférieures* petites, *ovales ;* les supérieures lancéolées acuminées. *Bractées ne dépassant pas ord. les fleurs.* Fleurs petites en épi, à pédicelles plus longs que dans l'espèce précédente, à odeur de vanille. *Périanthe d'un pourpre foncé*, plus rar. d'un rose ou d'un jaune pâle. *Labelle* égalant environ les divisions extérieures du périanthe, à *partie terminale* ovale, brièvеment *acuminée*. Ovaire ovoïde, d'un rouge brun. ♃. Juin-juillet.

C. — Côteaux calcaires, bois arides. — Neufmoulin ; Yvrencheux ; Francières ; Pont-Remy ; Epagne ; forêt d'Arguel ; Huchenneville ; Bailleul ; Frucourt ; Bouttencourt ; Wailly ; Jumel ; Liomer ; Bezencourt près Tronchoy ; bois de Croixrault près Poix ; Senarpont ; Ailly-sur-Noye, Cagny, Thieulloy-la-Ville ; Sainte-Segrée, Saint-Germain-sur-Bresle, Beaucamps-le-Jeune, Le Gard près Crouy (*E. Gonse*) ; Bovelles (*Rom.*) ; Hocquincourt (*Dufourny*).

S.-v. *lutescens* (Coss. et Germ. *Fl.*). — Fleurs d'un jaune pâle. — R. — Bois de Fréchencourt près Bailleul.

3. E. palustris Crantz *Austr.* — Rhizome traçant. Tige de 2-6 déc., penchée au sommet avant la floraison. *Feuilles inférieures oblongues lancéolées*. Bractées inférieures ord. plus longues que les fleurs, les supérieures plus courtes. Fleurs en épi lâche, à pédicelles assez longs. Périanthe à divisions extérieures oblongues lancéolées, d'un vert cendré, d'abord connivantes, puis étalées, à divisions intérieures ovales lancéolées, d'un blanc rosé, plus courtes. *Labelle* blanc strié de pourpre, égalant ou dépassant les divisions extérieures latérales du périanthe, *à partie terminale subordiculaire obtuse* crénelée. Ovaire linéaire oblong. ♃. Juillet-août.

A.R. — Marais tourbeux, prés humides. — Faubourg Saint-Gilles à Abbeville ; Epagne ; Long ; Saint-Quentin-en-Tourmont ; Quend ; Suzanne ; Cambron (*T.C.*) ; Guerbigny (*Guilbert*) ; Ailly-sur-Somme (*Rom.*) ; Bourdon, Renancourt (*E. Gonse*) ; Camon, Glisy, Dreuil, Fortmanoir (*P. Fl.*).

10. NEOTTIA Rich. *Orch. Eur.*

Périanthe à divisions connivantes en casque ; *labelle sans éperon, pendant, à partie terminale bifide.* Masses polliniques réunies par un rétinacle commun. Ovaire non contourné. — *Fibres radicales fasciculées.*

1 { Pl. roussâtre dans toutes ses parties. Fibres radicales entrelacées en forme de nid d'oiseau. Tige dépourvue de feuilles. . . . . *1. N. Nidus-avis.*
Pl. verte. Fibres radicales non entrelacées. Tige portant au-dessus de sa base 2 feuilles opposées . *2. N. ovata.*

1. N. Nidus-avis Rich. *Orch. Eur.* — *Pl. dépourvue de feuilles, roussâtre dans toutes ses parties*, pubescente glanduleuse supérieurement, ayant le port d'un *Orobanche*. *Souche* oblique à *fibres radicales* très nombreuses, *entrelacées en forme de nid d'oiseau* ; quelques-unes avec bourgeon terminal reproducteur. Tige de 3-4 déc., assez robuste,

25

munie d'écailles membraneuses, engaînantes. Bractées petites lancéolées, uninervées, plus courtes que l'ovaire. Fleurs en épi oblong lâche à la base, serré au sommet. Périanthe d'un jaune roussâtre. Labelle à 2 lobes oblongs obtus divergents. ♃. Mai-juin.

R. — Bois couverts, lieux ombragés. — Limeux ; Bailleul ; Huchenneville ; Bray-lès-Mareuil ; Yvrench ; Millencourt ; Drucat ; Laviers ; Noyelles-sur-Mer ; bois de la Faude près Wiry-au-Mont ; Cambron ; forêt d'Arguel près Senarpont ; Senarpont ; Bovelles (*Rom.*) ; Ailly-sur-Somme, Jumel (*Richer*) ; Guyencourt, Boves, Bacouel, Villers-Bretonneux, Lœuilly (*E. Gonse*) ; Fossemanant (*F. Debray*) ; Martaineville, Harponville (*Guilbert*) ; Cagny, Allonville, Querrieux, Pont-de-Metz (*P. Fl.*) ; Neuilly-l'Hôpital (*B. Extr. Fl.*).

2. N. ovata Bluff. et Fingerh. *Comp.* ; Coss. et Germ. *Fl.* — *Listera ovata* R. Br. in Ait. *Hort. Kew.* ; Gren. et Godr. *Fl.* — *Pl. verte. Souche à fibres radicales* assez longues, *non entrelacées. Tige* de 3-4 déc., assez grêle, pubescente supérieurement, *portant au-dessus de sa base 2 feuilles opposées* engaînantes, ovales suborbiculaires, amples étalées, fortement nervées. Bractées plus courtes que les pédicelles. Fleurs assez longuement pédicellées, en épi allongé lâche grêle. Périanthe d'un vert jaunâtre. Labelle linéaire, à 2 lobes profonds linéaires obtus, presque parallèles. ♃. Mai-juillet.

CC. — Bois, lieux ombragés.

11. SPIRANTHES Rich. *Orch. Eur.*

Périanthe formant presque un angle avec l'ovaire, à divisions conniventes en tube inférieurement, étalées dans leur partie supérieure ; labelle sans éperon, indivis, caniculé à la base, et embrassant le gynostème, un peu recourbé en arrière à bords ondulés. Masses polliniques réunies par un rétinacle commun. Ovaire non contourné. — *Souche à fibres radicales 2-4, renflées charnues. Fleurs* petites sessiles, blanches, odorantes, *en épi* grêle, unilatéral, *tordu en spirale*.

1 { Feuilles toutes lancéolées linéaires, les inférieures entourant la tige. . . . . 1. *S. æstivalis.*
Feuilles radicales ovales oblongues disposées en rosette latérale. . . . . 2. *S. autumnalis.*

1. S. æstivalis Rich. *Orch. Eur.* — Fibres radicales allongées cylindriques. *Tige* de 1-2 déc., grêle, *feuillée. Feuilles toutes lancéolées linéaires* dressées, *les radicales entourant la tige*. Bractées lancéolées, dépassant l'ovaire. Labelle obovale oblong. ♃. Juillet-août.

R.R. — Prés humides, marais tourbeux. — Saint-Quentin-en-Tourmont; Quend (*Cagé*); Mautort près Abbeville, Cambron (*Poulain* Herb; *Baill.* Herb.).

2. S. autumnalis Rich. *Orch. Eur.* — Fibres radicales ovoïdes oblongues. *Tige de 1-2 déc., grêle, munie de petites feuilles* courtes engaînantes. *Feuilles radicales ovales oblongues, disposées en rosette latérale.* Bractées ovales acuminées, dépassant ord. l'ovaire. Labelle obovale, crénelé. ♃. Août-septembre.

A.R. — Coteaux incultes, pelouses sèches. — Mont Caubert près Abbeville; Le Chaussoy près Tœufles; Le Crotoy; Saint-Firmin; Cambron (*T.C.*); Monchelet et Harcelaines près Maisnières (*Guilbert*); fortifications d'Abbeville (*Poulain*, Herb.); Boufflers (*Dovergne*, Herb.); Crécy-Grange près Crécy (*Du Maisniel de Belleval*, Not. manuscr.); Naours, Querrieux, Ercheu (P. *Fl.*).

*** *Souche composée de 1-2 bulbes entourés de tuniques.*

12. LIPARIS Rich. *Orch. Eur.*

Périanthe à divisions étroites irrégulièrement étalées; labelle sans éperon, dirigé en haut, indivis, ovale obtus concave, ord. légèrement crénelé. Gynostème allongé, un peu infléchi, élargi en aile de chaque côté du stigmate. Masses polliniques bipartites. Ovaire non contourné, à pédicelle un peu contourné. — *Bulbe* assez gros, écailleux, placé souv. à la surface du sol, *accompagné d'un jeune bulbe plus petit*.

1. L. Lœselii Rich. *Orch. Eur.* — Pl. d'un vert jaunâtre. Tige de 10-15 cent., nue, anguleuse au sommet. Feuilles ord. 2, radicales engaînantes, oblongues, ou oblongues lancéolées, membraneuses, pliées. Fleurs petites dressées, d'un jaune verdâtre, en épi lâche pauciflore. Labelle oblong obtus, plus large et aussi long que les autres divisions. ♃. Juin-juillet.

RR. — Marais sablonneux et tourbeux. — Dunes de Saint-Quentin-en-Tourmont et de Quend; vallée de Pavry à Fouencamps (*E. Gonse*).

XCIX. HYDROCHARIDÉES.

Fleurs dioïques, renfermées, avant la floraison, dans une spathe membraneuse. *Périanthe à 6 divisions sur 2 rangs.* Fleurs mâles; étamines 3-12. Fleurs femelles solitaires;

ovaire adhérent au réceptacle ; style ord. court : stigmates 3-6. — Pl. aquatiques.

1
{ Feuilles orbiculaires cordées, longuement pétiolées, flottantes. Stigmates 6 . . . . Hydrocharis (1).
{ Feuilles oblongues ou lancéolées, sessiles, submergées. Stigmates 3. . . . . Elodea (2).

1. HYDROCHARIS L. *Gen.*

Périanthe à 3 divisions extérieures herbacées, les 3 intérieures pétaloïdes suborbiculaires, beaucoup plus grandes, chiffonnées dans le bouton. Fleurs mâles 1-3, réunies dans une spathe bivalve. Fleurs femelles solitaires dans une spathe entière subsessile, longuement pédicellées ; *stigmates 6*, bifides. *Fruit* ovoïde *charnu, indéhiscent*, à 6 loges polyspermes, *murissant sous l'eau*.

1. H. Morsus-ranæ L. *Sp.* — Tige stolonifère, submergée, plus ou moins longue, émettant des fascicules de fibres radicales et de feuilles. *Feuilles flottantes, longuement pétiolées, orbiculaires cordées* à la base. Pédoncules axillaires. Fleurs blanches à onglet jaune. ♃. Juillet-août.

C. — Eaux tranquilles, fossés, tourbières.

2. ELODEA Michx. *Fl. Bor. Amer.*

Fleur mâle : périanthe à divisions linéaires ou nulles. Fleur femelle : périanthe à tube très long filiforme ; *stigmates 3*, frangés. Fruit coriace, tubuleux, à une loge. Graines peu nombreuses.

1. E. Canadensis Michx. loc. cit.; Lloyd. *Fl.*—*Anacharis alsinastrum* Bab, — *Pl. submergée*. Tiges longues, feuillées, très rameuses, radicantes à la base, grêles. *Feuilles sessiles*, verticillées par 3, *oblongues ou lancéolées*, obtuses, finement denticulées. Fleurs femelles petites, d'un blanc rosé, solitaires, naissant à l'aisselle des feuilles supérieures. ♃. Juin-juillet.

RR. — Canaux, fossés, rivières à courant peu rapide. — La plante femelle de cette espèce nouvellement introduite dans notre circonscription, y a seule été observée, de même que dans les autres contrées de l'Europe. — La Neuville et Montières près Amiens, fossé latéral à la Somme avant et après Camon, marais de Brie, fossés des fortifications de Péronne (*E. Gonse*, qui l'a signalé pour la première fois dans le département de la Somme); Abbeville dans le bras de la Somme près le Marché-aux-Chevaux, fossés du petit marais Saint-Gilles, rivière aux Nonnains (*P. de Vicq*).

C. JONCAGINÉES.

Fleurs régulières. *Périanthe à 6 divisions* ovales, concaves, *herbacées*, sur 2 rangs. Etamines 6; anthères extrorses. Stigmates 3-6, sessiles, barbus. *Fruit sec, composé de 3-6 carpelles 1-2-spermes, redressés, se séparant par la base à la maturité* et s'ouvrant par leur angle interne. — Pl. glabres, croissant dans les lieux marécageux. Feuilles dressées, linéaires ou semi-cylindriques engaînantes, en fascicule radical.

1. TRIGLOCHIN L. Gen

Caractères de la famille.

1
{ Fruits linéaires oblongs, dressés, composés de 3 carpelles.
. . . . 1. *T. palustre.*
Fruits ovoïdes, étalés redressés, composés de 6 carpelles.
. . . . 2. *T. maritimum.*

1. T. palustre L. *Sp.* — Souche cespiteuse. Tige de 2-5 déc., grêle. Feuilles de moitié plus courtes que la tige. Fleurs petites verdâtres, en grappe effilée spiciforme grêle. Pédicelles s'allongeant après la floraison, dressés. *Fruits linéaires oblongs*, dressés, à 3 angles, atténués à la base, appliqués contre la tige, *composés de 3 carpelles.* ♃. Juillet-août.

AC. — Marais tourbeux, prés humides. — Drucat; Abbeville; Saint-Quentin-en-Tourmont; Quend; Caubert près Abbeville (*T.C.*); Rivery et Longpré près Amiens (*Richer*); Glisy, Fouencamps, Bourdon, Fortmanoir, Fossemanant, La Faloise (*E. Gonse*); Montières près Amiens (*Rom.*); Nampty-Coppegueule (*Copineau*); Longueau, Camon, Laviers (*P. Fl.*); Brutelles (*B. Extr. Fl.*).

2. T. maritimum L. Sp. — Souche cespiteuse épaisse, bulbiforme, garnie de gaînes blanchâtres. Tige de 2-4 déc., assez robuste. Feuilles charnues, un peu plus courtes que la tige. Fleurs en grappe spiciforme serrée. Pédicelles courts. *Fruits ovoïdes, étalés redressés*, à 6 angles, *composés de 6 carpelles.* ♃. Juin-août.

C. — Prés salés, bords des fossés baignés par la marée.

CI. POTAMÉES.

Fleurs hermaphrodites. *Périanthe à 4 divisions herbacées. Etamines 4.* Style très court. Fruit composé de carpelles monospermes indéhiscents. — Pl. croissant dans l'eau. *Fleurs en épis.*

1. POTAMOGETON Tourn. *Inst.*

Fleurs hermaphrodites. Etamines à filets très courts. Style continuant ord. le bord interne du carpelle. Fruit composé de 4 carpelles ou moins par avortement, sessiles, ord. comprimés latéralement, à péricarpe dur épais. — Tiges plus ou moins longues, submergées, radicantes, ord. cylindriques. Feuilles toutes submergées, ou les supérieures nageantes. Fleurs en épis pédonculés se développant hors de l'eau.

1. { Feuilles toutes linéaires, submergées 2
   { Feuilles, au moins les supérieures, ovales, oblongues ou lancéolées, toutes submergées ou les supérieures nageantes. 5

2. { Feuilles longuement engainantes à la base. . . . . 13. *P. pectinatus.*
   { Feuilles non engainantes 3

3. { Tige comprimée ailée. Pédoncule environ aussi long que l'épi . . . . 10. *P. acutifolius.*
   { Tige cylindrique ou presque cylindrique non ailée. Pédoncule plus long que l'épi. 4

4. { Carpelles à dos crénelé . . . . 12. *P. trichoides.*
   { Carpelles à dos non crénelé . . . . . . 11. *P. pusillus.*

5. { Epis à pédoncule court, recourbé en crochet. 9. *P. densus.*
   { Epis à pédoncule ord. allongé, non recourbé 6

6. { Feuilles cordées amplexicaules, paraissant perfoliées. . . . . 7. *P. perfoliatus.*
   { Feuilles non amplexicaules perfoliées. 7

7. { Pédoncules bien plus gros que la tige, renflés de la base au sommet. 8
   { Pédoncules environ aussi gros que la tige, non renflés. 9

8. { Tiges ord. épaisses. Feuilles toutes submergées, de même forme, oblongues lancéolées acuminées, brièvement pétiolées. . . . . 6. *P. lucens.*
   { Tiges presque filiformes. Feuilles supérieures nageantes, ovales ou oblongues, peu nombreuses ou nulles, longuement pétiolées, les inférieures lancéolées ou linéaires lancéolées, sessiles . . . . . 4. *P. gramineus.*

	Carpelles acuminées en un long bec aigu. Feuilles fortement ondulées crispées. . . . . 8. *P. crispus.*
9	Carpelles à bec court. Feuilles planes ou à peine ondulées 10

	Feuilles toutes oblongues lancéolées. Carpelles à carène aiguë . . . . 5. *P. rufescens.*
10	Feuilles, au moins les supérieures, ovales elliptiques ou oblongues, ord. arrondies ou un peu cordées à la base. Carpelles à bord obtus ou à carène peu saillante . . . 11

	Feuilles membraneuses. Pétioles plus courts que le limbe. Carpelles à carène aiguë peu saillante. 3. *P. plantagineus.*
11	Feuilles coriaces. Pétioles beaucoup plus longs que le limbe. Carpelles non carénés, à bord obtus 12

	Tiges simples. Carpelles gros, verdâtres . . 1. *P. natans.*
12	Tiges rameuses. Carpelles petits, devenant rougeâtres par la dessication. . . . . 2. *P. polygonifolius.*

1. P. natans L. *Sp.* — *Tiges simples. Feuilles toutes longuement pétiolées*, à limbe s'unissant ord. au pétiole par 2 plis saillants; *les supérieures nageantes, coriaces, ovales elliptiques arrondies ou un peu cordées à la base;* les inférieures submergées lancéolées allongées, à limbe pourrissant après la floraison. *Carpelles gros verdâtres*, ovoïdes comprimés, *non carénés, à bord obtus*, terminés en bec courbé, disposés en épi assez gros interrompu, à pédoncule non renflé, de la grosseur de la tige. ♃. Juillet-août.

A.C.—Eaux tranquilles, tourbières, mares.—Abbeville ; Mareuil ; Saint-Quentin-en-Tourmont ; Quend ; Aveluy ; Thiepval ; Berny-sur-Noye ; Amiens, Ailly-sur-Somme, Bourdon (*E. Gonse*) ; Rivery, Camon, Pont-de-Metz (*P.* Fl.).

Var. 6. *fluitans* (Coss. et Germ. *Fl.*). — Feuilles plus allongées, atténuées aux deux extrémités à limbe ne s'unissant pas par 2 plis au pétiole. Carpelles moins gros. — *R.* — Marais de Quend (*Baill.*Herb.) ; Gouy (*P.* Fl.) ; Abbeville (*B.* Extr. Fl.).

2. P. polygonifolius Pourr. *Chl. Narb.* — *P. oblongus* Viv. *Fr. Fl. Ital.* — *Pl. plus grêle et plus petite dans toutes ses parties que l'espèce précédente, souv. rougeâtre. Tiges rameuses*, ord. très courtes. *Feuilles toutes longuement pétiolées* et de même forme, la plupart nageantes, ovales oblongues, *coriaces*, à limbe persistant après la floraison. *Carpelles de moitié plus petits que dans le P. natans* L., *devenant rougeâtres par la dessication*, ovoïdes, subglobuleux un peu comprimés, non carénés, *à bord obtus*, terminés par un bec court ou nul, disposés en épi grêle à pédoncule non renflé. ♃. Juillet-août.

RR. — Fossés des marais tourbeux et sablonneux. — Larronville près Rue.

3. P. plantagineus *Ducros* in Rœm. et Schult *Syst. vég.* — Tiges rameuses. *Feuilles toutes submergées ou les supérieures nageantes, membraneuses, ovales elliptiques, un peu cordées à la base,* souv. opposées, qqf. réunies en rosette terminale, *à pétiole plus court que le limbe;* les inférieures lancéolées atténuées en pétiole. *Carpelles petits,* assez nombreux, *à carène aigue peu saillante,* disposés *en épi linéaire, à pédoncule* non renflé, *de la grosseur de la tige.* ♃. Juin-août.

R. — Eaux tranquilles, fossés, tourbières. — Rue ; Vercourt ; Villers-sur-Authie ; Mautort près Abbeville (*T.C.*) ; Longpré près Amiens (*Richer*) ; Gouy (*Baill.* Herb.).

4. P. gramineus L. *Sp.* — *P. heterophyllus* DC. *Fl. Fr.* — *Tiges* très rameuses, *presque filiformes. Feuilles supérieures nageantes, peu nombreuses ou nulles, longuement pétiolées, ovales ou oblongues, coriaces; les inférieures submergées,* ord. nombreuses, *sessiles, lancéolées ou linéaires lancéolées,* membraneuses transparentes, atténuées à la base, plus ou moins ondulées, un peu rudes sur les bords. *Carpelles* assez gros, *à carène obtuse,* disposés *en épi cylindrique, à pédoncule plus gros que la tige, renflé de la base au sommet.* ♃. Juin-août.

RR. — Marais tourbeux, mares des dunes. — Saint-Quentin-en-Tourmont ; Cambron (*Baill.* Herb.).

Var. α. *gramineus* (Godr. et Gren. *Fl.*). — Feuilles toutes submergées lancéolées-linéaires.

Var. ϐ. *heterophyllus* (Gren et Godr. *Fl.*). — Feuilles supérieures nageantes, ovales élargies ; les inférieures submergées, linéaires.

5. P. rufescens Schrad. in Chamisso *Adnot.* — Tiges simples ou rameuses. *Feuilles toutes submergées, ou les supérieures nageantes,* peu nombreuses ou nulles, opposées, un peu coriaces, *oblongues lancéolées,* obtuses ou un peu aigues, atténuées en pétiole, rougeâtres par la dessication ; les inférieures submergées, sessiles, membraneuses transparentes, lancéolées. *Carpelles* devenant rougeâtres par la dessication, lenticulaires assez gros, *à carène aigue* peu visible sur le sec, disposées *en épi oblong cylindrique, à pédoncule* non renflé, *de la grosseur de la tige.* ♃. Juillet-août.

RR. — Eaux stagnantes, fossés, tourbières. — Renancourt près Amiens (*E. Gonse*) ; Le Mesge (*Rom.*) ; Le Boisle (*T.C.*) ; marais des Planches à Abbeville (*Poulain* Herb.). — Cette espèce a aussi été rencontrée près de nos limites à Raye et à Aubin [Pas-de-Calais] (*Dovergne* Herb.).

6. P. lucens L. *Sp.* — *Tiges rameuses,* ord. *épaisses. Feuilles toutes submergées de même forme, brièvement* *pétiolées, oblongues lancéolées* qqf. très allongées, atténuées à la base, veinées transparentes, ondulées, un peu rudes aux bords. Carpelles assez gros, à peine carénés, disposés en *épi* cylindrique serré, à *pédoncule plus gros que la tige, renflé de la base au sommet.* ♃. Juin-août.

A.C. — Eaux stagnantes ou courantes, mares, rivières. — Dans la Somme à Abbeville ; Epagne ; Lannoy près Rue ; Suzanne ; Le Mesge (Rom.) ; Camon, Longueau, Rivery (P. Fl.).

Var. 6. *fluitans* (Coss. et Germ. Fl.. — *P. longifolius* Jacq. ; Gay in Poir. Encycl. méth.). — Feuilles ord. très-allongées plus ou moins acuminées.

7. P. perfoliatus L. *Sp.* — Tiges rameuses. *Feuilles toutes submergées* de même forme, sessiles, *ovales cordées amplexicaules, paraissant perfoliées*, membraneuses transparentes, légèrement ondulées, un peu rudes aux bords. Carpelles, à bord obtus, disposés en épi cylindrique court, à pédoncule non renflé, environ de la grosseur de la tige. ♃. Juin-août.

C. — Rivières, fossés, tourbières. — Abbeville ; Mers ; Picquigny ; Boves ; Aveluy ; Suzanne ; Amiens (Rom.) ; Hangest-sur-Somme, Brie, Péronne (E. Gonse) ; Cagny, Boves (Copineau) ; Longueau, Camon, Rivery (P. Fl.).

8. P. crispus L. *Sp.* — Tiges rameuses presque dichotomes, un peu comprimées. *Feuilles* toutes submergées de même forme, sessiles, oblongues étroites, membraneuses transparentes, *fortement ondulées crispées* denticulées, les supérieures très rapprochées. *Carpelles* assez gros, ovoïdes *acuminées en un long bec aigu*, disposés en épi ovoïde pauciflore, à pédoncule non renflée, environ de la grosseur de la tige. ♃. Juin-août.

C. — Eaux courantes ou stagnantes, rivières, fossés, tourbières. — Drucat ; Mareuil ; Quend ; Rue ; Estrebœuf ; Renancourt près Amiens, Le Mesge (Rom.) ; Amiens, Hangest-sur-Somme, Bourdon (E. Gonse); Cagny, Boves (Copineau); Longueau, Camon, Rivery (P. Fl.;) Abbeville (B. Extr. Fl.).

9. P. densus L. *Sp.* — Tiges rameuses, presque dichotomes. *Feuilles toutes* submergées et *opposées* de même forme, sessiles amplexicaules, *ovales lancéolées*, ondulées finement denticulées, pliées longitudinalement, souv. recourbées en dehors, membraneuses transparentes. Carpelles obovoïdes, à carène aigue, à bec court, disposés en *épi* pauciflore subgloboleux, assez petit, à *pédoncule court, recourbé en crochet*, naissant à la bifurcation des rameaux. ♃. Juillet-septembre.

A.C. — Eaux stagnantes ou courantes, fossés, tourbières. —

Drucat; Lannoy près Rue; Fort-Mahon près Quend; Caubert près Abbeville; Gamaches; Mers; Cambron (*T.C.*); Montières, Renancourt et Petit-Saint-Jean près Amiens (*Rom.*); Longpré, Longueau, Pont-de-Metz (*P.* Fl.); Abbeville (*B.* Extr. Fl.).

Var. 6. *serratus* (Coss. et Germ. *Fl.*). — Feuilles oblongues ou lancéolées, espacées.

10. P. acutifolius Link ap. Rœm. et Schult. *Syst. veg.* — Pl. restant verte après la dessication. *Tiges très rameuses, comprimées ailées. Feuilles toutes submergées*, membraneuses, *non engaînantes*, sessiles, *linéaires allongées*, 3-5-nervées, brusquement terminées en pointe très fine. Carpelles assez gros, réniformes, à bord interne présentant une dent vers la base, à dos très convexe crénelé tuberculeux, disposés en *épi* pauciflore subglobuleux, à *pédoncule environ aussi long que l'épi*. ♃. Juin-août.

RR. — Eaux tranquilles, fossés, tourbières. — Glisy (*E. Gonse*); Renancourt et Petit-Saint-Jean près Amiens (*Rom.*); Cagny, Boves (*Copineau*); Longueau, Camon, Rivery (*P.* Fl.).

11. P. pusillus L. *Sp.* — Pl. restant verte après la dessication. *Tiges* rameuses, filiformes, *presque cylindriques. Feuilles toutes submergées*, non engaînantes, sessiles, *linéaires très étroites*, 3-5-nervées, mucronées, transparentes. Carpelles petits, lisses, ovoïdes, obliquement elliptiques, à peine comprimés, à bord interne obtus entier, *à dos non crénelé*, disposés *en épi* pauciflore très court, *à pédoncule plus long que l'épi*. ♃. Juin-août.

R. — Fossés, tourbières, ruisseaux. — Amiens, Bourdon, Hangest-sur-Somme, La Faloise, Camon (*E. Gonse*); Le Mesge, Renancourt près Amiens (*Rom.*); Rivery (*Copineau*); Gouy (*Baill.* Herb.); Abbeville (*B.* Extr. Fl.); Longpré, Fortmanoir, Camon, Laviers (*P. Fl.*).

Var. 6. *major* (Fries *Nov.*; Coss. et Germ. *Fl.* — *P. Berchtoldi* Ficher; Boreau *Fl.*). — Pl. moins grêle. Feuilles d'environ 2 mill., linéaires cuspidées. — Marais de Bourdon près Hangest (*E. Gonse*).

12. P. trichoïdes Chamisso et Schlecht in *Linn.* — *P. monogynus* J. Gay in Coss. et Germ. *Fl. Par.* éd. 1.— Pl. voisine de l'espèce précédente, noircissant à la dessication. Elle se reconnaît à ses *tiges très grêles filiformes cylindriques* très rameuses, ses *feuilles linéaires sétacées*, son *pédoncule plus long que l'épi*, son épi pauciflore très court interrompu par avortement, et ses *carpelles* plus gros, à bord interne présentant une dent vers la base, à *dos crénelé*. ♃. Juin-août.

RR. — Fossés, eaux stagnantes. - Camon (*E. Gonse*). — Cette espèce a aussi été trouvée près de nos limites dans le marais d'Aubin [Pas-de-Calais] (*Doveryne* Herb.).

13. P. pectinatus L. *Sp*. — Tiges très rameuses, presque filiformes, dichotomes ou trichotomes, flexueuses, très longues dans les eaux courantes. *Feuilles toutes submergées, longuement engaînantes à la base,* un peu transparentes, *linéaires très étroites* ou linéaires sétacées subcylindriques, ou un peu canaliculées. Carpelles assez gros géminés ou solitaires par avortement, semi-orbiculaires un peu comprimés, ridés par la dessication, à dos très obtus, disposés en épi grêle, à pédoncule souv. très long. ♃. Juillet-août.

C. — Eaux courantes ou stagnantes, fossés, mares, rivières. — Abbeville ; Laviers ; Picquigny ; Boves : Ham ; Dompierre ; Amiens (*Rom.*) ; Hangest-sur-Somme, Montières près Amiens, Brie, Péronne (*E. Gonse*) ; Cagny, Boves (*Copineau*).

Var. ε. *scoparius* (Wall. *Sched* ; Rchb. *Icon.*). — Pl. très-grêle. Feuilles sétacées ; les supérieures nombreuses fasciculées. — R. — Fossés, eaux stagnantes, mares dans les prés salés. — Mers ; Laviers ; Glisy (*E. Gonse*).

CII. NAIADÉES

Fleurs unisexuelles ou hermaphrodites. *Périanthe remplacé par une spathe membraneuse.* Etamines 1-2. Style grêle ou nul. Fruit composé de 1-6 carpelles monospermes indéhiscents. — *Pl. submergées. Fleurs* très-petites, *axillaires,* se développant sous l'eau.

1. { Fleurs hermaphrodites. Fruits d'abord sessiles, puis longuement pédicellés à la maturité . . . . . Ruppia (2).
Fleurs unisexuelles. Fruits toujours sessiles ou brièvement pédicellés. 2

2. { Fleurs dioïques. Feuilles linéaires assez larges sinuées dentées, à dents épineuses . . . . Naias (1).
Fleurs monoïques. Feuilles linéaires capillaires, entières. . . . . Zannichellia (3).

1. NAIAS L. *Gen*.

Fleurs dioïques subsolitaires à l'aisselle des feuilles. Fleur mâle : étamine 1 renfermée dans une spathe 2-3-dentée ; anthère tétragone à 4 loges. Fleur femelle : stigmates 2-3. Fruit coriace ovoïde, uniloculaire, monosperme, indéhiscent. — Pl. submergées, d'un beau vert, croissant en touffe. Fleurs axillaires peu apparentes.

1. N. major Roth. *Germ*. — Tiges plus ou moins longues très rameuses, dichotomes, qqf. épineuses. *Feuilles* opposées ou verticillées, transparentes, *linéaires assez larges*, ondulées, *sinuées dentées*, à *dents épineuses*, à gaines entières. Fleurs verdâtres, les mâles pédicellées, les femelles sessiles. ①. Juillet-septembre.

RR. — Rivières, canaux, étangs. — Amiens dans les *Hortillonnages* (*Copineau*), dans le canal de la Somme en face du cimetière de la Madelaine et à Camon (*Richer*). — Cette espèce dont il n'a pas encore été fait mention dans la flore du département de la Somme, paroit cependant avoir été observée autrefois dans l'étang du Gard près de Villers-sur-Authie (*Buteux* in *Du Maisniel de Belleval*, Not. manuscr.)..

2. RUPPIA L. Gen.

Fleurs hermaphrodites, disposées 2 ou plus sur un spadice axillaire filiforme. Spathe à 2 valves caduques. Périanthe nul. Etamines 2, à filets très courts, squamiformes. Anthères à loges divergentes à la base. Stigmates 4, sessiles. Ovaires 4. *Fruits* monospermes, *d'abord sessiles, puis longuement pédicellés*, portés sur un pédoncule commun, s'allongeant à la maturité. — Pl. submergée. Fleurs très petites, se développant sous l'eau.

1. R. rostellata Koch *Syn.* ; Gren. et Godr. *Fl.* — Pl. très grêle. Tiges filiformes rameuses. *Feuilles linéaires filiformes entières*, à gaines étroites. Anthères à loges presque globuleuses. Carpelles obliques à bec allongé, posés en travers sur les pédicelles. Pédoncule commun de 2-4 cent., dressé ou courbé. ♃. Juin-octobre.

R. — Eaux saumâtres, fossés et mares des prés salés. — Menchecourt près Abbeville ; Laviers ; Mers ; Ault ; fossé entre le Hourdel et Saint-Valery ; Saint-Valery (*Baill.* Herb.).

On n'a jamais constaté, à notre connaissance, dans nos limites, la présence du *R. maritima* (L. *Sp.* ; Koch *Syn.* ; Gren. et Godr. *Fl.*). Cette espèce diffère du *R. rostellata* Koch par les caractères suivants : pl. moins grêle ; gaines plus larges à la base ; loges des anthères oblongues ; carpelles ovoïdes, moins obliques, à bec plus court ; pédoncule beaucoup plus long (5-12 cent.) ord. roulé en spirale à plusieurs tours à la maturité.

3. ZANNICHELLIA L. Gen.

Fleurs monoïques dans une même spathe. Fleur mâle : périanthe nul ; étamine 1. Fleur femelle ; périanthe campanulé membraneux ; style grêle persistant ; stigmate oblique, pelté. Fruit composé de 2-6 carpelles monospermes, libres, ord. divariqués, réunis en petits fascicules. — Pl. submergée. Fleurs très petites, se développant sous l'eau.

1. Z. palustris L. *Sp.* — Tiges filiformes très rameuses, radicantes. *Feuilles linéaires capillaires entières.* Fleurs verdâtres axillaires. *Carpelles sessiles ou brièvement pédicellées*, comprimés arqués acuminés, à dos caréné crénelé, terminés par le style, qui égale ou dépasse la moitié de leur longueur. ♃. Mai-septembre.

A.C. — Mares, fossés, eaux douces ou saumâtres. — Menchecourt près Abbeville ; Ault ; Mers ; Caumartin près Crécy ; Cambron (*T.C*) ; Saint-Quentin-en-Tourmont, Longpré près Amiens (*E. Gonse*) ; Bovelles, Montières près Amiens (*Rom.*) ; Rivery, Camon, Fortmanoir (*P. Fl.*).

Var. 6. *pedicellata*. (*Z. pedicellata* Fries *Nov. mant.* ?) — Carpelles pédicellés. — Eaux saumâtres, fossés des terrains maritimes. — Laviers ; Cayeux-sur-Mer, Saint-Valery (*E. Gonse*).

On trouve qqf. rejeté par la mer à Ault, au Hourdel et à Saint-Valery le *Zostera marina* (L. *Sp.*). Le genre *Zostera* de la famille des *Zostéracées* présente les caractères suivants : fleurs monoïques ou dioïques disposées d'un seul côté, et en avant sur un spadice linéaire ; spadice renfermé dans une spathe fendue à la base, prolongée en forme de feuille ; périanthe nul ; anthère 1 ; style 1 ; stigmates 2. — Le *Z. marina* L. se reconnoît à ses feuilles linéaires obtuses à 3-5 nervures, à sa spathe s'élargissant insensiblement de sa base au point où naît le spadice, et à ses graines striées longitudinalement.

CIII. LEMNACÉES

Fleurs renfermées dans une spathe monophylle comprimée, mince, membraneuse. Étamines 1-2, paraissant successivement. Anthères didymes, à 2 loges. Style court à stigmate obtus. Fruit utriculaire transparent, uniloculaire. — *Pl.* très-petites, *flottant à la surface des eaux*, plus rar. submergées, *constituées par des frondes* en forme de feuilles naissant l'une de l'autre, ord. munies à la face inférieure de fibres radicales. *Fleurs naissant d'une fente sur le bord de la fronde, le plus souv. nulles.*

1. LEMNA L. *Gen.*

Caractères de la famille.

1. Frondes lancéolées émettant latéralement d'autres frondes simulant une fronde hastée. Pl. submergée avant la floraison . . . . **1. L. trisulca.**
Frondes obovales ou suborbiculaires. Pl. flottantes . . . 2

2. Frondes à plusieurs fibres radicales . . **4. L. polyrrhiza.**
Frondes à une seule fibre radicale 3

3 { Frondes convexes en dessus, gonflées spongieuses en dessous. . . . . **3. L. gibba.**
Frondes presque planes des deux côtés, non spongieuses en dessous. . . . . **2. L. minor.**

1. L. trisulca L. *Sp.* — *Pl. submergée, flottante lors de la floraison. Frondes à une seule fibre radicale, minces, transparentes, lancéolées, s'atténuant longuement en pétiole filiforme, émettant latéralement d'autres frondes réunies par 3 en forme de croix et simulant une fronde hastée.* ①. Avril-juin.

CC. — Eaux tranquilles, mares, fossés.

2. L. minor L. *Sp.* — *Frondes petites à une seule fibre radicale, réunies ord. par 3-4, obovales arrondies presque planes des deux côtés, non spongieuses en dessous, vertes.* ①. Avril-juin.

CC. — Eaux stagnantes, mares, fossés.

3. L. gibba L. *Sp.* — *Frondes à une seule fibre radicale, réunies d'abord par 2-3, puis se séparant, obovales convexes en dessus, gonflées spongieuses en dessous, vertes rar. rougeâtres.* ①. Avril-juin.

A.R. — Mares, fossés. — Mautort près Abbeville (*T.C.*); Bovelles (*Rom.*); Abbeville (*B.* Herb.; *Baill.* Herb.); Longueau, Glisy, Camon (*P.* Fl.).

4. L. polyrrhiza L. *Sp.* — *Frondes à plusieurs fibres radicales, réunies par 3-4, suborbiculaires planes, vertes en dessus, rougeâtres en dessous, non spongieuses.* ①. Avril-juin.

A.R. — Eaux tranquilles. — Cambron; forêt de Crécy dans une mare; Amiens, Camon, Montières près Amiens (*E. Gonse*); Abbeville (*B.* Herb.; *Baill.* Herb.); Amiens au champ de courses et à la voirie (*Richer*); Rivery, Petit-Saint-Jean, Renancourt (*P.* Fl.).

Le *L. arrhiza* (L. *Sp.* — *Wolffia arrhiza*. Coss. et Germ. Fl.) a été indiqué dans le marais Saint-Gilles à Abbeville (*B.* Extr. Fl; *P.* Fl.) où nous ne l'avons pas retrouvé. Il se distingue principalement par ses frondes dépourvues de fibres radicales, très-petites, ord. solitaires par suite de la séparation de bonne heure des jeunes frondes de la fronde mère, subglobuleuses planes en dessus, très-renflées convexes et plus pâles en dessous.

CIV. AROIDÉES

Fleurs ord. monoïques, *disposées sur un axe charnu* (spadice) terminé en massue, *entouré d'une spathe* monophylle roulée en cornet, renflée à la base. Fleurs mâles réduites à des étamines, disposées en anneau au milieu du spadice.

Fleurs femelles réduites. à des ovaires agglomérés à la base du spadice. Fruits (baies) ovoïdes globuleux, uniloculaires, 1-4-spermes. — Pl. à suc caustique. Feuilles toutes radicales.

1. ARUM L. *Gen.* ex parte.

Caractères de la famille.

1. A. maculatum L. *Sp.* — (Vulg. *Pied de Veau*). — Souche tubériforme. Pl. acaule de 2-4 déc. Feuilles disparaissant avant la maturité, longuement pétiolées, hastées ou sagittées, larges, glabres, souv. tachées de noir. Spathe d'un jaune verdâtre. Spadice droit, ord. violet, à partie supérieure renflée environ une fois plus courte que la partie atténuée. Baies d'un beau rouge luisant. ♃. Fl. avril-mai. Fr. août-octobre.

CC. — Bois, haies, lieux ombragés.

Var. 6. *immaculatum* (Coss. et Germ. *Fl.*). — Feuilles non tachées.

CV. TYPHACÉES

Fleurs monoïques, nombreuses, en chatons compacts cylindriques ou globuleux, les supérieures mâles. *Périanthe nul.* Fruit sec indéhiscent, ord. uniloculaire, monosperme. — Pl. croissant dans les lieux marécageux, qqf. submergées, flottantes. Feuilles linéaires allongées, ensiformes, souv. engaînantes.

1 { Fleurs en chatons cylindriques. . . . . Typha (1).
  { Fleurs en chatons globuleux . . . . . . Sparganium (2).

1. TYPHA L. *Gen.*

Fleurs en chatons cylindriques, contigus, ou espacés superposés, sortant d'une spathe membraneuse caduque. Etamines réunies 2-4 ensemble par leurs filets. Style long, capillaire. Fruit très petit longuement pédicellé, à pédicelle capillaire, muni à la base de soies nombreuses, longues. — Tiges dressées cylindriques, pleines, sans nœuds. Feuilles toutes radicales, très engaînantes.

1 { Chatons mâles et chatons femelles contigus ou **très-rapprochés**. Feuilles linéaires, ord. assez larges, planes. . . . . 1. *T. latifolia.*
  { Chatons mâles et chatons femelles espacés. Feuilles linéaires, ord. étroites, convexes en dehors, un peu concaves en dedans . . . . 2. *T. angustifolia.*

1. T. latifolia L. *Sp.* — Tige de 1-2 mètres, robuste, raide. *Feuilles très longues, linéaires assez larges, planes,* glaucescentes. *Chatons mâles et chatons femelles contigus ou très rapprochés.* Chatons femelles ord. très long, d'un brun noirâtre. Stigmate ovale lancéolé. ♃. Juin-août.

CC. — Marais, étangs, fossés, anciennes tourbières.

Var. ß. *media* (Coss. et Germ. *Fl.* — *T. media* DC. *Syst. Fl. Gall.*). — Feuilles plus étroites. Chatons mâles et chatons femelles un peu distants. — *R.* — Mareuil ; Authuille ; bords du canal de Saint-Valery (*T.C.*); Noyelles-sur-Mer (*E. Gonse*); Abbeville (*B. Herb.*).

2. T. angustifolia L. *Sp.* — Pl. moins robuste que le *T. latifolia*. Tiges de 1-2 mètres, raides. *Feuilles très longues, linéaires ord. étroites, convexes en dehors, un peu concaves en dedans,* vertes. *Chatons mâles et chatons femelles espacés,* Chatons femelles ord. d'un brun roussâtre, ord. très-longs. Stigmate linéaire subulé. ♃. Juin-août.

A.R. — Marais, fossés, tourbières. — Mareuil ; Bray-lès-Mareuil ; Hamel près Thiépval ; Authuille ; Laviers (*T.C.*) ; Renancourt près Amiens (*Rom.*) ; Rivery (*Richer*) ; Fouencamps, Péronne, Glisy, Brie (*E. Gonse*) ; Mautort près Abbeville (*Baill.* Herb.) ; Long (*B. Extr Fl.*) ; Camon, Fortmanoir (*P. Fl.*).

2. SPARGANIUM L. *Gen.*

Fleurs en chatons globuleux, disposés en grappe terminale, simple ou rameuse, les inférieurs naissant à l'aisselle des feuilles. Étamines libres. Style court. Fruit assez gros, sessile, atténué en bec, dépourvu de soies, muni à la base d'écailles membraneuses. — Feuilles radicales et caulinaires ; les caulinaires alternes un peu engaînantes. Chatons mâles souv. détruits à la maturité. Fleurs verdâtres ou jaunâtres.

1. { Chatons diposés en grappe rameuse . . . . 1. *S. ramosum.*
    Chatons en grappe simple 2

2. { Feuilles planes. Pl. grêle ord. submergée flottante . . . . 3. *S. minimum.*
    Feuilles triquêtres à la base. Pl. assez robuste, très-rar. flottante. . . . . 2. *S. simplex.*

1. S. ramosum Huds. *Fl. Angl.* — *Pl. robuste.* Tige de 6-8 déc. dressée, un peu flexueuse, rameuse supérieurement. Feuilles linéaires très longues, coriaces, triquètres à la base, à faces latérales concaves. *Chatons sessiles, disposés en grappe rameuse* feuillée, à rameaux étalés, les femelles peu nombreux. Stigmate linéaire. Fruit ovoïde anguleux. ♃. Juin-août.

C. — Bords des eaux, fossés, anciennes tourbières.

2. S. simplex Huds *Fl. Angl.* — *Pl. assez robuste. Tige* de 3-6 déc., dressée, simple, qqf. *allongée flottante. Feuilles* linéaires allongées, *triquètres à la base*, à faces latérales planes. *Chatons* disposés *en grappe simple* les supérieurs sessiles, les inférieurs souv. pédonculés. Stigmate linéaire. Fruit oblong fusiforme. ♃. Juin-août.

A.C. — Marais, fossés, tourbières. — Abbeville; Mers; Suzanne; Guerbigny (*Guilbert*); Amiens, Ham (*Copineau*); Fossemanant, Rivery, Camon, Pont-de-Metz, Glisy, Hangest-sur-Somme (*E. Gonse*).

S.-v. *fluitans*. (*S. simplex* var. *fluitans* Gren. et Godr. *Fl.*). — Tiges et feuilles allongées flottantes. Styles et stigmates très-allongés. — Amiens dans la vieille Somme près de l'île Sainte-Aragone, Camon, Hangest-sur-Somme (*E. Gonse*).

3. S. minimum Fries *Summa.* — *Pl. grêle. ord. submergée flottante.* Tige de 2-8 déc., simple, molle. *Feuilles* linéaires, un peu obtuses, *planes*, membraneuses transparentes minces, flexibles, d'un vert pâle. *Chatons en grappe simple*, pauciflore, les femelles ord. 2-3, le supérieur mâle ord. solitaire. Stigmate court, oblong lancéolé. Fruit ovoïde. ♃. Juillet-août.

R. — Eaux tranquilles, tourbières. — Mareuil; faubourg Saint-Gilles à Abbeville; Caubert près Abbeville; Renancourt près Amiens (*Rom.*; *E. Gonse*); Villers-sur-Authie (*Poulain* Herb.); Pont-de-Metz, Glisy, Mesnil-Bruntel (*P. Fl.*).

CVI. JONCÉES

Fleurs hermaphrodites, régulières. *Périanthe scarieux*, persistant, à *6 divisions* libres *sur 2 rangs*. Etamines 6, rar. 3. Anthères à 2 loges. Style 1; stigmates 3, filiformes. Fruit capsulaire à 3 loges polyspermes, ou à une loge 3-sperme. — Tiges feuillées ou entourées de gaînes à la base. Feuilles engaînantes. Fleurs petites, en cymes, en corymbes, ou en glomérules, munies de bractées scarieuses.

1 { Feuilles glabres, plus ou moins cylindriques, ou nulles. Capsule à 3 loges polyspermes . . . . . . JUNCUS (1). Feuilles planes, ord. poilues. Capsule à une loge 3-sperme. . . . . LUZULA (2).

1. JUNCUS L. *Gen.* ex parte

Capsule à 3 loges polyspermes, s'ouvrant en 3 valves portant chacune une cloison à leur partie moyenne. — *Feuilles glabres, plus ou moins cylindriques*, qqf. un peu comprimées ou nulles.

1. { Tiges et feuilles piquantes au sommet . *1. J. maritimus.*
   Tiges et feuilles non piquantes. 2

2. { Tiges dépourvues de feuilles, munies de gaînes membraneuses . . . . , ... 3
   Tiges feuillées. . . : 5

3. { Tiges non fragiles, à moelle interrompue, munies à la base de gaines d'un brun noirâtre. Etamines 6 . . . . *4. J. glaucus.*
   Tiges fragiles à moelle continue, munies à la base de gaines roussâtres. Etamines 3 4

4. { Fleurs en cyme ord. lâche diffuse, à rameaux plus ou moins allongés étalés . . . . *2. J. effusus.*
   Fleurs agglomérées en cyme ord. très-compacte. . . . . *3. J. conglomeratus.*

5. { Fleurs ord. solitaires. 6
   Fleurs réunies par 3-12. 8

6. { Fleurs ord. solitaires en corymbe lâche, plus ou moins espacées le long des rameaux du corymbe. Pl. annuelle . . . . *11. J. bufonius.*
   Fleurs ord. nombreuses, solitaires, rapprochées en petites cymes lâches disposées en corymbe. Pl. vivaces . . . 7

7. { Capsule globuleuse obtuse, dépassant les divisions du périanthe. Tiges comprimées, fermes. . *9. J. bulbosus.*
   Capsule ovoïde oblongue, ne dépassant pas les divisions du périanthe. Tiges à peine comprimées, plus grêles et plus élancées. . . . . *10. J. Gerardi.*

8. { Divisions du périanthe toutes obtuses. Fleurs ord. d'un vert blanchâtre . . . . *6. J. obtusiflorus.*
   Divisions du périanthe aiguës, au moins les extérieures. Fleurs d'un brun rougeâtre ou noirâtre 9

9. { Etamines ord. 3. Capsule obtuse mucronulée, à angles obtus. . . . . *5. J. supinus.*
   Etamines 6. Capsule lancéolée, à angles aigus. 10

10. { Divisions du périanthe inégales, toutes très-aiguës. Capsule atténuée en un long bec . . . . . *7. J. acutiflorus.*
    Divisions du périanthe égales, les extérieures aiguës mucronulées, les intérieures obtuses. Capsule mucronée. . . . . *8. J. lampocarpus.*

* *Tiges non feuillées entourées de gaînes à la base.*

1. J. maritimus Lmk. *Encycl. méth.* — Souche à rhizomes horizontaux, donnant naissance à une série régulière de faisceaux de feuilles et de tiges. Tiges de 4-8 déc., pleines, dressées, cylindriques. *Feuilles* cylindriques *subulées piquantes*, à gaînes d'un brun rougeâtre. Fleurs d'un brun pâle, en cyme très rameuse, lâche, dressée, à feuille bractéale inférieure dépassant longuement les fleurs, et paraissant être la continuation de la tige. Divisions du périanthe lancéolées aigues. Capsule elliptique, mucronée, égalant environ le périanthe. ♃. Juillet-août.

A.C. — Lieux marécageux dans la région maritime. — Laviers; Port; Saint-Quentin-en-Tourmont; Fort-Mahon près Quend; Quend (*Baill.* Herb.); Cayeux-sur-Mer (*P. Fl.*); bords du canal de Saint-Valery (*B. Extr. Fl.*).

2. J. effusus L. *Sp.* emend. — Souche à rhizomes horizontaux traçants. *Tiges* de 5-8 déc., cylindriques, lisses à l'état frais, *fragiles, à moelle continue, munies à la base de gaînes roussâtres*, non luisantes. *Fleurs* petites, d'un vert blanchâtre, *en cyme* latérale, *ord. lâche, diffuse, à rameaux plus ou moins allongés étalés*. Divisions du périanthe lancéolées linéaires très aigues, dépassant la capsule. *Etamines 3.* Capsule obovoïde obtuse déprimée, présentant à son sommet une petite fossette d'où sort le style. Graines lisses. ♃. Juin-juillet.

CC. — Marais, lieux humides des bois.

3. J. conglomeratus L. *Sp.* — Souche à rhizomes horizontaux traçants. *Tiges* de 5-9 déc., cylindriques, finement striées, *fragiles, à moelle continue, munies à la base de gaînes roussâtres. Fleurs* ord. plus ou moins brunâtres, agglomérées *en cyme* latérale *ord. très compacte*. Divisions du périanthe très aigues. *Etamines 3.* Capsule obovoïde obtuse, terminée par un petit mamelon saillant, d'où sort le style. Graines lisses. ♃. Juin-juillet.

CC. — Fossés, bois humides, lieux marécageux.

4. J. glaucus Ehrh. *Beitr.* — (Vulg. *Jonc des Jardiniers*). — Souche à rhizome traçant, donnant naissance à un grand nombre de tiges rapprochées. *Tiges* de 5-8 déc., cylindriques, striées, glauques, *non fragiles, à moelle interrompue, munies à la base de gaînes d'un brun noirâtre* luisant. Fleurs brunâtres, en cyme latérale, rameuse, diffuse. Divisions du périanthe lancéolées linéaires, très aigues. *Etamines 6.* Capsule ovoïde, mucronée, noirâtre. Graines lisses. ♃. Juin-août.

C. — Lieux humides, bords des eaux, fossés desséchés. — Drucat; Laviers; la Bouvaque près Abbeville; Mers; Bernâtre; Gamaches; Quend; Lannoy près Rue; bords du canal de Saint-Valery (*T.C.*); Maisnières, Guerbigny (*Guilbert*); Le Mesge (*Rom.*); La Hautoie à Amiens (*E. Gonse*); Longueau, Pont-de-Metz (*P. Fl.*); Cambron (*B. Extr. Fl.*).

Le *J. squarrosus* (L. *Sp.*) a été trouvé près de nos limites dans le département du Pas-de-Calais à Sorus, à Monthuy et à Saint-Josse (*Poulain* Herb.; *Baill.* Herb.). Ses caractéres sont : souche cespiteuse compacte ; tiges de 3-4 déc., peu nombreuses, un peu anguleuses, raides, dressées; feuilles toutes radicales, raides, linéaires canaliculées engainantes; fleurs brunâtres en petites cymes réunies en un corymbe étroit rameux, ou en deux corymbes superposés; divisions du périanthe lancéolées, scarieuses; capsule ovoïde obtuse mucronée, égalant environ le périanthe; graines striées longitudinalement, à stries ondulées.

** *Tiges feuillées.*

5. J. supinus Mœnch. *Enum.* — Pl. variable. Souche cespiteuse stolonifère. Tiges de 1-2 déc., renflées à la base, grêles, dressées ou couchées radicantes, qqf. longuement flottantes. Feuilles presque sétacées, faiblement canaliculées d'un côté, convexes de l'autre, un peu noueuses. *Fleurs d'un brun rougeâtre pâle*, souv. vivipares, *en petits glomérules 3-8-flores*, formant une cyme irrégulière peu rameuse. *Divisions du périanthe égales lancéolées, les extérieures aigues*, les intérieures qqf. obtuses. *Etamines ord. 3. Capsule oblongue obtuse*, subtrigone, *mucronulée, à angles aigus*, égalant environ le périanthe. Graines striées longitudinalement. ♃. Juin-août.

R.R. — Lieux humides, bords des étangs et des mares. — Villers-sur-Authie; Canterenne et Larronville près Rue; Cayeux-sur-Mer (*P. Fl.*). — Il a aussi été récolté à Sorus et à Saint-Josse [Pas-de-Calais] (Dovergne *Herb.*).

S.-v. *fluitans.* (*J. fluitans* DC. *Fl.Fr.*). — Tiges très-longues flottantes. Glomérules ord. 3 flores. — Eaux stagnantes. — Villers-sur-Authie.

S.-v. *repens.* (*J. uliginosus* Roth *Tent. Fl. Germ.*). — Tiges couchées radicantes. — Dans les terrains d'où l'eau s'est retirée. — Villers-sur-Authie.

6. J. obtusiflorus Ehrh. *Beitr.* — Souche longuement traçante. Tiges de 4-8 déc., dressées. Feuilles cylindriques fistuleuses noueuses, les radicales remplacées par des gaines jaunâtres. *Fleurs ord. d'un vert blanchâtre, en glomérules 4-12-flores*, nombreux, disposés en cymes irrégulières serrées, à rameaux divariqués réfléchis, et formant un corymbe irrégulier. *Divisions du périanthe égales, conniventes, obtuses.* Étamines 6. Capsule petite ovoïde aigue, trigone égalant environ le périanthe. Graines striées longitudinalement et transversalement. ♃. Juin-août.

CC. — Lieux humides, marais tourbeux, fossés.

7. J. acutiflorus Ehrh. *Beitr.* — *J. sylvaticus* Reich. *Mœno-Francof.* — Souche longuement traçante. Tiges de 4-8 déc., dressées. Feuilles cylindriques, un peu comprimées, noueuses. *Fleurs d'un brun un peu rougeâtre*, en glomérules 2-10-flores, nombreux, disposés en cymes serrées, à rameaux plus ou moins étalés et formant dans leur ensemble un corymbe irrégulier. *Divisions du périanthe* lancéolées, acuminées *très aiguës, inégales*, les intérieures plus longues, ord. à pointe recourbée. *Étamines 6. Capsule ovoïde lancéolée*, trigone, *à angles aigus, atténuée en un long bec* dépassant le périanthe. Graines striées longitudinalement. ♃. Juin-août.

C. — Lieux humides, marais tourbeux, fossés.

8. J. lampocarpus Ehrh. *Calam*. — Souche subcespiteuse, à rhizomes courts. Tiges de 1-6 déc., couchées, puis ascendantes, qqf. flottantes. Feuilles cylindriques comprimées, fistuleuses, très noueuses. *Fleurs d'un brun noirâtre, en glomérules 4-8-flores*, disposés en cymes plus ou moins étalées, formant un corymbe irrégulier. *Divisions du périanthe* lancéolées, *égales*, dressées, *les extérieures aiguës*, mucronulées, *les intérieures obtuses. Étamines 6. Capsule ovoïde oblongue* trigone, *à angles aigus, mucronée*, d'un noir luisant, dépassant peu le périanthe. Graines striées longitudinalement. ♃. Juin-août.

C. — Lieux humides, bords des eaux, marais.

S.-v. *viviparus*. — Fleurs vivipares.

9. J. bulbosus L. *Fl. Suec*. — *J. compressus* Jacq. *Enum. Vindob*. — Souche à rhizome horizontal traçant. *Tiges* de 2-3 déc., *fermes*, dressées, *comprimées*, peu feuillées, qqf. renflées à la base. Feuilles linéaires étroites canaliculées, les radicales plus courtes que la tige. *Fleurs* d'un brun verdâtre, *ord. nombreuses, solitaires, subsessiles, en petites cymes disposées en corymbe terminal* ord. assez serré, à feuille bractéale inférieure aussi longue ou plus longue que le corymbe. Divisions du périanthe ovales oblongues obtuses, un peu scarieuses aux bords, les intérieures plus larges. Style plus court que l'ovaire. *Capsule globuleuse obtuse, dépassant les divisions du périanthe*. Graines striées longitudinalement et finement rugueuses transversalement. ♃. Juin-août.

A.C. — Près humides, marais, bords des eaux. — Drucat; Menchecourt près Abbeville; Long; Dompierre; Aveluy; Ailly-sur-Somme (*Rom.*); La Hotoie à Amiens, Glisy (*E. Gonse*); Gouy (*Baill*. Herb); Camon, Renancourt, Longré (*P*. Fl.).

10. J. Gerardi Lois *Not*. et *Fl. Gall*. ed. 2. — Cette espèce, très voisine du *J. bulbosus* L., en diffère par les caractères suivants : *pl. plus grêle et plus élancée ; tiges à peine comprimées ;* feuille bractéale inférieure souv. plus longue que le corymbe ; corymbe lâche grêle ; style aussi long que l'ovaire; *capsule ovoïde oblongue*, subtrigone, *ne dépassant pas les divisions du périanthe*. ♃. Juin-août.

A.C. — Prés salés, marais dans la région maritime. — Laviers; Menchecourt près Abbeville; Saint-Quentin-en-Tourmont; Le Hourdel; Noyelles-sur-Mer (*E. Gonse*).

11. J. bufonius L. *Sp.* — Racine fibreuse. Tiges de 5-30 cent., grêles, rameuses au sommet, à rameaux souv. étalés, presque dichotomes. Feuilles linéaires sétacées canaliculées à la base. *Fleurs* d'un vert blanchâtre, *en corymbe lâche* grêle, *solitaires ou géminées*, sessiles ou subsessiles, unilatérales, *plus ou moins espacées le long des rameaux du corymbe*, rar. réunies en glomérules 2-3-flores. Divisions du périanthe longuement acuminées subulées, inégales, scarieuses blanchâtres. Capsule d'un brun rougeâtre luisant, ovoïde oblongue obtuse, longuement dépassée par le périanthe. ☉. Juin-août.

CC. — Marais, champs humides, allées et clairières des bois.

Var ε. *fasciculatus* (Koch *Syn*; Gren. et Godr. *Fl.* — *J. hybridus* Brot. *Fl. Lus.*).— Tiges courtes, robustes. Fleurs réunies en petits glomérules 2-3-flores. — *R.R.* — Saint-Quentin-en-Tourmont; Le Hourdel (*TC.*); Longpré près Amiens (*E. Gonse*).

2. LUZULA DC. *Fl. Fr.*

Capsule à une loge 3-sperme, à 3 valves ne portant pas de cloison. — Souche cespiteuse ou traçante. *Feuilles planes, plus ou moins poilues*, nombreuses, la plupart radicales.

1. { Fleurs solitaires, en cymes corymbiformes 2
   { Fleurs en glomérules ou en épis disposés en corymbe. . 3

2. { Feuilles linéaires lancéolées. Cyme à rameaux étalés ou
   {   réfractés à la maturité . . . . *1. L. vernalis.*
   { Feuilles linéaires étroites. Cyme à rameaux dressés à la
   {   maturité . . . . *2. L. Forsteri.*

3. { Fleurs en glomérules pauciflores, disposés en corymbe
   {   terminal à rameaux très-inégaux. . . . *3. L. maxima.*
   { Fleurs en épis ovoïdes multiflores sessiles et pédonculés,
   {   disposés en corymbe simple ou en tête compacte . . . 4

4. { Souche stolonifère. Tiges de 1-2 déc. Epis sessiles et pé-
   {   donculés, à pédoncules penchés. Anthères beaucoup
   {   plus longues que leurs filets . . . . . *4. L. campestris.*
   { Souche non stolonifère. Tiges de 3-6 déc. Epis sessiles
   {   et pédonculés, à pédoncules dressés. Anthères de la lon-
   {   gueur de leurs filets. . . . . *5. L. multiflora.*

* *Fleurs solitaires.*

1. L. vernalis DC. *Fl. Fr.* — *L. pilosa* Willd. *Enum.*

— Tiges de 2-4 déc., grêles. *Feuilles linéaires lancéolées aigues. Fleurs* brunâtres *en cyme corymbiforme, à rameaux très-inégaux étalés ou réfractés à la maturité.* Graines ovoïdes subglobuleuses, terminées par un appendice courbé en faux. ♃. Avril-mai.

CC. — Bois, lieux ombragés.

2. L. Forsteri DC. *Syn. Fl. Gall.* — Tiges de 2-4 déc., grêles. *Feuilles linéaires étroites* acuminées. *Fleurs* brunâtres, *en cyme corymbiforme, à rameaux* très inégaux *dressés même à la maturité.* Graines ovoïdes subglobuleuses, terminées par un appendice droit. ♃. Mai-juin.

A.R. — Taillis des bois montueux. — Wailly; Frucourt; Citernes; bois près Poix; Ferrières, Bovelles (*Rom.*); Ailly-sur-Noye, Dury, Frestmontiers, Ailly-sur-Somme, Le Cordonnois, Bacouel, Taisnil, Villers-Tournelles (*E. Gonse*); Namps (*Demailly*); Cantigny, Grivesnes, Esclainvillers, Fontaine-sous-Montdidier (*Guilbert*); Notre-Dâme-de-Grâce, Cagny, Allonville (*P. Fl.*).

** *Fleurs en glomérules ou en épis.*

3. L. maxima DC. *Fl. Fr.* — *L. sylvatica* Gaud. *Agrost.*; Rchb. *Ic.* — Souche à rhizome presque ligneux, oblique, traçant. Tiges de 4-8 déc., un peu grêles. Feuilles ord. nombreuses lancéolées linéaires larges, souv. longues, très poilues sur les bords. *Fleurs* brunes, *en glomérules 2-5-flores*, ord. assez nombreux, *formant par leur ensemble un corymbe terminal lâche, à rameaux très inégaux*, divergents divariqués. Graines ovoïdes trigones ♃. Mai-juin.

R.R. — Bois montueux. — Assez répandu dans les bois de la vallée de la Bresle; bois de Size près Ault; Saint-Quentin-La-Motte-Croix-au-Bailly; Bouvaincourt; Oust-Marest. — Se trouve aussi dans la forêt d'Eu [Seine-Inférieure].

4. L. campestris DC. *Fl. Fr.* — *Souche stolonifère. Tiges de 1-2 déc.*, grêles. Feuilles linéaires, d'abord poilues, puis glabres. *Fleurs* brunes, *en corymbe formé de 3-6 épis courts ovoïdes, multiflores, sessiles ou inégalement pédonculés, à pédoncules plus ou moins penchés. Étamines à anthères beaucoup plus longues que leurs filets.* Graines oblongues, munies à la base d'un appendice conique. ♃. Avril-juin.

CC. — Pelouses, côteaux arides, pâturages, clairières des bois,

5. L. multiflora Lej. *Fl. Spa;* Gren et Godr. *Fl.* — *L. campestris* var. *multiflora*, Coss. et Ger. *Fl.* — *Souche non stolonifère.* Tiges de 3-6 déc. Feuilles linéaires d'abord poilues, puis glabres. *Fleurs brunes, en corymbe formé de 4-8 épis multiflores, ovoïdes, sessiles ou inégalement pédonculés, à pédoncules dressés*, qqf. tous agglomérés. *Etamines à anthères de la longueur de leurs filets.* Graines oblongues, munies à la base d'un appendice conique. ♃. Mai-juin.

A.C.—Clairières ou allées des bois, pelouses ombragées.—Drucat; Ligescourt; Yvrench; Behen; Huchenneville; Wiry-au-Mont; Bailleul; bois de Size près Ault (*T.C.*); Bovelles, Saisseval (*Rom.*); Boves (*Copineau*); Villers-Bretonneux (*Richer*); bois du Gard près Picquigny, Fourdrinoy, Bacouel, Prouzel, Ailly-sur-Noye, Wailly, Famechon (*E. Gonse*).

S.-v. *congesta*. (*L. multiflora* var. *congesta* Gren. et Godr. *Fl.*). — Epis presque tous sessiles, agglomérés en tête compacte — A.R. — Val-de-Maison près Talmas (*Rom.*); Gouy (*Baill.* Herb.).

S.-v. *pallescens*. (*L. multiflora* var. *pallescens* Gren. et Godr. *Fl.*). — Divisions du périanthe très-largement scarieuses blanchâtres. — A.R. — Forêt de Lucheux; Dury, Villers-Bretonneux, Sainte-Segrée (*E. Gonse*).

CVII. CYPÉRACÉES

Fleurs hermaphrodites, ou unisexuelles, *naissant chacune à l'aisselle d'une bractée scarieuse* (écaille) *tenant lieu de périanthe*, disposées en épis multiflores ou pauciflores, simples ou composés de plusieurs épillets. Etamines 3, rar. 2. Stigmates 2-3. Fruit sec (Achaine), trigone subglobuleux ou comprimé, uniloculaire monosperme, indéhiscent, nu, ou entouré de soies à la base, ou renfermé dans une enveloppe membraneuse ouverte au sommet (utricule) pour le passage des stigmates. — Pl. ayant le port des Graminées. *Tiges sans nœuds* renflés. *Feuilles tristiques*, linéaires, ord. engaînantes, *à gaine non fendue*, qqf. nulles, ou remplacées par une pointe foliacée, qui termine la gaîne.

1	Fleurs unisexuelles monoïques. Achaine renfermé dans un utricule . . . . CAREX (7).	
	Fleurs hermaphrodites. Achaine non renfermée dans un utricule	2
2	Achaine entouré à la base de longues soies blanches en houppe soyeuse . . . . ERIOPHORUM (6).	
	Achaine entouré de soies plus courtes que les écailles, ou dépourvu de soies.	3
3	Ecailles imbriquées sur 2 rangs.	4
	Ecailles imbriquées irrégulièrement sur plusieurs rangs.	5

CYPÉRACÉES.

4 { Epis multiflores comprimés, disposés en fascicules formant un corymbe plus ou moins compacte. CYPERUS (1).
Epi ovoïde compacte composé d'épillets pauciflores. . . . . SCHOENUS (2).

5 { Achaine couronné par la base renflée et persistante du style. . . . . ELEOCHARIS (4).
Achaine mucroné par la base non renflée du style, ou non mucroné. 6

6 { Feuilles denticulées coupantes. Ecailles inférieures plus petites que les supérieures. . . . . CLADIUM (3).
Feuilles nulles ou non denticulées coupantes. Ecailles inférieures plus grandes que les supérieures. SCIRPUS (5).

1. CYPERUS L. *Gen.*

Fleurs hermaphrodites. Epis multiflores comprimés. *Ecailles uniflores imbriquées sur 2 rangs*, opposés, carénées, les 1-2 inférieures qqf. stériles. Stigmates 2-3. *Achaine dépourvu de soies.* — Pl. à racines fibreuses. Feuilles presque toutes radicales, égalant environ la tige. Bractées foliacées dépassant longuement les épis. *Epis en fascicules* inégalement pédonculés ou subsessiles, *disposés en corymbe plus ou moins compacte.*

1 { Epis jaunâtres, à écailles imbriquées serrées. Stigmates 2. . . . . 1. *C. flavescens.*
Epis noirâtres, à écailles un peu écartées à la maturité. Stigmates 3 . . . . 2. *C. fuscus.*

1. C. flavescens L. *Sp.* — Tiges de 5-15 cent., triquètres. Feuilles linéaires étroites, carénées. *Epis jaunâtres*, oblongs lancéolés. *Ecailles imbriquées serrées*, ovales, jaunâtres, à carène verte. *Stigmate 2.* Achaine d'un brun noirâtre, obovoïde suborbiculaire comprimé. ①. Juillet-août.

R.R. — Prés humides, marais tourbeux. — Mareuil (*P. de Vicq*); Fouencamps (*Richer*; *E. Gonse*); Mautort près Abbeville (*T.C.*); Epagne, Gouy (*Baill.* Herb.; *B.* Herb); Cambron (*B. Extr. Fl.*).

2. C. fuscus L. *Sp.* — Tiges de 1-3 déc., triquètres. Feuilles planes linéaires acuminées, à peine carénées. *Epis noirâtres*, linéaires lancéolés. *Ecailles ovales oblongues, un peu écartées à la maturité*, d'un noir brunâtre, à carène verte. *Stigmates 3.* Achaine atténué aux deux extrémités, triquètre, blanchâtre. ①. Juillet-septembre.

R. — Marais, bords des eaux. — Mareuil (*P. de Vicq*); Fouencamps (*E. Gonse*); champ de courses à Amiens, et entre Pont-de-Metz et Renancourt (*Richer*; *Copineau*); Saint-Quentin-en-Tourmont (*De Marsy*); marais Saint-Gilles et des Planches à Abbeville (*B.* Herb.); Epagne, Cahon (*Poulain* Herb.); Saigneville (*B. Not. manuscr.*); Saint-Maurice, Longpré, Fortmanoir (*P. Fl.*).

Var. ε. *virescens* (Vahl. *Enum.* — *C. virescens* Hoffm *Deuschl Fl.*). — Ecailles à large nervure verte, scarieuses aux bords. — Cambron (*T.C.*); Fouencamps (*E. Gonse*).

2. SCHOENUS L. *Gen.* ex parte

Fleurs hermaphrodites. *Epi ovoïde compacte terminal, composé d'épillets pauciflores*, entouré de 2 bractées. *Ecailles imbriquées sur 2 rangs*, les inférieures plus petites, stériles. Stigmates 3. *Achaine* trigone, dépourvu de soies ou *entouré à la base de soies courtes*. — Tiges munies à la base de gaînes d'un brun noirâtre luisant.

1. S. nigricans L. *Sp.* — Souche cespiteuse compacte. Tiges de 2-5 déc., subcylindriques, lisses, croissant en touffe. Feuilles toutes radicales, raides, étroites subulées, lisses. Bractées d'un brun noirâtre, engaînantes, l'inférieure terminée par une pointe raide dépassant l'épi. Epi noirâtre. Ecailles lancéolées aigues. Achaine obovoïde subtrigone, petit, blanc, luisant. ♃. Juin-juillet.

A.C. — Prés humides sablonneux ou tourbeux. — Bray-lès-Mareuil; Saint-Quentin-en-Tourmont; Quend; Villers-sur-Authie; Gouy (*Baill.* Herb.); Glisy, Fortmanoir, Saigneville, Cambron (*P.* Fl.).

3. CLADIUM P. Brown. *Jam.*

Fleurs hermaphrodites en épis pauciflores, disposés en corymbes axillaires et terminaux. *Ecailles imbriquées en tous sens, les inférieures stériles, plus petites que les supérieures.* Stigmates 2-3. *Achaine* ovoïde subglobuleux, *mucroné par la base non renflé du style*, brun, à enveloppe crustacée fragile. — Tiges feuillées dans toute leur longueur.

1. C. Mariscus R. Br. Prodr. Nov. Holl. — *Schœnus Mariscus* L. *Sp.* — Souche à rhizomes traçants. Tiges de 1 mètre et plus, robustes subcylindriques. *Feuilles* et bractées raides, carénées linéaires acuminées, *denticulées coupantes sur les bords et la carène*. Epis 2-flores, roussâtres, nombreux très-petits, ovoïdes oblongs, en glomérules, disposés en corymbes nombreux, les uns sessiles, les autres pédonculés, axillaires et terminaux. Achaine lisse d'un brun luisant. ♃. Juillet-août.

A.R. — Marais, fossés, tourbières. — Saint-Quentin-en-Tourmont; Rue; Monchaux près Quend; Villers-sur-Authie; Mareuil; bords du canal de Saint-Valery (*T.C.*); Gouy (*Baill.* Herb.); vallée de Pavry près Fouencamps, entre Péronne et Mesnil-Bruntel (*F. Debray*); Fortmanoir (*P.* Fl.); Mautort près Abbeville (*B. Extr.* Fl.).

Le *Rhynchospora alba* (Vahl *Enum.* — *Schœnus albus* L. *Sp.*), indiqué dans les marais près d'Abbeville (*B. Extr. Fl.*), n'y a pas été récemment observé. Nous l'avons recueilli, à proximité de nos limites, à Sorus près Montreuil [Pas-de-Calais]. — Le genre *Rhyncospora* Vahl, se reconnoit à ses fleurs hermaphrodites, ses écailles imbriquées en tous sens, les inférieures ord. plus petites que les supérieures seules fertiles, ses 2 stigmates, ses achaines couronnés par la base du style renflé persistant, entourés inférieurement de soies denticulées. — Le *R. alba* Vahl. se distingue par les caractères suivants : souche cespiteuse ; tiges de 1-4 déc., trigones grêles ; feuilles linéaires carénées ; épis blanchâtres en 2-3 glomérules, disposés en un petit corymbe égalant les bractées ; achaines entourés de 10-13 soies à denticules dirigés en bas. — Le *R. fusca* (Rœm, et Schult *Syst.* — *Schœnus fuscus* L. *Sp.*), a aussi été trouvé près de Montreuil à Saint-Josse [Pas-de-Calais] (*Baill.* Herb. ; *Poulain* Herb.). Il diffère du précédent par sa souche traçante, ses épis brunâtres dépassés longuement par les bractées, ses achaines entourés à la base de 5-6 soies à denticules dirigées en haut.

4. ELEOCHARIS R. Br. *Prodr. Nov. Holl.*

Fleurs hermaphrodites. *Epi solitaire* terminal, ord. multiflore, *à écailles imbriquées en tous sens*, les inférieures 1-2 stériles, plus grandes que les supérieures. Stigmates 2-3. *Achaine couronné par la base renflée et persistante du style, muni inférieurement de 4-6 soies* denticulées. — Tiges dépourvues de feuilles, entourées à la base de gaines membraneuses sans limbe.

1. Tiges anguleuse capillaires. Stigmates 3 . . 3. *E. acicularis*.
   Tiges cylindriques un peu comprimées, non capillaires. Stigmates 2 2

2. Ecaille inférieure n'embrassant que la moitié de la base de l'épi . . . . 1. *E. palustris*.
   Ecaille inférieure embrassant presque toute la base de l'épi . . . . 2. *E. uniglumis*.

1. E. palustris R. Br. loc. cit. — *Scirpus palustris* L. *Sp.* — Souche à rhizomes longuement traçants. *Tiges* de 1-6 déc., *cylindriques un peu comprimées*, épaisses spongieuses. Epi solitaire terminal multiflore, oblong, brun, à écailles un peu aigues, scarieuses aux bords, *l'écaille inférieure* plus courte, arrondie au sommet, *n'embrassant que la moitié de la base de l'épi*. Stigmates 2. Achaines jaunâtres, obovoïdes comprimés, à bords obtus. ♃ Juin-août.

CC. — Marais, fossés, bords des eaux.

Var. δ. *minor* (Coss. et Germ. *Fl.* — *E. palustris* var. *reptans* P. *Fl.*). — Tiges courtes arquées. Ecailles plus colorées, ord. plus aigues. — Endroits desséchés dans les marais. — Saint-Quentin-en-Tourmont; Le Crotoy; Le Hourdel (*T.C.*); Ailly-sur-Somme (*Rom.*); Quend (*Baill.* Herb.); Hantecourt près Vismes-au-Val (*Guilbert*).

2. E. uniglumis Rchb. *Fl. excurs.* — *Scirpus uniglumis* Link *Jahrb.* — Espèce très voisine de la précédente, se distinguant par son rhizome moins long, ses tiges plus grêles, son épi ord. d'un brun plus foncé, et surtout par *l'écaille inférieure de l'épi embrassant presque toute sa base*. ♃. Juin-juillet.

R. — Marais tourbeux, près humides. — Drucat; Villers-sur-Authie; Quend (*Cagé*).

3. E. acicularis R. Br. *Prodr.* Nov. *Holl.* — *Scirpus acicularis* L. *Sp.* — *Schœnus acicularis* P. *Fl.* — Souche cespiteuse, à longs rhizomes filiformes traçants. *Tiges* de 5-10 cent., très-rar. 3-4 déc., *capillaires*, sillonnées, *anguleuses*, formant des touffes épaisses. Epi très petit grêle, ovoïde aigu, à écailles ovales brunâtres, un peu scarieuses sur les bords, les inférieures plus grandes. *Stigmates 3*. Achaine blanchâtre obovoïde oblong, non comprimé, marqué de côtes longitudinales. ♃. Juin-août.

R. — Marais tourbeux, bords des eaux, — Larronville près Rue; Cambron, Saint-Quentin-en-Tourmont, Epagnette près Abbeville (*T.C.*); Longueau (*E. Gonse*); Villers-sur-Authie (*B.* Herb.); Saint-Maurice, Renancourt, Rivery, Camon (*P. Fl.*); marais de Caubert près Abbeville (*B.* Not. manuscr.).

Var. 6. *fluitans* (*Eleocharis fluitans* Doll. in Kirchl *Fl.*). — Tiges allongées qqf. de 3-4 déc. souv. flottantes. Epi plus allongé, stérile. — RR. — Lieux vaseux submergés. — Longueau (*E. Gonse*).

5. SCIRPUS L. *Gen.* ex parte

Fleurs hermaphrodites. *Ecailles imbriquées en tous sens, les inférieures 1-2 stériles, plus grandes que les supérieures*. Stigmates 2-3. *Achaine mucroné par la base non renflée du style*, ou non mucroné, *ord. muni de soies à la base*. — Tiges simples, très rar. rameuses. Feuilles nulles, ou non denticulées coupantes.

1. { Epis terminaux 2
   { Epis paraissant latéraux par suite d'une bractée continuant la direction de la tige 6

2. { Epis terminaux solitaires 3
   { Epis terminaux disposés en glomérules ou en corymbes. 5

3. { Epi comprimé composé d'épillets rapprochés sur 2 rangs.
   { . . . . 3. *S. compressus*.
   { Epi simple, non composé d'épillets 4

4 { Souche cespiteuse. Tiges ord. flottantes, rameuses. Stigmates 2. . . . . 2. *S. fluitans.*
Souche à rhizomes filiformes. Tiges non flottantes, simples. Stigmates 3 . . . . 1. *S. pauciflorus.*

5 { Epis gros, en glomérules sessiles ou inégalement pédonculés. Ecailles inférieures à 3 pointes au sommet. . . 4. *S. maritimus.*
Epis petits, fasciculés, portés sur des pédoncules rameux, formant un large corymbe décomposé. Ecailles inférieures obtuses mucronées. . . . . . . 5. *S. sylvaticus.*

6 { Pl. de 5-12 cent. Ecailles entières au sommet, non frangées ciliées. 7
Pl. de 2-20 déc. Ecailles échancrées au sommet, frangées ciliées 8

7 { Epis dépassés par la bractée. Achaine strié en long. . . 6. *S. setaceus*
Epis dépassant la bractée. Achaine très-finement ponctué. . . . . 7. *S. Savii.*

8 { Tiges triquètres à angles aigus lisses . . . 10. *S. Rothii.*
Tiges cylindriques 9

9 { Epis presque tous pédonculés, à pédoncules inégaux partant d'un même point. Ecailles lisses. 8. *S. lacustris.*
Epis presque tous sessiles ou subsessiles agglomérés. Ecailles ponctuées rudes . . . . 9. *S. Tabernæmontani.*

* *Epis terminaux solitaires.*

1. S. pauciflorus Lighif. *Fl. Scot.* — *S. Bœotryon* Ehrh. *Phyt.* — *Souche* cespiteuse à *rhizomes filiformes* traçants. *Tiges* de 5-15 cent., *simples*, très grêles, cylindriques, nues, à gaine tronquée. Epi ovoïde, pauciflore. Ecailles brunes, oblongues obtuses, les inférieures embrassant l'épi. *Stigmates 3.* Achaine jaunâtre, trigone, mucroné, très finement strié. Soies dépassant ord. l'achaine. ♃. Juin-août.

A.R. — Marais tourbeux, prés sablonneux humides. — Marais des dunes de Saint-Quentin-en-Tourmont ; Monchaux près Quend ; Bray-lès-Mareuil ; Epagnette près Abbeville ; Quend (*Cagé*) ; Fort-Mahon (*Poulain,* Herb.).

Le *S. cæspitosus* L. *Sp.* a été rencontré dans une localité peu éloignée de notre Flore à Sorus [Pas-de-Calais] (*Baill.* Herb.). Il se reconnoit à sa souche cespiteuse compacte, ses gaines terminées par une pointe foliacée, ses écailles rousses, l'inférieure embrassant l'épi et presqu'aussi longue que lui, mucronée par le prolongement de la nervure, et à ses soies dépassant longuement l'achaine.

2. S. fluitans L. *Sp.* — *Schœnus fluitans* P. *Fl.* — *Souche cespiteuse. Tiges* de 1-3 déc., ord. *flottantes,* ou couchées radicantes, *rameuses,* feuillées, grêles. Feuilles linéaires étroites. Epis ovoïdes pauciflores, solitaires au sommet des rameaux. Ecailles verdâtres obtuses, les inférieures embrassant l'épi. Stigmates 2. Achaine blanchâtre obovoïde trigone mucroné. Soies nulles. ♃.-Juin-août.

RR. — Mares et fossés dans les terrains tourbeux. — Larronville et Canterenne près Rue; Villers-sur-Authie (*Poulain* Herb. ; *B.* Herb.); Quend (*P.* Fl.).

3. S. compressus Pers. *Syn.* — *Schœnus compressus* L. *Sp.* — *Blysmus compressus* Panz. in Link. — Port d'un *Carex*. Souche à rhizomes traçants. Tiges de 1-2 déc., triquètres au sommet, feuillées inférieurement. Feuilles raides, linéaires planes un peu carénées. *Epi roussâtre, comprimé, composé d'épillets* ord. nombreux, 6-8-flores, *rapprochés, disposés sur 2 rangs*, muni à la base d'une bractée plus ou moins longue. Ecailles brunâtres scarieuses aux bords, oblongues lancéolées. Stigmates 2. Achaine brunâtre, ovoïde. Soies munies de petits aiguillons réfléchis, plus longues que l'achaine. ♃. Juin-août.

A.R. — Prés tourbeux, marais. — Sailly-Bray près Noyelles-sur-Mer ; Vercourt ; Saint-Quentin-en-Tourmont ; Saint-Firmin; Quend (*Cagé*); Abbeville (*Poulain* Herb) ; marais de Sur-Somme près Abbeville (*B.* Not. manuscr.).

** *Epis terminaux disposés en glomérules ou en corymbes.*

4. S. maritimus L. *Sp.* — Souche à rhizomes longuement traçants, renflés çà et là en tubercules arrondis. Tiges de 4-9 déc., triquètres, feuillées. Feuilles longues linéaires planes, carénées, rudes aux bords. Bractées 2-4, foliacées, inégales, dépassant les épis. *Epis gros*, ovoïdes ou oblongs, *en glomérules sessiles ou inégalement pédonculés. Ecailles* brunâtres, mucronées, les *inférieures à 3 pointes aigues*, celle du milieu plus longue subulée. Stigmates 3. Achaine d'un brun noir, trigone. Soies inégales courtes ou nulles. ♃. Juin-septembre.

C. — Marais, bords des rivières, fossés des prés salés. — Laviers ; Saint-Firmin; Saint-Quentin-en-Tourmont ; Le Hourdel; Ault ; Mers ; bords du canal à Amiens (*E. Gonse*) ; Renancourt, Glisy, Saigneville, Cayeux-sur-Mer (*P.* Fl.) ; Boismont (*B.* Extr. Fl.).

5. S. sylvaticus L. *Sp.* — Souche traçante. Tiges de 4-9 déc., triquètres, feuillées. Feuilles planes larges, allongées, rudes sur les bords. Bractées larges, foliacées, inégales, dépassant ou égalant les épis. *Epis très petits* courts, ovoïdes, nombreux, *fasciculés, portés sur des pédoncules rameux, formant un large corymbe décomposé. Ecailles* d'un vert noirâtre, *obtuses*, *mucronées*. Achaine très petit, jaunâtre, obovoïde trigone. Soies dépassant l'achaine. ♃. Juin-août.

C. — Marais, fossés, bords des eaux.

*** *Epis paraissant latéraux par suite d'une bractée continuant la direction de la tige.*

6. S. setaceus L. *Sp.* — *Schœnus setaceus* P. *Fl.* — Racine fibreuse. *Tiges de 5-12 cent.*, cylindriques grêles filiformes, striées, fasciculées en petites touffes, munies à la base de gaines prolongées en une pointe foliacée, canaliculée, étroite. *Epis* 1-3 petits, ovoïdes, sessiles, disposés au sommet de la tige, *dépassés par une bractée sétacée*. Ecailles verdâtres ou brunâtres, *obtuses, mucronées*, nervées. Stigmates 3. *Achaine* luisant brunâtre, obovoïde, *strié en long*. Soies nulles. ⊙ ou ♃. Juillet-août.

R. — Marais, bords des fossés, lieux humides ; Larronville près Rue ; Villers-sur-Authie (*Cagé*) ; Mareuil (*P. de Vicq*) ; Glisy (*E. Gonse*) ; Cambron (*Baill.* Herb.) ; Laviers, Cayeux-sur-Mer (*P. Fl.*) ; Saint-Valery (*B.* Not. manuscr.).

7. S. Savii Seb. et Maur. *Fl. Rom.* — *Isolepis Saviana* Schult. *Mant.* — Racine fibreuse. *Tiges de 5-8 cent.*, cylindriques, grêles filiformes, munies à la base d'une gaîne prolongée en une pointe foliacée, ord. très courte. *Epis* 1, plus rar. 2, petits, ovoïdes, *dépassant ord. la bractée. Ecailles ovales obtuses*, brunes bordées de blanc, à nervure verte. Stigmates 3. *Achaine* petit, blanchâtre, subglobuleux trigone, *très finement ponctué*. Soies nulles. ② ou ♃ (1). Juin-août.

RR. — Marais dans la région maritime. — Saint-Quentin-en-Tourmont ; marais du Petit-Laviers près Cambron.

8. S. lacustris L. *Sp.* — Souche épaisse longuement traçante. *Tiges de 1-2 mètres, cylindriques*, spongieuses, effilées dressées, munies à la base de gaines, dont la supérieure se prolonge en pointe foliacée. *Epis* ovoïdes oblongs, roussâtres, en glomérules *presque tous pédonculés, à pédoncules inégaux partant du même point*, munis à la base de 1-2 bractées foliacées, celle qui continue la direction de la tige égalant ou dépassant les épis. *Ecailles* brunes, suborbiculaires, *lisses, frangées ciliées, échancrées*, mucronées. Stigmates ord. 3. Achaine jaunâtre, lisse, trigone. Soies égalant l'achaine. ♃. Juin-juillet.

(1) Contrairement à l'opinion des auteurs, cette espèce que nous avons cultivée pendant plusieurs années ne nous paraît pas devoir être considérée comme annuelle.

C. — Bords des eaux, tourbières, étangs, rivières.

9. S. Tabernæmontani Gmel. *Fl. Bad.* — *S. glaucus* Sm. *Engl. Bot.* — Espèce très voisine de la précédente. Pl. moins élevée, plus grêle d'un vert glauque. *Tiges cylindriques.* Gaine supérieure à pointe foliacée plus courte. *Epis presque tous sessiles ou subsessiles agglomérés. Ecailles ponctuées, rudes, frangées ciliées, échancrées, mucronées.* Stigmates ord. 2. Achaine obovoïde trigone, plus petit. ♃. Juin-juillet.

A.R. — Marais, bords des eaux. — Mers; Laviers; Le Hable d'Ault près Cayeux-sur-Mer (*F. Debray*); Renancourt près Amiens (*Rom.*).

10. S. Rothii Hoppe in *Sturm Deutchl.* — *S. mucronatus* Roth. *Tent. Fl. Germ.* — *S. triqueter* var. *mucronatus* P. *Fl.* — Souche à rhizomes traçants. *Tiges de 2-5 déc., triquètres, à angles aigus, lisses,* portant à la base 2-3 feuilles triquètres subulées, longuement engaînantes. Bractée foliacée, dépassant longuement les épis. Epis 4-5, multiflores, ovoïdes, sessiles agglomérés. *Ecailles brunes scarieuses aux bords, frangées ciliées, échancrées, mucronées.* Stigmates 2. Achaine d'un brun noirâtre luisant, obovoïde convexe d'un côté. Soies très courtes. ♃. Juillet-août.

RR. — Marais sablonneux dans la région maritime. — Saint-Quentin-en-Tourmont; Saint-Firmin; Marais entre la Maye et le Crotoy.

6. ERIOPHORUM L. Gen.

Fleurs hermaphrodites, à épis multiflores. Ecailles ovales lancéolées imbriquées en tous sens. Stigmates 3. *Achaine subtrigone, entouré à la base par des soies capillaires blanches s'accroissant après la floraison et formant des houppes soyeuses.* — Tiges feuillées surtout à la base.

1 { Pédoncules scabres. Soies peu allongées. 1. *E. latifolium.*
{ Pédoncules lisses. Soies très-allongées. 2. *E. angustifolium.*

1. E. latifolium Hoppe Taschenb. — Souche cespiteuse. Tige de 4-6 déc., subtrigone. Feuilles lancéolées linéaires planes, courtes, triquètres au sommet, rudes sur les bords. Epis ord. nombreux, inégalement pédonculés, pendants à la maturité, à *pédoncules scabres.* Ecailles d'un vert noirâtre. *Soies peu allongés.* ♃. Mai-juin.

A.C. — Prés humides, marais tourbeux. — Mareuil; Saint-Quentin-en-Tourmont; Vercourt; Bray-lès-Mareuil; Fouencamps (*E. Gonse*); Fortmanoir, Glisy, Abbeville (*P. Fl.*).

2. E. angustifolium Roth. *Tent Fl. Germ.* — Souche

rampante. Tiges de 4-6 déc., presque cylindriques. Feuilles linéaires canaliculées, longues, triquètres au sommet. Epis assez nombreux, ovoïdes, assez gros, inégalement pédonculés, pendants à la maturité, à *pédoncules lisses*. Ecailles d'un vert noirâtre. *Soies très-allongées.* ♃. Mai-juin.

A.C. — Marais tourbeux, prés humides. — Drucat; Sailly-Bray près Noyelles-sur-Mer; Vercourt; Bernay; Saint-Quentin-en-Tourmont; Quend; Suzanne; Guerbigny (*Guilbert*); Abbeville (*Baill.* Herb.).

Var ε. *congestum* (Coss. et Germ. *Fl.*). — Epis brièvement pédonculés ou sessiles. Soies très allongées. — Mêlé avec le type.

7. CAREX L. Gen.

Fleurs disposées en épis ou en épillets *unisexuels ou androgynes* (mâles et femelles). Fleur mâle : étamines 3, rar. 2. Fleur femelle : style 1; stigmates 2-3, filiformes. *Achaine renfermé dans une enveloppe membraneuse persistante (utricule)*, ouverte au sommet pour donner passage aux stigmates, et s'accroissant avec le fruit. — Tiges simples trigones, à angles aigus ou obtus. Epis ou épillets rapprochés ou espacés au sommet de la tige, en épi ou en panicule spiciforme, plus rar. en épi terminal solitaire.

1	Stigmates 2	2
	Stigmates 3	17
2	Epi ou panicule	3
	Plusieurs épis distincts	14
3	Epi solitaire mâle au sommet, femelle à la base. . . . . 1. *C. pulicaris*.	
	Epi formé de plusieurs épillets, ou panicule spiciforme.	4
4	Epillets androgynes mâles ou femelles au sommet	5
	Epillets unisexuels, qqf. mêlés à des épillets androgynes.	13
5	Epillets androgynes mâles au sommet	6
	Epillets androgynes femelles au sommet	12
6	Souche à rhizomes longuement rampants. . 2. *C. divisa*.	
	Souche cespiteuse ou à rhizome court.	7
7	Ecailles à bords scarieux blanchâtres, égalant environ les utricules	8
	Ecailles ne présentant pas de bords scarieux blanchâtres, dépassées par les utricules.	10
8	Souche munie de nervures persistantes de feuilles détruites. Utricules régulièrement nervés. 4. *C. paradoxa*.	
	Souche non munie de nervures persistantes de feuilles détruites. Utricules faiblement nervés.	9
9	Pl. grêle. Tiges peu nombreuses espacées. Epillets en épi compacte . . . . 5. *C. teretiuscula*.	
	Pl. robuste. Tiges nombreuses en touffe. Epillets en panicule spiciforme plus ou moins lâche. 3. *C. paniculata*.	

10 { Tiges à faces canaliculées. . . . . 6. *C. vulpina.*
   { Tiges à faces planes 11

11 { Epillets en épi oblong compacte. Utricules étalés . . . .
   { . . . . 7. *C. muricata.*
   { Epillets en épi allongé interrompu. Utricules dressés . .
   { . . . . 8. *C. divulsa.*

12 { Epillets verdâtres très-espacés, les inférieurs accompagnés de longues bractées foliacées. . . . 9. *C. remota.*
   { Epillets bruns, rapprochés en épi accompagné d'une bractée scarieuse courte . . . . 10. *C. leporina.*

13 { Utricules bordés à partir du milieu d'une aile membraneuse large. Epillets supérieurs mâles. 12. *C. arenaria.*
   { Utricules étroitement bordés. Epillets supérieurs femelles.
   { . . . . 11. *C. disticha.*

14 { Bractées inférieures larges. Epis mâles 2-3. Ecailles dépassant ord. l'utricule . . . . 15. *C. acuta.*
   { Bractées plus étroites. Epis mâles 1. rar. 2. Ecailles ord. plus courtes que l'utricule 15

15 { Tiges lisses. Souche à rhizomes longuement traçants, émettant des faisceaux de radicelles épaisses . . . . .
   { . . . . 16. *C. trinervis.*
   { Tiges scabres. Souche cespiteuse formant une touffe compacte, volumineuse, ou à rhizomes n'émettant pas de faisceaux de radicelles 16

16 { Feuilles égalant ou dépassant la tige, à gaines entières. Utricules disposés sur 6 rangs . . . 13. *C. Goodenowii.*
   { Feuilles plus courtes que la tige, à gaines se déchirant en réseau. Utricules disposés sur 8 rangs. 14. *C. cæspitosa.*

17 { Epi mâle solitaire 18
   { Plusieurs épis mâles 28

18 { Utricules glabres. 19
   { Utricules pubescents 26

19 { Epis femelles longuement pédonculés pendants. 20
   { Epis femelles ord. brièvement pédonculés dressés ou un peu étalés, non pendants 21

20 { Tiges lisses. Epis femelles linéaires grêles lâches. . . .
   { . . . . 23. *C. sylvatica.*
   { Tiges scabres. Epis femelles cylindriques compactes. . .
   { . . . . 24. *C. Pseudo-Cyperus.*

21 { Souche à rhizomes traçants . . . . 22. *C. panicea.*
   { Souche cespiteuse 22

22 { Tiges scabres . . . . 17. *C. pallescens.*
   { Tiges lisses. 23

23 { Epis femelles très-espacés . . . . 21. *C. distans.*
   { Epis femelles rapprochés ou peu espacés 24

24 { Feuilles étroites canaliculées enroulées. Utricules verdâtres . . . . 20. *C. extensa.*
   { Feuilles linéaires planes. Utricules jaunâtres. 25

25	Utricules à long bec, recourbé . . . . *18. C. flava.*	
	Utricules à bec plus court, droit. . . . . . *19. C. Œderi.*	
26	Souche à rhizones traçants . . . . *29. C. præcox.*	
	Souche cespiteuse 27	
27	Epis femelles linéaires allongés pédonculés espacés. . . . . *31. C. digitata.*	
	Epis femelles subglobuleux, sessiles rapprochés. . . . . *30 C. pilulifera.*	
28	Utricules glabres. 29	
	Utricules velus hispides ou scabres rugueux 32	
29	Ecailles des épis mâles jaunâtres. Utricules jaunâtres, vesiculeux 30	
	Ecailles des épis mâles brunes. Utricules brunâtres, non vesiculeux 31	
30	Tiges à angles obtus lisses. . . . . . . *25. C. ampullacea.*	
	Tiges à angles aigus scabres . . . . . . *26 C. vesicaria.*	
31	Ecailles des épis mâles toutes cuspidées. Utricules convexes sur les deux faces . . . . *27. C. riparia.*	
	Ecailles inférieures des épis mâles obtuses. Utricules comprimés. . . . . *28. C. paludosa.*	
32	Feuilles pubescentes velues. Utricules à bec long. . . . . *33. C. hirta.*	
	Feuilles glauques ou glabres. Utricules à bec court. . . 33	
33	Feuilles linéaires planes ou carénées. Epis femelles longuement pédonculés, penchés . . . . . . *32. C. glauca.*	
	Feuilles linéaires canaliculées enroulées. Epis femelles sessiles ou brièvement pédonculés, dressés . . . . *34. C. filiformis.*	

A. *Epi solitaire.*

Stigmates 2.

1. C. pulicaris L. *Sp.* — Souche cespiteuse, à racines fibreuses. Tiges grêles de 1-3 déc. Feuilles canaliculées enroulées sétacées. *Epi androgyne, mâle au sommet.* Utricules ovoïdes oblongs, lisses, atténués aux deux extrémités, réfléchis à la maturité. Ecailles oblongues aigues, roussâtres scarieuses sur les bords, plus courtes que l'utricule. ♃. Mai-juillet.

R.R. — Marais tourbeux. — Camon (*E. Gonse*); Epagnette près Abbeville (*T.C.*); fossés entre Quend et Villers-sur-Authie (*Cagé*); marais de Cambron et de Gouy (*Poulain* Herb.; *Baill.* Herb).

B. *Epi formé de plusieurs épillets, ou panicule spiciforme.*

Stigmates 2.

* *Plusieurs épillets androgynes, mâles au sommet, femelles à la base.*

2. C. divisa Huds. *Fl. Angl.* éd. 1. — *Souche à rhizomes longuement rampants* tortueux. Tiges de 2-5 déc., grêles, triquètres, rudes au sommet. Feuilles linéaires étroites carénées, rudes aux bords. *Epi ovoïde, à 3-6 épillets* ovoïdes oblongs, serrés, muni d'une bractée sétacée rude, souv. longue. Utricules ovoïdes plans convexes, nervés, à bec bifide denticulé. Ecailles brunes scarieuses, ovales mucronées, à nervure verte, aussi longues que l'utricule. ♃. Mai-juin.

R. — Prés salés, marais de la région maritime. — Saint-Quentin-en-Tourmont; Laviers; Menchecourt près Abbeville; Petit-Port, bords du canal de Saint-Valery (*P. Fl.*).

3. C. paniculata L. *Sp.* — Pl. ord. robuste. *Souche cespiteuse* épaisse. *Tiges* de 5-8 déc., *nombreuses, en touffe*, à faces planes, à angles aigus scabres, munies à la base de gaînes brunes. Feuilles longues linéaires, scabres aux bords. *Epillets nombreux en panicule spiciforme plus ou moins lâche. Utricules* brunâtres luisants, dressés, petits, ovoïdes renflés acuminés, faiblement *nervés à la base, à bec bidenté*, à bords scabres. *Ecailles* brunes, *égalant environ l'utricule*, ovales acuminées, *à bords largement scarieux blanchâtres.* ♃. Mai-juin.

C. — Prés humides, marais tourbeux. — Abbeville; Drucat; Bray-lès-Mareuil; Suzanne; Regnières-Ecluse; Bernay; Rue; Gouy (*T C.*); Fossemanant, Prouzel, La Faloise, Fouencamps, Brie, Péronne (*E. Gonse*); Ham, Boves, Cagny (*Copineau*); Villers-sur-Authie (*Cagé*); Long, Fortmanoir, Glisy (*P. Fl.*).

4. C. paradoxa Willd in *Act. Berol.* — *Souche cespiteuse* compacte, *munie de nervures persistantes de feuilles détruites*. Tiges de 3-6 déc., à faces un peu convexes, scabres au sommet. Feuilles très longues, linéaires canaliculées, scabres sur les bords. *Epillets* nombreux, courts, *en panicule étroite oblongue*, les inférieurs espacés. *Utricules* brunâtres ternes, dressés, très-petits, ovoïdes renflés, *régulièrement nervés*, terminés par un bec bidenté à bords denticulés scabres. *Ecailles* brunes, *égalant environ l'utricule*, ovales acuminées, *à bords étroitement scarieux blanchâtres.* ♃. Mai-juin.

R. — Marais tourbeux. — Faubourg Saint-Gilles à Abbeville ; Mareuil ; Long ; Arry ; Larronville près Rue ; Quend (*Copé*) ; Fouencamps (*E. Gonse*).

5. C. teretiuscula Good. in *Trans. Linn. Soc.* — Pl. plus *grêle* que les deux précédentes. *Souche à rhizome court oblique. Tiges* de 3-5 déc., grêles, *peu nombreuses, espacées*, à faces un peu convexes, scabres au sommet. Feuilles longues linéaires étroites canaliculées. *Epillets* assez nombreux courts, rapprochés *en épi* serré *compacte* ovoïde oblong. *Utricules* brunâtres luisants, ovoïdes trigones convexes bossus en dehors, *faiblement nervés*, terminés par un bec bidenté, élargi, à bords scabres. *Ecailles* ovales aiguës, rousses, à *bords scarieux blanchâtres, égalant environ l'utricule.* ♃. Mai-juin.

RR. — Marais. — Marais des dunes de Monchaux près Quend ; Ham (*De Melicocq* Bull. soc. Bot. France, t. 12, p. 100).

6. C. vulpina L. *Sp.* — *Souche cespiteuse. Tiges* de 3-5 déc., robustes, à angles aigus, très scabres coupants, à *faces canaliculées.* Feuilles d'un vert gai, linéaires larges, carénées, scabres. *Epillets* nombreux, *en épi dressé*, ovoïde, oblong compacte ou interrompu à la base. Utricules verdâtres, étalés divergents, ovoïdes aigus, plans convexes, nervés, à bec bifide scabre. *Ecailles* ovales aiguës, roussâtres à nervure verte, *dépassées par l'utricule.* ♃. Mai-juillet.

C. — Marais, bords des eaux.

7. C. muricata L. *Sp.* — *Souche cespiteuse. Tiges* de 2-4 déc., grêles, à angles peu prononcés, *à faces planes*, scabres supérieurement. Feuilles linéaires étroites planes, à bords rudes seulement au sommet. *Epillets* assez nombreux *en épi oblong compacte*, qqf. interrompu à la base. *Utricules* verdâtres, *étalés* divergents, ovoïdes plans convexes, faiblement nervés, à bec bidenté scabre. *Ecailles* lancéolées cuspidées, roussâtres à nervure verte, *dépassées par l'utricule.* ♃. Mai-juillet.

C. — Prés, bois couverts.

8. C. divulsa Good. in *Trans. Linn. Soc.* — Cette espèce, très voisine de la précédente, en diffère par ses tiges plus grêles, ord. penchées au sommet, ses *épillets* plus petits pauciflores espacés, *disposés en épi très allongé interrompu*, par ses *utricules dressés*, ord. non nervés, ses écailles blanchâtres à nervure verte, *dépassées par l'utricule.* ♃. Mai-juillet.

A.C. — Bois humides. — Laviers ; forêt de Crécy ; forêt de Lucheux ; Wiry-au-Mont ; Wailly ; bois de Size près Ault (*T.C.*) ; Vismes-au-Val (*Guilbert*) ; Prouzel, Dury, La Faloise, Sainte-Segrée, Villers-Tournelle, Le Cardonnois (*E. Gonse*) ; Bovelles (*Rom.*) ;

Querrieux, Liancourt près Roye (*P. Fl.*); Villers-sur-Mareuil (*B. Extr. Fl.*).

** *Plusieurs épillets androgynes, femelles au sommet, mâles à la base.*

9. C. remota L. *Sp.* — Souche cespiteuse. Tiges de 3-6 déc., faibles, penchées, à angles peu prononcés, un peu rudes au sommet. Feuilles linéaires étroites, longues, molles. *Epillets 5-7, verdâtres, ovoïdes oblongs, disposés en épi très allongé, les 3-4 inférieurs très espacés, accompagnés de longues bractées foliacées.* Utricules ovoïdes acuminés plans convexes, à bec bidenté un peu scabre. Ecailles ovales acuminées, blanchâtres à nervure verte, un peu dépassées par l'utricule. ♃. Mai-juin.

R. — Forêts, bois humides. — Forêt de Lucheux; Ailly-sur-Somme (*Rom.*); Vadencourt, Bresle (*Guilbert*); forêt de Crécy (*B. Herb*); Dury, Heilly, Cahon (*P. Fl.*).

10. C. leporina L. *Sp.* — *C. ovalis* Good in *Trans. Linn. Soc.* — Souche cespiteuse. Tiges de 2-5 déc., dressées à angles peu prononcés, rudes au sommet. Feuilles linéaires étroites, un peu rudes. *Epillets 4-6, bruns, ovoïdes, sessiles, alternes, rapprochés en épi, accompagné à la base d'une bractée ovale lancéolée, courte, ord. scarieuse.* Utricules brunâtres, ovoïdes plans convexes, nervés, atténués en bec bidenté, entourés d'une bordure membraneuse denticulée. Ecailles ovales lancéolées, brunâtres, scarieuses aux bords, à nervure verte, aussi longues que l'utricule. ♃. Mai-juin.

A.R. — Marais, bords des eaux, bois humides. — Forêt de Crécy; Villers-sur-Authie; Larronville près Rue; Arry; Vercourt; bois de Fescamps (*E. Gonse*); forêt d'Ailly-sur-Somme (*Rom.*); Long, Notre-Dame-de-Grâce, Fortmanoir (*P. Fl.*).

Le *C. brizoides* (L. *Sp.* — Koch *Syn.*) parait avoir été récolté autrefois dans la forêt de Crécy (*Dovergne* Herb.; *Du Maisniel de Belleval* Not. manuscr.). Nous ne pensons pas qu'il y ait été retrouvé. On le reconnait à sa souche grêle, longuement rampante, à ses tiges de 3-5 déc. grêles, faibles, triquètres, rudes, penchées au sommet, à ses feuilles linéaires étroites allongées, rudes aux bords, à ses épillets 5-8 rapprochés, courbés en dehors, disposés en épi court, à ses utricules dressés lancéolés plans convexes, lisses, bordés d'une membrane étroite, atténués en un bec bifide dépassant un peu l'écaille, et à ses écailles ovales lancéolées, blanchâtres.

Le *C. stellulata* (Good. in *Trans. Lin. soc.*) se trouve dans les landes de Beaumont près Eu [Seine-Inférieure] et à Saint-Josse [Pas-de-Calais] (*Dovergne* Herb.). Il se distingue par les caractères suivants : Souche cespiteuse; tiges de 1-4 déc., à angles peu prononcés, presque lisses; feuilles linéaires étroites; épi formé

CYPÉRACÉES.   471

de 3-5 épillets pauciflores ovoïdes courts, sessiles alternes un peu espacés, surtout au sommet, munis d'une bractée courte scarieuse ou linéaire foliacée ; utricules d'un vert pâle, ou brunâtres, étalés en étoile, ovoïdes plans convexes, nervés, atténués en long bec aplati scabre obscurément bidenté ; écailles ovales aigues, jaunâtres à bords blanchâtres, plus courtes que l'utricule.

*** *Plusieurs épillets unisexuels, qqf. mêlés à des épillets androgynes.*

11. C. disticha Huds. *Fl. Angl.* — *C. intermedia* Good. in *Trans. Linn. Soc.* — Souche à rhizome tortueux, longuement traçant. Tiges de 3-6 déc., triquètres, scabres au sommet. Feuilles linéaires planes, rudes sur les bords. Bractée inférieure brune, scarieuse, ovale acuminée qqf. en arête. *Epillets nombreux, ovoïdes, alternes, les inférieurs et les supérieurs femelles, les intermédiaires mâles, formant un épi oblong,* qqf. interrompu à la base. *Utricules* ovoïdes plans convexes, nervés, *étroitement bordés,* atténués en bec aplati bidenté. Ecailles brunâtres, scarieuses aux bords, ovales acuminées, plus courtes que l'utricule. ♃. Mai-juin.

A.C. — Marais, prés humides, bords des eaux. — Abbeville : Drucat ; Noyelles-sur-Mer ; Saint-Quentin-en-Tourmont ; Quend ; Vercourt ; Bernay ; Senarpont ; Mareuil ; Boves ; Montières près Amiens (*Rom.*) ; Longueau, Hangest-sur-Somme, Glisy, Bourdon ; Aveluy (*E. Gonse*) ; Renancourt, Rivery, Camon, Cambron (*P. Fl.*).

12. C. arenaria L. *Sp.* — Souche à rhizome très longuement traçant. Tiges de 1-4 déc., scabres sur les angles au sommet. Feuilles linéaires planes, scabres. Bractées inférieures brunes, lancéolées acuminées en arête, dépassant souv. l'épillet. *Epillets inférieurs femelles, les supérieurs mâles, les intermédiaires androgynes mâles au sommet, formant un épi oblong ou ovoïde,* qqf. interrompu à la base. *Utricules* ovoïdes plans convexes, nervés, atténués en bec aplati bicuspidé, *bordés à partir du milieu d'une aile membraneuse large* denticulée, rude. Ecailles ovales acuminées, roussâtres scarieuses aux bords, égalant l'utricule. ♃. Mai-juillet.

CC. — Dunes, sables maritimes. — Toutes les dunes du Marquenterre, dont il contribue à fixer les sables par ses longs rhizomes ; ancienne garenne de Villers-sur-Authie.

C. *Plusieurs épis distincts unisexuels, les supérieurs mâles, les inférieurs femelles.*

a. *Stigmates 2.*

13. C. Goodenovii J. Gay in *Ann. sc. nat.* — *C. vulgaris* Fries *Nov. Suec. Mant.* — *Souche* cespiteuse émettant *des rhizomes obliques. Tiges* de 2-5 déc., grêles, *scabres* au sommet. *Feuilles* linéaires étroites, scabres supérieurement, glauques, *égalant ou dépassant la tige, à gaînes entières.* Bractées étroites, l'inférieure linéaire non engaînante, atteignant environ le sommet de la tige, munie à la base de 2 petites oreillettes noirâtres. Epis mâles 1, rar. 2. Epis femelles 2-4, qqf. mâles au sommet, dressés, cylindriques ou oblongs, sessiles, l'inférieur qqf. éloigné, brièvement pédicellé. *Utricules* verdâtres, persistants, *disposés sur 6 rangs* serrés, ovoïdes comprimés, lisses, nervés inférieurement, obtus, à bec très court ou nul. *Ecailles* ovales obtuses, noirâtres à nervure verte, *plus courtes que l'utricule.* ♃. Mai-juin.

A.R. — Marais tourbeux, bords des fossés, terrains sablonneux humides. — Saint-Quentin-en-Tourmont; Fort-Mahon près Quend; Rue; Vercourt; Villers-sur-Authie; Bernay; Abbeville; Longueau, Petit-Saint-Jean près Amiens (*E. Gonse*); Glisy, Long, Gouy, Fortmanoir (*P. Fl.*).

14. C. cæspitosa L. *Fl. Suec.* éd. 2. — *C. stricta* Good. in *Trans. Linn. Soc.* — *Souche* cespiteuse *formant une touffe compacte volumineuse. Tiges* de 5-10 déc., dressées, robustes, triquètres, *scabres. Feuilles* linéaires, raides scabres, *plus courtes que la tige, à gaînes se déchirant en réseau.* Bractées étroites, l'inférieure courte à oreillettes oblongues pâles. *Epis mâles 1, rar. 2. Epis femelles* 2-3, qqf. mâles au sommet, dressés, serrés, cylindriques allongés, presque sessiles. *Utricules* verdâtres, caduques, *disposés sur 8 rangs*, ovoïdes elliptiques comprimés, nervés, à bec court entier. *Ecailles* oblongues obtuses, noirâtres à nervure verte, *plus courtes que l'utricule.* ♃. Mai-juin.

C. — Prés humides, marais, bords des eaux.

15. C. acuta L. *Sp.* ex parte; Fries *Nov. Suec. Mant.* — *C. gracilis* Curt. *Lond.* — *C. virens* Thuill. *Fl. Par.* non Link. — Souche cespiteuse, émettant des rhizomes épais obliques. Tiges de 5-10 déc., dressées, à angles aigus scabres. Feuilles d'un vert gai, linéaires, scabres coupantes, ord. plus courtes que la tige, à gaînes entières. *Bractées* foliacées obscurément auriculées, les *inférieures larges*, dépassant la tige. *Epis mâles 2-3* rapprochés. Epis femelles 3-4, cylindriques allongés, qqf. mâles au sommet, brièvement pédonculés, plus ou moins écartés, d'abord penchés, puis ord. dressés à la maturité. Utricules ovoïdes comprimés, nervés, à bec très court entier. *Ecailles* lancéolées noirâtres, à nervure verte, *dépassant ord. l'utricule.* ♃. Mai-juin.

A.C. — Marais tourbeux, prés humides, bords des eaux. — Abbeville; Long; Drucat; Quend (*Cagé*); Longpré, Dreuil, Fortmanoir (*P. Fl.*).

16. C. trinervis Desgl. in Lois. *Fl. Gall.* éd. 1. — *Souche à rhizomes longuement traçants, émettant çà et là des faisceaux de radicelles épaisses allongées. Tiges de 1-4 déc.*, dressées, obscurément triquètres, *lisses*. Feuilles linéaires étroites, pliées, carénées, rudes aux bords, ord. plus longues que la tige, à gaines entières. *Bractées étroites* brièvement engaînantes, auriculées, les inférieures dépassant longuement les épis. *Epis mâles 1, plus rar. 2*, rapprochés, linéaires cylindriques. Epis femelles 3-5, ovoïdes allongés, qqf. mâles au sommet. Utricules d'un vert brunâtre terne, imbriqués, ovoïdes comprimés, 3-6 nervés, à bec court entier. *Ecailles ord.* lancéolées obtuses, brunes à large bande verte, ord. trinervée, *plus courtes que l'utricule.* ♃. Mai-juillet.

C. — Sables maritimes humides. — Dunes de Saint-Quentin-en-Tourmont, de Quend et de Fort-Mahon. — Se trouve aussi dans les dunes des départements du Pas-de-Calais et du Nord.

b. *Stigmates 3.*

* *Epi mâle solitaire. Utricules glabres.*

17. C. pallescens L. *Sp.* — *Souche cespiteuse. Tiges de 2-4 déc., grêles, scabres au sommet.* Feuilles d'un vert gai, linéaires planes, molles, pubescentes, surtout sur les gaînes, ord. plus courtes que la tige. Bractées foliacées à gaines très courtes, l'inférieure dépassant la tige. Epi mâle grêle, oblong, fauve. *Epis femelles* 2-3, d'un vert pâle, ovoïdes, rapprochés, *brièvement pédonculés, un peu étalés à la maturité. Utricules* verts, ovoïdes renflés, luisants, dépourvus de bec, faiblement nervés, égalant l'écaille. Ecailles ovales acuminées, d'un vert pâle ou roussâtres. ♃. Mai-juin.

A.C. — Bois couverts, pâturages ombragés. — Bois de Caubert près Abbeville; Laviers; Saint-Riquier; Frucourt; Wiry-au-Mont; bois de Rampval près Mers; forêt de Lucheux; Aveluy; Jumel; Bonneville; Vignacourt, Yzeux, Bacouel, Wailly, Dury, Villers-Tournelles, Fouencamps (*E. Gonse*); Bovelles (*Rom.*); Cambron (*B.* Herb.); Renancourt, Glisy (*P.* Fl.); Bray-lês-Mareuil (*B. Extr.* Fl.).

18. C. flava L. *Sp.*; Gren. et Godr. *Fl.* — *Souche cespiteuse Tiges de 2-4 déc., dressées, lisses. Feuilles* d'un vert pâle, *linéaires planes*, dressées. Bractées foliacées un peu engaînantes, très étalées, réfléchies après la floraison. Epi mâle grêle linéaire oblong, roussâtre. *Epis femelles* 2-4, ovoïdes subglobuleux, *rapprochés ou peu espacés. Utricules jaunâtres*, serrés étalés réfléchis, obovoïdes renflés, nervés, *à long bec* bidenté *recourbé.* Ecailles lancéolées, jaunâtres, plus courtes que l'utricule. ♃. Mai-juin.

C. — Prés humides, marais tourbeux.

19. C. OEderi Ehrh *Calam.*; Gren et Godr. *Fl.* — Espèce voisine de la précédente, dont elle diffère par ses tiges de 5-20 cent., souv. étalées, par son épi mâle ovoïde, ses *épis femelles très rapprochés de l'épi mâle* et surtout par ses utricules à bec plus court, droit.

A. C. — Marais sablonneux, prés humides. — Commun dans les marais des dunes de Saint-Quentin-en-Tourmont; de Quend et de Fort-Mahon; Villers-sur-Authie; Cayeux-sur-mer (*F. Debray*); marais de Bourdon, Longpré près Amiens (*E. Gonse*).

20. C. extensa Good. in *Trans. Linn. Soc.* — *Souche cespiteuse. Tiges* de 1-4 déc., obscurément trigones, *lisses. Feuilles* linéaires *étroites* canaliculées, raides, *enroulées* sétacées, un peu rudes au sommet. Bractées très longues, engaînantes foliacées, étalées recourbées. Epi mâle linéaire oblong, sessile, qqf. accompagné à la base d'un épi plus petit. *Epis femelles* 2-4, ovoïdes, *rapprochés, subsessiles*, l'inférieur qqf. écarté, pédonculé à pédoncule inclus. *Utricules verdâtres*, ovoïdes, nervés, atténués en un bec court, brièvement bidenté, lisses aux bords. Ecailles ovales mucronées, à nervure verte, plus courtes que l'utricule. ♃. Juin-juillet.

R. — Digues près la mer, terrains baignés par la marée. — Saint-Quentin-en-Tourmont; Quend; Fort-Mahon; marais à l'embouchure de la Maye.

S.-v. *minima*. — Pl. formant des touffes compactes. Tiges de 8-10 cent., souv. arquées. Feuilles recourbées plus longues que la tige. Epis femelles petits, très-rapprochés, subglobuleux. — Prés salés à Fort-Mahon et à Saint-Quentin-en-Tourmont.

21. C. distans L. *Sp.* — *Souche cespiteuse. Tiges* de 3-5 déc., *lisses*, dressées, un peu flexueuses. Feuilles linéaires planes, courtes, munies d'une languette en forme de ligule, oblongue obtuse, opposée au limbe. Bractées foliacées longuement engaînantes, rudes, les inférieures beaucoup plus longues que l'épi femelle. Epi mâle linéaire oblong, jaunâtre ou brunâtre. *Epis femelles* 2-4, *dressés, très espacés*, ovoïdes oblongs *pédonculés, à pédoncule* ord. *inclus*. Utricules jaunâtres ou brunâtres, ovoïdes subtrigones, dressés, nervés, à bec bifide scabre, dépassant l'écaille. Ecailles brunâtres ovales obtuses mucronées, à nervure verte. ♃. Mai-juin.

A.C. — Marais, prés humides. — Laviers; Cayeux-sur-Mer; Saint-Quentin-en-Tourmont; Saint-Firmin; Fort-Mahon; Drucat; Bernay; Mareuil; Renancourt, Lougueau, Prouzel, La Faloise, Aveluy, Fossemanant (*E. Gonse*); Ailly-sur-Somme, Le Mesge (*Rom.*); Camon, Glisy, Long (*P. Fl.*).

Nous avons rencontré dans les landes de Beaumont près Eu [Seine-Inférieure] le *C. binervis* (Sm. *Fl. Brit.*), espèce très-voisine du *C. distans*, dont il se distingue par les caractères suivants : souche moins compacte; tiges plus élevées, de 4-8 déc., inclinées à la maturité ; feuilles glauques, fermes; épis femelles plus grêles, oblongs cylindriques, les inférieurs longuement pédonculés, pendants à la maturité; utricules tachés de brun pourpre, pourvus sur les bords de 2 nervures latérales saillantes. — Il se trouve aussi à Saint-Josse près Montreuil [Pas-de-Calais] (*Dovergne* Herb).

22. C. panicea L. *Sp.* — *Souche à rhizomes traçants.* Tiges de 2-4 déc., à angles obtus, lisses. Feuilles linéaires planes, glauques, un peu rudes aux bords, ord. plus courtes que la tige. Bractées foliacées engaînantes. Epi mâle oblong brunâtre. *Epis femelles* 2-3, *écartés, cylindriques lâches, dressés ou un peu étalés, brièvement pédonculés. Utricules* ovoïdes renflés *glabres*, non luisants, d'abord verts, puis brunâtres au sommet, à bec court tronqué, dépassant l'écaille. Ecailles ovales, d'un violet noirâtre, souv. scarieuses aux bords, à large nervure verte. ♃. Mai-juin.

C. — Prés, bois humides, marais tourbeux.

Var. β. *rhizogyna* (Rchb. *Ic.* 8, t. 245. — *C. panicea*, var. *pedunculata* P. *Fl.*). — Epi femelle inférieur, à pédoncule radical long et grêle. — R.

23. C. sylvatica Huds. *Fl. Angl.* — *C. patula* Scop. *Carn.* — *C. Drymeia* Ehrh. in L. f. *Suppl.* — Souche cespiteuse. *Tiges* de 3-6 déc., feuillées, triquètres, grêles penchées, *lisses.* Feuilles d'un vert pâle, assez larges linéaires planes, scabres sur les bords. Bractées foliacées, longuement engaînantes, les inférieures dépassant les épis. Epi mâle linéaire, d'un brun pâle. *Epis femelles* 4-5, *grêles, linéaires, lâches espacés, longuement pédonculés*, à pédoncules filiformes scabres, *pendants* à la maturité. *Utricules* verdâtres, ovoïdes oblongs trigones, *glabres*, à long bec linéaire bifide, lisse. Ecailles jaunâtres, membraneuses, ovales lancéolées cuspidées, à nervure verte, un peu plus courtes que l'utricule. ♃. Mai-juillet.

CC. — Bois, taillis ombragés.

Le *C. strigosa* (Huds. *Fl. Angl.*) a été trouvé près de nos limites dans la forêt d'Eu (*Baill.* Herb.). Il diffère du *C. sylvatica* par ses feuilles plus larges, ses épis femelles très-grêles filiformes, laches, d'abord dressés, puis penchés, ses utricules nervés, oblongs lancéolés, atténués en bec court obliquement tronqué, dépassant les écailles.

24. C. Pseudo-Cyperus L. *Sp* — Souche cespiteuse. *Tiges* de 4-8 déc., à angles aigus très *scabres.* Feuilles d'un vert clair, linéaires larges planes, scabres, plus longues que les tiges. Bractées foliacées, très longues. Epi mâle oblong allongé, souvent arqué, verdâtre. *Epis femelles* 3-6, *cylin-*

driques, compactes, *longuement pédonculés, pendants*, assez rapprochés. *Utricules* d'un jaune verdâtre, *glabres*, imbriqués, réfléchis à la maturité, ovoïdes lancéolés, nervés, atténués en un long bec bicuspidé. Ecailles étroites longuement subulées, scabres, verdâtres, égalant l'utricule. ♃. Juin-juillet.

A.C. — Marais, bords des eaux. — Abbeville ; Mareuil : Long ; Jumel ; Berny-sur-Noye ; Quend ; Larronville près Rue ; La Hautoie à Amiens, Renancourt, La Faloise, Hangest-sur-Somme, Fossemanant (*E. Gonse*) ; Pont-de-Metz (*Richer*) ; Cambron (*T.C.*) ; Ailly-sur-Somme (*Rom.*) ; Caubert près Abbeville (*Baill.* Herb) ; Epagne (*Poulain* Herb) ; Camon, Fortmanoir (*P. Fl.*).

** *Plusieurs épis mâles. Utricules glabres.*

25. C. ampullacea Good. in *Trans. Linn.* — Souche à rhizomes traçants. *Tiges* de 4-6 déc., dressées, à *angles obtus, lisses.* Feuilles glauques, longues, linéaires étroites, canaliculées. Bractées foliacées étroites, dépassant ord. la tige. *Epis mâles* 2-3, linéaires grêles, *à écailles jaunâtres.* Epis femelles 2-3, cylindriques compactes, dressés, espacés, à pédoncules ord. courts, lisses. *Utricules jaunâtres,* imbriqués, divergents à la maturité, *vésiculeux,* nervés, à bec linéaire comprimé bicuspidé. Ecailles jaunâtres, lancéolées, plus courtes que l'utricule. ♃. Mai-juin.

A.R. — Prés humides, marais tourbeux. — Abbeville ; Drucat ; Villers-sur-Authie ; Rue ; Saint-Quentin-en-Tourmont ; Quend ; Noyelles-sur-Mer ; Mareuil ; Picquigny ; Suzanne ; Cappy ; Ham ; Guerbigny (*Guilbert*) ; Fossemanant (*E. Gonse*) ; Renancourt près Amiens (*Rom.*) ; Gouy (*P. Fl.*).

26. C. vesicaria L. *Sp.* — Souche à rhizomes traçants. *Tiges* de 4-6 déc., dressées, à *angles aigus, scabres.* Feuilles vertes, longues linéaires, planes. Bractées foliacées égalant la tige. *Epis mâles* 2-3, linéaires oblongs, *à écailles jaunâtres.* Epis femelles 2-3, oblongs cylindriques, qqf. un peu renflés au milieu, dressés, espacés, pédonculés, l'inférieur souv. penché, à pédoncule assez long rude. *Utricules jaunâtres,* gros, dressés *vésiculeux,* nervés, à bec comprimé bicuspidé. Ecailles lancéolées aigues, d'un jaune brunâtre, dépassées longuement par l'utricule. ♃. Mai-juin.

RR. — Lieux marécageux, bords des fossés. — Quend ; Mesnil-Bruntel (*F. Debray*) ; Cambron (*B.* Extr. Fl. et herb.) ; Camon, Glisy, Fortmanoir (*P. Fl.*). — C'est sur les indications de M. l'abbé Cagé que nous avons récolté ce *Carex* en 1872 auprès de Quend, dans un fossé bordant la route de Rue.

27. C. riparia Curt. *Fl. Lond.* — Souche à rhizomes traçants. Tiges de 6-12 déc., dressées, à angles aigus scabres.

Feuilles très longues, linéaires acuminées, planes larges, glauques, scabres coupantes. Bractées foliacées très longues. *Epis mâles 2-5, sessiles, rapprochés, oblongs, robustes, à écailles lancéolées toutes cuspidées, brunes.* Epis femelles 3-4, cylindriques, renflés au milieu, peu espacés, les inférieurs plus ou moins pédonculés. *Utricules brunâtres nervés,* ovoïdes coniques, *convexes sur les deux faces,* à bec court brièvement bicuspidé. Ecailles brunâtres lancéolées longuement acuminées en pointe rude, à large nervure verte. ⚥. Mai-juin.

C. — Marais, bords des eaux.

28. C. paludosa Good. in *Trans. Linn. Soc.* — Souche à rhizomes traçants. Tiges de 4-8 déc., dressées, à angles aigus scabres. Feuilles longues, linéaires acuminées larges planes, glaucescentes, scabres coupantes. Bractées foliacées très longues. *Epis mâles* 2-4, rapprochés, inégaux, sessiles, *à écailles brunes, les inférieures oblongues obtuses.* Epis femelles 3-4, cylindriques oblongs, dressés, espacés, sessiles ou brièvement pédonculés. *Utricules d'un vert brunâtre,* ovoïdes subtrigones *comprimés, nervés,* à bec brièvement bicuspidé. Ecailles lancéolées acuminées, d'un brun noirâtre à nervure verte étroite. ⚥. Mai-juin.

C. — Lieux marécageux, bords des eaux.

*** *Epi mâle solitaire. Utricules pubescents.*

29. C. præcox Jacq. *Austr.* — *Souche à rhizomes traçants.* Tiges de 1-3 déc., grêles dressées, presque lisses. Feuilles courtes linéaires, raides, dressées ou arquées. Bractée inférieure engaînante. Epi mâle cylindrique en massue, roussâtre. Epis femelles 1-3, ovoïdes oblongs, rapprochés subsessiles, l'inférieur qqf. pédonculé. Utricules ovoïdes subglobuleux, rar. en forme de gourde, à bec court. Ecailles brunâtres, ovales acuminées, égalant environ l'utricule. ⚥. Avril-juin.

C. — Pelouses sèches, côteaux incultes, bois arides.

S.-v. *umbrosa* (Coss. et Germ. *Fl.*). — Tiges allongées. Feuilles molles, égalant ou dépassant la tige. — Lieux ombragés. — Drucat ; marais Saint-Gilles près Abbeville ; bois de Wailly.

Var. 6. *sicyocarpa* (Lebel ; Brébiss, *Fl.*). — Utricules en forme de gourde. — RR. — Bois de Frucourt.

30. C. pilulifera L. *Sp.* — *Souche cespiteuse.* Tiges de 1-3 déc., grêles faibles tombantes, presque lisses. Feuilles longues linéaires planes, molles. Bractées non engaînantes. Epi mâle petit oblong aigu. *Epis femelles 3-5, subglobuleux, sessiles rapprochés.* Utricules subglobuleux, verdâtres, à bec très court, obscurément bidenté. Ecailles brunâtres à nervure verte, ovales aiguës, égalant l'utricule. ♃. Mai-juin.

R. — Forêts, bois montueux, pelouses sèches. — Bois de Tachemont près Huchenneville ; forêt de Crécy ; bois de Frucourt ; Neuville près Estrebœuf ; bois de Vignacourt (*E. Gonse*) ; Villers-Tournelle (*Guilbert*).

Le **C. ericetorum** (Poll. *Fl. Palat.*) a été trouvé très-près de nos limites dans la forêt de Labroye [Pas-de-Calais] (*Dovergne* Herb.). Ses caractères sont : souche à rhizomes traçants ; tiges de 1-3 déc., grêles un peu trigones, scabres au sommet ; feuilles linéaires aiguës, planes ; bractées courtes, membraneuses ; épi mâle oblong. Epis femelles 1-2, ovoïdes, sessiles, rapprochés ; utricules obovoïdes, à bec très-court, dépassant un peu les écailles ; écailles obovales obtuses, brunes scarieuses blanchâtres aux bords, finement ciliées au sommet.

31. C. digitata L. *Sp.* — *Souche cespiteuse.* Tiges de 1-2 déc., grêles, subcylindriques presque lisses, munies à la base de gaînes rougeâtres. Feuilles toutes radicales, linéaires planes, striées, un peu rudes sur les bords, d'un vert gai, égalant presque les tiges. Bractées engaînantes membraneuses. Épi mâle linéaire court, sessile. *Epis femelles 2-3, dressés, linéaires allongés, lâches, pédonculés, espacés,* le supérieur dépassant l'épi mâle. Utricules obovoïdes trigones, brunâtres, à bec court obtus. Ecailles brunes luisantes, scarieuses aux bords, obovales, à nervure verte, brièvement mucronées, aussi longues que l'utricule. ♃. Mai-juin.

RR. — Bois montueux. — Bois de Saveuse (*Richer*) ; bois de Gentelles, bois de l'Hôtel-Dieu à Bacouel (*E. Gonse*) ; Boves ; bois de Saint-Laurent entre Heilly et Albert (*P.* Fl et herb.) ; Albert (*B.*Extr. Fl.).

**** *Plusieurs épis mâles. Utricules velus hispides ou scabres rugueux.*

32. C. glauca Scop. *Carn.* — Souche à rhizomes traçants. Tiges de 1-5 déc., obscurément trigones, presque lisses. *Feuilles glauques, linéaires planes ou carénées,* raides, rudes aux bords, ord. plus courtes que la tige. Bractées foliacées, longues, munies à la base d'oreillettes d'un brun rougeâtre, l'inférieure engaînante. Epis mâles 2-3, dressés, oblongs aigus, brunâtres. *Epis femelles 2-3, cylindriques, espacés, plus ou moins longuement pédonculés, penchés à la maturité,* les supérieurs qqf. mâles au sommet. *Utricules* finement hispides ou un peu scabres rugueux, ovoïdes comprimés *à bec très court,* bruns à la maturité. Ecailles ovales oblongues mucronées, d'un brun rougeâtre, égalant l'utricule. ♃. Mai-juin.

CC. — Lieux secs et humides, côteaux, bois, prairies.

33. C. hirta L. *Sp.* — Souche à rhizomes longuement traçants. Tiges de 2-4 déc., lisses, à angles obtus. *Feuilles* linéaires, molles *pubescentes velues*, surtout sur les gaines. Bractées foliacées, très longues, l'inférieure longuement engaînante. Epis mâles 2-3, oblongs grêles, à écailles jaunâtres pubescentes. Epis femelles 2-3, elliptiques oblongs, espacés, velus hérissés, un peu lâches, à pédoncules courts. *Utricules* velus hérissés, nervés, verts, puis brunâtres, ovoïdes acuminés, lâches, *à bec long*, profondément bicuspidé. Ecailles oblongues aristées, pubescentes, verdâtres, plus courtes que l'utricule. ♃. Mai-juin.

A.C. — Marais, bords des eaux, lieux herbeux humides. — Abbeville; Drucat; Bray-lès-Mareuil; Erondelle; Quend; Cayeux-sur-Mer; Argoules; Long; Jumel; Thiépval; Le Crotoy (*T.C.*); Amiens, Aveluy, La Faloise, Hangest (*E. Gonse*); Hantecourt près Vismes-au-Val (*Guilbert*); Bovelles (*Rom.*); Camon, Longueau, Rivery, Fortmanoir (*P. Fl.*).

34. C. filiformis L. *Sp.* — Souche à rhizomes traçants. Tiges de 5-9 déc., dressées, presque cylindriques, grêles, lisses, un peu scabres au sommet. *Feuilles glabres, linéaires canaliculées enroulées*, un peu rudes aux bords. Bractées foliacées, l'inférieure non engaînante ou brièvement engaînante. Epis mâles 2, rar. 1, linéaires glabres, brunâtres. *Epis femelles* 2-3, ovoïdes oblongs, *dressés*, espacés, *sessiles ou brièvement pédonculés*. Utricules brunâtres, velus hérissés, *à bec court* bicuspidé. Ecailles brunes à nervure verte saillante, oblongues, lancéolées cuspidées, égalant l'utricule. ♃. Mai-juin.

RR. — Marais, anciennes tourbières. — Mareuil; Bray-lès-Mareuil; Quend (*Cagé*); Camon vers le chemin de fer de Tergnier (*E. Gonse*); Fortmanoir (*Richer*); Fouencamps (*F. Debray*).

CVIII. GRAMINÉES

Fleurs hermaphrodites qqf. unisexuelles ou polygames, disposées en épillets uniflores ou multiflores, munies à la base de 1 ou le plus souv. 2 bractées (glumes). Chaque fleur est ord. formée de 2, rar. 1 enveloppes scarieuses (glumelles, calice *Lin.*); l'une externe carénée (glumelle inférieure, balle), souv. aristée; l'autre interne (glumelle supérieure) bicarénée (1). A l'intérieur sont le plus souv. 1-2 petits appendices jaunâtres (glumellules, paléoles, corolle *Lin.*). Etamines 3, très rar. 2,

(1) Ces enveloppes représentent pour certains botanistes deux divisions calicinales réunies.

GRAMINÉES.

à longs filets portant des anthères bifurqués à chaque extrémité. Styles 2 ou 1 seul, à 2 stigmates. Stigmates sortant sur les côtés de la fleur ou vers la base, plus rar. sortant au sommet, plumeux ou en pinceau. Fruit sec (caryopse), monosperme indéhiscent nu ou entouré par la glumelle persistante. — *Tiges* ord. cylindriques, simples, rar. rameuses, ord. fistuleuses, *munies de nœuds* pleins et renflés. *Feuilles* alternes, *distiques*, linéaires, *engaînantes à gaîne fendue* longitudinalement, plus rar. tubuleuse, munie ord. à la gorge d'une petite membrane (ligule), qqf. de poils. Epillets souv. plus ou moins comprimés latéralement, disposés en panicule, en grappe ou en épi.

1. { Epillets plus ou moins pédicellés, disposés en panicule spiciforme rameuse, qqf. digitée, plus rar. en épi . . . 2
   Epillets sessiles, disposés en épi sur un axe commun . . 32
2. { Epillets à une seule fleur fertile 3
   Epillets à 2 ou plusieurs fleurs ord. fertiles 13
3. { Panicule digitée . . . . DIGITARIA (1).
   Panicule spiciforme ou rameuse 4
4. { Panicule rameuse dressée ou étalée 5
   Panicule spiciforme 8
5. { Fleur munie de poils à la base 6
   Fleurs sans poils à la base 7
6. { Fleur entourée de longs poils. Pl. de 8-12 déc. . . . . CALAMAGROSTIS (2).
   Fleur munie de 1 ou 2 faisceaux de poils courts. Pl. de 1-8 déc. . . . . AGROSTIS (4).
7. { Panicule à rameaux semi-verticillés étalés ou penchés. MILIUM (5).
   Panicule allongée à rameaux dressés . . . PHALARIS (8).
8. { Epillets entourés d'un involucre unilatéral de soies raides . . . . SETARIA (6).
   Epillets non entourés d'un involucre de soies 9
9. { Epillets disposés en épis nombreux formant une panicule . . . . OPLISMENUS (7).
   Epillets en panicule spiciforme ord. cylindrique 10
10. { Fleur entourée de poils assez longs . . . AMMOPHILA (3)
    Fleur non entourée de poils 11
11. { Panicule spiciforme lâche. Etamines 2. ANTHOXANTUM (11).
    Panicule spiciforme compacte. Etamines 3 12
12. { Glumes libres entre elles, acuminées ou tronquées acuminées en pointe ou en arête courte. Glumelle inférieure tronquée mutique ou mucronée, rar. aristée . . . . PHLEUM (9).
     Glumes réunies inférieurement, mutiques. Glumelle inférieure munie d'une arête sur le dos ou à la base . . . . ALOPECURUS (10).

13	Fleur supérieure ou fleur inférieure mâle.	14
	Fleurs hermaphrodites fertiles ; la supérieure ou les supérieures souv. rudimentaires.	16
14	Fleurs supérieures hermaphrodites entourées de longs poils, l'inférieure mâle. Phragmites (24).	
	Fleurs non entourées de poils.	15
15	Fleur supérieure mâle, l'inférieure hermaphrodite. Cariopse glabre Holcus (16).	
	Fleur inférieure mâle, la supérieure hermaphrodite. Cariopse velu au sommet Arrhenatherum (17).	
16	Glumelle inférieure aristée.	17
	Glumelle inférieure non aristée.	27
17	Arête partant du dos de la glumelle.	18
	Arête naissant au sommet de la glumelle.	22
18	Arête articulée, renflée en massue. Corynephorus (15).	
	Arête ni articulée, ni renflée en massue	19
19	Cariopse velu au sommet.	20
	Cariopse glabre.	21
20	Epillets à 5-12 fleurs. Arête non tordue Bromus (20).	
	Epillets à 2-6 fleurs. Arête tordue inférieurement. Avena (18).	
21	Pl. annuelle. Glumelle inférieure bifide au sommet Aira (13).	
	Pl. vivace. Glumelle inférieure tronquée, irrégulièrement 3-5 dentée au sommet Deschampsia (14).	
22	Glumelle inférieure ord. bidentée au sommet.	23
	Glumelle inférieure non bidentée au sommet.	25
23	Epillets entourés de bractées pectinées. Cynosurus (31).	
	Epillets non entourés de bractées pectinées	24
24	Panicule rameuse. Epillets verdâtres. Glumes ventrues convexes. Danthonia (19).	
	Panicule spiciforme contractée. Epillets d'un vert blanchâtre ou violacé, luisants. Glumes comprimées carénées. Kœleria (26).	
25	Epillets rapprochés par fascicules Dactylis (25).	
	Epillets disposés en panicule rameuse ou en forme d'épi.	26
26	Epillets disposés en forme d'épi plus ou moins lâche. Glumelle supérieure à carènes ciliées de poils raides. Brachypodium (21).	
	Epillets en panicule, plus rarement subsiles en forme d'épi allongé unilatéral. Glumelle supérieure à carènes scabres ou finement ciliées. Festuca (22).	
27	Tige munie d'un seul nœud vers la base. Molinia (23).	
	Tige munie de plusieurs nœuds.	28
28	Epillets cordiformes triangulaires. Briza (30).	
	Epillets non cordiformes triangulaires	29
29	Pl. ord. aquatiques.	30
	Pl. non aquatiques.	31

30	Epillets à 4-11 fleurs. Glumelle inférieure obtuse, mutique, convexe. . . . . GLYCERIA (27). Epillets à 2 fleurs. Glumelle inférieure trigone carénée. . . . . CATABROSA (28).
31	Epillets à 2-7 fleurs fertiles, la supérieure ord. rudimentaire . . . . POA (29). Epillets à 3-5 fleurs, les 1-3 inférieures fertiles, les supérieures rudimentaires . . . . MELICA (12).
32	Epillets appliqués contre l'axe par un de leurs côtés. . . . . LOLIUM (38). Epillets appliqués contre l'axe par une de leurs faces ou logés dans les excavations de l'axe. 33
33	Epillets ternés. . . . . HORDEUM (37). Epillets solitaires 34
34	Glumelle inférieure munie sur le dos d'une arête tordue inférieurement. . . . . GAUDINIA (33). Glumelle mutique ou munie d'une arête non tordue. . . 35
35	Epillets à 1-2 fleurs fertiles . . . . 36 Epillets à 3-10 fleurs 37
36	Pl. cultivée de 8-12 déc. Epillets biflores sessiles sur chaque dent de l'axe. Glumelle inférieure longuemunt aristée. . . . . SECALE (36) Pl. maritime de 7-15 cent. Epillets uniflores logés dans les excavations de l'axe. Glumelles non aristées. . . . . LEPTURUS (32).
37	Pl. annuelles. Epi à entrenœuds de l'axe courts. Epillets à 3-5 fleurs. Glumes ventrues . . . . . TRITICUM (34). Pl. vivaces. Epi à entrenœuds de l'axe ord. allongés. Epillets à 5-10 fleurs. Glumes non ventrues. . . . . AGROPYRUM (35)

A. *Epillets plus ou moins pédicellés, disposés en panicule spiciforme ou rameuse, qqf. digitée, rar. disposés en épi.*

a. *Epillets à une seule fleur fertile.*

1. DIGITARIA Scop. *Carn.*

Epillets contenant une fleur fertile et une fleur stérile. Glumes convexes, mutiques, très inégales ; l'inférieure très petite, qqf. nulle. Glumelles de la fleur fertile ovales oblongues, mutiques, coriaces, lisses, presqu'égales. Stigmates sortant au sommet de la fleur. — Tiges à nœuds inférieurs souv. radicants. Feuilles courtes planes, souv. rougeâtres. Ligule courte. *Epillets* souv. violacés, alternes sur 2 rangs, unilatéraux, *disposés au sommet des tiges et des rameaux en épis linéaires allongés, réunis en panicule digitée.*

{ Feuilles et gaines poilues. Glume supérieure de moitié
plus courte que la fleur fertile . . . *1. D. sanguinalis.*
Feuilles et gaines glabres. Glume supérieure égalant la
fleur fertile. . . . . *2. D. filiformis.*

1. D. sanguinalis Scop. *Carn.* — Tiges de 2-5 déc., souv. rameuses, couchées ascendantes. *Feuilles et gaines poilues.* Epis 3-6, dressés ou étalés. Epillets oblongs lancéolés. *Glume supérieure de moitié plus courte que la fleur fertile.* ⊙. Août-septembre.

R. — Lieux cultivés. — *Intr.* — Drucat; Saint-Valery (*Richer*); Amiens (*Rom.*); Brailly, Mareuil (*Du Maisniel de Belleval* Not. manuscr.).

2. D. filiformis Kœl. *Gram.* — Tiges de 1-4 déc., couchées. Feuilles et gaines glabres. Epis 2-4, plus ou moins étalés. Epillets ovales oblongs. Glume supérieure *égalant la fleur fertile.* ⊙. Août-octobre.

R. — Lieux cultivés ou incultes, bords des moissons. — *Intr.* — Huchenneville; Drucat; Bovelles (*Rom.*); champs voisins du bois du cap Hornu près Saint-Valery (*E. Gonse*).

2. CALAMAGROSTIS Adans. *Fam.*

Epillets contenant qqf. le rudiment d'une deuxième fleur. Glumes presqu'égales, comprimées, lancéolées, mutiques, dépassant longuement la fleur. *Fleur entourée de longs poils.* Glumelles inégales, l'inférieure plus grande, munie d'une arête droite. — Souche à rhizomes longuement traçants. *Epillets disposés en panicule rameuse.*

1. C. Epigeios Roth. *Tent.* — *Tiges de 8-12 déc.* Feuilles linéaires larges acuminées, scabres. Ligule oblongue. Panicule allongée, un peu lâche, à rameaux dressés, inégaux. Epillets violacés, plus rar. verdâtres. Glumes lancéolées acuminées en pointe comprimée subulée, beaucoup plus longues que la fleur. Glumelle inférieure dépassée par les poils, bifide, à arête dorsale très fine. ♃. Juillet-août.

A.R. — Lieux arides, bords des bois montueux. — Tœufles; Villers-sur-Mareuil; bois de Fréchencourt près Bailleul; Bray-lès-Mareuil; Estrées-lès-Crécy; Quend; bois de Rampval près Mers; Lanchères; Harcelaines près Maisnières, Guerbigny, Bavelincourt (*Guilbert*); Boves, Bovelles, Ailly-sur-Somme (*Rom.*); Quevauvillers (*Richer*); Bus, Fescamps (*E. Gonse*); Mailly-Maillet (*Carette*). — Commun dans les dunes.

Le *C. lanceolata* (Roth. *Tent.*) a été trouvé près de nos limites dans le bois du parc à Eu [Seine-Inférieure], dans les prairies de Maresquel près Hesdin [Pas-de-Calais] (*Dovergne* Herb.) et dans la forêt d'Hesdin (*Poulain* Herb.). Il se reconnait à sa souche grêle, ses tiges ord. assez grêles, ses feuilles étroites, sa ligule courte tronquée, sa panicule lâche, rougeâtre, sa glumelle inférieure échancrée au sommet, à arête très-courte naissant dans l'échancrure.

3. AMMOPHILA Host. *Gram.*

Epillets uniflores avec rudiment d'une deuxième fleur. Glumes lancéolées mutiques, égalant ou dépassant un peu la fleur. *Fleur entourée de poils assez longs.* — Souche à rhizomes longuement traçants. *Epillets en panicule spiciforme cylindrique.*

1. A. arenaria Link. *Hort. Berol.* — *Calamagnostis arenaria* Roth. *Tent.* — *Psamma arenaria* Rœm. et Schult. *Syst. veg.* — *Arundo arenaria* L. *Sp.* — (En picard *Oyat*). — Pl. glauque. Tiges de 6-10 déc., raides entourées inférieurement par les bases des feuilles détruites. Feuilles longues, linéaires, enroulées piquantes. Ligule très longue. Panicule compacte, atténuée au sommet. Epillets d'un blanc jaunâtre. Glumes presqu'égales. Glumelle inférieure plus longue que les poils, bidentée, brièvement mucronée dans l'échancrure. ♃. Juin-août.

CC. — Sables maritimes. — Le Crotoy ; Saint-Quentin-en-Tourmont ; Quend ; Fort-Mahon ; Cayeux ; Le Hourdel ; Hautebut près Woignarue ; Saint-Valery (*P. Fl.*). — L'*A. arenaria*, indigène dans nos dunes, y est aussi souv. planté pour en fixer les sables à l'aide de ses rhizomes traçants, qui s'enfoncent à une grande profondeur.

4. AGROSTIS L. *Gen.*

Epillets contenant qqf. le rudiment d'une deuxième fleur. Glumes lancéolées mutiques, carénées, presqu'égales ou inégales dépassant les glumelles. *Fleur munie à la base de 1-2 faisceaux de poils courts*, la supérieure petite, qqf. nulle, l'inférieure mutique ou munie d'une arête dorsale. Styles très courts. — *Epillets en panicule rameuse.*

1 { Epillets contenant le rudiment d'une deuxième fleur. Glumes inégales. Glumelle inférieure munie d'une longue arête près de son sommet. . . 4. *A. Spica-venti.*
Epillets sans rudiment d'une deuxième fleur. Glumes presqu'égales. Glumelle Inférieure mutique ou munie d'une arête au-dessous de son milieu 2

2 { Feuilles radicales enroulées sétacées. Glumelle supérieure nulle, l'inférieure ord, aristée. . 3. *A. canina.*
Feuilles toutes planes. Glumelles 2, l'inférieure ord. mutique 3

3 { Ligule courte tronquée. Panicule étalée après la floraison . . . . 2. *A. vulgaris.*
Ligule oblongue. Panicule contractée après la floraison. . . . . 1. *A. alba.*

GRAMINÉES.

1. A. alba Schrad. *Fl. Germ.* — Souche cespiteuse, émettant souv. des rhizomes ou des stolons. *Tiges de 1-8 déc.*, ascendantes ou couchées radicantes. *Feuilles* linéaires *planes. Ligule oblongue obtuse. Panicule oblongue conique, contractée après la floraison*, à rameaux et à pédicelles scabres. Epillets ord. blanchâtres. *Glumelle inférieure ord. mutique*, plus courte que les glumes, la supérieure de moitié plus courte que l'inférieure. ⚥. Juin-septembre.

CC. — Lieux herbeux, champs en friche, prairies, bois, bords des chemins.

S.-v. *gigantea.* (A. *alba* var. *gigantea* Mey. *Chl. Hanov.*). — Tiges robustes, dressées. Feuilles larges. Panicule plus ample, plus compacte. — Prairies humides.

Var. 6. *maritima* (Mey, *Chl. Hanov.* — A. *maritima* Lmk. *Encycl. Méth.*). — Tiges grêles, couchées radicantes. Feuilles nombreuses, courtes, glauques, raides, enroulées piquantes au sommet. Panicule contractée spiciforme compacte, ord. d'un blanc jaunâtre. — Sables maritimes.

S.-v. *nana* — Tiges de 6-12 cent. couchées radicantes. Panicule courte contractée. — Même station.

2. A. vulgaris With. Arr. ed. 3. — *A. alba* var. *vulgaris* Coss. et Germ. *Fl.* — Souche émettant assez souv. des stolons. *Tiges de 1-5 déc.*, dressées ou ascendantes qqf. radicantes. Feuilles linéaires planes. *Ligule courte tronquée. Panicule ovale oblongue étalée après la floraison*, à rameaux et à pédicelles ord. presque lisses. Epillets ord. violacés. *Glumelle inférieure le plus souv. mutique*, égalant les glumes, une fois plus longue que la supérieure ⚥. Juin-septembre.

CC. — Prés, champs, bois.

S.-v. *pallescens.* (A. *vulgaris* var. *pallescens* Coss. et Germ. *Fl.* 1 éd.). — Tiges élancées, très-grêles. Panicule d'un vert blanchâtre, à rameaux capillaires. Epillets très-petits. — Lieux ombragés.

S.-v. *pumila.* (A. *alba* var. *vulgaris* s.-v. *pumila* Coss. et Germ. *Fl.*). — Pl. naine. Tiges dressées rapprochées en touffe. — *R.* — Terrains secs sablonneux. — Brutelles (*Baill. Herb.*).

3. A. canina L. *Sp.* — Souche émettant souv. des stolons. *Tiges de 3-6 déc.*, couchées ascendantes, qqf. radicantes. *Feuilles radicales enroulées sétacées*, les caulinaires linéaires planes. Ligule oblongue. Panicule assez lâche, contractée après la floraison, à rameaux flexueux un peu rudes. Epillets violacés, plus rar. verdâtres. *Glumelle supérieure ord. nulle, l'inférieure ord. munie au-dessous de son milieu d'une arête* blanchâtre un peu coudée, ord. saillante. ⚥. Juin-août.

R. — Prairies, bois humides. — Bois de Laviers (*Baill. Herb.*);

Glisy, Fieffes, Fortmanoir, Pont-de-Metz, Cambron (P. *Fl.*) ; Gouy (*B.* Extr. Fl.).

4. A. Spica-venti L. *Sp.* — *Apera Spica-venti* P. B. *Agrost.* — Racine fibreuse. *Tiges de 3-8 déc.* Feuilles planes linéaires, rudes. Ligule oblongue, laciniée. Panicule ample étalée, très rameuse. Epillets petits, jaunâtres ou violacés contenant le rudiment d'une deuxième fleur. *Glumes inégales. Glumelle inférieure munie vers le sommet d'une arête un peu flexueuse, 3-5 fois plus longue que l'épillet.* ①. Juin-juillet.

CC. — Moissons, champs en friche, bords des chemins — *Intr.*

5. MILIUM L. *Gen.* ex parte.

Epillets uniflores, convexes sur les deux faces. Glumes égales ventrues, un peu plus longues que les glumelles. Glumelles ovales, mutiques, coriaces, luisantes, persistantes. — *Epillets en panicule rameuse très lâche.*

1. M. effusum L. *Sp.* — Tiges de 8-12 déc., grêles, faibles, lisses. Feuilles lancéolées linéaires planes, molles, rudes sur les bords. Ligule oblongue, lacérée. *Panicule à rameaux semi-verticillés*, très inégaux, capillaires, *étalés ou penchés*. Epillets d'un vert blanchâtre, petits, mutiques, écartés. ⚘. Mai-juillet.

CC. — Bois ombragés.

6. SETARIA P. B. *Agrost.*

Epillets contenant une fleur fertile et une fleur stérile, très rar. mâle, *entourés d'un involucre* unilatéral *de soies raides*, scabres denticulées. Glumes convexes, mutiques, très inégales. Glumelles mutiques, renfermant le caryopse. Stigmates sortant au sommet de la fleur. — Tiges plus ou moins nombreuses, souv. rameuses à la base. Feuilles linéaires acuminées, scabres aux bords. Ligule poilue. *Epillets en panicule spiciforme.*

1. { Soies des involucres à denticules dirigées de haut en bas. 1. *S. verticillata.*
   Soies des involucres à denticules dirigées de bas en haut. 2

2. { Glume supérieure égalant environ la fleur fertile. Soies ord. vertes. . . . . 2. *S. viridis.*
   Glume supérieure de moitié plus courte que la fleur fertile. Soies jaunâtres ou rougeâtres . . . . 3. *S. glauca.*

1. S. verticillata P. B. *Agrost.* — *Panicum verticillatum* L. *Sp.* — Tiges de 3-6 déc., dressées ou ascendantes. Panicule cylindrique, à rameaux très courts comme verticillés, souv. interrompue à la base. *Soies des involucres* vertes, *à denticules dirigées de haut en bas.* Glume supérieure égalant environ la fleur fertile. Ⓘ. Juillet-septembre.

R. — Lieux cultivés, jardins. – *Intr.* — Abbeville; Vismes-au-Val (**Guilbert**); Epagne (*Baill.* Herb.); Brailly (*Du Maisniel de Belleval* Not. manuscr.).

2. S. viridis P. B. *Agrost.* — *Panicum viride* L. *Sp.* — Tiges de 2-5 déc., dressées ou étalées. Panicule cylindrique compacte. *Soies des involucres ord. vertes, qqf. un peu rougeâtres, à denticules dirigées de bas en haut. Glume supérieure égalant environ la fleur fertile.* Ⓘ. Juillet-septembre.

C. — Lieux cultivés, bords des champs, terrains en friche. — *Intr.*

S.-v. *reclinata*. (*S. viridis* var. *reclinata* Brébiss. *Fl.*). — Tiges étalées couchées. — Cayeux-sur-Mer (*F. Debray*).

3. S. glauca P. B. *Agrost.* — *Panicum glaucum* L. *Sp.* — Tiges de 1-4 déc., dressées ou étalées. Panicule oblongue ovoïde ou cylindrique, compacte. *Soies des involucres jaunâtres ou rougeâtres, à denticules dirigées de bas en haut. Glume supérieure de moitié plus courte que la fleur fertile. Glumelles striées transversalement.* Ⓘ. Juillet-octobre.

A.R. — Lieux cultivés, bords des champs, terrains en friche. — *Intr.* — Huchenneville; Drucat; Cambron (*T.C.*); Bovelles (*Rom.*); Esclainvillers (*Guilbert*).

S.-v. *prostrata*. (*S. glauca* var. *prostrata* Brébiss. *Fl.*). — Tiges couchées sur la terre.

Le *S. Italica* (P.B. *Agrost.* — *Panicum Italicum* L. *Sp.* — Vulg. *Millet à grappe*) est souv. cultivé dans les jardins pour ses graines employées à la nourriture des oiseaux. Il se reconnoît à sa panicule spiciforme épaisse, très-longue, composée, lobée, penchée arquée, devenant jaunâtre, à axe poilu laineux, à ses soies à denticules dirigées de bas en haut, à sa glume supérieure un peu plus courte que la fleur fertile.

7. OPLISMENUS P. B. *Agrost.*

Epillets plans convexes, dépourvus d'involucre de soies, contenant une fleur fertile et une fleur stérile, plus rar. mâle. Glumes très inégales, l'inférieure très petite, la supérieure mucronée ou aristée. Glumelles de la fleur fertile presqu'égales. Glumelle inférieure de la fleur stérile ovale aigue, plus ou moins longuement aristée. Stigmates sortant au sommet ou vers le sommet de la fleur. — *Epillets disposés en épis nombreux formant une panicule.*

1. O. Crus-galli Kunth *Enum.* — *Panicum Crus-*

galli L. *Sp.* — Tiges de 2-6 déc., feuillées dressées ou ascendantes un peu comprimées. Feuilles linéaires larges planes, glabres, scabres aux bords. Epillets verdâtres ou violacés, hispides, en épis unilatéraux, alternes ou géminés, oblongs, formant une panicule terminale à axe anguleux scabre. ①. Juillet-septembre.

A.R. — Terrains humides, lieux cultivés, chenevières. — *Intr.* — Caumont près Huchenneville; Drucat; Rue; Cambron (*T.C.*); Amiens (*Rom.*); Camon (*E. Gonse*); Epagne (*Baill.* Herb.); Montières, Glisy (*P.* Fl.); Laviers (*B.* Not. manuscr.).

On cultive dans les jardins le *Panicum miliaceum* (L. *Sp.* — Vulg. *Millet*) qui se distingue aux caractères suivants : tiges de 5-9 déc.; feuilles lancéolées linéaires aiguës, poilues ainsi que les gaines; panicule oblongue diffuse, plus ou moins penchée, à rameaux allongés filiformes; glumes ovales acuminés, la supérieure plurinervée.

8. PHALARIS L. *Sp.*

Epillets contenant une fleur fertile et les rudiments de 2 fleurs réduites à des écailles linéaires beaucoup plus courtes que la fleur fertile. Glumes presqu'égales, comprimées latéralement, à carène aiguë. Glumelles poilues à la base, inégales, mutiques, plus courtes que les glumes. Styles allongés; stigmates sortant au sommet de la fleur. — *Epillets disposés en panicule rameuse.*

1. P. arundinacea L. *Sp.* — *Baldingera arundinacea* Dumort. *Agrost.* — Souche traçante. Tiges de 8-12 déc , raides, à nœuds brunâtres. Feuilles larges linéaires, scabres sur les bords. Ligule large obtuse. *Epillets* blanchâtres ou violacés, *en panicule allongée* rameuse, un peu lâche, à *rameaux dressés*. ♃. Juin-juillet.

C. — Bords des eaux, lieux marécageux.

Le *P. Canariensis* (L. *Sp.*), pl. annuelle se rencontrant qqf. sur les terres rapportées dans le voisinage des habitations se distingue à sa panicule spiciforme ovoïde courte, compacte, à ses glumes blanchâtres à bandes vertes de chaque côté de la carène, à sa carène largement ailée.

9. PHLEUM L. *Gen.*

Epillets contenant une fleur fertile, avec ou sans rudiment de fleur stérile. *Glumes libres entre elles, égales, comprimées carénées, acuminées ou tronquées acuminées en pointe ou en arête courte. Glumelles plus courtes que les glumes, l'inférieure tronquée, mutique ou mucronée, rar. aristée. Etamines 3. Stigmates sortant au sommet de la fleur. — Epillets en panicule resserrée étroitement en épi.*

1	Glumes lancéolées aiguës. Epi ovoïde oblong. Ligule oblongue. Tiges de 6-15 cent . . . . . 1. *P. arenarium*.
	Glumes tronquées acuminées. Epi cylindrique. Ligule courte obtuse ou tronquée. Tiges de 2-8 déc. 2
2	Epi atténué aux deux extrémités. Glumes obliquement tronquées acuminées . . . . 2. *P. Bœhmeri*.
	Epi cylindrique obtus. Glumes tronquées transversalement . . . . 3. *P. pratense*.

1. P. arenarium L. *Sp.* — *Phalaris arenaria* Willd. *Sp.*; P. *Fl.* — *Tiges de 6-15 cent.*, dressées ou ascendantes, ord. rameuses dès la base. Feuilles courtes aiguës, à gaîne supérieure longue plus ou moins renflée. *Ligule oblongue. Epi ovoïde oblong*, serré, d'un vert pâle. *Glumes lancéolées aiguës*, trinervées, à carène ciliée. ⊙. Mai-juin.

C. — Sables et galets maritimes, vieux murs près la mer. — Saint-Quentin-en-Tourmont ; Fort-Mahon près Quend ; Le Crotoy ; Le Hourdel ; Cayeux-sur-Mer ; Ault ; Mers.

2. P. Bœhmeri Wib. *Werth.* — *Phalaris phleoides* L. *Sp.* — Souche cespiteuse. *Tiges de 2-5 déc.*, dressées, raides. Feuilles courtes, rudes ; la caulinaire supérieure à gaîne très longue, un peu renflée, à limbe très-court. *Ligule courte tronquée. Epi cylindrique*, un peu *atténué aux deux extrémités*, verdâtre ou purpurin. *Glumes obliquement tronquées acuminées*, à carène scabre ou ciliée. ♃. Juin-juillet.

R. — Lieux arides, côteaux calcaires, bords des bois. — Boves ; La Faloise ; lisières du bois de Croixrault ; Bailleul ; Dury (*E. Gonse*) ; entre Péronne et Cléry (*F. Debray*) ; Laviers (*B.* in *T.C.* Herb.) ; Saint-Riquier (*Baill.* Herb.) ; Notre-Dame-de-Grâce près Amiens (*Richer*) ; Epagne (*B. Extr. Fl.*) ; Cagny, Fortmanoir (*P. Fl.*).

S.-v. *viviparum*. (*Phalaris phleoides* var. *vivipara* P. *Fl.* — *Phalaris vivipara* Schrd. *Fl. Germ.*). — Epillets vivipares. — *RR*. — Fortmanoir (*Picard* in *P. Fl.*).

3. P. pratense L. *Sp.* — (Vulg. *Phléole des prés.* — Souche cespiteuse. Tiges de 2-8 déc., ascendantes ou dressées, qqf. renflées à la base. Feuilles linéaires aiguës, rudes ; la caulinaire supérieure à gaîne très-longue. *Ligule courte, obtuse. Epi cylindrique obtus*, plus ou moins long, verdâtre, à épillets subsessiles. *Glumes tronquées transversalement, terminées par une arête* plus courte qu'elles, à carène ciliée. ♃. Juin-juillet.

CC. — Prés, pâturages, côteaux secs.

S.-v. *viviparum*. (*P. pratense* var. *viviparum* P. *Fl.*). — Epillets vivipares. — R. — Amiens (*P. Fl.*).

Var. *nodosum* (Coss. et Germ. *Fl.*). — Tiges plus courtes, ascendantes, à base renflée. Epi plus court. — *C*. — Lieux arides.

Le *Polypogon Monspeliensis* (Desf. *Atl.* ; Brébiss. *Fl.* ; Lloyd, *Fl.*)

a été rencontré autrefois près de Saigneville sur les bords du canal de Saint-Valery (*B.* Extr. Fl. ; *Baill.* Herb). Il se distingue aux caractères suivants : pl. annuelle ; tiges de 2-3 déc., coudées à la base ; feuilles linéaires, un peu rudes ; panicule ovoïde spiciforme, soyeuse, d'un vert jaunâtre ; épillets uniflores, nombreux, en fascicules compactes ; glumes velues, oblongues lancéolées, échancrées au sommet, à arête partant de l'échancrure, 2-3 fois plus longue que la glume.

10. ALOPECURUS L. *Gen.*

Epillets uniflores. *Glumes mutiques, égales, plus ou moins réunies inférieurement. Glumelle inférieure* comprimée, carénée, *munie d'une arête vers la base ou sur le dos,* la supérieure nulle. *Etamines 3.* Stigmates sortant au sommet de la fleur. *Epillets en panicule* à rameaux très courts, *resserrée en forme d'épi cylindrique.*

1. { Tiges à base renflée en bulbe, ou couchées genouillées inférieurement............ 2
   Tiges dressées................. 3

2. { Tiges renflées en bulbe à la base. Epi à rameaux portant ord. 1 épillet............ 4. *A. bulbosus.*
   Tiges couchées genouillées non renflées. Epi à rameaux portant 4-6 épillets......... 3. *A. geniculatus.*

3. { Pl. annuelle. Epi glabre ou presque glabre à rameaux portant 1-2 épillets......... 1. *A. agrestis.*
   Pl. vivace. Epi velu soyeux à rameaux portant 4-6 épillets.................. 2. *A. pratensis.*

1. A. agrestis L. *Sp.* — (En picard *Epirolle*). — Tiges de 3-6 déc., en touffe, dressées, très rar. couchées étalées, un peu rudes supérieurement. Feuilles linéaires étroites, rudes ainsi que les gaînes. Ligule courte. *Epi* souv. violacé, atténué aux deux extrémités, *glabre ou presque glabre, à rameaux portant 1-2 épillets.* Glumes réunies au moins dans leur moitié inférieure, à carène brièvement ciliée. Glumelle lancéolée, munie près de la base d'une arête fine flexueuse, 2 fois plus longue que les glumes. ①. Mai-août.

CC. — Moissons, lieux cultivés, bords des chemins, champs en friche, bois. — *Intr.?*

S.-v. *decumbens.* (*A. agrestis* var. *decumbens* P. *Fl.*). — Tiges couchées étalées. — Galets maritimes. — Mers.

2. A. pratensis L. *Sp.* — (Vulg. *Vulpin. des prés*). — Souche cespiteuse. *Tiges* de 5-8 déc., *dressées.* Feuilles linéaires aigues, rudes sur les bords, à gaîne supérieure un peu renflée. Ligule courte. *Epi* cylindrique obtus, *velu soyeux, à rameaux portant 4-6 épillets.* Glumes réunies dans leur tiers inférieur, à carène longuement ciliée. Glumelle ovale oblongue, munie au-dessus de sa base d'une arête dépassant ord. plus ou moins les glumes. ♃. Mai-juin.

CC. — Prairies, pâturages.

3. A. geniculatus L. *Sp.* — Souche cespiteuse. *Tiges de 3-5 déc., couchées genouillées,* souv. radicantes inférieurement, qqf. fois flottantes. Feuilles linéaires aiguës, rudes sur les bords, à gaîne supérieure un peu renflée. Ligule oblongue. *Epi* cylindrique aigu, pubescent, *à rameaux portant 4-6 épillets*. Glumes réunies seulement à la base, à carène longuement ciliée. Glumelle ovale oblongue, munie d'une arête dépassant plus ou moins les glumes. ♃. Juin-août.

Marais, fossés, bords des eaux.

Var. α. *geniculatus* (Coss. et Germ. *Fl.* — *A. geniculatus* Sm. *Engl. bot.*). — Epi ord. obtus. Glumelle munie d'une arête genouillée, ord. 2 fois plus longue que les glumes. Anthères jaunâtres, puis brunâtres. — A.R. — Mareuil ; Quend ; Le Mesge (*Rom.*) ; Le Hourdel (*T.C.*) ; Noyelles-sur-Mer (*E. Gonse*) ; Cayeux-sur-Mer (*Baill. Herb.*) ; fossés des remparts d'Abbeville (*Poulain* Herb.).

Var. ɞ. *fulvus* (Coss. et Germ. *Fl.* — *A fulvus* Sm. *Engl. bot.*). — Epi d'un vert glauque, un peu atténué au sommet. Glumelle munie vers le milieu de sa longueur, d'une arête droite dépassant à peine les glumes. Anthères blanchâtres, puis orangées. — R. — Picquigny.

4. A. bulbosus L. *Sp.* ; Brébiss. *Fl.* ; Lloyd. *Fl.* — *Tiges* de 2-5 déc., souvent solitaires, grêles dressées, couchées ou ascendantes, un peu flexueuses, *à base renflée en bulbe*. Ligule oblongue, *Epi* cylindrique aigu, d'un vert blanchâtre, *à rameaux portant ord. 1 seul épillet*. Glumes réunies seulement à la base, pubescentes ou glabres à carène brièvement ciliée. Glumelle ovale tronquée, munie près de la base d'une arête colorée, dépassant les glumes. ♃. Juin-juillet.

A.R. — Marais et bords des fossés dans la région maritime. — Laviers ; Saint-Valery ; Mers ; Abbeville ; Le Crotoy (*Dovergne* Herb.).

11. ANTHOXANTHUM L. *Gen.*

Epillets composés d'une fleur fertile accompagnée de 2 fleurs stériles réduites chacune à une glumelle aristée, dépassant la fleur. Glumes carénées, acuminées, très inégales, la supérieure beaucoup plus longue que les fleurs. Glumelles de la fleur fertile très petites mutiques. *Etamines* 2. Stigmates longs filiformes plumeux, sortant au sommet de la fleur. — Pl. odorante à l'état sec. *Epillets disposés en panicule spiciforme lâche atténuée au sommet.*

1. A. odoratum L. *Sp.* — (Vulg. *Flouve*). — Souche

cespiteuse. Tiges de 2-4 déc., en touffe. Feuilles linéaires aiguës, planes, glabres ou un peu velues. Ligule oblongue. Epillets brièvement pédicellés, d'un vert jaunâtre. Fleurs stériles velues, la fertile glabre petite. ♃. Juin-juillet.

CC. — Lieux herbeux, prairies, pâturages secs, bois.

On cultive dans les jardins, et plus rar. dans les champs comme fourrage vert le *Zea Mays* (L. *Sp.* — Vulg. *Maïs, Blé de Turquie*), dont les principaux caractères sont : Pl. annuelle ; tiges de 8-20 déc. robustes ; feuilles planes larges ; fleurs monoïques ; épillets mâles terminaux en grappes paniculées, les femelles rapprochés en épis axillaires très-gros oblongs ventrus sessiles, enveloppés dans la gaîne de la feuille ; style très-allongé ; cariopses globuleux, rapprochés par paire sur 8 rangs et disposés sur un axe charnu.

b. *Epillets à 2 ou plusieurs fleurs ord. fertiles.*

12. MELICA L. Gen.

Epillets à 3-5 fleurs, les 1-3 inférieures hermaphrodites, les supérieures rudimentaires. Glumes inégales convexes, membraneuses, mutiques. *Glumelle inférieure* cartilagineuse *mutique*, la supérieure membraneuse. — Feuilles planes linéaires acuminées. *Epillets en panicule rameuse.*

1 { Epillets dressés, en panicule très-lâche, à rameaux allongés . . . . 1. *M. uniflora.*
   Epillets penchés, en panicule en forme de grappe, à rameaux courts. . . . . 2. *M. nutans.*

1. M. uniflora Retz *Obs.* — Souche à rhizome traçant. Tiges de 4-6 déc., rudes inférieurement. Feuilles rudes aux bords, un peu poilues, à gaînes non fendues. Ligule brusquement prolongée en un appendice linéaire verdâtre, opposé à la feuille. *Panicule très lâche* unilatérale, à *rameaux* inférieurs filiformes *allongés* étalés portant ord. 2 ou plusieurs épillets. *Epillets dressés* ovoïdes, ord. peu nombreux, ne contenant ord. qu'une seule fleur fertile. Glumes violacées. Glumelle inférieure glabre. ♃. Mai-Juin.

CC. — Bois, coteaux boisés.

2. M. nutans L. *Sp.* — Souche à rhizome un peu traçant. Tiges de 3-5 déc., un peu rudes. Feuilles rudes aux bords, un peu poilues, à gaînes fendues au sommet. Ligule courte tronquée, non prolongée en appendice linéaire. *Panicule disposée en forme de grappe, à rameaux courts* dressés portant 1, plus rar. 2 épillets. *Epillets penchés* ovoïdes, peu nombreux, contenant 2-3 fleurs fertiles. Glumes violacées, à bords largement scarieux. Glumelle inférieure glabre. ♃. Mai-juin.

RR. — Bois montueux. — Bois de l'Hôtel-Dieu à Bacouel (*E. Gonse*). — Signalé en 1779 au bois de Laviers (*Du Maisniel de Belleval*, Not. manuscr.).

13. AIRA L. *Gen.* ex parte.

Epillets à *2 fleurs* hermaphrodites et ord. une troisième rudimentaire. Glumes carénées mutiques, presqu'égales, dépassant les fleurs. *Glumelle inférieure bifide au sommet portant sur le dos une arête* plus ou moins tordue dépassant les glumes. *Cariopse glabre*. — Tiges solitaires ou plus ou moins nombreuses, grêles. *Epillets* très petits, *disposés en panicule rameuse*.

1 { Panicule diffuse, à rameaux trichotomes étalés . . . . .
. . . . *1. A. caryophyllea*.
{ Panicule contractée, à rameaux dressés . . *2. A. præcox*.

1. A. caryophyllea L. *Sp*. — *Avena caryophyllea* Koch *Syn*. — Tiges de 1-4 déc. Feuilles sétacées courtes. *Epillets* luisants blanchâtres, *en panicule diffuse, à rameaux trichotomes* ord. *étalés divariqués*. ⓘ. Mai-juillet.

A.C. — Côteaux arides, lieux sablonneux, clairières des bois. — Ercourt; Bailleul; Huchenneville; Bouttencourt; Boismont; Saint-Valery; Villers-sur-Authie; forêt de Crécy; Bovelles, Ailly-sur-Somme (*Rom.*); Caubert près Abbeville (*Baill.* Herb.); Saint-Riquier, Forêt-l'Abbaye (*Poulain*, Herb.); Cagny, Allonville, Boves, bois du Val près Laviers (*P. Fl.*).

Var 6. *multiculmis* (Brébiss. *Fl*. — *A. multiculmis* Boreau *Fl*.). — Tiges ord. nombreuses, disposées en touffe. Panicule à rameaux dressés, puis étalés. Epillets rapprochés en faisceaux au sommet des rameaux.

2. A. præcox L. *Sp*. — *Avena præcox*. P. B. *Agrost*. — Tiges de 5-15 cent. Feuilles sétacées courtes. *Epillets* d'un blanc verdâtre *en panicule* spiciforme *contractée*, oblongue, à *rameaux* courts *dressés*. ⓘ. Avril-juin.

R. — Lieux sablonneux, clairières des bois, galets maritimes. — Bois de Mareuil; Larronville près Rue; Vercourt; Villers-sur-Authie; Vron; Monchaux près Quend; Neuville près Estrebœuf; Ribeauville près Saint-Valery; Tilloy-Floriville; bois de Caubert près Abbeville (*Baill.* Herb.).

14. DESCHAMPSIA P. B. *Agrost*.

Epillets à *2-3 fleurs* hermaphrodites, la supérieure souv. rudimentaire. Glumes carénées mutiques, presqu'égales, ne dépassant pas les fleurs. *Glumelle inférieure tronquée, irrégulièrement 3-5 dentée au sommet, aristée sur le dos. Caryopse glabre*. — Souche cespiteuse. *Epillets* petits *en panicule rameuse*.

| Feuilles linéaires planes. Arête presque droite, de la longueur environ de la glumelle . . . . . . 1. *D. cæspitosa.*
1 { Feuilles très-étroites filiformes. Arête genouillée plus longue de moitié que la glumelle. . . 2. *D. flexuosa.*

1. D. cæspitosa P. B. *Agrost.* — *Aira cæspitosa* L. *Sp.* — Souche formant de larges touffes. Tiges de 5-10 déc., rudes au sommet. *Feuilles* raides, *linéaires planes* sillonnées, scabres. Ligule longue acuminée, souv. bifide. Epillets luisants ord. violacés, en panicule étalée, pyramidale, à rameaux inférieurs semi-verticillés. *Arête presque droite* incluse, *de la longueur environ de la glumelle.* ♃. Juin-juillet.

CC. — Bois, lieux herbeux, prairies.

S.-v. *pallida* (Gren. et Godr. *Fl.* — *Aira parviflora* Thuill. *Fl. Par.*). — Epillets plus petits, d'un vert blanchâtre. — Marais de Gouy (*Baill.* Herb.; P. Herb.).

2. D. flexuosa Nees *Gen. Fl. Germ.* — *Aira flexuosa* L. *Sp.* — Tiges de 3-6 déc., presque nues. *Feuilles très étroites filiformes.* Ligule courte, tronquée. Epillets luisants violacés ou verdâtres, en panicule lâche un peu penchée, à pédicelles grêles flexueux, un peu rudes. *Arête genouillée, de moitié plus longue que la glumelle,* ♃. Juin-août.

A.R. — Bois montueux, terrains sablonneux. — Bouvaincourt; Oust-Marest; La Faloise, forêt d'Arguel près Senarpont; Boves; Bus, Fescamps (*E. Gonse*); Embreville, Villers-Tournelle, Tilloy-Floriville (*Guilbert*); Dury, Cagny (P. Herb.); Pendé, Estrebœuf (P. *Fl.*).

15. CORYNEPHORUS P. B. *Agrost.*

Epillets à 2 fleurs hermaphrodites. Glumes mutiques presqu'égales, dépassant les fleurs. *Glumelle inférieure portant sur le dos, au-dessus de sa base, une arête droite,* noire, inférieurement entourée d'un anneau poilu et articulée vers le milieu, blanchâtre et *renflée en massue* au sommet, dépassant peu les glumes. — Epillets petits, disposés en panicule.

1. C. canescens P. B. *Agrost.* — Souche cespiteuse, à tiges et à feuilles nombreuses, disposées en petites touffes d'un vert blanchâtre. Tiges de 1-2 déc. Feuilles enroulées sétacées, glauques. Epillets luisants argentés. Panicule resserrée, d'abord entourée à la base par la gaîne de la feuille supérieure. ♃, Juin-août,

Lieux sablonneux. — Commun dans les sables maritimes. — Saint-Quentin-en-Tourmont; Fort-Mahon; Cayeux-sur-Mer (*P. Fl.*); Le Crotoy (*B.* Not. manuscr.).

Var. 6. *subuniflora* (P *Fl.* et herb.). — Epillets uniflores. Seconde fleur nulle ou rudimentaire par suite d'avortement.

16. HOLCUS L. Gen.

Epillets à 2 fleurs, l'inférieure hermaphrodite mutique, *la supérieure mâle*, aristée, rar. toutes deux hermaphrodites et aristées. Glumes presqu'égales, carénées. Glumelle inférieure de la fleur mâle munie au-dessous du sommet d'une arête flexueuse, ou genouillée. *Caryopse glabre.* — Feuilles linéaires aigues planes. *Epillets en panicule ovale oblongue*, d'abord étalée, puis contractée.

1. { Souche cespiteuse. Arête incluse dans les glumes ou les dépassant à peine. . . . . *1. H. lanatus*
Souche traçante. Arête dépassant longuement les glumes.
. . . . *2. H. mollis.*

1. H. lanatus L. *Sp.* — (Vulg. *Houque*). — *Souche cespiteuse.* Tiges de 3-7 déc., velues sur les nœuds. Feuilles molles pubescentes à gaînes velues. Panicule blanchâtre qqf. un peu rougeâtre. Glumes pubescentes. *Arête de la fleur mâle* flexueuse, recourbée, *incluse dans les glumes, ou les dépassant à peine.* ♃. Juin-août.

C. — Lieux herbeux, prairies.

2. H. mollis L. *Sp.* — (Vulg. *Houque*). — *Souche traçante.* Tiges de 3-7 déc., pubescentes sur les nœuds. Feuilles un peu rudes, à gaînes d'abord pubescentes, puis glabres. Panicule verdâtre ou blanchâtre. Glumes pubescentes ou glabrescentes. *Arête de la fleur mâle* genouillée infléchie, *dépassant longuement les glumes.* ♃. Juillet-septembre.

A.C. — Lieux herbeux, bois. — Yvrench ; Saint-Quentin-en-Tourmont ; bois de Size près Ault ; Maisnières ; Ercourt ; Huchenneville ; La Faloise ; Ailly-sur-Noye (*Copineau*) ; Bovelles (*Rom.*) ; Thieulloy-la-Ville, Sainte-Segrée, Saint-Germain-sur-Bresle (*E. Gonse*) ; forêt de Crécy (*Poulain* Herb) ; Brailly, Bouillancourt (*P. Fl.*).

17. ARRHENATHERUM P. B. Agrost.

Epillets à 2 fleurs avec le rudiment d'une troisième fleur, *l'inférieure mâle*, la supérieure hermaphrodite. Glumes inégales carénées. Glumelle inférieure bifide, munie dans la fleur mâle, près de la base, d'une longue arête genouillée et dans la fleur hermaphrodite, au-dessous de son sommet, d'une arête très-courte, qqf. nulle. *Cariopse velu au sommet.* — *Epillets en panicule rameuse.*

1. A. elatius Mert. et Koch. *Deutschl. Fl.* *A. avenaceum* P. B. *Agrost.* — *Avena elatior* L. *Sp.* — (Vulg. *Fromental*). — Souche cespiteuse, ou un peu traçante. Tiges de 6-12 déc., dressées ou ascendantes, glabres. Feuilles planes linéaires aigues, glabres, un peu rudes. Ligule courte Panicule dréssée à rameaux semi-verticillés, étalés pendant la floraison. — Epillets luisants blanchâtres ou violacés. ♃. Juin-août.

CC. — Lieux herbeux, prairies, bois.

Var. ε. *bulbosum* (Koch syn. — *Avena precatoria* Thuil. *Fl. Par.*). — Tiges renflées à la base en bulbes superposés, à nœuds inférieurs ord. pubescents. — Lieux arides.

18. AVENA L. *Gen.* ex parte.

Epillets d'abord cylindriques, puis comprimés, à *2-6 fleurs* hermaphrodites, la supérieure ord. rudimentaire. Glumes mutiques, nervées, presqu'égales, rar. inégales, *Glumelle inférieure* bifide, bidentée ou biaristée, *munie sur le dos d'une arête ord. genouillée, tordue inférieurement. Cariopse velu au moins au sommet*, rar. glabre, enveloppé par les glumelles. — *Epillets disposés en panicule rameuse.*

1	Epillets dressés à la maturité..................	2
	Epillets penchés ou pendants à la maturité........	4
2	Panicule lâche à épillets nombreux, petits, courts, jaunâtres................ 1. *A. flavescens.*	
	Panicule resserrée ou un peu étalée à épillets peu nombreux, assez gros, allongés, panachés de violet et de blanc ou de vert...............	3
3	Feuilles inférieures et gaînes pubescentes. Rameaux inférieurs de la panicule 3-5...... 2. *A. pubescens.*	
	Feuilles et gaînes glabres. Rameaux inférieurs de la panicule 1-2............. 3. *A. pratensis.*	
4	Glumelle inférieure terminée par 2 arêtes droites allongées noirâtres............... 6. *A. strigosa.*	
	Glumelle inférieure terminée par 2 dents.........	5
5	Fleurs articulées avec l'axe, très caduques. Glumelle munie inférieurement de longs poils roussâtres. 7. *A. fatua.*	
	Fleurs non articulées avec l'axe. Glumelle sans longs poils roussâtres..................	6
6	Panicule pyramidale à rameaux étalés ... 4. *A. sativa.*	
	Panicule en forme de grappe unilatérale. 5. *A. Orientalis.*	

* *Epillets dressés à la maturité.*

1. A. flavescens L. *Sp.* — *Trisetum flavescens* P. B. *Agrost.* — Souche cespiteuse un peu traçante. Tiges de 2-4 déc. Feuilles molles plus ou moins velues ainsi que les gaînes. Ligule courte. *Panicule allongée, lâche, étalée, à rameaux inférieurs demi-verticillés, inégaux. Epillets petits, nombreux, courts*, luisants *jaunâtres.* Glumes inégales, plus courtes que les fleurs. Glumelle inférieure bifide, munie sur le dos d'une longue arête genouillée, grêle. ♃. Juin-août.

C. — Côteaux, bois, pâturages.

2. A. pubescens L. *Sp*. — Souche cespiteuse un peu traçante. Tiges de 3-6 déc. *Feuilles planes, les inférieures pubescentes ainsi que les gaînes*. Ligule oblongue allongée. *Panicule dressée un peu étalée*, en forme de grappe oblongue, *à rameaux inférieurs disposés par 3-5* portant chacun ord. un épillet, plus rar. 2. *Epillets assez gros allongés*, un peu étalés, luisants *panachés de blanc argenté et de violet*, à 3-4 fleurs, longuement poilues à la base, ainsi que l'axe. Glumes égalant environ les fleurs. Glumelle inférieure munie sur le dos ord. d'une arête robuste genouillée. Fleurs articulées avec l'axe et caduques à la maturité. ♃. Juin-juillet.

A.C. — Prés secs, bois, pâturages. — Caumondel près Huchenneville; Cambron; Saint-Quentin-en-Tourmont; Lanchères; Fortmanoir près Boves; Bovelles (*Rom.*); Notre-Dame-de-Grâce près Amiens (*Richer*); Ailly-sur-Noye, Prouzel, Villers-Bretonneux, Belloy-sur-Somme (*E. Gonse*); bois de Mazières près Péronne, Picquigny, Renancourt (*F. Debray*); Cagny, Ault, citadelle d'Amiens (*Copineau*); Mailly-Maillet (*Carette*); Saint-Riquier (*Lesaché*); Dury, Boves (*P.* Fl.); bois du Val près Laviers (*Baill*. Herb.).

S.-v. *parviflora*. (*A. pubescens* var. *parviflora* P. *Fl.*). — Epillets plus petits, toujours biflores.

3. A. pratensis L. *Sp*. — Souche oblique fibreuse. Tiges de 4-8 déc., raides. *Feuilles glabres*, scabres, les inférieures un peu enroulées, presqu'obtuses, les supérieures très courtes, à longues *gaînes glabres*, scabres. Ligule oblongue. *Panicule étroite resserrée en forme d'épi, à rameaux inférieurs 1-2* rar. 3, portant chacun un seul épillet. *Epillets assez gros, allongés* dressés, luisants *panachés de vert et de violet*, à 3-6 fleurs brièvement poilues à la base ainsi que l'axe. Glumes ord. plus courtes que les fleurs. Glumelle inférieure munie sur le dos d'une longue arête flexueuse genouillée, un peu tordue inférieurement. Fleurs articulées avec l'axe et caduques à la maturité. ♃. Juin-juillet.

A.C. — Pelouses sèches, côteaux incultes, clairières des bois. — Caubert près Abbeville; Mareuil; Neufmoulin; forêt de Crécy; Arry; Saint-Quentin-en-Tourmont; Quend; Ercourt; Bezencourt près Tronchoy; Cagny, Sainte-Segrée (*E. Gonse*); Bovelles (*Rom.*); Bussus, Saint-Riquier (*Lesaché*); Boves, Cottenchy, bois Boullon près Abbeville (*P.* Fl).

** *Epillets penchés ou pendants à la maturité.*

† **4. A. sativa** L. *Sp*. — (Vulg. *Avoine*). — Tiges de 5-10 déc. Feuilles assez larges. Ligule courte. *Panicule* assez

ample, *pyramidale, à rameaux étalés.* Epillets gros, très ouverts, ord. biflores, verdâtres. Glumes dépassant les fleurs. *Glumelle inférieure bidentée,* munie sur le dos d'une arête robuste tordue inférieurement. *Fleurs non articulées avec l'axe.* ♃. Juillet-septembre.

Cultivé en grand. — Cette espèce varie à glumelles noirâtres (*Avoine noire*), ou blanchâtres (*Avoine blanche*).

† **5. A. Orientalis** Schreb. *Spicil.* — (Vulg. *Avoine de Hongrie*). — Tiges de 5-10 déc. Feuilles rudes. Ligule courte. *Panicule* resserrée *en forme de grappe unilatérale.* Epillets gros, peu ouverts, ord. biflores. Glumes presqu'égales dépassant les fleurs. *Glumelle inférieure brièvement bidentée,* munie sur le dos d'une arête un peu flexueuse, non tordue inférieurement. *Fleurs non articulées avec l'axe.* ①. Juillet-septembre.

Cultivé en grand, mais beaucoup moins communément que la précédente. — On en rencontre assez souvent des spécimens mêlés à l'*Avena sativa*.

6. A. strigosa Schreb. *spicil.* — Tiges de 5-10 déc. Feuilles plus ou moins rudes. Ligule courte. Panicule lâche étroite. presque unilatérale. Epillets allongés, peu ouverts, ord. biflores. Glumes égalant les fleurs. *Glumelle inférieure terminée par 2 arêtes droites, allongées, noirâtres,* munie sur le dos d'une troisième arête tordue genouillée, très allongée, noirâtre, blanche au sommet. Fleurs non articulées avec l'axe. ①. Juillet-septembre.

R. — Parmi les Avoines cultivées. — *Intr.* — Behen ; Huchenneville ; Rue.

7. A. fatua L. *Sp.* (Vulg. *Folle-Avoine, Avron*). — Tiges de 8-10 déc. Feuilles assez larges, rudes. Ligule courte. Panicule ample, lâche étalée, pyramidale. Epillets gros, ord. 2-3 flores, très ouverts. Glumes dépassant un peu les fleurs. *Glumelle* inférieure bidentée, *munie ord. dans sa moitié inférieure de longs poils roussâtres* et portant sur le dos une arête assez robuste, tordue inférieurement. *Fleurs articulées avec l'axe et très caduques à la maturité.* ②. Juillet-septembre.

A.C. — Parmi les Avoines cultivées. — *Intr.* — Behen ; Huchenneville ; Mers ; Bovelles (*Rom.*) ; Amiens, Dury (*E. Gonse*) ; Port (*d'Orval*).

S.-v. *intermedia*. (*A. intermedia* Lestiboudois fils *Bot. Belg.*). — Glumelle inférieure munie seulement à la base de poils peu nombreux.

S.-v. *hybrida*. (*A. hybrida* Peterm. in Reichb. *Fl. Sax.* ; Koch *Syn.*). — Glumelle inférieure glabre, excepté sur le callus.

19. DANTHONIA DC. *Fl. Fr.*

Epillets à *2-5 fleurs* hermaphrodites, la supérieure rudimentaire. *Glumes ventrues, convexes,* mutiques, embrassant les fleurs. *Glumelle inférieure bidentée et munie entre les dents d'une arête* très courte en forme de dent, souv. avortée. — *Epillets* dressés *en panicule* étroite, à rameaux courts *portant ord. un seul épillet.*

1. D. decumbens DC. *Fl. Fr.* — *Triodia decumbens* P. B. *Agrost.* — Souche cespiteuse. Tiges de 2-4 déc., ascendantes. Feuilles étroites, planes, poilues ainsi que les gaînes, les radicales souv. aussi longues que la tige. *Epillets* peu nombreux, assez gros, ovoïdes oblongs, *verdâtres.* — ♃. Juin-juillet.

A.R. — Lieux sablonneux, terrains calcaires, lisières et clairières des bois. — Fransu; forêt de Crécy; dunes de Saint-Quentin-en-Tourmont; Boismont; Neuville près Estrebœuf; bois de Lanchères; Cambron (*T.C.*); Bovelles (*Rom.*); Quend (*Cagé*); Ault (*Copineau*); Fescamps, bois de Bus (*E. Gonse*); bois de Mareuil (*Picard* in herb. *Baill.*); bois du Val près Laviers (*B. Extr.* Fl.).

20. BROMUS L. *Gen.*

Epillets d'abord cylindriques subulés, puis plus ou moins comprimés, à *5-12 fleurs* hermaphrodites, les supérieures souv. rudimentaires. Glumes carénées acuminées, un peu inégales, plus courtes que les fleurs. *Glumelle inférieure* ord. bidentée ou bifide au sommet, *munie* ord. *au-dessous du sommet d'une arête* ord. *droite,* la supérieure bicarénée, à carènes ciliées sur les bords. *Caryopse velue au sommet,* adhérent à la glumelle supérieure. Styles ord. latéraux. — *Epillets* pédicellés *disposés en panicule.*

1 { Epillets élargis au sommet après la floraison 2
    Epillets étroits au sommet ou à peine élargis après la floraison. 3

2 { Panicule très-lâche étalée, à rameaux rudes. *1. B. sterilis.*
    Panicule presque unilatérale, à rameaux mollement pubescents. . . . . *2. B. tectorum.*

3 { Panicule dressée 4
    Panicule penchée. 7

4 { Epillets mollement pubescents. . . . . . *11. B. mollis.*
    Epillets glabres ou un peu pubescents. 5

5 { Pl. bisannelle. Glumelle inférieure à arête égalant sa longueur. . . . . *8. B. racemosus.*
    Pl. vivace. Glumelle inférieure mutique mucronée, ou aristée. 6

6 { Glumelle mutique ou mucronée . . . . . *10. B. inermis.*
    Glumelle aristée, à arête de moitié plus courte que la glumelle . . . . *9. B. erectus.*

7 { Gaines glabres au moins les supérieures 8
  { Gaines pubescentes velues 9

8 { Pl. annuelle. Epillets ovoïdes oblongs. Arête égalant environ la longueur de la glumelle, qqf. presque nulle.
  . . . . 5. *B. secalinus.*
  { Pl. vivace. Epillets lancéolés. Arête 1 fois plus longue environ que la glumelle. . . . . 7. *B. giganteus.*

9 { Arête étalée très divariquée à sa maturité. . . . . . .
  . . . . 4. *B. squarrosus.*
  { Arête droite 10

10 { Pl. annuelle. Tiges de 3-8 déc. Feuilles linéaires étroites. Arête égalant environ la longueur de la glumelle. . .
   . . . . 3. *B. arvensis.*
   { Pl. vivace. Tiges de 8-12 déc. Feuilles linéaires larges. Arête plus courte que la glumelle. . . . . 6. *B. asper.*

* *Epillets élargis au sommet après la floraison.*

Panicule penchée.

1. B. sterilis L. *Sp.* — Tiges de 3-8 déc., glabres. Feuilles longues linéaires, pubescentes ou velues ainsi que les gaînes inférieures. *Panicule très lâche étalée, à rameaux rudes* très longs, pendants. Epillets pendants, oblongs, verdâtres ou rougeâtres, ord. rudes, à 5-9 fleurs linéaires subulées, un peu espacées divergentes. Glumelle inférieure lancéolée subulée, terminée en pointe scarieuse bifide, à arête ciliée rude, plus longue que la glumelle. ⓘ. Mai-août.

CC. — Lieux incultes, côteaux arides, vieux murs, bords des chemins.

2. B. tectorum L. *Sp.* — Tiges de 2-4 déc., grêles, pubescentes au sommet. Feuilles linéaires étroites, molles, pubescentes ainsi que les gaines. *Panicule presque unilatérale à rameaux ord. mollement pubescents*, grêles pendants. Epillets pendants plus petits que dans l'espèce précédente, ord. très pubescents, luisants verdâtres ou violacées, à 5-6 fleurs lancéolées subulées, divergentes, plusieurs fleurs supérieures stériles. Glumelle inférieure lancéolée à arête égalant environ la longueur de la glumelle. ⓘ. Mai-juillet.

R. — Lieux arides, sables et galets maritimes, vieux murs. — Le Crotoy ; Saint-Quentin-en-Tourmont ; Quend ; Le Hourdel ; Cayeux-sur-Mer ; Ault ; Ribeauville près Saint-Valery ; Neuville près Estrebœuf ; Amiens à Henriville (*E. Gonse*).

S.-v. *glaber* (Coss. et Germ. *Fl.*). — Epillets glabres. — Le Crotoy (*T.C.*).

** *Epillets étroits au sommet ou à peine élargis.*

Panicule penchée.

3. B. arvensis L. *Sp.* — Tiges de 3-8 déc., glabres. *Feuilles* linéaires *étroites* aigues, molles *pubescentes ainsi que les gaînes.* Panicule assez grande, lâche étalée, penchée à la maturité, à rameaux très allongés, grêles. Epillets linéaires lancéolés, ord. glabres, verdâtres ou violacés, à 5-10 fleurs imbriquées. *Glumelle inférieure* oblongue, à bords formant au-dessus de son milieu un angle obtus, *à arête très fine noirâtre, droite* ou un peu étalée, *égalant environ la longueur de la glumelle.* Glumelle supérieure égalant environ l'inférieure. ①. Juin-juillet.

A.C. — Champs en friche, côteaux, bords des chemins, moissons. — *Intr.* — Abbeville ; Behen ; Caubert près Abbeville ; Maisnières ; Bovaincourt ; Cambron (*T.C.*) ; Bovelles (*Rom.*) ; Dury, Renancourt, Sainte-Segrée (*E. Gonse*) ; Pont-Remy (*Picard* in herb. *P.*) ; Bernay (*P. Fl.*).

4. B. squarrosus L. *Sp.* — Tiges de 2-4 déc., grêles. *Feuilles* linéaires étroites, *pubescentes ainsi que les gaînes.* Panicule lâche ord. simple, unilatérale, à rameaux filiformes flexueux, rudes. Epillets oblongs lancéolés, glabres luisants, verdâtres ou violacés, à 8-12 fleurs elliptiques, imbriquées. *Glumelle inférieure* oblongue, à bords formant au-dessus du milieu un angle obtus, *à arête d'abord droite, puis étalée divariquée*, souv. tordue, égalant la longueur de la glumelle. ②. Juin-juillet.

RR. — Lieux incultes, digues, bords des moissons. — *Intr.* — Saint-Valery (*T.C.* Herb.) ; champs vers Roye et Montdidier (*P. Fl.*). — Espèce sans doute introduite accidentellement.

5. B. secalinus L. *Sp*. — Tiges de 6-10 déc. Feuilles linéaires, un peu poilues, *à gaînes glabres au moins les supérieures.* Panicule lâche à rameaux étalés après la floraison. *Epillets ovoïdes oblongs* verdâtres, à 6-12 fleurs, d'abord imbriquées, puis se contractant à la maturité, et devenant presque cylindriques, et écartées. *Glumelle inférieure* obscurément nervée, à bords dépourvus d'angle obtus, à arête droite ou flexueuse, *égalant environ la longueur de la glumelle, plus rar. courte et presque nulle.* ①. Juin-juillet.

Moissons, champs en friche. — *Intr.*

Var. α. *secalinus.* (**B. secalinus** var. *vulgaris* Koch syn.). — Epillets petits, pauciflores, glabres. — A.R. — Les Alleux près Behen ; Mers ; Cambron (*T.C.*) ; Dury, Amiens, Lucheux (*E. Gonse*).

S.-v. *hordeaceus.* (**B. secalinus** var. *hordeaceus* Koch Syn. — *B. hor-*

deaceus Gmel. *Fl. Bad.*). — Epillets petits, pauciflores, velus ou pubescents. — **A.C.** — Mers ; Inval près Huchenneville ; Amiens, Lucheux (*E. Gonse*).

Var. δ. *velutinus* (Koch *Syn*. — *B. velutinus* Schrad *Fl. Germ.* — *B. grossus* DC. *Fl. Fr.*). — Epillets gros allongés, multiflores, velus ou pubescents.—**A.R.**—Les Croisettes près Behen ; Ercourt ; Mers ; Inval près Huchenneville ; Bouvaincourt ; Lucheux, Dury (*E. Gonse*).

6. B. asper Murr. *Prodr. Gott.* — *Tiges de 8-12 déc.*, subsolitaires ou peu nombreuses, pubescentes. *Feuilles longues linéaires* acuminées, *larges pubescentes, scabres à gaînes hérissées à poils réfléchis*. Panicule grande lâche, à rameaux scabres très longs, les inférieurs géminés. Epillets linéaires lancéolés, verts ou violacés à 7-9 fleurs. *Glumelle inférieure* obscurément bidentée, *à arête droite, plus courte que la glumelle*. ♃. Juin-août.

CC. — Buissons, bois couverts.

7. B. giganteus L. *Sp.* — *Festuca gigantea* Vill. *Dauph.* — Souche un peu traçante. Tiges de 8-12 déc., robustes, lisses glabres. *Feuilles* linéaires larges aiguës, scabres surtout sur les bords, *glabres ainsi que les gaînes*. Ligule tronquée, très courte, munie de 2 oreillettes. Panicule ord. très grande, lâche étalée, à rameaux fins, rudes, pendants. *Epillets* oblongs *lancéolés*, d'un vert blanchâtre à 4-8 fleurs. *Glumelle inférieure, munie un peu au-dessous du sommet d'une arête* blanchâtre, grêle, rude, un peu flexueuse, *1 fois plus longue environ que la glumelle*. Glumelle supérieure lancéolée brièvement bidentée. Styles terminaux. ♃. Juin-août.

A.R.—Bois couverts.—Ercourt ; Oust-Marest ; Drucat ; Yvrench ; Pernois ; Cambron (*T.C.*) ; Bovelles, Ferrières (*Rom.*) ; Amiens, Poix, Croixrault, Namps-au-Mont (*Richer*) ; Renancourt, La Faloise, Camon (*E. Gonse*) ; Martainneville, Hénencourt (*Guilbert*) ; Mailly-Maillet (*Carette*) ; Notre-Dame-de-Grâce, Ailly, Cagny, Querrieux, Boves, Caubert près Abbeville (*P. Fl.*).

Panicule dressée.

8. B. racemosus L. *Sp.* ; Coss. et Germ. *Fl.* — *B. mutabilis* Schultz in *Flora*. — Tiges de 3-8 déc., glabres. Feuilles linéaires aiguës pubescentes, à gaînes inférieures poilues. Panicule d'abord lâche, puis ord. resserrée après la floraison, à rameaux ord. simples. *Epillets* ovoïdes oblongs, *glabres* luisants, verdâtres, à 6-12 fleurs imbriquées. *Glumelle inférieure* à bords formant vers le milieu un angle obtus plus ou moins saillant, *munie au-dessous du sommet d'une arête égalant environ la longueur de la glumelle*. Glumelle supérieure plus courte que l'inférieure. ②. Juin-juillet.

A.C. — Prés humides, pâturages, moissons, bords des chemins. Drucat : Inval près Huchenneville ; bords du canal de Saint-Valery (*TC.*) ; Laviers (*Baill.* Herb.) ; Pont-de-Metz, Glisy, Fortmanoir, Camon (*P.* Fl.).

Var 6. *commutatus* (Coss. et Germ. *Fl.*). — Panicule ord. étalée même après la floraison. Glumelle inférieure à bords formant un angle obtus plus saillant. — Coteaux secs. — Amiens, Dury (*E. Gonse*).

9. B. erectus Huds. *Fl. Angl.* — Souche cespiteuse, qqf. un peu traçante. Tiges de 5-9 déc., raides. Feuilles inférieures linéaires étroites, pubescentes ciliées à gaines poilues ; les supérieures plus larges. Panicule oblongue, dressée, à rameaux semi-verticillés. *Épillets* lancéolés un peu comprimés, verdâtres ou violacés, *glabres ou un peu pubescents*, à 5-10 fleurs imbriquées. *Glumelle inférieure* lancéolée, obscurément bidentée, *munie d'une arête de moitié plus courte que la glumelle*. ♃. Juin-juillet.

A.R. — Pâturages secs, lieux incultes. — Yvrench ; Huchenneville ; Les Alleux près Behen ; Cambron (*T.C.*) ; Bovelles (*Rom.*) ; Prouzel, Ailly-sur-Noye (*E. Gonse*) ; Dury, Pont-de-Metz, Glisy, Pont-Remy (*P.* Fl.).

Var. 6. *macrostachys* (Gren et Godr. *Fl.*). — Panicule large étalée, plus rameuse, à rameaux plus longs. — Murs de la citadelle d'Amiens (*E. Gonse*).

10. B. inermis Leyss *Fl. Hal.* ; L. *Mant.* — Souche rampante stolonifère. Tiges de 5-8 déc. Feuilles largement linéaires, glabres, rudes sur les bords. Ligule courte tronquée, lacérée. Panicule oblongue, dressée, à rameaux fins, rudes, semi-verticillés. Epillets lancéolés à 5-9 fleurs. Glumes aiguës scarieuses aux bords, inégales. *Glumelle inférieure* carénée, faiblement 5-7 nervée, scarieuse et échancrée au sommet, *mutique ou mucronée*. Glumelle supérieure entière au sommet, finement ciliée au bord. ♃. Juin-juillet.

RR. — Lieux incultes. — *Intr.* — Bords et quai de la Somme à Amiens. — Espèce introduite avec des bateaux venant du nord-est de la France (*E. Gonse* 1882).

11. B. mollis L. *Sp.* — Tiges de 2-8 déc. ord. pubescentes à nœuds un peu renflés. Feuilles linéaires aiguës, mollement pubescentes ainsi que les gaînes. Panicule oblongue un peu ouverte, resserrée après la floraison à rameaux courts velus, semi-verticillés. *Épillets mollement pubescents*, qqf. presque glabres, ovoïdes oblongs à 5-10 fleurs imbriquées. Glumelle inférieure bidentée, à bords formant au-dessus du milieu un angle obtus et munie d'une arête égalant environ la longueur de la glumelle. Glumelle supérieure plus courte que l'inférieure. ⚇. Juin-juillet.

CC. — Lieux incultes, prés, bords des chemins.

S.-v. *nanus*. (*B. mollis* var. *nanus* Kunth *Enum*; P. *Fl.*). — Pl. naine. Tiges de 5-10 cent., ne portant qqf. qu'un seul épillet. — Lieux arides.

Var. 6. *compactus* (Brébiss. *Fl.*). — Panicule contractée compacte. Epillets multiflores subsessiles. — *R*. — Sables maritimes. — Le Hourdel; Cayeux-sur-Mer.

21. BRACHYPODIUM P. B. *Agrost.*

Epillets multiflores allongés à fleurs hermaphrodites, les supérieures souvent rudimentaires, cylindriques, puis comprimés. Glumes inégales. *Glumelles presqu'égales, l'inférieure aigue* prolongée en arête, *la supérieure* tronquée bicarénée à *carènes ciliées de poils raides*. — Epillets très brièvement pédicellés, linéaires oblongs, assez gros, appliqués contre l'axe par l'une des faces, *disposés en forme d'épi plus ou moins lâche*.

1 { Souche cespiteuse. Fleurs supérieures à arête plus longue que la fleur. . . . . 1. *B. sylvaticum*.
   Souche rampante. Fleurs supérieures à arête plus courte que la fleur. . . . . 2. *B. pinnatum*.

1. B. sylvaticum Rœm. et Schult. *Syst. veg.* — *Souche cespiteuse*. Tiges de 5-9 déc., assez grêles. Feuilles lancéolées linéaires planes, molles, ord. tombantes, plus ou moins poilues, ainsi que les gaînes. Epillets verts, peu nombreux, à 5-10 fleurs, ord. pubescents, disposés en épi lâche distique, un peu penché. *Fleurs supérieures à arête plus longue que la fleur*. ♃ Juin-septembre.

A.C. — Bois couverts, lieux ombragés. — Huchenneville; Hocquincourt; Drucat; Yvrench; Vismes-au-Val, Martainneville (*Guilbert*); Conty, La Faloise, Beaucanps-le-Jeune, Poix, Fescamps, Sainte-Segrée, Saint-Germain-sur-Bresle (*E. Gonse*); Fortmanoir, Boves, Picquigny, Laviers (*P.* Fl.); Gouy (*B. Extr.* Fl.).

2. B. pinnatum P. B. *Agrost.* — *Souche à rhizomes traçants*. Tiges de 3-8 déc., raides. Feuilles dressées, raides, glabres ou un peu pubescentes, ainsi que les gaînes. Epillets verdâtres, souv. arqués, plus ou moins nombreux, à 8-20 fleurs, disposés en épi raide allongé distique, ord. dressé. *Fleurs supérieures à arête plus courte que la fleur*. ♃ Juin-septembre.

CC. — Côteaux arides, lisières des bois, buissons.

S.-v. *glabrum* (Coss. et Germ. *Fl.*). — Pl. glabre.

22. FESTUCA L. *Gen.* emend.

Epillets bi-multiflores, d'abord cylindriques, puis comprimés, à fleurs hermaphrodites, les supérieures souv. rudimentaires. Glumes plus courtes que les fleurs, inégales, aigues. *Glumelle inférieure acuminée, prolongée en arête, plus rar. mucronée ou mutique, la supérieure bicarénée à carènes scabres ou finement ciliées.* — Ligule ord. très courte. Epillets pédicellés en panicule rameuse, plus rar. subsessiles en épi allongé unilatéral.

1. { Epillets disposés en épi.................. 2
     Epillets disposés en panicule rameuse 3
2. { Fleurs plus ou moins aristées....... *1. F. tenuiflora.*
     Fleurs mutiques .... *2. F. Rottboellioides.*
3. { Arête plus longue que les fleurs 4
     Arête ne dépassant pas les fleurs ou nulle 5
4. { Panicule allongée, ord. arquée. rapprochée de la feuille
       supérieure .... *3. F. Pseudo-Myuros.*
     Panicule courte dressée, éloignée de la feuille supérieure.
       .... *4. F. sciuroides.*
5. { Feuilles enroulées ou pliées sétacées au moins les radicales............. 6
     Feuilles toutes linéaires planes............. 10
6. { Souche cespiteuse 7
     Souche à rhizomes longuement traçants 9
7. { Feuilles radicales enroulées sétacées, les caulinaires
       planes, plus larges .... *9. F. heterophylla.*
     Feuilles toutes enroulées sétacées ou capillaires..... 8
8. { Fleurs ord. aristées. Feuilles pliées sétacées. *5. F. ovina.*
     Fleurs mutiques. Feuilles enroulées capillaires.....
       .... *6. F. tenuifolia.*
9. { Epillets glabres........... *7. F. rubra.*
     Epillets velus tomenteux .... *8. F. sabulicola.*
10. { Pl. annuelle de 5-15 cent. Tiges ascendantes genouillées.
        Panicule raide, étroite unilatérale .... *12. F. rigida.*
      Pl. vivaces de 5-20 déc. Tiges dressées. Panicule allongée
        lâche................. 11
11. { Panicule à rameaux géminés portant de nombreux épillets à 4-5 fleurs .... *10. F. arundinacea.*
      Panicule à rameaux géminés, le plus court ne portant
        souv. qu'un seul épillet à 5-10 fleurs. . *11. F. pratensis.*

* *Epillets disposés en épi allongé unilatéral.*

1. F. tenuiflora Koch *Syn*. — Tiges de 5-20 cent., grêles lisses, souv. en petites touffes. Feuilles linéaires sétacées canaliculées, souv. enroulées. Epi simple droit, raide, unilatéral. *Epillets* verdâtres, petits, *à 3-5 fleurs*, ord. *plus ou moins aristées*, ovales oblongs, rapprochés, subsessiles. *Glumelle inférieure acuminée aristée*, plus rar. mutique. ①. Juin-juillet.

R. — Lieux incultes et arides, vieux murs. — *Ind. ?* — Huppy; Villers-sur-Mareuil; bords du chemin de Prouzel à la ferme de Bacouel (*E. Gonse*); Amiens (*Richer*); Cayeux-sur-Mer, Cagny, Cambron (*P. Fl.*).

2. F. Rottboellioides Kunth *Enum.* — *Triticum Rottbolla* DC. *Fl. Fr.* — *Scleropoa loliacea* Gren. et Godr. *Fl.* — *Poa loliacea* Huds. *Fl. Angl.* — Tiges de 5-15 cent., rar. solitaires, souv. rameuses dès la base, raides, étalées ou couchées, munies d'épillets au moins dans la moitié de leur longueur. Feuilles linéaires, planes. Ligule tronquée, lacérée. Epi étroit raide, unilatéral simple, qqf. rameux à la base. *Epillets* ovoïdes comprimés, rapprochés, subsessiles, glabres, à *5-9 fleurs mutiques*, imbriquées. Glumes presqu'égales, plus courtes que les fleurs. Glumelle inférieure ovale ou oblongue lancéolée obtuse mutique. ①. Juin-juillet.

R. — Galets et sables maritimes. — Ault; Cayeux-sur-Mer; Le Hourdel.

** *Epillets en panicule rameuse.*

a. *Arête plus longue que les fleurs.*

3. F. Pseudo-Myuros Soy. Willm. *Obs.* — *F. Myuros* Auct. plurim. — *F. Myuros* var. *Myuros* Coss. et Germ. *Fl.* — *Vulpia Pseudo-Myuros* Gren. et Godr. *Fl.* — Tiges de 2-4 déc., grêles, feuillées. Feuilles linéaires étroites enroulées. *Panicule* resserrée, unilatérale, *allongée, ord. arquée*, plus ou moins penchée au sommet, *rapprochée de la feuille supérieure*, qqf. embrassée par elle, à rameaux inférieurs ord. courts. Epillets à 4-5 fleurs, scabres. Glume inférieure sétacée égalant le tiers, plus rar. la moitié de la longueur de la supérieure. ①. Juin-juillet.

A.C. — Champs incultes, bords des chemins, clairières des bois, lieux sablonneux, vieux murs. — Huchenneville; Huppy; Tœuffles; Frucourt; Mers; Saint-Quentin-en-Tourmont; Le Hourdel; Cayeux-sur-Mer; forêt de Crécy; Drucat; Abbeville; Bovelles (*Rom.*); Renancourt, Sainte-Segrée (*E. Gonse*); Laviers (*Baill.* Herb.).

4. F. sciuroides Roth. *Tent. Fl. Germ.* — Cette espèce se distingue de la précédente par sa *panicule* plus *courte, dressée, éloignée de la feuille supérieure*, à rameaux inférieurs ord. plus longs et par sa glume inférieure égalant la moitié, plus rar. le tiers de la longueur de la supérieure. ①. Juin-juillet.

A.R. — Bords des chemins et des champs, lieux incultes, terrains sablonneux. — Huchenneville; Mers; Villers-sur-Authie; Sainte-Segrée (*E. Gonse*); Amiens, Bovelles (*Rom.*); Mailly-Maillet (*Carette*); Laviers (*P. Fl.*); Abbeville (*Baill.* Herb.).

b. *Arête ne dépassant pas la longueur des fleurs, ou nulle.*

5. F. ovina L. *Sp.* — Souche cespiteuse. Tiges de 1-6 déc. *Feuilles* nombreuses toutes filiformes, *pliées sétacées*, lisses ou rudes, les caulinaires peu nombreuses, courtes. Panicule dressée étroite, subunilatérale, étalée, pendant la floraison. *Epillets* petits, verdâtres ou violacés, oblongs, *à 3-6 fleurs lancéolées aristées,* plus rar. mutiques. ♃. Mai-juillet.

C. — Pâturages, pelouses, lisières et clairières des bois, lieux sablonneux. — Drucat; Caux; Rue; Saint-Quentin-en-Tourmont; Boismont; Mers; Ercourt; Huchenneville; Wiry-au-Mont; Caubert près Abbeville; Coquerel près Bailleul (*Tripier*); Lucheux, Cambron, Fieffes (*T.C.*).

Var. ε. *duriuscula* (Coss. et Germ. *Fl.*). — Feuilles enroulées, raides, souv. plus courtes, les supérieures canaliculées, vertes ou glaucescentes, lisses ou presque lisses. Epillets verdâtres, plus grands.

S.-v. *glauca* (Coss. et Germ. *Fl.*). — Pl. plus ou moins glauque. — Saint-Valery.

S.-v. *villosa* (Coss. et Germ. *Fl.*). — Epillets pubescents. — R. — Ercourt; Laviers (*Baill. Herb.*).

6. F. tenuifolia Sibth. *Oxon.* — *Souche cespiteuse.* Tiges de 5-20 cent. en touffe, très grêles. *Feuilles* nombreuses longues *enroulées capillaires* d'un vert pâle, un peu rudes. Panicule très grêle, resserrée. *Epillets* petits *à 2-5 fleurs mutiques.* ♃. Mai-juillet.

Commun surtout dans les sables maritimes où ses tiges n'ont ord. que 5.-10 cent. — Dunes de Quend et de Saint-Quentin-en-Tourmont; Neuville près Estrebœuf; Prouzel (*E. Gonse*).

7. F. rubra L. *Sp.* — *Souche à rhizomes longuement traçants.* Tiges de 3-6 déc., lâchement fasciculées. *Feuilles radicales enroulées sétacées, les caulinaires étroites,* ord. presque planes. Ligule réduite à 2 oreillettes. Panicule dressée, à rameaux étalés pendant la floraison. *Epillets* oblongs, souv. violacés, à 4-5 fleurs aristées, *glabres.* ♃. Juin-juillet.

A.R. — Pâturages secs, terrains sablonneux ou calcaires, bords des chemins, lisières des bois. — Mers; Saint-Quentin-en-Tourmont; Wailly; Wiry-au-Mont; Bovelles (*Rom.*); Vismes-au-Val, Warloy-Baillon, Senlis (*Guilbert*); Mailly-Maillet (*Carette*); Saint-Maurice près Amiens, Notre-Dame-de-Grâce, Boves, Ailly, Laviers (*P. Fl.*).

8. F. sabulicola L. Duf. in *Ann. Sc. nat.* — *F. arenaria* Osbeck in Retz *Suppl. Fl. Scand.*; Gren. et Godr. *Fl.* —

Souche à rhizomes très longuement traçants, à fibres noires. Tiges de 3-4 déc., non fasciculées. Feuilles glauques, toutes enroulées sétacées. Ligule finement ciliée. Panicule unilatérale, lâche, à rameaux inférieurs géminés. *Epillets* allongés, *velus tomenteux*, à 5-6 fleurs brièvement aristées. ♃. Juin-juillet.

A.C. — Sables maritimes. — Dunes de Saint-Quentin-en-Tourmont, parmi les *Ammophila arenaria* ; Cayeux-sur-Mer.

9. F. heterophylla Lmk. *Fl. Fr.* — *Souche cespiteuse*. Tiges de 6-8 déc., grêles. *Feuilles radicales nombreuses, enroulées sétacées*, lâches molles, *les caulinaires planes*, plus larges. Panicule allongée, lâche grêle, étalée pendant la floraison. Epillets ord. verdâtres, petits, lancéolés, à 4-6 fleurs aristées, glabres. ♃. Juin-juillet.

R. — Lieux herbeux ombragés, bois, pelouses. — Les Alleux près Behen ; Villers-sur-Authie ; Bovelles (*Rom.*) ; bois d'Aquennes près Villers-Bretonneux, Ailly-sur-Noye (*E. Gonse*) ; Renancourt près Amiens (*Richer*) ; Dury, Allonville, Querrieux, Boves (*P. Fl.*).

10. F. arundinacea Schreb. *Spicill.* — Souche à rhizomes un peu traçants. Tiges de 8-20 déc., dressées, robustes. *Feuilles linéaires, larges planes*, rudes sur les bords. *Panicule allongée lâche, à rameaux géminés*, scabres, inégaux, rameux, *portant de nombreux épillets. Epillets* verdâtres ou violacés, ovales lancéolées, à *4-5 fleurs*, scabres. Glumelle inférieure lancéolée mucronée ou brièvement aristée. ♃. Juin-juillet.

C. — Prairies humides, fossés, bords des eaux.

11. F. pratensis Huds. *Fl. Angl.* — *F. elatior* L. *Fl. Suec.* — Souche cespiteuse. *Tiges de 5-8 déc.*, dressées. *Feuilles planes, linéaires* aigues, rudes. *Panicule allongée lâche* dressée ou un peu penchée, étalée pendant la floraison, puis contractée, à *rameaux* rudes, courts, *ord. géminés*, inégaux, *le plus court ne portant souv. qu'un seul épillet*, le plus long 1-5. *Epillets* verdâtres ou violacés, oblongs linéaires, à *5-10 fleurs*. Glumelle inférieure mutique, plus rar. mucronée. ♃. Juin-juillet.

A.C. — Prés humides, lieux herbeux. — Drucat ; Mareuil ; Les Alleux près Behen ; Cambron (*T.C.*) ; Sainte-Segrée, Fortmanoir, Longueau, Renancourt, Amiens (*E. Gonse*).

S.-v. *pseudo-loliacea* (Coss. et Germ. *Fl.*). — Panicule appauvrie, à rameaux la plupart solitaires, ne portant ord. qu'un seul épillet. — R. — Laviers ; Drucat ; champ de courses à Amiens (*Richer*) ; Saint-Maurice près Amiens, Longpré, Camon (*P. Fl.*).

12. F. rigida Kunth *Enum.* — *Poa rigida* L. *Sp.* — Pl. d'aspect varié. *Tiges de 5-15 cent.*, ord. nombreuses, raides, *ascendantes genouillées*, un peu rameuses à la base, feuillées ord. jusqu'au sommet. *Feuilles linéaires étroites planes. Panicule étroite raide unilatérale*, étalée après la floraison, à rameaux courts, subtriquètres, rapprochés. Epillets ord. verdâtres, lancéolés, à 5-10 fleurs, glabres, brièvement pédicellés. Glumelle inférieure mutique ou très brièvement mucronée. ①. Juin-juillet.

C. — Côteaux arides, lieux pierreux, terrains sablonneux, galets maritimes.

S.-v. *umbrosa* (Coss. et Germ. *Fl.*) — Pl. grêle. Rameaux très-étalés. — Lieux herbeux ombragés.

23. MOLINIA Mœnch *Meth.*

Epillets à 2-3 fleurs hermaphrodites écartées, *la supérieure ord. rudimentaire*. Glumes mutiques, inégales, plus courtes que les fleurs. *Glumelles presqu'égales, l'inférieure lancéolée, mutique*, obscurément 3 nervée. — *Tige munie d'un seul nœud vers la base. Epillets en panicule allongée étroite, dressée, interrompue*, à rameaux d'abord étalés, puis dressés.

1. M. cærulea Mœnch *Meth.* — Souche cespiteuse, à fibres épaisses. Tiges de 4-8 déc., presque nues. Feuilles planes linéaires acuminées, raides, un peu rudes aux bords, souv. très longues. Ligule courte, poilue. Epillets violacés, rar. verdâtres. ♃. Juillet-septembre.

AC. — Prés tourbeux, bois humides. — Abbeville; Mareuil; Epagne; Saint-Quentin-en-Tourmont (*T.C.* Herb); Longpré et Renancourt près Amiens (*Rom.*); Pont-de-Metz, Fortmanoir, Dury, Boves, Gouy (*P. Fl.*).

Var. 6. *sylvatica* (Brébiss. *Fl.*). — Tige de 6-10 déc. Panicule plus longue. Feuilles larges, multinervées. Epillets verdâtres. — Bois, lieux humides. — Fescamps, marais de Glisy et de Fouencamps (*E. Gonse*).

24. PHRAGMITES Trin. *Fund. Agrost.*

Epillets à 3-7 fleurs un peu espacées, l'inférieure mâle nue à la base, les supérieures hermaphrodites, *entourées de longs poils*. Glumes éloignées l'une de l'autre, carénées aigues, l'inférieure de moitié plus courte environ que la supérieure. Glumelles inégales, l'inférieure plus longue, lancéolée acuminée, longuement subulée. — *Epillets en panicule* très rameuse diffuse ord. très ample.

1. P. communis Trin. *loc. cit.* — Souche à rhizome longuement traçant. Tiges de 1-2 mètres, robustes. Feuilles un peu glauques, larges lancéolées linéaires aigues, coupantes. Ligule formée d'une rangée de poils. Epillets lancéolés noirâtres, plus rar. jaunâtres, devenant soyeux à la maturité. ♃. Juillet-septembre.

CC. — Marais, fossés, bords des eaux.

S.-v. *subuniflorus* (Coss. et Germ. *Fl.*). — Epillets ord. d'un violet noirâtre, composés seulement de 1-2 fleurs. — Cambron (*T.C.* Herb.) ; faubourg de Hem à Amiens (*P. Fl.*).

25. DACTYLIS L. *Gen.*

Epillets comprimés à 2-5 fleurs hermaphrodites, la supérieure ord. rudimentaire. Glumes inégales carénées aigues, plus courtes que les fleurs. *Glumelle inférieure lancéolée acuminée, entière, mucronée, aristée* au sommet. *Epillets rapprochés par fascicules*, formant une panicule unilatérale.

1. D. glomerata L. *Sp.* — Souche cespiteuse. Tiges de 4-9 déc., dressées ou ascendantes. Feuilles linéaires acuminées, rudes, à gaînes comprimées ; les radicales détruites lors de la floraison. Epillets verdâtres ou violacés, agglomérés, les inférieurs à rameaux plus ou moins étalés pendant la floraison. ♃. Mai-juillet.

CC. — Lieux herbeux, prairies, pâturages, bords des chemins.

S.-v. *vivipara* — Epillets vivipares. — Boulevard du Jardin-des-Plantes à Amiens (*Richer*).

26. KOELERIA Pers. *Syn.*

Epillets comprimés latéralement, *à 2-5 fleurs* hermaphrodites, la supérieure ord. rudimentaire. *Glumes comprimées carénées*, aigues, mutiques, presqu'égales. *Glumelle inférieure* plus grande que la supérieure, *ord. bidentée, brièvement aristée* au sommet. *Epillets en panicule spiciforme, contractée*, qqf. interrompue.

1. K. cristata Pers. *Syn.* — Souche cespiteuse. Tiges de 2-5 déc., grêles longuement nues au sommet. Feuilles linéaires planes, un peu rudes, glabres, ou pubescentes ciliées. Ligule très courte tronquée. *Epillets d'un vert blanchâtre ou violacé, luisants.* ♃. Juin-juillet.

C. — Lieux incultes, côteaux arides des bois, bords des chemins.

Var. 6. *albescens* (*P. Fl.* — *K. albescens* DC *Fl.*). — Pl. mollement pubescente. Tiges de 1-2 déc. Feuilles, surtout les radicales, enroulées. Panicule courte blanchâtre. — R. — Sables et galets maritimes. — Le Hourdel ; Saint-Quentin-en-Tourmont.

27. GLYCERIA R. Br. *Prodr. Nov. Holl.*

Epillets linéaires ou ovales oblongs, d'abord presque cylindriques, puis plus ou moins comprimés, à *4-11 fleurs*, hermaphrodites, la supérieure ord. rudimentaire. Glumes inégales mutiques obtuses, plus courtes que les fleurs. *Glumelle inférieure* oblongue, ord. obtuse, *convexe*, *mutique*, nervée, la supérieure plus petite membraneuse, bifide, bicarenée, à carènes ciliées. — *Pl. ord. aquatiques. Epillets en panicule plus ou moins étalée.*

1	Tiges de 1-2 mètres, dressées. . . . . 3. *G. aquatica.*	
	Tiges de 1-8 déc., couchées ascendantes	2
2	Tiges radicantes à la base	3
	Tiges non radicantes.	4
3	Panicule allongée unilatérale, à rameaux inférieurs ord. géminés . . . . 1. *G. fluitans.*	
	Panicule ample, comme verticillée à rameaux inférieurs ord. 4-5. . . . . 2. *G. plicata.*	
4	Panicule ord. serrée, à rameaux courts rapprochés, un peu épais. Glumelle inférieure à nervures saillantes. . . . . 5. *G. procumbens.*	
	Panicule ord. lâche, à rameaux plus ou moins longs, grêles. Glumelle inférieure à nervures peu marquées. . . . . 4. *G. distans.*	

1. G. fluitans R. Br. *Prodr. Nov. Holl.* — *Festuca fluitans* L. *Sp.* — *Tiges de 4-8 déc., couchées ascendantes, radicantes à la base.* souv. nageantes. Feuilles assez larges, linéaires planes, molles, les inférieures souv. flottantes. Ligule obtuse ou aigue, souv. lacérée. *Panicule très longue unilatérale, à rameaux inférieurs ord. géminés.* Epillets d'un vert blanchâtre, luisants, à 5-11 fleurs, oblongs linéaires cylindriques avant la floraison, écartés, appliqués contre l'axe. Glumelle inférieure presqu'aigue. ⚥. Juin-août.

C. — Marais, fossés, bords des eaux. — Mareuil; Abbeville; Drucat; Villers-sur-Authie; Rue; Long; Tœufles; Ailly-sur-Somme; Renancourt (*Rom.*).

S.-v. *vivipara.* — Epillets vivipares. — Bords du canal de la Somme à Amiens (*Richer*).

2. G. plicata Fries *Nov. Suec. mant.* — Espèce très voisine de la précédente, dont elle diffère par son port ord. plus robuste, par les feuilles des jeunes pousses plissées, par la *panicule plus ample, comme verticillée, à rameaux inférieurs ord. 4-5*, par les épillets d'un vert pâle, à fleurs ord. plus nombreuses, petites, serrées, par la glumelle inférieure presqu'obtuse. ⚥. Juin-août.

A.R. — Marais, fossés, bords des eaux. — Villers-sur-Authie; Amiens, Renancourt, Longpré (*E. Gonse*).

3. G. aquatica Whlbg. *Fl. Goth.* — *G. spectabilis*

Mert. et Koch *Deutschl. Fl.* — *Poa aquatica* L. *Sp.* — Souche traçante. *Tiges de 1-2 mètres*, robustes, *dressées.* Feuilles larges linéaires acuminées, fermes, rudes aux bords, les inférieures très allongées. Ligule membraneuse courte tronquée. Panicule ample très rameuse, à rameaux étalés. Epillets verdâtres très nombreux, petits, ovales oblongs, à 5-9 fleurs. Glumelle inférieure entière, obtuse à 3-7 nervures saillantes. ♃. Juillet-août.

A.C. — Marais, bords des eaux. — Abbeville; Drucat; l'Etoile (*Rom.*); Guerbigny (*Guilbert*); Amiens, Renancourt, Boves, Fouencamps (*E. Gonse*); Cambron (*T.C.*).

S.-v. *vivipara* (*Poa aquatica* var. *vivipara* P. *Fl.*). — Epillets vivipares. — Bords du canal de la Somme à Amiens (*Richer*).

4. G. distans. — *Atropis distans* Griseb in Ledeb. *Fl. Ross.*; Coss. et D. R. *Fl. Alger. phan.* — Pl. vivace glauque. *Souche ord. cespiteuse. Tiges florifères de 2-6 déc., ord. couchées ascendantes;* tiges stériles qqf. allongées étalées stoloniformes. Feuilles linéaires aiguës, planes, pliées ou enroulées. Ligule plus ou moins allongée, ord. obtuse. *Panicule ord. lâche, à rameaux* inégaux *plus ou moins longs, grêles*, dressés, étalés ou réfléchis, les inférieurs semi-verticillés par 3-5, les plus longs nus à la base. Epillets linéaires, verdâtres ou violacés, à 4-6 fleurs. Glumes inégales, ovales, membraneuses, plus courtes que les glumelles. *Glumelle inférieure tronquée ou arrondie, à 5 nervures peu marquées.* ♃. Juin-juillet.

A.C. — Prés salés, lieux herbeux baignés par la marée, sables et galets maritimes. — Noyelles-sur-Mer; Saint-Valery; Le Hourdel; Saint-Quentin-en-Tourmont; bords de l'Authie près Châteauneuf; Pont-à-Cailloux près Quend; Laviers; Quend, Fort-Mahon (*Baill.* Herb.); Le Crotoy (*P.* Fl.).

Var. α *distans.* (*Atropis distans* var. *vulgaris* Coss. et D.R. *Fl. Alger.* — *Glyceria distans* Wlnbg. *Fl. Upsal*). — Tiges stériles couchées stoloniformes, ord. nulles. Feuilles planes rar. pliées enroulées. Panicule à rameaux ord. étalés ou réfléchis; les inférieurs subquinés. Epillets ord. petits.

Var. ß. *maritima.* (*Atropis distans* var. *maritima* Coss. et D.R. *Fl. Alger.* — *Glyceria maritima* Mert. et Koch *Deutschl. Fl.*). — Tiges stériles couchées stoloniformes, souv. assez nombreuses. Feuilles ord. pliées enroulées. Panicule à rameaux dressés, rar. étalés; les inférieurs subgéminés. Epillets ord. plus grands que dans la var. α.

Nous regardons le *G. distans* Wlnbg et le *G. maritima* Mert. et Koch comme appartenant à un même type spécifique qui présente des formes variables que l'on ne peut séparer par des caractères positifs. L'examen de nombreux échantillons recueillis dans nos limites nous a fait adopter cette opinion émise par MM. E. Cosson et Durieu de Maisonneuve (*Fl. Alg. ph. 143*).

5. G. procumbens Sm. *Engl. Fl.* — *Poa procumbens* Sm. *Fl. Brit.*— *Sclerochloa procumbens* P. B. *Agrost.;* Rchb. *Icon.* — Pl. annuelle, glauque. *Tiges de 1-2 déc.*, nombreuses, *disposées en touffe, couchées ascendantes*. Feuilles courtes, assez larges, planes, un peu aigues. Ligule courte obtuse. *Panicule* oblongue, *ord.* serrée, raide, unilatérale, à *rameaux courts, rapprochés, un peu épais,* rudes. garnis d'épillets presque jusqu'à la base ; les inférieurs géminés ou ternés. Epillets linéaires oblongs, à 4-5 fleurs. Glumes inégales ovales oblongues, obtuses, membraneuses. Glumelle inférieure oblongue obtuse ou tronquée, à nervures saillantes. ①. Juin-juillet.

RR. — Sables et galets maritimes. — Chemin du corps-de-garde de Hautebut à Cayeux (*T.C.* Herb.); Quend; Fort-Mahon (*Baill.* Herb.) ; Saint-Valery (*Ravin* in *P.* Fl.) ; Ault (*P.* Fl.).

28. CATABROSA P. R. *Agrost.*

Epillets ord. à *2 fleurs* hermaphrodites, l'inférieure sessile, la supérieure pédicellée. Glumes courtes inégales, la supérieure largement obovale, à sommet lâchement crénelé. *Glumelle inférieure trigone, carénée,* à sommet scarieux tronqué arrondi. — *Pl. aquatique. Epillets* très petits *en panicule rameuse étalée.*

1. C. aquatica P. B. *Agrost.* — *Aira aquatica* L. *Sp.* — *Glyceria airoides* Rchb. *Icon.* — Tiges de 3-6 déc., couchées radicantes à la base, puis ascendantes, qqf. nageantes. Feuilles linéaires larges, obtuses, molles, à gaînes comprimées. Ligule oblongue. Panicule grande, pyramidale, à rameaux semi-verticillés, d'abord dressés, puis étalés. Epillets nombreux verdâtres, ou violacés. Glumes beaucoup plus courtes que les fleurs. Glumelle inférieure à 3 nervures saillantes, la supérieure émarginée au sommet. ♃. Juin-juillet.

A.R. — Lieux marécageux, bords des eaux. — Abbeville; Laviers; Villers-sur-Authie; Mareuil; Mautort près Abbeville; Cambron (*T.C.* Herb.) ; bords de l'Avre à Fouencamps (*E. Gonse*); Amiens (*P.* Fl.).

29. POA L. *Gen.* ex parte.

Epillets à *2-7 fleurs* hermaphrodites, la supérieure ord. rudimentaire. Glumes un peu inégales, plus courtes que les fleurs. *Glumelle inférieure* comprimée carénée, ovale ou lancéolée *mutique*, embrassant la supérieure ; la supérieure linéaire, ciliée, souv. bifide. — *Pl. non aquatiques. Epillets ovales ou ovales oblongs, en panicule rameuse.*

1. { Souche longuement traçante 2
   { Souche cespiteuse ou à peine traçante 3

2. { Tiges presque cylindriques. . . . . 5. *P. pratensis.*
   { Tiges comprimées, à 2 angles aigus. . . 5. *P. compressa.*

3. { Tiges renflées en bulbe à la base. Epillets souv. vivipares. 2. *P. bulbosa.*
   { Tiges non renflées en bulbe à la base. Epillets très-rar. vivipares. 4

4. { Pl. annuelle ou bisannuelle. Panicule à rameaux inférieurs disposés par 1-2. . . . . 1. *P. annua.*
   { Pl. vivace. Panicule à rameaux inférieurs disposés par 3-5. 5

5. { Panicule ord. étroite allongée, lâche. Ligule tronquée presque nulle. . . . . 3. *P. nemoralis.*
   { Panicule étalée pyramidale. Ligule oblongue aigue . . . . 4. *P. trivialis.*

* *Souche cespiteuse ou à peine traçante.*

1. P. annua L. *Sp.* — Tiges de 5-20 cent., dressées ou ascendantes, assez souv. radicantes inférieurement, lisses, un peu comprimées à la base. Feuilles molles, linéaires planes. Ligule des feuilles supérieures oblongue. *Panicule presqu'unilatérale, grêle lâche, à rameaux étalés ou réfléchis après la floraison, disposés par 1-2.* Epillets verdâtres ou violacés, à 3-7 fleurs presque glabres. ①. plus rar. ②. Fleurit presque toute l'année.

CC. — Lieux cultivés ou incultes, rues, cours, décombres.

2. P. bulbosa L. *Sp.* — *Tiges* de 2-4 déc., dressées, *renflées en bulbe à la base.* Feuilles planes linéaires étroites, les supérieures courtes. Ligule oblongue aigue. Panicule compacte, à rameaux courts, rudes, disposés par 1-3. *Epillets souv. vivipares,* verdâtres ou violacés, à 4-7 fleurs oblongues pubescentes sur les bords et la carène, réunies à la base par de longs poils laineux. ♃. Mai-juin.

RR. — Lieux incultes, vieux murs, pâturages. — *Intr. ?* — Bovelles (*Rom.*); Amiens (*P. Fl.*); Bonnance près Port (*B. Extr. Fl.*).

S.-v. *vivipara* (Coss. et Germ. *Fl.*). — Epillets à glumelles transformées en feuilles.

3. P. nemoralis L. *Sp.* — Tiges de 4-6 déc., souv. radicantes à la base, grêles. Feuilles planes linéaires étroites, lisses, à gaines plus courtes que les entre-nœuds ; la feuille supérieure à limbe ord. plus long que la gaîne. Gaînes lisses ou presque lisses. *Ligule tronquée presque nulle. Panicule* *ord. étroite allongée lâche*, assez souv. penchée, à *rameaux grêles*, rudes, les *inférieurs disposés par 2-5*. Epillets verdâtres ou jaunâtres ovales lancéolés à 2-5 fleurs ord. pubescentes sur les bords et la carène, à nervures peu apparentes. ♃. Juin-août.

C. — Lieux ombragés, bois, vieux murs.

Var. ε. *firmula* (Coss. et Germ. *Fl.*). — Tiges raides en touffe. Panicule contractée, dressée. — Abbeville ; Villers-sur-Mareuil ; Moyenneville.

S.-v. *nodosa* (Coss. et Germ. *Fl.*). — Tiges portant au-dessous des nœuds des fibres radicales agglomérées. — Yaucourt-Bussu (Lesaché).

4. P. trivialis L. *Sp.*— *P. scabra* Ehrh. *Calam.;* P. *Fl.* — Tiges de 4-9 déc., radicantes à la base, ascendantes dressées, rudes. Feuilles linéaires aigues planes, rudes sur les bords, la supérieure à limbe ord. plus court que la gaîne. Gaînes ord. un peu scabres. Ligule oblongue aigue. *Panicule étalée pyramidale à rameaux* rudes, les *inférieurs semi-verticillés ord. par 5*. Epillets ord. verdâtres à 3-5 fleurs glabres, réunies à la base par des poils laineux, 5 nervées. ♃. Juin-juillet.

CC. — Lieux herbeux, prairies, bois humides.

** Souche quement traçante.*

5. P. pratensis L. *Sp.* — *Tiges* de 3-6 déc., *presque cylindriques*, lisses. Feuilles linéaires aigues ; la supérieure à limbe beaucoup plus court que la gaîne. Gaînes lisses. Ligule courte tronquée. Panicule pyramidale, à rameaux rudes, ord. étalés, les inférieurs semi-verticillés par 3-5. Epillets verdâtres ou violacés, à 3-5 fleurs pubescentes sur les bords et la carène, réunies à la base par de longs poils laineux, à nervures plus ou moins saillantes. ♃. Juin-août.

C. — Prés, bords des bois, côteaux arides, lieux herbeux.

Var. α. *pratensis* (Coss. et Germ. *Fl.*). — Feuilles planes, les radicales larges.

Var. ε. *angustifolia* (Coss. et Germ. *Fl.*). — Feuilles radicales étroites, caniculées enroulées. — Lieux arides.

6. P. compressa L. *Sp.* — *Tiges* de 2-4 déc., *comprimées, à 2 angles aigus*, ainsi que les gaînes, couchées radicantes à la base, puis ascendantes dressées. Feuilles courtes linéaires aigues, planes lisses, un peu glauques. Gaînes lisses. Ligule courte tronquée. Panicule oblongue étroite, ord. contractée avant et après la floraison, à rameaux courts rudes, les inférieurs ord. disposés par 2-3. Epillets ord. verdâtres à 4-7 fleurs, rar. plus, un peu pubescentes à la base, à nervures peu apparentes. ♃. Juin-août.

C. — Vieux murs, lieux arides pierreux. — Abbeville ; Huppy ; Cambron ; Caubert près Abbeville ; Doullens ; Ailly-sur-Noye ; château de Ham ; Chaussoy-Epagny ; Aveluy ; Amiens, Saisseval, Bovelles (*Rom.*).

30. BRIZA L. *Gen.*

Epillets à 5-9 fleurs hermaphrodites, la supérieure souv. stérile, mutiques, rapprochées, imbriquées. Glumes plus courtes que les fleurs. *Glumelle inférieure* beaucoup plus grande que la supérieure, *obtuse*, ventrue convexe, suborbiculaire cordée à la base. — *Epillets cordiformes triangulaires, en panicule ord. étalée.*

1
- Ligule oblongue lancéolée aigue. Epillets petits, triangulaires . . . . 2. *B. minor.*
- Ligule très-courte tronquée. Epillets assez grands, subcordiformes . . . . 1. *B. media.*

1. B. media L. *Sp.* — (Vulg. *Amourette*). — Souche cespiteuse, un peu traçante. Tiges de 2-5 déc., dressées. Feuilles linéaires acuminées, planes, un peu rudes. *Ligule très courte tronquée.* Panicule lâche, à rameaux capillaires flexueux, étalés, presque lisses. *Epillets assez grands*, verdâtres ou violacés, pendants, *subcordiformes*, très mobiles, à 5-9 fleurs. ♃. Juin-juillet.

CC. — Prairies, pâturages, bords et taillis des bois.

S.-v. *pallens* (Coss. et Germ. *Fl.*). — Panicule entourée par la gaîne de la feuille supérieure. Epillets petits, verdâtres. — Lieux arides.

2. B minor L. *Sp.* — Racine fibreuse. Tiges de 1-5 déc., dressées. Feuilles linéaires acuminées, assez longues, scabres. *Ligule oblongue lancéolée aigue.* Panicule très rameuse, d'abord enfermée dans la gaîne de la feuille supérieure, à rameaux capillaires rudes. *Epillets* verdâtres, *petits*, nombreux, pendants, *triangulaires*, mobiles, à 5-7 fleurs. ①. Juin-juillet.

RR. — Moissons. bords des chemins. — *Intr.* — Estrées-les-Crécy ; Drucat ; Laviers ; champs près du bois de Saint-Riquier (*Baill.* Herb.) ; bords d'un bois entre Albert et Péronne (*P.* Fl.).

31. CYNOSURUS L. *Gen.*

Epillets à 2-5 fleurs hermaphrodites, *entourés chacun d'une bractée* foliacée *pectinée*. Glumes lancéolées mucronées, uninervées, presqu'égales. *Glumelle inférieure* obscurément *bidentée et brièvement aristée au sommet.* — *Epillets en panicule spiciforme unilatérale.*

1. C. cristatus L. *Sp.* — Souche cespiteuse. Tiges de

3-6 déc., dressées grêles. Feuilles linéaires étroites. Ligule courte tronquée. Panicule compacte, allongée raide, dressée. Epillets petits, verdâtres, pubescents. Divisions de la bractée mucronées. ♃. Juin-août.

CC. — Prairies, pâturages, lieux herbeux.

S.-v. *viviparus*. (*C. cristatus* var. *viviparus* P. *Fl.* et herb.). — Epillets vivipares.

B. *Epillets sessiles, disposés sur un axe commun en épi simple.*

32. LEPTURUS R. Br. *Prodr. Nov. Holl.*

Epillets solitaires, uniflores accompagnés qqf. d'un rudiment d'une seconde fleur, *logés dans les excavations de l'axe*. Axe fragile à la maturité. Glumes ord. 2, cartilagineuses, couvrant la fleur, opposées dans l'épillet terminal, externes et parallèles à l'axe dans les épillets latéraux. *Glumelles* membraneuses *non aristées*. Styles courts. — Epillets en épi grêle subulé.

1. L. filiformis Trin. *Fund. Agrost.*; Koch *Syn.* — Tiges de 7-15 cent., ord. nombreuses, rameuses, dressées ou étalées ascendantes. Feuilles courtes linéaires étroites, à la fin enroulées. Epi dressé ou flexueux arqué. Glumes linéaires lancéolées, aigues, 3-5 nervées, à nervures saillantes, égalant ou dépassant peu la fleur. ①. Juin-juillet.

A.C. — Prés salés, pâturages maritimes, digues. — Le Crotoy; Le Hourdel; Mers; Saint-Valery; Laviers; Fort-Mahon près Quend (*P.* Fl.).

Le *L. incurvatus* Trin. loc. cit., espèce très-voisine, se distingue surtout par ses épis incurvés et par ses glumes dépassant d'un tiers les glumelles. Aucun des nombreux échantillons de *Lepturus* que nous avons observés dans nos limites ne nous a présenté le principal caractère tiré de la longueur des glumes. Nous avons seulement remarqué dans les endroits découverts et arides une forme du *L. filiformis* à tiges couchées ascendantes et à épis courts arqués.

33. GAUDINIA P. B. *Agrost.*

Epillets solitaires, sessiles sur un axe articulé, appliqués contre l'axe par l'une de leurs faces, à 4-7 fleurs. Glumes inégales, plus courtes que les fleurs. *Glumelle inférieure* bidentée, *munie sur le dos d'une arête* genouillée, *tordue inférieurement*. — Epillets en épi grêle, très fragile.

1. G. fragilis P. B. *Agrost.* — Tiges de 2-5 déc., grêles.

Feuilles molles, linéaires planes, velues, ainsi que les gaines. Ligule courte tronquée. Epillets verdâtres. Arêtes plus longues que la fleur. ①. Juin-juillet.

RR. — Lieux herbeux, bords des chemins, pelouses. — Bovelles (*Rom.*). — Espèce probablement introduite.

34. TRITICUM L. Gen.

Epillets solitaires sur chaque dent de l'axe et appliqués contre l'axe par leur face plane, à 3-5 fleurs. Glumes égales, coriaces, ventrues, carénées, nervées, entières ou dentées, aiguës, mucronées ou aristées. Glumelle inférieure aristée ou mutique. Caryopse velu au sommet, dépourvu d'appendice. — Pl. annuelles. Epillets imbriqués, en *épi* compacte à *entre-nœuds de l'axe ord. courts.*

1 { Tiges fistuleuses supérieurement. Fleurs mutiques, mucronées ou aristées, à arête persistante. Glumes à carène peu saillante. . . . . 1. *T. sativum.*
Tiges ord. pleines supérieurement. Fleurs longuement aristées, à arêtes souv. caduques. Glumes à carène très-saillante . . . . 2. *T. turgidum.*

† **1. T. sativum** Lmk. *Encycl. méth.* — (Vulg. *Froment*). — *Tiges de 7-12 déc., fistuleuses supérieurement.* Feuilles linéaires aiguës, planes, rudes. Epi subtétragone. Epillets ord. à 4 fleurs, dont les 2 supérieures stériles. *Glumes ovales comprimées vers le sommet, à carène peu saillante. Fleurs mutiques, mucronées ou aristées, à arête persistante.* ①. Juin-août.

Cultivé en grand.

On cultive dans nos limites sous les noms de *Blé blanc*, *Blé roux* et *Blé bleu*, plusieurs variétés de *Froment* qui diffèrent par la couleur de leurs épillets glabres ou velus.

† **2. T. turgidum** L. *Sp.* — (Vulg. *Blé barbu*). — *Tiges de 9-12 déc., robustes ord. pleines supérieurement.* Feuilles lancéolées linéaires, un peu rudes. Epi gros, penché, tétragone, imbriqué, ord. velu soyeux. Epillets ord. à 4 fleurs. *Glumes ovales ventrues, tronquées, mucronées, à carène très saillante. Fleurs longuement aristées, à arêtes souv. caduques* aussi longues que l'épi. ①. Juin-août.

Cultivé beaucoup moins communément que le *T. sativum.*

35. AGROPYRUM P. B. Agrost.

Ce genre très voisin du précédent, dont il a été séparé, en diffère par les caractères suivants : *pl. vivaces*; feuilles munies ord. sur la face supérieure de petites aspérités, plus rar. d'une

GRAMINÉES.

pubescence veloutée ; *épi* ord. allongé, souv. assez lâche, à axe ord. rude, à *entre-nœuds ord. allongés ; épillets de 5-10 fleurs ; glumes* lancéolées aigues ou obtuses, plus rar. aristées, *non ventrues*, à 5-11 nervures ; caryopse ord. adhérent aux glumelles, muni au sommet d'un appendice blanc, arrondi, velu.

1	Souche cespiteuse. Arêtes plus longues que les fleurs. . . . . 6. *A. caninum.*	
	Souche rampante. Arêtes nulles, ou plus courtes que les fleurs.	2
2	Pl. fragile. Feuilles pubescentes veloutées en dessus . . . . 1. *A. junceum.*	
	Pl. non fragile. Feuilles rudes en dessus	3
3	Feuilles vertes ou glaucescentes, planes . . 2. *A. repens.*	
	Feuilles glauques enroulées sétacées en pointe un peu piquante.	4
4	Glumes linéaires oblongues obtuses ou brièvement mucronulées . . . . 4. *A. pycnanthum.*	
	Glumes lancéolées aigues ou un peu obtuses	5
5	Epillets rapprochés. Glumelle inférieure aigue, ord. aristée. . . . . 3. *A. pungens.*	
	Epillets un peu écartés. Glumelle inférieure un peu obtuse mucronée . . . . 5. *A. acutum.*	

1. A. junceum P. B. *Agrost.* — *T. junceum* L. *Sp.* — Pl. très glauque, *fragile. Souche rampante* émettant des rhizomes allongés. Tiges de 3-8 déc., dressées. *Feuilles raides, linéaires, enroulées subulées, à face supérieure pubescente veloutée.* Epi raide, dressé, étroit, à axe lisse, très fragile. Epillets peu nombreux, à 4-8 fleurs, ord. écartés, oblongs, comprimés. *Glumes* égales, lancéolées, *obtuses, tronquées ou arrondies au sommet. Glumelle* inférieure lancéolée, obtuse *mutique ou brièvement mucronée.* ♃. Juin-août.

A.R. — Sables et galets maritimes. — Saint-Quentin-en-Tourmont ; Le Crotoy ; Saint-Valery ; Cayeux-sur-Mer ; Le Hourdel ; Ault ; Mers ; Fort-Mahon près Quend (*Cagé*) ; Hautebut près Woignarue (*F. Debray*).

2. A. repens P. B. *Agrost.* — *T. repens* L. *Sp.* — (Vulg. *Chiendent*). — *Souche longuement rampante.* Tiges de 4-10 déc., non rapprochées en touffe. *Feuilles vertes, plus rar. glaucescentes, planes,* finement nervées, *rudes en dessus.* Epi allongé comprimé. Epillets à 4-5 fleurs, ovales oblongs, rétrécis pendant la floraison, puis comprimés. *Glumes lancéolées subulées, ou brièvement aristées.* Glumelle inférieure acuminée aigue, aristée ou mutique. ♃. Juin-septembre.

CC. — Lieux cultivés ou incultes, haies, fossés, prairies, bords des chemins.

S.-v. *aristatum*. (*Triticum repens* s.-v. *aristatum* Coss. et Germ. *Fl.*). — Fleurs toutes ou la plupart aristées.

S.-v. *multiflorum*. (*Triticum repens* var. *multiflorum* P. *Fl.* — *T. multiflorum* Pers. *Syn.*). — Epillets à 6-10 fleurs.

3. A. pungens Rœm. et Schult. *Syst. Veg.* — Souche rampante. Tiges de 5-10 déc., en touffe. Feuilles glauques, très rudes en dessus, assez larges, enroulées au sommet en pointe subulée un peu piquante, à nervures épaisses très rapprochées. Epi raide dressé, comprimé. *Epillets rapprochés*, lancéolés pendant la floraison, à 5-8 fleurs. Glumes lancéolées aigues mucronées, à nervures atteignant le sommet. *Glumelle inférieure aigue, ord. aristée.* ♃. Juin-septembre.

A.C. — Bords de la mer, sables et digues maritimes. — Mers ; Cayeux-sur-Mer ; Le Hourdel.

4. A. pycnanthum Gren. et Godr. *Fl.* — *Triticum pycnanthum* Godr. *Not. Fl. Montp.* — Souche rampante. Tiges de 4-6 déc., en touffe. *Feuilles glauques, un peu rudes en dessus, enroulées subulées au sommet, un peu piquantes*, à nervures saillantes rapprochées. Epi raide, ord. serré, allongé, subtétragone. Epillets compactes, ord. glauques, ovales oblongs comprimés à 5-7 fleurs. *Glumes linéaires oblongues obtuses ou brièvement mucronulées*, à nervures plus ou moins saillantes, atteignant le sommet. Glumelle inférieure obtuse ou tronquée, munie d'un mucron court obtus. ♃. Juin-septembre.

A.C. — Sables maritimes. — Le Royon et Fort-Mahon près Quend ; Mers ; Cayeux-sur-Mer ; Le Hourdel ; Ault ; Le Crotoy.

5. A. acutum Rœm et Schult *Syst. Veg.* — *Triticum acutum* DC. *Hort. Monsp.* — *Souche rampante.* Tiges de 4-7 déc., en touffe. *Feuilles glauques*, linéaires étroites, *rudes en dessus, enroulées en une pointe aigue piquante*, à nervures rapprochées. Epi dressé souv. un peu lâche, à axe souv. lisse. *Epillets un peu écartés*, ovales lancéolés, puis comprimés, à 5-8 fleurs. Glumes lancéolées, un peu obtuses, à nervures plus ou moins saillantes. *Glumelle inférieure obtuse mucronée*, plus rar. brièvement aristée. ♃. Juin-septembre.

A.C. — Bords de la mer, digues, sables, galets. — Cayeux-sur-Mer ; Mers ; Le Crotoy ; Pont-à-Cailloux près Quend.

6. A. caninum Rœm et Schult *Syst. Veg.* — *Triticum caninum* Schreb. *Spicill.* — *Elymus caninus* L. *Sp.* — *Souche cespiteuse.* Tiges de 5-10 déc., grêles. Feuilles planes, linéaires larges aigues, d'un vert clair, rudes. Epi long grêle, un peu lâche à la base, penché au sommet à la maturité.

Epillets verts, oblongs, puis comprimés, à 4-5 fleurs. Glumes plus courtes que les fleurs. *Glumelle inférieure* lancéolée aristée, *à arête* flexueuse rude, *plus longue que la fleur.* ♃. Juillet-septembre.

A.C. — Haies, buissons, taillis des bois. — Huchenneville ; Les Alleux près Behen ; Lanchères ; Drucat ; Montrelet ; Bovelles, Ferrières (*Rom.*) ; Guerbigny, Andechy, Marquevillers (*Guilbert*) ; Moislains, Amiens (*F. Debray*); Fescamps, La Faloise, Thieulloy-la-Ville, Sainte-Segrée, Namps-au-Val, Poix (*E. Gonse*) ; Mailly-Maillet (*Carette*).

36. SECALE L. *Gen.*

Epillets solitaires, *sessiles, sur chaque dent de l'axe, biflores,* avec le rudiment d'une troisième fleur. Glumes presqu'égales étroites subulées, uninervées. *Glumelle inférieure* lancéolée *terminée par une longue arête.* Caryopse velu au sommet, dépourvu d'appendice. — Epillets en épi allongé, souv. penché.

† **1. S. cereale** L. *Sp.* — (Vulg. *Seigle*). — Tiges de 8-12 déc. Feuilles linéaires planes, rudes. Epi oblong comprimé, souv. un peu penché, à axe velu sur les bords. ①. Mai-juillet.

Cultivé en grand.

37. HORDEUM L. *Gen.* ex parte.

Epillets uniflores avec un rudiment de fleur en forme d'arête, *ternés sur chaque dent de l'axe, appliqués contre l'axe,* les latéraux pédicellés mâles ou stériles, le moyen sessile hermaphrodite ou tous hermaphrodites. Glumes subulées aristées, placées en dehors, simulant un demi involucre à 6 folioles. Glumelle inférieure longuement aristée, qqf. mutique dans les épillets latéraux, la supérieure bicarénée à carènes ciliées. Caryopse couvert par les glumelles. — Epillets en épi, à axe ord. fragile à la maturité.

1	Epillets latéraux mâles ou stériles	2
	Epillets tous hermaphrodites fertiles	5
2	Pl. annuelle. Epillets latéraux mutiques.	4. *H. distichum.*
	Pl. vivace. Epillets latéraux aristés.	3
3	Glumes de l'épillet moyen ciliées	1. *H. murinum.*
	Glumes de tous les épillets scabres, non ciliées.	4
4	Epi comprimé, grêle. Glumes de tous les épillets sétacées. Arêtes courtes, dressées	2. *H. secalinum.*
	Epi oblong court, raide. Glume intérieure des épillets latéraux semi-lancéolée, les autres sétacées. Arêtes longues, étalées	3. *H. maritimum.*

5
{ Epillets disposés sur 6 rangs, tous saillants à la maturité . . . . 6. *H. hexastichum.*
Epillets disposés sur 4 rangs saillants et 2 peu prononcés. . . . . 5. *H. vulgare.*

1. H. murinum L. *Sp.* — Tiges de 2-4 déc., genouillées ascendantes. Feuilles linéaires, molles, pubescentes, à gaînes glabres, la supérieure renfermant l'épi avant la floraison. Epi long dressé, puis un peu penché. Epillets tous également et longuement aristées. *Glumes de l'épillet moyen* linéaires lancéolées *ciliées*, l'extérieure des épillets latéraux sétacée scabre, l'intérieure linéaire lancéolée ciliée ord. d'un seul côté. ① ou ②. Juin-octobre.

CC. — Lieux cultivés ou incultes, bords des chemins, pied des murs, décombres.

2. H. secalinum Schreb. *Spicill.* — Tiges de 3-7 déc., grêles ord. dressées, longuement nues au sommet. Feuilles linéaires étroites, rudes, à gaîne inférieure velue. *Epi comprimé, grêle. Epillets* tous aristés, à arête dressée, *courte. Glumes de même forme, toutes sétacées scabres, non ciliées.* ⚥. Juin-juillet.

A.C. — Lieux herbeux humides, prés salés, bords des fossés. — Menchecourt près Abbeville; Laviers; Ault; Mers; Le Hourdel; Pont-à-Cailloux près Quend; Quend (*Baill.* Herb); Favières (*Poulain* Herb.).

3. H. maritimum With. *Arrang.* — Tiges de 1-3 déc., nombreuses, plus rar. subsolitaires, ord. genouillées, couchées ascendantes. Feuilles linéaires aigues. *Epi oblong* ord. *court,* raide. *Epillets tous aristés,* à arête *longue, étalée. Glumes non ciliées, l'intérieure des épillets latéraux semi-lancéolée, les autres sétacées.* ①. Juin-juillet.

C. — Prés salés, digues et galets maritimes. — Mers; Le Hourdel; Quend; Pont-à-Cailloux et Fort-Mahon près Quend; bords de l'Authie près Châteauneuf; Le Crotoy; Noyelles-sur-Mer; Saint-Valery; Laviers, Saigneville (*P. Fl.*)

† **4. H. distichum** L. *Sp.* — (Vulg. *Orge à deux rangs, Pamelle*). — Tiges de 6-8 déc. Feuilles larges linéaires. Epi allongé comprimé, souv. penché à la maturité. *Epillets latéraux* mâles, *stériles, mutiques,* les moyens plus gros, hermaphrodites disposés sur 2 rangs, munis d'arêtes dressées plus longues que l'épi. ①. Juillet-août.

Cultivé en grand. — Semé au printemps.

† **5. H. vulgare** L. *Sp.* — (Vulg. *Escourgeon*). — Tiges de 6-8 déc. Feuilles larges linéaires un peu rudes en dessus. Epi souv. penché à la maturité. *Epillets* tous hermaphrodites aristés, à arête dressée beaucoup plus longue que

l'épi, *disposés sur 6 rangs, dont 4 saillants à la maturité et 2 opposés peu prononcés.* ①. Juin-août.

Cultivé beaucoup moins communément que l'*H. distichum.*

† **6. H. hexastichum** L. *Sp.* — (Vulg. *Orge carré, Orge d'hiver).* — Cette espèce se distingue surtout de la précédente par son épi court épais, à *épillets disposés sur 6 rangs tous saillants à la maturité.* ①. Juin-août.

Cultivé en grand. — Semé avant l'hiver.

L'*Elymus Europæus* (L. *Mant.* — *Hordeum Europæum* All. *Ped.*) indiqué dans le bois de Pendé (*B. Extr. Fl.* ; *Ravin in P. Fl.*) n'y a pas été retrouvé. Il en est de même de l'*Elymus arenarius* (L. *Sp.*) signalé dans les dunes de Quend au lieu dit la Dune-Blanche près Fort-Mahon (*B. Extr. Fl.* et not. manuscr.), où nous l'avons vainement cherché.

Le genre *Elymus* L. est caractérisé par son épi long raide dressé, par ses épillets tous hermaphrodites, disposés 2-4 dans les excavations de l'axe, bi-pluriflores, à fleur supérieure souv. stérile, par ses glumes placées devant les fleurs et simulant un demi-involucre et par son caryopse largement canaliculé sur la face interne. — l'*E. Europæus* se reconnaît aux caractères suivants : pl. vivace à souche cespiteuse ; tiges de 6-8 déc., dressées, pubescentes aux nœuds ; feuilles linéaires assez larges, aigues, les inférieures à gaines velues à poils réfléchis ; épi raide cylindrique ; épillets ternés biflores ; glumelle inférieure munie d'une arête dressée 1 fois plus longue que l'épillet. — Les caractères principaux de l'*E. arenarius* sont : pl. glauque, à souche longuement rampante ; tiges de 5-10 déc., robustes ; feuilles allongées, dressées, enroulées, piquantes au sommet ; épi long, raide, dressé ; épillets pubescents, les inférieurs et les supérieurs géminés, les moyens ternés ; glumes lancéolées acuminées, carénées, ciliées sur la carène, égalant les fleurs ; glumelle inférieure pubescente, mutique. — Nous l'avons récolté à Boulogne [Pas-de-Calais] près de la jetée de l'ouest, d'où il a disparu par suite de travaux de terrassement. Il nous a été indiqué comme commun vers Calais (*Rigaux*).

38. LOLIUM L. *Sp.*

Epillets solitaires sur chaque dent de l'axe, comprimés, *appliqués contre l'axe par un de leurs côtés,* tri-multiflores. Glumes 2 dans l'épillet terminal, une seule opposée à l'axe dans les épillets latéraux. Glumelle inférieure mutique ou aristée, la supérieure linéaire ciliée. — Epillets en épi plus ou moins lâche.

1 { Pl. vivaces. Tiges accompagnées de fascicules de feuilles à la base. 2
  Pl. annuelles sans fascicules de feuilles à la base. . . . 3

2
- Jeunes feuilles pliées dans leur longueur. Epillets ord. mutiques. . . . . 1. *L. perenne*.
- Jeunes feuilles enroulées sur les bords. Epillets ord. aristés. . . . . 2. *L. Italicum*.

3
- Epillets 1-2 fois plus longs que la glume . . . . 3. *L. multiflorum*.
- Epillets égalant la glume ou la dépassant un peu. . . . 4

4
- Epi grêle. Epillets petits, ovoïdes, ord. mutiques. . . . . 4. *L. linicola*.
- Epi robuste. Epillets oblongs assez larges, renflés à la maturité, aristés . . . . 5. *L. temulentum*.

1. L. perenne L. (*Sp*. — Vulg. *Ray-grass*). — *Tiges de 2-4 déc., lisses, accompagnées à la base de fascicules de feuilles. Feuilles étroites, d'abord pliées dans leur longueur*, puis planes. Epi dressé. *Epillets oblongs ou lancéolés, dépassant ord. la glume, à 3-10 fleurs mutiques, plus rar. quelques-unes aristées*. ♃. Juin-septembre.

CC. — Prairies, pelouses, bords des chemins.

S.-v. *tenue* (Coss. et Germ. *Fl*.). — Pl. grêle. Epillets ord. 3-4 fleurs. — A.R. — Cambron (*T.C.*); Amiens à Henriville (*E. Gonse*); Bussus (*Lesaché*).

S.-v. *cristatum* (Coss. et Germ. *Fl*.). — Epillets rapprochés au sommet de la tige en forme de crête. — R. — Remparts d'Abbeville; Amiens, Sainte-Segrée (*E. Gonse*).

S.-v. *ramosum*. (*L. perenne* var. *ramosum* P. Fl.). — A. R. — Epi rameux à la base. — Tœufles; Huchenneville; Le Hourdel; Saint-Maurice près Amiens, Sainte-Segrée, Longpré-lès-Corps-Saints (*E. Gonse*); Bussus, Ailly-le-Haut-Clocher (*Lesaché*).

2. L. Italicum A. Braun in *Flora*. — (Vulg. *Ray-grass d'Italie*). — *Tiges de 5-10 déc., un peu scabres ainsi que les gaînes, accompagnées à la base de fascicules de feuilles. Feuilles étroites d'abord enroulées sur les bords*. Epi dressé. *Epillets étalés pendant la floraison, dépassant la glume, à 5-15 fleurs ord. aristées*. ♃. Juin-juillet.

A.R. — Terrains cultivés, lieux herbeux, prairies, çà et là dans les prairies artificielles. — *Intr.* — Drucat; Behen; Bovelles (*Rom.*); Dury (*E. Gonse*). — Qqf. semé comme fourrage avec le *Trifolium pratense*.

3. L. multiflorum Lmk. *Fl. Fr.* — *Tiges de 5-10 déc., sans fascicules de feuilles à la base. Feuilles radicales enroulées, les supérieures linéaires planes*. Epi long, qqf. un peu arqué. *Epillets lancéolés 1 ou 2 fois plus longs que la glume, à 10-25 fleurs toutes ou les supérieures aristées, à arête plus ou moins longue, plus rar. mutiques*. ①. Juin-juillet.

A.R. — Prairies, lieux herbeux, moissons, bords des chemins.

— *Intr.* — Abbeville ; Behen ; Limeux ; Bovelles (*Rom.*) ; Vismes-au-Val, Buigny-lès-Gamaches, Warloy-Baillon (*Guilbert*) ; Wailly (*Soc. Linn.*) ; Dury, faubourg de Beauvais à Amiens (*E. Gonse*).

4. L. linicola Sond. in Koch *Syn.* — Pl. grêle. *Tiges de 3-6 déc., solitaires ou subsolitaires, sans fascicules de feuilles à la base*, qqf. rameuses inférieurement. Feuilles linéaires étroites, courtes, planes. *Epi grêle dressé. Epillets petits, ovoïdes dépassant un peu la glume, à 4-8 fleurs, mutiques plus rar., un peu aristées.* ①. Juin-juillet.

A.C. — Champs de Lin. — *Intr.* — Behen ; Huchenneville ; Pont-Remy ; Fransu ; Crécy ; Rincheval (*Copineau*).

5. L. temulentum L. *Sp.* — (Vulg. *Ivraie*). — Tiges de 6-9 déc., ord. subsolitaires, raides, sans fascicules de feuilles à base. Feuilles linéaires aigues, planes, rudes. *Epi* allongé dressé, *robuste. Epillets oblongs assez larges* rapprochés de l'axe, égalant ou dépassant à peine la glume, à 5-10 *fleurs* elliptiques *aristées, renflées à la maturité.* ①. Juin-juillet.

C. — Moissons. — *Intr.*

Var. ε. *speciosum* (Coss. et Germ. *Fl.*). — Glume dépassant ord. les fleurs. Fleurs mutiques ou les supérieures seules aristées, à arête courte fine flexueuse. — R. — Mêlé avec le type. — Cambron (*T.C.*) ; Abbeville (*Baill.* Herb.) ; Dury, Sainte-Segrée (*E. Gonse*).

Le *Nardus stricta* (L. *Sp.*) se trouve près de nos limites à Sorus [Pas-de-Calais]. Cette espèce se reconnaît aux caractères suivants : Pl. vivace ; souche courte fibreuse ; tiges de 1-3 déc. ; feuilles en touffe, nombreuses enroulées filiformes, glaucescentes glabres ; épi grêle dressé, unilatéral ; épillets uniflores, verts ou violacés, sessiles dans les excavations de l'axe ; glumes nulles ; Glumelle inférieure linéaire subulée, carénée aristée, embrassant la supérieure.

PLANTES CRYPTOGAMES OU ACOTYLÉDONÉES.

Organes reproducteurs non constitués par des étamines, des pistils et des ovules. Embryon ne présentant pas de parties distinctes.

CIX. FOUGÈRES.

Fructifications (sporanges) réunies en groupes (sores) sur la face inférieure des feuilles, plus rar. en épi ou en grappe, souv.

recouvertes par une membrane (indusium) ou par le bord enroulé de la feuille. Sporanges ord. entourés d'un anneau s'ouvrant avec élasticité, contenant de nombreux petits grains (spores). — Pl. herbacées à souche vivace. *Feuilles* (frondes) paraissant radicales, *ord. roulées en crosse à l'état jeune*, ord. lobées décomposées.

1. { Sporanges disposés en épi ou en grappe 2
   { Sporanges disposés à la face inférieure des feuilles . . . 4
2. { Sporanges disposés en épi linéaire . OPHIOGLOSSUM (12).
   { Sporanges disposés en grappe 3
3. { Pl. de 5-15 cent. à 2 feuilles réunies inférieurement . . .
   { . . . . BOTRYCHIUM (11).
   { Pl. de 8-10 déc. à plusieurs feuilles libres. OSMUNDA (10).
4. { Feuilles couvertes en dessous d'écailles roussâtres . . .
   { . . . . CETERACH (1)
   { Feuilles dépourvues d'écailles roussâtres 5
5. { Sores dépourvus d'indusium, ne bordant jamais les lobes
   {   de la feuille . . . . POLYPODIUM (2).
   { Sores pourvus d'un indusium, ou bordant les lobes de la
   {   feuille 6
6. { Feuilles indivises, cordées à la base. SCOLOPENDRIUM (5).
   { Feuilles pinnatipartites ou une ou plusieurs fois pinna-
   {   tiséquées 7
7. { Sores formant une ligne continue bordant les lobes de
   {   la feuille . . . . PTERIS (3).
   { Sores linéaires oblongs ou arrondis ne bordant pas les
   {   lobes de la feuille. 8
8. { Sores linéaires ou oblongs 9
   { Sores arrondis. 10
9. { Feuilles pinnatipartites . . . . BLECHNUM (4).
   { Feuilles une ou plusieurs fois pinnatiséquées. ASPLENIUM (6).
10. { Indusium ovale lancéolé, attaché par la base. . . . . .
    { . . . . CYSTOPTERIS (7).
    { Indusium orbiculaire ou arrondi réniforme, attaché par
    {   le centre. 11
11. { Indusium orbiculaire . . . . ASPIDIUM (9).
    { Indusium arrondi réniforme. . . . . . . POLYSTICUM (8).

* *Sporanges disposés à la face inférieure des feuilles.*

1. CETERACH C. Bauh. *Pin.*

Sores oblongs linéaires parallèles, obliques, recouverts d'écailles scarieuses nombreuses. Indusium nul. — Feuilles pinnatipartites.

1. C. officinarum C. Bauh. *Pin.* — *Asplenium Cete-rach* L. *Sp.* — Racine fibreuse. *Feuilles* en touffe, longues de 5-15 cent., lancéolées, dans leur circonscription, à lobes alternes ovales obtus, verts en dessus, *couverts en dessous d'écailles roussâtres* luisantes. ♃. Fruct. juin-octobre.

RR. — Vieux murs. — Villers-sous-Ailly ; Bovelles (*Rom.*) ; Vadencourt (*Guilbert*) ; faubourg de Noyon à Amiens (*F. Debray*). — Indiqué près de nos limites à Blangy [Seine-Inférieure] (*B. Extr. Fl.*).

2. POLYPODIUM L. *Gen.* ex parte.

Sores arrondis, épars ou divisés en séries régulières. Indusium nul. — Feuilles pinnatipartites.

1. P. vulgare L. *Sp.* — Rhizome traçant, écailleux. Feuilles de 2-5 déc., persistant pendant l'hiver, oblongues lancéolées dans leur circonscription, dressées, pétiolées, à lobes alternes rapprochés, confluents à la base, entiers ou un peu dentés. ♃. Fruct. pendant une grande partie de l'année.

C. — Vieux murs, lieux pierreux ombragés, bois humides. — Abbeville ; Drucat ; Cambron ; Les Alleux près Behen ; Huchenneville ; Mareuil ; Bailleul ; Doudelainville ; Vismes-au-Val, Maisnières (*Guilbert*) ; Saint-Quentin-la-Motte-Croix-au-Bailly, Beaucamps-le-Jeune, Saint-Germain-sur-Bresle, Sainte-Segrée, Bacouel, Wailly, Vignacourt, bois du Gard près Picquigny (*E. Gonse*) ; Bussus (*Lesaché*).

S.-v. *serratum* (Coss. et Germ. *Fl.*). — Feuilles à lobes dentés.

Le *P. Dryopteris* (L. *Sp.*) a été trouvé dans la forêt d'Eu vers Blangy (*B. Extr. Fl.* et herb. ; *Baill.* Herb.). — Il se distingue aux caractères suivants : rhizome grêle ; feuilles de 2-4 déc., minces, molles, triangulaires rhomboïdales dans leur circonscription, bi-tripinnatiséquées, à pétiole plus long que le limbe, à segments inférieurs triangulaires, les supérieurs oblongs lancéolés, à lobes oblongs obtus, un peu crénelés ; sores petits sur 2 rangs, ord. distincts.

3. PTERIS L. *Gen.* ex parte.

Sores formant une ligne continue bordant les lobes de la feuille. Indusium continu avec le bord des lobes, s'ouvrant de dedans en dehors. — *Feuilles* ovales triangulaires dans leur circonscription, *bi-tripinnatiséquées*.

1. P. aquilina L. *Sp.* — (Vulg. *Fougère commune, Grande Fougère*). — Rhizome longuement traçant. Feuilles de 6-15 déc., très grandes, dressées, à pétiole très long, robuste, noirâtre inférieurement, présentant à sa base, par une coupe oblique, la figure d'un aigle à 2 têtes, à segments opposés triangulaires lancéolés, à lobes oblongs entiers, rapprochés, ord. pubescents, surtout en dessous. ♃. Fruct. juillet-septembre.

C.C. — Bois, côteaux incultes, pâturages.

S.-v. *undulata*. (*P. aquilina* var. *undulata* Brébiss. *Fl.*) — Fronde molle, à segments sinués, dentés, élargis. — La Faloise (*Guilbert*); Conty, Poix, Vignacourt (*E. Gonse*).

4. BLECHNUM Roth Tent. Fl. Germ.

Sores linéaires, géminés, parallèles, s'étendant le long de chaque côté de la nervure moyenne. Indusium s'ouvrant de dedans en dehors. — Feuilles pinnatipartites.

1. B. Spicant Roth *Tent.* — *Osmunda Spicant* L. *Sp.* — Souche cespiteuse. Feuilles de 3-6 déc. en touffe, linéaires lancéolées, atténuées aux deux extrémités; les stériles coriaces, persistant pendant l'hiver, brièvement pétiolées, à segments rapprochés, lancéolés obtus; les fertiles plus longues, peu nombreuses, longuement pétiolées, à segments écartés linéaires étroits, couverts en dessous par les fructifications. ♃. Fruct. juin-août.

A.R. — Bois montueux, lieux humides ombragés. — Saint-Riquier; Ligescourt; forêt de Crécy; Laviers; bois de Sery près Gamaches; Bouttencourt; Citernes; bois du Brusle près Huchenneville; forêt d'Arguel près Senarpont; Wiry-au-Mont; Tœufles (*Franklin Grout*); Vignacourt (*E. Gonse*); Quevauvillers (*Richer*); bois du Gard près Picquigny, Val-de-Maison près Talmas (*Rom*); Embreville (*Guilbert*); bois de Size près Ault (*B. Herb.*).

5. SCOLOPENDRIUM Sm. in Act. Tour.

Sores linéaires, parallèles entre eux, obliques sur la nervure moyenne, recouverts chacun par un indusium libre du côté intérieur et paraissant former un seul sore linéaire recouvert par un indusium à 2 valves. — Feuilles indivises.

1. S. officinale Sm. loc. cit. — Souche cespiteuse. *Feuilles* de 3-6 déc., en touffe, *lancéolées allongées, inégalement cordées à la base*, planes ou un peu ondulées, vertes luisantes en dessus, à pétiole assez long, écailleux. ♃. Fruct. juin-septembre.

A.R. — Vieux murs, puits, ravins, pied des haies ombragées. — Huchenneville; Les Alleux près Behen; Doudelainville; Bernapré; Gamaches; bois de Caubert près Abbeville; Drucat; Yvrench; Valloires près Argoules; Fieffes; Bovelles, Citerne (*Rom*); Coullemelle, Ramburelles, Le Plouy près Vismes, Hénencourt, Varennes, Clairfay, Villers-Tournelle (*Guilbert*); Rouvrel (*F. Debray*); Blanche-Maison près Hornoy, Courcelles, Amiens (*Copineau*); Namps-au-Val (*Soc. Linn.*); Saigneville (*B. Extr. Fl.*).

S.-v. *dædaleum* (Coss. et Germ. *Fl.*). — Feuilles la plupart dilatées au sommet et divisées en 2-3 lobes. — *RR.* — Les Alleux près Behen ; Morival près Vismes-au-Val (*Guilbert*) ; bois de La Motte près Cambron (*H. Sueur*).

6. ASPLENIUM L. *Gen.* ex parte.

Sores linéaires, ou ovales oblongs, obliques par rapport à la nervure moyenne, insérés sur les nervures secondaires. Indusium s'ouvrant de dedans en dehors. — Souche cespiteuse. *Feuilles une ou plusieurs fois pinnatiséquées.*

1 { Feuilles à pétiole noirâtre 2
  { Feuilles à pétiole verdâtre 3

2 { Feuilles linéaires, simplement pinnatiséquées, à segments ovales oblongs presque égaux . . . 2. *A. Trichomanes.*
  { Feuilles triangulaires lancéolées, bi-tripinnatiséquées, à segments lancéolés aigus, les inférieurs plus longs . . . . 3. *A. Adianthum nigrum.*

3 { Feuilles de 4-8 cent., à segments ou lobes peu nombreux atténués, pétiolulés, obovales ou cunéiformes . . . . 1. *A. Ruta-muraria*
  { Feuilles de 5-12 déc., à segments nombreux, lancéolés longuement acuminés, à lobes nombreux oblongs acuminés. . . . . 4. *A. Filix femina.*

1. A. Ruta-muraria L. *Sp.* — *Feuilles de 4-8 cent.*, ord. nombreuses en petite touffe, glabres 1 ou 2 fois pinnatiséquées, à *long pétiole* lisse *verdâtre*, à *segments ou lobes peu nombreux, atténués, pétiolulés, obovales ou cunéiformes* un peu épais, entiers ou crénelés supérieurement. Sores linéaires devenant oblongs confluents. Indusium à bord fimbrié. ♃. Fruct. presque toute l'année.

A.C. — Vieux murs. — Abbeville ; Cayeux-sur-Mer ; Saint-Valery ; Villers-sous-Ailly ; Huchenneville ; Frucourt ; Doudelainville ; Doullens ; Aveluy ; château de Ham ; Cambron (*T.C.*) ; Vismes, Aigneville (*Guilbert*) ; Eaucourt (*Tripier*) ; château de Nesle, château d'Aplincourt près Pont-lès-Brie, Chaulnes (*E. Gonse*) ; Bovelles, Montonvillers (*Rom.*).

2. A. Trichomanes L. *Sp.* ex parte. — (Vulg. *Capillaire*). — *Feuilles* de 1-2 déc., en touffe, glabres, lancéolées linéaires dans leur circonscription, *simplement pinnatiséquées, à pétiole noirâtre* luisant, *à segments* nombreux *presqu'égaux, ovales oblongs*, crénelés. Sores d'abord linéaires oblongs, devenant confluents. Indusium à bord entier. ♃. Fruct. mai-septembre.

A.R. — Vieux murs, pied des haies ombragés. — Drucat ; Yvrench ; Abbeville ; Doullens ; Fieffes ; Villers-sur-Authie ; Villers-sous-Ailly ; Péronne (*F. Debray*) ; Longueau, Amiens (*E. Gonse*) ; Tours, Vismes, Hénencourt, Guerbigny (*Gilbert*) ; Essertaux (*Copineau*) ; Crécy (*B. Herb.*).

3. A. Adianthum-nigrum L. *Sp.*— (Vulg. *Capillaire*

noire). — *Feuilles* de 1-3 déc., en touffe, glabres, un peu coriaces, *triangulaires lancéolées* dans leur circonscription, *bi-tripinnatiséquées*, à *long pétiole* luisant *noirâtre* inférieurement, à *segments lancéolés aigus, les inférieurs plus longs* à lobes ovales lancéolés incisés dentés au sommet. Sores linéaires devenant oblongs, confluents. Indusium à bord entier. ♃. Fruct. juin-septembre.

R. — Lieux ombragés, vieux murs, pied des haies, bois humides. — Drucat ; Yvrench ; Villers-sur-Mareuil ; Les Alleux près Behen ; Maisnières (*Guilbert*) ; Vron, Quend (*Cagé*) ; Bovelles (*Rom.*) ; Cagny (*Copineau*) ; Mareuil, Bray-lès-Mareuil, (*B. Herb.*) ; Crécy (*B. Extr. Fl.*).

4. A. Filix-femina Bernh. in Schrad. *Neu. Journ.* — *Polypodium Filix-femina* L. *Sp.* — (Vulg. *Fougère femelle).* — *Feuilles de 5-12 déc.* en touffe, oblongues lancéolées dans leur circonscription, bipinnatiséquées, glabres, minces, à *long pétiole verdâtre*, muni inférieurement de quelques écailles, à *segments nombreux lancéolés longuement acuminés*, les inférieurs plus petits que les moyens ; *lobes nombreux oblongs acuminés* pinnatifides, à lobules entiers ou dentés au sommet. Sores oblongs devenant confluents. Indusium à bord fimbrié. ♃. Fruct. juin-septembre.

A.R. — Bois couverts. — Bois de Baisnat près Huppy ; Bois du Brusle près Huchenneville ; Limeux ; forêt d'Arguel près Senarpont ; Bouvaincourt ; bois de Sery près Gamaches ; Wiry-au-Mont ; Cambron ; Yvrench ; forêt de Lucheux ; forêt de Crécy ; Larronville près Rue ; Quevauvillers, Courcelles-sous-Moyencourt (*Richer*) ; Vignacourt (*E. Gonse*) ; Embreville, Villers-Tournelle, Toutencourt, Contay (*Guilbert*) ; Mailly-Maillet (*Carette*).

S.-v. *purpureum* (Brébiss. *Fl.*). — Pétiole d'un pourpre noirâtre. — Bois de Tilloy-Floriville (*Guilbert*).

7. CYSTOPTERIS Bernh. in Schrad. *Neu. Journ.*

Sores arrondis, épars, ou en séries régulières. Indusium ovale lancéolé, attaché par la base. — Feuilles bi-tripinnatiséquées.

1. C. fragilis Bernh. loc. cit. — Souche un peu traçante. Feuilles de 1-3 déc., ord. peu nombreuses, oblongues lancéolées dans leur circonscription, à pétiole un peu écailleux inférieurement, grêle fragile, à segments ovales lancéolés, les inférieurs plus petits que les moyens, à lobes oblongs obtus ou aigus, plus ou moins dentés. ♃. Fruct. juin-septembre.

RR. — Lieux ombragés, haies. — Drucat (*Baill.* Herb.); forêt de Crécy (*B.* Herb.).

8. POLYSTICHUM Roth Tent. Fl. Germ.

Sores arrondis, épars, ou en séries régulières. Indusium arrondi réniforme attaché par un point central, et par un pli déprimé. — Feuilles oblongues ou triangulaires lancéolées dans leur circonscription, pinnatiséquées ou bipinnatiséquées à segments pinnatipartites ou pinnatifides.

1. { Souche grêle longuement traçante. Pétiole glabre . . . . 1. *P. Thelypteris.*
 Souche épaisse cespiteuse, qqf. un peu traçante. Pétiole écailleux. 2

2. { Feuilles à segments inférieurs environ aussi grands que les moyens à lobes à dents cuspidées aristées. . . . . . 4. *P. spinulosum.*
 Feuilles à segments inférieurs plus petits que les moyens, à lobes à dents mutiques ou mucronées, non cuspidées aristées 3

3. { Feuilles à segments à 15-20 paires de lobes, à dents mutiques. . . . . 2. *P. Filix-mas.*
 Feuilles à segments à 5-12 paires de lobes à dents mucronées. . . . . *3. P. Callipteris.*

1. P. Thelypteris Roth loc. cit. — *Nephrodium Thelypteris* Stremp. *Fil. Berol.* — *Souche grêle, longuement traçante. Feuilles* de 4-7 déc., espacées sur le rhizome, *à long pétiole glabre*, à segments lancéolés aigus pinnatipartits, les inférieurs plus petits que les moyens, à lobes confluents, ovales triangulaires, entiers, à bords roulés en dessous à la maturité. Sores disposés en lignes, confluents à la maturité. ♃. Fruct. juin-septembre.

A.R. — Prés tourbeux humides. — Abbeville ; Bray-lès-Mareuil ; Cambron ; Vercourt ; Bernay ; Villers-sur-Authie (*Cagé*) ; Péronne ; Mesnil-Bruntel (*F. Debray*) ; Fouencamps (*Richer*) ; Guerbigny (*Guilbert*) ; Pendé (*B. Extr. Fl.*).

2. P. Filix-mas Roth Tent. Fl. Germ. — *Nephrodium Filix-mas* Stremp. *Fil. Berol.* — (Vulg. *Fougère mâle*). — *Souche épaisse cespiteuse, qqf. un peu traçante. Feuilles* de 5-10 déc., en touffe, oblongues lancéolées acuminées, pinnatiséquées, à *pétiole écailleux*, à *segments* lancéolés, pinnatipartits, à *15-20 paires de lobes*, les inférieurs plus petits que les moyens ; lobes oblongs obtus dentés au sommet, *à dents mutiques*. Sores assez gros, disposés sur 2 lignes, rapprochés de la nervure moyenne du lobe et n'occupant ord. que sa partie inférieure. Indusium persistant. ♃. Fruct. juin-septembre.

CC. — Clairières et fossés des bois.

3. P. Callipteris DC. *Fl. Fr.* — *P. cristatum* Roth

Tent. Fl. Germ. — *Nephrodium cristatum* Michx. *Fl. Bor. Amer.* — *Souche épaisse cespiteuse. Feuilles* de 3-6 déc., en touffe, peu nombreuses, oblongues lancéolées, pinnatiséquées, *à pétiole écailleux, à segments* pinnatipartits ou pinnatifides *à 5-12 paires de lobes*, les inférieurs plus petits que les moyens ; lobes oblongs obtus, confluents à la base, crénelés inférieurement, dentés au sommet, *à dents mucronées* non aristées. Sores assez gros, peu nombreux, disposés sur 2 lignes ord. régulières, confluents à la maturité et couvrant presque toute la surface des lobes. Indusium persistant. ♃. Fruct. juin-septembre.

RR. — Prés tourbeux ombragés. — Marais au-dessous du bois de La Motte près Cambron. — Trouvé à Saint-Josse [Pas-de-Calais] (*Dovergne* Herb.)

4. P. spinulosum DC. *Fl. Fr.* — *Nephrodium spinulosum* Stremp. *Fil. Berol.* — Pl. variable. *Souche épaisse cespiteuse. Feuilles* de 3-8 déc., peu nombreuses en touffe, dressées ou penchées, assez molles, oblongues ou triangulaires lancéolées, bipinnatiséquées, *à pétiole* plus ou moins long, *écailleux, à segments* ord. espacés triangulaires lancéolés pinnatifides, les *inférieurs environ aussi grands que les moyens; lobes* oblongs dentés supérieurement, *à dents* conniventes *cuspidées aristées*. Sores assez petits, ord. disposés sur 2 lignes le long de la nervure moyenne des lobes. Indusium persistant. ♃. Fruct. juin-septembre.

A.R. — Lieux ombragés, marais, bois, haies. — Drucat; Cambron; Doudelainville; Frucourt; Bouttencourt; Wiry-au-Mont; forêt d'Arguel près Senarpont; Oust-Marest; Bouillencourt-en-Sery; bois de Size près Ault; Larronville près Rue; Hiermont; forêt de Crécy; Namps-au-Val (*Richer*); Vignacourt, Quevauvillers, (*E. Gonse*); Mesnil-Bruntel (*F. Debray*); marais Saint-Gilles près Abbeville (*P. de Vicq*); Embreville, Guerbigny, Toutencourt (*Guilbert*).

Var. α. *spinulosum* (Coss. et Germ. *Fl.*). — Lobes inférieurs seuls distincts.

Var. ß. *dilatatum* (Coss. et Germ. *Fl.*). — Feuilles plus amples, triangulaires. Lobes presque tous distincts. — Bois du Brusle près Huchenneville.

Var. γ. *crispulum* (Brébiss. *Fl.*). — Lobes ondulés crispés. — Tilloy-Floriville (*Guilbert*).

Nous avons rencontré dans la forêt d'Eu près de Blangy [Seine-Inférieure] le *P. Oreopteris* (DC. *Fl. Fr.*), qui se distingue par les caractères suivants : souche cespiteuse ; feuilles de 5-10 déc., en touffe, oblongues lancéolées, pinnatiséquées, à pétiole ord. court écailleux à la base, munies en dessous de points jaunes glanduleux brillants, à segments pinnatipartits, les inférieurs espacés petits courts; lobes confluents à la base, oblongs obtus presque entiers ; sores assez petits, disposés en lignes près des bords des lobes ; indusium très caduc.

9. ASPIDIUM R. Br. Prodr. Nov. Holl.

Sores arrondis, épars, ou en séries régulières. Indusium orbiculaire pelté, attaché par le centre. — *Feuilles pinnatiséquées ou bipinnatiséquées.*

1. A. aculeatum Sw. in Schrad. *Journ.* — *Polystichum aculeatum* Roth *Tent. Fl. Germ.* — Souche épaisse cespiteuse. Feuilles de 3-8 déc., en touffe, raides, oblongues lancéolées et atténuées à la base dans leur circonscription, à pétiole court écailleux, à segments oblongs lancéolés, les inférieurs beaucoup plus petits que les moyens ; lobes ovales un peu courbés en faux, tronqués à la base, dentés, à dents raides cuspidées aristées ; la terminale plus longue. Sores assez petits, en lignes plus ou moins régulières. ♃. Fruct. juin-septembre.

R. — Bois couverts. — Caubert près Abbeville ; Cambron ; bois de Canvrières près Doudelainville ; bois Gervais à Huchenneville ; Bonneville ; Wiry-au-Mont ; Famechon (*Copineau*) ; Namps-au-Mont (*E. Gonse*).

S.-v. *Plukenetii.* (*Polystichum Plukenetii* DC. *Fl. Fr.*). — Lobes largement confluents dans chaque segment. — *RR.* — Doudelainville ; Namps (*E. Gonse*) ; Fieffes (*T.C.* Herb.) ; forêt d'Arguel (*Picard* in *Baill.* herb.).

** *Sporanges disposés en grappe ou en épi,*

10. OSMUNDA L. Gen. ex parte.

Sporanges presque globuleux, rapprochés en groupes arrondis, *disposés en grappe rameuse* au sommet des feuilles fertiles. — Feuilles bipinnatiséquées.

1. O. regalis L. *Sp.* — Souche épaisse cespiteuse. *Feuilles de 6-12 déc.*, amples, à pétiole dépourvu d'écailles, à segments ord. amples, oblongs dans leur circonscription, à lobes un peu pétiolulés oblongs lancéolés obtus, obliquement tronqués à la base, chargés de nervures fines ; segments fertiles en grappe rameuse. ♃. Fruct. juin-septembre.

RR. — Lieux marécageux ombragés. — Canterenne et Larronville près Rue (*Ch. Wignier*) ; marais près du bois de Lamotte à Cambron (*T.C.* Herb.) — Trouvé près de nos limites dans les landes de Beaumont près Eu [Seine-Inférieure] et à Saint-Josse (Pas-de-Calais] (*Dovergne* Herb.).

11. BOTRYCHIUM Sw. Syn. Fil.

Sporanges presque globuleux, distincts, s'ouvrant du sommet à la base, *disposés en grappe* rameuse au sommet de la feuille fertile. — Feuilles pinnatiséquées.

1. B. Lunaria Sw. loc. cit. — *Osmunda Lunaria* L. *Sp.* — Pl. de 5-15 cent. Souche à racines fibreuses. *Feuilles 2, réunies inférieurement en forme de pétiole,* l'une stérile oblongue dans sa circonscription, pinnatiséquée, à segments épais semi-lunaires ou un peu réniformes entiers ou sinués lobés, l'autre fertile plus longue formant par le développement des sporanges une grappe terminale. ♃. Fruct. mai-juillet.

RR. — Côteaux et pâturages secs. — Cambron (*T.C.*); Cagny (*Le Correur, Richer*); bois de Wailly (*E. Gonse*); citadelle d'Amiens, Epagne (*Dovergne* Herb.); Abbeville (*B.* Extr. Fl. et herb.); Drucat (*Du Maisniel de Belleval,* Not. manuscr.).

12. OPHIOGLOSSUM L. Gen. ex parte.

Sporanges presque globuleux, s'ouvrant transversalement en 2 valves, *rapprochés en épi linéaire, distique.* — Feuille stérile entière.

1. O. vulgatum L. *Sp.* — Pl. de 1-2 déc. Souche grêle traçante, munie à la base d'une écaille engaînante noirâtre. Feuilles 2, longuement réunies inférieurement en forme de pétiole; feuille stérile ovale oblongue large engaînante; feuille fertile terminée par l'épi fructifère linéaire aigu, solitaire, rar. bifide, paraissant sortir de la gaine de la feuille stérile, qu'il dépasse à la maturité. ♃. Fruct. juin-juillet.

RR. — Marais tourbeux, prairies humides. — Marais des dunes de Saint-Quentin-en-Tourmont et de Quend; Menchecourt près Abbeville (*Baill.* Herb.); Brutelles (*B.* Extr. Fl.).

CX. EQUISÉTACÉES.

Fructifications terminales *en épi* composé d'écailles pédicellées, peltées, verticillées, portant en dessous plusieurs sporanges membraneux, s'ouvrant en long. Spores très nombreuses, libres entre elles, munies d'appendices filiformes renflés au sommet, s'enroulant autour de la spore et se déroulant suivant les alternatives de sécheresse et d'humidité. — *Pl.* vivaces à rhizome traçant souv. rameux, *dépourvues de feuilles*. Tiges cylindriques sillonnées, articulées, munies de gaines dentées à chaque articulation, *simples ou à rameaux verticillés* de la même structure que les tiges.

1. EQUISETUM L Gen.

Caractères de la famille.

1. { Tiges fertiles simples, paraissant avant les stériles. . . 2
   { Tiges toutes semblables, fertiles 3

2. { Gaines à 20-30 dents. Tiges stériles d'un blanc d'ivoire. .
   { . . . . 2. *E. Talmateia.*
   { Gaines à 8-12 dents, Tiges stériles vertes. 1. *E. arvense.*

3. { Tiges anguleuses profondément sillonnées. Gaines lâches évasées, à dents brunâtres largement scarieuses blanchâtres aux bords. . . . . 3. *E. palustre.*
   { Tiges striées. Gaines cylindriques apprimées, à dents noirâtres non scarieuses ou à peine scarieuses aux bords . . . . 4. *E. limosum.*

* *Tiges fertiles simples, paraissant avant les stériles.*

1. E. arvense L. *Sp.* — *Tiges* fertiles de 1-2 déc., simples, d'un blanc rougeâtre, *à gaînes lâches à 8-12 dents* lancéolées acuminées, très aigues. Epi ovoïde oblong. *Tiges stériles* étalées ou redressées, de 2-6 déc., *vertes*, à rameaux nombreux, verticillés, grêles, allongés, tétragones, sillonnés, un peu rudes, à premier entre-nœud dépassant souv. beaucoup la longueur de la gaîne de la tige. ♃. Fruct. avril-mai.

CC. — Champs humides, prairies.

2. E. Telmateia Ehrh. *Beitr.* — *E. fluviatile* Sm. *Fl. Brit.* — *Tiges* fertiles de 1-4 déc., simples d'un blanc rougeâtre, robustes, *à gaînes* lâches, *à 20-30 dents* longuement acuminées subulées. Epi oblong cylindrique, noirâtre au sommet. *Tiges stériles* de 6-10 déc., grosses, *d'un blanc d'ivoire*, faiblement sillonnées, à gaînes lâches à dents sétacées, à rameaux verts nombreux très longs grêles, un peu rudes, en verticilles rapprochés, à premier entrenœud plus court que la gaîne de la tige. ♃. Fruct. mars-avril.

RR. — Lieux marécageux, bords des eaux. — Drucat ; bords de la Somme à Ham.

** *Tiges toutes semblables fertiles.*

3. E. palustre L. *Sp.* — *Tiges* de 3-6 déc., dressées, souv. rameuses dès la base, *anguleuses, profondément sillonnées*, presque lisses, *à gaînes lâches évasées*, à 6-8 rar. *12 dents lancéolées, brunâtres largement scarieuses blanchâtres aux bords*, à rameaux verticillés par 8-12, qqf. moins par avortement. Epi oblong, plus ou moins longuement pédonculé au-dessus de la gaîne supérieure. ♃. Fruct. mai-septembre.

CC. — Prés humides, bords des eaux.

Var. ε. *polystachyon* (Ray. *Cat. pl. Angl.* éd. 3). — Rameaux allongés, tous ou la plupart terminés par un épi. — Marais du faubourg Saint-Pierre à Amiens (*E. Gonse*).

4. E. limosum L. *Sp.* — *Tiges* de 5-10 déc., dressées, ord. robustes, cylindriques, *striées*, nues, ou munies, au sommet, de verticilles irréguliers formés de rameaux anguleux lisses, plus ou moins courts, *à gaînes cylindriques apprimées, à 15-20 dents* subulées, noirâtres, *non scarieuses ou à peine scarieuses aux bords*. Epi ovoïde, brièvement pédonculé. ♃. Fruct. mai-septembre,

C. — Prés humides, fossés, bords des eaux.

L'*E. hyemale* (L. *Sp.* — Vulg. *Prêle des tourneurs*) a été trouvé près de nos limites dans la forêt d'Eu (*B.* Herb. ; *Baill.* Herb.). Il se distingue par ses tiges de 5-10 déc., ord. simples et nues, dressées sillonnées, très rudes, à gaines blanchâtres, noires à la base et au sommet, à 15-20 dents subulées, à pointe scarieuse caduque et par son épi subsessile court serré, ovoïde apiculé.

Nous avons rencontré dans les landes boisées de Beaumont près Eu [Seine-Inférieure], le *Lycopodium clavatum* (L. *Sp.*) et le *L. inundatum* (L. *Sp.*) de la famille des *Lycopodiacées*. — Ces deux espèces ont aussi été observées dans les bois de Sorus et de Wailly près Montreuil [Pas-de-Calais] (*Baill.* Herb. ; *B.* Herb.). — Le genre *Lycopodium* se distingue par les caractères suivants : Pl. vivaces à port simulant celui des mousses, herbacées, ou un peu ligneuses, à tiges plus ou moins rampantes, ord. rameuses, garnies de feuilles très nombreuses imbriquées, petites, entières, sessiles lancéolées ou subulées, persistantes. Sporanges déhiscents s'ouvrant en 2 valves remplis de spores très petites globuleuses, formant une poussière jaune. — Le *L. clavatum* a la tige de 3-8 déc., longuement rampante radicante, très rameuse, à rameaux ascendants dichotomes ; les fertiles redressés. Ses feuilles sont terminées par un long poil blanchâtre. Ses sporanges sont en épis allongés, cylindriques, ord. géminés, très longuement pédonculés et ses bractées d'un jaune pâle, ovales acuminées, à bords scarieux ondulés ciliés. — Le *L. inundatum* a pour caractères : tiges de 5-15 cent., rampantes radicantes peu rameuses, à rameaux fertiles très feuillés, dressés ; feuilles linéaires acuminées non terminées en poil ; sporanges en épi solitaire, sessile un peu renflé ; bractées presque semblables aux feuilles, un peu élargies à la base, d'un vert jaunâtre,

CXI. CHARACÉES (1).

Organes de la fructification de deux sortes, anthéridies (organes mâles) et sporanges (organes femelles), rapprochés

---

(1) Nous suivons l'exemple de plusieurs auteurs modernes, en ajoutant ici la famille des *Characées*, dont l'étude offre beaucoup d'intérêt.

sur le même individu (pl. monoïque) ou séparés sur deux individus (pl. dioïque). Sporanges oblongs ovoïdes ou subglobuleux, striés en spirale, couronnés par 5 dents qqf. peu distinctes. Anthéridies globuleuses d'un beau rouge à 8 valves, remplies intérieurement de filaments animés, ord. enroulés en spirale. — *Pl. submergées*, fétides, annuelles ou vivaces, se reproduisant qqf. par des bulbilles placés à la partie inférieure des tiges. *Tiges articulées cylindriques, dépourvues de feuilles*, formées d'un tube simple ou entouré d'autres tubes plus petits, ord. en spirale, *à rameaux* plus ou moins développés *verticillés*, articulés, simples ou plus ou moins bifurqués.

1 { Tiges ord. chargées d'un dépôt calcaire, fragiles, surtout après la dessication, composées d'un tube central entouré d'autres petits tubes en spirale. . . . CHARA (1).
Tiges ord. vertes transparentes, flexibles, composées chacune d'un seul tube. . . . . NITELLA (2).

1. CHARA Agardh. *Syst. Alg.*

Sporanges ord. solitaires, à stries nombreuses, entourés de bractées, terminés par une petite couronne de 5 dents persistantes formées chacune d'une seule cellule. Anthéridies ord. solitaires, placées au-dessous des sporanges (dans les plantes monoïques). — *Pl. ord. chargées d'un dépôt calcaire, fragiles surtout après la dessication. Tiges le plus souvent opaques, composées d'un tube central entouré d'autres petits tubes en spirale*, présentant l'apparence d'une écorce striée.

1 { Pl. ord. robustes. Tiges sillonnées portant de longs aiguillons fasciculés 2
Pl. plus ou moins grêles. Tiges striées nues ou qqf. garnies d'aiguillons rares et fins 3

2 { Tiges nues dans le bas, chargées d'aiguillons au sommet. 1. *C. hispida*.
Tiges et rameaux couverts entièrement de nombreux aiguillons. . . . . 2. *C. polyacantha*.

Les espèces, que nous indiquons, et qui n'ont été observées que depuis peu de temps dans nos fossés et nos tourbières si favorables à la végétation de ces plantes, doivent faire espérer d'en rencontrer de nouvelles pour notre flore. — Les *Characées* sont très variables dans leur forme, comme le plupart des plantes aquatiques, et leur détermination rigoureuse est très difficile. — Consulter pour leur étude : *Essai sur la famille des Characées*, Bordeaux 1856 (J. Wallman ; *Flore des environs de Paris*, 2e éd. et *Atlas* (Cosson et Germain de Saint-Pierre); *Flore de la Normandie*, 4e éd. (A. de Brébisson); *Flore du Centre de la France*, 3e éd. (A. Boreau); *Flore de l'Ouest de la France*, 3e éd. (J. Lloyd); *Species Algarum*, (Kutzing); *Die characeen Europas exsiccata*, Dresde 1857, (A Braun, Robenhorst et Stizenberger).

3 { Tiges incrustées de calcaire grisâtre. Bractées ord. plus longues que les sporanges . . . . 3. *C. fœtida.*
Tiges vertes ou peu incrustées. Bractées ord. plus courtes que les sporanges. . . . . 4. *C. fragilis.*

1. C. hispida L. *Sp.;* Coss. et Germ. *Fl. et Illustr.;* Kutz. *Sp. Alg.;* A. Braun, *Ch. exsicc.* — Pl. monoïque, ord. robuste. Tiges de 3-8 déc., *fortement sillonnées tordues, incrustées de calcaire grisâtre, garnies surtout au sommet d'aiguillons fasciculés.* longs, à rameaux verticillés par 6-10, munis à chaque articulation de bractées verticillées dépassant les sporanges. Sporanges assez gros. ovoïdes à 10-13 stries, à couronne étalée. Fruct. mai-août.

C. — Fossés, tourbières. — Abbeville ; Epagne ; Mareuil ; Cambron (*T.C.*) ; Quend (*Baill.* Herb.) ; marais de Glisy et de Longueau (*E. Gonse*) ; Rue, Bray-lès-Mareuil (*B. Extr. Fl.*).

2. C. polyacantha A. Braun. *Char. exsicc,* n° 72; Brébiss. *Fl* — Pl. monoïque, souv. *confondue avec les var. du C. hispida* L. *Elle en diffère surtout par le nombre des aiguillons qui couvrent toutes ses tiges et ses rameaux.*

R. — Fossés des marais de la région maritime. — Sailly-Bray près Noyelles-sur-Mer (*P. de Vicq*). — Nous l'avons rencontré aussi dans les marais de Merlimont [Pas-de-Calais].

3. C. fœtida A. Braun, *Ann. Sc. nat. et Ch. exsicc.;* Coss. et Germ. *Fl. et Illust.;* Kutz *Sp. Alg.* — *C. vulgaris* L. *Sp.* ex parte. — *Pl* monoïque, très variable, *plus ou moins grêle. Tiges de 1-6 déc., striées, incrustées de calcaire grisâtre, nues ou munies d'aiguillons, rares et fins,* à rameaux verticillés par 6-10, à bractées 4, *ord. plus longues que les sporanges,* qqf. les dépassant longuement. Sporanges petits ovoïdes oblongs à 12 stries, à couronne courte tronquée. Fruct. mai-août.

C. — Fossés, eaux stagnantes, tourbières. — Drucat ; Abbeville ; Mareuil ; Mers ; Cambron (*T.C.*).

S.-v. *longibracteata* (Coss. et Germ. *Fl.*). — Bractées dépassant très longuement les sporanges. — Marais de Saint-Pierre à Amiens (*E. Gonse*).

S.-v. *subhispida* (Coss. et Germ. *Fl.*). — Tiges garnies de petits aiguillons caducs. — Cambron (*T.C.*).

4. C. fragilis Wallm. *Char.;* Desv. in *Lois. not.;* Coss. et Germ. *Fl. et Illustr.;* A. Braun *Char. exsicc.* — Pl. monoïque très variable, plus ou moins grêle. *Tiges de 2-5 déc., très finement striées, un peu incrustées de calcaire, ou vertes,* dépourvues d'aiguillons, à rameaux verticillés ord. par 7-8, à *bractées ord. plus courtes que les sporanges.* Sporanges ovoïdes oblongs à 12-15 stries, à couronne allongée. Fruct. mai-août.

A.C. — Eaux stagnantes, tourbières. — Mareuil; Noyelles-sur-Mer; Abbeville; Epagne; Cambron (*T.C.*); Marais de Saint-Pierre à Amiens, Camon, Glisy (*E. Gonse*).

2. NITELLA Agardh. *Syst. Alg.*

Sporanges à stries peu nombreuses, terminés par une petite couronne de 5 dents caduques, souv. peu distinctes, formées chacune de 2 cellules superposées. Anthéridies placées au-dessus des sporanges (dans les plantes monoïques). — *Pl. ord. vertes flexibles après la dessication. Tiges ord. transparentes, composées chacune d'un seul tube*, ne présentant pas l'apparence d'écorce striée.

1. { Tiges entourées au niveau des articulations inférieures de bulbilles blancs en forme d'étoile ord. régulière. . . . . *1. N. stelligera.*
Tiges dépourvues de bulbilles en forme d'étoile. 2

2. { Verticilles des rameaux non réunis en glomérules. Divisions terminales des rameaux mucronées à pointe fine assez longue. . . . . *4. N. mucronata.*
Verticilles des rameaux réunies en glomérules. Divisions terminales obtuses ou brièvement mucronées 3

3. { Pl. très grêle, à tiges capillaires. Verticilles des rameaux formant des glomérules très petits, espacés, simulant les grains d'un chapelet . . . . *5. N. tenuissima.*
Pl. moins grêles, à tiges non capillaires. Verticilles des rameaux en glomérules ne simulant pas les grains d'un chapelet 4

4. { Verticilles des rameaux supérieurs formant des glomérules assez gros compactes. Divisions terminales des rameaux obtuses. . . . . *2. N. glomerata.*
Verticilles des rameaux réunies plus ou moins en glomérules assez petits lâches. Divisions terminales des rameaux brièvement mucronées . . . . . . *3. N. opaca.*

1. N. stelligera Wallm. *Char.;* Coss. et Germ. *Fl.;* A. Braun *Char. exsicc.* — Pl. dioïque, robuste. *Tiges* de 3-12, d'un vert glauque, *entourées au niveau des articulations inférieures de bulbilles blancs* composés de nombreuses cellules symétriquement agglomérés *en forme d'étoile ord. régulière* de consistance crustacée, à 4-7 rayons, plus rar. en forme de melon cantaloup, à rameaux 4-8 en verticilles lâches, simples articulés qqf. bifurqués. Sporanges subglobuleux, à 8 plus rar. 5-7 stries, réunis par 2, rar. solitaires. (Rochebrune, *Bull. Soc. bot. Fr.* t. X, p. 32). — Fruct. juin-septembre.

RR. — Tourbières. — Tourbières *des Quarante* à Mareuil (*P. de Vicq*, déc. 1878), où cette espèce est très abondante.

2. N. glomerata Wallm. *Char.;* Coss. et Germ. *Fl. et Illustr.*; A. Braun *Char. exsicc.* — Pl. monoïque. Tiges de 1-3 déc., ord. simples, vertes ou un peu incrustées, à *rameaux verticillés* ord. par 6-8, à *divisions terminales obtuses; verticilles fertiles en glomérules assez gros, compactes,* terminant la tige et les rameaux. Sporanges à 4-5 stries peu distinctes, subsessiles, réunis par 3-5 autour de chaque anthéridie. Fruct. mars-mai.

RR. — Fossés, eaux stagnantes. — Menchecourt près Abbeville; Laviers; Noyelles-sur-Mer; Glisy (*E. Gonse*).

3. N. opaca Wallm. *Char.;* Coss. et Germ. *Fl.* éd. 2; A. Braun *Char. exsicc.* — *N. syncarpa* var. *Smithii* Coss. et Germ. *Fl.* éd. 1, et *Illustr.* — Pl. dioïque assez grêle, d'un vert clair. Tiges de 2-4 déc., luisantes, à rameaux verticillés par 6-8, ord. bifurqués, à *divisions terminales très brièvement mucronées; verticilles fertiles réunis plus ou moins en glomérules* assez petits lâches. Sporanges subglobuleux à 6 stries saillantes, réunis par 2-3. Fruct. mai-juillet.

RR. — Fossés, mares. — Mare du marais de Larronville près Rue.

4. N. mucronata Wallm. *Char.;* Coss. et Germ. *Fl. et Illustr.;* A. Braun *Char. exsicc.* — Pl. monoïque assez grêle, d'un vert clair ou foncé. Tiges de 2-3 déc., à rameaux verticillés par 6-8, 1-2 fois bifurqués, à *divisions terminales mucronées à pointe fine assez longue.* Sporanges ovoïdes subglobuleux à 5-6 stries, souv. solitaires. Fruct. juin-septembre.

RR. — Fossé près le canal de Transit à Abbeville; Renancourt près Amiens (*E. Gonse*).

5. N. tenuissima Wallm. *Char,;* Coss. et Germ. *Fl. et Illustr.;* A Braun *Char. exsicc.* — Pl. monoïque croissant en touffe, d'un vert terne, *très grêle. Tiges* de 5-30 cent., capillaires, peu rameuses, à *rameaux* courts *verticillés* par 5-8, *formant des glomérules très petits,* compactes subglobuleux, *espacés, simulant des grains de chapelet;* rameaux plusieurs fois bifurqués, à *divisions* étalées divergentes, les *terminales brièvement mucronées* plus longues que les inférieures. Sporanges solitaires, ovoïdes subglobuleux, très petits, à 7-9 stries. Fruct. mai-août.

RR. — Fossés à eau limpide dans les marais tourbeux. — Fossés du marais communal de Mareuil.

TABLE

DES DIVISIONS, DES FAMILLES ET DES GENRES.

Les noms des divisions sont imprimés en grandes capitales, les noms des familles en petites capitales, ceux des genres en romain et leurs synonimes en italique, ainsi que les noms des familles et des genres mentionnés en note.

Abies 401	*Alisma* 403
Acer 85	ALISMACÉES 402
Aceras 421	Allium 409
ACÉRINÉES 85	*Allium* 410, 411
Achillea 224	Alnus 395
Aconitum 16	Alopecurus 490
ACOTILÉDONÉES . . . 525	Alsine 68
Actæa 16	*Alsine* 70
Adenarium 68	ALSINÉES 63
Adenoscilla 408	*Alsinées* 75
Adonis 5	Althæa 80
Adoxa 189	Alyssum 39
Ægopodium 165	AMARANTACÉES . . . 354
Æsculus 86	Amarantus 354
Æthusa 171	AMARYLLIDÉES . . . 418
Agrimonia 145	AMBROSIACÉES . . . 262
Agropyrum 518	Ammi 165
Agrostemma 63	Ammophila 484
Agrostis 484	AMPÉLIDÉES 86
Aira 493	AMYGDALÉES 129
Aira 494, 513	*Amygdalus* 132
Ajuga 337	*Anacharis* 436
Alchemilla 146	Anacamptis 421

31

Anagallis	348	Atriplex	361
Anchusa	282	*Atriplex*	363
Androsæmum	82	Atropa	291
Anemone	4	Atropis	512
Anemone	2	Avena	496
Angelica	178	*Avena*	493
Antennaria	234		
Anthemis	224	Baldingera	488
Anthericum	412	Ballota	335
Anthoxanthum	491	Barbarea	27
Anthriscus	175	Barkausia	256
Anthyllis	113	Bellis	228
Antirrhinum	305	BERBERIDÉES	17
Apera	486	Berberis	17
APÉTALES	354	*Berteroa*	39
Aphanes	146	*Berula*	170
Apium	167	Beta	357
APOCYNÉES	271	Betonica	334
Aquilegia	15	Betula	395
Arabis	28	BÉTULINÉES	394
Arctium	217	Bidens	223
Arenaria	69	Blechnum	528
Arenaria	68, 69	Blitum	359
Aristolochia	381	*Blitum*	360
Armeniaca	132	BORAGINÉES	281
Armeria	350	Borago	282
Arnoseris	245	Botrychium	533
AROIDÉES	446	Brachypodium	504
Arrhenatherum	495	Brassica	35
Artemisia	228	Braya	33
Artemisia	229	Briza	516
Arum	447	Bromus	499
Arundo	484	Brunella	335
ASCLÉPIADÉES	272	Bryonia	192
ASPARAGINÉES	413	*Bunias*	48
Asparagus	413	*Bunium*	166
Asperugo	285	Bupleurum	163
Asperula	193	BUTOMÉES	404
Aspidium	533	Butomus	404
Asplenium	529	BUXACÉES	94
Aster	238	*Buxacées*	94
Astragalus	113	Buxus	94
Athamanta	173		

DES FAMILLES ET DES GENRES.

Cakile	48
Calamagrostis	483
Calamagrostis	483, 484
Calamintha	325
Calendula	230
Calendula	230
Callitriche	385
CALLITRICHINÉES	385
Calluna	267
Caltha	14
Caltha	2
Calystegia	278
Camelina	42
Campanula	263
CAMPANULACÉES	263
Cannabis	376
CAPRIFOLIACÉES	189
Capsella	44
Cardamine	29
Carduus	214
Carex	465
Carex	470, 474, 475, 478
Carlina	209
Carpinus	398
Carum	166
Carum	166
Castanea	396
Catabrosa	513
Caucalis	182
Caucalis	183
CÉLASTRINÉES	93
Célastrinées	94
Centaurea	217
Centranthus	200
Centunculus	349
Cephalanthera	430
Cerastium	71
Cerastium	74, 75
Cerasus	129
Ceratophyllum	380
CÉRATOPHYLLÉES	379
Ceterach	526
Chærophyllum	176

Chara	537
CHARACÉES	536
Cheiranthus	27
Chelidonium	21
Chelidonium	21
Chenopodina	365
Chenopodium	357
Chenopodium	360
CHICORACÉES	243
Chlora	274
Chondrilla	252
Chrysanthemum	227
Chrysanthemum	226
Chrysosplenium	188, 189
Cichorium	246
Cichorium	246
Cicuta	164
Cineraria	239
Circæa	156
Cirsium	210
CISTINÉES	49
Cladium	458
Clematis	3
Clematis	2
Clinopodium	327
Cochlearia	40
COLCHICACÉES	404
Colchicum	405
Comarum	139
COMPOSÉES	207
Conium	177
CONIFÈRES	399
Convallaria	414
Convallaria	415
CONVOLVULACÉES	277
Convolvulus	277
Convolvulus	278
Coreopsis	224
Cornus	185
Corydalis	22
Corydalis	22
Corylus	397
CORYMBIFÈRES	221

Corynephorus	494	Digitalis.	305
COTYLÉDONÉES	1	Digitaria	482
Cracca	117	DIOSCORÉES.	416
Crambe	48	Diplotaxis	35
CRASSULACÉES.	126	DIPSACÉES	204
Cratægus	148	Dipsacus	206
Crepis	257	Doronicum.	238
Crepis.	259	*Doronicum.*	239
Crithmum	175	Draba	40
CRUCIFÈRES.	24	Drosera.	54
CRYPTOGAMES	525	*Drosera*	54
Cucubalus	60	DROSÉRACÉES	54
Cucumis.	192		
Cucurbita	192, 193	Echinospermum.	286
CUCURBITACÉES	192	Echium.	288
Cucurbitacées	192	ELÉAGNÉES.	380
CUPULIFÈRES	395	Eleocharis.	459
Cuscuta	279	Elodea	436
CUSCUTÉES	278	*Elodes*	84
Cydonia.	149	*Elymus*	523
Cynara	209	Endymion	408
Cynara	210	Epilobium	153
CYNAROCÉPHALES.	208	Epipactis	431
Cynoglossum.	286	*Epipactis.*	431
Cynosurus.	516	EQUISÉTACÉES.	534
CYPÉRACÉES	456	Equisetum.	535
Cyperus.	457	*Equisetum*	536
Cystopteris.	530	*Erica.*	268
Cytisus	99	ERICINÉES	267
		Erigeron	237
Dactylis.	510	Eriophorum	464
Danthonia.	499	Erodium	91
Daphne.	377	*Erophila.*	40
DAPHNOÏDÉES	377	*Ervum*	118, 119
Datura	292	Eryngium	162
Daucus.	181	Erysimum.	34
Delphinium	16	Erythræa	276
Delphinium.	2	Eupatorium	242
Dentaria	28	Eugeranium	88
Deschampsia	493	Euphorbia	381
DIALYPETALES	1	*Euphorbia*	384
Dianthus	57	EUPHORBIACÉES	381
DICOTYLÉDONÉES	1	*Euphorbiacées*	94

DES FAMILLES ET DES GENRES.

Euphrasia	312	Glyceria	510
Euphrasia	313	*Glyceria*	512, 513
Euxolus	355	Gnaphalium	233
Evonymus	93	*Gnaphalium*	234
		GRAMINÉES	479
Faba	119	GROSSULARIÉES	186
Fagopyrum	373	*Guepinia*	43
Fagus	396	Gymnadenia	428
Farsetia	39	Gypsophila	57
Festuca	504		
Festuca	502, 511	*Halianthus*	68
Ficaria	13	HALORAGÉES	157
Ficus	377	Hedera	185
Filago	230	HÉDÉRACÉES	184
FOUGÈRES	525	Helianthemum	49
Fœniculum	174	*Helianthus*	224
Fragaria	138	Helleborus	14
Fragaria	140	Helminthia	249
Fraxinus	270	Helosciadium	168
Fritillaria	406	Heracleum	180
Fumaria	22	*Herminium*	428
FUMARIACÉES	21	Herniaria	75
Fumariacées	2	Hesperis	34
		Hieracium	259
Gagea	407	HIPPOCASTANÉES	86
Galanthus	418	Hippocrepis	114
Galeobdolon	330	Hippophae	380
Galeopsis	330	HIPPURIDÉES	378
Galium	195	Hippuris	378
Gamochæta	233	Holcus	495
GAMOPÉTALES	189	Holosteum	68
Gaudinia	517	Honkeneja	68
Genista	98	Hordeum	521
Gentiana	274	Hottonia	345
GENTIANÉES	272	Humulus	376
GÉRANIACÉES	87	*Hyacinthus*	408
Geranium	87	HYDROCHARIDÉES	435
Geum	137	Hydrocharis	436
Glaucium	21	Hydrocotyle	161
Glaux	347	Hyosciamus	292
Glechoma	328	*Hyoseris*	245
Globularia	349	HYPÉRICINÉES	81
GLOBULARIÉES	349	Hypericum	82

31.

Hypericum	82	LEMNACÉES	445
Hypochœris	246	*Lens*	119
Hyssopus	325	LENTIBULARIÉES	341
		Leontodon	247
Iberis	44	Leonurus	335
Iberis	43	Lepidium	45
Ilex	95	*Lepidium*	46
ILICINÉES	94	*Lepigonum*	64, 65
Ilicinées	94	Lepturus	517
Inula	235	*Lepturus*	517
Inula	235, 236	Leucoium	419
IRIDÉES	417	Libanotis	173
Iris	417	Ligustrum	270
Isatis	47	LILIACÉES	405
Isnardia	156	Limnanthemum	273
Isolepis	463	Limodorum	430
		Linaria	306
Jasione	265	LINÉES	76
JUGLANDÉES	398	Linum	77
Juglans	399	*Linum*	77, 78
JONCAGINÉES	437	Liparis	435
JONCÉES	449	*Listera*	434
Juncus	449	Lithospermum	287
Juncus	451	Littorella	351
Juniperus	399	*Logfia*	232
		Lolium	523
Kentrophyllum	220	Lonicera	191
Knautia	205	LORANTHACÉES	186
Kœleria	510	Loroglossum	420
		Lotus	110
LABIÉES	318	Luzula	454
Lactuca	252	Lychnis	62
Lactuca	254	*Lychnis*	61, 62
Lamium	329	Lycium	291
Lamium	330	Lycopodiacées	536
Lappa	216	*Lycopodium*	536
Lapsana	245	*Lycopsis*	282
Larix	402	Lycopus	322
Lathræa	318	Lysimachia	345
Lathyrus	120	*Lysimachia*	346
Lathyrus	122	LYTHRARIÉES	124
Lemna	445	Lythrum	124
Lemna	446	*Lythrum*	124

DES FAMILLES ET DES GENRES.

Maianthemum	415	Nephrodium	531, 532
Malachium	74	Neslia	48
Malus	150	Nicotiana	291
Malva	78	*Nicotiana*	292
MALVACÉES	78	Nitella	539
Malvacées	2	Nuphar	18
Marrubium	334	Nymphæa	18
Matricaria	225	NYMPHÉACÉES	17
Medicago	100		
Melampyrum	311	Obione	363
Melandrium	61	Odontites	313
Melica	492	Œnanthe	171
Melilotus	103	Œnothera	156
Melissa	327	OLÉINÉES	270
Melittis	328	OMBELLIFÈRES	158
Mentha	320	ONAGRARIÉES	152
Menyanthes	273	Onobrychis	114
Mercurialis	384	Ononis	100
Mespilus	149	Onopordon	209
Milium	486	Ophioglossum	534
Mœhringia	69	Ophrys	426
Mœnchia	74	*Ophrys*	428
Molinia	509	Oplismenus	487
MONOCOTYLÉDONÉES	402	ORCHIDÉES	419
MONOPÉTALES	189	Orchis	421
Monotropa	269	*Orchis*	429, 430
MONOTROPÉES	269	Origanum	324
Montia	126	Orlaya	181
Morus	377	Ornithogalum	406
Muscari	411	*Ornithogalum*	407
Myosotis	283	Ornithopus	113
Myosurus	7	Orobanche	314
Myriophyllum	157	OROBANCHÉES	313
Myrrhis	177	Osmunda	533
		Osmunda	528, 534
NAIADÉES	443	OXALIDÉES	92
Naias	443	*Oxalidées*	2
Narcissus	418	Oxalis	92
Nardus	525	Oxycoccos	267
Nasturtium	30		
Nasturtium	41	*Panicum*	486, 487, 488
Neottia	433	Papaver	19
Nepeta	327	PAPAVÉRACÉES	18

Papilionacées	96	Polygonées	366
Parietaria	376	Polygonum	370
Paris	415	*Polygonum*	372, 373
Parnassia	54	POLYPÉTALES	1
Paronychiées	75	Polypodium	527
Paronychiées	75	*Polypodium*	527, 530
Pastinaca	179	Polypogon	489
Pedicularis	309	Polystichum	531
Peplis	125	*Polystichum*	532, 533
Persica	132	Pomacées	147
Petasites	243	Populus	393
Petroselinum	166	Portulaca	125
Peucedanum	179	Portulacées	125
Phænopus	253	Potamées	438
Phalangium	412	Potamogeton	438
Phalaris	488	Potentilla	139
Phalaris	489	*Potentilla*	139
Phaseolus	112	Poterium	147
PHANÉROGAMES	1	Prenanthes	253
Phelipæa	314	Primula	343
Phleum	488	Primulacées	342
Phragmites	509	*Prismatocarpus*	265
Physalis	290	Prunus	131
Phyteuma	266	*Prunus*	130, 131, 132
Picris	248	Psamma	484
Pimpinella	170	Pteris	527
Pinguicula	341	Pulicaria	234
Pinus	400	Pulmonaria	287
Pisum	119	Pyrethrum	227
Pisum	121	*Pyrethrum*	226
Plantaginées	351	Pyrola	268
Plantago	352	Pyrolacées	268
Platanées	399	Pyrus	149
Platanthera	429	*Pyrus*	150
Platanus	399		
Plombaginées	350	Quercus	397
Poa	513		
Poa	506, 508, 512, 513	Radiola	78
Podospermum	251	Renonculacées	2
Polygala	55	*Renonculacées*	2
Polygalées	55	Ranunculus	7
Polygalées	2	Raphanus	38
Polygonatum	414	Reseda	53

DES FAMILLES ET DES GENRES.

Résédacées	53
Rhamnées	95
Rhamnées	94
Rhamnus	95
Rhinanthus	310
Rhynchospora	459
Ribes	186
Robertium	90
Robinia	112
Roripa	41
Rosa	142
Rosacées	133
Rubiacées	193
Rubus	134
Rumex	366
Ruppia	444
Ruscus	416
Sagina	66
Sagina	67, 74
Sagittaria	403
Salicinées	386
Salicornia	365
Salix	387
Salsola	365
Salsolacées	356
Salvia	323
Salvia	324
Sambucus	190
Samolus	347
Sanguisorbées . . .	146
Sanicula	162
Santalacées	379
Saponaria	59
Sarothamnus	99
Satureia	327
Satyrium 421,	429
Saxifraga	188
Saxifragées	187
Scabiosa	204
Scandix	177
Schoberia	365
Schœnus	458

Schœnus. 458, 459, 460, 461,	462,
. . . .	463
Scilla	408
Scilla	408
Scirpus	460
Scirpus 459, 460,	461
Scleranthus	76
Sclerochloa	513
Scleropoa	506
Scolopendrium . . .	528
Scorzonera	250
Scorzonera	250
Scrofularia	304
Scrofularia	304
Scrofulariées . . .	296
Scutellaria	337
Scutellaria	337
Secale	521
Sedum	127
Selinum	178
Selinum	179
Sempervivum	128
Senebiera	47
Senecio	240
Serratula	217
Seseli	173
Seseli	173
Setaria	486
Setaria	487
Sherardia	193
Silaus	174
Silene	59
Silene	61
Silénées	56
Silénées	75
Siliculeuses	39
Siliqueuses	27
Silybum	216
Sinapis	37
Sison	167
Sisymbrium	31
Sisymbrium	33
Sium	196

Sium	168	Tormentilla	141
SOLANÉES	288	Tragopogon	249
Solanum	289	*Tragopogon*	250
Solidago	236	Trifolium	104
Solidago	237	*Trifolium*	107
Sonchus	255	Triglochin	437
Sonchus	256	*Triodia*	499
Sorbus	151	*Trisetum*	496
Sparganium	448	Triticum	518
Specularia	265	*Triticum*	506, 519, 520
Spergula	65	Tulipa	406
Spergula	67	Turgenia	182
Spergularia	64	Turritis	31
Spinacia	364	Tussilago	243
Spiræa	133	Typha	447
Spiranthes	434	TYPHACÉES	447
Stachys	331		
Statice	350	Ulex	97
Stellaria	70	ULMACÉES	374
Suæda	365	Ulmus	374
Symphytum	283	*Ulmus*	374
Symphytum	283	Urtica	375
Syringa	271	URTICÉES	375
		Utricularia	342
Tamus	417	*Utricularia*	342
Tanacetum	229		
Taraxacum	251	VACCINIÉES	266
Taxus	400	Vaccinium	266
Teesdalia	43	*Valantia*	196
Tetragonolobus	111	Valeriana	201
Teucrium	339	VALÉRIANÉES	200
Thalictrum	3	Valerianella	201
Thalictrum	2	*Valerianella*	204
Thesium	379	VERBASCÉES	293
Thlaspi	43	Verbascum	293
Thlaspi	45	Verbena	341
Thrincia	247	VERBÉNACÉES	341
Thymus	324	Veronica	297
Thymus	326	Viburnum	190
Thysselinum	179	Vicia	115
Tilia	81	*Vicia*	119
TILIACÉES	80	Vinca	271
Torilis	183	*Vinca*	272

Vincetoxicum	272	Wolffia		446
Viola	50			
VIOLARIÉES	49	Xanthium		262
Viscum	186			
Vitis	86	Zannichellia		444
Vulpia	506	Zea		492
		Zostera		445

ERRATA

Pages	Lignes	
2	10	Après *indéhiscent* ajouter *bacciforme*.
8	42	Tiges au lieu de *Tiges*.
103	13	Supp., après tours et mettre, après spire.
115	39	Mettre † avant **V. Sativa**.
164	34	L. *Gen.* après **Cicuta**.
182	15	Mettre — *Intr.* après calcaires.
187	20	Mettre † avant **R. rubrum**.
—	30	Mettre † avant **R. nigrum**.
208	5	fleurons au lieu de Fleurons.
210	18	*terminées* au lieu de *terminés*.
239	29	C. *spatulæfolia* au lieu de O. *spatulæfolia*.
324	23	Supp., après épis.
325	31	Millevoye au lieu de Myllevoie.
338	10	*Pl.* au lieu de Pl.
397	32	**Sessiliflora** au lieu de **Sessiflora**.
432	32	Supp. *Varians*.
—	33	*E. varians* Crantz au lieu de *E.* Crantz.

TABLE GÉNÉRALE DES MATIÈRES

	Pages.
Introduction	IV
Aperçu topographique du département de la Somme	XI
Liste des botanistes du département de la Somme	XVI
Explication des signes et des principales abréviations	XXVI
Tableau analytique des familles	XXVIII
Flore du département de la Somme	1
Table générale des divisions, des familles et des genres	541
Errata	551

Abbeville. — Imprimerie C. Paillart.

Lightning Source UK Ltd.
Milton Keynes UK
UKHW031035060219
336833UK00005B/276/P